전인건강

WELL BEING

7가지 풍성한 삶의 차원 개발지침

- 정신·정서
- 몸의 건강
- 친밀관계
- 일과 직업
- 쉼과 여가
- 세상과 자연
- 영적 완성

성장상담연구소/한국장로교출판사

WELL BEING

A Personal Plan for Exploring and Enriching
the Seven Dimensions of Life:
.
Mind, Body, Spirit, Love, Work, Play, the Earth

by
Howard Clinebell, Ph.D.
tr. by
Jong Hun Lee, Sung Choon Oh

이 책은

출판사인 Harper San Francisco와의 정식계약과

저자인 Howard Clinebell의 허락을 얻어

출판한 것입니다.

1995

Publishing House
The Presbyterian Church of Korea
Seoul, Korea

영적인 중심에서의 전인완성

진정으로 인생을 복되게 살고 싶어하는 사람들은 이런 질문들을 심각하게 생각해 보았을 것이다.

▷ 나의 삶을 더 깊고, 더 높은 하나님의 신비에 뿌리를 내리고 그분과 깊은 사귐의 즐거움을 누리며 살아갈 수 있을까?

▷ 나의 정신 속에 내재한 치유와 창조의 능력을 충분히 사용하여 기쁨과 감격과 생명이 넘치는 삶을 개발할 수 있을까?

▷ 나의 몸을 아끼고 사랑하며 건강한 생명력이 넘치는 몸으로 계속 유지하는 것은 가능한가?

▷ 나의 이웃과의 관계 속에 친밀과 사랑으로 가득하며 그 관계 속에서 계속적으로 성장할 수 있는 힘을 공급받으며 살 수 있을까?

▷ 내가 하는 일(직업) 속에서 나 자신을 성취하며, 탈진하지 않게 끊임없이 힘과 격려를 받을 수 있는 길은 있을까?

▷ 사회의 정의 실현에 공헌하며, 하나님이 창조한 자연회복과 보존에 창조적으로 참여함으로 나의 영적 전인성을 완성하는 데 기여할 수 있을까?

이러한 질문 이외에도 사람들은 수많은 질문들을 한다. 위기와 상실과 장애와 중독성의 삶을 어떻게 긍정적으로 극복하고 풍성한 삶을 살 수 있을까? 성차별의 사회에서 여성으로서, 그리고 남성으로서 자기의 인격을 존중받으며 하나님께로부터 받은 능력들을 충분히 발휘하며 사는 일은 가능한가? 성생활을 통하여 부부관계가 더 아름답고 생명이 넘치게 할 수 있는 방안들은 있을까? 지금 나의 삶의 단계에서 어떻게 영적 전인성(Well Being)을 실현할 수 있으며, 다음에 다가올 발달단계를 위해서 어떻게 준비하며 오늘을 즐거워할 수 있을까?

하워드 클라인벨(Howard Clinebell)은 30년 이상의 목회상담학 교수로서의 경험과 그의 아내(Charlotte Ellen)와의 창조적 부부관계 경험과 수많은 상담, 강연, 감독 등의 실천적인 삶의 과정들을 통해서 발견하고 깨달은 영적 전인성 실현의 방안들을 「전인건강」(*Well Being*)이라는 한 권의 책 속에 압축하여 담고 있다. 이 책은 30권이 넘는 그의 저서, 편저들과 50편이 넘는 논문들의 결론이요, 그의 연구의 열매들을 한데 모은 주옥편이라고 할 수 있다. 그는 이 책에서 위에 제기한 여러 가지 질문들에 대하여 구체적이요, 실천적인 대답을 하고 있으며, 건강하고 통전적인 영적 전인성 실현의 구체적인 지침들을 제시하고 있다.

하워드 클라인벨이 저술한 책들 가운데 미국과 한국의 신학교에 상당한 영향을 미치고 있는 책은 *Basic Types of Pastoral Counseling*과 그 수정판 *Basic Types of Pastoral Care and Counseling*(「목회상담신론」이라는 제목으로 박근원 공역으로 1987년에 한국장로교출판사에 출판되었다.)이다. 이 책들은 미국의 목회상담의 흐름에서 어떠한 역할을 하고 있을까? 클라인벨은 1960년대 중반에 「현대목회상담학」(박근원 역)을 쓰면서 1950년대의 목회상담학 저서들과 신학교 강의의 특징을 다섯 가지로 요약하였다(Clinebell, 1966, p. 28) : ① 실천 모델로서 공식적으로 구조화된 면접상담, ② 규범적이며 때로는 배타적인 내담자 중심의 상담방법, ③ 상담의 중심목표로서의 통찰력, ④ 무의식적 동기의 개념 중시, ⑤ 성인 행위의 유아기적인 근원.

그리고 그는 교회 중심의 목회상담의 새로운 모델을 제시하면서 다음의 일곱 가지가 강조되어야 한다고 보았다.

① 과거의 뿌리를 캐어내는 방법보다는 지원적인 방법을 사용할 것
② 내면의 심리변화를 목표하기보다는(부부, 가족, 그룹 방식을 통한) 관계개선을 목표로 삼을 것
③ 부정적인 요인을 줄일 뿐 아니라 그 위에 적극적인 인격개발의 자원들을 최대한으로 활용할 것
④ 과거를 많이 들춰내기보다는 현재의 상황에 성공적으로 대처하고 미래를 위한 계획을 세울 것
⑤ 감정과 태도를 이해하고 공감할 뿐 아니라 현재의 상황에 정면으로 맞서서 책임적으로 응답할 수 있게 대결할 것
⑥ 감정과 태도뿐 아니라 행동을 건설적이요, 창조적으로 변화시키도록 노력할 것
⑦ 신체적, 심리학적 상호 작용의 수평적 차원은 물론, 관계에 있어서 결정적으로 중요한 수직적 차원(가치와 궁극적 의미의 차원)을 직접적으로 취급할 것(*Ibid.*, pp.27-28.)

1950년대가 정신분석적인 접근과 내담자 중심방법을 중시하는 공식적이요, 심리

학적인 상담방법을 목회상담에 그대로 받아들여 상담하던 시대라면, 1966년 클라인벨의 *Basic Types of Pastoral Counseling*을 발간한 이후에는 인격적, 관계적인 면을 더 강조하고, 덜 공식적인 상담방법을 사용하고, 하나님과의 관계의 수직적 차원을 중시했다고 할 것이다.

1970년대 후반에 와서 이러한 비공식적인 상담의 방법은 더욱 목회상담에서 두드러지게 나타났다. 과거에는 규격화된 상담의 틀을 따라서 일대일, 또는 집단상담하는 것을 상담이라고 이해해 왔으나 이때에 와서는 고난당하는 자를 지탱해 주며, 그를 도와 나가는 모든 관계과정을 상담에 포함시켰다. 그래서 브리스터는 "목회자는 상담자가 되기로 작정하든 안 하든간에 교인들을 상담하지 않으면 안 될 때가 있다. 사람들이 '도와주시오' 하고 목회자에게 부르짖을 때 목회자는 그들을 도와야 하며, 그 과정을 상담이라고 할 수 있다."(Brister, 1966, 서장)고 주장한다. 제랄드 에간도 상담방법론을 기술하면서 Counselor라는 말보다는 Helper라는 말을 사용하고 있다(Egan, 1975).

1980년대에 와서 목회상담은 다시 한 번 새로운 탈바꿈을 하고 있다. 이때에 와서 인간을 더 전인적(Holistic) 관점에서 이해하게 되었고, 영성적인 면이 강조되며, 사회적인 관점이 상담에 첨가될 뿐 아니라 여성해방의 관점도 목회상담의 중요한 주제로 부각되었다. 1966년에 *Basic Types of Pastoral Counseling*을 썼던 하워드 클라인벨은 1980년대에 그 책을 전면적으로 수정하여 *Basic Types of Pastoral Care and Counseling*을 쓰면서 다음과 같이 새로운 변화를 이야기하고 있다 :

> 처음 계획으로는 새로운 추천도서목록을 보완하고 남성편중적인 표현을 축소시키려는 정도였다. 그러나 수정을 시작하면서 내가 계획했던 것보다는 훨씬 더 손대지 않을 수 없음을 깨닫게 되었다. 목회상담을 위한 새로운 변화(Paradigm)를 활용함으로 본격적인 수정을 감행하지 않을 수 없었다. 그 결과로 이 수정판의 주요한 변화가 생기게 되었는데, 그 내용은 이런 것들이다 : 이 책은 보다 전인적이고 분명하게 해방 – 성장 중심(liberation – growth paradigm)의 변화를 제시하고 있다. 목회를 강조하되 목회상담의 양육적 여건을 강조하며, 여기서는 목표도 강조하고 있다. 교육목회나 다른 일반목회의 상황에서 일반화할 수 있는 목회와 상담의 독특한 유형을 부각시키며, 아울러 오늘날 목회와 상담에서 여성해방적 관점과 해방신학의 절대적 중요성을 제시하려고 노력하였다(Clinebell, 1987, p.13).

클라인벨은 1992년 *Well Being*을 내어 놓으면서 다시 새로운 관심을 보여 주고 있다. 인간의 영적 전인성이 바로 그것이다. 1960년대는 상담의 방법론에 초점을 맞추고, 1980년대는 인간의 성장에 초점을 맞추었다면, 그는 1990년대에 와서 인간 그 자체에 관심을 집중하고 있다. 하나님은 인간을 영적인 중심에서 전인완성을 하도록 창조하셨다. 인간은 하나님의 창조의 질서에 따라서 영적인 중심에 서서 사랑으로 가득한 전인완성에 힘쓸 때에만 진정한 행복을 얻을 수 있다. 그런데 지금까지 그의 이론들은 약간 이론적인데 치중한 데 반해서 *Well Being*에서는 구체적이요, 실천적인 방법론에 더 충실한 것을 볼 수 있다. 클라인벨은 이 책 한 권에서 하나님을 신뢰하는 모든 인간들이 진정한 하나님의 창조의 기쁨을 발견할 수 있기를 기대하고 있다.

하워드 클라인벨은 국제적으로 잘 알려진 작가요, 강사요, 지도자요, 목사요, 상담자요, 감독자요, 목회심리학 분야의 컨설턴트이다. 1922년에 출생하였고, 1959~1993년 정년퇴임하기까지 미국 캘리포니아주에 소재한 클레어몬트신학교의 목회심리학과 목회상담학 교수로 재직하였다. 그는 드 포우(De Pauw)에서 B.A., 게릿(Garrett)신학교에서 B.D., 윌리엄 A. 화잇대학(William A. White Institute)에서 목회와 적용 정신의학 자격증을 얻었고, 콜롬비아대학에서 종교심리학으로 Ph.D.를 얻었다. 그는 자기 아내 샬롯 엘렌(Charlotte Ellen)과 함께 30권이 넘는 책을 저술하거나 편집하였고, 50편이 넘는 논문을 발표하였다.

클라인벨은 현대목회심리학의 발전에 크게 기여했다. 그는 미국목회상담자협회(American Association of Pastoral Counselors)의 초대회장을 역임했으며, 클레어몬트신학교 안에 종교와 전인성연구소를 창설하고 소장으로 일해 왔다. 그가 저술한 「현대목회상담학」(박근원 역, *Basic Types of Pastoral Counseling*, 1966)과 이것을 수정하여 1984년에 내놓은 「목회상담신론」(박근원 역, 한국장로교출판사 발행, *Basic Types of Pastoral Care and Counseling*)은 미국의 신학교들에서 가장 광범위하게 사용되는 신학교재가 되었다.

클라인벨은 인간의 정신과 영혼의 열망과 가능성과 힘을 강조하면서 '성장상담' 개발에 힘을 기울였다. 그는 인간의 가능성에 관심을 가지고 인간의 창조능력과 가능성을 실현하고 해방시키는 데에 초점을 맞추었다. 특별히 클라인벨은 여권신장, 사회정의 실현, 정치적 평등과 민주화, 지구촌 환경보존 등과 연관지어 성장상담을 개발함으로 목회상담의 지평을 넓히고 영적 전인성 실현에 기여했다.

한편, 하워드클라인벨의 저서를 한국어판으로 번역출판함에 있어서 한국장로교출판사의 적극적인 기획에 감사를 드리고 싶다. 이 책을 읽고 실천하는 이들이 이 책을 통하여 영적 전인성 실현에 크게 도움받기를 기도드린다.

1995년 8월 일

이종헌, 오성춘

WELL BEING
전인건강

WELL BEING
전인건강

어떻게 하면 이 지침서를 통하여 최선의 유익을 얻을 수 있을까?

바바라는 이웃 서점의 '건강과 자기관리' 코너에서 새로 나온 이 책을 발견했다. "이 책이 정말로 나 자신을 더 잘 관리할 수 있게 해줄지 확신은 서지 않는다. 나는 내가 지금 기억하는 것보다도 더 여러 번 다이어트와 운동을 시도했었잖아. 지금 나를 보면 어떤가! 이 책이 나에게 도움을 줄 수 있었으면 좋겠는데!"

바바라의 딜레마를 푸는 열쇠는 자기를 더욱 사랑하는 법을 배우는 것이다. 이 책은 바로 사랑에 대한 책—사랑으로 자기를 관리하는 법에 대한 책이다. 이 책은 당신의 개인적인 건강과 행복증진 프로그램을 고안하고 개발하는 데 여러 가지 실천적인 통찰과 수단들을 제공해 줄 것이다. 당신이 만약 그러한 프로그램을 개발하고 사용하고 있다면, 다음과 같은 몇 가지 점에서 이 책이 당신에게 도움을 줄 수 있을 것이다.

▷ 합리화(rationalization)와 저항(resistance)을 통하여 건전한 자기관리를 무시해 버리려는 당신의 태도를 바꿀 수 있는 전략들을 얻을 수 있다.
▷ 매일 자기관리를 위해 귀중한 시간을 좀더 많이 투자함으로, 더욱 활기있고 합당하게 살며 사랑하는 방법을 발견한다.
▷ 당신이 당하고 있는 위기와 상실들을 전인성장을 위한 기회로 바꾸는 방법들을 찾아낸다.
▷ 당신의 직업에서 탈진을 피할 수 있는 몇 가지 방법들을 배운다.
▷ 당신의 삶의 여정 가운데 바로 지금 이 시점에서 더 건강하게 자신을 관리하는 방법들을 개발한다.
▷ 당신의 친밀관계들 안에서 서로 사랑과 건강을 생산하는 테크닉들을 배운다.
▷ 사랑의 관계들 안에서 감각적인 성으로 생동성을 제공하는 신선한 접근들을 찾아낸다.
▷ 당신 자신과 이웃들과 자연과 하나님의 영을 사랑하는 데 영성의 뿌리를 세움으로 당신의

영성을 생명이 넘치게 하는 방법들을 발견한다.
▷ 당신이 사랑하는 사람들의 건강과 행복을 증진시키는 법을 발견한다.
▷ 상처입은 지구를 치유함으로 당신 자신을 치유하게 한다.
▷ 당신 내면의 작은 소년이나 소녀가 더 많이 웃고 놀 수 있는 방법들을 찾으며, 내면의 아동
의 건강을 증진시키는 방법을 발견한다.

이 책은 당신의 개인적인 전인건강계획을 세우는 데 일반적인 방법을 당신에게
제시할 것이다. 나는 각 장의 끝부분에 자그마한 전인건강 관리계획을 당신 스스로
만들 수 있게 고안했다. 나는 당신이 이 책을 다 읽은 후에 그것을 다 모아서 실천
적인 자기관리계획으로 사용하기를 권장한다.
다음은 치유를 촉진시키고 그것을 받아들이게 하는 다섯 가지 제안이다.

1. 전인건강 접겁표와 여러 가지 건강관리훈련들을 활용하라. 자가치유와 자기관리는
우리의 왼쪽 뇌의 기능뿐 아니라 오른쪽 뇌의 기능도 요구된다. 인간의 왼쪽 뇌는 분
석적이요, 합리적이요, 언어적이며, 개념을 정립하고, 문제를 해결하는 등의 정신기
능을 가지고 있다. 여러 가지 검사와 조사연구 등은 왼쪽 뇌가 사용하는 건강증진의
수단이다. 반면에 인간의 오른쪽 뇌는 직관적이요, 비언어적이며, 이미지를 만들고,
비유적으로 이해하며, 통전적으로 문제를 해결하는 정신기능을 가지고 있다. 이 책
전반에 제시된 여러 가지 묵상, 이미지 만들기, 행동훈련 등은 이 오른쪽 뇌의 기능
을 활성화시키려는 목적으로 제시된 것이다. 오른쪽 뇌는 왼쪽 뇌의 활동과 균형을
이루어야 하며, 우리 자신의 경험 속에서 이 책이 제시하는 실천적 개념들을 활성화
시켜야 한다.
**2. 노트를 사용하여 전인건강 자기관리일지를 계속 쓰든지, 혹은 책의 중요한 부분에
밑줄을 긋고 빈 곳에 코멘트를 적어 넣어라.** 일지를 쓰는 것은 그 자체로 귀중한 자기
관리방법이다. 그것을 의미있게 사용할 때에, 이것은 우리의 전인건강을 위한 실천
적인 계획을 발견하고, 확정지을 수 있는 자산이 된다.
**3. 당신의 경험을 더욱 풍성하게 하려면, 친구나 가족이나 소그룹을 초청하여 당신과
함께 이 책이 제시하는 건강 프로그램을 실천하라.** 당신이 상호 지원과 즐거운 마음으
로 서로에게 도전을 하면서 이대로 실천한다면, 당신의 건강증진훈련을 저항하는
장애들을 극복하는 데 크게 도움이 될 것이다. 또한 당신은 이 책이 제시하는 건강
프로그램들을 당신의 기관이나 학교, 직장, 교회에서 사용할 수 있다. 더 나은 건강
관리에 대한 교훈들과 프로그램들을 좀더 쉽게 만들어 거기서 사용한다면 더 효과
적이 될 것이다. 나는 이런 방법으로 실천할 수 있는 몇 가지 지침들을 이 책의 끝
부분에 언급하였다.
4. 이 책을 즐거운 마음으로 놀이적으로 사용함으로써 이 책이 당신을 위한 책이 되도

록 만들라. 독특한 당신의 학습이나 삶의 방식에 합당치 않다고 생각되는 것들은 과감히 무시해 버리라. 적어도 각 장을 읽으면서 매력적이라고 생각하며 표시한 그 부분들을 찾아낼 수 있을 것이다. 또는 처음에 이 책을 빨리 읽은 후에 당신에게 적합하다고 생각되는 부분들을 다시 찾아 정독하며 방법을 생각하고, 당신에게 가장 매력적이라고 생각되는 점검사항들과 훈련들을 정독하며 실천방안을 만들라.

5. 만약 당신이 비디오 테이프를 구입할 수 있다면, 그 비디오 테이프에서 제시되는 프로그램을 활용할 수 있다. 이 테이프는 내가 지도하는 전인건강훈련팀이 이 책 중에서 열쇠가 되는 훈련들을 실제로 실행한 것이다. 장면들 속에서 나는 가끔 그들이 무엇을 하고 있으며, 자기관리를 위해 어떠한 일을 첨가할 수 있다고 조언하고 있다. 이 비디오와 이 책은 따로 사용될 수도 있고, 서로 상호 보완적으로 사용할 수도 있다. 둘을 함께 사용하면 더 큰 유익을 얻을 수 있을 것이다. 테이프에 대한 정보를 얻고자 한다면 다음에 소개하는 주소로 나에게 편지하라.

이 책에서 소개하는 전인건강의 창에 대하여 몇 마디 하고 싶다. 내가 강조하려고 선별한 사람들은 그들의 삶이 사랑 중심의 전인건강의 요소들을 극적으로 조명하고 있기 때문에 선택되었다. 그들도 모두 한계성과 단점을 가지고 있는 인간들이며, 우리와 같이 인생의 많은 부분에 취약점을 가지고 있다. 우리 모두에게 다행스러운 것은 그러한 약점들을 가지고 있으면서도 어느 정도의 전인건강을 성취할 수 있으며, 오히려 그 제한이 우리의 성취를 촉진시키는 기회가 될 수도 있다는 사실이다.

묵상과 이미지 만들기 훈련 활용방법

여러 가지 묵상지침들과 이미지 만들기 훈련들이 이 책 전반에서 소개되고 있다. 이것들을 사용하는 데 도움이 될 몇 가지 지침들을 제시하고 싶다. 당신의 마음에 영상을 만드는 것은 묵상이나 잠을 자는 동안에 꾸는 꿈과 같이 인간의 심리기능 중에서 오른쪽 뇌의 활동으로서 자발적으로 나타나는 것이다. 분명히 이러한 이미지들은 당신의 정신—몸의 기관들 위에 강력한 충격을 준다. 무의식은 당신의 머리 속에서 만들어지는 이미지와 당신이 현실 세상에서 부딪히는 실제들 사이에서 엄격한 구별을 하지 못하는 것 같다. 그러므로 당신의 기관은 이미지가 마치 현실적으로 존재하는 실제인 것처럼 응답한다. 따라서 당신이 본능적으로 만들어 내는 자기모멸, 무기력, 실패, 절망, 재난 예상과 같은 부정적인 이미지들을 자각하고 그 이미지들을 바꾸는 것은 매우 중요하다. 이러한 이미지들은 당신의 행동의 효율성과 당신의 면역시스템의 방어력을 감소시킨다. 그것들은 불필요한 스트레스를 생산하며 당신의 자존심에 상처를 입힌다. 부정적인 이미지들을 의도적으로 치유, 성공,

자존감, 전인건강과 행복 등의 긍정적인 이미지들로 바꾸는 것은 자기 치유와 건강을 생산하는 잠재의식—무의식의 힘을 활성화시키는 가장 단순한 방법들 가운데 하나이다.

나는 당신이 그러한 훈련들을 즐겁고 놀이적이면서도 신중하게 사용하기를 권고한다. 신중하게 건강에 접근하는 것은 "나는 할 수 있는 대로 최선을 다해 긴장을 완화시키고 있다."고 이야기한 확고한 건강증진 광신자와 같이 캐취 22 접근법이다. 적극적인 이미지 만들기가 당신에게 새로운 것이라면, 그것을 효과적으로 활용하기 위하여 연습이 필요할 것이다. 어떤 훈련이 당신에게 의미가 있는 것 같으나 처음 시도했을 때에 별 효과가 없다면, 여러 날 동안 계속 반복하여 당신에게 얼마나 유익한지를 발견해 내는 것이 좋을 것이다.

당신은 이 책이 제시하는 묵상훈련과 이미지 만들기 훈련들을 혼자서 할 수도 있고, 친구와 할 수도 있고, 그룹이 함께할 수도 있다. 만약 당신이 다른 사람들과 함께 훈련하려고 한다면, 한 사람을 선택하여 지침을 큰소리로 읽게 하고 '/'표시가 나오면 잠깐 쉬면서 읽은 데까지에서 지시하는 대로 모두가(읽는 자도 포함하여) 함께 그대로 실시한다. 당신 혼자서 하고 있다면 '/'표시가 있는 곳까지 지침을 읽고, 거기에서 잠깐 정지하여 지시하는 대로 따라서 실시하되 눈을 감아야 하는 곳에서는 눈을 감아라.

이 훈련은 시작하기 전에 당신의 허리띠를 풀고, 넥타이를 풀고, 당신을 방해할 수 있는 전화기 선을 빼는 등 당신을 꽉 조이는 것들, 방해할 수 있는 것들을 느슨하게 만들거나 치우라. 이미지 만들기 훈련은 당신의 몸—정신기관들이 아주 편안하게 긴장을 풀면서도 예민한 상태에 있을 때에 가장 효과적이다. 당신이 편안하게 앉아서 등뼈를 세우고 두 발을 바닥에 붙이고 있을 때에 당신의 에너지의 흐름은 최상이 된다. 드러누운 자세는 긴장을 풀기에는 가장 좋은 자세이나 예민성이 없어지는 문제가 있다. 당신이 훈련하는 동안에 졸아 버리면 당신의 무의식은 위협적인 것에 저항하게 되든지, 아니면 쉽게 피곤을 느끼게 될 것이다. 당신이 꾸는 모든 꿈들에는 당신의 깊은 정신세계로부터 당신에게 보내는 메시지가 있다는 사실을 기억하고 그것을 발견할 수 있어야 한다.

경험에 의한 건강관리

이 책에서 나는 교수로서, 목회상담자로서, 정신치유자로서, 웍샵지도자로서, 그리고 내 자신의 건강을 위해 투쟁해 온 경험자로서 발견하고 개발한 가장 유익한 통찰과 수단, 자원들을 나누고 있다. 이 책은 치유와 건강의 이슈를 가지고 심각한 씨름을 해온 사람들의 경험들을 담으려고 했다. 나는 중요한 사항들을 사례로 들 때에, 나와 상담한 모든 관계의 비밀을 보장하기 위하여 구성이나 내용들을 바꾸어서 실제인물을 파악할 수 없게 하려고 힘썼다.

여기에 제안된 수많은 도전들이 당신에게 중요한 의미가 있기를 기대한다. 다음은 마크 트웨인(Mark Twain)이 한 말이다. "선한 것은 고상하다. 다른 사람에게 선하게 되는 방법을 이야기해 주는 것은 더 고상하다. 그리고 훨씬 문제점도 줄어들 것이다." 건강하게 되는 법을 다른 사람에게 이야기하는 것도 같다. 당신들과 꼭 같이(그렇게 내가 생각하는 것이지만) 나도 건강훈련을 하다가 자주 그만두는 사람이다. 좋은 것을 실천하려는 것에 대한 저항심이 오랫동안 건강하고 생산적인 삶을 살려고 하는 나의 열망을 압도할 때가 많다. 그러나 여기에서 권장하고 있는 것을 실천할 때에 나의 건강은 많이 증진되고 있다. 나는 그 방법들을 좋아한다.

이 글을 쓰는 동안에 나는 자기의 건강관리를 잘하여 더 건강하고 더 행복한 삶을 살 수 있는 실천적인 방법들을 찾고 있는 수많은 사람들을 마음에 떠올렸다. 그들은 더 풍성하고 더 모험적인 삶을 갈망하는 사람들이다. 그들은 다양한 배경과 다양한 문화에서 온 사람들이요, 또한 여러 다른 단계의 삶의 과정을 살아가는 사람들이다. 이 책은 자기 가족들의 건강증진방법을 찾는 부모들과 조부모들에게도 유익하게 사용될 수 있다. 그들은 이 방법을 활용하여 자기의 자녀들과 손자녀들에게 일생 동안 건강을 유지하며 살아가게 도울 수 있을 것이다. 그리고 나는 교수들과 교사들과 상담자들과 목사들과 의학전문가들도 학생들과 내담자들과 교인들과 환자들과 동료들에게 도움이 되는 유익한 방법을 발견할 수 있을 것이라고 생각한다.

나의 심장은 수많은 사람들을 향한 "감사합니다!" 하는 생각으로 가득하다. 친구들, 식구들, 대학원 학생들, 내담자들, 클레어몬트신학교 동료들, 종교와 전인건강센터, 미국목회상담자협회 등 수많은 사람들에게 감사드린다. 그중에 대부분의 사람들이 이 책을 쓰는 데 직접적으로 또는 간접적으로 도움을 주었다. 나는 특별히 다음 네 분께 감사드리고자 한다 : 더 큰 건강의 삶으로 나에게 도움을 준 엘마 픽슬리와 루전 피터즈(Erma Pixley and Rugeon Peters), 그리고 리로이와 글래디즈 알렌(LeRoy and Gladys Allen)이다. 나는 건강과 영성에 중심을 둔 치유와 건강에 대하여 그들이 보여 준 비전에 의해 많은 영감과 깨달음을 얻었다.

나는 또한 노만 커즌스(Norman Cousins)에게 깊은 마음으로 감사드린다. 그가 보여 준 인간과 지구의 건강증진을 위한 헌신적 노력은 나의 전인성과 평화사역을 위한 투쟁의 세월 동안에 나에게 권능을 부여한 모델이 되었다. 특히 종교와 전인건강협회를 태동시키기 위해 애쓰던 고난의 순간들마다 그가 나에게 준 격려와 지지는 잊을 수 없다.

나의 식구들(오랜 동안 가장 좋은 친구이며 파트너인 나의 아내를 포함하여)과 친구들과 동료들이 나에게 귀중한 피드백과 비평을 제공해 주고, 이 책의 뼈대가 되는 연구에 도움을 준 것에 대하여 깊은 감사를 드린다. 짐 패리스(Jim Farris), 메리 라우첸히저(Mary Lautzenhiser), 팀 록(Tim Locke), 에밀리 챈들러(Emily Chandler), 아트 마도르스키(Art Madorsky), 하빌 핸드릭스(Harville Hendrix), 루스 크랠(Ruth Krall), 예카오황(Kaofang Yeh), 빌 브레이(Bill Bray), 데이비드 리차드슨(David Richardson), 데이비드 옥스버거(David Augsburger : 전인건강의 창에 대한 아이디어 제공자), 스티브 잭슨(Steve Jackson : 나와 함께 비디오 테이프를 제작함.) 등에게 감사드린다. 저술가로서의 기술로 나를 돕고, 이 시대의 용어들에 정통하며, 환경문제와 여성문제에 있어서 나에게 많은 도움을 준 나의 딸 수잔(Susan)에게도 감사한다. 그리고 웍샵, 수양회, 강의실, 상담, 가족치유상담 등에서 나와 함께 노력한 수많은 사람들에게도 감사드린다. 이 책에서 독자들은 바로 위의 사람들이 가장 크게 도움을 받았던 수단들을 배우게 될 것이다.

여러분과 내가 이 글을 통해서 서로 접촉을 맺는 것처럼 신선한 치유와 희망, 해방적인 영성을 경험하고, 특히 많은 사랑과 웃음을 경험할 수 있게 되기를 간절히 소원한다.

하워드 클라인벨
2990 Kenmore Place
Santa Barbara, CA 93105,
USA

제1부

삶의 7가지 차원 안에서의
전인건강 향상을 위한
실용적인 방법들

제 1 장

사랑 중심 전인건강의
7중 행로(七重 行路)

　몇 해 전에 나는 친구와 함께 하와이 근처에 있는 한 멋진 해저공원을 잠수하면서 기막히게 아름다운 하루를 즐긴 적이 있습니다. 아름다운 산호협곡에는 가지각색의 찬란한 빛깔을 띤 열대어들이 가득했으며, 이 그지없이 맑고 푸른 바다에서 우리는 즐거움을 만끽했습니다. 잠수를 하다가 잠시 해변에서 쉬고 있을 때 한 남자가 모래 위에 무슨 전자기계 같은 것을 끌면서 우리 쪽으로 천천히 걸어왔습니다. 그 사람은 이따금 멈춰서더니 모래밭을 파곤 하는 것이었습니다. 나는 인사말을 건네고는 무얼 하는 거냐고 물었습니다. 그 사람은 웃으면서 이렇게 대답했습니다. "이건 전자 보물탐지기죠. 말하자면 금속탐지기라고 할 수 있어요. 모래밭에서 잃어버린 동전이나 손목시계, 반지같이 값나가는 금속들을 찾고 있지요. 당신들같이 재수없는 사람들이 잃어버린 걸 말이에요!" 우리는 함께 웃으면서 행운의 보물찾기가 되기를 빈다고 말했습니다. 덧붙여, 우리 자신은 그런 귀중품을 잃어버리는 일이 없기를 바랬습니다.
　당신이 이 책을 읽을 때 당신의 상상력 속에 보물탐지기를 간직하기를 바랍니다. 당신의 내면에는 귀중한 보물이 존재하고 있어서 발견되고 사용되기를 기다리고 있습니다. 그것은 당신 잠재력의 보물—더 건강하고, 더 활기차며, 더 충만하고, 생산적이며, 사랑의 힘으로 움직이는 삶을 이룰 수 있는 당신 자신의 가능성—인 것입니다. 당신의 전체적인 행복을 위해서 건강보다 중요한 것은 아무것도 없습니다. 이 책을 내는 목적은 바로 당신의 손에 보물탐지기를 쥐어 드리려는 것입니다. 이 책은 당신 삶을 이루고 있는 일곱 가지 중요한 분야 전반에 걸쳐서 어떻게 하면 수준 높은 전인건강을 발전시킬 것인가 하는 방법을 발견해 내기 위한 것이며, 여기 그 다양한 실천 도구들을 당신에게 제공해 드리겠습니다.
　그러기에 앞서 몇 가지 용어들을 설명하고자 합니다. 이 책에서는 전인건강(Well Being)이라는 말과 전인성(wholeness)이라는 말이 서로 바뀌어서 사용될 수 있습니다. 당신 삶의 중심이 얼마나 사랑과 건강한 영성으로 통합되고 힘을 얻고 있는가 하는 정도만큼 당신은 전인성 혹은 전인건강을 누리는 것입니다. 당신 삶의 중심에 있는 이 전인성은 당신의 삶과 당신이 맺는 관계들의 모든 차원의 행복에 영향을 주기도 하고 영향을 받기도 합니다. 당신이 누리는 전인건강은 당신 삶에서 당신에게 중요한 사람들의 행복과, 당신이 속한 사회, 문화, 세계의 전인건강이라고 하는 더 넓은 범주 속에 한데 뒤얽혀 있는 것입니다.

전인성 혹은 전인건강이란 상처(brokenness)가 없는 상태가 아닙니다. 그보다는 당신의 상처를 다루기 위해서, 당신 삶의 중심에서 당신이 선택하는 그 무엇입니다. 르네 뒤보(René Dubos)가 건강에 대해서 내린 과장되지 않은 정의는 이 책에서 말하는 전인건강 혹은 전인성이라는 말의 의미와 비슷합니다 : "건강이란 불완전한 사람들이 매우 불완전한 세계에 직면하여 살아가면서도 보람있고, 너무 고통스럽지는 않은 실존을 성취할 수 있도록 해주는 삶의 한 방식이다."[1]

이 책의 중심 메시지는 현실에 근거한 희망(reality-based hope)이라는 메시지입니다. 당신의 삶에서 겪게 되는 상실과 위기, 실패와 한계에도 불구하고 당신 자신 안에서, 당신의 가족, 당신의 일, 당신의 세계 안에서 더 큰 사랑의 힘으로 이루어지는 전인성을 발전시키고 즐긴다는 것은 가능한 일인 것입니다. 이 책은 어떻게 이를 달성할 수 있을까 하는 방법에 대한 실용적인 지침들과 자가실천방법들, 철저한 지도를 완비한 식탁을 제공합니다. 이 식사는 당신이 선택하는 자원들을 이용하여 스스로 '전인성을 위한 자기관리 프로그램'(self-care-for-wholeness program)을 개발하는 데 필요한 전략을 당신에게 마련해 줄 것입니다.

사랑 – 전인건강의 핵심

철학자이고 신학자이면서 나의 스승이기도 한 폴 틸리히(Paul Tillich)는 "사랑이란 삶을 움직여 나가는 힘"(the moving power of life)이라고 선언했습니다.[2] 정말 그렇습니다. 사랑은 당신의 삶과 당신의 건강 모두를 움직여 나가는 힘입니다. 트라피스트수도회(Trappist)의 신비주의자 토마스 머튼(Thomas Merton)은 사랑의 전인성(the wholeness of love)이라고 하는 적절한 말을 만들었습니다.[3] 사랑이 없다면 전인건강은 결코 있을 수 없습니다. 사랑은 바로 전인건강의 핵심인 것입니다! 사랑은 전인성의 힘이요, 수단이며, 의미이고, 목적입니다. 프랑스의 위대한 과학자이자 철학자인 피에르 떼이야르 드 샤르댕(Pierre Teilhard de Chardin)은 이 진리를 다음과 같이 잘 표현했습니다 : "오직 사랑만이 생명체들을 완성하고 충족시킴으로써 그것들을 결합할 수 있다. 왜냐하면 오직 사랑만이 그 생명체들의 가장 깊은 곳에서 그것들을 받아들여 하나로 결합시켜 주기 때문이다. 이것은 나날이 경험하는 사실이다.……만일 그것이 나날이 작은 규모로 이루어질 수 있는 것이라고 한다면, 어째서 전세계적인 차원에서 바로 이날 되풀이되지 않겠는가?"[4]

온전한 사람의 전인건강에는 다음과 같은 것이 포함됩니다.

▷ **자기 자신을 사랑하는 것** : 인생의 각 단계마다 몸과 마음과 영성이라고 하는, 당신이 받은 고유한 선물을 가능한 한 충분히 개발함으로써 자기 자신을 사랑하는 것

▷ **타인을 사랑하는 것** : 남들로 하여금 자기들이 받은 고유한 선물을 개발하도록 격려함으로써 타인을 사랑하는 것

▷ **자기의 일과 놀이를 사랑하는 것** : 자기의 직업과 취미를 사랑하는 것

▷ **지구를 사랑하는 것** : 지구를 돌보고 지구가 입은 상처를 치유하도록 도움으로써 우리의 어머니인 지구와 지구상의 생명체들의 경이스러운 관계망(network)을 사랑하는 것

▷ **성령을 사랑하는 것** : 모든 치유와 전인성의 원천인 성령을 사랑하는 것

전인건강의 창

로자 베이어(ROSA BEYER)

다음과 같은 멋진 기사가 『로스엔젤스 타임즈』(*Los Angeles Times*)에 실려 있었습니다. "로자 베이어는 자기의 106회 생일에 특별히 원하는 것이 한 가지 있었다. '내가 굉장히 하고 싶은 건 바깥에 나가서 우리 같이 춤을 추는 거예요. 축하하고 싶거든요.' 자기를 위해서 콜러레인구 노인복지센터에서 열린 파티에서 그 여자는 이렇게 말했다. 베이어는 신시내티시 서부 지역의 명사로서, 그 가족은 이곳에서 가정재배 야채를 파는 가게를 여러 해 동안 경영했다. 그는 지난해에 열린 시가행진의 총지휘를 맡았다. 자기가 해오던 여러 가지 활동을 중단하기는 했지만, 그는 자기가 '캔트 클럽'(can't club : 무능력자 클럽)이라고 부르는 데 아직 낄 준비가 되어 있지 않다고 말했다. '난 이렇게 생각해요. 내가 이렇게 오래 살아온 건 하나님께서 내가 무언가를 하기 원하시기 때문이라구요. 그런데 난 아직 그걸 다 하지 못했거든요. 하지만 그게 뭔지 아세요? 내가 비록

하나님이 무엇을 원하시는지 알게 됐다고 하더라도 그걸 하려면 아직도 몇 해는 더 기다려야 할 것 같답니다.'"

로자 베이어의 유머감각과 삶에 대한 달콤한 사랑이 이 짤막한 기사에서 반짝거립니다. 이 기사에 매혹당해서 나는 그와 접촉해 보려고 시도했으나, 그 가족과 연락이 닿았을 때는 이미 그가 하늘나라로 올라가 버린 뒤였습니다. 나는 그 딸과 증손녀에게서 로자가 소원대로 106회 생일에 춤을 추었다는 사실을 전해 들었습니다. 로자는 어린 시절 부모와 함께 스위스에서 이민왔다고 합니다. 가족이 신시내티에 도착한 지 얼마 되지 않아서 로자의 어머니는 독감에 걸려 세상을 떠났습니다. 나중에 로자는 결혼해서, 남편과 함께 사들인 자그마한 농장에서 자녀 다섯 명을 길렀습니다. 남편이 철도회사에 다니며 일하는 동안 로자는 (말이 끄는 쟁기로) 농토를 갈아 야채와 꽃, 과일, 우유, 계란을 생산해서 팔았습니다. 안개 낀 어느 날 아침,

그의 남편은 걸어서 직장으로 출근하던 길에 자동차에 치어 죽었습니다. 로자는 103세쯤 되어 시력이 나빠졌을 때까지는 소매농산물 재배농장에서 야외작업을 했다고 합니다.

그의 딸은 로자가 "자식들과 자연과 자라나는 것들, 성경, 야구, 그리고 삶 자체를 사랑했다."고 회고합니다(1990년 2월 27일자 편지, 정보를 얻고 싶다는 나의 부탁을 너그럽게 들어준 데 대해 로자의 딸인 룻 앨렌과 증손녀 토나 개버드에게 감사드린다). 로자는 어려운 가정에 도움의 손길을 내밀었으며, 남편한테 상습적으로 구타당하는 여자들과 그 자녀들을 자기 집으로 데려왔습니다. 또 부근에 있는 정신지체아센터의 아이들을 위해서 동물을 박제하여 선물했습니다.

로자는 교회에 열심히 다녔습니다. 죽기 몇 달 전 병원에 입원할 때까지는 거의 매주일 교회에 나갔습니다. 그가 다니던 교회의 목사는 로자가 105세였을 때 어머니주일 예배를 드리면서 그와 인터뷰를 한 일이 있습니다. 그때 로자의 육성을 담았던 녹음테이프에서도 그의 쾌활한 유머감각이 번득입니

다. 어린 소녀 시절, 자기와 가족들은 주일마다 교회에 출석했는데, "그건 별로 다른 할 일이 없었기 때문이었다."고 말해서 온 교회를 웃음바다로 만들었습니다. 로자는 자기가 여러 위기와 슬픔을 겪으면서도 줄곧 활력을 잃지 않고 삶을 사랑할 수 있었던 비결이라고 할 만한 이야기를 이렇게 했습니다. "내가 가족이랑 친구들과 나누는 선물이 한 가지 있다고 한다면 그건 바로 사랑, 풍성한 사랑이지요. 왜냐하면 그건 공짜니까요"(1985년 5월 12일, 신시내티시 몬포트하이츠 감리교회에서 인터뷰한 내용).

가라앉은 채 죽음에 자신을 내맡긴 것이 아니라 로자는 106세라는 나이에도 활기에 넘쳤다니! 그는 분명히 자기 인생에 대한 커다란 목적의식을 가지고 있었습니다. 자기를 위한 하나님의 어떤 섭리가 있다고 그는 믿었던 것입니다. 우리 대부분이 그러하듯이, 그것이 무엇인지는 자기 자신도 확신할 수는 없었지만 말입니다. 우리, 로자를 위해서 축배를! 또한 쾌활하고 사랑넘치며 생기있게 살아감으로써 전인건강을 즐기는 다른 수많은 로자를 위해서 축배를 듭시다!

사랑에 대한 이 모든 강조가 당신에게 좀 지나치게 여겨질 경우를 대비해서, 나는 여기서 이해되는 전인성 혹은 전인건강이라고 하는 것이 모든 사람의 인생에 언젠가는 닥치게 되는 고통과 좌절, 분노와 상처까지도 포함한다는 점을 말해 두고자 합니다. 황홀함뿐만 아니라 고통도 대부분의 사람들이 매우 인간적이고 불완전하기는 하지만 그토록 절실하게 필요한 사랑을 서로 주고받는 체험 속에 존재하는 것입니다. 한 송이 장미꽃처럼 사랑은 대부분 가시를 가지고 있는 것같이 보입니다. 그러나 장미에 가시가 있다고 불평하기보다는 오히려 가시나무에 장미꽃이 피었음을 기뻐하는 것이 좋지 않을까요![5]

사랑은 동사(動詞)입니다. 사랑은 당신이 느끼고 즐기는 것일 뿐만 아니라 행동하는 그 무엇입니다. 물론 사랑은 정열과 관능, 연민과 돌봄 같은 강렬하고도 감미로

운 감정을 포함합니다. 이런 감정들은 우리에게 매우 중요합니다. 그러나 사랑은 그보다 훨씬 더 중요한 것입니다. 사랑이란 당신이 사랑하는 사람이 누구든지, 또는 당신이 사랑하는 것이 무엇이든지, 그 사랑하는 사람과 대상으로 하여금 자기의 가능성이라고 하는 보물을 개발할 수 있도록 돕고, 그렇게 함으로써 '완전히 충만한 삶'—이 말은 행복의 경험을 나타내는 옛부터 내려오는 표현이다—으로 나아갈 수 있도록 하는 행동인 것입니다.[6)

전인성을 키워가는 사랑은 당신에게서 시작되지만 거기서 멈춰서는 안 됩니다. 당신이 다른 사람을 사랑하는 능력이 제한되어 있는가, 아니면 자유롭게 열려 있는가 하는 것은 당신이 자기 자신을 얼마나 충분히 사랑하는가에 달려 있습니다. 자기 자신의 건강과 창조력, 활기, 기쁨을 향상시키도록 돕는 자기관리의 행동을 어느 정도껏 하는가 하는 만큼 당신은 진정으로 자신을 사랑하는 것입니다. 마찬가지로 지구에 대한 당신의 사랑은 당신이 어느 정도로 환경을 존중하고 보호하는 생활을 하는가 하는 만큼 효과적인 것입니다. 당신의 건강과 하나님이 지으신 모든 피조물의 건강은 궁극적으로 환경의 건강에 달려 있기 때문에, 지구를 사랑하는 것은 정말로 당신 자신과 타인들, 그리고 모든 생명체들을 사랑하는 또 하나의 길인 것입니다.

서로 사랑하는 관계는 행복이 자라나는 정원입니다. 건강함을 일구어 내는 사랑은 근육을 동원한 사랑이며, 서로의 욕구에 적극적으로 응답하는 가운데 표현되는 사랑입니다. 이러한 사랑을 베푸는 것은 그 사랑을 받는 것만큼이나 당신 건강에 중요합니다. 따뜻한 마음으로 돌봄의 손길을 내미는 것은 이 필수불가결한 인간 영

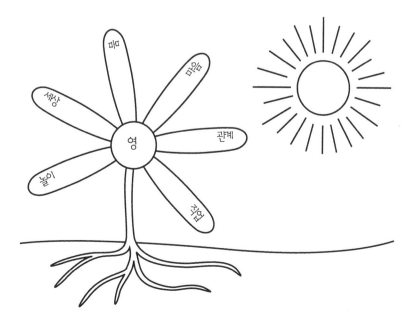

혼의 양식을 섭취하는 것만큼이나 중요한 것입니다.

전인성 혹은 전인건강이란 당신이 언젠가 도달할 것을 목표로 삼고 희망하는, 건강함의 뒤에 비치는 일종의 완벽한 후광이 아닙니다. 오히려 전인건강은 드러나는 가능성의 여행(a trip of emerging possibilities)인 것입니다. 이 책은 사용자 여러분에게 바로 가장 중요한 여행—평생토록 해나가는 전인건강의 여행—을 안내해 주는 친숙한 길잡이가 될 것입니다.

전인건강을 중심으로 피어나는 영성의 꽃

한 송이 꽃과 같이 전인성이라고 하는 것은 살아 있고 성장하며 항상 변화하는 하나의 유기체로서, 전인성에는 각 부분이 있고 그것이 존재하는 환경이 있습니다. 이 꽃의 중심부는 건강한 영성을 의미합니다. 그러한 영성은 전인성의 꽃잎들을 한데 모아 주며, 그 꽃잎들에 유기적인 통일성을 부여합니다. 그 중심부는 또한 꽃잎들이 영양을 섭취하는 곳이고, 새로운 생명의 씨앗들이 자라나는 곳이기도 합니다. 전인성이라는 꽃의 뿌리들은 우리의 평범한 인간성이라고 하는 토양으로부터, 그리고 생명계, 곧 우리가 먹는 모든 음식물이 나는 생물들의 경이로운 그물망인 생물계로부터 자양분을 빨아올리기 위해 깊이 뻗어나갑니다. 이 꽃은 자기 생명을 위해서 호흡하는 공기로 둘러싸여 있습니다. 꽃 위에는 사랑의 태양, 곧 하나님으로부터 오는 치유와 전인성의 근원인 태양이 있습니다. 이 태양은 꽃이 계속 자라날 수 있도록 하고, 또 아름다움을 간직하고 알맞은 때에 씨앗을 맺도록 해주는 에너지를 공급합니다. 전인성은 꽃과 같이 그 계절이 있으며, 탄생—삶—죽음—재탄생이라고 하는 주기를 가지고 순환합니다. 씨앗을 심고 싹을 틔우는 시기가 있고, 꽃피고 열매맺는 때가 있으며, 시들어 죽고 땅으로 다시 돌아가는 때가 있습니다. 계속되는 창조의 순환 속에서 새로운 세대를 준비하면서 말입니다.

7중 행로의 전인건강이 주는 보상들

제 1부의 각 장에서 우리는 위에서 꽃으로 묘사된 전인성의 일곱 가지 차원을 탐색할 것입니다. 이 탐색을 통해 각 부분에서 당신의 전인건강 수준을 향상시킬 수 있는 실제적인 자기관리의 방법을 당신은 선물받을 것입니다. 입맛을 돋구기 위해서 여기 건강한 삶으로 가는 일곱 가지 길을 살며시 엿보게 해드리겠습니다. 이는 더 나은 자기관리를 통해서 당신이 얻어낼 수 있을 만한 것에 초점을 맞추고 있습니다.

1. 당신 영성의 전인건강

전인성을 가꾸어 주는 영성(wholeness-nurturing spirituality)이라고 하는 것은 사랑과 해방의 성령과 점점 더 친밀한 관계를 누리는 것을 내포하고 있습니다. 인간의 사랑은 아무리 좋은 것이라 해도 금이 가고, 시간적인 제약을 받으며, 부분적일 수밖에 없습니다. 그러므로 인간관계가 당신에게 소중하기는 하겠지만, 그런 관계들 저 너머에서 오는 조건없는 사랑의 원천을 지닌다는 것이 당신의 전인건강에 필수적입니다. 이 성령과 당신이 맺는 관계의 질적 수준이 어떠한가 하는 것에 따라서 당신이 자기 삶의 다른 차원에서 얼마나 활기차고 사랑넘치게 사는가 하는 것이 영향을 받습니다. 우리가 살고 있는 세상은 윤리적 혼란과 영적 공허로 인간을 병들게 하는 죄악과 우주적 고독, 절망이 야기되는 심각한 영적 가뭄상태에 처한 곳입니다. 이토록 메마른 세상에서 성령과 살아 숨쉬는 관계를 맺는다는 것은 넘쳐 흐르는 치유의 샘이 될 수 있습니다. 다시 말하면, 당신의 내면생활에서, 당신의 인간관계에서, 또한 이 세상에서 당신이 더욱 치유하는 인간(a more healing person)이 되도록 돕는 재생의 힘이 될 수 있습니다(2장 참조).

2. 당신의 마음과 인격의 전인건강

최근의 연구에 의하면, 우리의 마음과 몸은 건강한 상태에서나 병든 상태에서나 상호 의존도가 대단히 깊다는 것이 밝혀졌습니다. 자기 몸을 잘 돌보는 것은 당신의 정신적, 정서적 건강을 증진시키는 데 도움이 됩니다. 거꾸로, 당신이 마음을 어떻게 쓰느냐 하는 데 따라서 자기 몸의 건강을 유지하는 데 도움이 될 수도 있고 자기를 병들게 할 수도 있습니다. 만성적인 무력감과 절망감에 젖어 있으면 당신 몸은 갖가지 질병에 걸리기가 더 쉬울 것입니다. 만일 희망에 차 있다면 당신은 더 빨리 치유될 수 있고, 당신 몸은 좋은 상태로 유지될 수 있습니다. 게다가 당신의 정신에서 아직 개발되지 않은 지적, 창조적 자원은 엄청납니다. 그 도전은 평생에 걸친 자기를 향한 배움(self-directed learning)이라고 하는 모험을 헤쳐나가면서 자기의 정신을 사용함으로써, 정신을 사랑하고 힘을 주며 즐기는 것입니다. 지식이 폭발하고 사회변화가 번개처럼 빠르게 일어나는 세상에서 그러한 계속적인 배움은 정신적 예리함과 전인건강을 지속시키는 비결인 것입니다(3장 참조).

3. 당신 몸의 전인건강

육체적 전인건강을 가꾸어 가기 위한 자기관리는 삶을 딛고 설 군건한 토대를 마련해 줍니다. 자기 몸을 얼마만큼 적절히 유지하느냐에 따라서 몸은 더 고통에서 해방되고, 기운차며, 감각이 살아 있고, 효과적으로 기능하며, 당신의 정신적, 영적 전인건강을 뒷받침해 줄 것입니다. 정말입니다. 비록 당신의 몸이 불구상태라든가 당신의 몸이 우리 문화가 '육체미'라고 피상적으로 틀지워 놓은 규격에 들어맞든지 안 맞든지간에 말입니다. 자기 몸을 사랑하도록 배우는 것이 좋은 어버이처럼 몸을 돌보는 비결입니다(4장 참조).

4. 당신이 맺는 인간관계의 전인건강

만성적인 고독과 사랑의 결핍은 당신의 건강을 위협할 수 있습니다. 당신 삶에 사랑하는 관계들이 부족합니까? 만일 그렇다면 당신이 맺는 인간관계들에서 사랑을 풍요롭게, 깊게 하는 것은 아마 더 높은 수준의 전인건강으로 옮겨 갈 수 있는 매우 중요한 방법일 수가 있습니다. 그러나 전인성을 향상시키고 잘못된 것을 치유하기 위해서는 사랑을 상호 존중과 성실성, 솔직한 의사소통, 서로의 완전해짐에 대한 상호 헌신 등의 모습으로 구체화시킬 필요가 있습니다. 친밀한 관계 속에서 사랑의 전인건강을 드높이려면 더 효과적인 의사소통방법과 갈등해소기술들을 배우는 것이 요청됩니다(5장 참조).

5. 당신 일에서의 전인건강

당신이 하고 있는 일이 자존감(self-worth)과 만족을 주는 주된 원천이 되고 있습니까? 아니면 주로 스트레스와 지겨움, 좌절을 안겨 주는 원천입니까? 우리 대부분이 인생 전체의 많은 부분을 일에 투자하고 있기 때문에, 어떻게 하면 일이 스트레스를 덜 주고 건강을 더욱 증진시키도록 만들 것인지를 발견하는 일은 중요합니다. 당신이 하고 있는 일에서 돈을 번다는 실용적인 기능 이상의 어떤 의미를 일단 찾아낸다면 아마 당신은 그 일 속에서, 또 그 일을 위해서, 그 일로부터 더 큰 사랑을 발전시켜 나갈 것입니다(6장 참조).

6. 당신 놀이에서의 전인건강

놀이와 일은 상호 보완적이므로 놀이는 일의 전인성과 직결되어 있습니다. 양자가 모두 우리가 자기 시간을 얼마나 건강하게 쓰고 있는가 하는 것과 관련이 있습니다. 만일 당신이 일과 충전시켜 주는 재창조작업의 균형을 맞출 줄 안다면 당신은 두 영역에서 전인건강을 가꾸어 나갈 것입니다. 게다가 웃음과 장난은 당신 전인성의 다른 차원들 모두를 풍요롭게 해줄 수가 있습니다(7장 참조).

7. 당신이 살고 있는 세계의 전인건강

당신 개인의 건강과 가족의 건강은 당신 생활에 있어서 중요성을 가지는 기관들(institutions)의 건강, 그리고 자연환경의 건강과 뗄래야 뗄 수 없는 것입니다. 당신과 나와 수백만의 우리 인류가 이 신기하도록 아름답고 다치기 쉬운 지구를 더 사랑스럽게 돌보는 것을 터득하게 될 때까지 환경위기가 잠시나마 멈춰 줄 가능성은 거의 없습니다. 생태학적으로 더욱 건강한 생활양식을 실천하며 살아가겠다는 동기를 우리 스스로에게 일깨워 줄 환경적 양심과 돌봄을 우리는 개발할 필요가 있습니다(8장 참조).

　우리 지구의 치유를 돕는 일에는, 당신이 사는 지역에 존재하는 사람에게 봉사하는 모든 기관들의 건강을 향상시키기 위해 여러 사람과 함께 일하는 것도 포함됩니다. 그런 일이 목표로 삼는 것은, 당신의 삶을 비롯해서 그 기관들이 영향을 미치는 모든 사람의 마음—몸—영성의 전인건강을 억누르기보다는 북돋아 주도록 그 기관들이 변화하는 데 도움을 주는 것입니다. 당신이 살고 있는 사회적 상황(social context)을 당신 전인건강의 한 가지 핵심적인 차원으로 간주한다는 것이 처음에는 놀라움을 주는 착상일지도 모릅니다. 그러나 당신의 개인적인 전인건강은 당신과 중요한 관련을 맺고 있는 그 기관들의 뒷받침을 받을 때라야 비로소 극대화될 수 있는 것입니다. 예를 들면, 당신 자녀들의 지적 전인성은 그들이 다니는 학교가 정신을 풍요롭게 만드는 비옥한 정원 같을 때라야 비로소 충분히 꽃피어날 수 있습니다. 그런 학교에서 정신의 모험을 사랑하고 존경과 좋은 대우를 받는 선생님들이 당신 자녀들 속에 이 사랑을 키워 줄 것입니다.

　사랑에 중심을 둔 전인성은 우리 인간들 모두가 서로서로 깊이 연결되어 있고, 생명계 전체와 상호 연결되어 있다는 사실을 깨닫는 데서 비롯되어 흘러나옵니다. 전인건강은 본질적으로 인간과 인간 사이의 관계적인 문제이며 사회적인 문제입니다. 당신의 병과 건강은 바로 당신의 가족과 당신이 사는 지역사회, 당신의 나라와 세계의 병과 건강이라고 하는 것과 얽혀 있는 것입니다. 우리가 살고 있는 이 상호

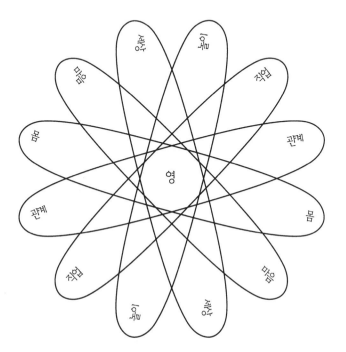

의존적인 세계에서 자신이라는 테두리를 넘어서서 아픔을 치유하는 방향으로 손을 내밀어 자기의 시간과 정열을 얼마만큼 투여한다는 것은 바로 자기 이익을 위한 사려깊은 행동입니다. 깊은 의미에서 생각해 보면, 모든 사람이 온전해지기 전에는 아무도 전적으로 온전할 수 없기 때문입니다. 당신이 사는 세계를 치유하는 방법들이 이 책 전체에 걸쳐 제시되고 있습니다. 특히 8장과 11장에서 상세히 그리고 있습니다.

전인건강의 에너지

선구적인 여성해방론자이며 내 친구인 넬 몰톤(Nelle Morton)에게 감사합니다. 전인성을 대신해서 표현해 주는 이 생동적인 이미지를 그가 제시해 주었기 때문입니다. 넬 머튼은 어느 날 나를 위해서 이 그림을 스케치하고는 이런 말을 덧붙여서 보내왔습니다 : "전인성이라는 것은 결코 가만히 멈추어 있는 정적인 것이 아니라 끓어오르며 성장합니다. 우리가 지구촌에 살고 있기 때문에, 그리고 하나의 우주정신으로 급격히 휩쓸려 들어가고 있기 때문에 영성을 저 에너지의 흐름으로 생각할 수는 없을까요? 우리와 전인성의 다른 여섯 측면들을 서로서로 전체와 역동적인 관계로 묶어 주는 저 에너지의 흐름 말입니다."[7]

우리 삶의 각각의 측면은 다른 모든 측면들에 영향을 미칩니다. 영성의 차원은 다른 차원들 가운데 오직 하나에 불과한 것이 아니라 다른 모든 차원들이 한데 수렴하여 형성되는 것입니다. 당신의 영적 생활은, 그것이 건강을 제공하는 만큼 따로 떼어져 있는 '성스러운' 영역이 아닙니다. 오히려 그것은 세속적이고, 현실적이며, 우스꽝스럽고, 성적(性的)이며, 장난기있고, 고통스럽기도 한 당신 삶의 모든 측면들 가운데서 불가결한 한 부분인 것입니다.

이 이미지는 낡은 물리학 서적에 나오는 원자그림과 닮았습니다. 원자들이 결합하면 겉보기에 딱딱하고 고정된 물체 같은 것을 이룹니다. 그러나 지금 우리가 알고 있다시피, 각각의 원자가 실제로는 자기 주위의 무수한 파장과 끊임없이 생동적인 상호 작용을 하는 하나의 파장(energy field)입니다. 이 원자의 이미지는 좋거나 나쁘거나간에 복잡한 모든 상호 작용과 잠재력을 지니고 있는 우리네 인간들에게 꼭 들어맞는 이미지 같습니다. 거의 반세기 전에 원자과학자들이 병마개를 열어 주어 세상에 나오게 된 제니(genie)처럼, 다가올 시대에 이 지구의 건강에 미칠 수 있는 영향력에 있어서 인간의 힘은 굉장한 것이면서도 또한 잠재적으로는 무시무시한 것이기도 합니다.

빛이란 그저 어둠이 없는 상태가 아닙니다. 빛은 일정한 파장으로 움직이는 에너지입니다. 마찬가지로 전인건강이란 병이 없는 것, 그 훨씬 이상의 것입니다. 그것은 적극적인 생기와 내적 능력과 창조성을 낳는 사랑과 건강한 영성의 생동적인 에너지들이 존재하는 상태인 것입니다. 장난기가 동했을 때, 나는 누군가가 사람의 생동지수(Aliveness Quotient : AQ)를 측정하는 AQ테스트를 창안해 낸다면 얼마나 편리할까 하고 상상해 본 적이 있습니다. 그런 도구가 있다면 개인과 가족, 기관들에 대해서 그 전인건강상태를 읽을 수 있도록 해줄 것입니다. 사람들은 자신이 온전한 정도만큼 내적으로 생동력이 있습니다. 이 내적 생동력이야말로 바로 남들이 그 사람에게 끌리고 그 사람의 영향을 받게 되는 한 가지 이유인 것입니다. 5장에서 다루겠지만, 생동성과 내적 죽음(inner deadness)상태라고 하는 것은 두 가지 모두 남들에게 퍼지기 쉬운 전염성이 있습니다.

　전인건강은 행복(happiness)과는 아주 다른 기쁨을 만들어 냅니다. 그것은 더 표피적인 수준에 머무르는 행복과 즐거움이 우리 생활에서 사라졌을 때에도 존재할 수 있는 더욱 깊은 내적 기쁨입니다. 전인성의 기쁨은 그저 살아 있음 자체를 고귀한 선물로 받아들이고 축하하는 기쁨인 것입니다. 프랑스어로 '쥬아 드 비브르'(joie de vivre : 삶의 기쁨)라는 말은 이런 기쁨을 잘 표현해 줍니다. 이 기쁨은 경이로움(wonder)에 뿌리내리고 있습니다 : 만일 우리가 일상적인 것들의 기적을 깨닫기만 한다면, 삶은 어린이들에게, 그리고 우리 각 사람 내면에 존재하는 어린이에게 온통 놀라움으로 가득(wonder-full) 할 수가 있는 것입니다.

파괴되었지만 다시 태어나는 세계에서의 전인성

　당신과 내가 전인건강을 찾아나서는 이 상황은 기껏해 봤자 잡동사니더미에 불과합니다. 갖가지 문제와 손실들이 사람들 대부분의 생활에 끊임없이 좌절감을 안겨

줍니다—건강문제라든가 가족문제, 직업조건, 혹은 영적 생활에 있어서 말입니다. 우리 대부분이 때때로 침체상태에 빠져들곤 한다는 사실을 무시해 버린다면, 전인 건강에 아무리 접근하려 한다 해도 그 접근방법은 설득력이 없습니다. 게다가 우리가 저지르는 실수와 무책임한 짓들에 의해 우리 자신에게 퍼붓는 자기 학대가 있습니다. 폭력과 파괴 또한 광란적이고 분열된 우리 사회에 만연해 있습니다. 아래 열거하는 사회적 위기들로 인해서 개인적인 상처는 더 복잡해지고, 치유가 더욱 어렵게 됩니다.

▷ 우리들 생명의 어머니인 자연을 상대로 일어나는 폭력 : 강, 호수, 바다, 공기, 흙을 오염시킴으로써, 또한 우리가 먹는 음식과 우리 가정에 도사리고 있는 독소들에 의해 저질러지는 폭력

▷ 산업화와 첨단기술 문명이 지배하는 도시화된 사회에 널리 확산된 가족의 붕괴

▷ 민족, 인종, 국가집단들 사이에서 폭발하는, 종종 폭력적이기도 한 반목(反目)

▷ 고질적인 마약문제와 기타 약물에 대한 의존 : 청년들과 중년, 여성과 어떤 특정한 분노를 품고 있는 소수 집단들을 강타하면서 우리의 중독성 사회에 퍼져 나가는 위기

▷ 세계 전역에 재앙처럼 퍼진 에이즈

▷ 사회에서 약자로 규정되는 사람들¡여성, 어린이, 소수민족, 장애자, 동성연애자 등에게 가해지는 파괴적인 폭력(성적 폭력과 기타 폭력들)

▷ 가난의 폭력 : 부유한 국가 내부의 빈곤층과 부자 나라들로부터 착취당하는 가난한 나라들에서 비인간화 현상을 일으키는 빈곤

▷ 십대들의 자살이라는 전염병 : 우리가 살고 있는 전례없는 세계적 공포의 도가니 시대에 '미래에 대한 철저한 절망' (radical futurelessness)에 근거한 자살병

▷ 어마어마한 국가적 채무에 시달리는 나라들의 미래 세대에 대한 폭력 : 우리의 탐욕과 낭비풍조와 무기경쟁에서 비롯된 채무로 인한 폭력

▷ 우리 세계의 심각한 영적, 윤리적 위기

그러나 이처럼 어둠이 짙게 깔린 파괴된 세계의 그림 한복판에서도, 그것은 또한 다시 태어나고 있는 세계이기도 하다는 사실을 암시해 주는 희망의 서광이 몇 줄기 비치고 있습니다. 자비와 공동체의식이 성장하는 시대, 정의와 자유의 시대를 해산하는 진통의 몸부림들이 나타내는 다음과 같은 희망의 징조들을 잘 생각해 보십시오.

▷ 다치기 쉽고 소중한 지구 위에 살고 있는 하나의 인간가족(one human family)으로써 우리가 근본적으로 하나라고 하는 일치성을 발견, 강화토록 하는 쪽으로 우리의 경제적, 생태학적 생존욕구들이 인류사상 전례없이 우리를 몰아가고 있다는 것

▷ 동유럽에서 일어나는 자유의 탄생, 강대국들의 극적인 움직임들 : 냉전을 종식하고 몰상식한 무기경쟁의 속도를 늦추게 하는 사건

▷ 지구상의 어떠한 집단에게도 안전과 생존이 보장될 수 있는 최소단위는 다른 생물 종(種 : species)과 공존해서 살아가는 인간 종 전체라고 하는 사실에 대한 인식이 커가는 것

▷ 전지구상에서 일어나고 있는(정부, 민간 차원의) 환경운동 : 인간이라고 하는 지구의 자녀와 엄청나게 다양한 동·식물군을 구해 내기 위한 그들의 헌신

▷ 많은 나라에서 전인건강운동(whole-person health movement)이 꽃피어나고 있는 현상

▷ 여성들이 강력하게 스스로를 재정의하게 되고, 정치·교육·종교 등 모든 전문분야에서 지도력을 발휘하게 된 것

▷ 수명연장에 기여하는 더 좋은 건강 자원들 : 더욱 오래, 더욱 온전한 삶을 살 수 있게 해주는 전례없는 기회들을 열어 놓은 것

▷ 자기와 타인을 돕는 비전문가 집단들의 번창('알콜중독자 치유협회'를 모델로 삼을 수 있음) : 수백만 명이 갖가지 삶의 문제들에서 회복됨으로써 전인건강을 찾을 수 있게 된 것

▷ 컴퓨터와 비디오, 각종 첨단 통신수단들이 지니는 놀라우리만치 새로운 가능성들은 사람이 해야 하는 단조롭고 고된 노동을 줄여 주고, 전세계적인 의사소통과 교육을 더욱 효과적으로 수행할 수 있도록 해주는 것

▷ 무수한 사람들의 영적 각성 : 자신의 영적 생활을 깊게 하는 새로운 길을 발견하기 위해 예전부터 내려온 권위, 지시적 확실성(authority-prescribed certainties)을 놓아 버리는 이들의 모험

물론 어둠은 아직도 곳곳에 짙게 깔려 있습니다. 문명의 새로운 단계가 동튼다는 것은 지금으로서는 매우 가망있어 보이는 하나의 가능성에 불과합니다. 완전한 탄생, 그것은 우리의—당신과 나의—의지에 달려 있습니다. 우리 자신과 가족, 우리 사회, 그리고 우리 세계 속에서 일어나고 있는 그 과정 속에서 산파역을 자임하려는 의지 말입니다. 이 도전에 정열과 정성, 헌신을 기울여 응하는 것 자체가 우리의 전인성을 위해 경이로운 작용을 한다는 사실은 기쁜 소식이 아닐 수 없습니다.

전인건강에 대한 관심이라고 하는 것은 우리 자신과 우리 세계를 이해하는 새로운 길을 찾는 더욱 광범위한 탐색작업에 있어서 빙산의 일각일 따름입니다. 치유기술뿐만 아니라 현대의 생물학과 물리학, 인간학, 사회심리학을 포함한 많은 학문분야에서 심오한 변화들이 일어나고 있습니다. 이 모든 변화들은 인간과 인간의 세계에 대해 구획화된 초개인주의적인 이해를 하는 것과 완전히 결별합니다. 이 변화들은 관계적, 생태학적, 사회적 체계를 지향합니다. 곧, 만물은 상호 연관성을 가지며, 인간은 그 전체적인 인간관계적, 문화적 환경과 자연환경 속에 처해진 존재로 바라볼 때 치유와 성장을 위한 도움을 가장 잘 받을 수 있다고 하는 이해를 지향하

고 있습니다. 오늘날 이러한 방향으로 흐르는 고무적인 경향들이 시사해 주는 것은, 전인성이라는 것이 제철을 만난 가치있는 안내자, 곧 1990년대와 다음 세기의 길을 인도하는 안내자의 이미지라고 하는 사실입니다.[8]

당신 건강의 일곱 차원을 향상시키기 위한 명상 안내

이 명상실습에는 두 가지 목적이 있습니다. (1)일곱 가지의 각 차원에서 당신이 경험을 통해 자기의 전인성을 점검해 볼 수 있도록 하는 것과 (2)당신이 도움이 필요하다고 정하는 영역에서 자신의 전인성을 증진시키는 방법을 발견하는 것입니다. 이 훈련에서 최대의 효과를 얻기 위해서는 아무한테도 방해받지 않는 조용한 장소와 15~20분의 시간이 필요합니다. 한번에 일곱 단계를 다 해낼 시간이 나지 않는 경우에는 명상훈련을 두 번에 나누어서 하십시오.

1. 척추를 수직으로 세우고 두 발은 방바닥에 평평하게 놓아 편안한 자세로 앉으십시오. /눈을 감고서 당신이 어떻게 느끼는가를 의식하십시오—이 명상실습에 대해서, 그리고 전체적으로 어떤 느낌인지에 대해. /당신의 몸의 느낌에 1~2분 동안 마음을 집중하십시오. /몇 번 깊은 호흡을 하면서 어깨와 목을 굽히고 흔드십시오. 숨을 들여쉴 때 당신이 불편하거나 긴장을 느끼는 몸의 부위들과 당신의 마음을 소생시켜 주는 에너지의 흐름을 의식하십시오. /깊은 호흡을 계속하는 동안 조용히 다섯까지 세면서 몸 전체의 근육을 팽팽하게 긴장시키십시오. 그런 다음 다섯을 셀 동안 숨을 깊이 내쉽니다. 숨을 멈추고는 또 다섯을 세고서 다시 반복합니다. 이 호흡을 여러 번 하되, 특히 당신이 긴장을 느끼는 부분들을 이완시키도록 하십시오. 몸 전체가 긴장이 잘 풀리고 매우 기민해질 때까지 이것을 반복하십시오. /당신의 온몸 구석구석에 더 많은 에너지와 생기를 느끼기 위해서 필요한 것이 있다면 무엇이든지 하십시오. /당신이 몸을 튼튼하고 활기차게 하기 위해서 어떻게 의도적으로 해왔는가를 의식하십시오.

2. 당신의 몸과 계속 접촉하고 있는 상태에서 자신의 의식을 자기 내면에 있는 하나의 방으로 그려 보십시오. 이제 그 방 안에 혼자 계십시오. /그 방을 둘러보십시오. 방의 크기와 색깔, 배치된 가구, 냄새, 소리, 온도를 의식해 보십시오. 그리고 당신 의식의 방 안에서 바로 지금 느낌은 어떤지를 의식하십시오. /상상의 세계에서, 당신이 편안하게 느낄 수 있는 더 좋은 방으로 만들기 위해 지금 해야 할 필요가 있는 것이 있다면 무엇이든지 하십시오. 예를 들어서, 방이 답답하게 느껴지면 더 넓은 내부공간을 갖기 위해서 벽을 더 뒤로 물리고 천장을 높이십시오. 자신과 함께할 수 있는 좋고 따뜻하고 사랑 가득

한 장소로 만들기 위해서 당신이 하고 싶은 것이 있다면—지저분한 것들을 치우고, 실내장식을 바꾸며, 안락한 가구와 벽난로, 음악과 꽃, 그림을 붙인 창문 등—무엇이든지 하십시오. /자, 이제 조용하고 새로워지는 분위기로 당신의 내적 공간을 잠시 즐기십시오. /실습의 이 부분을 깊이 명상하십시오. 당신이 의식하는 마음을 당신 자신과 함께할 수 있는 더 좋은 곳으로 만드는 것에 대해서 당신은 무엇을 배웠습니까?

3. 당신의 몸, 그리고 내면의 방에 대한 의식에 머무르면서, 당신이 지금 바로 가까이 있고 싶은 사람(들)을 뚜렷하게 떠올려 보십시오. /그 사람(들)과 따뜻하고 사랑을 나누는 관계로 함께하는 것을 체험하십시오. /당신 내면의 방에 혼자 있었을 때부터 지금까지 당신의 느낌이 어떻게 변화했는지 의식하십시오. /이 명상실습을 다른 사람과 함께하고 있다면, 이제 손을 마주잡고 당신이 체험하고 있는 것에 마음을 집중하기 위해서 눈을 감으십시오. /당신이 직접 만져서, 혹은 상상 속에서 접촉하고 있는 사람(들)을 의식하십시오. 그들은 느낌과 희망과 사랑과 공포와 기쁨과 고통을 지닌 사람들입니다—당신처럼 말입니다. 이 각 사람이 바로 당신처럼 무엇과도 바꿀 수 없는 하나님의 사랑하는 자녀임을 의식하십시오. 당신 자신을 열어서 한 가족—인간 가족 안의 형제자매로서 근본적으로 하나임을 체험하십시오. 당신들 사이에 차이가 있음에도 불구하고 당신들이 서로 깊이 연결되어 있음을 체험하십시오. /당신들의 인간관계를 깊게 하는 것에 대해서 당신이 배운 것을 잠시 명상하십시오.

4. 당신의 몸과 당신 의식의 방과 당신에게 중요한 인간관계와 계속 만나고 있는 상태에서 자연세계를 의식하십시오. 당신 몸이 떠받쳐져 있는 상태를 체험하도록 하십시오—의자에 안전하게 받쳐져 있고, 방바닥과 건물의 기초와 그리고 이 모든 것이 우리의 어머니인 지구에 떠받쳐져 있음을 체험하십시오. /이제 상상의 나래를 펴서 당신이 제일 좋아하는 아름다운 자연의 장소로 가십시오. /이 장소에 있는 것을 잠시 즐기면서 그곳의 굉장한 생기를 받아 스스로 길러지고 힘을 얻도록 하십시오. /자연과 당신의 관계를 더욱 친밀하고, 기운을 북돋우며, 더욱 새롭게 하는 관계로 만드는 데 대해서 당신이 방금 배운 것을 명상하십시오.

5. 당신의 몸과 내면의 방과 사람들과 또 자연과 맺은 관계를 계속 의식하면서, 이제는 당신의 일터를 생생하게 떠올려 보십시오. 그 장소에 잠시 머무르면서 당신이 거기 있을 때 어떤 느낌인지 의식하십시오. 거기서 이루어지는 관계들의 분위기는 얼마나 기분을 살려 줍니까? 당신이 하는 일은 얼마나 만족스럽고 가치있어 보입니까? 잠시 동안 당신이 가장 활기차고, 평가받고, 유능하게 느끼는 일터 상황에 처해 있다고 생각해 보십시오. /이제는 당신이 인정받지 못하고, 우울하며, 기운빠진다고 느끼는 일터 상황으로 옮겨가 보십시오. /두

곳을 몇 차례 왔다갔다 하면서, 당신의 일터 상황에 있어서 건강한 장소로부터 에너지를 얼마간 가져다가 다른 장소를 치유하는 데 당신이 도움을 줄 수 있는지 살펴보십시오. / 자신과 남들을 위해서 당신이 속한 기구가 더욱 전인건강을 육성하는 곳이 되도록 만들기 위해서 당신이 할 만한 것에 대해 명상하십시오. / 당신의 일터라는 배경 속에서 어떠한 건강함을 체험했든지 거기서 배운 것을 의식에 떠올려 보십시오.

6. 자, 이제 상상 속에서 재미있게 노십시오. 잠시 동안 친구나 애인과 장난을 즐기십시오. 맘껏 웃으십시오. 두 사람 모두가 좋아하는 놀이를 하거나, 아니면 일하지 않고 빈둥거리거나, 사랑나누는 것을 즐기십시오. 당신 자신을 그냥 내버려 두십시오. 정말로 즐기십시오! / 당신이 놀 때 느낌이 어떤지 의식하십시오. / 어떻게 하면 이 경쾌함과 기쁨을 당신의 일이나 당신의 가정생활, 혹은 당신의 영성에 더 많이 들여올 수 있을까요?

7. 앞의 여섯 차원에서 체험한 것과 줄곧 닿아 있으면서 바로 이 순간, 지금 여기에 존재하는 성령을 의식하도록 하십시오. 당신 마음과 몸의 창문을 활짝 열어젖히십시오. 하나님의 치유하는 사랑의 에너지가 따뜻한 치유의 빛 속에서 흐르도록 하십시오. / 이제 당신 몸에서부터 시작해서 이 사랑의 빛으로 온 몸을 감싸고 채우십시오. 당신 내면의 방도 그렇게 하십시오. / 당신의 가장 친밀한 인간관계도 사랑의 빛으로 그렇게 하십시오. / 당신이 일하는 일터와 거기 있는 사람들도 그렇게 하십시오. / 이제 당신의 놀이 체험이 하나님의 사랑으로 채워지도록 하십시오. / 이 영적 에너지에 당신 의식을 열어서 다른 차원에서 얻은 당신의 체험들을 어떻게 변화시켜 주는지 주의를 집중하십시오. / 아프거나 어려움에 처해 있거나 짓눌려 있을 때 당신이 좋아하는 어떤 사람을 생각해 보십시오. / 당신 마음속에서 그들이 하나님과 당신의 치유하는 빛으로 감싸여 있는 모습을 그려 보십시오. / 성령과의 관계를 누리는 것에 집중하고 있을 때 당신이 배운 것을 명상하십시오. /

잘 마무리하는 느낌을 주는 방법이 있다면 그 방법으로 이 명상실습을 마치십시오. 그리고는 눈을 뜨기 전에 잠시 동안 당신이 배운 것, 바로 당신의 전인건강을 향상시키는 데 쓸모있을 듯한 것을 잠시 명상하십시오. / 이제 차분히 눈을 뜨십시오. 원한다면, 당신이 배운 중요한 것들에 대해서 당신의 '전인건강 자기관리일지'에 적어 보십시오. / 가능하다면 이 명상훈련의 주요 대목들을 당신이 좋아하고 신뢰하는 사람과 함께 나누십시오.

이 명상 안내가 전인건강의 일곱 차원을 당신의 체험 속에 생생하게 받아들이는 데 도움이 되었기를 바랍니다. 그리고 이 과정 속에서, 이 핵심적인 몇 부분에서 자신의 삶을 풍요롭게 만들기 위해서 당신이 할 수 있는 간단한 것들을 얼마만큼 발견하였기를 바랍니다. 이 훈련이 유용하다고 생각한다면 며칠 동안 매일 되풀이해 보기를 권합니다. 거듭 실천하면 더욱더 도움이 될 것입니다. 횟수를 거듭할수록 이 명상이 일곱 가지 전인건강의 각 차원에서 당신을 발전시킬 뿐만 아니라 지금 상태를 점검할 수 있는 훌륭한 방법이라는 사실을 당신은 발견할 것입니다.

제 2 장

영성적 삶의 촉진과 감격

피트(Pete)는 43세로 교회와 지역사회 지도자로서, 그리고 사업에서 뛰어난 성공사례 가운데 한 사람이었습니다. 그가 심각한 위기 때문에 목회상담을 요청한 것은 그의 외아들 테드(Ted)가 자살을 시도한 직후였습니다. 테드는 수업에 안 들어가고 맥주를 마시고, 다른 친구들과 어울려 마리화나를

> 하나님은 당신을 사랑하십니다. 그래서 나는 최선을 다하고 있습니다.
> -범퍼 스티커

피웠습니다. 테드뿐 아니라 피트의 가정 전체에 문제점이 숨어 있다는 사실은 두 번째 면담 때에 밝혀졌습니다. 그래서 상담자는 가족 전체가 함께 상담받으라고 권고했습니다. 상담이 진행되어 가는 동안에 피트와 그의 아내 칼라(Carla)는 함께 살고 있으면서도 서로간에 친밀한 대화가 전혀 없이 각자 소외된 삶을 살고 있다는 사실이 밝혀졌습니다. 몇 달 동안 부부 및 가족상담을 하면서 테드와는 몇 번의 개별면담을 했습니다. 그들은 차츰 자기 가정의 고통과 문제를 치유하는 법을 배우기 시작했습니다. 테드의 자기 파괴적 행동은 그 원인이 있었다는 것도 발견했습니다.

피트와 칼라 부부와의 두 번째 면담 중에 그들 부부간에 심각한 문제가 있다는 사실이 드러났습니다. 부부는 각기 인생의 의미의 문제와 삶의 우선순위 문제로 중대한 위기를 맞고 있었습니다. 사실 이들 부부의 영적 위기가 그들 가족 세 식구의 문제의 원인이었습니다. 그 문제들이 겉보기에는 서로 다

> 하나님의 영광은 인간의 영광을 넘치게 하는 것이다.
> -리옹의 이레네우스
> (A.D. 130-200)

른 문제 같았으나 실제로는 영적 위기가 다른 형태의 문제로 표현되었을 뿐이었습니다. 목회상담자는 피트와 칼라 부부에게 중년기의 영적 가치 위기를 더 건설적으로 대처하는 방법을 배우게 도와주었습니다. 우리 인간은 종교에 관심을 가지든 가지지 않든간에 피조물임에 틀림이 없습니다. 우리는 궁극적으로 우리 자신과 우리가 살고 있는 세계에 대한 의미와 희망과 신념을 가지고 살아야 하는 피조물입니

다.

당신과 나는 이러한 의미와 희망과 신념들을 표현하기 위하여 광야같은 인생 가운데 질서와 의미의식을 만들어 갑니다. 바로 이 때문에 인간은 어쩔 수 없이 종교적이 될 수밖에 없으며, 이 지구상 어느 지역이든지, 역사의 어느 시점이든지 구별이 없이 다양한 사회 구석구석에서 어떤 형태이든지 종교적 신앙과 관행들이 발견되고 있는 것입니다. 역사가들과 인류학자들은 이러한 사실을 끊임없이 발견하고 증거자료들을 제시하고 있습니다. 우리가 그것을 자각하든지 안 하든지간에 우리는 천부적으로, 그리고 피할 수 없이 자기 초월을 추구하는 존재입니다. 그러므로 우리의 행복을 위해 가장 절실하게 필요한 것은 가끔 세속화된 사회 속에서 그 필요성이 가리워지기는 하지만; 우리의 영적인 능력과 가능성들을 개발하는 것입니다. 여러 가지 고통

> 당신이 적극적으로 삶 속에 뛰어들어 사랑을 실천하지 않는다면, 그래서 그 속에 있는 의미를 발견해내지 않는다면, 당신의 삶은 무의미 속에 흘러가고 말 것입니다. 당신의 전존재로 세상과 마주서 보십시오. 그러면 당신은 하나님을 만날 것입니다.…… 당신이 만약 믿으며 사랑하기 원한다면.
>
> —마틴 부버

스러운 인간 소외의 중요한 원인 중의 한 가지는 바로 우리의 영적 자아(spiritual Selves)로부터의 소외입니다. 즉, 우리는 우리의 존재를 통합하는 영적 중심을 잃어버렸기 때문에 다른 여러 가지 고통스러운 소외에 빠집니다. 바로 이 영적 자아는 우리 인간의 창조적이요, 초월적이요, 독특한 고차원을 의미합니다. 전통적인 종교의 용어를 빌리면 이 통합적인 중심 자아는 우리의 영혼입니다. 그러나 우리가 이 자아를 무엇이라고 부르든지 이 자아는 우리에게 있습니다. 우리는 그 자아를 생동하게 하며 바른 기능을 하게 만들어야 합니다.

생리학적으로, 의학적으로 우리의 건강에 대하여 별로 아는 것이 없다고 할지라도, 이러한 영적-윤리적 차원은 우리의 전인건강 증진의 열쇠가 될 때가 많습니다. 우리의 영적인 확신과 윤리적 실천의 정도는 우리의 건강의 모든 차원에 중대한 영향을 줍니다. 또한 우리의 영적 확신과 윤리적 실천은 우리 자신의 잠재의식의 실상(우리의 정체성)에 영향을 줍니다. 이것에 따라 우리의 자기 평가가 강화되기도 하고 약화되기도 하며, 사랑을 받고 사랑을 나누어 주는 능력, 인생의 상실과 위기에 대처하는 내적인 능력을 촉진시키기도 하고 약화시키기도 합니다. 하나님의 영과 당신과의 관계가 건강하면 당신과 당신 자신, 그리고 이웃과 이 땅에 생존하는 모든 생명과 당신과의 관계가 생생하게 살아나게 됩니다. 만약 당신의 종교적-영적-윤리적 삶이 메말라지면, 다른 영역의 삶도 메말라집니다. 만약 우리의 종교적-영적-윤리적 삶이 녹음이 짙은 동산이 되면 하나님 사랑의 성령의 빛이 찬란히 비추어 우리 전체의 자아가 아름다운 꽃을 피울 것입니다.

이러한 이유로 우리의 영적인 삶을 일깨우고 활성화시키는 것은 우리의 삶을 더욱 사랑이 넘치는 전인으로 개발하는 데 열쇠가 될 수 있는 것입니다. 우리 자신의 영성은 우리의 행복에 어떻게 영향을 미칠까요? 영적인 삶을 강화시키며 더 풍성한

삶을 살 수 있게 하는 방법들은 무엇일까요?

　아마도 종교는 그 대답이 되지 못할 것입니다. 그리고 우리의 사회에 존재하는 어떠한 형태의 종교들도 우리에게 진정한 영성을 약속하지 못할 것입니다. 전통적인 의미에서 우리가 진정으로 신앙적인 사람이든 아니든 간에 한 인간으로 우리는 아직도 영적인 갈망과 배고픔을 가지고 있을 것입니다. 가장 건전한 방법으로 우리가 피할 수 없는 갈망인 의미와 목적과 초월의 욕구를 만족시킬 수 있는 방법을 배운다는 것은 우리의 행복에 결정적입니다.

영성의 전인건강 점검

　다음의 점검표는 두 가지 의미에서 당신의 영적 만족을 촉진시킬 것입니다. 첫째로 이 점검표는 우리의 영적—윤리적 건강정도를 쉽게 평가해 줄 것입니다. 이 점검표는 당신의 영적 성장을 위해서 노력하고 초점을 맞추어야 할 분야들을 결정하는 데 도움을 줄 것입니다. 두 번째로 당신의 영적—윤리적 건강을 증진시킬 수 있는 구체적인 방안들을 제시할 것입니다.

전인건강의 창

빙겐의 힐데가드(Hildegard of Bingen)

　900여 년 전 녹음이 우거진 아름다운 바바리아에 살았던 힐데가드는 놀랍도록 계몽적인 여성이요, 지성과 영성이 충만한 사람이었습니다. 그녀가 여러 방면에서 천재였다는 사실은 그녀가 수녀원장이요, 의사요, 연극인이요, 음악가요, 물리학자요, 자유주의신학자요, 예언자요, 시인이요, 신비가요, 미술가였다는 사실에서 증명됩니다. 그녀는 또한 예민한 영성운동의 선구자로서, 인간과 우주와 하나님을 복합적으로 통합시켜 전인완성에 초점을 맞추고, 놀라운 광채와 깊이있는 통일을 추구하였습니다(매튜 폭스의 「빙겐의 힐데가드의 명상」 서론에서, Gabriel Uhlein 저).

　힐데가드는 인간의 전인건강의 영적 기초를 이해한 선구자였습니다. 그녀는 또한 이 지구를 치유하려고 애쓴 선구자요, 생태학적인 전인성을 성취하려고 했습니다. 그녀는 땅과 공기와 물을 오염시키는 것을 하나님을 반역하는 죄라고 보았습니다.

　모든 피조물을 해방시킴으로써 인간은 진실로 자유로워지며 전인성을 회복할 것입니다(Uhlein, 「명상」, pp.7-12). 그녀의 책의 영감이 넘치는 아름다운 몇 구절을 음미해 봅시다.

　하나님이 나의 밑바닥 중심에 있는 영혼에 입맞추어 마음 깊은 곳에 갈망과 은총과 축복으로 넘치게 하네.
　인간의 내면에 가득한 창조적인 가능성들은 하나님의 작품이요, 인간만이 하나님을 돕는 사명을 받았다네. 그래서 인간은 하나님과 함께 창조사역에 참여하라고 부름을 받았다네 (Uhlein, 「명상」 pp.92-106).

진실로 힐데가드는 일생 동안 땅과 인간과 모든 생명을 사랑하였습니다. 그 이유는 그녀가 하나님과 사랑에 빠졌기 때문입니다.

✐ **방법 :** 다음에 진술한 각 항목 앞에 있는 _____ 난에 다음 셋 중의 하나를 적으세요.
　　잘함-나의 영적 생활에서 이 점은 아주 잘하고 있다.
　　보통-수동적으로 실천하고 있으나 더 잘할 수 있을 것이다.
　　못함-더욱 노력이 필요한 분야이다.

_____ 나의 영적 생활은 나 자신과 이웃(적들을 포함하여)과 자연을 사랑할 능력을 더하게 하며, 세상에 대한 나의 사랑을 더욱 향상시켜 주고 있다.

_____ 나의 영적 생활은 용서받고 용납받았다는 의식(죄책감을 높이는 것이 아니라)을 강화시켜 준다. 그것은 나의 성생활을 거부하기보다는 확인시켜 주며, 삶을 즐기며, 내면의 기쁨을 향상시켜 준다.

_____ 나의 영적 확신과 경험들은 나의 상실과 실패를 건설적으로 대처할 수 있게 도와준다.

_____ 나는 내가 경험한 비극과 위기와 상실들을 기회로 삼아 신앙을 자라게 하며, 고통스러운 현실을 더 잘 대처할 수 있게 도와준다.

_____ 나는 내가 어려서 배운 신념들과 가치들을 재평가하여 성인으로서 나의 삶에 아직도 진리인 것들을 재확인하고 나의 신념과 가치로 받아들이고 있다.

_____ 나는 솔직한 의심을 존중하는 법을 배웠다. 의심들을 나의 신앙성숙에 따라오는 건설적인 과정으로 이해하며, 그 의심이 나의 안전감을 위협한다 해도 나는 의심을 존중하겠다.

_____ 나를 지도하는 가치들은 사랑, 정의, 전인건강에 대한 나의 이해와 일치한다.

_____ 나의 양심은 인간에게 고통을 주고 비인간화시키는 근본적인 사회악에 항거하며, 그것에 민감하다.

_____ 나는 우선순위(시간배정에서 볼 수 있는)를 나에게 가장 중요한 가치와 사람과 문제들에 중점을 두고 정한다.

_____ 나의 신앙과 가치들은 인생에 대해 나와 다른 신앙과 의견을 갖고 있는 사람들과 장벽을 만들기보다는 서로 존중하는 가교를 만들고 있다.

_____ 나는 날마다 자신을 훈련한다. 합당한 시간을 정하여 묵상, 기도, 공부와 같은 영성훈련들을 하며, 평안과 기쁨과 용서와 사랑을 개발하려고 노력한다.

_____ 나는 하나님의 사랑과 용서를 체험하였다. 이 체험은 다른 사람을 사랑하게 만드는 통로가 되었다. 이 체험은 특별히 개인적인 비극으로 상처입고 사회적으로 억압받으며

소외된 사람들을 사랑하게 만든다.

_____ 나는 내 안에 있는 하나님의 빛인 나의 영적 자아와 친밀관계를 맺고 있다. 나는 총체적인 나의 삶을 이 영적인 자아를 중심으로 통합시키려 헌신하고 있다.

_____ 나는 하나님이 주신 인생이라는 빛나는 선물을 즐거워하며 감사하며 경탄한다.

_____ 나는 전인류의 사랑의 성령께서 나를 무조건적으로 용납해 주셨기 때문에, 나 자신과 이웃들이 가지고 있는 사랑받을 수 없는 그런 것들까지도 쉽게 받아들인다.

_____ 나는 하나님의 성령께서 나의 인생을 위해 계획하신 목적을 확신하며, 이것이 날마다 경험하는 인간관계와 하는 일에 의미를 더해 준다.

_____ 나는 기도, 자연과 하나됨, 음악, 사랑의 관계, 예배, 놀라운 생각과 같은 다양한 영적, 정신적인 활동들을 통하여 영적으로 고양되는 경험을 하며 산다.

_____ 나는 이 세상과 거기에 사는 평범한 사람들 속에서 일어나는 일상의 기적을 깨닫는다. 나는 평범한 사람 속에 감추인 특별한 영적인 은사들을 의식한다.

_____ 나는 같은 믿음을 나누는 돌봄의 공동체(예 : 지원그룹, 교회)에 참여하고 있다. 돌봄의 공동체는 나의 영적–윤리적 성장을 촉진시키는 의미있는 축제, 예전, 축하, 그리고 지원들을 제공해 준다.

_____ 나는 돌보며, 열정적이요, 양육하는 신비적 측면의 영성생활과 함께 합리적이요, 윤리적이요, 주체적이요, 책임적인 삶을 즐거워한다.

_____ 나는 하나님께서 지으신 자연세계 속에 숨쉬는 지혜와 신비를 즐거워하며, 그 속에 약동하는 다양성과 생명을 존중하며 사랑한다.

_____ 나는 많은 차이점을 가진 우리 인간들 모두가 각자 최상의 가치를 지닌 자애로우신 성령의 아들, 딸들임을 긍정한다.

_____ 나는 하나님께서 나를 더 큰 관심과 동정을 가지도록 하시고, 정의와 사회의 세상을 창조하는 것을 도울 수 있도록, 그리고 가난하고 억압받는 사람들을 포함한 모두를 위해 더 나은 행복을 가능하게 하기 위하여 불러 주신 것이 기쁘다.

_____ 나는 죽음에 대한 나의 감정들을 활력을 주는 믿음 안에서 직면하게 된다. 그래서 그것들은 더 큰 열의와 창조성과 함께 살아가는 힘의 원천이 된다.

_____ 나는 내가 정말로 속해 있는 분야에 익숙하다는 인식이 고조되어 있다.

_____ 나의 신앙과 영적인 경험들은 사랑, 희망, 신뢰, 자존감, 기쁨, 책임, 생명력, 내적 자유 등을 고양시키며, 나의 몸을 있는 그대로 수용하며, 몸의 즐거움을 받아들이게 만든다. 그리고 두려움, 죄책, 유아기적 의존성, 편견, 미움, 몸을 천시함, 그리고 내적 속박 등 파괴적인 감정들을 극복하게 해준다.

_____ 나는 죄책감에서 기인된 소외(나 자신과 이웃과 하나님으로부터의 소외)에서 놀라운 치유적 화해와 용서로 전환하는 영적 접근방법들을 발견했다.

_____ 나의 영적인 삶은 생동하는 상징들, 의미있는 예전과 신화들, 그리고 탄생, 성장, 죽음과 같은 삶의 발달과정을 즐거워하는 축제 등을 통하여 나의 무의식에 들어 있는 창조

적인 자원들과 계속하여 접촉하며 살아간다.

_____ 나는 삶의 신비와 기적들을 깨닫고 있으며, 그것들을 즐거워한다.

♥ **평가 :** 위에 열거한 영적인 신념, 자세, 그리고 실천들 앞에 당신이 표시해 놓은 점검표를 잠시 조사하세요. 당신의 영적인 삶의 전인성에 대한 전체적인 당신의 느낌은 어떠한가요? 당신에게 가장 중요하다고 생각되는 '못함'과 '보통' 목록들을 당신의 일지에 적으세요. 그 다음에 당신은 그 분야에서 어떻게 당신의 영적인 건강과 성장을 강화시킬 수 있는지 그 방법들을 생각하여 적어 보세요.

이 점검표의 사용에 대한 또 다른 지침들은 이 장의 끝에 기술하였습니다.

당신의 영성은 상처입히는 힘이냐? 아니면 치유하는 능력이냐?

내가 아끼는 소중한 친구 엘마 픽슬리(Erma Pixley)는 죽기 얼마 전에 다음과 같은 강력한 이미지를 나와 함께 나누었습니다. "종교는 우리의 영혼이 날아 오르게 만드는 날개가 될 수도 있고, 우리의 목을 죄어 오는 쇠사슬이 될 수도 있다!"[1] 나는 어떤 심리학자가 「종교는 당신의 건강에 해로울 수 있다」[2]는 제목의 책을 쓴 것을 기억합니다. 그 책을 처음 읽었을 때, 나는 숨이 막혔습니다. 그러나 내가 교수요 상담자로서 여러 해의 경험을 하는 동안에 그 저자가 바로보고 있었다는 것을 깨닫게 되었습니다. 나는 지금 나의 마음속에 종교로 인해서 고통을 당하는 수많은 사람들을 그려 볼 수 있습니다. 그들의 종교적 신념과 관행들은 죄책과 공포나 자기 거절의 근원이 되었고, 그들에게 하늘을 날아 오르게 만드는 자유케 하는 날개가 되기보다는 건강을 해치는 쇠사슬이 되어 있습니다. 나의 개인적인 경험에서도 젊은 시절의 나의 종교와 도덕(성, 분노, 공격성에 대한)은 전인건강을 해치는 것이었습니다. 나는 이런 종교와 도덕들을 먼저 배우고 믿었습니다. 미움과 과대망상적 의심을 낳고, 신자들의 삶에 해악을 끼치는 여러 종교단체들은 정신병적인 영성의 실례들을 우리에게 보여 줍니다.

건강케 하는(구원에 이르는) 종교와 병들게 하는(정신병적) 종교의 구별은 초기 종교심리학에서 지적되었습니다. 이 분야의 뛰어난 선구자요 심리학자요 철학자인 윌리엄 제임스는 건강한 마음을 만드는 종교와 병든 영혼을 만드는 종교를 구별하였습니다.[3] 그후에 수많은 심리학자들과 상담학자들은 인간의 전인건강을 촉진시킬 수도 있고 해칠 수도 있는 종교—윤리적 신념들과 사고방식의 이해에 많은 공헌을 하고 있습니다. 지그문트 프로이트(Sigmund Freud), 에릭 프롬(Erich Fromm), 로베르토 아사지올리(Roberto Assagioli), 카렌 호니(Karen Horney), 칼 융(Carl

Jung), 루스 베네딕트(Ruth Benedict), 고든 알포트(Gordon Allport), 롤로 메이 (Rollo May), 에이브러햄 매슬로우(Abraham Maslow), 캐롤 길리건(Carol Gilligan) 등이 여기에 포함된다.[4] 우리의 영적-윤리적 차원의 삶과 다른 모든 차원의 인격적 삶은 서로간에 둥글게 얽혀져 있습니다.

정신병적 영성은 인격적인 문제들과 병적인 인간관계를 반영하는 것일 뿐 아니라 동시에 그 문제들과 관계들을 강화시키기도 합니다. 반대로 구원에 이르는 영성은 우리 인생의 모든 분야에서 전인건강을 반영하는 것일 뿐 아니라 동시에 전인건강을 촉진시킵니다.

영적 건강이란?

당신의 영적인 삶에서 전인건강의 수준을 높이 고양시키려고 하면 다음의 일곱 가지 기본적인 영적 필요들을 건전하고 성장 지향적인 방법으로 충족시켜야 합니다. 이러한 영적 갈망들은 우리가 보기에 지극히 세속적으로 생각하는 사람들을 포함하여 모든 인간들 속에 어떠한 형태로든지 들어 있습니다. 이러한 필요들을 우리는 실존적 욕구라고 부릅니다. 그 이유는 언젠가 죽어야 할 운명을 알고, 의미를 추구하며, 더 깊은 자각을 갈망하는 모든 인간 존재 안에는 그러한 욕구가 들어 있기 때문입니다. 이러한 욕구들은 가끔 억압되기는 하지만 심각한 실존적 갈망과 배고픔을 일으키며, 이러한 갈망과 배고픔은 영적이요 신앙적이요 또는 철학적인 양식으로만 채워질 수 있는 것입니다. 정신분석 심리학자인 에릭 프롬은 다음과 같이 말합니다 : "일련의 방향성과 헌신에 대한 욕구는 인간 존재의 본질에 속하기 때문에, 우리는 이러한 욕구의 강도를 이해하여야 한다." 그는 우리 인간에게 이보다 더 강력한 에너지의 근원이 없다고까지 말합니다.[5] 우리가 이러한 실존적인 배고픔들을 건설적으로 충족시킬 수 있어야 우리의 영적인 건강은 꽃피고, 다시 신체적, 정신적, 관계적 건강이 양육되는 것입니다.

우리의 사회와 세상 속에는 인생을 억압시키는 종교들이 전염병처럼 널리 퍼져 있습니다. 영적인 욕구들의 강도가 너무 세기 때문에 자기의 삶 가운데서 건강을 증진시키는 영성을 개발하지 못한 사람들은 오히려 건강을 해치는 신념들과 신앙들을 개발하려고 합니다. 우리들 중에 많은 사람들이 우리의 영적, 정신적, 신체적 건강을 해치는 방법으로 우리의 영적인 갈망을 충족시키려고 노력합니다(그러나 결국 실패한다). 우리는 성공, 돈, 권력, 건강, 가족, 그룹, 종교집단, 국가 등 다양한 작은 신들 앞에 무릎을 꿇고 있습니다. 결국 우리는 우리들의 우상이 우리에게 부적합하다는 것을 깊이 경험함으로써 고통을 당합니다. 우리들 대부분이 가지고 있는 신앙생활은 영성을 제한시키기도 하고 촉진시키기도 하는 정신병적인 요소와 구원을 주는 요소들이 서로 뒤얽혀 있다고 할 것입니다.

당신의 영적인 자기관리를 증진시키는 것은 더 건강하게 당신의 영적인 욕구충족의 방법을 발견하는 것을 의미합니다. 당신의 영적인 갈망들을 개방하며, 사랑하며, 성장하며, 삶을 즐거워하며, 자존감을 강화시키며, 현실을 있는 그대로 존중하는 방법으로 충족시킬 때에 당신의 종교는 전인건강을 창조하는 종교가 될 것입니다. 반대로 당신이 이러한 갈망을 폐쇄적이요, 도덕적이요, 권위적이요, 우상적이요, 현실을 부인하거나 공포와 죄책을 더하게 하는 방법으로 충족시킨다면 당신의 종교는 전인건강을 해치는 종교가 될 것입니다. 위에 열거한 영적 건강 점검표에 나열된 사고 방식들과 실천들은 당신의 영적인 자기관리를 바로 하게 하는 중요한 내용들이 들어 있습니다.

이제 우리는 일곱 가지 기본적 영적 욕구들을 하나하나 자세히 검토하면서 영적인 자기관리의 방안들을 찾아보기로 합시다. 당신이 이 부분에서 제시하는 방법들을 당신 자신의 것으로 가장 잘 소화시키려면 욕구마다 다음 두 가지 질문을 하면서 읽어 보세요 : (1) 나는 이러한 욕구의 충족을 위해서 얼마나 잘하고 있는가? (2) 나에게 평화와 기쁨과 사랑과 용기를 더하게 하는 방법으로 이러한 욕구를 만족시키기 위해서 나는 무엇을 하여야 하겠는가?

영적 욕구 제1.

우리 모두는 지속적으로 치유하며 힘을 더하게 하는 하나님의 사랑을 경험하고 싶은 욕구를 가지고 있습니다. 이 욕구는 살아 계신 하나님의 영과 성장하는 관계를 맺고 살며, 하나님의 영이 아무런 구김없이 당신을 용납하며, 그의 사랑이 당신의 상처를 치유하며, 당신을 해방시켜 더 풍성한 삶을 살게 하며 사랑하게 하는 것입니다. 이러한 영적 성장의 핵심은 우리의 삶을 더 활짝 열어 놓고 치유하며 깨끗하게 씻어 주는 하나님의 사랑의 힘을 더 많이 받아들이는 방법을 배우는 것입니다. 우리를 변화시키는 이 사랑의 빛은 우리 내면을 뜨겁게 하여 우리 속에 얼어 붙은 두려움과 죄책과 자기 거부감들을 녹게 하는 것입니다. 우리는 날마다의 삶 가운데서 우리에게 반복적으로 일어나는 자기 신뢰와 자존감에 상처를 입히는 작으면서 무거운 주먹을 얻어맞고 있습니다. 그러므로 우리에게는 사랑으로 다가오는 하나님의 영과 신뢰로 가득한 위로와 돌봄의 관계가 필요합니다. 나의 친구 조직신학자 존 코브(John Cobb)는 다음과 같이 이야기합니다. "더욱이 우리의 영적인 삶은 어떤 인간도 줄 수 없는 용납의 확신, 즉 하나님의 궁극적인 용납의 확신에 뿌리를 둘 때에만 건강해질 수 있습니다."[6] 당신의 하나님과의 관계의 정도는 당신의 영적 건강의 기초입니다. 그것은 당신의 삶의 모든 차원들 속에 전인건강을 만들어 주는 근원이 됩니다.

스코트 페크(Scott Peck)는 성장하며 힘을 더하게 하는 하나님의 영과의 관계의 결과로 오는 놀라운 하나의 열매에 대하여 다음과 같이 말합니다. "영적 능력의 체험은 근본적으로 감격스러운 것이요,……그것은 하나님과의 만남의 기쁨이요, 이 단계의 영적 성장에 도달한 사람들은 누구나 다 기꺼이 겸손하게 자기를 낮춥니다. 배우고자 하는 그들의 노력은 단순히 관계를 향해 자신을 열어 놓는 것으로 족합니다."[7]

당신 앞에 현존하시는 하나님을 깨닫기 위해 끊임없이 당신을 열어 놓는 하나의 과정은 하나나 그 이상의 영적인 훈련을 지속적으로 실천하는 것입니다. 여러 세기를 통하여 생동적인 기도의 방법은, 수백만의 사람들에게 더욱 깊이 생명이 넘치게 하는 하나님의 영과의 관계를 계발하는 방법으로 사용되었습니다. 아주 깊이 신뢰하는 친구와 대화하는 것과 같은 기도를 드릴 때 그 기도는 힘을 넘치게 하며 치유의 능력을 가진 기도실천이 될 수 있습니다. 기도에는 음성기도, 침묵의 기도 등 다양한 형태들이 있습니다. 많은 사람들은 관상기도에서 영적인 힘을 넘치게 하며 치유하는 힘을 발견하고 있습니다. 관상기도의 목적은 우리의 모든 경험들, 가장 세상적이요 현실적인 사건들 가운데서까지 우리 가운데 현존하시는 하나님을 깨달아 아는 방법을 개발하는 것입니다. 위대한 영적인 지도자 가운데 한 사람인 노리치의 줄리안(Julian)은 유럽을 휩쓸었던 고난과 어두움의 시대에도 하나님의 선하심과 사랑이 거기에 임하고 있다고 썼습니다. "넘치는 기쁨은 모든 것 가운데 임하시는 하나님을 바라보는 것입니다."[8]

나는 매튜 폭스(Matthew Fox)의 관상기도 이해에서 이 기도의 전인 지향성과 활동성을 발견했습니다. 그는 기도를 성장하며 변화시키는 인생과 그 신비를 깨달아 가는 과정이라고 보았습니다. 그는 말합니다 : "기도하는 마음으로 깨닫는다는 것은 현재의 상황에 민감하다는 것이다. 깨달은 사람의 매일매일은 신비를 가져오며, 만나는 사람마다, 들려오는 뉴스의 사건마다, 그리고 내 속에 깊이 느껴지는 느낌마다 하나님의 신비를 간직하고 있다는 사실을 깨닫는다. 기도는 인간을 성장하게 하고 생성시키며 변화시키는 과정이라는 점에서 심리적이라고 할 수 있다.……기도의 본질은 우리의 삶의 내면에서, 그리고 주위에 현존하는(현존되어 있는) 생명으로 충만한 차원들을 보며, 삶의 신비를 느끼는 방법이다."[9]

건강케 하는 기도는 당신이 세상과 이웃과 자신과 인생을 바라보는 시각을 바꾸어 줄 것입니다. 캐롤린 볼러의 저서 「기도의 날개 : 진정한 기도란?」[10]은 매튜 폭스의 책과 같이 해방케 하는 다양한 기도의 방법들을 제시하고 있습니다. 볼러는 이 책에서 독자들에게 상상력을 발휘하여 기도의 삶을 활성화시키는 방법들을 보여 주고 있으며, 하나님에 대한 여러 가지 신선한 비유를 사용하여 자신을 열고 하나님을 경험할 수 있게 도와줍니다.

만약 당신의 기도가 생명력을 상실했다면, 또는 단순히 당신의 기도가 당신에게 별로 큰 영향을 주지 못하고 있다면 명상과 이미지 만들기 등의 방법을 사용하면 많은 도움을 받을 수 있을 것입니다. 많은 사람들에게 이 방법은 사랑의 하나님을 체험하는 새로운 관문이 되고 있습니다. 명상이라고 함은 단순히 우리의 인식작용에 초점을 맞추고, 우리의 의식의 흐름을 멈추게 하여(잠시 동안 우리의 생각과 감정과 이미지와 감각의 흐름에 주의를 집중하지 않음.) 우리 자신의 평화구역 속으로 들어가는 것을 의미합니다. 만약 당신이 그러한 조용하고 고요한 의식 속으로 들어갔다면, 당신에게 생동력을 주는 영적 이미지의 사용은 아주 신선하고 힘있게 하나님의 사랑을 체험하게 당신을 도울 것입니다. 몰톤 켈시(Morton Kelsey)의 책「침묵의 건너편 : 기독교 명상지침」은 명상적 기도와 이미지 만들기를 통하여 하나님의 현존을 체험할 수 있도록 내면여행의 방안을 제시하고 있습니다.

영적 욕구 제 2.

우리 모두는 지속적으로 초월을 새롭게 경험해야 할 필요를 가지고 있습니다. 이것은 약물의 힘을 빌리지 않고 고양된 의식을 갖는 것을 말합니다. 심리학자 에이브러햄 매슬로우는 절정경험을 이야기하면서, 이것은 신비와 환희를 경험하는 놀라운 순간적인 체험이요, 공간과 시간의 2차원의 객관적 세상의 평범함을 초월하는 귀중한 순간이라고 하였습니다. 매슬로우에 따르면, 고도의 전인건강을 성취한 사람들은(그는 이런 사람을 자기 완성의 사람이라고 불렀다.) 이러한 경험을 더 많이 가진 사람들이거나 또는 이런 경험이 일어났을 때에 더 분명히 깨닫는 사람들입니다. 매슬로우는 절정경험이 우리의 인생을 더 풍성하게 한다고 믿었습니다. 이러한 경험들은 우리의 삶에 의미를 제공해 주고, 우리의 내면과 우리와 이웃들과 세상과의 사이에 널려 있는 분열과 갈등들을 치유하는 힘을 우리에게 줍니다. 약물을 사용하지 않고 우리의 의식을 고양시킬 때 그것은 스트레스를 감소시키는 효과가 있습니다. 이러한 경험은 당신의 호주머니 독재자(호주머니에 가지고 다니는 수첩)를 잠시 잊게 만들고, 당신의 팔목시계를 잠시 풀어 버리고, 스트레스의 가방을 깔고 누워 평안히 쉬게 만들어 줍니다. 절정경험은 당신을 치유하는 하나님의 사랑을 흘러들어올 수 있게 영적인 문을 열어 줄 것입니다.

나의 경험에서 보면, 초월의 시간은 실제로 절정에 이르는 경험이 아닐 때가 많습니다. 오히려 나에게 초월의 시간은 조용하고 고요한 순간입니다. 이것은 당신의 거룩한 곳에서 당신 내면 속에 임재하신 영원하신 그분과 접촉하는 순간입니다. 이 순간은 내가 들은 적이 있는 노래 가사와 같은 순간입니다. "모든 것이 우리를 손짓하고 있네. 어느 곳이나 나를 편히 쉬게 하는 내 고향이 되었구나." 매슬로우는 말년에 고원지대라고 부르는 일종의 영적 체험을 하게 되었습니다. 그는 그 경험을 이렇게 이야기합니다. "나는 한 시간 동안이라도 조용히 앉아 기적적인 어떤 것을 바라볼 수 있었습니다. 나는 한순간 한순간을 그렇게 즐거워하였습니다." 그는 별나게도 다음과 같은 말을 덧붙였는데, 나는 그것을 믿을 수 없을 지경입니다. "그것은 한 시간 동안 내내 오르가즘을 경험하는 것과 같았습니다."[11] 고원지대 의식은 일상 속으로 흘러들어오는 신성한 깨달음을 계속 누리는 것입니다. 이러한 순간이 일어나면, 그것은 선물로 받은 것과 같습니다. 마치 나의 내면 속에 그 누군가 몰래 들어와 내면의 등잔에 불을 켜는 것과 같습니다.

만약 당신이 어떠한 절정경험도 지금 상기시킬 수 없다면, 당신은 아마도 슬프거나 바보스러운 기분을 느낄 것입니다. 그러나 당신은 지금 당신에게 꼭 필요한 어떤 영적 깨달음을 훈련할 수 있는 중요한 하나의 방안을 배울 수 있을 것입니다. 당신의 신비의 경험들을 증가시키면 일상생활 속에 일어나는 작은 기적들의 깨달음을 증가시켜 줄 것입니다. 이 세상의 삶의 속도가 너무 빠르고 대부분의 사람들의 내면의 삶이 고통스럽기 때문에 이러한 깨달음은 쉽게 지나쳐 버리는 것입니다.

우리 사회에서 수많은 사람들이 제한된 방법으로 절정경험을 하려고 노력하고 있습니다. 이러한 방법들 중에 어떤 것들은 중독성이 있는 것들이요 건강에 치명적인 해악을 끼칩니다. 예를 들면, 당신이 만일 술이나 약물을 통해서만 절정경험을 하려고 하면 당신은 중독되고 말 것입니다. 가장 쾌락적이면서도 대중적으로 절정경험을 얻을 수 있는 방법 가운데 하나인 섹스까지도 비극적으로 중독되며, 자발성과 기쁨을 상실합니다. 당신의 건강을 위해서 당신에게 꼭 필요한 절정경험을 얻을 수 있는 방법들을 광범위하게 발견하고, 중독성이 없는 방법으로 절정경험을 얻는 방법들을 배우는 것이 매우 중요합니다. 고등학교 시절에 마약을 피우던 젊은 여인이 교회의 전인건강 증진그룹에 참여하게 되었습니다. 몇 달 동안 그 그룹에 참석한 후에 그녀는 목사에게 그 그룹에 참여하게 해준 것을 감사하는 편지를 썼습니다. 그 편지에서 그녀는 사람들, 음악, 독서, 종교, 그리고 도움이 필요한 사람에게 도움을 베푸는 일 등을 통해서도 절정에 도달할 수 있다는 사실을 배웠다고 썼습니다.

✸ 전인건강훈련 ✸

절정경험을 다시 체험하기 : 지난 한 해 동안에 당신이 경험한 가장 의미있는 절정경험 하나를 상기시키세요(만일 지난 일 년간에 그런 경험없이 평범하게 지나갔다면, 당신이 기억할 수 있는 대로 그런 경험을 했던 때까지 거슬러 올라가 보세요). 그 기억을 재생시키세요. 바로 지금 여기에서 그 경험이 생생하게 살아올 때까지 노력해 보세요. 그 경험이 당신에게 주는 에너지와 환희를 즐거워하세요. 그리고 그것을 당신의 몸과 마음과 영적인 센터에 골고루 퍼지게 하세요. 이제 당신 속에 들어 있는 절정경험의 보화들이 당신의 기억을 통해서 당신의 내면의 삶을 더 풍성히 할 수 있다는 사실을 깨달으세요. 나는 당신이 영적인 재충전이 필요하다고 느낄 때마다 그러한 보화들을 활용하는 계획(당신의 신앙일지에 기록하세요.)을 만들기를 권고합니다.

영적 욕구 제 3.

우리 모두는 상실과 비극과 실패 가운데서도 우리의 삶 속에 의미와 희망을 제공할 수 있는 생명력이 넘치는 신념을 가져야 할 필요가 있습니다. 당신이 진실로 믿는 것—당신의 머리로 믿을 뿐 아니라 가슴으로 믿을 수 있는 것—과 당신이 가장 가치있다고 생각하는 것은 당신의 건강을 촉진시킬 수도 있고, 또는 질병에 이르게 하는 취약성을 더하게 할 수도 있습니다. 당신의 삶은 어떤 의미와 가치를 가지고 있으며, 당신이 진실로 사랑을 받고 있다는 깊은 확신은 모든 어려움 가운데서도 더 풍성하고 전인적으로 살 수 있게 당신을 도울 것입니다. 나치스 독일의 대학살의 엄청난 고통 속에서 안네 프랭크(Anne Frank), 빅톨 프랭클(Viktor Frankl), 엘리 위젤(Elie Wiesel) 같은 사람들은 한 가지 사실을 분명하게 보여 줍니다. 우리 인간은 믿을 수 없을 만큼 큰 고통과 착취와 멸시까지도 자기를 파괴시키지 않고 견디어 낼 수 있는 능력을 가지고 있습니다. 그러나 이러한 일은 사람들이 다음 두 가지를 가지고 있을 때에만 가능합니다. 그 첫째는 아무리 미세할지라도 의미의식이 있어야 한다

"참으로 힘든 싸움이었지. 그러나 그의 신념이 계속 우리를 살아 움직이게 만들었지."

는 것이요, 또 하나는 한 사람이나 그 이상의 사람들과 서로 돌보는 친밀관계를 가지고 있어야 한다는 것입니다. 인생은 더 넓은 영적인 의미를 가진 존재라는 의식은 우리에게 계속적으로 희망과 용기를 주어 절망적인 상황 가운데서도 견디어 갈 수 있는 힘을 제공합니다.

생동력이 있는 실천적인 믿음과 건강한 양심에 가장 어려운 내적인 장애들 중에는 우리가 어려서부터 배워온 얼어 붙은 종교적 신념들과 케케묵은 '해야 한다', '하지 않으면 안 된다' 등의 명령들이 있습니다. 이러한 것들은 '목을 매다는 신념들' 입니다. 우리의 성숙한 지성은 그런 것들을 더 이상 받아들이지 않습니다. 그러나 그것들은 우리의 감정 속에 거머리와 같이 달라붙어 있습니다. 그것들은 우리가 유리창에 칠해 놓은 페인트와 같습니다. 그 페인트에 가리워 하나님의 치유하는 사랑의 빛이 우리를 비추지 못하는 것입니다. 불분명하고 사소한 죄책감들은 우리의 도덕적 에너지를 소모시켜, 그 에너지를 더 중요한 정의와 전인건강 완성에 사용하지 못하게 만듭니다. 이러한 낡은 영적-윤리적 쓰레기통들은 유아기적 신앙의 잔재들이요, 우리의 부모와 이웃과 종교그룹들이 권위주의적으로 주입한 신념과 가치들을 무비판적으로 흡수해 들였기 때문입니다.

✻ 전인건강훈련 ✻

해묵은 신념들과 가치들을 쇄신하기 : 이 훈련은 당신 속에 숨겨져 있는 해묵은 신념들과 가치들을 찾아내어 참신하고 건강을 촉진시키는 가치들과 신념들로 바꾸어 주기 위하여 고안되었습니다.

당신의 신앙에 다음의 불완전한 문장들을 완성시키면서, 그때에 일어나는 감정들을 점검해 보세요.

내가 어렸을 때에 받은 종교적 신념들(확신들) 중, 이제 더 이상 나에게 의미가 없는 것들은 ＿＿＿＿＿＿＿＿＿＿＿＿＿＿＿＿＿＿＿＿＿＿＿＿ 이다.

내가 어렸을 때 받은 윤리적 가치들(해라, 하지 말라로 끝나는 명령들) 중, 지금은 정말 그게 옳은가 하고 의심을 가지거나 적극적으로 거부하는 것들은 ＿＿＿＿＿＿＿＿
＿＿＿＿＿＿＿＿＿＿＿＿＿＿＿＿＿＿＿＿＿＿＿＿＿＿＿＿＿ 이다.

내가 지금 진리라고 확신하며, 매우 중요하다고 경험하는 신념들(beliefs)은 ＿＿＿＿
＿＿＿＿＿＿＿＿＿＿＿＿＿＿＿＿＿＿＿＿＿＿＿＿＿＿＿＿＿＿ 이다.

오늘을 살아가는 데에 정말 값어치있고 신바람이 나게 하는 가치들은 ＿＿＿＿＿＿
＿＿＿＿＿＿＿＿＿＿＿＿＿＿＿＿＿＿＿＿＿＿＿＿＿＿＿＿＿＿ 이다.

나의 삶의 과정에서 가장 의미있고, 희망에 넘치고, 목적이 분명할 때는 ＿＿＿＿＿
＿＿＿＿＿＿＿＿＿＿＿＿＿＿＿＿＿＿＿＿＿＿＿＿＿＿＿＿ 때이다.

내가 위기와 좌절과 상실을 당할 때에 그 상황을 잘 대처할 수 있게 나를 도와주는 신앙

생활의 부분들은 ＿＿＿＿＿＿＿＿＿＿＿＿＿＿＿＿＿＿＿＿＿＿＿＿＿＿＿＿
＿＿＿＿＿＿＿＿＿＿＿＿＿＿＿＿＿＿＿＿＿＿＿＿＿＿＿＿＿＿＿＿ 이다.

　더 나은 영적인 자기관리를 통하여 나의 영적 – 윤리적 삶을 더 풍성하게 만들기 위하여 내가 지금 해야 할 것들은 ＿＿＿＿＿＿＿＿＿＿＿＿＿＿＿＿＿＿＿
＿＿＿＿＿＿＿＿＿＿＿＿＿＿＿＿＿＿＿＿＿＿＿＿＿＿＿＿＿＿＿＿ 이다.

　나에게 새로운 삶의 계단을 오르지 못하게 가로막는 감정들(두려움, 죄책 등)은 ＿＿＿＿＿
＿＿＿＿＿＿＿＿＿＿＿＿＿＿＿＿＿＿＿＿＿＿＿＿＿＿＿＿＿＿＿＿ 이다.

　이러한 장애들을 극복하고 더 나은 영적 – 윤리적 건강을 촉진시키기 위하여 내가 지금 취해야 할 행동들은 ＿＿＿＿＿＿＿＿＿＿＿＿＿＿＿＿＿＿＿＿＿＿
＿＿＿＿＿＿＿＿＿＿＿＿＿＿＿＿＿＿＿＿＿＿＿＿＿＿＿＿＿＿＿＿ 이다.

　이제 믿을 수 있는 친구와 함께 이것을 하는 동안에 당신 마음속에 일어난 중요한 이슈와 감정과 계획들을 충분히 토의하세요. 따스한 이해심을 가지고 당신의 말에 귀를 기울이며, 비판이나 판단하지 않을 친구를 선정하세요. 그러면 당신과 친구와의 대화는 매우 솔직하고 문제를 명료화시키는 대화가 될 것입니다. 가능하다면 자기 자신의 영적 생활에서 통찰력을 얻으며, 영적으로 살아 있는 친구를 선택하세요. 당신 속에 있는 해묵은 신념들과 당신의 목을 죄는 윤리적 잔재들과 당신의 영적인 성장을 가로막는 것들에 대해 어떠한 빛을 발견할 때까지 그 대화를 계속하세요. 당신은 내적인 빛을 발견하는 정도만큼 당신의 전인건강을 해치는 해묵은 신념들과 가치들을 버릴 수 있을 것입니다. 이제 당신 속에 생겨나는 영적 에너지를 사용하여 낡아 버린 영적 쓰레기통을 버리고, 더 건전하고 더 실천적인 신념들과 가치들을 정립하세요.

　당신 속에 있는 해묵은 신념들과 가치들을 버릴 때에 그것이 당신의 영혼에 어떤 짐이 되고 괴로움을 준다면 어떻게 할 것입니까? 당신은 당신의 신학적 – 윤리적 문제들에 대해서 상담해 줄 수 있고, 영적인 지도를 줄 수 있는 유능한 목사, 신부, 랍비를 찾으라고 나는 권고하고 싶습니다(그러한 목회상담자를 찾고 싶으면 미국목회상담협회와 접촉하세요. 9504A Lee Highway, Fairfax, VA 22031, phone : 703 – 385 – 6967).

　당신의 솔직한 의심을 존중해 주고, 도덕적으로 사소한 것 때문에 일어나는 아동기의 죄책감을 벗어버리려고 한다면 영적인 용기를 가져야 합니다. 당신의 영혼의 창에 걸려 당신이 가지고 있는 해묵은 신념들과 가치들을 내버리고 당신이 진실로 믿는 것들, 성숙한 당신의 삶에 유익을 주는 것들을 대치시키는 자유를 보상으로 얻게 될 것입니다. 이러한 영적인 성숙의 과정은 비록 고통스럽다고 하더라도 당신을 해방시켜 영적, 윤리적, 심리적인 능력과 기쁨과 생동력을 얻을 수 있게 해줄 것입니다.

영적 욕구 제 4.

우리 모두는 가치들과 우선순위들과 삶의 책임들을 정의와 사랑과 성실 속에 중심을 두어 인격적으로, 그리고 사회적으로 책임있는 삶을 살고 싶은 욕구를 가지고 있습니다(이러한 영적 욕구는 욕구 제 3과 서로 얽혀 있다. 당신은 위에 제시한 영적-윤리적 쇄신훈련을 사용하여 이미 이러한 욕구에 대처하기 시작했을 것이다). 당신의 가치들은 날마다 수많은 결정을 해야 하는 당신의 삶의 길에 이정표 구실을 합니다. 여기에는 당신의 삶의 스타일의 건강을 좌우하는 결정들이 포함됩니다. 삶 가운데서 주기적으로 일어나는 문제들은 왜곡되거나 취약한 가치 때문에 오는 경우가 많습니다. 심리학자 에이브러햄 매슬로우는 모든 인간이 전인건강을 촉진시키는 가치들—진리, 선, 아름다움, 정의, 의미충만, 놀이만족 등—을 B가치(존재를 위한)라고 불렀으며, 음식과 비타민이 육체건강을 위해 반드시 필요한 것처럼 B가치는 전인건강에 필수요소라고 보았습니다. 당신이 삶을 긍정적으로 인식하게 하는 이러한 가치와 더불어 살아가는 만큼, 당신은 이 세상에서 끊임없이 일어나는 전염성있는 영적 질병들에 대해서도 면역성을 얻게 될 것입니다. 영적 질병들 속에는 희망 상실, 좌절, 무의미, 실존적 우울증, 권태, 중독, 삶의 환희 상실, 내적인 기쁨과 목적성을 잃어버린 삶 등이 포함됩니다.[12]

정신과 의사 진 베이커 밀러(Jean Baker Miller)와 심리학자 캐롤 길리건(Carol Gilligan)은 매슬로우의 건강가치의 이해에 새로운 통찰을 첨가했습니다. 그들은 남성지배의 문화 속에서 몇 가지 중요한 본질적인 가치들이 어떻게 남성과 여성들 속에 프로그램되어 가는지를 보여 주었습니다. 즉, 남성들에게는 그 가치들을 제대로 개발시키지 못하게 하고, 여성들에게는 지나치게 개발시키고 있는 것입니다. 이러한 가치들 가운데는 인간감정에 대한 민감성과 책임성, 이웃과의 협동심, 타인을 돌보는 능력, 친밀관계에 대한 책임성 등이 포함됩니다. 이러한 인간적인 가치들은 수많은 남성들에게, 그리고 남성지배사회에 절실히 필요한 가치들입니다. 이러한 가치들을 더 중시하고 실천하는 법을 배울 때에라야 가부장적 문화 속에서 남성들이 지나치게 개발시킨 가치들과 능력들을 인간화시킬 수 있을 것입니다. 가부장적인 가치들 가운데는 경쟁, 정복, 다른 사람을 지배함, 합리성, 지배, 분석, 기술적인 통제력 등이 들어 있습니다. 이러한 문제는 남성과 여성의 행복에 대하여 논의하는 11장에서 더 기술할 것입니다.

다음에 제시하는 자원 점검 목록표는 당신이 앞서 실천한 훈련의 보완입니다. 이 표는 당신에게 정말 중요한 것이 무엇인지를 발견하게 하고 당신의 귀중한 시간들을 더 사용할 수 있는 방법의 개발을 도와줄 것입니다. 위에서 제시한 것과 다음의 훈련은 모두 우리가 가지고 있는 제한된 시간을 어떻게 사용하느냐 하는 선택이 우리의 삶의 가치와 삶의 스타일의 질을 더하게 할 수도 있고 악화시킬 수도 있다는 것을 보여 줍니다.

✻ 전인건강훈련 ✻

자기 비평과 가치 재정립하기 : 당신의 전인건강 자기관리일지에 당신의 현재의 삶 가운데서 가장 중요한 것들(사람, 활동, 목적, 소유, 대의 명분 등)을 열 가지만 적으세요. 이제 그 열 가지 목록 바로 옆에 지난 2개월 동안에 대략 몇 시간 동안 그것을 위하여 헌신하였는지 기록하세요. 당신의 시간을 배정한 우선순위를 보면서 다음의 질문에 대답하세요. 그 대답을 당신의 일지에 기록하는 것도 좋을 것입니다.

▷ 나의 삶에서 가장 중요한 일들에 합당한 관심과 노력과 시간을 투여하고 있는가?(질문을 잠시 묵상하면서 반성해 보라.)

▷ 나의 몸을 잘 관리하고 있는가? 나의 마음은? 탈진을 피하려고 노력하고 있는가?

▷ 내가 좋아하는 사람들과 나누고 있는가? 자연을 즐기고 있는가? 나의 창조력을 향유하고 있는가? 나의 성생활은? 나의 놀이는? 그리고 유머감각은? 내가 가장 하고 싶어 하는 일은?

▷ 더 사랑스러운 지구를 만들기 위하여, 나 자신을 위하여, 나의 사랑하는 사람들과 나의 자녀들, 손자녀들을 위하여, 그리고 인간가족 전체를 위하여 다른 사람들과 함께 기꺼이 노력하고 있는가?

▷ 내가 이 지구상에 얼마나 남아 있을지 모르지만 그 동안에 나는 정말로 내가 원하는 신명나고 값어치있는 일들을 하고 있는가?

▷ 나의 총체적인 행복을 높여 주는 영적 자기관리를 잘하고 있는가?

지금은 당신의 자기 평가의 빛 안에서 다음의 두 가지 질문을 당신 자신에게 해보세요. 나의 현재 삶의 스타일은 긴급한 일 때문에 나의 삶에 더 중요한 일들(사람들)을 옆으로 밀어 두게 만드는가?[13] 나에게 가장 중요한 것들에 더 노력을 기울이는 삶의 스타일을 개발하기 위하여 나는 지금 정확히 무엇을 해야 할 것인가? 당신의 대답을 당신의 일지에 기록하세요.

시간, 가치, 삶의 스타일 점검

♥ 방법

1. 가장 왼쪽 난에 있는 시간을 소모시키는 활동들을 훑어보고, 당신의 시간을 많이 투자해야 하는 다른 활동들이 있으면 아래에 첨가하세요.
2. 활동 난 오른쪽에 있는 세 가지 점검 난 가운데 하나에 표시(∨)하세요.

   적합 : 현재 내가 사용하는 시간은 나에게 적합하다.

   더 많은 시간 요 : 이 활동은 지금 내가 소비하는 시간보다 더 많은 시간을 투자할 필요가 있다.

　　적은 시간 투자 : 이 활동은 그 가치에 비하여 너무 많은 시간을 투자하고 있으므로 더 적은 시간이 할애되어야 한다.

3. 당신이 지금 배정하고 있는 시간의 양에 나타난 우선순위들과 가치들을 당신의 중요한 가치들(당신의 종교적 전통으로부터 받은 가치들을 포함하여)에 비추어서 평가해 보세요.

4. 더 높은 우선순위에 더 많은 시간을, 그리고 더 낮은 우선순위에 더 적은 시간을 배정하는 새로운 시간배정 스케줄을 개발하세요. 점검표의 맨 오른편 난에 당신의 새로운 계획의 요점을 기술해 보세요. 여기에는 당신의 계획을 실천하기 위하여 필요한 시간도 포함시키세요.

5. 당신의 계획을 실천하세요. 당신이 새로운 계획에 따라 더 많은 시간을 사용할 때마다 어떤 종류이든지 스스로에게 보상을 하세요. 당신의 시간이 당신의 인생임을 기억하세요. 그것을 잘 사용하는 것은 당신의 삶을 잘사는 것입니다.

시간을 소모하는 활동	적 합	더 많은 시간 요	적은 시간 투자 요	새로운 계획
일				
휴식과 잠				
놀 이				
몸 관리				
마음 관리				
영성 관리				
내 가족과 내 친구들과 보내는 시간				
다른 봉사				
창조적인 활동				
자유시간, 특별 계획이 없는 시간				
시간 낭비				
다른 일들				

장기간 고착되었던 가치들과 우선순위와 책임의식 등을 바꾸는 것은, 그 때문에 지금 당신의 삶의 스타일이 당신을 죽이는 것(문자 그대로)이라고 할지라도 결코 쉬운 일은 아닙니다. 가끔 우리의 삶을 더욱 전인적이고 풍성하게 만드는 변화를 가져다 주는 동기부여가 의학적 위기나 가정의 위기에서 올 수 있습니다. 그러므로 그렇게 값비싼 대가를 치르기 전에 변화를 만드는 것이 더욱 현명한 일이라고 할 수 있습니다.

영적 욕구 제 5.

우리 모두는 초월적 자아 또는 영적 자아의 지혜와 창조성과 사랑을 발견하고 개발하고자 하는 욕구를 가지고 있습니다. 전통적인 종교적 용어로는 당신의 삶의 영적 차원을 영혼이라고 부릅니다. 로베르토 아사지올리(Roberto Assagioli)는 심리통합(Psychosynthesis)이라는 치유학파를 세운 이태리의 심리학자로 영적 차원을 더 높은 자아(higher Self)라고 명명하였습니다. 스위스의 심리학자 칼 융(Carl G. Jung)은 자아(ego)와 영적인 차원을 구별하기 위하여 나에게 있는 영적인 차원에 자아(Self)를 사용하였습니다. 이 두 치유자들은 자아(Self)를, 지혜와 새롭게 하는 사랑을 가지고 있어 가장 완벽한 인간의 전인성을 완성시키는 통합적 중심으로 보았습니다. 나는 그들과 동감입니다. 당신이 당신의 인생의 통합적 중심인 영적 자아(spiritual Self)를 더욱 개발하면 할수록 당신의 전존재는 더욱 하나님의 사랑에 열려져 영적 에너지를 얻게 될 것입니다.

도날드와 낸시 튜브싱(Donald and Nancy Tubesing)은 다음과 같이 이야기했습니다. "당신의 중심 자아와 접촉하고 접촉을 받는 과정은 전인건강을 창조하고 에너지를 얻는 과정입니다. 삶의 에너지를 즐거워하는 열광은 깊은 내면에 있는 하나님의 영과 접촉한 결과입니다. 헬라어로 열광은 본래 '하나님 안에 있는'을 의미합니다. 즉, 흘러넘치는 하나님의 에너지로 충만하여 그 에너지를 표현하는 것이 열광입니다. 당신이 바로 그 에너지와 접촉할 때 당신은 정말로 살아 있다는 사실을 실감할 것입니다."[14]

몇 해 전에 나는 개인문제와 관계문제로 괴로운 싸움을 하는 동안에 정신치유를 다시 한 번 받는 기간을 가졌습니다. 정신통합치유로 훈련받은 치유자는 내가 오직 자아수준(ego-level)의 이해력으로 나의 문제를 풀어 보려고 하고 있으며, 내 속에 있는 딱딱하게 굳은 슬픔과 분노의 덩어리를 녹이려고 하기 때문에 깊은 좌절에 빠졌다는 사실을 깊이 느끼고 있었습니다. 그 면담의 전환점은 그가 나에게 "당신은 당신의 밑바닥 깊은 곳으로 들어가 그 속에서 하나가 되어 거기에 있는 평화를 맛보세요. 그리고 당신의 문제를 그 관점에서 바라보세요."라고 했을 때에 찾아왔습니다. 내가 그렇게 하자, 놀랍게도 고통스럽고 얼어 붙은 느낌의 덩어리들이 녹기 시작했습니다. 물론 나의 복합적인 문제는 마술적으로 풀려진 것이 아닙니다. 그러나 나는 해방감을 느꼈으며, 치유의 에너지가 조용히 흘러나오는 것을 경험했습니다. 나는 이러한 에너지를 사용하여 계속 그 문제를 풀어나갈 수도 있었고, 그 에너지가 나의 힘을 뛰어넘어 자연스럽게 그 문제를 해결할 수도 있음을 알았습니다.

✹ 전인건강훈련 ✹

읽는 것을 잠시 쉬고, 당신의 눈을 감고, 당신의 영적(중심) 자아와 접촉할 수 있는지 보세요. 당신의 내면 깊이에 있는 사랑의 장소는 당신이 하나가 되는 곳이요, 평안이 머무는 곳이요, 당신의 삶의 표면에 태풍이 몰아칠 때에라도 고요한 곳입니다. 당신이 만일 그곳을 발견했다면 잠시 동안 거기에 머물면서 즐기세요. 지금은 당신이 어떠한 문제를 가지고 있는지 그 관점에서 다시 비추어 보고 무엇이 일어나는지 관찰하세요. 이런 단순한 테크닉이 당신에게 도움이 된다면 발견한 것들을 당신의 일지에 적어 넣으세요.

우리가 살고 있는 표면적인 세상 속에서 우리의 저 깊은 곳에 있는 초월적 자아와 접촉을 상실하기는 매우 쉽습니다. 그러나 이 영적인 중심을 발견하고 관리하는 것은 또 다른 깊은 영적 갈망을 채우는 한 가지 방법입니다. 우리는 우리의 삶과 직업에 분명한 목적의식을 필요로 합니다. 사람들이 자기의 영적 자아와 접촉할 때, 그리고 다른 사람들에게 나아가 자기들이 경험한 사랑을 표현하는 방법을 찾기 시작했을 때 그들은 가끔 삶의 소명을 발견하게 됩니다. 소명(vocation)이라는 뜻은 어디에 당신의 재능과 에너지를 투자해야 할 것인지 깨닫고, 이웃의 삶 속에서 작지만 건설적인 변화를 일으키려고 하는 생각을 말합니다. 청년들에게나 성인들에게나 모두, 분명한 소명의식을 발견하는 것만큼 이웃과 함께하는 데 더 큰 공헌을 하는 것은 별로 없을 것입니다. 그 이유는 소명의식은 자기 자신의 이익을 뛰어넘어 자기 자신을 이웃을 위하여 기꺼이 투여하고자 하는 목적의식이기 때문입니다. 이 경험은 당신의 삶과 일에 대한 기쁨을 회복시키는 데 결정적입니다(6장에서 더 자세히 설명할 것임).

17세기 형제회(퀘이커라고도 부름.)를 창설한 조지 폭스(George Fox)는 모든 사람 속에 있는 하나님의 형상과 그 불꽃을 열정적으로 존중하였습니다. 그는 이것을 내면의 빛이라고 했으며, 사람들은 이것을 세상에 비춰게 하여 세상을 좀더 정의롭고 사랑이 넘치는 사회로 만들어야 한다고 믿었습니다.

하나님이 명하신 특별한 사명을 받은 자라고 내세우는 사람들에게 대하여 나도 가끔 회의적이지만 당신도 아마 그럴 것

정의에 대한 첫 번째 갈망의 씨앗은 바람과 같이 영혼을 통하여 불어오기 시작한다.
좋은 맛은 미풍과 같이 그 속에서 살랑거린다.
이 씨의 결실은 오곡이 무르익는 들판과 같이 영혼 속을 물들인다.
이제 그 영혼은 의로운 행동을 함으로 하나님께 영광을 돌린다. 우리의 영혼은 그가 하는 일만큼밖에 강하지 않다.

─빙겐의 힐데가드

입니다. 역사를 보면 이러한 의식을 정당화하는 사람들 때문에 이 세상에 수많은 파괴적인 일들이 일어났다는 것을 나는 알고 있습니다.

영적 욕구 제 6.

우리 모두는 다른 사람들과 자연세계와 놀라운 생명줄로 얽혀 하나라는 사실을 더 깊이 깨달아 알 필요가 있습니다. 인간 사이의 절망의 본질은 우리 자신과 다른 사람들과 자연과 하나님으로부터 우리가 분리되었다는 의식에 있습니다. 나와 상담했던 알코올중독자는 자기 속에 있는 깊은 고독감을 다음과 같이 고통스러운 말로 기술했습니다 : "하워드, 나는 이 우주에 홀로 버려진 외톨이같이 느껴집니다." 시에라 고원에 살던 존 뮤어의 연인은 다음과 같이 옳게 지적하고 있습니다 : "우리가 어떤 것이든지 홀로 있는 것을 집어들려고 하면, 우리는 그것이 이 우주 안에 있는 다른 모든 것들과 연결되어 있다는 사실을 발견한다.……어떠한 작은 입자도 없어지거나 소멸되지 않는다. 그것들은 하나에서 또 다른 것으로 영원토록 흐르고 있다."[15] 관계의 영성 속에 뿌리박혀 있는 생태학적 의식은 진실로 우주 속에 우리의 고향이 있다는 사실을 일깨워 줍니다. 당신은 진실로 거기에 속하여 있습니다! 생리학적 세상과 당신이 유기적으로 상호 연결되어 있다는 의식은 우리의 몸과 마음과 영의 절망을 치유하는 능력이며, 우리 속에 깊이 뿌리박혀 있는 것입니다.

> 내가 의심스럽게 생각하는 것은 이것이다. 하나님으로부터 온 모든 메시지는 익명이며, 되돌아갈 주소도 없으며, 가끔 우표값까지 내야 하는 것이라는 생각이다.
>
> —루트 베버마이어

생태학적인 의식은 매튜 폭스(Matthew Fox)가 창조—중심 영성이라고 부르는 것에서부터 흘러나옵니다. 그 의식은 '감각적 영성'(sensual spirituality)을 생산하며, 우주와 상호 연결되어 있다는 깊은 깨달음이 이 영성을 심화시킵니다. 떼이야르 드 샤르댕(Teilhard de Chardin)은 우주와 연관된 우리의 영적 깊이를 다음과 같이 기술합니다 : "우리의 영혼은……태어나고 자라는 동안, 그가 태어난 우주로부터 분리될 수 없는 것이다. 하나하나의 영혼 속에서 하나님은 온 세상을 사랑하시며 부분적으로 세상을 구원하신다. 그 영혼은 독특하고 특수한 방법으로 온 세상을 요약하고 있다."[16] 그의 생각에 따르면, 무한히 계속되고 진화되는 창조의 과정에서 인간 인격의 탄생은 신명나는 새로운 차원의 실제의 태동이며, 그가 영혼의 영역이라고 부르는 마음과 영의 네트워크의 탄생이었습니다. 이 네트워크의 핵심부분으로서 우리는 다른 사람들의 마음들과 우주의 창조적이요 사랑으로 넘치는 영에 의하여 양육을 받습니다. 그러나 이러한 심리—영적 네트워크와 우리가 완전히 연관을 맺는 것은 우리의 육체와 자연이 더 넓은 생명의 줄로 서로 얽혀 있다는 사실을 깨닫는 데서 비롯된다고 해야 할 것입니다.

영성 중심의 전인건강은 서로간에 같은 가치를 공유하고 서로간의 영적 성장을 격려하고 협력하는 소그룹이나 공동체의 사랑의 관계 속에서 가장 잘 자라납니다.

우리 인간이 가지고 있는 영적 친밀관계 갈망은 영적 성장그룹에 참여한 한 청년의 이야기에서 분명하게 표현되었습니다. 그는 동경어린 음성으로 다음과 같이 말합니다 : "내가 죽기 전에 단 한 번만이라도 영혼의 깊은 곳을 진실하게 접촉할 수 있을 만한 친밀한 인간관계를 꼭 가지고 싶다!" 영혼의 친구라고 부를 수 있는 친밀한 인간관계는 서로의 영적-윤리적 발견을 협력하며 헌신하는 깊은 우정관계에서든지, 또는 창조적인 결혼관계 속에서 일어날 수 있습니다. 이러한 관계는 가끔 신앙공동체나 창조적인 교회와 회당 또는 12단계(Twelve-Step) 회복그룹 같은 데서도 일어납니다. 그러한 곳에서는 상호 돌봄, 신선한 솔직성, 그리고 열린 대화들이 서로 조화를 이루어 치유와 건강을 일으킵니다.

아름다운 히브리어 Shalom은 아랍어 Salam과 같이 보통 '평화'로 번역되지만 공동체 속에서의 건강이나 행복을 의미하기도 합니다. 다른 사람들에게 '샬롬'으로 인사하는 것은 그 사람의 건강과 행복을 기원하는 것입니다. 근동에서 온 한 학생이 말하기를, 자기에게 인사한다는 것은 "선한 것이 당신 안에 충만하여 당신 주위에 있는 사람들에게까지 흘러가기를 원합니다."[17]라는 뜻이라고 합니다. 샬롬은 구약성경에 무려 350회나 나옵니다. 샬롬은 하나님의 선물입니다. 이 선물은 서로 돌보는 계약공동체를 통하여 받습니다. 이 공동체는 그 공동체에 속한 사람들에게 하나님이 주신 가능성들을 개발할 수 있게 힘을 주며 돕습니다. 당신에게 이러한 샬롬공동체가 없다면, 영적으로 양육하며 돌보는 네트워크를 발견하고 개발하는 것은 매우 값어치있는 일이 될 것입니다.

영적 욕구 제 7.

우리 모두는 슬픔, 죄책, 분노, 용서하지 못함, 자기 거부와 같이 고통스러운 상처를 치유하는 데 도움을 줄 수 있는 영적 자원들을 필요로 합니다. 그리고 우리는 신뢰, 자존감, 희망, 기쁨, 사랑과 같은 긍정적 감정들을 심화시킬 수 있는 영적 자원들을 필요로 합니다. 이러한 본질적 필요들을 충족하는 방법들은 다음 장에서 구원에 이르는 감정과 정신병적 감정들을 이야기하면서 상술하고자 합니다.

지구의 영적 위기에 창조적으로 대처하기

당신의 깊은 영적 갈망을 건강한 방법으로 충족시키는 것은 오늘날 점점 더 어려워지고 있습니다. 그 이유는 인간의 영적 위기가 지구 전체에 퍼져 있기 때문입니다. 생명이 넘치는 경험으로써 영적 초월은 서구사회에 살고 있는 수백만의 사람들에게 거의 사라져 가고 있습니다. 마음을 혼란스럽게 만드는 초스피드의 사회적, 기술적 변화는 전통적인 신념들과 가치체계의 거대한 와해를 가져왔습니다. 수많은 현대인들은 진실로 선한 것이 무엇이며, 궁극적인 진리는 무엇이냐를 결정해 오던

구시대의 권위주의적 방법들을 강력히 거부하고 있습니다. 오늘날 우리는 믿을 수 있는 대답들보다 더 많은 질문들과 대안들과 견해들을 가지고 있는 것 같습니다. 무엇을 믿을 것이냐와 무엇이 가치있는 것이냐에 대한 과거의 대답은 더 이상 우리에게 만족을 주지도 못하고 받아들여지지도 않고 있습니다. 그러나 수많은 사람들은 새로운 방법들과 대답들을 아직 개발하지 못하고 있습니다. 고통스러운 의미와 가치진공이 널리퍼지고 있는데 이것은 물질주의적인 것이며, 물질숭배사상에 너무 깊이 빠졌기 때문에 오는 것입니다.

　영적 욕구의 엄청난 힘과 건설적인 방법으로 그 욕구를 충족시켜야 하는 긴급성을 파악하려면, 먼저 실존적인 불안을 바로 이해하여야 할 것입니다. 실존적 불안은 누구에게나 있는 보통의 것이요, 신경증적 불안과는 다른 것으로 인간이 언젠가는 반드시 죽어야 한다는 사실 때문에 생겨나는 불안입니다. 우리 사회는 죽음을 거부하는 사회이기 때문에, 이러한 문화 속에 사는 사람들은 갖가지 방법으로 우리의 취약성과 우리가 죽어야만 하는 존재라는 사실을 덮어 두려고 노력합니다. 예를 들어 정신분석적 접근의 선구자라고 할 수 있는 카렌 호니(Karen Horney)에 따르면, 노이로제는 죽음의 공포를 벗어나고자 하는 하나의 노력이요, 풍성한 삶을 살려고 발버둥칠 때 오는 것이라고 하였습니다. 만약 내가 충동적인 작업 압박과 죄책과 우울증과 무지 때문에 초죽음의 감정을 계속적으로 가지고 있다면 죽음은 덜 위협적일 것입니다. 나는 잃어버릴 것이 별로 없기 때문입니다.

　최근 수십 년 동안에 실존주의적 접근을 하는 심리학자들이 개발한 중대한 몇 가지 사상들은 신경증적 불안과 다른 실존적 불안에 대하여 새로운 빛을 비춰 주고 있습니다. 칼 융, 오토 랭크, 카렌 호니, 에릭 프롬, 로라 펄즈, 폴 틸리히, 테네시 윌리엄, 노만 오 브라운, 롤로 메이, 에이브러햄 매슬로우, 우디 알렌 등 다양한 치유자들과 사상가들이 이러한 근본적인 인간 드라마와 씨름해 왔습니다.

　테네시 윌리엄의 희곡 「양철지붕 위의 고양이」에 나오는 감동적인 한 장면에서, 아버지는 아들 브릭으로부터 왜 아버지는 자기가 암에 걸렸다는 사실을 가족에게 알리지 않았는지에 대해 공격을 당하고 있습니다. 아버지는 단순히 자기가 돼지의 유리한 점, 즉 죽어야 할 운명이라는 사실을 덮어 두는 짓을 할 수 없었기 때문이라고 대답합니다.

　철학자 마틴 하이데거(Martin Heidegger)는 불안은 우리 인생이라는 연극의 효과음악과 같아서 보통 사람들은 그것에 귀를 기울이지 않기 때문에 들을 수 없을 뿐이라고 했습니다. 그러나 압력이 가중되는 인생의 발달단계 위기에서와 예기치 않은 우발적 위기를 당할 때에 효과음악의 볼륨이 높아집니다. 이때가 되면 누구든지 그 효과음악을 듣지 않을 수 없게 됩니다. 오늘날 환경과 핵무기 위기와 같이 거대한 사회적 충격의 맥락에서 개인적 위기를 당할 때에 실존적 불안은 없는 것이 됩니다.

인간들은 실존적 불안을 벗어나기 위하여 갖가지 방법의 중독상태에 빠집니다. 우리는 성공과 권력과 물질과 마약과 술과 종교와 일과 성과 국가와 가족 등을 우상화시킵니다. 이러한 중독성의 것들을 중심으로 우리의 삶을 충동적으로 집중시킴으로 우리는 우리에게 당한 죽음과 유한에 직면하기를 피합니다. 그러나 야누스(로마의 신으로 영어의 1월은 이 신의 이름에서 유래했음.)와 같이 우리의 우상은 모두 두 개의 얼굴들을 가지고 있습니다. 하나의 얼굴은 결국에 가서는 그것을 숭배하는 사람들을 배반하여 그들에게 커다란 절망을 안겨 주는 악마의 얼굴로 변할 것입니다. 중독에 빠진 잘못된 신들이 우리를 배반할 때에, 알코올중독자 치유협회에서 말하는 바와 같이 우리는 밑바닥에 거꾸로 처박힐 것입니다.

우리는 어떻게 실존적 불안을 건설적으로 대처할 수 있을까요? 이것은 피할 수 없는 인간 실존의 한 부분이요 누구나 가지고 있는 것이기 때문에 이것을 치유할 수 있는 심리적인 방법이나 정신치유의 방법이 없습니다(이것은 신경증적 불안이 아니다). 실존주의의 원조라고 할 수 있는 덴마크의 철학자 죄렌 키에르케고르는 그 대답을 제안하였습니다. 키에르케고르에 따르면, 이러한 불안을 그가 학교라고 칭하는 것으로 전환시킬 수 있다고 하였습니다. 학교(school)란 창조력을 자극시켜 배움의 기회를 제공하는 것을 의미했습니다. 우리가 알아야 할 가장 중요한 것은 이러한 전환은 하나님의 영의 신실한 체험에 바탕을 둔 의미있는 신앙의 맥락에서만 일어날 수 있다는 것입니다.

다른 말로 하면, 실존적인 불안을 건설적으로 대처하는 유일한 길은 사랑으로 넘치는 영성을 경험함으로써만 가능하고, 이 영성만이 현재의 순간을 생생한 감동으로 넘치게 만들기 위해 위험을 감수하게 합니다. 죽음의 위협에 대한 진정한 대답은 결국 현재의 순간을 생생한 감동으로 체험하는 것입니다. 철학자 메리 데일리(Mary Daly)는 다음과 같이 지적한 바 있습니다. "어떤 신앙인들은 자기 자신을 거부함으로 자기의 비존재(nonbeing)의 위협을 극복하려고 합니다. 사실 비존재를 극복하는 방법은 역설적입니다. 두려워 떤다는 것은 이미 승리하고 있는 것입니다. 왜냐하면 우리는 역설적으로 비존재를 피하기 위하여 우리의 존재를 움츠리고 있기 때문입니다. 오직 하나의 대안은 우리 가운데 항상 다가오는 비존재에도 불구하고 자기 완성을 하는 것입니다." [18]

고대 동양의 지혜자 노자는 이렇게 선언하였습니다 : "외적인 용기가 있는 사람은 감히 죽으려고 하지만 내적인 용기를 가진 사람은 감히 살려고 하는 사람이다." [19] 장기간의 미술 치유를 받던 한 내담자(그녀는 자기의 무의식의 갈등과 충동과 공포, 환상들을 그림으로 그렸다.)는 이런 진리를 내게 가르쳤습니다. 치유상담을 통하여 더 큰 전인건강으로 거듭났을 때 그는 열정적으로 이렇게 이야기했습니다 : "나는 죽는 것이 두렵기 때문에 도움을 받으러 왔습니다. 그러나 실제로 나는 사는 것을 두려워하고 있습니다." 존재하며 완성되고자 하는 내적인 용기를 얻으려면, 생생한 사랑으로 가득한 영성에서 나오는 힘을 얻어야 합니다. 아직도 남아 있는 빙하기의 잔재를 완전히 끝내려고 하면 급진적인 기온의 변화가 필요합니다. 따뜻하고 치유하는 하나님의 사랑은 영혼의 얼음(실존적 불안)을 녹이고 그것을 생수로 바꾸어 인생을 더 풍성하게 만드는 데 기여하게 만듭니다. 그러므로 죽음의 공포는 창조성을 꽃피우는 데 근본적인 동기와 힘을 제공합니다. 실존적 불안은 학교로 전환시켜 생생한 사랑 가운데 성장하게 하는 경험이 되어야 합니다.

우리 문화(그리고 우리 자신)의 영적 위기는 자아 구석구석에 스며든 실존적 불안에 비극적인 취약성을 만들어 줍니다. 그러나 그 위기는 우리 인류가 영적으로, 그리고 윤리적으로 전에 없던 성장을 할 수 있게 도전하며 기회를 제공할 수도 있습니다. 오늘날 수많은 사람들이 권위주의적인 종교구조와 권위주의적 지도자들에게 영적인 권위를 더 이상 제공하고 있지 않는 것은 영적으로 매우 건강한 징조입니다. 인류역사상 전에 없이, 우리는 아동기적 종교의 잔재들을 벗어버리고 새로운 영적 자유를 회복하라는 도전을 받고 있습니다. 우리는 건전하고 자기 확신을 부여하는 신념들과 가치들을 개발해야 하는 필요에 직면하였습니다. 그래서 우리는 전심으로 그 가치들과 신념들을 확인하고 환희와 기쁨과 사랑의 삶을 살아야 합니다. 바로 이것이 앞으로 우리가 걸어가야 하는 신명나는 영적 순례의 방향입니다.

전인건강을 창조하는 영적 자원

사랑에 중심을 둔 전인건강에 대한 열정은 수많은 세계 종교전통의 뿌리에 깊이 들어 있습니다. 몇 가지 실례를 들어 봅시다.

동양의 위대한 영적 유산의 하나인 도교는 오늘날 우리가 전인건강이라고 부르는 목표를 분명하게 보여 줍니다. B.C.600여 년에 도교를 창시한 노자는 그의 저서 「도덕경」(The Way of Life)에서 도(道 : 삶의 원리, 힘, 또는 길)를 포괄적인 상호 관계성이라고 보았습니다. 오늘날 이것은 건강에 관한 생태학적 견해라고 이야기할 수 있을 것입니다. 노자는 다음과 같이 말합니다 : "아마도 나는 도를 충만한 생명이라고 불렀어야 옳다. 이것은 원을 점점 넓혀 온 우주를 포괄하기까지 넓히는 것을 의미하기 때문이다.……정상적인 사람인가를 시험하는 가장 확실한 기준은 인생 전체를 있는 그대로 받아들이고 있느냐 하는 것이다."[20]

불교의 전통은 서구의 종교들이 가지고 있는 전인성의 견해를 약간 교정하여 보도록 통찰력을 제공하고 있습니다. 예를 들면, 불교에서의 완성에 이르는 길은 욕망을 더욱더 충족시키는 길이 아니라 욕망의 짐을 가볍게 하는 것입니다. 소비를 미덕으로 알고 자원들을 끊임없이 고갈시키는 오늘의 세계에서, 이러한 이해는 행복이 주로 성취와 얻음에서 온다고 보는 우리의 견해를 건전하게 교정시키고 있습니다.[21]

이슬람교의 수피파 신비주의 전통도 역시 잠재적인 전인성의 자원으로써의 통찰력을 제공합니다. 위대한 수피파 교사는 영적인 각성에 관해서 이런 말을 한 적이 있습니다 : "신을 진실하게 만들어라. 그러면 신이 당신에게 진리를 보여 주리라." 사랑의 신비를 반영하면서, 메블라나 제랄루딘 루미(Mevlana Jelalu'ddin Rumi)는 다음과 같이 말합니다 : "사랑을 표현하는 데 이성은 무력합니다. 사랑만이 사랑의 진리를 계시할 수 있고, 사랑하는 자로 만들 수 있습니다.……만약 당신이 사랑 안에서 살고 싶으면 사랑 안에서 죽어야 할 것이요, 또한 생동력있게 살아 있기를 원하여도 사랑 안에서 죽어야 할 것입니다." 무히이딘 이븐 아라비(Muhyi-d-din Ibn Arabi)는 또 다른 수피파 현인인데 이런 말을 합니다 : "신은 결코 비물질적으로 볼 수 없었습니다. 여성 안에서 보는 그의 비전이 가장 완벽합니다."[22]

유대교의 성경에 인간의 가능성에 대한 가장 놀라운 이야기는 하나님의 형상으로 인간이 지음을 받았다는 것입니다. 신약성경에서 예수가 세상에 오신 목적은 전인건강의 용어로 기술되었습니다. 즉, 예수가 오신 것은 양으로 생명을 얻고 더 얻어 풍성하게 하려는 것입니다(요 10 : 10). 전인건강의 일곱 가지 모든 차원이 유대교와 기독교의 성경에 긍정적으로 증거되고 있습니다.

영(spirit) : 영적 전인성이 신구약성경의 하나의 중요한 주제입니다. J. B. 필립스(Phillips)가 시적으로 풀어 쓴 로마서에 따르면, 영적 우주의 중력 에너지는 우리의 전인건강을 더욱 조장시키고 있다는 확신을 줍니다. "모든 피조물은 하나님의 자녀들이 자기들을 향하여 다가오는 놀라운 장면을 보려 발돋움하고 기다리고 있습니다"(롬 8 : 19).

마음(mind) : 예수는 구약성경의 두 가지 큰 계명을 인용하면서 청중들에게 온 마음을 다하고, 심령을 다하고, 영혼을 다하고, 힘을 다하여 하나님을 사랑하라고 권고하십니다(막 12 : 30).

몸(body) : 인간의 몸은 바울서신에서 성령이 거하는 전이라고 가르치고 있습니다. 바울은 그 편지를 읽는 독자들에게 "너희 몸으로 하나님께 영광을 돌리라."(고전 6 : 19-20)고 권면합니다.

관계(relationships) : 두 번째 큰 계명에서 예수는 사람들에게 이웃 사랑하기를 자기 몸을 사랑함같이 하라고 가르침으로써, 사랑을 전인성의 핵심으로 강조하고 있습니다(막 12 : 30).

직업(work) : 구약성경의 지혜문서는 너희 행사(직업)를 여호와께 맡기라고 신자들에게 권고하고 있습니다(잠 16 : 3).

놀이(play) : 놀이정신이 건전하다는 인식은 구약성경 잠언에서 반영되고 있습니다. "마음의 즐거움은 양약이라도"(잠 17 : 22).

세상(the world) : 두 개의 창조 이야기 중 첫 번째 이야기에서 하나님은 창조사건의 중간중간에 자기가 창조한 피조물들을 "보시기에 좋았더라."고 말씀하셨습니다

(창 1장). 그러므로 바로 여기에 오늘날 생태학적 전인성의 참모습이 나타납니다. 정의를 구현하여 사회적 전인성을 향상시키는 것은 기원전 8세기 히브리 예언자들의 강력한 메시지였습니다.

신·구약성경 모두는 전인건강을 성장의 과정으로 이해합니다. 복있는 사람은 "시냇가에 심은 나무가 시절을 좇아 과실을 맺음과" 같습니다(시 1 : 3). 예수가 가르친 비유들 중에 겨자씨 비유, 누룩의 비유, 밭에 씨를 뿌리는 농부의 비유 등은 성장과정에 초점을 맞춘 메시지로 다가오는 돌봄과 정의와 전인건강의 새로운 공동체를 시사하고 있습니다.

성경은 우리 인간 속에 엄청난 절망이 있어 전인건강을 저항하고 있다고 강조합니다. 이러한 저항은 우리가 가지고 있는 놀라운 가능성에 비견할 수 있는 것입니다. 성경의 저자들은 전인건강의 잠재성은 하나님의 선물이라는 점을 깨닫고 있습니다. 그러나 그들은 또한 이 선물을 개발하고 완성시키려면 훈련과 씨름이 필요하다는 사실을 알고 있습니다. 거듭남과 샬롬의 새 시대의 이미지들은 영적으로 힘을 얻은 인간 속에 변화의 능력이 숨어 있다는 사실을 증거합니다. 행복은 분명히 다른 사람들에게 투여하여 행복을 발견하게 만들었을 때 오는 것입니다 : "누구든지 제 목숨을 구원코자 하면 잃을 것이요, 누구든지 나를 위하여 제 목숨을 잃으면 찾으리라"(마 16 : 25). 유대적인 전통과 기독교 유산들 속에서 발견하는 변함없는 하나의 주제는 우리는 모두 한 가족―인류라는 가족―의 지체들로서 하나의 영적 부모를 가진 가족이라는 것입니다(행 17 : 25).

영적 충만훈련

빙겐의 힐데가드(Hildegard of Bingen)는 하나님의 영을 이야기하면서 놀라운 물의 이미지들을 사용하였습니다 : "지혜로 충만한 영혼은 끓어오르는 샘―하나님 자신―의 물줄기로 적신다." "소용돌이치는 구름과 같이, 콸콸 끊임없이 넘쳐흐르는 시내와 같이 영혼의 갈망은 결코 가만히 있지 않는다."[23]

그녀가 사용하는 넘쳐흐르는 영의 이미지에서 당신이 영적으로 충만하는 방법을 발견할 수 있는 명상지침이 있습니다.[24] (/를 그어 갈라 놓은 부분은 잠깐 쉬라는 것이다. 눈을 감고 제시하는 대로 따라해 보라.)

상상력을 사용하여 자그마하나 울퉁불퉁한 논밭의 수로를 영상으로 그려 보세요 (한 자 넓이에 10센티 정도 깊이의 수로면 족하다). / 수로는 비교적 자그마하지만 메마른 진흙밭 속으로 신선하고 깨끗한 물을 끊임없이 흘러 보내고 있다는 사실을 확인하세요. 그 물이 메마른 땅으로 흘러들어갈 때에 그 물을 애타게 기다리던 작은 씨들이 거기에 있습니다. 그것들은 마치 봄비를 기다리는 사막의 들풀들의 씨앗과 같이 물을 갈망하고 있습니다. 물을 받은 씨들이 즐거이 깨어나기 시작합니다. / 이제 그 싹들이 자라나고 있습니다. 꽃이 피고 있습니다(마치 꽃이 피어나는 모습을 찍은 영화의 한 장면같이). 현란하고 갖가지 색으로 물든 꽃이 무리지어 카페트를 만들고 있습니다. 그 꽃들이 미풍에 살랑거립니다. 생명을 일깨우는 물이 그곳으로 계속하여 흘러오는 동안에 놀랍게도 꽃들이 만발하고 있습니다. 그렇게 작은 수로에서 물이 흘러들어오는 데도 피어난 꽃들은 너무나 아름답습니다. /

이제는 수로를 따라서 보이는 물의 근원으로 올라가 보세요. 자그마하지만 놀랍게 솟아오르는 샘을 지나서 차츰 위로 올라가 숨겨진 물 근원까지 가 보세요. 작은 시내로 흐르는 물을 자세히 보세요. 춤추며, 출렁거리며, 빛나는 햇빛이 반사되어 반짝거리는 순간순간들을 놓치지 마세요. 어린애들이 띄워 놓은 장난감 배가 시내를 따라서 흔들거리며 떠가는 모습을 즐기세요. /당신의 상상 가운데서 땅에서 솟아나오는 샘 밑바닥으로 내려가세요. 그리고 그 샘이 솟아 나오는 물 근원까지 거슬러 올라가세요. 그곳은 끊임없이 넘쳐흐르는 놀라운 강이요, 맑고 신선한 물이 가득한 곳입니다. 땅 위의 작은 시내로 물을 솟아 나오게 하는 물 근원은 한없이 많은 물이 솟아 나오는 근원입니다. 그 근원을 즐거워하며 거기에 머무세요. 바로 이 근원은 아무리 가물어도, 아무리 땅 표면이 메말라도 결코 메마르지 않는 곳임을 확인하세요. /

이제 다시 조그만 수로로 돌아오세요. 그리고 그곳에 물을 흐르게 할 수도 있고 가로막을 수도 있는 작은 수문을 관찰하세요. 당신은 그 수문을 넓게 열어 놓을 수도 있고 닫아 버릴 수도 있다는 사실을 기억하세요. /당신의 눈과 당신의 영은 조그만 시내가 이르는 곳마다 사방에 아름답게 피어난 꽃들을 보며 즐기세요. /이제는 당신이 어떠한 방법을 선택하든지간에 그 명상여행을 끝내세요. 당신에게 얼마나 완전감을 주었는지 그 자리에 잠시 머무세요. 당신이 명상여행으로부터 무엇을 경험했든지 잠시 거기에 머물고, 당신의 영적인 삶을 향상시키는 데 유익한 약속들을 찾아보세요. /이제는 당신의 자기관리일지에 통찰들을 적고, 다시 한 번 깊이 묵상하고 싶은 것들이 있으면 적으세요. /

이 묵상을 사용하여 당신의 영적 자아가 하나님의 사랑의 통로가 되어서 다른 사람에게 하나님의 사랑을 흐르게 하여 그들의 메마른 들판에 새로운 삶으로 아름다운 꽃을 피우게 할 수 있는 몇 가지 방법들을 터득하기를 바랍니다.

당신에게 합당한 영적 자기관리계획을 창출하라

이 장을 마치면서 당신의 자기관리일지에 당신 자신을 위한 계획적인 영적 자기관리계획을 개발하여 기록하세요. 당신의 영적 건강을 향상시키기 위하여 당신이 할 수 있는 일을 적어도 여섯 가지를 쓰세요. 당신이 이미 점검한 중요한 영적 건강점검표에 보통이나 못함이라고 표시한 내용들을 먼저 사용하고, 이 장에서 발견한 통찰이나 방법들을 거기에 첨가하세요. 당신의 계획 속에 다음의 사항들을 포함시키면 그 계획은 좀더 실천적이 될 것입니다. (1) 진정으로 성취하고 싶은 구체적이고 실현 가능성이 있는 계획, (2) 그것을 실천해 나갈 구체적인 전략들, (3) 일정계획, 특히 언제부터 시행할 것인지, (4) 그것을 실천했을 때 자신에게 줄 보상 또는 실천하지 못했을 때 자신에게 줄 벌칙, (5) 일지에 진행사항을 기록하기.

당신의 계획을 사랑 중심에서 떠나지 않게 하며, 영적인 에너지로 충만케 하세요. 또한 당신의 심각한 계획적 사고와 균형을 맞추어 당신의 내면의 아동을 활성화시켜 그 계획을 성취시켜 나가는 과정에서 즐거이 실천할 수 있게 방안을 세우세요.

당신의 계획들 가운데 하나나 둘 정도의 가장 매력적이요 실천 가능한 대상을 정하여 즉시 시작하되 하루에 10~12분 정도 실천하세요. 자기 변화에 대한 저항을 극복하려면 처음에 자그마한 성공의 순간들이 크게 도움이 될 것입니다. 당신이 그 계획을 실천하면서 이러한 자기관리를 통해 당신의 영적인 삶을 더욱 풍성하게 하기를 기원하는 바입니다.

제 3 장

마음을 건강하게, 힘있게 하기

생각, 태도, 지각, 감정, 이미지들을 가지고 있는 당신의 마음은 당신을 건강하게 하고 치유하는 것뿐 아니라 당신을 병들게 하고 치유받지 못하게 만드는 데 있어서도 놀라운 힘을 가지고 있습니다. 듀크대학교는 1954~1959년까지 의과대학을 졸업한 255명의 남자 의사를 연구조사했습니다. 그들을 두 그룹으로 나누어 한 그룹은 '냉소적이요 적대적인 그룹', 또 한 그룹은 '신뢰성

> 나는 고집쟁이들을 용납할 수 없다. 그들은 너무 편협하고 너무 독선적이다.
> ─상원의원 조셉 메카디

이 있고 적극적인 시각을 가진 그룹'으로 분류하였습니다. 1980년에 재차 조사한 바에 따르면, 냉소적이요 적대적인 그룹에 속한 의사들이 적극적인 시각의 그룹에 속한 의사들보다 거의 5배 가까이 심장마비를 일으켰거나 사망하였습니다. 연구자는 부정적이요 냉소적인 사고방식은 담배피우는 것이나 콜레스테롤 과다만큼 심장에 해를 끼칠 수 있다고 결론을 내렸습니다.[1]

> 무식이 행복의 극치라면 어째서 행복한 사람들이 그렇게 적은가?
> ─밀톤 벌

이 연구는 당신의 정신건강이나 정서적 건강 또는 그 결핍이 당신의 총체적 전인건강에 얼마나 큰 충격을 줄 수 있는지를 조사한 현대의 과학적 증거들 가운데 단 하나의 극적 실례에 불과합니다. 당신의 사랑 중심의 전인건강을 총체적으로 극대화시키는 두 가지 열쇠는 당신의 정신건강과 생동력을 향상시키는 것과 당신의 영적 건강과 생동력을 향상시키는 것입니다.

선불교학자인 D.T. 스즈끼(Suzuki)와 심리학자 에릭 프롬은 함께 선불교와 정신치유와의 관계를 조명하는 놀라운 책을 저술하였습니다. 그들은 다음과 같이 주장합니다 : "인생의 목적은 완전히 태어나는 것이다. 비록 우리들 대부분이 완전히 태어나기 전에 죽는다고 하는 비극 속에 살고 있지만……그 대답은……자기의 의식과 이성과 사랑의 능력을 개발시키되, 자기 중심적인 삶들을 초월하여 세상과 새로운 조

화를 이루고 세상의 신비를 발견하는 데까지 개발하는 것이다."[2] 전인건강훈련은 더 완전히 태어나기 위하여 필생의 과정이 되어야 합니다. 그것은 삶의 신비와 도전, 가능성과 사랑으로 충만하게 되는 삶으로 태어나는 것입니다! 완전히 태어난다는 것은 예수가 거듭나야 된다고 한 그 말을 바르게 이해하는 것입니다(요 3 : 3).

나는 당신이 생명이 넘치는 사람이라고 생각합니다.

당신의 마음을 사랑하고 거기에 새 힘을 넘치게 하고 새롭게 쇄신하는 것은 계속적인 변화의 과정입니다. 이러한 과정에 대한 현금의 심리학적 접근들은 다소의 바울이 권면하는 지혜와 짝을 이룹니다. 그는 1세기 그리스도인들에게 "마음을 새롭게 함으로 변화를 받으라."(롬 12 : 2)고 강조했습니다. 나아가서 2장에서 본 바와 같이 당신의 가치와 영성의 질은 당신이 마음을 어떻게 사용하는가에 결정적인 영향을 줍니다.

> 우리는 과학적 이해의 수단을 사용하여 신앙, 신념, 그리고 상상력 등이 치유의 신비를 벗기는 새로운 수준에 들어서고 있다.
> —조안 보리젠코, 하버드대학교 의과대학 정신·육체 치유병원 원장

에이브러햄 매슬로우와 같은 심리학자들은 우리들 대부분이 우리의 잠재적인 지성, 창조성, 그리고 문제 해결능력 중에서 지극히 작은 부분만(대략 15—25%) 사용하고 있다고 평가했습니다. 당신은 지금 당신이 생각하는 것보다도 훨씬 창조적이요 더 풍부한 가능성을 소유하고 있는 것입니다! 당신의 창조성을 포함해서 당신의 마음의 요소들을 더 많이 사용하는 법을 배우는 것은 당신의 전인건강을 증진시키는 데 커다란 비밀입니다. 이 장은 당신 오른쪽 뇌와 왼쪽 뇌의 기능을 훈련하여

> 지혜를 얻으며……그를 사랑하라, 그가 너를 지키리라.
> —잠언 4 : 5~6

당신의 마음능력을 향상시켜, 사랑 중심의 학습, 치유, 문제해결, 그리고 창조성의 수단으로 사용하게 하려고 합니다.

마음의 전인건강 점검

이 점검은 당신의 마음건강 정도를 다음 두 가지 점에서 향상시켜 줄 것입니다. (1) 이 점검은 당신의 마음과 성격을 점검하여 어떤 점들이 강하고 어떤 점들에 성장이 필요한지를 깨닫게 해줄 것입니다. (2) 점검의 항목들은 당신의 마음을 힘있게 만들고 창조성을 증진시키고, 그것을 사용하여 당신 자신을 치유할 수 있게 다양한 실천적인 방법들을 제공해 줄 것입니다.

> ✍ **방법** : 각 항목의 앞부분에 있는 ＿＿＿ 난에 다음 세 가지 가운데 하나를 적으세요.
>
> 잘함–이것을 나는 매우 잘하고 있는 편이다.
> 보통–만족할 만한 수준이기는 하지만 좀더 잘할 수 있는 여지가 있다.
> 못함–바로 이것을 나는 특별히 보강해야 한다고 생각한다.

＿＿＿ 나는 신비감과 어린아이 같은 호기심을 즐거워하며, 이것은 내가 새로운 아이디어와 기술들을 발견하고 습득하는 데 큰 도움이 된다.

＿＿＿ 나는 나에게 아직도 사용되지 않는 지성적, 인격적 잠재성이 있음을 깨닫고 있다. 그래서 나는 이러한 선물들을 개발하려고 단계를 밟고 있는 중이다.

＿＿＿ 나는 독서를 하며, 어려운 문제들과 씨름하며, 때로는 신선한 강의를 들음으로써 나의 지성적이고 창조적인 근육들을 규칙적으로 훈련시키고 있다.

＿＿＿ 나는 이웃들과 영감있는 대화를 나누고, 생각을 촉진시키는 긍정적인 논쟁을 좋아한다. 나는 이러한 대화와 논쟁을 하는 동안에 나의 정신능력을 사용하여 새로운 아이디어를 창출한다.

＿＿＿ 나는 합리적이며 분석적이고 언어를 사용하며 양적인 계산을 하는 왼쪽 뇌와, 직관적이요 놀이를 즐거워하며 통합적인 오른쪽 뇌의 균형을 맞추기 위하여 음악, 그림그리기, 정원 가꾸기, 농담하기, 이야기하기, 이미지 만들기 등을 정기적으로 하고 있다.

＿＿＿ 나는 건강상 좋은 교체와 지적, 육체적 혼합과 사람의 활동들의 원리를 익히고 있다.

＿＿＿ 나는 나 자신의 성취를 통하여 이룩하거나 다른 사람이 인정해 줌으로 생긴 자기 가치가 아니라, 하나님의 영의 귀한 자녀로서의 천부적인 가치를 가지고 있다는 의식을 가지고 산다.

＿＿＿ 나는 죄책, 수치, 질투, 용서못함, 분노, 분개, 고독, 절망, 공포 등의 소위 부정적 감정들을 잘 처리하는 법을 배워서, 그러한 감정들이 나의 전인건강과 행복을 해치지 못하

게 하고 있다.

_____ 나는 희망, 신뢰, 평온, 사랑, 돌봄, 친밀관계, 놀이하기, 기쁨, 삶의 환희 등의 긍정적 감정들을 잘 양육하여, 그 감정들이 나의 전인건강과 행복을 증진시키는 데 기여하고 있다.

_____ 나는 나 자신을 용서하는 예술을 실천하여, 타인들과 인생을 용서하고 용납하는 법을 잘 깨달아 알고 있다.

_____ 나는 죄책감없이 나의 감각적–성적 감정을 신뢰하고 있으며, 그것으로 나의 삶과 관계에 불꽃과 정열을 일으키며 즐거워한다.

_____ 위기가 일어날 때에 나는 효과적으로 그 위기에 대처하는 능력들을 활성화시킨다. 나는 아름다움, 사랑, 그리고 나의 삶에서 일어나는 즐거움들을 희생함이 없이 고통, 상실, 비극들을 통하여서도 배우고 있다.

_____ 나는 과거에 대한 쓸데 없는 회한과, 미래에 대한 비현실적이요 두려운 환상들 때문에 에너지를 낭비하지 않으려고 힘쓴다. 나는 지금 살아 있다는 것이 바로 하나님의 귀한 선물임을 알고 현재 이 순간을 즐거워한다.

_____ 나는 충분한 자존감과 깨달음을 가지고 있어서 위협적인 상황에서도 자기 패배적이요 과대망상적인 방법으로 응답하지 않을 수 있다.

_____ 나는 내가 신뢰하는 사람들과 함께, 사건들과 사람들에 대한 나의 식별력을 검토하여 나의 이해가 사실 그 자체에 근거한 것임을 분별하고 현실감각을 향상시킨다.

_____ 나는 나의 일상생활의 경험 밖에 있는 이슈들에 대하여 독서하고 생각하면서 나의 정신수평을 확장시켜 나간다.

_____ 나는 분노를 억제하여 내면화시키거나, 파괴적인 방법으로 응답하여 스트레스에 빠지는 일을 피하고 있다.

_____ 나는 깊이 있는 긴장완화법, 명상, 영감적 독서, 또는 기도 등의 방법으로 매일 QT시간을 가져 나의 마음–몸–영에 쌓이는 스트레스를 감소시키고 나의 영적 에너지를 재충전한다.

_____ 나는 효과적인 자기관리 기술을 익혀 고통스러운 기억들을 치유하며, 나의 마음을 사용하여 나의 몸–마음을 강화시키는 방법들을 알고 있다.

_____ 만약 내면의 갈등과 미해결의 문제가 귀찮게 계속된다면 나는 유능한 상담자나 임상치료자로부터 도움을 구할 용기를 가지고 있다.

_____ 나는 인생의 복합성과 모순들과 딜레마에 대한 값싼 대답을 듣기보다는 해답을 얻지 못하는 불안을 견디며 살아가는 것이 유익하다고 믿는다.

_____ 나는 합리적이요, 성취할 수 있는(완전주의적이거나 거창한 것이 아닌) 인생의 목표들을 정하였으며, 거기에 근거하여 계획을 세우고 시간사용의 우선순위를 정하며, 목적없이 방황하며 에너지를 소모시키는 일을 피하고 있다.

_____ 나는 나의 속에 숨어 있는 덜 매력적인 '그림자'(shadow) 측면과도 친밀하기를 배웠

기 때문에, 실제로는 내 속에도 있는 것이지만(덜 매력적인 것들) 그것들을 이웃에서 크게 발견하게 될 때 서로 다투거나 두려워하는 일을 피하고 있다.

_____ 나는 내 꿈과 환상과도 한 편이 되는 법을 배워, 그것들을 활용하여 나의 마음 더 깊은 곳에 있는 에너지들과 지혜들과 접촉하고 있다.

_____ 나는 나의 인격의 책임적인 성인 측면으로 나의 인생을 조정하게 하지만, 나의 내면의 아동으로 놀이를 즐기게 하며, 내면의 부모 자아를 활용하여 양육하며 돌보는 일을 하게 하여 나의 삶의 경험을 더 풍성하게 만들고 있다.

_____ 나는 나의 머리와 가슴과 몸과 성을 내 자신과 타인들과 자연과 하나님의 영과 서로 관계를 맺게 하고, 모든 생명의 네트워크로 깊이있는 관계를 가지게 해야 한다는 사실을 깨닫고 즐거워한다.

_____ 나는 나의 마음과 가슴과 손을 사용하여 고난당하는 이웃들과 공동체를 돕는 데서 만족을 발견하고 있다.

♥ 평가 : 이렇게 무겁게 느껴지는 점검표로부터 당신은 어떻게 가장 큰 유익을 얻을 수 있을까요? 첫째로 당신 자신의 정신적 자기관리와 건강상태를 전체적으로 파악하기 위하여 위에 점검한 세 가지 표시를 자세히 생각해 보세요. '잘함' 항목에 대해서 정신적인 애정을 보내세요. 이제는 '보통' 과 '못함' 항목들을 재빨리 점검하고 당신에게 중요하다고 생각되는 것들을 골라서 자기관리일지에 기록하세요. 미래의 계획을 위해서, 당신이 적어 놓은 기록 옆에 이 부분의 마음건강을 강화시키기 위해 무엇을 할 수 있는지에 대한 당신의 생각들을 적어 넣으세요.

상처입힐 수도 있고 치유할 수도 있는 놀라운 마음의 힘

몸을 상하게 할 수도 있고 치유할 수도 있는 마음의 힘은 계속적으로 증명되고 있습니다. 과학적 연구조사는 실직, 이혼, 그리고 사랑하는 사람을 잃음 등의 결과로 부정적인 신체적 변화가 일어나고, 반면에 애완동물을 사거나 명상, 정신치유, 영적 치유, 고통스러운 결혼관계의 해소 등으로 긍정적인 신체적 변화가 일어나고 있다는 사실을 증거하고 있습니다. 암, 심장병, 류머티즘 환자 등의 연구는 절망감이 갑작스러운 악화(내습)에 결정적인 요인이 되고 있으며, 희망으로 가득할 때에 그들은 중요한 회복의 자원들을 얻고 있다고 보고합니다.

기쁨과 희망과 같은 적극적인 감정들은 치유와 장수 등과 서로 정비례관계에 있습니다. 루이스 고트쇼크(Louis A. Gottschalk)는 어빈(Irvine)에 소재한 캘리포니아대학교 정신과 교수인데, 환자의 희망의 정도를 측정하는 '희망측정방법'을 개발하였습니다.[3] 피츠버그 암연구소에서 일하는 심리학자 산드라 레비(Sandra Levy)

는 기쁨(정신적 회복력과 생동성)이라는 요소는 계속 재발되는 유방암 환자의 장수를 예견하는 데 두 번째로 강력한 요소라는 사실을 발견했습니다.[4] 바이오 피드백 연구자들도 마음은 육체에 영향을 주는 의심할 수 없는 힘이라고 증명합니다. 그들의 결론에 따르면, 마음은 내면의 생리적 기능에 대해 어느 정도의 자율통제작용을 가하며, 그것을 당사자도 깨달을 수 있다고 합니다. 즉, 마음은 이전에 전혀 의식적 통제가 불가능하다고 믿었던 혈압, 심전도, 표피온도, 그리고 뇌파 등에도 작용한다는 것입니다.[5]

잘못된 신념에 대해서도 육체가 응답한다는 사실이 의학연구에서 플라스보(placebo)의 사용으로 극적인 증거가 발견되었습니다. 전혀 의학적 기능이 없는 약품(약품같이 보이기만 함.)을 복용한 후에 그 약이 정말이라고 믿은 사람들의(연구 대상이 된) 편두통, 고혈압, 관절염, 고열, 애스마, 두통, 당뇨병, 바다 멀미, 사마귀 등에도 관측할 수 있는 효력이 나타났습니다. 플라스보는 실제로 가짜 약이지만 의사가 처방할 때에 이야기한 본래의 약효가 나타나 중독되기도 하는 부작용이 있습니다.

PNI(Psychoneuroimmunology : 정신신경면역학)라고 부르는 최근에 발전되고 있는 놀라운 의학분야는 어떻게 마음과 육체가 상호 연계되어 작용하는가에 서광을 비추고 있습니다. 독립적인 여러 가지 과학적인 결론은 면역체계와 그 면역이 보호하고 치유하는 육체와 그리고 마음-뇌와는 고리같이 서로 연결되어 있다는 것입니다. 보통 마음이라고 부르는 상뇌 또는 피질(cortex)은 뇌의 언어기능과 생각, 수많은 정보, 사고, 감정, 이미지, 신념, 경험들을 저장하는 능력을 통하여 면역체계에 영향을 주는 것 같습니다. 면역체계는 뇌의 통제를 받습니다. 그러나 면역체계도 뇌에게 무언가 메시지를 보냅니다. 즉, 면역체계는 정서와 다른 정신요소에 영향을 미치는 내분비 시스템으로부터 호르몬을 통하여 메시지들을 뇌에 보낸다는 것입니다.

이러한 마음-육체의 상호작용은 병에 대한 취약성들을 높일 수도 있고, 회복의 가능성과 건강의 가능성을 향상시킬 수도 있는 것입니다.

텍사스대학교 건강과학센터의 책임연구원인 진 악터버그(Jeanne Achterberg)는 "마음은 질병과 환경 사이의 고리로서, 신체의 보호시스템을 관장하고, 건강과 질병의 신비를 간직한 창고"라고 하였습니다.[6] 모든 질병이 그렇다고 말하기는 어려우나 대부분의 질병은 어느 정도 정신-신체적(Psychosomatic) 질병입니다. 그리고 정신적, 대인관계적, 영적인 요소들이 질병을 일으키는 복합적 원인을 제공합니다. 그러므로 치유나 예방에 진실로 효과가 있게 하려면, 이러한 요소들을 무시해서는 안 됩니다.[7] 정신적, 행동주의적 치유들은 편두통, 고혈압, 대장염, 위궤양, 성불능, 통증, 암, 심장병, 그리고 다른 병들을 치료하는 데 필수적인 한 부분이 되고 있습니다.

그러나 이러한 모든 사고에도 위험성이 있습니다. 더 나아지지 않는 환자들에게 마음을 효과적으로 사용하고 있지 않기 때문이라고 불평을 할 수 있기 때문입니다.

가끔 그런 불평은 자기 불평입니다. 제인의 유방암은 정기검진을 하는 동안에 발견되었습니다. 그때는 막내아이가 학교에 다니기 시작한 직후였습니다. 제인은 이제 자기의 음악적 재능을 살리기 위해 새로운 장을 열게 되었다고 신명이 나 있었습니다. 그러나 유방암 진단을 받고 절망에 빠졌습니다. 이러는 과정에서 그녀는 마음-육체의 상호 관계에 대한 글을 읽고 나서 오히려 이러한 암이 자기에게 온 것에 대해 죄책감과 실패감을 깊이 느끼게 되었습니다.

제인을 돕는 치유자가 해야 할 필수적인 일은 그녀의 죄책감을 그녀에게서 떠나가게 하는 것입니다. 치유자는 중요한 질병이 오는 데는 매우 다양한 원인들이 있다는 사실을 증거물로 보여 줌으로써 그녀를 죄책감에서 해방시켰습니다. 이러한 원인들 중에는 당사자가 거의 또는 전혀 통제할 수 없는 유전적 취약성, 그리고 환경적 독성들도 있습니다. 그녀가 지적한 대로 정신적인 요소들은 원인들 중에 비교적 작은 것일 수도 있고, 또는 큰 것일 수도 있습니다. 죄책감을 벗어버리는 것은 독소와 싸우는 내적 자원들을 활성화시키는 데 도움을 주었습니다. 제인의 경우에, 전인건강 치유법을 사용하여 이전에 쓸데 없는 곳에 낭비하던 에너지를 해방시키는

"보세요. 데니스 파넬과 그의 '최후까지의 자존심'이 이리로 오고 있잖아요."

것도 중요합니다. 신체단련, 다이어트, 이미지 만들기, 지원그룹들과 통상적인 의학적 접근을 접목시키는 것이 이런 치유에 결정적이었습니다.

나는 만화영화에서 몇 사람의 노예들이 허리에 로프를 매고 엄청나게 큰 돌을 아직 미완성의 피라미드로 옮겨 놓기 위하여 힘을 다해 노력하고 있는 장면을 보았습니다. 노예 한 사람이 다른 노예들에게 충심으로 이런 말을 하였습니다. "나에게 좀 귀를 기울여 주세요! '행복은 자기 자아 속에 있다'는 말을 이제는 그만두세요." 이 만화영화의 장면은 자기의 마음의 힘은 강조하면서도 자기가 처한 외적인 상황을 외면하는 접근에 일침을 놓는 것입니다. 당신의 마음은 당신의 환경이 어떠하든지 간에 당신의 행복에 중대한 영향을 미치며, 당신의 육체를 치유하는 능력에 중대한 영향을 미치는 놀라운 힘이 있습니다. 그러나 당신이 이미 고통스럽지만 깨닫고 있는 것처럼, 당신의 외적인 삶의 상황에는 당신의 마음을 사용하는 것만으로는 고칠 수 없는 제한시키며 억압적인 요소들이 있는 것도 사실입니다.

마음을 힘있게 하여 전인건강 증진하기

마음을 힘있게 한다는 것(empowering your mind)은 무엇을 의미합니까? 자존감, 능력, 내적인 힘은 인간됨의 기본적인 조건들로서 이 세 가지 욕구들이 충족될 때에 우리의 마음은 힘을 얻습니다. 당신은 (다른 인간들과 같이) 천부적이요, 삭감할 수 없는 가치를 가지고 태어났다는 사실을 깊이 깨달아야 합니다. 당신은 또한 당신 자신과 당신이 속한 사회에 중대한 일들을 성취할 수 있는 능력(지식과 기술)을 가져야 합니다. 그리고 당신은 당신 자신을 지도하고 이웃들에게 건설적인 방향으로 영향을 끼칠 수 있는 내적인 힘(자신감)이 있어야 합니다. 비인격화시키는 기술과 거대한 관료주의를 가지고 있는 거대한 사회구조 안에서, 우리들 중에 수백만이 우울증에 빠지고 있습니다. 그들은 마약에 중독된 젊은 청년 톰과 함께 이렇게 외칩니다 : "나는 귀퉁이가 찢겨져 나간 그놈의 컴퓨터 작동카드에 불과하단 말이야!"

인격적 무능력 증세가 수많은 우리 사회문제의 뿌리에 숨어 있습니다. 당신과 내가 적어도 최소한의 정도에서라도 자존감, 능력, 그리고 내적인 힘을 가지고 있다고 느낄 때라야 우리는 다른 사람을 존중하고, 인생의 요구에 건설적으로 대처하며, 우리의 삶이 이 세상에 매우 작지만 그래도 중대한 변화를 만들 수 있다는 것을 알게 될 것입니다. 이러한 대처능력이 없이는 일상의(특별이 아닌) 도전과 위기를 극복하여 우리 삶의 영역 중 어느 하나나 여러 부분에 병에 걸리지 않게 하기가 어려울 것입니다.

인간에게는 네 가지 형태의 힘이 있습니다. 지배적인 힘(Power over : 지배적이고 타인을 통제하려는 힘으로 가끔 무능하다는 무의식적인 감정에서 유래할 수 있다), 공격적인 힘(Power against : 공격적이고, 굴복시키려 하며, 다른 사람을 파괴시키려는 힘으로 가끔 두려움에 그 뿌리가 있다), 베푸는 힘(Power for : 양육하고 이웃을 돌보는 힘)[8], 협력적인 힘(Power with : 협력과 분배로 서로에게 풍성한 힘을 더하게 하는 힘)이 그것입니다. 지배적인 힘은 건강을 증진시키는 권능을 부여할 수 없습니다. 그리고 공격적인 힘은 다른 사람이나 자신의 전인건강과 행복을 위해 꼭 필요할 때에 그 의로운 목적들을 얻기 위하여 사용할 수 있습니다. 베푸는 힘은 도움을 받는 사람을 강화시킬 때에만 사용합니다. 협력적인 힘은 사랑 중심의 전인건강과 자존감과 능력과 내적인 힘을 향상시키며 서로에게 능력을 부여합니다. 이 장의 나머지 부분은 이러한 종류의 능력을 받기 위하여 당신이 사용할 수 있는 수단을 기술하려고 합니다.

자기 책임감으로 생활을 힘있게 하기

당신의 마음을 힘있게 하고 더 높은 수준의 건강과 행복을 만들기 위하여 당신이 할 수 있는 가장 중요한 일들 가운데 하나는, 당신 자신의 건강에 대한 책임을 당신 자신이 담당하는 것입니다. 당신의 의사(그가 유능하든 그렇지 않든)가 아니라 바로 당신 자신이 당신의 건강증진에 대한 최종적인 책임을 져야 하며, 수많은 일들을 할 수 있는 기회도 당신 자신에게 주어진다는 사실을 인식해야 할 것입니다. 자기 책임은 당신에게 다가오는 하나하나의 삶의 순간에 당신에게 주어진 삶의 선택들이 어떠한 것들이든간에 그것들을 당신 자신이 선택하여 건설적인 단계를 밟아 나가는 것을 의미합니다. 자기 책임은 수동적인 피해자 응답에 반대되는 것입니다. 수동적인 피해자 응답이란 당신 자신을 환경의 손에 내어 맡김으로 더욱 그 환경의 피해자가 되어가는 것을 의미합니다.[9]

우리들 가운데 많은 사람들은(나 자신을 포함하여) 현대의학의 경이적인 연구의 도움을 받지 않고는 살아가지 못합니다. 불행스럽게도 의학적 기적들에 대한 우리의 숭배는 많은 사람들에게 건강에 대한 책임적인 응답을 포기하게 만들고 있습니다. 의사에게 대하는 수동적인 자세, 의약에 지나치게 의지하는 것, 자기가 포기한 것을 의학이 고쳐 줄 것이라고 믿는 마음, 건강한 삶의 스타일을 개발할 책임과 기회를 무시하려는 경향 등은 바로 자신의 건강에 대한 자기 책임을 회피하는 결과로 오는 몇 가지 실례들입니다.

당신은 자기 책임을 지고 당신의 건강증진을 위해 무엇을 할 수 있습니까? 당신은 당신의 삶의 길이와 질과 건강에 영향을 주는 삶의 스타일을 결정하는 데 전부는 아니라고 할지라도 많은 부분이 당신의 통제 안에 들어 있다는 사실을 받아들일 수 있습니다. 물론 당신이 거의 통제할 수 없거나 전혀 통제할 수 없는 요소들이 당신의 건강과 행복에 상당한 영향을 미칠 수 있습니다. 그러나 당신 자신이 당신의 삶의 운전석에 앉아 있기로 작정한다면, 당신의 건강에 대한 제한이 어떠한 것이라고 할지라도 당신은 당신에게 주어진 제한들을 개조하기 위한 방안을 고안하여, 당신 자신의 건강수준을 증진시켜 나갈 수 있습니다. 당신은 또한 독서나 워샵 등을 통하여 건강문제 예방과 행복문제, 자기관리에 대한 지식들을 향상시킬 수 있을 것입니다. 그리고 마지막으로 당신은 꼭 필요할 때에 유능한 치유자들이나 건강문제 전문가들의 도움을 받을 수 있을 것입니다. 그러나 당신은 그들을 촉진자, 자원제공자, 그리고 당신 자신의 건강관리를 인도하는 안내자로서 사용하여야 할 것입니다. 즉, 그들의 도움을 수동적으로 받아들이는 자가 되기보다는 적극적인 동역자요 파트너가 되도록 하라는 것입니다. 당신만이 당신 자신의 개인적인 건강의 여정을 걸어갈 수 있습니다. 그들의 전문성을 당신의 여정 가운데 중대한 위기에서 지혜로운 안내원으로 채용하는 것이 중요하며, 그래야 생명을 구원할 수 있을 것입니다.[10]

훈련을 통해 마음을 힘있게 하기

두 가지 문제있는 사실을 깊이 생각해 봅시다. 보통 미국인들은 매일 4~5시간 동안 TV를 봅니다. 대학을 졸업한 사람들은 1년 평균 책을 한 권 조금 못 읽습니다. 바로 이것은 우리 사회에 건강수준을 낮추는 지성적 무기력의 두 가지 징조일 뿐입니다. 이러한 사실은 앞서 언급한 바대로 대부분의 사람들이 지성적 잠재성을 발견하지 못하고 있는 사실에 비추어 볼 때에 특별히 비극적입니다. 이 잠재성을 약간이라도 개발할 때에, 지성적 영양실조로 고통하는 사람들과 지루한 TV에 중독되어 질식상태에 있는 사람들은 정신적인 건강으로 되돌아갈 수 있을 것입니다.

아마도 당신은 어째서 수많은 지성인들이 독서의 모험으로 도전을 받지 못하며, 부요하게 되지 못하고 있는지 이상하게 여길 것입니다. 가장 중요한 한 가지 원인은, 전통적인 권위주의적 교육방법이 창조적 사고에 보상을 주지 않고 오히려 창조적 사고를 질식시키려 했기 때문에, 그 결과로 창조성은 불구가 되고 만 것입니다. 전통적인 교육방법은 학생들이 거의 흥미를 느끼지 못하는 내용들과, 실생활에 관련이 거의 없는 지루한 것들을 끊임없이 학생들에게 주입시키고 암기시켰습니다. 당신도 기억하고 있겠지만, 진급시험 때 억지로 머리에 담아 놓은 내용들의 대부분은 합격이 되자마자 잊어버립니다. 다년간 그렇게 외압적으로 시행되어 온 교육이 자기 세계를 탐구하고 새로운 것들을 열심히 배우려는 어린이들의 동기와 자발적인 호기심의 불꽃을 꺼버린 것입니다.

파울로 프레이리(Paulo Freire)는 용기있는 브라질의 교육철학자로, 고전이 되어 있는 그의 저서 *Pedagogy of the Oppressed*(추천도서를 보라.)에서 놀랍도록 분명한 어떤 것을 보여 주고 있습니다. 그는 권위주의 중심 교육이 어떻게 사람들을 정신적으로 권위주의적 지도자에게 굴종적으로 따르도록 만들어 가는가를 보여 주었습니다. 1990년 내가 상파울루(São Paulo)에 가서 그를 방문했을 때에 그가 나에게 한 말은 매우 인상적이었습니다. 이 책이 출간된 후 20여 년 동안에 17개 국어로 번역되었고, 100만 부 이상이 팔렸다는 사실은 세계가 마음의 자유를 끊임없이 갈망하고 있다는 고무적인 징조라는 것입니다.

대부분의 성인들은 자기들에게 유익하고 흥미있다고 생각하는 분야에서만 일생 동안 배우고자 하는 동기부여를 받습니다. 당신의 마음 건강에 가장 크게 공헌하기 위하여, 당신의 독서와 연구는 당신이 스스로 작정한 욕구와 흥미에 맞는 것이어야 합니다. 이렇게 필요를 충족시키는 배움방법은 흥미있는 인간 동물인 우리에게 본성적으로 만족을 주는 것입니다. 왜냐하면 이러한 방법은 더 풍성히 살고자 하는 우리의 선택을 향상시켜 주기 때문입니다.[11]

전인건강 배움방법〈소위 통합적(confluent) 교육〉[12]은 긍정해 주면서 동시에 도전하는 관계 속에서 최상의 방법이 될 것입니다. 이를테면 교사가 자기 학생들이 지성적으로 꽃피울 능력이 있다고 확신하며 그들을 긍정해 줄 때에 학생들은 더 많이 배울 수 있습니다. 나의 30년간의 교육경력에서 배운 바에 따르면, 학생들의 마음을 힘있게 하는 데에 선생이 가장 크게 공헌할 수 있는 길은, 현재 보여 주고 있는 것보다도 더 큰 지성적 잠재 가능성이 학생들에게 있다는 사실을 믿으며, 열정적인 생동력을 가지고 학생 한사람 한사람을 독특한 인격자로 존중하며 돌보는 자세로 가르침을 베푸는 것이라는 사실입니다.

사실 내가 교사가 되려고 생각하기 훨씬 이전에 이러한 생각을 나에게 가르쳐 준 것은 나의 삶의 경험이었습니다. 내가 어린아이였을 때에 나는 자존감이 매우 낮았으며, 지나치게 부끄러움을 잘 타서 비참한 고통을 당했습니다. 그래서 나는 나의 초기 학생시절에 고통스러운 실패의 경험을 하였습니다. 나는 좋게 말하면 대기만성할 그릇이요, 나쁘게 말하면 어리석은 바보라고 나 자신을 믿게 되었습니다. 부정적인 자기 이미지를 가진 다른 모든 사람들과 같이, 나의 부정적인 자기 이미지는 나의 신념체계를 부정적으로 만들었습니다. 그래서 나는 본래 내가 가지고 있는 능력보다도 못한 사람으로 성장했습니다. 나의 선생님들과 나는 꼭 같이 나 자신을 과소평가하고 있었습니다.

내가 이러한 지성적 꼬리에서 벗어나게 된 것은 고등학교 2학년 때 일입니다. 현대사를 신명나서 가르치던 사회과목 선생님이 이 부끄러움 많고, 소심하고, 여드름 투성이인 10대에게 관심을 갖기 시작했습니다. 그는 나에게 읽고, 생각하고, 토의하고, 나의 생각을 기록하라고 도전하면서 나의 정신을 인정하기 시작했습니다. 곧 나의 선생님이 내가 이 일을 할 수 있으며, 잘할 수 있을 것이라고 믿고 있다는 사실을 나는 느꼈습니다. 놀랍게도 나는 지성적 연구를 즐거워할 뿐 아니라 뛰어나다는 사실을 발견하기 시작했습니다. 나는 항상 그 선생님에게 감사를 드릴 것입니다. 그 선생님은 차츰 나의 부정적인 자기 이미지를 고치고 마음을 사용하는 것을 기뻐하게 했으며, 나의 속에 있는 내적인 힘을 얻을 수 있게 해주었습니다. 그는 나를 새로 태어나게 도와주었습니다. 어떤 사람이 다음과 같이 말했는데, 그것은 바

전인건강의 창

조지 워싱턴 카버

　조지 워싱턴 카버(George Washington Carver)는 1864년 미조리주 다이아몬드 그로브에 가까운 농장에서 노예로 태어났습니다. 그의 부모는 메리와 모세 카버였으며, 조지는 난 지 몇 주일이 못되었을 때에 그의 어머니와 함께 야간에 약탈범들에게 납치되었습니다. 그의 주인은 300달러 상당의 경주마를 몸값으로 주고 그들을 되돌려 받았습니다. 어린 조지는 극심한 기침감기로 거의 죽게 되어 있었으며, 그래서 그는 아동시절 내내 나약하고 병 많은 아이로 보냈습니다.

　그의 부모는 조지를 공부시키고 싶었으나 학비를 댈 수가 없었습니다. 또한 그가 살고 있던 주위에는 어느 곳에도 흑인을 받아 주는 학교가 없었습니다. 그의 어머니는 그에게 영어 철자를 가르쳐 주었고, 후에 성경책을 주었습니다. 어머니의 도움으로 그는 이 정도라도 교육받을 수 있었습니다.

　그는 열 살에 집을 떠나 초등학교에 입학하였으며, 스스로 돈을 벌어 학비를 냈습니다. 2년 후에 그는 미네아폴리스, 캔사스 등지로 이사하였는데, 거기서 그는 세탁소일, 바느질, 자수 등 여러 가지 일들을 하면서 고등학교를 졸업했습니다. 그후에 그는 심프슨전문대학(Simpson College)에 들어가 3년 후에 그 대학을 졸업했습니다. 그후에 그는 아이오와주립대학교 농업기술대학에 등록하여, 거기에서 이학사와 이학석사학위를 취득했습니다. 그는 거기에서 2년간 스탭으로 일하면서, 조직생물학과 박테리아연구소의 책임 연구원으로 있었습니다. 1898년에

부커 T. 워싱턴(Booker T. Washington)이 조지 이야기를 듣고 초청하여 알라바마에 있는 터스카기대학(Tuskegee Institute)의 교수로 일하게 했습니다. 조지는 거기에서 40년 이상을 일했습니다.

　남부에 와서 카버가 관심을 가진 것들 중의 하나는 곡식을 윤작시켜야 하는 것이었습니다. 자기의 연구결과에 근거해서 그는 땅을 황폐하게 만드는 계속적인 목화재배를 대체하면서도 돈을 벌 수 있는 것으로 땅콩, 고구마, 피칸 등을 권장했습니다. 땅콩은 그 당시에 별 볼 일이 없는 작물로 여겨지고 있었습니다. 그래서 그는 고구마와 피칸과 땅콩을 멋지게 사용할 수 있는 새로운 방법을 찾기 시작했습니다.

　수년 후, 국회의 한 위원회에서 증언해 달라는 요청을 받았을 때, 그는 땅콩으로 만든 145개의 생산품, 고구마로 만든 100개의 생산품, 그리고 피칸으로 만든 60개의 상품을 보고했습니다. 거기에는 조미료, 바퀴축 기름, 가루, 절연판 녹말가루, 플라스틱, 커피, 그리고 문고용 풀 등이 포함되었습니다. 그에게 배정된 10분 동안의 증언을 마치려고 했을 때에 국회의원들은 박수로 계속 보고하라고 요구하였습니다. 그는 1시간 45분 동안을 보고하였고, 국회의원들은 매혹당하여 경청하였습니다.

　알라바마의 붉은 진흙에서 카버는 청색, 자색, 홍색의 물감을 만들어 냈습니다. 그는 또한 옥수수 줄기로 섬유와 로프를, 목화줄기로 껌, 녹말가루, 포도당을 만들었습니다. 그는 야자나무 뿌리로부터 베니어판을 만들

없습니다. 그는 목화로부터 포장용 벽돌을 만들고, 땅콩에서 19개 색깔의 물감을, 토마토 줄기와 민들레로부터 또 다른 물감들을 만들었습니다. 여러 해 동안 농업화학분야에 그가 끼친 놀라운 공헌은 남부 농업경제 전체를 엄청나게 부요하게 했을 뿐 아니라 다양화시켰습니다.

카버의 빛나는 성공소식이 널리 퍼지자, 이 나라와 세계 각국의 유명한 지도자들과 과학자협회들이 그에게 자문을 해왔을 뿐 아니라 그에게 명예를 부여했습니다. 그는 터스카기의 마법사, 흙의 콜럼버스, 구버의 마법사 등의 칭호를 받았습니다. 그의 명성이 높아지자, 다른 연구소들에서 더 많은 돈을 주겠다고 제의해 왔으나 카버는 자유로이 연구할 수 있는 그곳을 선택했습니다. 농부그룹 하나에서 땅콩 식물병을 제거해 준 것에 감사하여 돈을 보낸 적이 있었습니다. 그는 감사하다는 말과 함께 그 돈을 되돌려 보냈습니다. 1940년에 그는 자기가 평생 동안 저축한 통장(30,000불)을 터스카기의 조지 워싱톤 카버 기금으로 내놓았습니다. 이것은 그가 죽은 후에도 땅을 비옥하게 만드는 연구와 원산지 식물들에 대한 새로운 사용, 쓸모없게 된 쓰레기를 사용하여 새로운 생산품을 개발하는 연구 등을 계속하게 하려는 것입니다.

조지 워싱턴 카버는 자연에 대해 깊은 존중을 가졌고, 이것은 영적으로 다져진 사랑의 관심이었습니다. 그는 또한 자연과 매우 친밀한 관계를 맺음으로 더욱 자연을 존중하며 사랑하였습니다. 그의 정신적, 생태학적, 영적 건강과 행복은 그의 엄청난 창조력과 생산적인 연구발견의 신비를 묻는 질문에 대답하면서 매우 단순하면서도 아름답게 표현되었습니다. "나는 매일 아침 4시에 일어나는 것을 습관화시켰습니다. 나는 그 시간에 숲으로 들어가서 여러 가지 표본을 수집하고 그들이 보여 주는 위대한 교훈을 배우려고 했습니다. 자연은 나를 간절하게 가르치고 싶어하였습니다. 숲 속에 나 홀로 있는 그 시간에 나를 향하신 하나님의 계획을 가장 잘 들을 수 있었고 이해할 수 있었습니다"(『자서전』, 1940, pp.148-149).

심각한 제한과 보잘것없는 출발에도 불구하고, 농업화학자로서 그의 빛나는 성취들을 통하여 사회에 기여한 카버의 공로는 어머니 자연과 협력하는 새로운 방법을 추구하는 오랜 인간들의 이야기들 가운데 그 유례가 없는 것입니다. 그의 생애와 한 일은 한 마음으로 하나님과 자연과 인간을 사랑한 영감넘치는 한 가지 실례입니다.

로 나의 변화의 성격을 천명한 것입니다. "사람들은 우리가 얼마나 많은 관심을 가지고 있는지 알기 전에는 우리가 얼마나 많이 알고 있는지에 대해서 실제로 관심을 갖지 않는다."

훈련을 통하여 당신의 정신근육들을 즐거이 강화시킬 수 있는 방법들이 많이 있습니다. 가장 최고의 훈련은 독서입니다. 책들은 금세기와 과거에 살았던 정신적이고 영적인 위대한 사람들을 우리의 마음과 가슴에 접촉시켜 줍니다. 책을 통하여 당신은 당신의 방을 떠나지 않고도 먼 곳에, 그리고 먼 과거까지 여행할 수 있습니다. 독서는 당신의 창조적 사고를 촉진시킬 것이요, 당신 자신의 이해의 수평을 넓혀 줄 것이요, 마음을 깜짝 놀라게 하는 정보폭발로 흥분하는 오늘의 세계에 눈을 뜨게 해줍니다. 당신은 너무 바빠 독서할 시간이 없습니까? 제리라는 이름의 한 친구는 자기가 흥미를 느끼는 여러 권의 책들을 읽을 시간이 없어 속이 상했습니다. 그래서 그는 베스트셀러와 고전들을 담은 테이프를 사서 매일 운전하면서 그 책을 듣고 있습니다. 그는 LA 고속도로의 교통지옥도 이 때문에 견딜 만하다고 이야기합니다.

알란 파톤(Alan Paton)은 남아연방공화국의 흑백차별정책으로 당하는 고통을 온 세상에 처음으로 알린 용기있는 저자입니다. 그는 그의 생애의 종말이 가까웠을 때에 노만 커즌스(Norman Cousins)에게 편지를 썼습니다. 그는 그 편지에서 위대한 책들을 사랑한다고 말하면서, 어려서 그의 생애를 결정지은 몇 권의 책들을 언급했습니다. 그는 선언했습니다. "나는 천국에 간 후에 하프 드는 것을 포기하려 합니다. 그 이유는 이 책들을 다시 한 번 더 읽기 위해서입니다."[13] 독서뿐만 아니라 글을 쓰는 것도 판톤에 있어서는 분명히 정신의 모험이었습니다.

✻ 전인건강훈련 ✻

잠시 동안 읽는 것을 멈추고 당신이 흥미를 가지고 있는 삶의 영역에 대한 이해의 문을 열기 위하여 당신이 하고 싶은 것 3~4가지를 생각해 보세요. 예를 들면, 당신이 관심을 가지고 있는 책을 읽는 것이든지, 스페인어를 배우기 위해 등록한다든지, 컴퓨터를 배우는 일 등입니다. / 당신이 생각해 낸 것들을 자기관리일지에 적으세요. 그리고 그중 하나를 정하여 그것을 언제부터 시작할 것인지 결정하세요. 그것을 시작할 때에 꼭 필요한 단계가 무엇이든지간에 당신의 마음의 모험을 지금 시작하세요.

창조성의 향상으로 마음을 힘있게 하기

뇌를 연구함으로써 우리 인간은 하나의 뇌를 가지고 있으며, 그것은 두 개의 반구로 나누어져 서로 연관은 있으나 구별된 정신기능을 가지고 있다는 사실을 발견했습니다. 대부분의 학교에서 한쪽 뇌(대체로 오른손잡이의 왼쪽 뇌)가 대부분의 관심을 독차지해 왔고, 보상을 주어 그쪽 뇌만 개발시켰습니다. 이쪽 뇌는 합리적, 분석적, 인식적, 언어적, 수학적, 과학적인 기능으로 전문화됩니다. 이러한 기능이 우리 시대의 기술과학 문화를 지배하기 때문에 우리는 바로 이쪽 뇌의 기능에 우리가 깨어 있는 시간의 75% 또는 그 이상의 심리적 에너지를 투여합니다. 직관적이요, 이미지를 만들며, 비언어적이요, 예술적이요, 관계적이며, 전인적 기능을 하는 오른쪽 뇌의 충분한 개발은 우리 시대의 문화가치 때문에 무시되어 왔습니다. 이 때문에 우리의 정신적인 잠재 가능성들은 일방적으로 개발되어 온 것입니다. 그러나 창조성은 왼쪽과 오른쪽 뇌의 기능 사이에서 놀이적으로 뛰어다닙니다.

도교를 창설한 노자의 옛 지혜는 전체 뇌의 창조성과 지혜에 대한 하나의 이미지를 제공해 줍니다 :

> 당신은 하늘과 짝하여
> 음이 될 수 있는가?
> 당신의 머리 지식은 가슴의 지혜에서
> 누룩을 취하여 낼 수 있는가?[14)]

> 당신은 하늘과 짝하여 음이 될 수 있는가? 당신의 머리 지식은 가슴의 지혜에서 누룩을 취하여 낼 수 있는가?
>
> ─노자

과학의 역사는 대부분의 주요 과학적 발견들이 열정적인 연구조사나 이론구성을 하다가 긴장을 풀고 쉬고 있을 때에 예기치 않은 곳으로부터 왔다는 사실을 아주 분명히 보여 줍니다.[15)] 예를 들면, 알버트 아인슈타인(Albert Einstein)은 힘든 왼쪽 뇌 연구를 하기 오래 전에 눈으로 보이는 이미지 게임을 하고 있었다고 언급합니다. 이러한 직관적인 이미지들은 언어와 개념들과 수학적인 설명들과 서로 연결되었고, 결과적으로 금세기 세계 이해에 가장 놀라운 발견을 해낼 수 있었습니다.

우리가 전체 뇌의 치유와 창조성을 향상시키려고 한다면 잠자고 있는 오른쪽 뇌의 잠재가능성을 더 개발하여, 너무 지나치게 개발된 왼쪽 뇌의 기능과 균형을 맞추어야 합니다. 왼쪽 뇌를 중시하는 우리 사회에서 전인적인 인격을 형성하려고 하면 매일같이 일정한 시간을 투자하여 음악, 그림그리기, 율동, 조각하기, 이야기하기, 이미지 만들기, 묵상하기, 요가, 정원가꾸기, 놀이하기, 바보짓하기 등 오른쪽 뇌 활동을 하여야 할 것입니다.

창조성 훈련을 통한 전인건강

어떻게 창조적인 마음이 새로운 아이디어와 발명을 낳는가에 대한 연구결과에 따르면, 대체로 다음 네 가지 단계가 있을 때에 그런 일이 일어난다는 사실을 보여 주고 있습니다.[16)] 다음은 당신이 시험해 볼 수 있는 왼쪽 뇌 훈련 단계들입니다. 지금 따라 해보세요.

1단계 준비단계
당신이 꼭 수행하여야 할 어려운 연구과제나 당신이 해결하고자 하는 실제적인 문제나 당신이 결단해야 할 매우 복합적인 결정 중 어느 하나를 선택하세요. 이 단계에서 당신은 당신의 논리적이요 분석적인 왼쪽 뇌를 사용하여 다음과 같이 아주 열심히 노력하세요. 그 문제를 분명히 정의하면서 주의깊게 기록하세요 : 그 문제가 가지고 있는 여러 측면들을 하나하나 찾아내세요 : 가능한 한 그 문제에 필요한 정보들을 많이 수집하세요 : 가능성이 있는 다양한 해결책을 도출해 내기 위하여 브레인스토밍(Brainstroming : 내가 생각할 수 있는 모든 가능성들을 하나하나 찾아내어 그 가운데 가장 좋은 것을 선택하는 방법을 이야기함—역자 주, 이것은 당신 홀로 하든지 관심을 가지고 있는 사람들과 같이할 수 있다.)을 하세요. 당신에게 떠오르는 모든 선택 가능한 대안들을 다 기록하세요. 여기에는 시대에 뒤떨어졌다고 생각하는 것까지 남김없이 포함시키세요. 그 문제에 서로 얽혀져 있는 부분들과 쉬운 해결에 장애를 가져오는 것들을 발견할 때까지 이 일을 계속하세요. 이러한 왼쪽 뇌의 작업을 하나하나 기록하는 것은 당신의 정보들과 선택이 가능한 대안들을 분석하고 조직하는 데 도움을 줄 것입니다./

2단계 부화단계

당신이 이러한 조직적 준비를 할 수 있는 대로 충분히 한 후에, 전체를 잠시 동안 선반 위에 올려놓으세요. 할 수 있는 대로 즉시 그 문제를 해결하려는 압력을 연기시키세요. 긴장을 풀고 그 문제가 당신의 마음의 버너 위에서 저절로 끓게 놔 두세요. 이제 더 지혜로운 당신의 정신기능이 그 문제에 대한 작업을 시작하고 있다는 사실을 기억하세요. 만약 당신이 그 문제를 왼쪽 뇌의 장악에서 풀어 놓아 버린다면 당신의 오른쪽 직관적인 뇌가 그 문제에 대한 작업을 할 수 있을 것입니다. 만약 당신의 개인적인 믿음에 맞는다면, 당신이 믿는 대로 당신의 하나님 앞에 그 문제를 드리고 하나님께서 일하실 때까지 기다리세요./

3단계 조명단계

빛은 자연스럽게 나올 때가 많습니다. 갑작스럽게 또는 서서히 지혜의 주머니가 열리기도 하고, 이미지나 통찰을 얻기도 합니다. 그러한 순간에 짙게 얽혀 있던 당신의 문제에 어떤 해결책이나 또는 적어도 어떤 방향이라고 보이는 것이 불빛과 같이 나타납니다. 그 빛은 당신에게 떠오르는 이미지들이나 생각들이 어떠한 것이든 지간에 그것들의 대강의 윤곽을 그리거나 뼈대를 만들거나 다른(계획에 없는) 그림을 그리게 도와줄 것입니다. 당신에게 떠오른 것들을 있는 그대로 적으세요—단어들, 이야기들, 망상들, 생각들, 이미지들, 그림들 등 당신의 의식의 표면에 떠오르는 것들을 적어 보세요. 왼쪽 뇌의 개발이 지배적이었던 나의 경험에 비추어 보면, 조명은 가끔 긴장을 풀고 오른쪽 뇌가 기능할 수 있게 한 후에 2~3차의 강렬한 생각과 기록을 하고 있는 동안에 왔습니다. 오른쪽 뇌의 활동은 내가 깨어 있는 순간에도 있었으나 내가 잠들었을 때에 더 많이 일어났습니다./

4단계 확인과 실천단계

이제 직관적으로 당신에게 무슨 생각이 일어났든지 그것을 붙들고 확고한 비판적 사고를 가지고 그것의 타당성을 검토해 보세요. 타당성이 확인된 부분들을 조직하여 실천할 수 있는 계획을 세우세요. 그것을 언제 어떠한 방법으로 실천할 것인지 하는 구체적인 작전을 완성하세요. /이제 당신의 계획을 실천에 옮기세요./

많은 사람들에게 자기 쇄신과 창조성을 손상시키는 몇 가지 일들이 있습니다. 자신의 생각을 혹평하는 일, 실수할까봐 두려워하는 일, 비평을 두려워하는 일 등은 당신의 창조성을 가장 크게 손상시키는 것들입니다. 또한 일반적으로 널리 믿어지고 있는 두 가지 잘못된 신념도 당신의 창조성을 약화시킵니다. 그것은 첫째로 나이가 들면 창조성도 감소된다는 생각이요, 두 번째는 특별히 지성적으로 뛰어난 사람들만 창조적이 될 수 있다는 생각입니다. 나이가 들어서야 진정한 창조성의 꽃을 피운 수많은 사람들의 실례는 은퇴한 후에 조용히 자기 생각들을 가지고 즐길 수 있을 때라야 창조성이 꽃피고 있다는 사실을 증명해 줍니다. 지능지수가 천재에 가까운 사람들(전부는 아니지만)이 창조적으로 생산적인 것은 사실입니다. 그러나 보통 정도의 지능을 가진 사람들도 창조적인 활동을 즐거워하며 뛰어난 능력을 발휘하고 있습니다.[17] 창조성이라는 단어가 당신을 겁나게 만들지 않게 하세요. 지금 내가 시를 쓰는 예술활동을 하거나 나이가 얼마이든지간에 모세와 같이 될 수 있다는 것만 이야기하는 것은 아닙니다. 당신의 창조성은 모세와 같은 형태로 나타날 수 있습니다. 그러나 자기의 마음을 사용하여 새로운 아이디어를 창출하는 것, 문제상황을 건설적으로 대처하는 것, 어린이들을 위하여 장난감을 만들어 주는 것 등도 창조적인 일들입니다. 즉, 당신이 창조적인 일들이 무엇이라고 생각하든지 그런 일들이 당신에게도 얼마든지 일어날 수 있다는 것을 의미합니다. 당신의 창조성을 어떻게 표현하든지간에 그것은 당신의 삶을 풍성하게 할 수 있고, 그 과정에서 아주 작기는 하지만 그래도 중대한 의미를 가진 모든 창조의 근원인 하나님과 동역자가 되는 것입니다.

마음을 사용하여 스트레스를 건설적으로 대처하기

심리학자 조안 보리젠코(Joan Borysenko)는 다음과 같이 말합니다. "최근에 보고된 주요 연구결과에 따르면, 의사를 찾는 환자들 가운데 75% 가까운 사람들이 결국 스스로의 힘으로 회복될 수 있는 환자이거나 아니면 불안이나 스트레스와 연관된 심신의 질병이라고 합니다. 이러한 점을 감안할 때, 우리의 몸이 가지고 있는 자연적 치유기능을 촉진시킬 때에 우리 몸의 증상들은 감소되거나 치유될 수 있는 것입니다."[18]

　만성적 스트레스는 수많은 질병에 중대한 요인이 되며 전인건강의 수준을 약화시킵니다. 대학생들의 연구조사 결과에 따르면, 시험을 전후하여 일어나는 스트레스와 불안은 귀중한 면역세포의 기능을 약화시킨다는 것입니다. 이 면역세포는 몸을 보호하며, 바이러스와 암세포를 파괴시키는 책임을 지고 있는 임파선의 중대한 면역시스템을 관장하는 세포입니다.[19]

　지나친 스트레스를 받는 이유는 내적, 외적 스트레스 요인들의 상호 작용과 육체적, 정신적 압력 때문입니다. 그러므로 당신의 마음-몸 전체에 스트레스를 덜 받게 하는 방법을 배우고 자기관리를 하는 것은 매우 중요합니다. 다양한 스트레스 감소기술들은 6장에 탈진을 논의하면서 제시될 것입니다. 그러나 스트레스를 건설적으로 대처하는 데 있어 마음의 역할은 무엇입니까?

　오늘날 수많은 사람들의 건강을 해치는 만성적 스트레스는 끊임없이 반복되고 있는 싸움-도망(fight-flight) 반응의 결과로 오는 것입니다. 이렇게 싸우고 도망하는 인간의 반응은 본질적으로 인간의 생존본능으로서 무한의 시간 동안 진화되어 온 것입니다. 날카로운 이를 가진 호랑이와 같은 외부의 위험을 만나서 두려움의 파도가 동굴원시인들에게 일어날 때에, 그들의 혈압은 높아지고, 근육은 긴장되고, 에너지 수준은 로켓이 날아오름같이 몸에 가득하고, 그들의 몸은 호르몬으로 가득하였습니다. 그래서 그들은 자기 자신을 구하기 위하여 싸우거나 아니면 있는 힘을 다하여 빨리 도망하였습니다. 그러나 오늘 우리 사회의 대부분의 불안은 싸움이나 도망으로는 조정할 수 없는 것입니다. 예를 들면, 직업을 잃거나 환경오염의 위기나 경제적 적자생존의 만성적 공포 등은 싸움-도망 반응으로는 대처할 수 없었습니다. 그러나 현대의 위협들도 원시인들에게와 꼭 같은 생리화학적인 반응을 일으켜 육체를 만성적으로 긴장시키고, 충분한 휴식과 긴장완화를 방해합니다. 나아가서 분비되는 두 종류의 호르몬 코티솔과 아드레날린은 면역체계에 강력한 장애를 일으킵니다.

✹ **전인건강훈련** ✹

　우울증을 자존감으로 바꾸기 : 내가 경험을 통하여 배운 바에 의하면, 이 방법은 우울증에 빠지고, 저기압에서 벗어나지 못하고 있는 사람들을 일깨워 소망과 자존감을 가지게 하는 하나의 방법입니다. 이것은 인지요법을 스스로 훈련할 수 있게 한 것으로 부정적인 감정들은 잘못된 생각들, 인식, 사고방식, 이미지들, 그리고 신념들 때문에 일어나는 것이라는 가정에서 출발합니다. 다음의 4단계 접근은 알버트 엘리스(Albert Ellis)가 창안한 합리-정서요법에 근거하여 개발한 인지요법의 한 형태입니다. 지금도 당신이 모종의 우울증을 느끼고 있거나 자존감에 상처를 입고 있다면 이 방법을 실천해 보세요.

1. 당신의 마음에 생생하게 살아 있는 사건, 예를 들면, 어떤 점에서 실패했거나 또는 다른 사람에게 부당하게, 그리고 매우 가혹하게 비판받았던 사건 하나를 회상해 보세요./아직도 당신의 기억 속에 그 사건과 함께 붙어 있는 감정들을 자각하고 경감시키세요.

2. 기분 나쁘고 재앙을 초래하는 사건들이 일어날 때마다 그 사건의 인지와 기억에 모종의 색채를 가하는 왜곡되고 비합리적인 신념들이 무엇인지 생각해 보세요. 우리가 자신에게 이야기하는 대표적인 비합리적인 신념들은 이런 것들입니다 : "나의 가치는 다른 사람에게 얼마나 인정을 받느냐에 달려 있고 그렇지 않을 때가 별로 없다", "이러한 나의 실패는 내가 패배자로 태어났다는 사실을 증명하는 것이다!"(대인관계 분석의 용어로 말하면, 내 속에 있는 비합리적인 신념들은 나의 아동기에 나를 키워 준 부모나 부모역할을 한 분들에 의해서 우리 속에 프로그램화되었다. 그것들은 우리의 머리 속에서 계속적으로 가혹한 부모의 목소리로 나에게 명령할 것이다.)

3. 분노, 분개, 수치, 죄책, 우울증, 무가치성, 실패, 또는 공포와 같은 부정적이요 부적합한 정서들을 다시 한 번 떠오르게 하세요. 이러한 감정들은 틀림없이 당신 머리 속에서 반복적으로 이야기하는 비합리적인 신념들 때문에 생겨난 감정들일 것입니다.

4. 이러한 감정들을 없애기 위해서는 당신의 마음 가운데서 당신 자신에게 계속적으로 반복해서 들려주고 있는 불합리한 오래 전의 신념들이 무엇인지 발견하고, 그 신념들에 도전하고, 서서히 교정해야 합니다. 그리고 그 자리에 더욱 합리적이요, 신빙성있는 신념들로 대치시켜야 합니다. 지금 시작하세요. 다음의 예를 따라 해보세요. 먼저 당신 자신에게 스트레스를 주는 말들, 예컨대 "나는 제대로 하는 일이 하나도 없어." 또는 "완전하게 끝내지 못하면 나는 벌을 받을 거야." 등의 말을 하는 대신에, "나는 심각한 실수를 저질렀어. 하지만 나는 그 때문에 나를 무시하지 않을 거야. 다른 사람들처럼 나도 실수를 하는 사람이니까."와 같은 더 객관적이요, 합리적인 말을 자신에게 이야기하세요. 어떤 사람들에게는 자기 자신에 대하여 가지고 있는 미친 신념들을 기록하는 것이 도움이 됩니다. 그리고 그 신념들 하나하나 옆에 더 긍정적이고 더 진실한 신념들을 써 넣으세요. 후자의 신념들을 카드에 써서 가지고 다니며 하루에도 여러 번 그것을 읽으면서 당신의 머리 속에 이미 프로그램되어 있는 옛날의 비합리적인 메시지들을 긍정적인 신념으로 바꾸어 가세요./이러한 과정을 거쳐서 우울증과 자기-거절 뒤에 숨어 있는 비합리적인 신념들이 서서히 당신 자신에 대하여 사실에 근거한 긍정적인 신념들로 변화되어 갈 것입니다. 당신이 이것을 어느 정도 충실히 하느냐에 따라 희망과 자존감도 자라며, 장래에 비슷한 비판이나 실패가 일어날 때에도 이전처럼 나약하게 되지 않을 것입니다. 그러므로 당신은 당신 속에 생생히 살아서 당신을 괴롭히는 사건들을 무장해제시킬 수 있을 것입니다.

나는 자기 위에 스트레스쌓기(self-stressing)라는 말을 의도적으로 사용하고 있습니다. 생리심리학자이며, 바이오 피드백과 스트레스성 질병 전문가인 바바라 브라운 (Barbara Brown)의 연구에 따르면, 마음이 "삶의 어려움을 보면서 경험하는 스트레스는 90%인 데 비해, 고통없이 스트레스에 대처하기 위하여 마음이 가지고 있는 자원들을 사용하여 그 스트레스에 대처할 때에는 100%의 스트레스를 경험합니다." 그녀는 계속해서 이야기합니다. "만약 우리가 불안(dis-ease)의 과정을 검토한다면, 스트레스의 근본적 원인이 자신의 상황과 그 상황이 미래의 행복에 미치는 충격을 예상하면서 생겨나는 고통스러운 반응이라는 사실을 쉽게 알 수 있을 것이다. 스트레스 그 자체는 실제로 문제해결이 좌절되어(실패한 대처) 그 결과로 오는 불확실의 결과요, 마음과 육체에 긴장을 일으키는 부정적인 감정들이다. 그 전과정은 정신구조 안에서 일어나는 생각과 아이디어에서 일어나는 것이다."[20]라고 합니다.

이것은 좋은 소식입니다. 당신의 삶 속에서 일어나는 외부적인 압력(스트레스 부여자)이 무엇이든지간에, 그것이 당신에게 얼마나 스트레스를 줄 것인지의 결정은 당신 자신의 응답에 따라 좌우됩니다. 당신은 불행스러운 상황과 귀찮게 하는 사람들에 대한 당신의 태도를 결정하는 데 상당한 자유를 가지고 있습니다. 그러므로 그것들은 당신에게 그처럼 무거운 스트레스나 해악은 끼치지 못할 것입니다. 이러한 이치는 실천보다 말하는 것이 쉬울 것 같습니다. 그러나 실제로 그것을 실천할 때에 당신이 생각하는 것보다도 훨씬 더 크게 외부적인 스트레스 요인으로부터 당신의 마음-몸을 보호할 수 있다는 사실을 당신은 배우게 될 것입니다.

스트레스를 감소시키고 치유하는 데에 당신의 마음을 사용하는 유익한 안내서는 조안 보리젠코(Joan Borysenko)가 저술한 *Minding the Body, Mending the mind*입니다. 이 책은 그녀가 책임자로 있는 하버드 의과대학 마음-몸 클리닉에서 개발한 치료방법입니다. 다음은 스트레스를 건설적으로 조정하는 몇 가지 지침으로, 이것은 보리젠코의 접근에서 빌려온 것과 스트레스에 관한 나 자신의 개인적인 직업적 경험에서 온 것입니다.

당신의 스트레스를 도전과 기회(결국 스트레스는 잠재적으로 그렇다.)로 재구성하세요. 그래서 당신은 좌절감을 극복하고 당신의 인생의 통제권을 다시 찾음으로써 스트레스 위에 설 수 있게 됩니다. 이것은 마치 당신의 인생이 당신에게 준 레몬으로 레몬쥬스를 만들어 내는 것과 같습니다.

부정적인 감정들(특히 걱정, 죄책, 불안)과 그 감정이 당신의 몸에 쌓아가는 스트레스와 긴장을 끊어 버리세요. 당신이 악순환의 고리를 끊어 버리지 않으면 그 감정들이 긴장을 증가시키고, 증가된 긴장은 그 감정을 다시 더하게 하는 순환을 계속할 것입니다(보리젠코 3장 '불안순환고리 깨트리기'를 보라).

당신의 삶에서 스트레스를 만들어 내는 환경들에 대처하여 12단계 회복 프로그램의 '평화의 평화의 기도.

하나님 내가 변화시킬 수 없는 것들을 받아들일 수 있는 평안을 주시고, 내가 변화시킬 수 있는 것을 변화시키는 용기를 주시고, 그 차이를 분별하는 지혜를 주소서.

기도'를 사용하는 법을 배우세요. 이 간단하면서도 심오한 기도는 당신이 변화시킬 수 없는 것을 받아들이는 평온함, 당신이 할 수 있는 것을 변화시키는 용기, 그리고 그 차이점을 아는 지혜를 요청하고 얻을 수 있게 한다는 점에서 정신치료제 중에서 큰 비중을 차지합니다.

적어도 매일 한 번씩은 어떤 형태로든 심신유기체를 차분히 가라앉히는 것을 연습하세요. 이것은 잠을 자는 시간보다 훨씬 더 우리를 신선하게 만들어 줄 수 있습니다. 만약 당신이 스트레스를 받는 상황에 있다면, 그것은 당신의 건강과 행복을 위해 새로운 일을 해주는 기회가 될 것입니다(아래의 명상에 대한 논의를 보라).

당신이 긴장으로 몸이 굳어졌을 때에 호흡하기(4장을 보라.)를 연습하세요. 그리고 재빨리 몸을 쭉 펴기와 긴장완화 훈련을 하세요. 이것들은 전신으로 호흡하며, 당신의 정신과 육체에 깃든 긴장을 푸는 법입니다.

"이것도 지나갈 것이다."라는 사실을 기억하세요. 이러한 생각은 당신을 좀더 넓고 큰 자유케 하는 관점에 서게 할 것이요, 잠시 동안의 좌절, 괴롭히는 사람들, 그리고 당신 자신의 실패 등에 대해서도 관대해질 것입니다.

당신에게 만성적으로 자기 위에 스트레스 쌓기의 원인이 되는 상처받고 상처를 주는 감정들을 치유하기 위하여 필요한 것은 무엇이든지 시행하세요(보리젠코 7장이 도움을 줄 것이다).

희망, 자존감, 용서, 기쁨, 특히 사랑과 같은 긍정적이요 전인건강을 증진시키는 감정들을 고양시키기 위해 필요한 것은 무엇이든지 하세요(다음의 두 가지에 더 이야기함).

특히 당신이 긴장을 더하게 할 것 같은 상황에서 놀이로 넘치게 하세요. 웃음은 특히 도움이 됩니다. 나는 내가 사용하는 워드프로세서에 만화(내 친구의 호의로 입력함.)를 넣었습니다. 그것은 아주 심각한 모습으로 컴퓨터스크린을 쳐다보는 남자로서 다음 글이 신비스럽게 나타납니다 : "당신이 지금 타이프하고 있는 단어들은 정말로 타이프할 만큼 가치가 있는 단어들입니까?"

당신 스스로 시도하는 모든 노력이 충분치 못하다면, 몸-마음 스트레스감소 프로그램에 등록하거나 전인건강 상담자와 상담을 해서 당신의 전인건강과 장수를 유지하세요.

정서적 블랙홀에 갇혀 있는 빛을 해방하기

천문학자들은 우주의 여러 부분에서 '블랙홀'이라고 생각되는 것을 발견했습니다. 이것은 볼 수는 없으나 분명히 존재하는 이상한 곳입니다. 이곳 가까이에 이르면 모든 빛과 에너지는 그 속에 빨려 들어가 버립니다. 우리의 심리 속에 있는 블랙홀은 해결되지 못한 만성적인 부정적 감정들로 낮은 자존감과 우울증, 분개와 분노, 용서못함과 죄책, 두려움과 불안, 오랫동안 치유받지 못한 상처 등을 포함하고 있습니다. 이러한 감정들이 우리의 의식이나 무의식 속에 쌓이면, 그것들은 창조적인 삶에서 에너지를 빼앗아 버리고 정신감정의 전인성을 앗아가 버립니다. 이러한 블랙홀을 치유하고 긍정적인 감정들의 빛을 해방시키는 일은 아주 고된 작업입니다. 그것은 전문적인 치유가 필요할 수 있습니다. 그러나 부정적인 정서들이 심층에 자리잡은 갈등에 뿌리를 두고 있지 않는 경우에는 자기 노력 방법으로도 충분할 수 있습니다. 이제 자기 노력의 몇 단계 기술들을 살펴보겠습니다.

이와 유사한 인지요법의 접근을 사용하는 귀중한 자기 노력 지침은 데이비드 번 (David D. Burn)의 *Feeling Good*입니다. 그 책은 블랙홀이 삼켜 버렸던 적극적 감정들의 에너지를 유출시켜 블랙홀을 조직적으로 변화시키는 다양하고 광범위한 훈련을 제시하고 있습니다. '정신건강 분야의 공통 감기'라고 불리는 우울증은 자아 속에 억압된 분노, 슬픔, 어떤 경우에는 아마도 생리화학적, 유전적 취약성의 요소까지 포함하는 다양한 원인들에 기인합니다. 우울증이 심각해지면 의사가 처방한 심리촉진 약물의 사용이 그 사람의 기능을 계속하게 하고 다른 치유자들에게 갈 수 있게 도와줄 것입니다.

당신의 마음-몸 전인성을 해치기보다는 촉진시키는 방향으로 당신의 감정들이 작용할 수 있게 하는 방법들은 아주 많습니다.

1. 건강한 방법으로 분노, 분개, 그리고 두려움 등에 대응하여, 당신 안에서, 그리고 이웃과 함께 더 평안을 누릴 수 있게 하세요.

⇨ 가까운 친구들과 함께 아주 사소한 좌절들과 초조함들을 열어 놓고 이야기 나누세요. 그래서 그것들이 당신에게 고통스러운 소외를 축적하고 생산하기 전에 그 문제들을 해결하도록 노력하세요.

⇨ 조깅이나 차고에서 상자차기와 같이 강렬하고 공격적인 근육훈련은 분노를 파괴적이 아닌 방법으로 유출시키는 좋은 방법이요. 약한 우울증들을 감소시키는 데 도움을 줄 것입니다.

⇨ 합당한 자기 주장과 파괴적인 공격성과의 구별방법을 배우세요. 그리고 나서 분노를 생산하는 부정의(injustice)들을 교정하기 위하여 자기 주장을 사용하세요.

⇨ 얼마나 많은 부적합한 분노가 우쭐대고 뽐내고 난 후, 또는 어떤 사람이나 어떤 것 때문에 기가 꺾였을 때에 생겨나고 있는가를 자각하세요.

도교의 창시자인 현인, 노자는 과장된 자기 이미지에 근거한 방어적인 자존심의 나약한 본성을 보여 주는 멋진 이미지를 소개하고 있습니다.

구멍이 뚫렸다고 느끼는 자는
틀림없이 언젠가 하나의 거품이었을 것이다.[21]

구멍이 뚫렸다고 느끼는 자는
틀림없이 언젠가 하나의 거품이
었을 것이다.

　　　　　　　　－노자

분노의 주제에 대하여 최근의 한 연구는 분노와 직장동료와의 갈등이 직업에서 받는 압력의 수준보다도 훨씬 더 중요한 탈진의 원인을 제공하고 있다는 사실을 발견하였습니다.[22]

몇 년 전에 내가 28피트짜리 보트를 타고 바다에서 폭풍우를 만났을 때에 한 가지 놀라운 일이 일어났습니다. 어디선가 들었던 격언 한마디가 그때에 내 마음속에서 들려왔습니다. "비겁자는 수천번 죽지만 용감한 자는 단지 한 번 죽는다." 바로 그때 나의 두려움의 수준이 갑자기 낮아지는 것을 알고 나는 놀랐습니다. 그 이후에 두려움을 일으키는 상황에서 그 순간을 상기시키면, 나의 두려움은 내가 조정할 수 있는 수준만큼 내려갔습니다. 내가 한 번만 죽는다는 것은 나에게 매우 큰 의미를 주었습니다. 당신도 무서운 위기에서 합리적인 위기에 부딪쳤을 때에 당신 속에 잠재하는 대체에너지(두려워서 그 에너지를 허비하지 않고)를 활성화시키는 데 이 격언이 도움이 되기를 희망합니다.

2. 죄책감과 용서못함을 해결하고 당신과 당신의 이웃과의 사이에 화해관계를 회복하세요.

⇨ 신경증적 감정들과 합당한 죄책감의 다른 점을 구별하는 법을 배우세요. 후자, 즉 합당한 죄책감은 우리 모두가 우리의 자유를 잘못 사용하여 다른 사람이나 자신을 해칠 경우에, 또는 우리 자신을 자신과 이웃과 자연과 하나님으로부터 소외시켰을 때에 느끼는 당연한 감정입니다. 이와 대조적으로 신경증적 감정은 윤리적으로 하찮은 일에나 성적 충동 또는 공격적 충동과 연관된 감정입니다. 이 두 가지 죄책감은 치료에 있어서도 차이가 있습니다. 불행스럽게도 이 두 가지가 일어났을 때에 서로 얽혀져 구별하기 어렵습니다.

⇨ 서구의 영성전통에서 오랫동안 검증된 자원들을 사용해서 합당한 죄책감을 순수하게 용서받고 화해의 치유로 전진하는 법을 배우세요. 이러한 변화에는 5단계의 과정이 있습니다. 자기 검토(깨달음), 고백, 용서, 회복(갚아야 할 것을 갚고, 드릴 것을 드리는 일), 화해(알코올중독자 치유협회의 12단계와 천주교회의 고해성사는 이러한 단계들을 포함하고 있다.)

⇨ 신경증적 죄책감들의 근원(이러한 죄책감은 위의 5단계를 통해서 치유받지 못한다.)은 아동기에 형성된 내면의 명령들을 범할 때에 오는 것이라는 사실을 인식하세요. 이러한 감정들을 심각하게 생각하지 않도록 하고, 때로 이런 감정이 일어날 때에 웃어 버리세요. 그것이 당신에게 도움을 줄 것입니다. 만약 신경증적 죄책감(합당한 죄책은 하나님의 법을 어긴 것이나, 신경증적 죄책감은 자기 안에 형성된 어떤 자기 원칙이나 마음의 명령을 어겼을 때 온다.)이 오랫동안 당신을 떠나지 않고 괴롭히고 있다면, 당신의 내면적 부모가 당신의 내면 아동을 벌하는 해묵은 메시지들을 바꾸기 위해서 상담을 받는 것이 좋을 것입니

다. 엘마 봄베크(Erma Bombeck)의 말이 당신에게 도움이 될 것입니다. "죄책은 계속 주어 버려야 할 선물과 같은 것이다!" 바로 이것은 신경증적 죄책에 해당하는 말입니다.

➪ 자신을 용서하는 것과 이웃을 용서하는 것은 심리학적으로 한 동전의 양면임을 기억하세요. 당신이 누군가 타인을 용서했을 때 가장 도움을 받는 사람은 당신 자신입니다. 해리 에머슨 포스딕(Harry Emerson Fosdick)은 다음과 같이 이야기한 적이 있습니다. "사람들을 미워하는 것은 쥐를 잡으려고 자기 집을 태우는 것과 같다."[23]

3. 순수한 자존감(자기의 가치의식)을 향상시키세요.

우리의 자존감이나 그 결여는 아동기에 부모나 우리에게 중요한 의미를 주는 사람들에게 받은 평가(칭찬이나 비난)가 우리 속에 내재화된 것입니다. 그들로부터 한 점의 분리도 없는 순수한 사랑의 용납을 받는 것이 우리의 건강한 자존감의 전제조건이 됩니다. 우리의 형성기(아동기)에 경험한 자기의 가치감정의 정도만큼 우리의 자존감은 강합니다. 어린이가 사랑으로 용납해 주는 환경 속에서 자율성과 힘과 능력을 경험하며 성장했을 때에, 그들이 가지는 가치의식은 강화됩니다. 그들은 자존감을 얻기 위하여 이웃에 의존하는 일이 적어집니다. 어린이에게 자신을 순수하게 사랑할 줄 알도록 도와주는 것은 부모가 자녀에게 줄 수 있는 가장 큰 선물입니다.

우리들 중 많은 사람들이 고통스러운 자존감의 문제를 가지고 있는 부모의 양육을 받으며 성장했습니다. 그러므로 그 부모들은 우리들에게 내적인 가치와 힘이 있다는 사실을 의식하도록 도와주지 못했습니다. 그래서 우리는 나의 가치의식을 가지기 위해서 성취에 몰두하거나 다른 사람의 칭찬을 받으려고 합니다. 또는 알코올과 마약을 복용함으로써 잠시만이라도 나를 괴롭히는 자기 의심과 자기 비하에서 벗어나고 싶어합니다. 이러한 전략들은 장기적인 안목으로 볼 때 아무런 도움도 되지 못합니다.

자존감의 진실한 근원은 세 가지뿐인 것 같습니다. 첫 번째는 내적으로 권능을 부여하여 능력을 향상시키는 일입니다. 그래서 우리가 할 수 있는 모든 일은 다른 사람이 무엇이라고 평가하든지간에 선하고 가치있는 일임을 깨달아 아는 것입니다. 두 번째는 우리 자신을 좀더 너그럽게 대하는 것입니다. 분명한 우리의 제한들과 실패들에도 불구하고 자기를 사랑하고 아끼고 돌보는 것이 필요합니다. 어떤 사람들은 은혜로 가득할 때(너그럽게 대할 때) 성숙해집니다. 그들은 다른 사람의 눈앞에서 OK가 되려고 하는 노력을 중지합니다. 그리고 자신들을 있는 그대로 용납합니다. 그때에 그들은 자기가 원하는 대로 자기의 인생을 선택하여 변화의 길을 갈 수 있는 것입니다.

세 번째 자존감의 진실한 근원은 우리의 영적 자아를 깊이 경험하는 것입니다.

즉, 우리는 결코 완전하지 않지만, 우리는 사랑의 하나님 앞에서 귀중하고 무한한 가치를 가지고 있다는 사실을 경험하는 것입니다. 이러한 자존감의 영적 근원은, 물론 우리 하나님의 영과의 관계가 얼마나 살아 있고 사랑 중심이 되어 있느냐에 달려 있습니다. 물리학자 버니 시걸(Bernie Siegel)은 다음과 같이 잘 지적했습니다 : "자기 사랑은 우리가 아무리 불완전하더라도, 우리 각자 속에 있는 하나님의 불꽃을 깨달아 알 때라야 가능한 것이다."[24]

4. 사실에 근거한 희망을 창출하세요.

어떤 연구조사들에 따르면, 암환자가 소망감을 상실하는 동안에는 그들의 육체가 악성 암세포와 대항하여 싸우는 면역시스템을 활성화시킬 수 없다고 합니다. 진정한 의미에서 희망이 있는 곳에 생명이 있습니다. 희망이란 당신의 미래에 대하여 적극적인 기대를 가지는 것입니다. 그것이 아무리 작더라도 당신 자신을 향상시킬 수 있는 힘을 가지고 있다는 미래에 대한 자신감이 곧 희망의 샘이 되는 것입니다. 아드리안 리츠(Adrienne Rich)는 이런 질문을 던집니다. "각자의 절망을 소망으로 바꾸는 사람들이 있는 도시에 살고 있다는 것은 어떤 의미입니까? 바로 당신 자신이 그것을 바꿀 수 있습니다.……절망이 끝나 버린 마지막 장에 내가 서 있다는 것은 무슨 의미입니까?"[25]

치유와 스트레스 감소를 위한 명상 사용하기

어느 날 대학원생 한 사람이 내 사무실에 들어왔는데 이런 글이 새겨져 있는 셔츠를 입고 있었습니다 : "명상을 배우라. 존경할 만한 것들을 벗어버리라." 사실 하루에 15~20분간 1회(2회는 더 좋음.)의 명상을 통하여 당신의 마음에 초점을 맞추고 가라앉히는 것은 당신의 마음─몸 건강에 중요한 투자입니다. 명상은 당신의 관심을 하나의 초점에 모으고, 당신의 의식과 육체시스템을 안정시키고, 당신의 깨달음을 향상시키는 여러 가지 방법들을 말합니다. 여러 가지 동서양의 명상기술과 긴장완화기술을 연구한 결과, 명상이 정신과 영적인 유익뿐 아니라 육체에도 상당한 유익을 주고 있다는 사실이 밝혀졌습니다.[26] 과학잡지들은 정기적으로 명상을 실천하고 다른 관상적 정신안정훈련을 한 결과로 생기는 26가지 이상의 육체적 건강변화를 보고하고 있습니다. 이러한 변화에는 혈압을 낮춤, 심전도를 늦춤, 호흡, 뇌파 등이 포함되고 있습니다. 이것은 위협적인 상황하에서 싸움─도망 반응의 결과로 오는 고도의 스트레스와 반대가 되는 것입니다. 노인들의 명상실천을 연구한 하버드보고서는 명상을 하지 않은 동료들보다 명상을 실천한 노인들이 훨씬 오래 산다는 것을 발견했습니다. 여러 가지 측면에서 명상자의 정신기능이 향상되었습니다. 그 연구를 함께한 한 심리학자는 명상은 깊은 휴식상태를 조장해 주지만 정신은 더욱 맑아

지며, 평온하고 안정된다는 사실을 발견했습니다.[27)]

　당신이 지나치게 스트레스를 받고 있다고 느끼거나 미칠 지경이 되었을 때에 명상을 통해 자동차 경주처럼 질주하는 당신의 의식의 흐름을 안정시키고, 당신의 영적 센터를 재발견하는 것은 신선감 회복과 스트레스 감소를 위해 중요합니다. 정기적인 명상은 당신의 면역시스템을 활성화시키고, 당신의 내면의 의사를 움직이게 만들고, 육체가 가지고 있는 지혜를 들을 수 있게 한다는 많은 증거들이 있습니다.[28)] 표면에는 비록 폭풍이 몰아쳐도 당신의 내면에 그 영향을 받지 않는 더 깊은 정신 영역에 자리하고 있는 고요하고 잔잔한 장소가 있는데, 명상은 당신을 그곳에 인도하여 미니휴가를 즐기게 만듭니다. 그뿐 아니라 명상은 당신에게 스트레스를 주고 있는 것들을 보는 시각을 새롭게 해줄 것입니다. 나아가서, 정기적으로 명상하는 자들은 자기들의 내면의 삶의 지속적인 평온을 유지할 수 있었다고 보고합니다.

　북스코틀랜드에 놀라운 핀드혼공동체(Findhorn Community)를 창설한 사람들 가운데 하나인 아일린 캐디(Eileen Caddy)는 이런 적절한 이미지를 사용했습니다 : "악기가 조율이 필요할 때에 그것을 다시 조율하기 위하여 시간을 내지 않으면 안 됩니다. 당신의 조율이 흐트러졌으면, 당신은 다시 한 번 당신을 조율하기 위하여 시간을 만들어야 합니다."[29)] 명상은 당신 자신과 이웃과 자연과 그리고 우주와 당신 자신을 조율하는 데 가장 좋은 방법 가운데 하나입니다!

✳ 전인건강훈련 ✳

　명상훈련 : 15~20분간 방해를 받지 않고 조용히 홀로 있을 수 있는 장소를 물색하세요(당신이 일단 명상을 배운 후에는 버스 안이든 비행기 속이든 아주 시끄러운 장소에서라도 쉽게, 그리고 효과적으로 명상할 수 있을 것입니다). / 서서, 몸을 쭉 뻗어 온몸을 최대한 늘어지게 하고 잠시 머문 후에 당신의 신경들을 모두 풀어 주어 긴장을 흘러가게 하세요. / 등받이 의자에 앉아 등을 수직으로 바로 펴고 발은 바닥을 똑바로 밟게 하세요. / 눈을 감고 몇 분 동안 당신의 모든 관심을 숨을 들이마시고 내쉬는 데에 집중시키고, 공기가 당신의 코를 통하여 들어오고 나가는 것에 초점을 맞추세요. / 무언가 일어나게 억지로 하지 마세요. 그저 조용히 기다리며, 무엇이 일어나든지 그대로 바라보세요. 그저 당신은 당신 속에 들어왔다 나가는 호흡작용에 집중하세요. 만약에 왔다갔다 하는 생각이나 소리나 이미지나 감정이나 걱정이나 문제들이 당신의 초점을 흐리게 한다면, 그런 것을 없이하려고 애쓰지 마세요. 대신에 당신은 수동적으로 그런 것들이 당신의 의식을 통하여 들어오고 사라지는 것을 관찰하기만 하세요. 당신은 오직 당신의 호흡에만 초점을 맞추세요. 만약 놀라운 통찰이 오면 그것을 적기 위해서 당신의 초점을 방해할 필요가 없습니다. 명상이 끝난 후에 그것을 다시 기억할 수 있을 것입니다. / 차츰 당신의 호흡이 늦어지면서 당신은 당신 자신과 당신의 삶을 분명하게, 그리고 평안한 마음으로 느끼기 시작할 것입니다. 만약 이런 일이 당신에게 일어나면 10여

분 동안 그 평화로운 장소를 즐거워하세요. 그러면서도 당신의 초점은 오직 당신의 호흡에서 떠나지 말아야 합니다. / 10여 분 동안 당신이 이러한 내면의 평화를 음미한 후에 다음의 것을 할 수 있습니다. 당신에게 생생한 의미를 주는 신앙적인 상징이나 이미지를 선택하세요. 예를 들면, 빛, 불타는 가시떨기, 예수 그리스도, 다윗의 별, 어머니, 대지 등을 선택할 수 있습니다. 이 이미지에 잠시 동안 초점을 맞추세요. 그것으로부터 따스하고 치유하는 빛이 솟아나 당신의 몸-마음-영에 흘러넘치고 당신의 전인을 일깨우고 힘으로 넘치게 하는 것을 경험하세요. / 당신이 준비되었을 때에 명상을 그치고 완성감을 가지세요. / 잠시 동안 조용히 앉아 당신의 내면의 평온과 생동력을 즐기세요. / 그것이 당신에게 도움이 되었다면, 이 경험을 통하여 당신의 전인건강과 행복에 중요하다고 생각되는 발견들을 당신의 자기관리일지에 적어 넣으세요.

명상을 배우는 것은 처음에는 어렵습니다. 특히 우리가 우리의 우선적인 초점을 바깥 세상에 맞추는 외향성의 사람이라면 더욱 그렇습니다. 명상의 보상은 처음에 미미하고 보잘것없을 것입니다. 그러나 규칙적인 명상실천은 내면의 평온과 깨끗함, 통찰, 공감 등을 증진시켜 줄 것입니다. 강렬하고 지속적인 명상을 실천하는 훈련의 사람들은 기쁨, 깊은 평화, 사랑과 같은 혁신적인 변화의 경험을 보고합니다. 그들은 이때에 깊은 영적 차원과 만난다고 합니다.

수많은 종교전통에서와 문화전통 가운데서 가장 널리 사용되는 명상기술은 아마도 단순하게 자기의 관심의 초점을 자기의 호흡에 집중하는 방법일 것입니다. 이제 잠깐 머물면서 위에 제시한 훈련을 해봅시다. 이것은 단순히 호흡에 초점을 맞추고 거기에 영적으로 자신을 여는 단계를 더하는 것입니다.

대부분의 사람들에게 자기의 초점을 한 곳에 집중시킨다는 것은 쉬운 일이 아닙니다. 당신은 단순한 목적물—예컨대 불켜진 등잔, 한 송이의 꽃 등—에 초점을 맞추는 훈련을 하면 도움이 될 것입니다. 또는 숨을 내쉴 때마다 하나와 같은 단어를 반복하든지, 당신의 종교전통에서 의미있는 아멘, 주님 같은 단어를 반복해 보세요. 2~3주간 동안 계속하여 매일 묵상훈련을 해보는 것이 좋습니다. 명상의 잠재적인 유익을 발견하려면 오랜 시간이 걸립니다. 명상을 배우기 위해 더 많은 것을 알고 싶으면 3장 추천도서 목록에 있는 허버트 벤슨(Herbert Bensen), 다니엘 골만(Daniel Goleman), 로렌스 리 샨(Lawrence Le Shan) 등의 책들과 2장 추천도서에 들어 있는 몰톤 켈시(Morton Kelsey)의 책을 참고하세요.

치유와 스트레스 감소를 위하여 꿈을 사용하기

몽상과 이미지 만들기와 같이 당신이 잠자는 동안에 꾸는 꿈은 당신의 더 깊은 마음 밑바닥에 들어가는 귀중한 지름길이요, 자기 치유의 힘이 있습니다. 당신의 꿈을 분석하면서 당신은 스트레스를 만들어 내는 숨어 있는 갈등들을 발견하고 해결할 수 있습니다. 또한 꿈은 당신의 무의식의 정신분야에 있는 풍성한 치유의 지혜에 접근하는 길을 만들어 줍니다.

나는 형태상담이 가르치는 꿈에 대한 접근방법이 가장 효과적이요, 치유적임을 발견했습니다. 꿈의 모든 부분은 꿈을 꾼 사람이 아직 자기의 것으로 만들지 못한 부분입니다. 그만큼 그는 자기 속에 아직도 사용하지 못한 전인건강의 자원을 가지고 있다는 것입니다. 당신이 만약 글자맞추기 퍼즐게임을 맞추듯이 당신 속에 숨겨져 있는 이런 부분들을 발견하고 그것과 가까워지며, 그것을 통합시킬 수 있다면 당신은 더욱 강해질 것이요, 더 완전해질 것입니다.

✱ 전인건강훈련 ✱

꿈을 해석하는 훈련 : 이 방법을 사용하기 위하여 당신이 잘 기억하는 꿈을 선택하여 그것을 현재형으로 당신의 자기관리일지에 기록하세요(그 꿈을 바로 지금 꾸고 있는 것처럼 적으세요). 그 꿈에 나오는 사람들, 목적물, 감정, 사건들을 있는 그대로 하나도 남김없이 모두 적으세요. 그 꿈을 분석하려고 하지 말아야 합니다. / 또는 일지에 기록하는 방법의 대안으로, 당신의 눈을 감고 그 꿈을 열심히 경청하는 그 사람 앞에서 현재형으로 그 꿈을 이야기하세요. 그래서 당신 자신이 꾼 그 꿈을 완전히 재생시키세요. / 그 꿈을 잤을 때 꾼 것처럼 완전히 재생시켰을 때, 그 꿈이 완성될 때까지 계속 그 꿈을 당신의 상상력 속에 살게 하세요. 그리고 거기에서 일어난 것을 듣는 사람에게 이야기하세요(또는 일지에 적으세요). / 그리고 당신은 당신의 꿈의 부분이 되세요. 한 번에 하나씩 하세요. 당신의 꿈의 부분으로 대변되는 당신 자신의 부분과 생생한 대화를 나누세요. 당신 안에 있으면서도 소외되었던 부분들과 아직까지 해결을 보지 못한 갈등들과 친밀해질 때까지 그 꿈과 대화하세요. 당신이 이 일을 할 때에 당신이 거절해 버린 그 부분들과 연계되어 있는 이제까지 사용되지 못했던 에너지가 우리의 창조와 위기에 사용될 수 있는 힘으로 바뀌어질 것입니다.

숨겨진 자원 발견하기

전인건강 삶의 스타일은 현재 당신이 누리고 있는 삶과 건강보다 더 나은 삶과 건강을 개발할 수 있다는 깨달음에서 출발합니다. 심리학자요, 철학자요, 이 분야의 개척자인 윌리엄 제임스는 이렇게 선언하였습니다 : "대부분의 사람들은 육체적으로든 지성적이든 또는 도덕적으로든 매우 제한된 범위 안에서 자기들의 잠재적 가능성들을 가지고 살아가고 있다. 그들은 자기들의 의식 가운데 매우 작은 부분만을 사용하고 있으며, 자기 몸의 모든 다른 지체들을 내어 버리고 새끼손가락만 사용하며 살아가는 습관을 가진 사람처럼, 일반적으로 자기 영혼의 대부분의 자원들을 사용하지 못하고 있다. 큰 위기사건들과 긴급사건들은 우리들이 가지고 있는 자원들이 우리들이 생각하는 것보다도 엄청나게 크다는 것을 보여 준다."[30]

새 세상을 위한 새 마음

만화우표의 글귀 중 "우리는 적군을 만났다. 그 적은 바로 우리들 자신이었다."라는 구절은 작지 않은 진실을 우리에게 말해 줍니다. 두 사람의 스탠포드대학교 교수, 심리학 연구원 로버트 오른스타인(Robert Ornstein)과 인구문제와 생태학 전문가인 폴 엘리치(Paul Ehrlich)는 왜 우리의 전통적인 사고방식들과 집단적인 문제들에 대한 이해를 급진적으로, 그리고 시급하게 변화시키지 않으면 안 되는지를 우리에게 보여 주고 있습니다. 우리의 마음은 무한한 시간을 거치면서 종족적으로(tribally), 즉 우리 대 그들이라는 대립관계로 생각하고, 장기적인 결과보다는 즉각적인 정보에 초점을 맞추고, 자동차에서 대통령에 이르기까지 모든 것을 피상적인 외모로 판단하도록 조건 지워졌습니다. 이 모든 '옛 생각'은 옛날 세상에서 우리 종족들을 위한 생존가치를 가지고 있었습니다. 그러나 그 세상은 여러 차례의 변혁을 거치면서 급진적으로 변화되었습니다. 번개같이 빠른 사회변화, 우주전자 정보센터, 폭발하는 인구문제, 지구 전체의 환경오염, 핵융합 아마겟돈의 기술혁명 등은 이 세계를 급진적으로 변화된 새 세계로 만들어 왔습니다.

New World, New Mind : Moving Toward Conscious Evolution[31]에서 오른스타인과 엘리치는 우리가 살고 있는 급진적으로 다른 세계에 적합한 '새로운 마음자세'를 요구하고 있습니다. 그들은 내용과 방법면에서 새로운 개혁을 시도한 교육이 어떻게 급진적인 '의식혁명'을 지금 생산해 낼 수 있는지를 보여 주고 있습니다. 그러한 교육은 인간들에게 다음과 같은 것을 할 수 있게 만들어 줄 것입니다 :

▷ 급진적이요 지속적인 사회변화를 어떻게 대처하며 지도하는가의 방법을 배운다.

▷ 오늘의 사회적인 실천의 장기적인 결과를 이해하게 하고, 인류와 세계를 파괴시키는 것들을 변화시키게 한다.

▷ 전쟁을 포함한 폭력은 개인과 그룹의 갈등들을 해결하는 데 낡고 비효과적인 방법임을 깨닫고, 그것을 대치할 건설적인 대안을 개발하게 한다.

▷ 인간의 전인건강에 대한 현대과학의 이해와 세계의 위대한 종교들의 최선의 지혜들을 통합시킨다.

▷ 전인류의 행복과 각기 독립적인 삶의 형태를 지닌 우주적 환경에 대하여 우주적으로 생각하고 관심을 가진다.

✻ 전인건강훈련 ✻

이미지 만들기 훈련 : 이 훈련의 목적은 당신 속에 잠재된 보화를 더 많이 발견하게 하려는 것입니다. 당신의 모든 근육들을 힘있게 쭉 뻗으세요. 그리고 잡아당겼던 고무줄을 놓는 것같이 몸의 모든 근육들의 긴장을 푸세요. 이 운동을 반복하여 당신의 몸이 활력을 얻고, 당신의 마음이 맑아지고, 긴장이 풀려 새로운 경험을 받아들일 수 있게 수용적이 될 때까지 하세요. / 상상 가운데 아름다운 초원의 영상이 당신 앞에 나타나 움직이게 하세요. / 이제 당신은 그 초원에 있습니다. 이처럼 사랑스럽고, 너그럽고, 평화스러운 장소가 당신을 포근히 감싸 안고 있습니다. 그 상태를 맛보며 즐기세요. /

바로 이 목장은 매우 아름답고 귀중한 것들을 찾을 수 있는 특별한 장소라는 사실을 주시하십시오. 어린아이가 보물찾기 하듯이 즐겁게 초원을 돌아다니며 구경하세요. 당신이 어떠한 보물을 찾을 수 있는지 보세요. / 그리고 기억하세요. 이것은 당신의 초원이며, 당신이 이 초원을 만들었다는 것을. 거기에 있는 보물은 바로 당신의 것이요, 당신의 일부분에 속한 것입니다. 그 보물들은 재능들이요, 은사들이요, 가능성들이요, 잠재능력들입니다. 이런 보물들은 당신에게 발견되어 사용되기를 기다리고 있습니다. 계속하여 그 초원을 탐색하세요. 당신이 발견하는 보물들은 무엇을 대변하는 것이며, 그것을 이 세상에서 어떻게 사용할 수 있는지 자신에게 질문해 보세요. /

그 초원의 한구석에 특별한 보물이 있습니다. 당신은 그것을 보고 강력한 매력에 이끌립니다. 당신은 그것이 특별한 것으로, 사용해 본 적이 없는 것임을 느끼게 됩니다. 그것은 당신의 삶을 더 넘치게 하고 전인적이 되게 하기 위하여 당신이 개발해야 할 귀한 자원입니다. / 그 보물이 있는 곳으로 가서 그것을 파내세요. / 그 주위를 걸으면서 그 보물을 여러 방향에서 검토해 보세요. / 이 특별한 선물이 바로 당신의 것이라고 선언하며, 사용하기 위하여 당신이 무엇을 할 수 있는지 결정하세요. 준비가 되었으면, 당신 자신 속에서 당신이 발견한 이 특별한 보물을 개발하고 즐거워하기 위하여 당신이 해야 할 구체적인 계획을 만드세요. / 당신이 그 초원에 있는 동안에 당신의 마음에 영화 스크린을 만들어 놓으세요. 당신의 스크린 위에서 당신이 발견한 이 보물들과 또 다른 것들을 사용하여 당신의 삶을 더 충만하게, 그리고 즐겁고 완전하게 만드는 당신의 모습을 주시하세요. / 이 놀라운 선물이 어디에서 왔는지 생각해 보세요. 사랑과 빛과 해방의 하나님의 영이 이 순간에 그분의 에너지를 활용하여 당신이 개발하기로 작정한 그 보물들을 사용하여 당신을 힘있게 만들고 있습니다. 당신의 영혼의 문을 열고 힘있게 하고 치유하는 에너지를 흘러들어오게 하세요. / 당신이 어떠한 방법으로 이 명상을 종결지을 것인지를 스스로 결정하고 이 명상을 완성하세요. / 당신의 자기관리일지에 이 명상을 통해 깨달은 것은 무엇이든지 적어 넣으세요. 특히 당신이 이미 받은 은사들 중에 하나나 그 이상을 더 풍성히 사용하기 위하여 당신이 만든 계획도 적으세요. / 명상 중에 발견한 중요한 것들을 당신이 신뢰할 수 있는 사람들과 나누고 당신의 계획에 대한 그들의 피드백을 들으세요. / 이러한 훈련이 당신에게 의미가 있으면 – 나는 당신에게 이 훈련이 의미있기를 기대한다 – 나는 당신에게 당신의 초원에 있는 또 다른 보물도 탐구하여 찾아내라고 권고하고 싶습니다. 앞으로 몇 달 동안 명상을 통해 세운 계획들을 실천하기 바랍니다.

옛날 중국 격언은 지엽적이요 제한된 비전을 기술하는 데 강력한 비유를 제공합니다 : "우물의 밑바닥에서 세상을 보는 것."[32] 비슷한 말이 동남아시아 격언에도 있는데, 자기들의 문화만 알고 그것만 자랑하는 사람을 코코넛 껍질 아래 있는 개구리와 같다고 말합니다. 미래에 지구는 점차 하나의 세계로 바꾸어질 것은 분명합니다. 그러한 세상에서 코코넛 껍질 아래에 산다는 것은, 또는 우물 밑바닥에서 세상을 바라보는 것은 인간의 건강뿐 아니라 이 지구의 생물환경에도 점차 위태로운 일이 될 것입니다.

모든 인간들은 다양성을 가지면서도 진정으로 한 가족입니다. 유전학적으로, 우리는 모두 한 인간가족의 지체들입니다. 우리가 그것을 깨닫고 있든지 그렇지 않든지 마찬가지입니다. 노만 커즌스(Norman Cousins)는 생물학적으로 어떠한 인간도 지구상에 있는 어떤 다른 사람과 50촌 이상 더 멀리 떨어져 있을 수 없다고 주장했습니다(인류학자들과 수학자들이 세대에서 세대로 계속 과거로 올라가면서 족보를 재건하고 연결시켰을 때에 그들은 이런 결론에 도달하였다).[33] 위에서 언급한 바와 같이 우주적 마음가짐을 개발하는 것은 생물학적인 기초 위에 모든 인간가족의 지체됨을 확인하는 것입니다. 내일의 자녀들의 행복을 위하여 오늘 우리의 정신을 사용하는 것은 가장 건전하고 건강한 일입니다.

정신 – 인격 자기관리 훈련계획을 만들라

이 장을 읽으면서 얻은 것들 가운데 열쇠가 되는 통찰들을 다시 검토하세요. 아마 당신이 밑줄 그어 놓은 부분이든지 자기관리일지를 보는 것이 좋을 것입니다. 점검표에서 '보통'이나 '못함'으로 당신이 표시한 문항들을 다시 점검해 보세요. 그것들은 아마도 지금 당장 실천해야 하거나 변화시켜야 할 분야일 것입니다. 이 장에서 발견한 통찰들과 방법들을 사용하여 당신의 마음과 인격 속에 숨어 있는 사용되지 않은 보물들을 더욱 개발하고 자기 치유를 위해 현실적인 자기관리계획을 만들어 기록하세요.

당신의 계획에는 다음 다섯 가지가 포함되어야 합니다. (1) 구체적이요, 실현이 가능한 것들로서 당신이 꼭 성취하고 싶은 것, (2) 실천할 수 있는 실천적인 전략, (3) 일정계획과 특히 언제 시작할 것인지, (4) 그 목적을 향해 한 단계씩 전진하거나 그 계획을 실천하지 않을 때 주는 자기 보상과 책벌, (5) 일지에 자기의 진행사항을 기록하기. 당신의 계획은 사랑 중심이어야 하며, 당신의 영적 자원을 활성화시켜야 하는 것을 명심하세요.

특히 매력적인 목적 1~2개를 선택하여 즉시 실천을 시작하세요. 자기 변화의 저항요소들은 극복하면서 초기의 조그만 성공으로부터 희망과 계기를 얻을 수 있다는 사실을 기억하세요.

나는 당신의 자기관리가 당신의 마음을 힘있게 만들기를 기원합니다.

제 4 장

몸관리와 전인건강

중년기 남성 조깅훈련자의 성생활을 조사한 캘리포니아 의사의 보고에 따르면, 그들은 일주일 평균 3.2회 정도의 성생활을 하고 있었다고 합니다. 이것은 조깅훈련을 하지 않는 자들에 비하여 상당한 차이를 보여 주는 것입니다.[1] 이 연구는 충격적인 결론을 맺고 있습니다. 그는 여러 가지 생리학적인 가능성들을 검토한 후에, 그 가능성들이 주는 영향들(남성 호르몬 테스터스테론의 증가 등 생리학적 가능성들을 포함하여)을 고려하지 않고 결론을 내리고 있습니다 : 조깅훈련하는 자들이 더 많은 성생활을 하는 요인은 그들이 조깅을 통하여 자존감을 더 높였기 때문입니다. 자기들의 몸의 기능을 높이고, 체중을 줄이고, 더 강한 느낌을 주는 것 등이 자기들의 몸에 대한 긍정적인 감정을 가지게 만들고, 그들 자신의 자기 가치의식을 높여 준 것입니다. 자신의 건강과 풍성함에 대하여 긍정적으로 평가하게 하는 것은 무엇이든지 우리의 건강뿐 아니라 사랑의 삶을 증진시키는 데에 영향을 줍니다.

당신의 전인건강을 위해 당신이 할 수 있는 일들 가운데 가장 중요한 일 중 하나는 당신의 몸에 더욱 애정을 가지고 관리하는 것입니다. 이것은 잠재적으로 가장 큰 쾌락을 인간에게 줄 수 있는 것입니다. *High Level Wellness*에서 도날드 아델(Donald B. Ardell)은 다음과 같이 선언합니다 : "당신이 고차원의 건강과 행복을 가져다 주는 삶의 스타일을 원한다면, 건강훈련이 당신의 일상생활에 필수적이요, 기쁨을 가져오는 일임을 깨달아야 한다. 건강훈련은 당신의 육체에 주는 효과뿐만 아니라 당신에게 만족감을 느끼게 하고, 당신이 하는 거의 모든 일에 환희를 제공하는 가치가 있다."[2] 여자의 몸의 소외문제에 관하여 말한다면, *The New Our Bodies, Ourselves*의 저자는 몸관리의 중요성에 대하여 다음과 같이 힘있게 주장합니다. "우리의 몸을 이해하고 수용하고 책임지는 법을 배운다면 우리 속에 있으면서 사용되지 않고 있는 에너지를 사용하기 시작할 수 있습니다. 그러면 우리 자

신에 대한 우리의 이미지가 더욱 확실해지고, 우리 친구들과 애인들과의 관계가 더 좋아지고, 더 나은 인간, 더 나은 자기 확신, 더 나은 자율성 등을 얻으며, 더욱 강건해지고 더욱 높은 전인성을 성취합니다."[3] 이러한 주장은 남성들에게도 적용됩니다. 물론 남성의 육체적 소외는 여성과 다르지만 그래도 남성의 육체적 소외도 매우 깊어졌다는 점에서 여성과 다른 점이 없었습니다.

당신의 현재의 신체적인 상황이 어떠하든지간에(당신이 비록 할 일이 없이 멍청히 앉아서 세월을 보내는 사람일지라도), 또는 당신의 육체가 가지고 있는 제한과 장애가 무엇이든지간에 당신에게 아직도 좋은 소식이 있습니다. 아마도 당신은 정기적인 자기관리를 통하여 당신이 지금 생각하는 것보다도 더 훌륭한 건강을 즐길 수 있을 것입니다. 신체적으로 자기를 관리한다는 것은 좋은 아버지-어머니와 같이 몸을 사랑하고, 그 몸과 친밀해지며, 몸의 모든 부분들과 심지어 그 불완전한 부분까지도 존중하는 것을 의미합니다. 자기 몸과 친밀해진다는 것은 다음의 네 가지 일을 자기 몸에 해주는 것입니다-몸을 활성화시키는 훈련, 건강한 영양공급(중독성을 제거하는 것도 포함하여), 충분한 휴식, 그리고 신체적인 만족(더 낮은 칼로리를 섭취하여 몸의 감각을 예민하게 하는 것도 포함).

우리가 신체적 전인성에 높은 대가를 지불할 때에만 건강한 자아를 가지게 된다는 사실을 분명히 잊어버릴 때가 많습니다. 저절로 분명히 깨달을 수 없는 것 중에 하나는 우리의 몸관리를 소홀히 하게 되면, 우리의 정신적, 영적 전인성에도 좋지 못한 충격을 줄 수 있다는 사실입니다(바로 이것이 중년기 조깅훈련자 사례가 보여 주는 것입니다). 개인적으로 말한다면, 내가 여러 날 여러 가지 몸관리 훈련을 무시해 버리거나 기름기 있는 음식들만 먹으면, 나의 정신은 무뎌지고, 나의 영혼은 마치 그 위에 먼지가 뽀얗게 덮인 것 같은 느낌을 갖게 됩니다.

가능한 한 생동하며 건강하게 몸을 관리하면, 당신의 영적 전인성을 포함해서 당신의 총체적인 전인건강에 강력한 기초를 놓게 될 것입니다. 영적 전인성의 관점에서 자기의 몸을 보는 것은 더 나은 자기관리에 동기를 부여하고 실천할 수 있는 힘을 줄 수 있습니다. 옛날 사도 바울은 영적인 관점에서 자기 몸을 보라고 권면합니다. "너희 몸은 너희가 하나님께로부터 받은 바 너희 가운데 계신 성령의 전인 줄 알지 못하느냐? 그런즉 너희 몸으로 하나님께 영광을 돌리라."[4] 이런 측면에서 보면, 자기의 몸관리의 방법은 실제로 영적인 훈련입니다. 만일 당신이 자기 몸을 조심없이 또는 게으르게 취급한다면, 더 나은 자기관리를 통해서 몸과 사랑의 관계를 맺는 것은 일종의 생리적-영적 중생이라고 할 수 있습니다. 육체치유자 알렉산더 로웬(Alexander Lowen)이 지적한 것처럼 당신도 당신의 '무시해 온 몸을 사랑하여 관리하는 것을 엄마 잃어버린 아이가 열정을 다하여 자기 엄마를 찾듯이' 해야 할 것입니다.[5] 매튜 폭스(Matthew Fox)는 '몸의 영성'이라는 공감적이요, 그리고 놀라운 언어로 몸을 일깨워야 한다고 강조합니다.

더 나은 자기관리의 방법으로 당신의 몸의 전인건강을 증진시키는 열쇠는 당신 몸을 포함하여 당신의 총체적인 전존재를 더욱 사랑하는 것입니다. 예일대학교 의과대학 교수인 의사 버니 시걸(Bernie Siegel)은 그가 예외적인 암환자들이라고 칭하는 환자들과 많은 경험을 가졌습니다. 그들은 비관적인 진단을 무시하고 자기 자신을 사랑하는 법을 배우며, 자기들의 몸에 있는 악성종양을 치유하기 위하여 적극적으로 참여하였습니다. 이들은 사람들이 기대하던 것보다도 훨씬 오래 살았습니다. 시걸은 이렇게 선언합니다 : "대부분의 환자가 직면하는 기본적인 문제는 자신을 사랑할 수 없다는 것이다. 이것은 그들의 가슴 속에 뿌리를 둔 것이기 때문에 다른 사람이 도울 수 없다. 이것은 거의 어린아이 시절에 나타나는 현상이다. 어른이 되어서도 그들은 아동기의 응답을 반복하고 있으며, 그 때문에 병에 더욱 취약해진다. 자신을 사랑하는 능력은 인생을 사랑하는 능력과 더불어 인생의 질을 향상시켜 준다. 인생은 영원히 지속되는 것이 아니라는 사실을 완전히 받아들일 때 이런 능력은 더 높아질 것이다. 외과의사로서 나의 역할은 환자들이 스스로 치유하는 동안에 그들을 위해 시간을 벌어 주는 일이다."[6]

이 장은 당신의 몸을 적극적인 방법으로 사랑하는 방법을 지도하여, 그 몸을 치유하고, 일깨우고, 힘있게 하려고 합니다. 우리는 어떻게 우리의 몸을 사랑할 수 있을까요? 몸에게 귀기울여 경청하고, 몸을 더 잘 이해하고, 그래서 그 몸에게 꼭 필요하고, 전인건강 유지를 위해 필수적인 생동력이 있는 관리를 하는 법을 배워야 합니다. 당신의 몸을 충분히 즐거워 하고 당신의 영성을 꽃피우는 것은 모두 당신의 몸을 할 수 있는 대로 건강하게 유지하도록 도우는 것을 요구합니다.

점점 나이가 들어가는 사람들에게서 이런 말을 듣습니다 : 신체적인 노화과정은 우리가 몸을 어떻게 관리하느냐에 따라서 가속될 수도 있고 늦어질 수도 있다는 증거들이 더 많아지고 있습니다. 사랑으로 자기 몸을 관리하는 것은 몸의 수명을 연장시켜 주지 못한다고 해도 당신의 삶을 생동감 넘치는 기쁨으로 채울 수는 있을 것입니다.

여기에는 위험이 있습니다 : 몸과 그 건강에 오로지 초점을 맞추는 소위 '건강주의'(healthism)[7]라는 것입니다. 이것은 미국과 같이 풍요로운 사회에서 대중화된 중독현상입니다. 로버트 크로포드(Robert J. Crawford : 이 용어를 만든 자)는 건강한 삶의 스타일에나 또는 건강성에 지나치게 초점을 맞추면, 더 크고 더 넓고 더 어렵고 중요한 목표인 사회정의 구현과 지구를 구하는 일에 대한 우리의 관심을 약화시킬 수 있다고 믿었습니다. 심리학자 앤 윌슨 샤프(Anne Wilson Schaef)는 여성이 지나치게 몸무게와 다이어트에 신경을 쓰게 되면, 여성의 힘의 자연적 근원인 여성의 몸으로부터 소외된다는 사실을 발견했습니다. 그렇게 되면 또한 여성은(성적인 문화의 프로그램 때문에) 자기 몸에 대한 존중심을 개발할 수 없다고 보았습니다.

성적 매력을 잃었다는 자기 비판은 자기 몸이 OK가 아니라고 스스로에게 계속

이야기하게 합니다.[8] 남자이든 여자이든간에, 몸의 중독증상에서 해방을 얻는 것은 완전한 몸의 전인건강을 위해 필수적입니다. 당신이 비록 당신의 불완전한 몸이 변하기를 바라지만, 그러면서도 불완전성을 가지고 있는 자기 몸을 받아들이고 사랑하는 법을 배울 때 그런 중독상태에서 해방될 것입니다. 그러한 사랑의 용납은 더 나은 자기관리의 필수적인 첫단계입니다. 그때에 당신은 당신의 몸에 대한 존중심을 강화시킬 수 있을 뿐 아니라 전인건강을 증진시킬 수도 있습니다.

몸의 전인건강 점검표

다음의 점검은 두 가지 중요한 의미에서 당신의 몸의 전인건강을 증가시키는 데 도움을 줄 것입니다. (1) 이 점검은 당신이 하고 있는 자기관리훈련 중 잘하고 있는 것들과 약한 부분들을 재빨리 알 수 있게 도울 것입니다. (2) 이 점검은 당신의 몸의 건강과 힘과 생동력을 증가시키기 위하여 당신이 할 수 있는 실천적인 사항들을 알게 해줄 것입니다. 당신의 몸관리 계획을 개발하는 데 이 점검내용들이 도움이 되기를 바랍니다.

    ✎ **방법** : 각 항목의 앞에 있는 ＿＿＿＿＿ 난에 다음 셋 중 하나를 표시하세요.
            잘함－나는 이것을 매우 잘하고 있다.
            보통－나는 잘하는 편이기는 하지만 개선이 필요하다.
            못함－나의 자기관리에서 특히 이 부분은 강화가 필요하다.

＿＿＿＿＿ 나는 몸관리 훈련을 하고 있으나 충동적인 건강훈련을 하지는 않는다.

＿＿＿＿＿ 나는 내 몸에 귀를 기울여 몸이 나에게 이야기하고자 하는 것을 경청한다('좀 천천히', '약간 쉬면서'와 같은 이야기).

＿＿＿＿＿ 나는 매일 나의 몸을 사랑으로 관리하며 생동력과 매력(특히 나 자신에게)을 높이려고 하며, 높은 에너지와 힘과 효율성을 가지고 나의 몸이 기능할 수 있는 능력을 증진시키려고 즐거이 노력한다.

＿＿＿＿＿ 나는 내 자신에게 몸의 만족감과 잠재성들을 발견하도록 허용하며, 몸의 자각능력과 감각을 개발하고 있다.

＿＿＿＿＿ 나는 하나나 그 이상의 근육운동(나의 나이와 건강수준에 맞는)을 하는데 일주일에 3~4회, 매회 20~30분 정도 하고 있으며, 산책, 자전거 타기, 조깅, 수영, 에어로빅, 그 외에 육체적 운동 등을 하고 있다.

＿＿＿＿＿ 나는 먹는 것과 마시는 것을 주의하고, 중독성의 음식물을 적게 하거나 제거시키는 등 건강식의 기본 원칙들을 알고 실천하고 있다.

＿＿＿＿＿ 음식물의 칼로리를 낮추어 나의 건강에 더 나은 음식을 제공하며, 세계기아문제에도

기여하고 있다.

_____ 나는 음식의 열량과 운동량을 조절하여 내 나이와 성에 적정수준의 무게를 유지하고 있다(10파운드 정도의 오차 유지).

_____ 나는 아침을 잘 먹고 그날 하루의 출발을 힘있게 한다.

_____ 담배를 피우지 않고, 마약을 사용하지 않고, 처방약들도 함부로 사용하지 않음으로, 나는 나의 몸을 존중하고, 여러 가지 위험스러운 건강모험을 피하고 있다.

_____ 나는 술을 마실지라도 내가 운전하지 않을 때, 그리고 정신적으로 예민하게 깨어 있지 않아도 될 때에만 하루에 한두 잔 마시겠다.

_____ 나는 적어도 한 가지 또는 그 이상의 형태의 몸 – 마음 긴장완화훈련을 하루에 1회 실천하여, 나에게 쌓이는 스트레스를 풀어내고 에너지를 활성화시키겠다.

_____ 나는 일주일에 적어도 4일 저녁은 7시간 또는 8시간(완전한 휴식을 위해 잠자는 시간이 덜 필요한 사람은 덜 자도 됨.) 잠을 자겠다.

_____ 나는 피부의 갈망과 성적인 욕망을 규칙적으로 즐겁게 만족시켜 나의 건강과 나의 배우자의 건강에 기여하겠다.

_____ 나는 차에 탈 때에 안전벨트를 맬 것이요, 운전할 때는 책임있게 운전하겠다.

_____ 나는 나의 몸관리를 위해 최근에 나온 정보를 얻으려고 건강잡지 등을 열심히 읽겠다.

_____ 만약 내가 건강훈련을 가끔 잊어버리더라도 그 때문에 죄책감을 느낌으로 창조적인 에너지를 낭비하는 일을 하지 않겠다.

_____ 나는 햇볕을 가리거나 차단하는 일을 하지 않고, 나의 피부를 태양 아래 오래 노출시키는 일도 하지 않겠다.

_____ 나의 몸관리는 나의 영성에 의해 강화되고 향상되고 있다.

♥ **평가**: 당신의 전체적인 몸관리를 대략적으로 파악하기 위하여 먼저 위의 건강증진훈련 점검표 앞에 표시한 것을 잠시 동안 살펴보세요.

당신이 솔직하게 '잘함' 표시를 한 항목들에 대하여 축하를 드립니다. 장래를 위하여 당신의 몸이 더 나은 기능을 하고, 보고 느끼는 일을 더 잘할 수 있게 하기 위하여 당신이 어떤 행동을 취하여야겠다고 결심하는 '보통', '못함' 항목들을 당신의 자기관리일지에 기록하세요. 또한 당신이 무엇을 할 수 있는지도 적으세요.

건강 증진훈련으로 몸을 사랑하기

도날드 아델(Donald Ardell)은 다음과 같은 아름다운 이야기를 하였습니다 : 어떤 중년의 이사가 거의 치명적인 심장마비를 몇 번이나 일으켜 심한 고통을 당하고 있었습니다. 그의 신체적인 활동은 심각하게 제한되었습니다. 그의 몸은 아주 끔직스러운 상태에 있었습니다. 그 상태 때문에 심하게 우울해진 그는 이 모든 것을 끝내기로 작정했습니다. 자기 가족들에 대한 관심 때문에 그는 자기의 자살 의도를 숨길 한 가지 방법을 선택했습니다. 그리고 그것은 그들을 당황하지 않게 하고, 자살하더라도 자살같이 보이지 않게 하여 가족들이 생명보험을 탈 수 있게 하는 방법이었습니다. 그는 조깅복을 빌렸습니다. 그리고 아주 빠르게 달리기 시작했습니다. 곧 그는 지쳐 쓰러졌습니다. 그러나 죽지도 않고 심장마비도 오지 않았습니다. 그는 다음날도 또 다음날도 기진맥진하여 쓰러질 때까지 달리기를 계속했습니다. 넷째 날에 그는 지쳐서 넘어지지 않았습니다. 2주가 지나서 그는 자기 건강과 자신의 삶이 훨씬 나아진 것을 느꼈습니다. 그리고 이제는 더 이상 죽고 싶다는 생각을 갖지 않게 되었습니다. 드디어 그는 살고 싶다고 결정을 내렸습니다.[9] 그러나 나는 재빨리 여기에 한마디 덧붙이고 싶습니다. 만약 당신이 몇 년간 실천해 온 훈련이 겨우 수저를 들어 올려 입으로 가져가고 식탁에서 허리를 뒤로 젖히는(그것도 억지로 하는) 것이 고작이라면, 이러한 방법은 당신의 건강을 회복하기 위한 안전한 방법이 절대로 아니라는 것입니다.

건강수준을 더 높이고자 한다면, 활기있고 큰 근육훈련이 당신의 삶의 스타일에 하나의 규칙적인 부분이 되어야 합니다. 그러한 훈련을 실천하는 것은 세 개의 다리를 가진 몸건강 스툴의 첫 번째 다리입니다. 좋은 소식은 고도의 기술사회에 사는 남성들과 여성들 중에 정기적으로 건강훈련을 하는 사람들이 점점 많아져 가고 있다는 것입니다. 나쁜 소식은 무활동의 삶의 스타일이 서구 문화 속에 살고 있는 수많은 사람들의 건강을 도적질하는 주요 원인이 되고 있다는 것입니다. 예를 들면, 40%의 성인 미국인들이 전혀 훈련을 하지 않는다고 말합니다. 10% 미만의 사람들이 활기있게 정기적으로 훈련하고 있습니다. 미국인들은 하루에 평균 5시간을 TV 앞에서 움직이지 않고 앉아 있으며, 플러그를 뽑았다가 돌리다가 하는 마약에 중독되어 있습니다. 그들은 또한 TV를 보는 동안에 칼로리가 없는 쓸모없는 음식물 수천톤을 소비하고 있습니다. 광범위한 의학적인 문제들―심장병, 노화, 고혈압, 만성피로 등을 포함하여―은 공통적인 근본 원인을 가지고 있습니다. 그것은 과식과 운동부족의 악순환입니다. 나아가서 가만히 앉아 있는 것은 자신과 사회에도 소모적입니다. 랜드회사의 연구에 따르면, 무활동은 고용인 1인당 1,900불의 손실을 회사에 가져오고 있습니다. 이것은 의료비, 질병 요양비, 장애보험, 직업 생산성의 감퇴 등으로부터 오는 것입니다.[10] 40세 남자들 중에 훈련을 하지 않는 사람들은 하루에 담배 두 갑을 피우고, 30% 중량초과, 안전벨트를 착용하지 않음 등으로 1년간 1,292불의 의료비를 고용주에게 부담시키고 있습니다. 이것은 같은 나이에 훈련을 하고 있는 사람보다 두 배의 비용입니다.

정기적인 신체단련이 주는 장수의 유익을 의심하고 있다면, 100세 이상의 노인들이 특별히 많은 공동체에 대한 연구들(3개의 다른 국가의)의 요약을 참고해 보세요:

"신체적인 활동은 이러한 100세 이상 노인들이 많은 공동체에서 찾을 수 있는 장수와 최적의 건강에 가장 중요한 요소들이라는 사실입니다. 듀링쉬의 코카서스 마을에 사는 사람들의 심도있는 몸검사 후에 알렉산더 리프(Alexander Leaf) 박사는 신체활동이 심장병들과 오스테오포로시스(뼈를 약화시키는 병) 같은 다른 질병에 대한 예방적 치수를 제공하고 있다고 결론지었습니다. 100세 이상 노인마을에서 규칙적인 훈련의 가치는 에어로빅 활동의 심리신체적 당위성에 관한 연구에서 증명되었습니다."[11]

널리 알려진 한 연구가 *Journal of the American Medical Association*[12]에 보고되었습니다. 10,224명의 남자와 3,120명의 여자를 대상으로 연구조사한 것입니다. 20~60세에 이르는 연구대상들은 중상위 사회계층에 속한 백인 전문인들이 대부분이었습니다. 그들은 연구 초기에 5단계의 심장건강수준으로 나누었습니다. 이것은 트레드밀 스트레스 테스트를 사용하여 분류한 것입니다. 바로 다음은 보고자의 색깔 짙은 발견의 요약입니다 : "찌꺼기를 치워 버리라. 그러면 더 오래 살 것이다." 남자들 가운데서 가장 합당한 건강훈련을 하는 사람에 비해 가장 좋지 못한 훈련을 하는 사람들의 죽는 비율이 3.4배가 되었고, 여자들의 경우에는 이 비율이 4.6배였습니다. 적당한 운동을 하는 사람들에게 심장병과 암을 위시하여 죽음을 초래하는 모든 위험스런 원인들이 감소되었습니다. 놀라운 발견은 가장 큰 건강효과는 남자와 여자들 모두에게 단순히 가만히 앉아 있는 삶을 고치는 것으로부터 왔습니다. 이것은 가장 약한 신체훈련에 속한 것이었습니다. 아틀란타에 있는 미연방정부 질병통제센터에 근무하는 칼 카스퍼슨(Carl Caspersen) 박사는 이렇게 권고합니다. "이것은 희망적인 메시지입니다. 당신은 마라토너가 될 필요가 없습니다. 사실 아주 약간의 운동만으로 당신은 큰 유익을 얻을 수 있습니다. 예를 들면, 가만히 앉아 있던 데서 일주일에 여러 번 30분 정도 산책을 하는 것만으로도 당신의(죽음의) 위험은 극적으로 감소될 수 있습니다."[13] 다른 말로 하면, 당신은 약간의 땀만 흘려도 되고, 갤론 가득 흘릴 필요는 없다는 것입니다. 당신이 전기나 가솔린 대신에 '당신 자신의 힘'을 사용하는 시간이 더 많아지면, 당신은 아마도 더 오래 살게 될 것입니다.

당신은 규칙적으로 신체단련을 하기 위하여 훈련해야 할 문제를 가지고 있습니까? 만약 그렇다면 그 클럽에 들어온 것을 환영합니다. 가끔 두 개의 큰 R—Resistances(저항)와 Rationalizations(합리화)—이 당신에게 유혹을 덜 받게 하는 데 도움이 될 것입니다. 사실 우리 인간은 활기있는 큰 근육운동을 위해서 만들어졌다는 사실을 기억해야 할 것입니다. 우리는 옛날의 생물학적 유산에 의해 운동하도록 고안되었습니다. 이것은 우리의 선조로 하여금 생존하게 만들었고, 그 유전인자를 우리에게 전달해 주어 하나의 특별한 본질이 되게 하였습니다.

한 인류학자는 다음과 같이 선언합니다. "우리가 달릴 때 우리는 과거의 일을 재

전인건강의 창

윌마 '꼬마' 루돌프와 블란츠 루돌프

현대 올림픽의 역사 가운데서 육상 트랙에서 3개의 금메달을 획득한 처음 여성은 윌마 글로딘 루돌프(Wilma Glodean Rudolph : Current Biography, 1961, pp.399-401을 보라.)였습니다. 그녀의 아동기 시절을 아는 사람들은 그녀가 그처럼 놀라운 스포츠 스타로 성공하리라고 상상도 못했을 것입니다. 윌마는 4~8세가 될 때까지 잘 걷지도 못했습니다. 1940년에 테네시의 조그만 마을에서 태어났을 때 그녀는 겨우 4.5파운드(2.2kg : 역자 주)의 연약한 아기였습니다. 그녀의 부모인 은퇴한 수위 에드 루돌프와 가정부 블란츠 루돌프는 자기 딸이 살지 못할까봐 걱정했습니다. 4살에 홍역에 걸리고, 곧이어 마마에 걸렸고, 윌마의 왼쪽 다리는 중풍에 걸려 쓸모가 없게 되어 버렸습니다. 그녀의 어머니는 딸을 내슈빌로 데리고 가서 날마다 안마로 물리치료를 했습니다. 그녀의 소망은 윌마가 회복되는 것이었습니다. 블란츠는 가정부 일을 마친 후에는 딸의 다리를 안마하면서 수많은 시간을 바쳤습니다. 가끔 그녀는 딸 윌마가 잠든 후까지 안마를 계속하였습니다. 그녀는 윌마의 형제자매들에게도 윌마를 마사지하는 법을 가르쳐 그 일을 하게 하였습니다.

드디어 이러한 가족들의 헌신으로 윌마는 특수제작한 정형외과의 신을 신고 걸을 수 있게 되었습니다. 11세에 그녀는 자기의 특수 신발을 벗고 정원에서 농구를 할 수 있게 되었습니다. 겨우 3년 후에 그녀는 고등학교 운동스타로 부상하였습니다. 그녀는 1년 동안 803점을 기록하여 테네시주 농구선수의 기록을 갱신하였습니다. 고등학교를 졸업한 후에 그녀는 흑인들의 학교인 조그만 대학교 테네시 산업주립대학에 입학하였습니다. 거기서 그녀는 농구뿐만 아니라 트랙에서 뛰어난 기량을 나타냈습니다.

1960년 로마 올림픽에서 그녀는 100m 우승을 하며 100m 올림픽 타이기록을 수립했습니다. 200m에는 올림픽 신기록을 수립하며 우승했습니다. 그리고 그의 동창들과 한 팀이 되어 400m릴레이에서 우승했습니다. 그때까지 그녀를 차별하던 고향이 그녀에게 영예를 표시하려고 퍼레이드를 결정했습니다. 그녀는 고향사람들에게 아직도 차별을 철폐하지 않으면 퍼레이드에 참여하지 않겠다고 말했습니다. 그래서 그녀는 자기 고향의 인종장벽을 깨뜨렸습니다. 그녀에게 별을 안겨 준 올림픽 경기 이후에 그녀는 유럽에서 거행되는 여러 국제육상경기에서 트랙부문에 우승했습니다. 관중들은 열광했습니다. 프랑스의 신문기자들은 그녀를 'La Gazelle' (영양)라고 불렀습니다. 그녀의 놀라운 속도와 흐르는 듯한 보폭이 그를 그렇게 부르게 했습니다. 그녀는 미국과 전세계의 팬들에게 사랑을 받았습니다. 그녀는 1960년도에 '올해의 미국여성선수' 상을 받았습니다. 윌마 루돌프와 그녀의 어머니는 함께 비참한 마이너스를 영감이 넘치는 플러스로 뒤바꾸는 놀라운 능력을 보여 주었습니다. 지금 그녀는 인디아나 그린케슬에 소재한 드 파우 대학교의 소수민족 특별고문과 트랙코치로 일하고 있습니다.

생하고 있는 것입니다. 즉, 과거의 사냥과 수집의 작업을 재생하는 것입니다. 근육, 뼈, 연골, 폐, 심장, 그리고 달리기를 채용한 최고의 영장류만이 가지는 정신 등은 사용되어지기를 원하고 있습니다."[14]

당신이 적어도 일주일에 3~4회 어떤 형태이든지 활기있고 큰 근육운동을 즐거이 실천함으로 당신의 몸을 사랑하면 당신은 일반적으로 향상된 건강이라는 보상을 받게 될 것입니다. 갤럽여론조사는 규칙적으로 일하는 사람들이 앉아 있는 사람들보다도 2.5배 정도 더 많이 "나는 행복하다."고 말한다는 것을 발견했습니다. 또한 규칙적으로 운동을 하는 사람들은 자기들의 건강을 더 통제하고 있으며, 더 편안히 긴장을 풀 수 있고, 자기들의 의사에게 건강문제에 대해 더 쉽게 이야기할 수 있다는 생각을 하고 있다고 보고합니다. 앉아 있는 사람의 47%에 비하여 운동하는 사람들의 64%가 더 건전한 다이어트식을 하고 있으며, 그중 43%는 체중을 조절하고 있다고 했습니다(운동하지 않는 사람들은 31%가 체중을 조절하고 있다고 함). 가장 흥미 있는 발견은 규칙적으로 운동하는 사람들이 그렇지 않은 사람에 비해 더 영적 경험에 열려져 있다는 것입니다.[15]

당신의 전인건강훈련 프로그램에는 다음의 세 가지 기본적인 훈련타입들이 포함되어야 합니다.

타입 1 에어로빅훈련

이것은 당신의 심장, 폐, 혈액순환 계통 등을 조율하고 효율적으로 작용하도록 하여 당신의 심장계통과 호흡기계통을 도와줄 것입니다. 당신의 건강과 장수 모두를 위하여, 이것은 세 가지 타입 중에 가장 중요합니다. 빨리 걷기, 조깅, 에어로빅 댄스, 자전거 타기, 수영, 롤러 스케이트, 아이스 스케이트, 크로스-컨트리 스키, 로프점핑 등은 에어로빅훈련 중에서 대중적인 형태입니다. 그 목적은 당신의 에어로빅 용량을 증가시키는 것입니다. 즉, 당신의 몸이 주어진 시간 동안에 운반할 수 있는 산소의 양을 증가시켜 준다는 것입니다. 그렇게 함으로 당신의 뇌와 심장을 포함하여 당신의 몸에 있는 모든 세포에 공급되는 깨끗하고 활성화된 피와 산소의 양을 증가시켜 주는 것입니다.

규칙적인 에어로빅훈련은 다음과 같은 방법으로 당신의 전인건강을 증진시켜 줄 것입니다.

▷ 이 훈련은 매호흡 속에 들어 있는 산소의 양과 심장의 박동마다 펌프되는 피의 양을 증가시킴으로 호흡과 심장의 근육을 강화시킵니다.
▷ 이 훈련은 육체의 모든 근육을 강화시켜서, 심장의 일을 감소시키고 혈압을 낮추어 줄 수 있습니다.
▷ 이 훈련은 피의 양과 적혈구와 헤모글로빈의 숫자를 증가시켜서 피가 더 많은 산소를 운

반하고, 모든 신체부위의 찌꺼기를 없애 줍니다.[16]

에어로빅훈련은 또한 스테미너를 증가시키고, 당신이 먹는 음식의 효용성을 증진시키고, 몸세포 속에 쌓여 있는 지방을 감소시키고, 그것을 에너지로 사용하게 하며, 지방을 근육으로 바꾸어 줍니다. 여기에 더하여 만약 당신이 규칙적으로 활기있게 운동을 계속하면, 당신은 아마도 지금과 같이 많은 양의 카페인, 알코올, 정제설탕, 기름기, 소금, 약물(처방약품이든 오락성 약품이든), 정크식품 등을 소비하지 않게 될 것입니다. 그 이유는 더 건강하고 더 매력적인 당신의 몸에 대한 존중이 증가되어, 불결하고 좌절케 하는 화학적 위로자에 대한 갈망이 줄어들기 때문입니다.

에어로빅이 당신에게 유익을 주게 하려면, 그 훈련은 적정한 수준까지(아래에 밝힌바와 같이) 당신의 맥박을 증가시켜야 하고, 일주일에 4~5회, 그리고 적정시간 동안 계속해야 합니다. 추천하고 싶은 건강훈련의 기준은 일주일 4~5회, 1회에 20~30분간 지속하는 것입니다. 당신에게 좋은 소식을 전하겠습니다. 스탠포드 의과대학의 신체단련 심리학자 한 사람은 20명의 남자에게 일주일에 5회, 30분 동안 보통의 페이스로 쉬지 않고 빨리 걷기를 하든지 조깅을 하게 했습니다. 그리고 20명의 남자에게는 하루에 3회, 10분간 적당한 강도의 짧은 운동을 하게 했습니다. 8주 후에 이 두 그룹은 모두 실제적으로 비슷한 수준의 건강증진을 성취하였습니다.[17]

당신이 만일 30세 이상이요, 컨디션이 좋지 않거나, 또는 심장병력이 있거나(본인이나 가족에게) 하면, 신체검사를 받고(심전도검사도 함께), 의사의 지시를 받은 후에 활기있는 운동 프로그램을 시작하는 것이 필수적입니다. 당신에게 심장병력이 없다면, 다음의 심장박동이 안전수이며, 에어로빅 용량을 이 정도 증가시키는 것이 안전합니다. 20세-160, 30세-152, 40세-146, 50세-140, 55세-137, 60세-128, 65세-120.[18] (이 수치는 에어로빅을 10~20분 한 직후에 1분간의 맥박수임 : 당신의 건강전문의와 검토하여 이러한 심장박동수가 당신의 건강수준에 OK인지 확인하는 것이 좋다. 이 숫자는 가장 최근에 심장전문가가 추천한 것이다).

가장 안전하고 가장 값이 싼 평생 동안의 신체훈련은 걷기입니다. 연구조사는 활발히 걷는 것(산책이 아니고), 시간당 3.5~4.5마일 걷는 것은 건강훈련을 시작할 때의 수준이 어떠하든지 거의 모든 사람에게 유익을 준다는 사실을 보여 줍니다. 천천히 걷기(시간당 2마일)는 나이 많은 사람들과 질병에서 회복되는 사람들의 건강증진에 유익합니다. 걷기에서 얻는 에어로빅 효과는 당신이 손을 활기차게 흔들고 당신의 상체를 흔들면서 걸을 때 향상될 수 있습니다.[19]

나는 나의 집 가까이에 있는 고갯길을 올라가고 내려가며 빨리 걷는 것을 즐깁니다. 고정된 자전거를 타는 것도 나의 훈련계획 가운데 하나입니다. 그 자전거는 핸들이 움직이는 것이어서 팔과 몸통과 다리를 운동할 수 있게 되어 있습니다. 이러한 자전거는 전천후로 운동할 수 있으며, TV 뉴스를 보면서도 에어로빅훈련을 할 수 있는 이점이 있습니다(당신이 나 같은 A타입의 사람이라면 하나 준비하라). 나의 누이(A타입이 아님.)는 지난 5년 동안 11만 마일 이상 달렸습니다. 그녀에게는 이것이 아주 적합합니다. 자전거를 타고, 걷고, 조깅 등 밖에서 하는 운동은 변화하는 광경을 보고 자연의 양육을 받을 수 있는데, 고정된 자전거는 이런 신선감을 얻을 수 없다는 것이 문제입니다.

3분 건강 점검

운동 직후의 심장박동수는 대략적인 심장혈관 기능척도입니다. 당신의 신체건강 점검의 가장 쉬운 방법은 산디에고주립대학교 신체단련센터 책임자인 프레드 캐쉬(Fred W. Casch) 박사가 고안한 3분 스텝 테스트(Three-Minute Step Test)입니다. 당신에게 심장문제가 있으면 이 방법을 사용해서는 안 됩니다.

♥ 방법 :
  1. 12인치(30㎝) 높이의 계단 하나를 선택하세요.
  2. 활기차게 그 계단을 올라섰다 내려섰다 하는데, 먼저 오른발이 올라서고 다음은 왼발이 올라섭니다. 그리고 나서 오른발이 내려서고 왼발이 내려섭니다. 이것을 1분 동안에 24회를 실시하세요. / 1분간 쉬세요.
  3. 이제는 실제로 테스트합니다. 1분에 24회 계단 오르내리기를 3분 동안 계속하세요.
  4. 이제는 앉으세요. 5초를 기다리세요. 그리고 정확히 10초 동안 당신의 맥박을 점검하세요(약간 지나면 맥박속도가 급격히 떨어집니다). 당신의 맥박을 다음 표와 비교해 보세요.

건강 정도	여 자	남 자
아주 좋다	16번이나 그 이하	17번 이하
좋다	17 - 18	18 - 20
보통이다	19 - 22	21 - 23
괜찮다	23 - 25	24 - 26
약하다	26 이상	27 이상

당신의 심장이 '괜찮다'이거나 또는 '약하다'일 경우에 당신은 에어로빅 조절 프로그램이 꼭 필요합니다. 지금 당장 시작하세요. 그러나 서서히 해야 됩니다. 먼저 1주 3회, 적어도 20분 정도 적당한 속도로 걷기부터 시작하세요.[20]

타입 2 유연성훈련

이 훈련은 근육을 더욱 뻗게 하는 것으로 관절을 더욱 활기있게 하고, 몸의 움직임을 더욱 자연스럽게 하고, 자세를 더욱 안정하고 매력적으로 만듭니다. 이 타입은 평생 동안의 마음-몸-영의 건강과 행복에 매우 중요합니다. 어떤 형태로든 부드럽게 온몸을 쭉뻗는 것을 즐거워하고 규칙적으로 시행하면(하루에 적어도 5회 정도) 이런 종류의 훈련을 한 것과 같습니다(추천도서 중에 Bob Anderson의 책을 보라). 대중적인 유연성훈련들은 등축운동(벽 따위에 양팔을 대고 밀었다 놓았다 함으로써 근육을 단련시키는 운동 : 역자 주), 활기 찬 댄스, 하다(hatha : 요가의 일종)효과, 대지(도교에서 유래한 춤으로 자연스럽게 흐름에 따르는 춤의 일종), 그리고 여러 종류의 미용체조 등이 여기에 속합니다. 나는 다음의 유익이 있기 때문에 하다요가를 좋아합니다.

▷ 이 요가는 부드럽고, 조용하면서도, 에너지를 신선하게 만들어 줍니다.
▷ 이 요가는 어느 나이에도 시작할 수 있고, 그것을 계속하면 당신의 일생 동안 언제든지 유익을 얻을 수 있습니다.
▷ 건강식과 조화시키면 몸을 유연하고 균형잡히게 만들어 신체적인 노화과정을 둔화시킬 수 있습니다.
▷ 요가훈련 중 몇 가지 긴장감소, 에너지 향상훈련(stretching)은 사무실에서나 비행기에서나 다른 장소에서도 시행할 수 있습니다.
▷ 5분간의 부드러운 요가만으로도 당신을 더 깨어 있게, 그리고 활력이 넘치게 만들 수 있습니다.

덧붙여 말하면, 당신은 요가의 철학적, 신학적 전제를 꼭 받아들이지 않더라도 요가실천만을 통하여 유익을 얻을 수 있습니다. 기본적인 요가훈련을 조직적으로, 그리고 점차적으로 더 발전된 방법으로 배우고자 한다면, 리차드 히틀만(Richard Hittleman)의 *Yoga Twenty-eight Day Exercise Plan*을 참고하기 바랍니다.[21]

타입 3 힘 강화훈련

이 훈련은 당신의 근육의 크기, 강건함, 힘 등을 강화시키기 위한 것입니다. 역도, 들기, 각종의 미용체조(끌어당기기, 엎드려 뻗쳐, 팔굽혀 펴기 등) 등의 타입 3의 대중적인 형태입니다. 이러한 힘 강화훈련은 위의 두 타입을 대신하지는 않으나 많은 유익이 있습니다. 이 훈련은 힘을 증가시키고, 움직임을 더 잘하게 만들고, 스트레스, 부상, 또는 수술시를 위하여 더 많은 근육을 예비해 줄 수 있습니다. 더 강하고 튼튼한 몸을 가지는 것은 사기 진작에도 도움이 됩니다. 이 훈련은 또한 남자와 여자들에게 심리적으로 힘을 강화시키고 있다는 의식을 갖게 하고, 더 긍정적인 몸의 이미지를 가지며, 더 강하고 더 매력적인 몸을 가졌다는 자기 신뢰를 갖게 해줍니다. 근육만들기 훈련은 더 큰 힘을 요구하는 경쟁스포츠를 준비하는 사람들에게 도움이 됩니다. 이 훈련은 약한 배근육에 기인하여 일어나는 등을 삐는 것과 같은 신체장애를 방지해 줍니다.

✻ 전인건강훈련 ✻

신체 활성화 훈련 : 이제 읽기를 멈추고 잠깐 동안 몸을 일깨우는 일을 즐기세요. 당신을 가장 편안하게 해주는 음악을 트세요. 그리고 나서 방안을 자유롭게 돌아다니세요. 당신이 편안하게 느끼는 방향으로 어느 곳을 향해서나 몸을 부드럽게 뻗으세요. 음악에 따라 몸을 자연스럽게 움직이세요. 당신의 에너지 수준에 어떤 일이 일어나고 있는지 확인하세요. 당신이 만일 진정으로 당신의 에너지를 향상시키고 싶으면, 당신이 좋아하는 지루박 음악을 들으세요.

일주일에 여러 번 요가타입의 몸근육 풀기와 병행하여 근육강화훈련을 하면 당신이 나이가 들어가면서 생기는 몸의 처지는 부분들을 강화시켜 줄 것입니다. 역도가 단지 젊은 사람들의 운동이라고만 생각하고 있다면, 다음을 생각해 보세요. 양로원에 거주하는 86~96세 사이의 10명의 노인들을 대상으로 조사한 바에 따르면, 의학전문가의 조심스러운 지도를 받으며 들기운동(weight machine)을 8주간 정도 했을 때 그들의 근육을 3배 내지 4배나 강화시킬 수 있었다고 합니다. 이것은 물론 그들의 사기를 높인 것은 두말할 필요도 없었습니다. 10명의 노인들은 건장한 건강상태는 아니었습니다. 6명은 관상동맥 심장질환이었고, 7명은 관절염을 앓고 있었고, 6명은 골다공증으로 뼈에 균열이 갔고, 4명은 고혈압이었고, 그들 전부는 여러 해 동안 신체적으로 비활동적이었습니다.[22] 이 연구의 발견은 큰 의미가 있는 것이었습니다. 그 이유는 성인들의 근육의 힘은 그들의 일생 동안에 평균 30~40% 감소되기 때문입니다. 또한 노인들의 죽음의 주요 원인이 되는 자주 넘어지는 현상은 근육약화와 연관되어 있기 때문입니다.

만약 당신이 운동공포증에 걸려 있다면 당신의 몸-마음-영을 활성화시키고 규칙적으로 즐겁게 훈련하는 데 몇 가지 다음의 제안들이 당신에게 도움이 될 것입니다.[23]

1. 다양성이 우리들 대부분의 훈련생활의 양념이 됩니다. 세 가지 기본적인 타입을 서로 섞어서 시행하되 한 가지 타입에도 한 가지 운동만 선택하지 말고 여러 가지 운동들을 번갈아 가면서 해보세요. 스포츠에서 이야기하는 교차훈련(cross-training)은 건강훈련에 귀중한 것입니다. 만약 당신이 이러한 방법을 선택한다면, 여러 다

른 관절들과 근육그룹들에 스트레스를 나누어 버림으로 부상의 위험을 감소시킬 것입니다.

2. 당신이 즐기는 운동의 스타일을 선택하세요. 이것이 당신의 운동공포증을 치유하는 데 최선의 치료제가 될 것입니다. 이것은 또한 더 나은 기분을 느끼게 함으로써 충분히 오랫동안 계속할 수 있는 가능성을 높여 줄 것입니다. 만족스러운 운동은 그것이 당신에게 적합하다고 생각되는 동안 전체적인 만족도를 높여 줄 것입니다. 당신이 만약 의무감에서만 훈련을 한다면, 당신은 당신의 몸을 건강하게 만들고 있다는 만족감을 얻지 못할 것입니다. 운동에 대하여 채찍을 받으세요. 그러나 미소로 그것을 받으세요. 운동은 어려운 일입니다. 그러나 당신이 그것을 할 수 있다면 기쁨도 발견하게 될 것입니다. 경쟁적인 운동선수들(충동적인 경쟁자들)은 놀이적인 훈련이라고 기쁜 척 자신을 속입니다. 그러기 때문에 패배했을 때에는 자기를 거절하며 우울증에 빠집니다.

3. 수많은 대중적인 스포츠들(예 : 골프, 소프트볼)**은 당신의 심리적 행복과 건강에 좋습니다.** 그러나 이런 운동들은 당신의 에어로빅 용량을 증가시키는 훈련을 대치할 수 없습니다. 놀이적인 스포츠는 만성적 스트레스(당신의 이기고 싶은 욕구가 당신의 스트레스 수준을 높이지 않는다면)를 감소시키고, 좌절과 분노에서 생긴 축적된 공격성을 약화시킵니다. 즐거운 스포츠는 날마다의 삶에서 오는 책임감과 좌절에서 잠깐 동안의 미니휴가를 만들어 줍니다. 친구들과 가족들과 함께하는 훈련과 스포츠는 당신이 좋아하는 사람들과 함께 나누는 기쁨을 더합니다.

4. 지나친 과로를 피하기 위하여 당신은 당신의 몸에 귀를 기울여야 합니다. 그리고 매일같이 하는 훈련을 서서히 증가시켜야 합니다. 갑작스러운 심장과 혈관 계통에 오는 매우 강렬한 스트레스는 당신이 더 많은 시간을 내어 훈련을 쌓지 않으면 위험합니다. 이러한 지침을 무시하면 일주일 내내 책상에 앉아 있거나 TV 앞에 앉아 있다가 주말이 되면 강렬한 운동을 하는 중년 남자에게 많이 오는 심장마비라는 값비싼 대가를 치를 수 있습니다.

5. 부상을 방지하고 유익을 더 많이 얻으려면,
  ① 정기적인 건강검진을 받으세요. 특히 당신에게 운동 전이나 후에 통증이나 불안이 있는 경우에 꼭 검진을 받으세요.
  ② 당신이 운동하기 전에 준비운동과 근육풀기 운동을 하고 운동 후에도 좀더 근육풀기 운동을 하세요.
  ③ 수영이나 자전거 타기 등 충격이 낮은 운동을 선택하여 당신의 관절과 근육과 뼈의 장애를 피하세요.
  ④ 적합한 신을 신으세요.
  ⑤ 적당한 스포츠훈련과 기술을 지도받으세요.
  ⑥ 통증이나 고통에 주의를 기울이세요.

6. 당신의 삶의 스타일에 비추어 현실적이고 단순한 건강훈련 일정을 개발하세요. 그 명성에 비하여 헬스클럽은 그만두는 비율이 매우 높습니다. 다이어트 프로그램과 군살빼기 운동 같은 것도 그렇습니다.

7. 정기적인 운동에 덧붙여, 당신의 삶의 스타일에 합당한 활동을 증가시키는 방법을 찾으세요. 예를 들면, 엘리베이터를 타지 않고 계단을 사용하여 올라가세요(물론 엠파이어스테이트빌딩을 계단으로 올라가라는 말은 아닙니다). 계단오르기는 1분에 5~10칼로리를 소모시킵니다. 집안청소는 1분에 3~6칼로리를 소모시킵니다. 잔디깎는 기계도 수동식을 사용하세요. 그리고 일하는 데서 여러 블럭 떨어진 곳에 주차하여 빠른 걸음으로 사무실까지 가 보세요. 건강훈련 지향적인 삶의 스타일은 기다리는 순간에도 긴장을 푸는 근육뻗치기나 균형잡기, 또는 깊은 호흡을 하며 시간을 아끼게 만들 것입니다.

8. 운동은 효과적으로 체중을 줄이거나 조절하는 접근에 필수적이라는 사실을 기억하세요. 당신의 체중을 건강한 수준으로 유지하려면, 당신이 먹는 음식과 마시는 음료수의 에너지 도수(칼로리)를 에너지를 소모시키는 운동과 균형을 맞춰야 합니다. 효과적인 체중줄이기는 보통 칼로리를 줄이고 운동량을 증가시키는 것입니다(당신이 먹는 것과 마시는 것을 줄이지 않고 지방질 1파운드를 줄이려고 하면 35마일 걷기를 해야 합니다). 규칙적인 활기찬 운동은 몸무게를 재분배하고, 전체적인 지방을 감소시키고, 당신의 신체의 근육을 증가시키고, 신진대사의 도수를 증가시키는 것까지 도울 수 있습니다(강한 운동 후에 어떤 사람들은 운동량보다 더 많은 칼로리를 소모시킵니다).

9. 당신의 몸을 도전하고, 격려하고, 지도할 수 있는 정신적인 목표들과 이미지를 사용하세요. 당신의 운동을 위한 현실적이요, 점진적인 목표를 선택하세요. 당신이 매번마다 약간 더 자신을 채찍질할 수 있는 목표를 선택하되 과로하게 만드는 것이어서는 안됩니다. 발전적으로 당신의 목표를 성취하여 당신에게 만족을 주면, 계속하기 싫은 저항을 극복하는 데 충분한 힘을 줄 것입니다. 더욱이 당신의 상상 가운데서 당신의 스포츠나 운동을 익숙하고 즐겁게, 그리고 당신의 전인건강에 최대의 유익을 주게 실천하고 있다는 정신적인 영상을 가진다면 그것이 또한 당신에게 큰 도움을 줄 것입니다(건강훈련에 대한 마음의 게임 : 마음의 이미지 만들기를 통한 건강게임).

10. 당신의 배우자나 다른 가족 식구나 가까운 친구와 운동 프로그램을 함께 실천하세요. 당신의 운동에 참여하도록 당신의 자녀를 초청하세요. 활동적인 부모는 활동적인 자녀를 갖는다는 사실을 기억하세요. 가만히 앉아 있는 부모는 비활동적인 자녀를 가질 것입니다. 함께 운동하는 것은 여러 가지 방법으로 당신들의 관계를 풍성하게 할 것입니다.

아마도 당신은 지금 당신 자신에게 이런 질문을 하고 있을 것입니다. "나는 나의 몸을 받았으나 여러 해 동안 그 몸을 무시해 왔구나. 이제 이 몸을 제대로 관리하기 위하여 내가 해야 할 모든 노력으로부터 나는 무엇을 얻게 될 것인가?" 12,000명 이상의 중년 남자에 대한 한 조사연구에 따르면 담배를 끊고, 체중을 줄이고, 혈압을 낮추고, 콜레스테롤을 낮추는 다이어트를 실천하려고 애쓰는 사람들은 심장마비의 위험을 실질적으로 낮추고 있다고 하였습니다.[24]

또는 당신은 지금 고민하고 있을 것입니다. "나는 시작하기에 너무 늦지 않았는가?" 정상적인 상태의 사람들은 일생 동안 활기있게 운동을 계속할 수 있습니다. 1989년 뉴욕 마라톤대회에 참가한 경주자들 중 1,000명 이상이(42% 정도) 40세 이상이었습니다. 물론 70세 이상도 56명이었습니다. 26마일 플러스의 거리를 완주한 가장 나이 많은 사람은 91세였습니다. 그는 6시간 43분에 마라톤을 완주했습니다.[25] 당신이 만약 40세나 그 이상이면, 그리고 당신의 몸이 나이를 느끼고 나이를 보여 주고 있다면, 앞으로 오는 몇 해 동안에 당신을 더욱 건강하게 만들 수 있는 운동 프로그램을 지금도 찾을 것입니다.

건강식으로 몸을 사랑하기

풍요한 나라에 사는 우리들 대부분은 스푼을 입에 넣는 병으로 고통당하고 있습니다. 건강하고 영양가 있는 다이어트식은 세 개의 다리를 가지고 있는 신체건강의 스툴의 두 번째 필수적인 다리입니다. 당신의 건강훈련 프로그램에서 적합한 운동과 평안한 휴식과 함께 건강식은 하나의 파트너입니다. 5년 반 동안에 7,000명의 성인들을 상대로 조사한 연구는 인생의 기대치와 일반적인 건강을 증진시키는 데 연관된 요소들을 발견했습니다. 그 요소들은 7가지였습니다. 그중에 4가지가 다이어트와 관계가 있다는 것은 언급할 만한 가치가 있습니다 :

▷ 하루 세 끼를 규칙적으로 먹고 간식을 먹지 않는다.
▷ 건강식으로 아침을 매일 먹는다.
▷ 한 주에 2~3회 적당한 운동을 한다.
▷ 잠을 적당히 잔다.

▷ 담배를 피우지 않는다.

▷ 술을 하지 않거나 조금씩 한다.

▷ 적당한 체중을 유지한다.[26]

살이 쪄서 뚱뚱하게 되는 것은 가장 풍요한 나라들에서 발견되는 하나의 심각한 문제입니다(일본은 예외). 정부 통계에 따르면 적어도 3,400만의 미국인들과 1/4의 어린이들이 심각한 체중초과 상태에 있다고 합니다. 체중초과 남자의 20% 정도와 여자 30% 정도만이 신체단련과 칼로리 조절 등을 통하여 초과체중에 대해 무언가 하려고 시도하고 있습니다. 뚱뚱함은 남자에게 심장병, 남녀에게 암, 고혈압, 그리고 당뇨병 등의 원인이 되고 있다고 알려져 왔습니다. 115,899명의 여자를 상대로 실시한 최근의 연구는, 약간 체중이 초과된 여자들도 마른 여자들보다 80%나 더 많은 심장마비를 경험하고 있다고 보여 줍니다. 30%나 그 이상 중량초과인 사람들 (35~64세까지 여성들의 1/4)은 정상적인 체중을 가진 자들보다 3배 이상 심장마비에 잘 걸렸습니다. 담배를 피우는 중량초과 여성들은 담배를 피우지 않는 초과체중의 여성들보다 5배나 심장마비에 더 잘 걸리는 것으로 나타났습니다.[27]

다음은 당신이 음식물을 조절하여 전인건강을 극대화하고, 에너지 수준을 높이고, 오래 살고 건강하게 사는 가능성을 증가시키는 몇 가지 사항들입니다.

1. 균형이 있고 다양한 음식을 드세요. 여기에는 당신의 몸의 건강을 위하여 필요한 다음의 여섯 가지 타입의 양분들을 다 포함시키세요—단백질, 탄수화물, 지방, 물, 비타민, 그리고 광물성. 당신의 음식물에서 강조할 것은 가공하지 않은 복합 탄수화물, 과실, 그리고 야채들입니다.

2. 모든 종류의 지방, 특히 동물성 지방을 과감하게 줄이세요. 지나친 많은 지방은 많은 사람들의 음식물에 제 1의 적입니다.[28] 우리의 몸은 하루에 1티스푼 정도의 지방분만 있으면 건강하게 기능할 수 있습니다. 보통 미국인들은 6~8티스푼의 지방을 매일 먹습니다. 높은 지방분 소비는 지금 수많은 의학적인 문제를 일으키는 것으로 알려졌습니다. 심장마비, 당뇨병, 신장병, 쓸개질환, 동맥경화증에 의해 촉진되는 비정상의 노화(지방분에 의해 혈관이 막히기 때문), 그리고 어떤 종류의 암들은 과다 지방분이 그 원인들 중의 하나입니다. 그러나 산업화된 선진국에서 소비되는 칼로리의 1/3 이상이 지방에서 나옵니다(미국은 37%). 포화상태의 동물성지방이 심장마비의 주요 원인인 것 같습니다. 그러나 식물성기름의 과다한 소비도 건강문제를 일으킬 수 있습니다. 같은 무게의 단백질이나 탄수화물에 비해서 지방은 두 배 이상의 칼로리를 가지고 있습니다. 당신의 지방소비의 절반을 줄이면 당신의 적정 몸무게를 유지하는 데 크게 도움이 될 것입니다.

3. 더 많은 식물성 단백질(곡식이나 콩에 발견되는 것 같은), **생선, 그리고 칠면조나 닭고기 같**

전인건강의 창

프랭크 존스

　그의 이름은 프랭크 존스(Frank Jones)입니다. 그의 몸은 아동기에 류머티즘성 관절염으로 보기 흉할 정도로 불구가 되었습니다. 중년에 들어 내가 그를 알았을 때에, 사람들이 그를 들어 올려 휠체어에 태웠고, 깨어 있을 동안 대부분을 그는 휠체어 위에서 살았습니다. 관절염으로 그는 그의 이 사이로 그래함 크래커를 받을 정도만 그의 입을 겨우 벌릴 수 있었습니다. 그러나 그의 끔찍스러운 신체장애에도 불구하고, 프랭크는 내가 만난 사람들 중에 가장 전인적인 행복을 누리는 사람들 중의 하나였습니다. 그가 가지고 있는 긍정적으로 인생을 보는 태도, 영적인 생동력, 다른 사람들과의 사랑의 관계 등은 믿을 수 없을 만큼 치유적이었습니다.

　우리가 처음 만났을 때, 프랭크의 끔찍스러운 불구의 몸에 대한 나의 반응은 반감이었습니다. 그러나 내가 그를 한 인격자로서 차츰 깊이 알게 되었을 때, 이 처음의 반감은 위대한 관심과 영적인 깊이를 가진 한 인격자에 대한 존중과 애정으로 바뀌어졌습니다. 갈등하는 젊은이로서 내가 나 자신과 나의 직업에 대하여 용기를 잃고 좌절할 때에, 나는 가끔 프랭크를 보러 갔습니다. 그의 분명한 관점과 매우 부드러운 지적은 나에게 치유를 가져왔습니다. 내가 그 동네를 떠나게 되었을 때, 나는 그에게 가서 슬픈 작별을 고했습니다. 내가 그의 집에 도착했을 때 그는 그의 불구가 된 손에 오래된 책을 한 권 들고 나에게 주려고 하였습니다. 그것은 신약성경의 현대어 번역이었습니다. 그가 나에게 그 책을 주고 싶어하는 것은 깊이 감사하지만, 이 책은 분명히 그가 가장 좋아하는 책 가운데 하나이기 때문에 나는 받을 수 없다고 그에게 이야기했습니다. 그는 그 책을 받으라고 고집하면서, 이 책은 우리의 우정에 대한 조그만 표시요, 내가 그에게 해준 모든 것에 대한 감사의 표시라고 하였습니다. 나는 내가 그에게 해준 것보다도 훨씬 더 큰 것을 나에게 주는 것이라고 말했습니다. 나는 나의 일생 가운데서 그가 나에게 그 귀중한 선물을 쥐어 주었을 때에 받은 것만큼 큰 감동을 받은 적이 없습니다. 그 놀라운 친구에게 선물받은 그 낡은 책은 내가 지금까지 받은 선물들 가운데 가장 사랑하는 것들 중의 하나가 되었습니다.

　내가 프랭크를 생각할 때마다, 그는 자기의 비참한 신체의 장애를 영적인 깊이와 대인관계와 사랑의 전인성을 개발하는 기회로 삼았음을 깨닫습니다. 그의 몸은 끔찍스럽게 뒤틀렸습니다. 그러나 그의 마음과 영혼은 믿을 수 없을 만큼 전인적이었습니다. 프랭크는 상처받은 치유자였으며, 하나님의 영의 치유의 사랑을 전달하는 놀라운 통로였습니다. 바로 프랭크의 인간됨 그 자체로 해서, 전인건강과 행복은 자기의 몸에 결함이 없어서가 아니라 그 몸을 가지고 지금 무엇을 하려고 하느냐에 달려 있다는 사실을 그는 나에게 깨우쳐 주었습니다.

은 흰색 고기를 먹어서 붉은색 고기의 소비를 과감하게 줄이고 단백질의 질을 높이세요. 웨일스에서 행한 한 연구는 일주일에 한두 번만이라도 물고기를 먹으면, 결정적인 심장마비의 위험이 분명히 감소된다는 사실을 발견했습니다. 붉은색 고기는 소화시키기 더 어렵고, 많은 사람이 믿는 것처럼 그렇게 완전한 단백질이 아니며, 생산하는데 더 많은 땅을 필요로 하기 때문에 환경적인 문제도 있습니다. 동물성 단백질─계란, 우유, 고기 등을 포함하여─의 소비를 감소시키는 것은 심장문제와 직접 연관되는 혈청 콜레스테롤을 감소시켜 줍니다. 지방분을 빼버린 우유를 마시면 그냥 우유를 마시는 것보다 지방질, 콜레스테롤 등의 위험이 없고, 칼로리도 반으로 줄며, 영양가는 그대로 취할 수 있는 이점이 있습니다.

4. 당신의 음식물에 감자, 흰쌀, 콩, 과일, 채소 등과 같은 정제되지 않은 완전한 탄수화물을 증가시키세요. 이것은 당신에게 필요한 전체 칼로리의 60% 수준이 됩니다. 건강한 음식물은 복합 탄수화물(단백질이 아니라)에 그 중심이 있습니다. 백설탕, 표백밀가루, 백미와 같이 정제된 탄수화물을 단호하게 거절하거나 감소시키세요. 캔디, 아이스크림, 알코올, 소다수, 포장된 씨리얼, 그리고 수많은 냉동식품과 같은 정크식품이나 정제식품들은 백설탕, 어떤 경우에 지방과 소금을 지나치게 몸속에 받아들이게 만듭니다. 이러한 음식들은 TV광고로 어린이들에게 특히 인기입니다. 이러한 식품들은 대체로 칼로리가 없고, 비타민, 광물성, 섬유질 같은 것도 거의 없습니다(어린이와 10대들은 캔디를 포함하여 정크식품의 최고의 소비자들입니다). 포장식품을 살 때에는 표시를 꼭 읽고 결정하세요.

5. 매일 신선하고 잘 익은 과일과 요리되지 않은 채소들을 드세요. 여기에는 비타민과 광물질과 섬유질이 풍성하게 들어 있습니다. 조리─특히 높은 온도에서 지지거나 완전히 삶는 것─는 음식물에 포함된 영양가의 대부분을 파괴시켜 버립니다. 채소를 데치거나 날로 먹는 것은 그 식품이 가지고 있는 가치를 그대로 보존시켜 줍니다. 기름으로 조리하는 것은 당신이 소비하는 칼로리와 지방을 결정적으로 증가시켜 줍니다.

6. 더 완전한 곡식과 곡물식사와, 콩, 과일, 채소를 먹음으로써 당신의 음식물에 섬유질을 증가시키세요. 섬유질이 높은 식품은 소화를 촉진시키고, 콜레스테롤과 혈당수치를 감소시키며, 결장암의 기회를 적게 해줍니다.

7. 당신은 매일 적어도 비타민과 광물질의 RDA(Recommended Daily Allowance : 매일 필요한 양)를 섭취했는지 확인하세요. 가공되지 않은 수많은 음식물로 균형있는 식생활을 하면, 필요한 모든 것은 다 얻지 못할지라도 그 대부분은 공급됩니다. 그러나 간편한 음식물들이나 정크식품 같은 고도로 가공된 음식물의 소비는 정상적인 신진대사를 돕는 비타민들과 당신의 몸의 기관들을 재구성(뼈와 이를 포함하여)하는 데 도움을 주는 광물질을 얻을 수 없게 만들 것입니다. 기본적인 광물질과 비타민이 들어 있는 최고의 식품목록을 배우는 것도 좋을 것입니다.[29] 그러나 만일 당신이 간

편하게 조리할 수 있는 가공식품들을 주로 먹고 있다면 종합비타민이나 광물질 정제를 음식과 함께 보충하는 것이 현명하고 안전한 일일 것입니다.

8. 음식을 먹고 잠깐 동안 매스꺼운 정서적 통증, 고독, 그리고 영적인 공허를 경험하고, 그런 경험이 있을 때마다 음식을 먹는 악순환의 고리를 끊어 버리세요. 그러한 악순환은 가끔 이러한 방법으로 진행됩니다. 자기의 몸과 자기의 삶에 대한 고통스러운 감정들을 잊어버리려고 과식(또는 과음)을 합니다. 그러나 이러한 음식이나 알코올의 자기 처방은 과식과 과음으로 자기를 더욱 추하게 보이게 하고 느끼게 하기 때문에 고통만 가중시킵니다. 식욕이 아닌 다른 욕구를 먹고 마시는 것으로 해결하려고 음식물을 사용하면 음식중독에 빠집니다. 이러한 파괴적인 순환고리를 끊는 것이 영양을 정상적으로 섭취하고, 생생한 육체적 감각을 회복하고, 자존감을 높이며, 긍정적인 자기 이미지를 갖게 하는 데 필수적입니다. 당신의 정서생활과 관계생활이 건전하다고 해도, 요즈음처럼 바쁘게 사는 것이 전염병같이 퍼져 있는 사회 속에서 조리하는 압력을 덜기 위하여 정크식품을 즐기는 중독자가 되기는 어렵지 않습니다. 이러한 맥락에서 건강식을 하는 것은 헌신과 훈련을 요하는 일입니다.

스트레스 음식물	
아침	1/2의 그레이프 프루우트 한 조각의 순밀 토스트 8온스의 탈지우유 (지방분 제거우유)
점심	4온스의 구운 닭고기 가슴살 1컵의 찐 호박 1봉지의 쿠키 차
오후 스낵	봉지에 남아 있는 쿠키 1컵의 아이스크림 뜨거운 케익과자 하나
저녁	2개의 마늘빵 큰 버섯 페퍼로니피자 맥주 큰 컵으로 하나 3개의 우유로 만든 케익 완전히 냉동된 치즈케익을 냉동실에서 꺼내어 즉시 먹는다.

9. 당신은 좌절케 하는 식생활의 문제를 건설적으로 대처하기 위하여 긍정적인 접근방법을

택하고 유머를 사용하는 것이 좋다는 것을 발견할 것입니다. 긍정적인 접근이라 함은 내가 싫어하지만 꼭 해야 한다는 식의 태도보다는, 당신이 정말 좋아하고 그것을 삶의 스타일로 삼을 수 있는 방법으로 건강식을 하려고 초점을 맞추는 것을 의미합니다. 만화영화에 두 사람의 중년 여인이 식당에 앉아 있었습니다. 몸이 마른 여인은 굉장히 큰 차가운 선대이(과일 아이스크림 종류 : 역자 주)를 맛있게 먹고 있습니다. 뚱뚱한 여인은 샐러드를 먹으면서 이야기합니다. "내가 왜 선대이를 주문하지 않았냐면 의사가 나에게 두 가지 중에 하나를 선택하라고 했기 때문이야. 내 자신을 싫어하면서 내가 원하는 것을 무엇이든지 먹거나, 아니면 내가 싫어하는 것을 먹든지 하라는 거야." 다행스러운 것은 뜨거운 과일아이스크림쥬스와 같이 입에 만족을 주지는 않지만 그래도 맛있는 건강식품을 먹을 수 있다는 사실입니다. 그들의 음식먹는 것은 스타일도 없고 기쁨도 상실하고 있습니다. 그들은 그것을 실제로 맛보지 않고 충동적으로 음식을 먹고 있습니다. 스타일을 가지고 음식먹는 것에 대하여, 요리사 쥬리아 차일드는 이렇게 말합니다. "인생 그 자체는 식탁에 둘러앉은 유흥과 같습니다."[30] 삶을 풍성하게 살고 사랑하는 사람들은 떠들썩한 음식유흥을 필요로 하지 않습니다. 수많은 문제성있는 음식기호들은 소금이 너무 많이 가미된 음식과 같은 맛을 요구합니다. 건강식을 스타일있게 즐기는 것은 동기를 부여받아 훈련해야 합니다. 그러나 그러한 음식의 기호를 버리는 것은 얼마 동안 그런 음식에 손대지 않는 것만으로도 가능합니다.

빌 코스비(Bill Cosby)의 아름다운 수필 "맥도날드의 시험에 들지 말게 하시며"는 식생활의 문제를 건설적으로 다루는 데 유머의 사용을 실례로 보여 주고 있습니다. 그는 '미국 부엌의 광맥'을 이야기하고 있습니다. 그리고 그는 자기가 70세가 되어서 꼭 가고 싶은 곳은 메이요클리닉 길 건너에 있는 레스토랑이라고 말합니다. 이곳은 그 병원의 음식을 공급하는 곳입니다. 거기에 있는 모든 종류의 음식은 초컬릿, 설탕, 그리고 기름기로 덮여 있습니다. "그것을 먹는 것은 한 그릇의 코르크로 당신의 동맥을 가로막아 피를 흐르지 못하게 하는 것과 같다고 할 수 있습니다."[31]

먹기와 마시기 의식(儀式), 인생의 신비에 대한 응답

먹기와 마시기와 관련해서 우리 깊이 자리한 사회적, 실존적 의식(儀式)이 있습니다. 다양한 문화의 사람들이 죽음이 있을 때에 음식을 선물로 가져와서 함께 먹습니다. 여러 해 전에 내가 롱비치에 소재한 주로 독일계 미국인이 출석하는 교회에서 일밖에 모르는 젊은 목사로 있을 때에, 거기에서 장례식이 끝나자 풍성한 잔치를 벌이는 것을 보고 충격을 받았습니다. 모든 가족과 친구들이 모여서 여러 시간 동안 함께 먹고 마시며, 울고 웃으며, 애통하며, 떠나간 사랑하는 사람을 추억하며 지냈습니다. 차츰 나는 이러한 식사가 깊은 의미를 가진 세상의 치유의식(儀式)

이라는 사실을 깨닫게 되었습니다—그것은 가족들 가운데 크나큰 눈물이 있음에도 불구하고 생명은 계속되는 것이라는 확신에 대하여 집단적으로 "예"라고 말하는 하나의 방법이었습니다.

그때부터 나는 다양한 문화에서 다양한 먹기와 마시기 의식들을 발견하였습니다. 그것은 스트레스를 주는 전환과정의 통과의식으로 새롭고 신나는 시작들과 함께 슬픈 종말과 겁나는 상황에 대처하여 그것을 뛰어 넘고 싶은 갈망을 가진 인간의 모습을 보게 합니다. 이러한 감정들과 연계된 공식적, 비공식적 음식물 의식은 인류의 주요 종교들 가운데서 수많은 성례전적 음식과 깊이 연관되어 있습니다.

우리의 일상생활에서까지도, 먹기와 마시기는 가끔 단순한 생리적, 쾌락적 필요를 충족시키는 방법 이상의 어떤 것이 됩니다. 여기에는 어째서 수많은 사람들이 함께 먹기 전에 의식적인 감사를 표시하려고 하는지에 대해 조명해 주는 실존적—영적 차원이 있습니다. 아마도 우리가 먹고 마신 것이 음악, 사랑, 성, 생각, 언어, 정열, 시, 그리고 기도 등으로 변화되는 생리학적 기적에 대해서 우리가 희미하게 잠재의식적으로 깨닫고 있는 것 같습니다.

다른 사람과 함께 음식을 먹는 생리적, 사회적, 영적 의미를 깨닫는 것은 자기 패배적인 먹기와 마시기의 태도와 행동을 고치는 데 도움이 될 것입니다. 우리가 어려서 배운 파괴적인 먹기습관을 고치기가 그처럼 어렵습니다. 내가 자라난 중서부의 농촌 출신 가족에게는 성장하고, 통조림을 만들고, 준비하고, 이야기하고, 음식을 먹는 것이(대체로 기름기와 설탕과 소금이 많이 함유된 음식) 가족의 교제와 잔치에서 언제나 일어나는 일이요, 주요한 테마가 되었습니다. 그러므로 나는 더 건전한 방법으로 먹는 습관을 바꾸는 데 굉장한 노력이 필요했습니다. 그러나 그렇게 함으로 감기에 덜 걸리고, 에너지와 생동력이 증가되는 등의 전인건강에 미친 보상은 노력할 만한 가치가 있는 것입니다. 비록 내가 지금도 옛날 습관으로 돌아가는 때가 있지만 말입니다.

당신은 자신에 대해서 생각해 보는 것이 좋을 것입니다. 나는 만족을 주지만 건강치 못한 방법으로 여러 해 동안 식사해 왔습니다. 그렇다면 더 현명한 식사법을 배우는 것은 진정으로 희생할 만한 가치가 있는 것입니까? 만약 당신이 영양식에 대하여 분명한 확신이 서지 않는다면, 캘리포니아대학에서 근무하는 한 의과대학 교수가 시행한 50명의 환자에 대한 연구조사를 잘 생각해 보세요. 음식물과 삶의 스타일의 변화가 심장병을 일으키는 가장 중요한 한 가지 원인인 동맥경화증을 고칠 수 있었다고 그 연구는 보고합니다. 매우 낮은 지방을 가진 야채식을 명상과 적당한 운동과 병행했을 때, 부분적으로 막혔던 동맥이 넓어지고, 스트레스가 감소되고, 콜레스테롤 수치가 낮아졌습니다. 흥미있게도 연구대상자들 가운데 가장 심각한 동맥경화증을 가진 가장 나이 많은 사람이 가장 큰 진전을 보였습니다.[32] 새로운 페이지(식탁의)를 넘기는 것은 결코 늦출 수가 없었습니다.

굶주림의 세계에서 전인적으로 식사하기

우주적인 관점에서, 그리고 영적인 맥락에서 우리의 식사가 문제있는 것인지, 그리고 기본적으로 건강한 것인지를 살펴보는 것은 중요한 일입니다. 적어도 이 지구상에 있는 1/3의 어린이들이 어젯밤에 굶주린 채로 잠자러 가거나 영양실조인 채로 잠을 잤습니다. 이러한 일은 전세계의 모든 사람들을 충분히 먹일 수 있는 능력을 가진 이 세계에서 날마다 일어나고 있습니다. 그러한 세계에서 굶주림은 필요가 없는 일이며 피할 수 있는 비극입니다. 그러나 매일 4,000명의 어린이를 포함해서 약 6,000명의 사람들이 굶주려 죽거나 또는 영양실조와 관계된 병 때문에 죽고 있습니다.[33] 이러한 관점에서 미국과 같이 풍요한 나라들에서 일어나고 있는 음식의 과식과 낭비를 생각해 봅시다.

식사에 대한 고상하고 순수한 전인적인 접근은 개인적인 식사선택, 기아 프로그램, 정치적 행동, 그리고 유엔 등을 통하여 이 지구에 사는 우리의 모든 형제자매들이 충분히 영양가있는 음식을 먹고 전인건강을 유지하는 세상을 만들기 위하여 우리가 할 수 있는 모든 일에 헌신하는 것입니다. 또한 부유한 나라에 사는 비극적인 수백만의 집 없는 자들과 굶주린 개인들과 가족들도 도와야 합니다. 기아를 종식시키려고 일하는 하나 이상의 기구들을 지원하는 것은, 당신의 이런 문제를 논하는 동시에 당신의 돈을 적합하고 효과적으로 사용하는 일입니다.[34] 다행스럽게도 입으로 말하고 덜 먹는 것은 기아문제 해결에 작은 기여를 할 뿐 아니라 당신의 건강에도 좋다는 것입니다. 다음과 같은 책들이 이런 일을 하고자 하는 당신에게 도움이 될 것입니다 : Frances Moore Lappé의 *Diet for a Small Planet*, Laurel Robertson의 공저 *The New Laurel's Kitchen*, John Robbins의 *Diet for a New America*. 보스톤 여성건강전집 *The New Our Bodies, Ourselves*는 영양에 관해 놀라운 지침을 주며, 동시에 알코올, 마약, 담배 등에도 좋은 지침서입니다. 이 책은 운동과 성에 대해서도 도움을 줍니다.

중독성을 줄이거나 제거함으로 몸을 사랑하기

당신의 전인건강을 증진시키는 또 하나의 중요한 방법은 니코틴, 카페인, 알코올, 오락적 마약이라고 불리는 약물들, 잉여살충제 중독, 그리고 중독가능성이 있는 음식물 등의 사용을 결정적으로 감소시키거나 제거시키는 것입니다. 알코올, 니코틴, 카페인 등은 정크식품과 설탕과 더불어 스트레스, 우울증, 권태, 불안, 정서적 갈등, 낮은 자존감, 성적 불능, 고독, 고통스러운 정서적 갈망 등의 요인들을 제공하며, 불행한 인간관계를 만들어 내기도 합니다. 불행하게도 이렇게 일시적으로 사람을 안정시키는 음식물들은 잠시 동안 경감시켜 준 바로 그 고통과 정서문제들을 악화시킵니다.

우리는 정신화학적인 시대에 살고 있습니다. 우리의 문화는 스트레스, 고통스러운 감정들, 특히 고독에 대처하는 기분을 바꾸어 주는 화학물질을 사용하도록 우리를 유혹합니다. 알코올은 인간의 가장 사랑을 받는 기분전환 약물입니다. 이것은 역사의 기록이 있기 오래 전부터 우리에게 알려진 거의 모든 문화에서 사용되어 왔습니다. 음주자의 대부분은 알코올이 문제라기보다는 해결책이라고 생각합니다. 높은 수준의 전인건강과 알코올과의 관계에 대해서 우리가 알고 있는 것은 무엇입니까? 아주 가벼운 음주(하루에 두 잔 정도의 포도주나 그에 상응하는 맥주나 술)는 대부분의 사람들에게 중요한 건강장애를 주지 않습니다. 그러나 계속적으로 술을 마시면, 그것이 아주 가벼운 음주라고 할지라도 오늘과 같이 고도의 스트레스 사회에서 여러 측면에서 우리를 그 알코올에 빠지게 몰고갈 수 있다는 문제가 생깁니다. 이러한 사실은 특별히 청소년들에게 괴로움을 줍니다. 사춘기는 "나는 누구일까? 나는 무엇을 할 수 있을까?" 등의 자기 정체성을 발견하기 위하여 고통당하며, 투쟁하는 시기임으로 더욱 코너에 몰려 음주에 빠질 수 있습니다. 이것은 또한 중대한 심리적 영적인 고통을 가지고 있는 사람들, 그러기 때문에 자기관리를 제대로 하지 못하여 술을 마시는 것을 통제하지도 못하고, 피하지도 못하는 사람들에게 더욱 위험스럽습니다.

술은 사회의 대부분의 사람들에게 인정을 받고 있으나 실제로 많은 사람들을 고통스럽게 만드는 생리화학적 성분을 가진 강력한 약물입니다. 알코올중독은 몰래 들어오는 병입니다. 그것은 자기들도 무엇이 어떻게 되는지 알지 못하는 사이에 점차적으로 빠지고 마는 병입니다. 인간은 어떤 것을 통제할 능력을 상실하려고 할 때, 그 통제능력 상실을 피하려고 합리화를 사용하는데 술 때문에 오는 고통이 너무 심하여 합리화 방어수단을 깨뜨릴 수 있다고 느낄 때에는 이미 그 병에 너무 깊이 빠져 있음을 발견합니다. 미국에 약 1,000만 명의 사람들이 손상을 입을 만한 정도로 알코올에 중독되어 있습니다. 나아가서 대부분의 중독자들은 적어도 3~4명으로 이루어진 비극 집단들에 둘러쌓여 있으며, 그 집단은 자기들의 중독행위로 말미암아 다시 상처를 입고 있습니다.

수많은 성인들과 청년들이 복합적인 중독증세로 고통당하고 있습니다. 그들은 알코올뿐 아니라 니코틴, 신경안정제, 우울증 억제 약물, 바르비크루산염, 암페타민(원기 강장제), 다이어트 약품, 마약 같은 거리의 약물 등 한두 가지나 몇 가지 약물들을 복합적으로 사용하여 복합 중독증세를 가지고 있습니다. 불행스럽게도 신경안정제와 같은 정신에 작용하는 약물들이 일상의 삶의 스트레스, 가끔 찾아오는 불면증, 가벼운 우울증에도 처방되고 있습니다. 미국에서 사용되는 이러한 약물의 2/3가 여자에게 처방되고 있으며, 그것도 남성의사가 처방하고 있습니다. 이 모든 약물들은 얼마간의 중독성이 있는데, 그 의미는 그 약을 복용하는 사람의 유기질이 그 약에 차츰 적응성이 생겨, 몸이 그러한 효과를 점점 더 요구한다는 것입니다. 처방받은 약물로 인한 중독은 여성들 가운데 매우 많습니다.

만성적으로 폭음하는 것은 수많은 육체의 질병 위험을 증가시킵니다. 거기에는 심장마비, 간 손상, 췌장염, 정맥염, 감염에 대한 저항약화, 영양실조(알코올은 아무런 칼로리도 없는 정크식품의 대표), 위장염, 여러 종류의 암(간암, 위암, 유방암, 구강암, 결장암, 갑상선암) 등이 있으며, 계속 과음하는 경우에 뇌 손상과 신경 계통에 손상을 입게 됩니다. 임신 중의 여성이 아주 작은 양의 술을 항상 마시면 태아에게 영향을 미쳐 '태아 알코올 증상'이라는 고칠 수 없는 비정상 상태의 태아가 되는데, 성장장애, 정신장애 등이 일어납니다. 그러므로 임신 중의 여성은 알코올 사용을 금해야 합니다. 술을 마시고 약물을 복용하는 청년에서 일어나는 가장 큰 건강의 위험은 음주상태로 운전하는 것입니다. 청소년들의 반수 이상의 치명적인 사고(이것은 10대 사망의 가장 큰 원인이 되고 있다.)는 술 또는 약물, 또는 이 둘 모두로 인해 일어나고 있습니다.

니코틴은 몇 푼만 주면 얼마든지 구할 수 있는 법적으로 허용된 값싼 중독성 약물로 가장 많은 사람들에게 중독증상을 일으키고 있습니다. 대부분의 사람들은 그것을 약물이라고 생각하지 않고 있습니다. 그러나 술은 우리 사회의 치명적인 중독으로 전염병같이 번지고 있습니다. 담배도 제명을 못 살고 죽게 하는 가장 중요한 요인이 되고 있습니다. 담배피우는 것과 관련된 쇠약하게 만드는 병이 매일 1,000여 명의 불필요한 죽음의 원인이 되고 있습니다. 매년 미국인들이 피워 없애는 6,000억 개의 담배는 모든 사망자(연 35만)의 15%에 책임이 있습니다. 3년 동안에 담배로 인하여 죽는 미국인의 수는 미국 역사 전체에서 전쟁으로 죽은 사람 수와 맞먹고 있습니다. 담배로 인하여 오는 질병은 매년 500~600억 달러를 그 치료에 소모시키고 있습니다. 이러한 병들 가운데는 고혈압, 심장병, 호흡기 질병, 기관지염, 폐암, 방광암, 신장암 등이 있습니다.

그러므로 당신이 담배를 피운다면 그것을 끊기 위하여 무슨 일이든지 하세요. 미국폐연구협회, 미국심장재단과 같은 공공기관이나 교회, 병원 등에서 후원하는 프로그램들은 비용이 적게 들거나 돈을 받지 않기 때문에 이런 곳에서 치료와 도움을 받을 수 있습니다. 아주 엄청난 중독성에도 불구하고 수백만의 사람들이 담배를 끊거나 끊어가고 있습니다. 당신도 할 수 있습니다. 당신은 당신의 건강과 장수를 위해서 이보다 더 귀중한 선물을 줄 수 없었습니다. 심지어는 남이 담배피울 때 그 연기를 들여마시는 소위 '수동적인 끽연자'들까지도 심각한 건강의 위험을 경험하고 있습니다.[35] 당신이 만일 담배를 피우는 자와 함께 산다면 밖에서만 피우도록 분명한 입장을 세우고 강력히 주장해야 합니다.

예비 중독 점검표

다음의 질문을 자신에게 하고 솔직한 대답을 당신의 자기관리일지에 적어 넣으세요:

1. 내가 즐기는 기분전환용 화학물질을 사용함으로써 나의 건강생활을 포함해서 나의 인생의 어떤 중요한 영역에 문제가 일어났거나 그 문제를 일으킨 원인 중의 하나가 된 적이 있는가?

2. 나의 기분이 상하거나 슬프거나 즐거웠을 때에 나는 자동적으로 술을 마시거나 담배를 피우거나 어떤 약물에 손이 가는가?

3. 나는 내가 원하는 어떤 효과를 얻기 위하여 화학약품을 더 사용해야 하는가?

4. 나는 아무도 보지 않을 때에 죄책감에 사로잡히거나 내가 좋아하는 화학약품들에 몰래 손이 가는가?

5. 나는 하루 중 어느 특별한 시간에 술을 마시거나 약을 먹고 싶은 느낌이 일어나는가? 예를 들면, 아침시간에 출근할 때든지, 오후 5시 이후에 편히 쉬고 싶을 때든지, 또는 잠자러 갈 때 등 어떤 충동을 느끼는가?

6. 나는 술을 마시거나 약을 먹었기 때문에 책임을 다하는 데 지장이나 곤란을 당해 본 적이 있는가?

7. 나의 영적인 삶이 술이나 약 때문에 손상을 입어 본 적이 있는가?

8. 나는 이 점검표에 대해서 불만이 생기고 그 대답을 안하고 지나치고 싶은 생각이 드는가? 또는 나의 음주습관과 약을 먹는 것에 대하여 질문을 하는 그 사람을 귀찮게 느끼는가?[36]

만약에 당신이 아주 솔직하게 이 질문들 중에 어느 하나라도 확실히 "나는 그렇다."라고 대답하지 않을 수 없다면, 당신은 살얼음판 위에 있다고 할 것입니다. 당신이 좋아하는 그 화학물질은 당신을 지배하기 시작했을 것입니다. 이미 당신이 그것들을 지배하고 있다고는 말할 수 없습니다. 당신이 1번 질문에만 그렇다고 대답했다고 해도, 당신은 어느 정도 유혹에 걸려 있는 것입니다. 도움을 요청하는 용기와 힘을 활성화시키는 것은 당신의 건강에 매우 중요합니다. 당신이 만일 그러한 도움이 필요할지도 모르겠다는 생각이 든다면, 곧 시행하세요. 수많은 자원들이 당신 곁에 있습니다. 알코올중독자 치유협회, 알코올중독자 가족협회, 여성건강협회, 마약중독자 치유협회, 그리고 수많은 전문적인 중독 치유 프로그램들이 있습니다. 당신의 건강과 심지어 당신의 인생을 구해 줄 도움이 당신 가까이 있습니다. 그것을 사용하세요.

휴식과 여가활용으로 몸을 사랑하기

당신의 몸-마음 기관에 합당한 휴식과 긴장풀기를 정기적으로 새롭게 하는 것은 건강한 자기관리 스툴의 세 번째 다리입니다. 수면 연구가들은 수면의 주요 기능이 회복의 기능으로 일하는 동안에 고갈된 몸과 정신을 새롭게 한다고 이해합니다. 처음 몇 시간 동안의 깊은 수면은 아마도 육체적인 피로를 경감시키고, 밤의 후반부의 꿈을 꾸는 수면(REM : rapid eye-movement sleep이라고 함.)은 정신적 피로를 풀어 주는 것입니다.

건강에 필요한 수면은 어느 정도일까요? 한 사람의 적정수준의 기능에 필요한 수면의 양은 사람에 따라 다르며, 같은 사람이라도 나이에 따라 다릅니다. 평균은 하루 24시간에 대략 7.5시간입니다. 그러나 개인에 따라 수면의 필요는 이 적정선(7.5)에서 앞뒤로 세 시간 정도 차이가 납니다. 많은 사람들은 깨닫지 못하는 사이에 수면을 빼앗기고 있습니다. 일반적으로 건강한 대학생들과 대학원생들 중에 18~30세의 나이로 보통 7~8시간 밤에 수면을 취하는 학생들을 대상으로 연구한 한 보고서가 나왔습니다. 그들은 예민하고 기능을 잘하는 것 같았지만, 일주일 동안 보통보다 1시간~1시간 30분 일찍 잠을 잤을 때 그들의 인식능력과 심리검사는 현저하게 높아졌습니다.[37] 당신이 충분히 잠을 자고 있는지 그렇지 않은지 어떻게 알 수 있을까요? 플로리다대학교의 수면 연구가들은 다음과 같은 지침을 제시합니다. "첫 번째 규칙은 매우 단순합니다. 만약 당신이 잘 쉬었다고 느끼면서 스스로 깨어 나고, 그날 하루 동안에 강한 졸음과 싸운 시간이 없었다면, 당신은 잠을 충분히 잔 것입니다."[38]

불면증은 흔한 문제 중 하나입니다. 여러 가지 형태의 불면증 가운데 자정 이후 여러 시간 동안 깊이 잠들기 어려운 형태가 나이든 사람들에게 특히 많이 있습니다. 그 짧은 밤이 낮 동안의 효과적인 기능에 방해가 되지 않는다면 걱정할 것이 없습니다. 그러나 새벽이 되기 전에 고민스러운 예감을 가지고 자주 깨어난다면 이것은 치료를 받아야 하는 우울증의 증상입니다. 단잠을 자지 못하게 고통을 주는 불면증은 보통 그 사람이 생각하거나 큰 걱정을 행하는 어떤 것이 자연스러운 숙면을 방해하기 때문에 일어납니다. 수면제는 당신에게 잠을 자게 만들지 않습니다. 그것은 당신이 깨어 있게 만드는 것을 무엇이든지 무디게 만들 뿐입니다. 알코올이나 바비튜레이트(수면제)와 같은 화학적인 진정제는 그 회복적 기능 때문에 REM수면을 억제시키고, 계속적으로 숙면하지 못하게 만드는 일을 합니다.

다음은 숙면의 가능성을 높이는 몇 가지 제안들입니다.

▷ 아침식사 후에 어떤 종류의 카페인(커피, 차, 콜라 등)도 마시지 말라.
▷ 잠자기 전에 긴장을 풀 수 있는 것들을 하라. 예를 들면, 온몸 긴장풀기 훈련, 감미로운 음악 듣기, 즐겁거나 혹은 권태로운 것들을 읽는 것 등이다.
▷ 길게 따스한 목욕을 하고, 한 컵의 우유를 마시거나 또는 한 잔의 포도주를 마셔라.
▷ 잠자기 전에 뜨거운 논쟁을 피하라.

▷ 하나님의 성령이 밤의 일을 돌볼 수 있게 위임하고 그날의 걱정들을 털어내라.

▷ 잠자기 전에 당신의 마음에 평화로운 영상을 만들고, 잠자는 동안에 따스하게, 그리고 안
전하게 양육되고 있는 당신의 모습을 생각하라. 한 잠에 밤새 수면을 할 수 있게 촉진시킬
것이다.[39]

© Chronicle Features, 1981

"나는 긴장을 풀려고 힘썼어요. 그러나-모르겠어요-나는 더욱 평안한 긴장을 느끼네요."

우리 인간이 점심 후에도(이른 오후) 밤에와 마찬가지로 잠자고 싶은 천부적 경향
이 있다는 과학적 증거가 있습니다. 낮잠을 자는 그리스인 50%와 그렇지 않은 자
들과 비교한 연구가들은 낮잠을 자는 자의 심장병 발병율이 30% 낮았다는 사실을
발견했습니다.[40] 가능할 때마다 나는 점심 후에 잠깐 동안의 낮잠을 나머지 하루를
신선하게 보내는 효과적인 방법으로 사용합니다. 윈스턴 처칠(Winston Churchill)
은 낮잠을 잘 자는 것으로 알려졌으며, 그는 낮잠이 또 새로운 생산적인 하루를 시
작하게 한다고 믿었습니다.

많은 사람들은 만족스럽게 긴장을 풀기가 어려운 스트레스를 받는 삶을 살고 있
습니다. 그래서 만성적인 스트레스는 과다한 신체적, 정서적, 심리신체적, 대인관
계적 문제들의 주요 원인이 되고 있습니다. 하루에 여러 번 깊은 긴장풀기의 방법
을 배우고 실천하는 것은 당신의 전인건강수준을 높이고 질병을 예방합니다. 이것
을 하는 한 가지 즐거운 방법은 하루에 적어도 2회의 미니휴가를 선물로 당신 자신

에게 전달하는 것입니다. 이것은 당신이 페이스를 신선하게 바꾸려고 할 때에 5∼
15분간 쉬면서 깊이 긴장을 푸는 것입니다. 7장에서 자세히 설명하는 "미니건강증
진법"에 덧붙여 여기에서도 당신이 즐길 수 있는 몇 가지 미니휴가 훈련방법을 제
시하고자 합니다.

▷ 밖으로 나가 햇볕을 받으며 앉거나 당신의 얼굴에 바람을 받으며 한 바퀴 돌라.

▷ 아름다운 어떤 것을 잠깐 바라보라 – 그것을 보되 마음으로 보아 그것을 당신 속에 새겨지
게 하라.

▷ 당신 속에 있는 아동을 즐겁게 미소짓게 만들라. 과거의 재미있는 일을 기억하면서 할 수
도 있고, 당신 속에 있는 성인의 근엄한 모습을 보면서 그렇게 할 수도 있다.

▷ 크게 몸을 내뻗고 1∼2분 동안 하품을 하고 깊이 호흡하라.

▷ 나의 몸 어디에 긴장이 쌓여 있는가를 스스로에게 묻고 그것을 계획적으로 풀어 버리라.

▷ 당신의 의식을 떠오르게 하거나 기억의 창고를 열어 당신이 좋아하는 그 아름다운 장소에
서 있다는 짧은 환상에 빠지라.

▷ 몇 분 동안 당신이 좋아하는 음악을 연구하거나 크게 부르거나 마음으로 불러 보라.

✽ 전인건강훈련 ✽

깊은 긴장풀기 훈련(몇 분만 훈련하세요.) : 배로 1분간 깊이 호흡하세요. 숨을 내쉬면
서 '해방'이라고 마음속으로 이야기하며 당신의 몸의 긴장이 숨을 내쉴 때마다 몸 밖
으로 흘러나가는 영상을 만드세요. / 머리가죽의 근육을 할 수 있는 대로 팽팽하게 속
으로 셋을 셀 동안 긴장시키세요. 그리고 긴장을 풀고 마치 고무줄을 팽팽하게 당겼다
가 놓는 것처럼 머리가죽을 완전히 푸세요. / 당신의 배로 숨을 계속 쉬면서 셋을 셀 동
안 깊이 긴장을 풀고 있으세요. / 이것을 순서대로 3회 실시하세요. / 이제 당신의 몸을
머리에서 아래로 내려가면서 이러한 긴장풀기를 계속하세요. 얼굴(얼굴을 긴장시키고 온
얼굴을 괴상한 모습이 될 때까지 만들었다가 긴장을 푸세요.) / 목 / 어깨(당신의 목과 어깨를
여러 번 돌리세요.) / 팔 / 손 / 가슴 / 위장 / 등 / 엉덩이 / 골반 / 넓적다리 / 다리 / 발목
/ 발 / 이제는 온몸을 완전히 긴장시켰다가 긴장을 푸는 과정을 반복하되, 당신의 몸 전
체가 기분좋게 긴장이 풀릴 때까지 하세요. /

당신에게 이 과정 전체를 훈련할 만큼 시간이 충분하지 않다면, 당신의 몸 전체를 팽
팽하게 긴장시키고 긴장을 푸는 과정을 2∼3회만 해보세요.

영양공급과 정화의 호흡을 통한 몸 사랑하기

영과 호흡은 히브리어, 헬라어, 라틴어, 산스크리트어 등 여러 나라 말에서 같은

단어를 사용합니다. 깊은 긴장풀기와 자기 양육에 대한 여러 가지 접근들은—생물역학, 명상기술, 형태요법, 요가 등—호흡을 더 깊이 그리고 더 충분히 하는 법을 강조하며, 그것을 통해 몸 전체를 활성화시키고, 감각을 일깨우고, 더 깊이 긴장을 풀게 하고, 고통스럽고 숨겨진 기억들을 풀어내려고 합니다. 우리들 대부분은 우리의 폐의 기능의 절반 정도만 사용하여 아주 얕고 제한된 호흡을 하고 있습니다.

✱ 전인건강훈련 ✱

완전호흡훈련 : 다음은 옛날 인도의 지혜에서 유래한 것으로 폐를 완전히 가동하여 생기를 넘치게 하는 호흡법입니다. 편안한 장소에 앉거나 서서 당신의 코로 숨을 내쉬면서 할 수 있는 대로 배를 뒤로 잡아당기세요. 그래서 할 수 있는 대로 당신의 폐를 비우세요. 그리고 5초 동안 그 상태로 가만히 있으세요. / 이제는 천천히 코로 숨을 들이쉬면서 당신의 배를 앞으로 나오게 하여 이제까지 별로 사용치 아니하던 폐의 아랫부분에 공기를 들어가게 하세요. 그리고 계속 천천히 숨을 들이쉬면서 할 수 있는 데까지 가슴을 넓히고 어깨를 위로 올리세요. 그래서 공기가 당신의 폐의 윗부분에 가득 채워지게 하세요. 그 상태로 5초 동안 가만히 있으면서 공기 속에 있는 산소를 완전히 받아들이게 하세요. / 이제는 천천히 당신이 할 수 있는 한 깊게 숨을 내쉬고 어깨와 가슴의 긴장을 풀고, 당신의 배를 움추려 뒤로 빼면서 찌꺼기 공기를 할 수 있는 대로 완전히 배출시키세요. 5초 동안 가만히 있으세요. / 이러한 방법으로 완전호흡을 10여 번 반복하세요. 필요하다면 중간중간 쉬면서 해도 좋습니다. 당신이 완전호흡훈련을 마쳤을 때 당신의 몸에 얼마나 풍성하게 에너지가 넘치는지 자각하세요. / 이러한 깊이 있고 자연스럽고 막힘이 없는 호흡훈련을 계속하여 몇 일간 훈련하고 저절로 그렇게 호흡할 수 있게 하세요.[41]

또 하나의 자기 몸관리 형태는 척추지압법의 기술을 사용하는 것입니다. 현대의 건강과학이라 할 수 있는 이 방법은 사실 여러 세기 이전에 그 뿌리가 있습니다. 나의 경험으로 척추와 골반에 기인한 문제로서 통증을 수반하지 않는 것은, 전문가에게 척추지압을 몇 번 받는 것만으로 고침을 받을 수 있습니다. 많은 척추지압 전문가들은 영양문제에 대한 지침을 줄 수 있게 훈련을 받고 있습니다.[42] 척추지압의 접근은 보조적으로 사용할 뿐이지 이것으로 뼈접골이나 다른 전문의를 대신할 수 없습니다. 뼈접골 의술을 훈련받은 의사들은 의사의 전문성과 손으로 하는 신체교정의 방법의 전문성을 조화시켜, 건강뿐 아니라 전인건강 지탱에 도움을 줄 수 있습니다.

자기관리 건강훈련계획을 만들어 몸을 사랑하라

이 장을 읽으면서 당신에게 감명을 준 통찰들과 방법들을 다시 한 번 검토하세요. 당신이 건강 점검표를 표시하면서 '보통' 또는 '못함'으로 표시한 것들 중 적어도 6항목을 검토하세요. 당신의 창조성과 놀이성을 사용하여 당신의 몸을 더욱 건강하게 만드는 현실적인 자기관리계획을 기록하세요. 당신의 계획에 다음의 5개 사항을 포함시키는 것을 잊지 마세요. (1) 당신이 꼭 성취하고 싶은 대상으로 구체적이고 실현 가능성 있는 것, (2) 이것을 실천할 수 있는 실천전략, (3) 일정계획, 특히 당신이 시작하는 시간과 여러 가지 목적들을 성취할 수 있다고 기대되는 예상시간, (4) 당신이 그것을 실천하여 성공할 때마다 주는 보상, 그리고 실패할 때마다 가할 벌칙, (5) 당신의 발전과정을 당신의 자기관리일지에 기록하는 것. 당신은 사랑에 중심을 두고 이 계획을 실천하세요. 당신의 몸을 순수하게 사랑하는 것이 건강의 열쇠입니다. 또한 당신의 내면의 아동을 활성화시켜 당신의 심각한 계획성과 놀이성의 조화를 맞추고, 당신의 강한 훈련과 즐거움과 만족 등을 조화시키세요.

한두 가지 정말로 매력적인 목적물을 택하여 지금 곧 실천에 옮기세요. 초기의 성공이 당신에게 일어나는 자기 변화에 대한 저항을 극복하는 데 도움이 됩니다.

나는 당신이 만족스럽고 건강한 자기관리를 하여 당신의 하나밖에 없는 몸을 행복하게 관리하기를 기원합니다.

✻ 전인건강훈련 ✻

생동력과 치유를 주는 호흡훈련 : 완전호흡훈련을 실천하고 나서, 당신의 눈을 감고, 상상 가운데서 신선한 산소가 당신의 몸속을 흘러가면서 그것을 호흡하는 세포마다에 생동력을 공급하고 있는 영상을 보세요. / 당신의 몸의 지체들 가운데 긴장하거나 피로하거나 불편한 통증 같은 것이 있는 부분을 고르세요. / 당신은 바로 그 지체에 초점을 맞추고 거기에 당신의 호흡이 들어갔다 나오는 것을 상상하세요. 호흡을 들이쉴 때마다 치유의 에너지가 바로 그 부분으로 흘러들어오고, 호흡을 내쉴 때마다 긴장과 불순물들과 고통들을 밖으로 내보내어 점차적으로 그 부분이 신선해지고 깨끗해지고 고침을 받게 하세요. / 당신에게 두통이 오거나 당신의 마음이 흐트러질 때에 이러한 생동력과 치유를 주는 호흡방법을 시도해 보세요. 당신이 불안을 느낄 때에 계획적으로 깊게 호흡을 하며 무슨 일이 일어나는가 살펴보세요. 당신은 프리츠 퍼얼즈(Fritz Pers)-형태요법의 창시자-가 두려움과 신바람의 차이는 호흡이라고 한 말의 의미를 발견하게 될 것입니다.

제 5 장

사랑으로 전인건강 육성하기 :
가정과 친밀관계 향상전략

알로하항공 243편 비행기가 하와이 부근 태평양 5마일 상
공을 날고 있었을 때 이 737 제트여객기의 동체가 크게 부서
져 나가서 탑승객 전원을 죽음으로 몰아넣을 위기에 처했습니
다. 밥 니콜스(Bob Nichols)는 공포에 질린 탑승객 90명 가운
데 한 사람이었습니다. 기우뚱거리는 비행기가 금방 산산조각

날 것이라고 여기면서, 그는 종이조각에다 자기 가족에게 보내는 글을 미친듯이 휘
갈겨 썼습니다. "머리 윗부분이 날아가 버렸소. 하늘과 구름이 보이는군. 추신 : 비
행기는 몹시 거칠고 빠르게 하강하고 있소.……조종사는 한마디 말도 없고, (때때
로) 겁에 질린 비명소리." 시간이 없다는 두려움 속에서 그는 막 적어내려 갔습니
다. "내 사랑 쟌(아내), 당신을 사랑하오. 제나, 셰인(딸들), 로버트(아들), 또 다른
모든 이들을 사랑한다. 시간이 없구나. 사랑하는 아빠가." 그런데 기적적으로 그 비
행기는 착륙할 수 있었습니다. [1]

당신의 전체적인 전인건강과 장수를 위해서 당신이 할 수 있는 가장
중요한 일 가운데 하나는 친밀한 관계 속에서 건강한 사랑을 가꾸어 가
는 것입니다. 당신이 그런 상태로 회복되거나 그렇게 지낼 수
있도록 돕기 위해서는 적어도 한 명의 좋아하는 사람과의 상
호 애정이 필요합니다. 물론 당신에게 서로 솔직하고 아껴 주

는 마음으로 의사소통을 할 수 있고 상호 돌봄과 존경과 사랑이라는 필수적인 영적
양식을 주고받는 친한 친구들이라든가 가족이 있다면 훨씬 더 좋습니다. [2] 전인건강
이라는 것은 상처받은 상태와 마찬가지로 주위로 퍼지는 전염성이 있습니다. 이 장
에서는 어떻게 하면 당신과의 친밀한 관계들 속에서 그것을 붙들 것인가, 그리고
어떻게 하면 다른 사람들이 당신에게서 그것을 붙들 수 있도록 도울 것인가 하는

내용을 다루고 있습니다.

✳ 전인건강훈련 ✳

당신이 밥 니콜스와 같은 상황에 처해 있다고 상상해 보십시오. / 당신에게 남아 있는 짧은 시간에 당신이 "사랑해요." 혹은 "고맙습니다." "미안합니다."라고 제일 말하고 싶어할 사람은 누구입니까? / 이들 사랑하는 사람들 ─ 당신이 상호 애정을 나누는 마음의 동아리 ─ 의 이름을 써내려가 보십시오. / 자, 이제 다른 일을 하기 전에 시간을 내서 이 소중한 사람들 각각에게 당신의 감정을 표현하십시오 ─ 직접 만나든지, 전화를 걸든지, 몇 자 적어 보내서 말입니다. 당신의 인생이 끝나 간다고 생각할 때 당신이 간절히 하고 싶어할 말을 그들에게 하십시오.

당신의 전인건강은 본질적으로, 또한 불가피하게 관계성을 지니고 있습니다. 사람이 온전해지기 위해서는 사랑을 가지고 있어야 한다는 인식이 많은 문화권에서 전래되어 내려오는 지혜 속에 깊이 뿌리박혀 있습니다. 예를 들면, 고대 중국에서는 이 의식이 이런 이미지 안에 표현되어 있습니다 : 한 손만으로는 손뼉을 칠 수가 없다. 당신의 치유와 건강을 위해서 당신의 깊은 관계에의 의지(will-to-relate)를 만족시키는 것보다 더 중요한 것은 없습니다.[3] 사랑을 주고받고 싶은 욕구는 우리 마음의 기본적인 욕구들 가운데서 가장 강한 것입니다. 질병을 일으키는 정서적 요인들을 미시간대학의 학자들이 연구한 적이 있습니다. 수명과 관련지어서 스트레스와 질병에 관한 각종 연구를 검토한 결과, 친밀한 관계가 거의 없는 사람들의 사망률이 3배나 높다는 사실을 그들은 발견했습니다. 그들은 사회적 소외(고독)는 어쩌면 흡연만큼이나 심각한 사망의 '주요 위험요인'일 것이라고 결론지었습니다.[4] 미주리 의과대학의 장수 요인에 관한 연구를 위해서 1966년에 1,700명이 면접을 한 적이 있습니다. 20년 후에 생존자들은 다시 접촉대상이 되었습니다. 교회와 지역사회 그룹 같은 공식적인 사회적 관계망들(formal social networks)에 참여하는 것이 장수를 위한 가장 중요한 요인이라는 사실이 밝혀졌습니다. 한 연구원은 이런 결론을 내렸습니다 : "건강문제와는 상관없이, 1966년에 공식적인 사회적 관계망을 가졌던 사람들이 더욱 독립적으로 살고 생존해 있을 확률이 더 컸다."[5] 우리의 사랑에의 욕구가 지니는 생물학적, 발생학적 깊이를 파악하기 위해서 인류의 첫새벽으로 되돌아가 보는 것은 유익한 일입니다. 인류학적 증거가 제시하는 것은, 인간은 서로 보호, 지지해 주

성실한 친구는 인생의 약이다.
─집회서 6:17

는 관계를 형성함으로써 생존하는 것을 배웠던 조상들의 후손이라는 사실입니다. 작은 씨족집단을 통해서 우리의 먼 조상들은 굉장히 연약한 자식들을 생존시킬 수 있었으며, 종족을 이어나갈 수 있도록 한 것입니다.

상호 생존을 위한 협동이 아마도 애정관계로 진화해 왔을 것입니다. 따라서 상호 파괴의 슬픈 기록이 있음에도 불구하고 인간들은 본성적으로 우리의 무의식 깊은 곳에서뿐만 아니라 유전자 속에서도 서로 유대를 맺고 사랑을 하는 종(種 : species) 인 것입니다. 남들과 한데 결속하지 않은 사람들은 생존해 내지 못했습니다. 영원으로 펼쳐져 있는 장구한 시간의 관점에서 보자면, 인간들이 '정열적인 생존자들' 이라고 불려온 것은 적절한 표현입니다.[6]

당신의 건강과 장수를 위해서 신약성경의 아름다운 사랑의 송가 속에는 도저히 믿기 어려울 만큼 심오한 진리가 담겨 있습니다―그중에 제일은 사랑이라(고전 13 :

> 내 아내가 정말로 나를 사랑했
> 다면 다른 사람하고 결혼했을텐
> 데!
>
> ―밀톤 벌

13). 오랜 옛날부터 내려온 이 지혜 속에서 사랑은 현대의 심리치료에서 그러한 것처럼, 인간 삶에 있어서 가장 중요한 요소로 파악되고 있습니다. 관계라는 방정식에서 사랑이 빠져버릴 때 그 관계는 반드시 균형이 깨집니다. 사랑이 없으면 다른 인간적인 가치들은 그 중요성이 빛바래 버립니다.

유감스럽게도 우리 문화권에서 사랑으로 통하고 있는 많은 것이 실은 당신의 건강에 위험천만한 것입니다. 여기 참으로 전인성을 드높이는 사랑이라는 것에 대한 철저한 정의가 내려져 있습니다 : "사랑은 자기 자신과 상대방의 지속적인 성장과 능력 향상(empowerment)과 자존감(self-esteem)에 관심을 갖고 헌신하는 것이다." 이런 종류의 사랑은 낭만적인 감정으로만 인식되는 사랑과는 근본적으로 다른 것입니다. 후자는 사람들이 '빠져' 들어가는 (그리고 '빠져' 나가는) 사로잡힌 마음상태입니다. 어떠한 친근한 관계에서도 있을 수 있는 갈등과 한계에도 불구하고, 당신들이 함께 가는 여정의 각 단계마다 서로 자존감과 꿈과 재능을 가장 충분히 발전시키도록 돕는 데 당신들이 어느 정도로 끊임없이 헌신하고 거기서 기쁨을 느끼는가 하는 만큼 당신의 사랑은 건강을 주는 사랑이 됩니다. 이러한 사랑도 종종 대단히 열정적인 감정을 포함하는 것은 물론입니다. 그렇지만 그것을 판가름하는 열쇠는 상호 성장을 북돋아 주는 행동인 것입니다. 이런 종류의 사랑은 당신 자신과 서로가 지닌 가능성들의 지속적인 완성을 격려하고, 지지하며, 거기에 도전하고, 힘을 주기 위해서 당신이 하는 행동에 의해서 측정할 수가 있습니다.

건강을 가꾸는 사랑은 내가 "상호 온전성의 서약"이라고 부르고 싶은 어떤 약속이 존재하는 관계들 속에서 자라납니다〈서약(covenant)이라는 것은 단순히 영적 차원을 지닌 합의를 뜻한다〉. 그러한 서약은 묵계로 이루어질 수도 있고, 명시된 서약일 수도 있습니다. 서약은 자기 자신과 상대방 안에 존재하는 하나님의 형상을 인정한다는 것에 근거하고 있습니다. 그것은 서로의 독특한, 하나님이 주신 잠재력과 꿈과 삶의 목적을 인식하는 데 뿌리내리고 있습니다.

"두 사람은 서로 사랑하고, 존경하고, 소중히 감싸 주고, 순종하고, 존중하고, 치켜 올려 주고, 이해하고, 격려하고, 서로 관여하고, 소생시켜 주고, 생기를 불어넣고, 칭찬하고, 즐겁게 해주고, 관계를 갖고, 의사소통을 하기로 약속합니까?"

관계의 전인건강 점검

이 점검은 당신의 친밀한 관계를 향상시키는 데 두 가지 면에서 도움을 줍니다. (1) 당신이 맺고 있는 관계들의 건강상태를 신속하게 자체 평가할 수 있는 기회를 마련해 줍니다. (2) 검사항목들은 관계 속에서 사랑과 전인성을 성숙시켜 가는 데 도움을 주는 태도와 행동들입니다. 만일 당신이 지금 서로에게 헌신하는 이성관계를 맺고 있다면 두 사람이 각자 이 점검표를 따로 쓰기를 권합니다. 그리고 나서 당신들 관계를 풍요롭게 하기 위해서 배운 것을 이용하십시오. 만일 당신이 인생의 도상에서 외로운 처지에 있다면 이 점검은 고통스러운 것일 수도 있습니다. 그러나 당신이 아끼는 관계공동체를 풍요롭게 할 수 있는 길을 당신이 모색할 때 역시 이 점검은 쓸모있을 것입니다.

  ✐ **방법** : 각 문장의 앞에 다음 세 가지 글자 중 하나를 써 넣으십시오.
     잘함 – 나는 (우리는) 이것을 아주 잘하고 (훌륭하게 하고) 있다.
     보통 – 나는 (우리는) 잘하고 있기는 하지만 개선의 여지가 있다.
     못함 – 나는 (우리는) 분명히 이 부분을 보강할 필요가 있다.

_____ 나는 우리 모두가 서로 존경과 관심과 성장할 힘을 받고 있다고 느끼는 친구들과 가족

들 사이의 튼튼한 사랑의 관계망(a strong, loving network)을 가지고 있다.

_____ 나는 나 자신을 사랑하고 존경하며, 그러기 때문에 내가 가장 좋아하는 사람들에게도 그처럼 똑같이 사랑하고 존경할 수 있다.

_____ 내가 맺고 있는 친밀관계들 속에서 '주고받는 것'(give and take)은 대체로 균형을 이루며, 양쪽 모두에게 공정하다.

_____ 나는(우리는) 정말로 우리에게 문제가 되는 것들에 대해서 규칙적으로 의견을 교환하는데, 그 가운데는 우리의 일상생활 속에서 생겨나는 상대방을 자극하는 분위기를 깨끗이 푸는 일도 포함된다.

_____ 나는 종종 친밀관계 속에서 장난스러운 기분이 된다. 나 자신을 보고 웃어 줄 수도 있고, 우리가 서로 공유한 약점들을 웃어 넘길 수도 있다.

_____ 나는 남녀 모두와 친근하고 의미깊은 관계들을 가지고 있다.

_____ 나는 내 파트너가 지니고 있는 나와는 다른 면을 존중하고, 그를 나와 같이 되도록 개조하려고 애쓰는 것이 쓸데없는 짓이라는 것을 받아들였다(이것을 깨닫는 것은 어려운 공부이다).

_____ 나는(우리는) 서로의 관계 속에서 일어나는 갈등들을 속수무책으로 커지도록 내버려 두지 않고 솔직하게, 그리고 정기적으로 함께 다룬다.

_____ 나는 친밀관계 속에 불가피하게 존재하는 갈등과 고통, 실수들로부터 종종 무엇인가를 배울 수 있다.

_____ 나는 이런 관계 속에서 용서와 따뜻한 지지, 건설적 비판을 주고 또 받는다.

_____ 나는 내게 필요한 것을 요청하며, 내가 믿는 바를 말한다. 정직하게, 그러나 공격적이지 않은 방법으로.

_____ 나는 가장 가까운 사람(들)에게 내 진짜 감정들을 표현할 수 있고, 내 문제들을 솔직하게 상의할 수 있다.

_____ 나는 내가 맺고 있는 관계에 있어서 어떠한 희생도 치러가면서까지 남들의 비위를 맞춘다거나 남들의 호감을 얻기 위해서, 혹은 그저 사이좋게 지내기 위해서 가짜로 꾸며 댄다든지 남을 조종하는 게임을 하지 않는다.

_____ 내가 정말로 내 파트너의 전인건강에 관심을 기울이고 있기 때문에 그의 욕구를 채워주는 것은 나 스스로를 만족스럽게 한다.

_____ 나는 내 파트너의 성공과 업적과 능력을 즐거워하고 긍정하며, 내 파트너 역시 마찬가지로 생각한다.

_____ 나는(우리는) 소속감을 느끼는 뜻깊은 집단과 조직들에 참여하는 것을 즐긴다.

_____ 나는 필요로 하는 만큼 많은 애무와 포옹을 주고받는다.

_____ 나는 오랜 친구들과 우정을 나누면서도 새로운 친구들을 사귀는 것도 즐긴다.

_____ 나의 가장 가까운 관계(들)는 영성과 가치관을 함께 공유한 사이에서 더욱 강하게 맺어진다.

_____ 나의 파트너와 나는 우리의 지역사회와 세계에서 영위하는 삶의 질을 높이고자 하는 이상에서 한 가지 이상의 목적을 위해서 함께 활동한다.

♥ **평가** : 당신이 적어내려 간 답을 한 번 훑어보고, '잘함'이라고 쓴 항목에서는 자축을 하면서 당신이 맺고 있는 관계의 강점과 약점에 대한 전체적인 느낌이 어떠한가 느껴 보십시오. 당신의 '자기관리일지'에 당신이 '보통'과 '못함'이라고 평가한 중요한 항목들─건설적인 변화가 일어난다면 당신 관계에서 사랑의 온전성을 키워 줄 부분들─을 적어 두십시오.

만일 당신이 파트너와 함께 이 장을 다루고 있다면, 당신 파트너의 답과 당신의 답을 서로 함께 이야기하고 비교해 보십시오. 차이점과 비슷한 점, 그리고 각자가 바라는 가능한 변화들을 토론하면서 말입니다. 당신의 인간관계에 있어서 사랑과 자존감과 의사소통을 향상시키기 위해서 당신이 할 만한 것에 대해서 우선 생각나는 것을 당신의 '자기관리일지'에 적어 두십시오.

친밀한 관계를 관리하고 가꾸는 일

아마 당신도 경험으로 알고 있을테지만, 여러 해에 걸쳐서 사랑을 유지하기란 결코 쉬운 일이 아닙니다. 우리들 대부분은 더 좋은 친구, 배우자, 애인, 자식, 부모가 되려고 노력하면서도 때로 넘어지고 엎어지곤 합니다. 에리히 프롬(Erich Fromm)이 이렇게 선언한 것은 옳은 말입니다 : "사랑보다 더 쉬운 것은 없다는 것이 줄곧 사랑에 대한 지배적인 생각이었다. 그 반증(反證)이 압도적으로 많은 데도 불구하고. 사랑만큼 그토록 굉장한 희망과 기대로 시작해서 번번히 실패하고마는 행위는 거의 없다."[7]

그렇지만 지금 지속되고 있는 친밀한 관계 속에 존재하는 은은한 기쁨과 영혼을 만족시키는 돌봄은 모든 투쟁을 가치있는 것으로 만들 수가 있습니다. 누군가 말했듯이, '당신의 생이 끝나는 순간 지금 나에게 정말로 중요한 건 무엇인가?' 하는 물음을 물었을 때 완전한 확신에 찬 대답은 오직 하나가 있을 뿐입니다. 거의 모든 사람에게 있어서 그 대답은 분명코 사람들입니다─우리의 감정이 아무리 뒤섞여 있다 하더라도 우리가 가장 깊숙한 사랑의 끈을 이어온 사람들인 것입니다.

장미나무를 보십시오. 계속 잘 자라서 꽃이 피게 하려면 땅을 갈고, 거름을 주고, 김을 매고, 가지도 쳐 주며, 물을 주어야 합니다. 사랑도 그와 같습니다. 만일 우리가 사랑을 돌보는 방법을 배운다면 사랑은 꽃을 피울 것입니다. 그러나 만일 사랑을 소홀히 한다면 그 사랑은 시들어 버리고 끝내는 죽고 말 것입니다.

사람들은 대부분 사랑이 자기들 삶에 중요하다는 사실을 어느 정도는 알고 있습

전인건강의 창

월과 에이리얼 듀란트(WILL AND ARIEL DURANT)

30년 이상이나 월과 에이리얼 듀란트 부부는 「문명 이야기」(Story of Civilization)라는 제목의 시리즈인 "인간가족의 전기"를 연구, 저술하는 일에 공동의 노력을 기울여 왔습니다. 그들은 역사의 인간적, 문화적 중심에 초점을 맞추면서 보통 사람들도 접할 수 있도록 여러 시대에 걸친 지식을 함께 형성해 가는 데 선구자 역할을 했습니다. 문명을 한마디로 요약해서 이야기해 달라는 부탁을 받고서 월은 이렇게 대답했습니다 : "문명은 둑이 있는 강물과 같습니다. 강물은 때때로 죽이고, 훔치고, 외치고, 역사가들이 흔히 기록하는 것들을 행하는 사람들에게서 흘러나온 피로 채워지지만, 둑에서는 주목을 받지 못해도 사람들이 집을 짓고, 사랑도 하고, 자녀를 기르며, 노래부르고, 시를 쓰고, 조각품을 깎기도 합니다. 문명 이야기는 둑에서 어떤 일이 일어났는가 하는 이야기랍니다. 역사가들은 강둑을 무시하기 때문에 비관론자라고 할 수 있지요."<「현대의 전기」(Current Biography), 1964년, p.116>.

1963년 10월, 월과 에이리얼은 로스앤젤레스에 있는 자택에서 금혼식 잔치를 벌였습니다. 에이리얼은 자기들의 기념비적인 저술의 대부분을 월과 함께 작업한 영원한 숨은 공동 저자였습니다. 그녀가 주로 남편의 일을 뒷받침했던 그들의 초기 관계는 그들이 성장한 19세기 후반과 20세기 초를 반영합니다. 그 여자의 이름이 공동 저자로 비로소 밝혀진 것은 그 시리즈 제 7권이 나왔을 때였습니다. 이 전문직에서의 동반자관계를 세상에 공개하게 된 것은 그들이 남녀관계에 대해서 더 평등한 이해로 발전했음을 나타내는 것으로 보일 것입니다<「현대의 전기」(Current Biography), 1964년, pp.114-116>.

듀란트 부부에게는 딸 한 명, 아들 한 명이 있습니다. 「문명 이야기」 제 8권은 그들의 손녀 모니카에게 헌정되었습니다. 한 번은 월이 행복이 무엇인지를 정의해 달라는 부탁을 받은 적이 있습니다. 그는 대답하기를, 자기가 행복을 쾌락에서, 일에서, 여행에서, 지식에서, 저술에서, 업적과 재산에서 찾아보려고 애썼지만 헛된 노릇이었다고 했습니다. 그리고 나서 그는 자기 딸과 지낸 어느 날에 대해서 이런 감동스러운 이야기를 들려주었습니다.

"오늘 나는 글쓰는 일을 게을리했어요. '나와서 놀아요.' 하는 어린아이 목소리가 나를 서류와 책에서 끌어냈지요. 내가 하는 수고의 최종적인 목적은 바로 딸과 마음껏 장난치고, 그 애를 나한테 보내 주신 분과 마음 편하게 시간을 보내는 것 아니겠어요? 그래서 우리는 같이 걷고, 달리고, 웃고, 키큰 풀밭에 드러눕고, 나무들 사이에 숨고 했지요. 그랬더니 난 다시 젊어졌더라구요. 이제 밤이 되어서 글을 쓰고 있노라니 그 아이가 포근한 침대에 잠들어 쌔근쌔근 숨쉬는 소리를 듣습니다. 나는 알았죠. 내가 찾고 있던 것을 찾았다는 것을 말입니다. 기쁨으로 나는, 사랑하고 어버이처럼 돌보라는 조물주의 지상명령에 순종합니다. 사랑이 없으면 진정한, 혹은 영원한 행복이란 있을 수 없다는 예로부터 내려오는 지혜를 믿으면서 말이지요<릴리언 왓슨(Lillian E. Watson) 엮음,

「많은 등불에서 비치는 빛」(*Light from Many*   1951, p.246).
Lamps), New York : Simon & Schuster,

니다. 그렇지만 사랑이 지속되고 성장하도록 하는 데 필요한 지식과 기술은 갖고 있지 못합니다. 사랑의 온전성이라는 꽃을 가꾸는 데는 두 종류의 인간관계 기술이 필수적인데, 이는 바로 정직함과 돌봄이 있는 의사소통과 효과적인 갈등해결 기술입니다.

다음에 나오는 열두 가지 전략은 당신의 친밀한 관계들에 있어서 이 기술을 사용하고 강화함으로써 사랑을 가꾸어 나가는 방법들입니다. 나는 이 전략들을 30년 이상 상담을 하고 부부 성장모임을 하면서 터득했습니다. 또한 70년에 걸쳐 가장 중요하고도, 도전적이며, 풍요롭게 해준 나 자신이 맺은 관계 속에서 거쳐온 현장실습에서 나온 결실이기도 합니다. 이 전략들은 토마스 머튼(Thomas Merton)이 "사랑의 온전성"이라고 부른 것을 당신이 맺고 있는 중요한 관계들 속에서 탐색하고 풍요롭게 하기 위한 실제적인 도구로 쓰이도록 마련되었습니다. 이들 전략에서 최선의 도움을 얻기 위해서는 각각의 전략을 읽고 나서 잠시 멈추고는 자신의 가까운 관계(들)에 관해서 이런 두 가지 질문을 스스로 해보십시오 : (1) 나는(우리는) 이 전략을 이용하는 데 있어서 얼마나 잘하고 있는가?(각 전략의 앞에다가 1부터 10까지의 숫자 중에서 하나를 표시하십시오. 10은 "나는 이 방면에서 훌륭히 해내고 있다."는 뜻이고, 1은 "이건 내가 긴급히 강화할 필요가 있는 치명적인 부분이다."라는 의미입니다.) (2) 이런 식으로 우리 서로의 사랑과 온전성을 풍요롭게 만들려면 나는(우리는) 무엇을 할 필요가 있는가? 관계의 온전성 점검표에서 얻은 안목을 바탕으로 해서 당신이 이들 전략을 숙고할 때 떠오르는 시험적인 생각이 있다면 어떤 것이든지 당신의 '자기관리일지'에 써넣으십시오. 가능하다면, 체험을 함께 나누기 위해서 당신의 배우자나 친한 친구 혹은 애인을 초대하도록 권합니다. 전략들을 그저 큰소리로 읽고 나서, 잠시 멈추고 당신들 관계에 적용해 보면서 서로 이야기를 나누십시오. 당신이 이 전략들을 혼자서 이용하든지 짝을 지어 이용하든지간에 당신이 맺고 있는 관계(들)가 서로 더욱 사랑하고 성숙시켜 주는 관계가 되도록 돕기 위해서 당신이 취해야 할 구체적인 조처들을 반드시 생각해 보십시오.

사랑을 키워 주는 전략 1.

하루에 얼마간씩 시간을 따로 내서(최소한 10-15분 정도) 당신들 각 사람에게 진정으로 중요한 것들에 관해서 의사소통을 하십시오. 몸에 산소가 꼭 필요하듯이 당신들의 관계에서 의사소통은 필수적입니다. 오로지 효과적인 의사소통에 의해서만(사랑의 욕구를 포함해서) 당신들의 기본적인 인격적 욕구들은 충족될 수 있고 갈등이 해소될 수 있습니다. 예전에 이런 만화가 있었습니다. 부부가 결혼상담시간을 마치고 떠날 때 아내가 말합니다. "자, 이제 우리는 의사소통법을 배웠으니 입 다물어요!" 분명코 의사소통의 질과 그 정신이 당신들 관계의 건강에 미치는 영향에 굉장한 차이를 만듭니다. 내가 즐기는 또 한 가지 만화에서는, 남편이 화가 치밀어서 아내에게 말합니다 : "소통 잘되는 사람을 원했으면 월터 크롱카이트(Walter Cronkite : 미국 TV방송의 토크쇼 진행자)하고나 결혼하지 그랬어!"

두 사람이 오랜 세월 한 집에서 같이 살면서 함께 자고, 자식을 키우느라 고생해 왔으면서도 자기들의 절망과 꿈, 희망과 두려움, 그리고 각자에게 진정으로 중요한 것들에 대해서 이야기를 거의 나누지 못한다면, 그보다 더 깊고 더 괴로운 고독을 상상할 수가 있겠습니까? 기쁜 소식은 대부분의 사람들이 자기의 의사소통 기술을 강화할 수 있는 잠재능력을 가지고 있다는 사실입니다. 이 기술을 높이기 위해서는 다음 세 가지를 더 효과적으로 배울 필요가 있습니다.

1. 당신 자신의 생각과 감정과 욕구를 분명하고 솔직하게 표현하십시오.
2. 상대방이 말로든지 혹은 다른 방법으로든지 진정으로 전달하고 싶어하는 것이 무엇인지 당신이 잘 이해하도록 하기 위해서 더 주의깊게 귀기울여 들으십시오.
3. 당신이 메시지를 정확하게 전해받는지 확인하기 위해서 들은 것을 재확인하십시오.

사랑을 키워 주는 전략 2.

서로의 마음의 갈망을 정기적으로, 또 의도적으로 채워 주십시오. 특히 상호 인정과 존경, 애무, 온정, 돌봄, 웃음, 기쁨을 얻고 싶어하는 깊은 욕구를 채워 주십시오. 사랑의 온전성은 서로의 기본적인 인격적 욕구에 응함으로써 성숙됩니다. 상호간의 욕구 충족이 무시된다든지 혹은 참다운 소통 대신에 독기어린 소통이 이루어져 서로에게 욕구불만을 낳게 될 때 사랑은 시들어 버립니다. 이 장의 뒷부분에서 당신은 서로의 마음의 갈망을 채워 주는 기술을 높이는 실용적인 도구 두 가지를 배우게 됩니다.

사랑을 키워 주는 전략 3.

당신들 자신의 특별한 재능과 솜씨를 발전시키면서 독립된 개개인으로 계속 성장하십시오. 또한 당신들의 함께함 속에 건강한 간격을 마련하십시오. 가까운 사이의 사람들이 자기 자신에게 독특한 재능을 계발하고 자기 자신의 온전성을 증진시킬 때 그들은 서로에게 줄 것이 더욱 많아집니다. 2천 6백 년을 거치면서 그 진실성이 입증된 노자의 지혜는 사람들 내면에 있는 생기와 따스함이 어떻게 친밀한 관계들을 풍요롭게 해주는가를 그리고 있습니다 :

생명의 빛이 그대 얼굴에서 비치면
거기 응답하는 이

안심하고 편안함 느끼리

진심으로 환대받을 것 같은

친근한 곳에서

나그네가 기쁘게 기다리듯이[8)]

두 사람이 같이 있는 시간과 혼자 있는 시간, 그리고 다른 이들과 함께 있는 시간의 균형을 적절히 맞춘다는 것은 어려운 노릇일 수 있습니다. 그러나 그렇게 하는 것은 관계의 건강에 또한 필수적일 수 있습니다. 장거리 트럭운전기사인 칼로스와 법원 속기사인 마타는 결혼한 지 17년 된 부부였습니다. 칼로스가 직업상 자기 시간 중에 적어도 3분의 1을 도로 위에서 보내는 동안은 그들의 관계가 상당히 괜찮았습니다. 그러나 그가 속한 노조가 3개월에 걸친 파업에 들어가는 바람에 그는 주로 집에 있게 되었는데, 그들은 이때 전에 없는 괴로운 갈등을 겪었습니다. 함께 있는 시간과 따로 떨어져 있는 시간의 균형을 잘 맞추려고 애쓰는 것은 많은 부부들에게 하나의 도전입니다. 특히 한쪽은 더 같이 있고 싶어하는데, 다른 쪽은 같이 있는 시간을 줄이고 싶어할 경우에 그렇습니다. 이것은 까다로운 문제로서, 은퇴한 지 얼마 안 되는 부부들은 자기들이 서로 타협을 해야 한다는 것을 종종 깨닫습니다. 많은 여자들이 남들을 돌봐 주는 역할에 지나치게 익숙해져 있는 탓으로, 버지니아 울프(Virginia Woolf)가 "자기만의 방"(A Room of One's Own)이라고 딱 맞게 부른 것을 지닐 필요가 절실합니다.

이 전략은 사람 사이에 '집착이 없는' 상태일 때 꽃피어날 수 있다고 하는 불교 신앙과 같은 의미입니다. 서구적인 용어로 바꾸자면, 이 말은 각자가 서로를 소유하고 있다는 (그릇된) 믿음을 야기하는 소유욕을 포기한다는 뜻입니다. 이렇게 믿는 한 서로의 자율성과 '서로 다름'에 대한 진정한 존중은, 따라서 진정한 친밀함은 줄어들어 갑니다. 그렇게 되면 공생관계(symbiotic relationship), 다시 말하면 서로에게 기생하는 관계에 놓이게 됩니다.

사랑을 키워 주는 전략 4.

서로 발휘되고 있는 재능이든 잠재해 있는 재능이든 이 재능들을 개발할 최대한의, 그리고 평등한 기회를 마련함으로써 서로의 재능을 긍정하십시오. 위에서 말한 대로, 사랑의 온전성은 파트너들이 서로의 꿈과 가능성을 성취하도록 뒷받침해 주는 만큼(결혼생활을 포함해서) 친근한 우정 속에서 살아 숨쉽니다. 이런 일이 일어나도록 하기 위해서 효력이 있는 당신들의 합의는(당신들의 관계 계약은) 가능한 한 공정하고 정당해야 합니다. 공정한 게임이라는 굳건한 기초가 없다면 사랑의 집은 예수의 비유에 나오는

생명의 빛이 그대 얼굴에서 비치면
거기 응답하는 이
안심하고 편안함 느끼리
진심으로 환대받을 것 같은
친근한 곳에서
나그네가 기쁘게 기다리듯이
— 노자

집처럼 되고 맙니다—불안정한 모래 위에 세운 집은 폭풍이나 홍수에 견디지 못하고 쓰러지는 것입니다. 정체성(identities)이 변화하고 있는 이 시대에, 수많은 남녀 간의 친밀한 관계에 있어서 온전성의 요체는 쓰여지지 않았거나 부분적으로만 쓰여진 서로의 재능을 개발할 기회를 두 사람 모두에게 평등하게 제공하는 것입니다.

사랑을 키워 주는 전략 5.

치유되지 않은 갈등과 상처, 분노와 적대감이라는 차가운 벽이 당신들 사이에 놓여서 돌봄과 정열, 기쁨과 사랑의 흐름을 차단해 버리지 않도록 더 효과적인 방법들을 배우십시오. 밀톤 벌(Milton Berle)은 이렇게 말한 사나이에 대해서 이야기합니다 : "내 아내와 나는 절대로 화가 난 채 잠자리에 들지 않아요. 우리는 문제가 해결될 때까지는 잠을 자지 않는다구요. 작년에는 3월이 될 때까지 자지 않은 적도 있답니다."⁹⁾ 실제로 상처가 쌓여서 생기는 분노와 적대감은 기쁨과 즐거운 정열을 빼앗아감으로써 관계의 활력을 상실하게 하는 주된 요인입니다. 설령 당신이 '천사와 결혼' 했다 하더라도 아마 당신은 흔히 인간천사들의 '그림자' 측면이 적어도 조금은 악마적이라는 사실을 발견했을 것입니다.¹⁰⁾ 엘리자베스 테일러(Elizabeth Taylor)가 이야기했다고 하는 것처럼 말입니다 : "결점이 하나도 없는 사람들한테는 상당히 지겨운 구석이 있는 것이다."

오랫동안 쌓인 상처와 화는 비극적인 분노의 폭발을 낳을 수가 있는데, 이런 일은 요즘 빈번한 가정폭력사건들에서 명백히 드러납니다. 미국에서 일어나는 살인사건의 4분의 1이 배우자나 그 밖의 동거인들에 의해 저질러집니다.¹¹⁾ 뿐만 아니라 가정 안에는 감정적 폭력과 영적 폭력의 상처가 무수히 존재합니다. 설령 물리적인 폭력이 없다 하더라도 그것은 기쁨을 죽이고 사랑을 불구로 만드는 폭력인 것입니다.

장래가 기대되는 새로운 사랑이라고 하는 여린 식물은 해소되지 않은 적대감과 분노, 용서받지 못한 상처, 좌절된 마음의 갈망이라는 덤불에 뒤덮여서 질식해 버릴 수 있습니다. 사랑의 온전성이 성장하려면 어떻게 상처를 치유하고 갈등을 해소할 것인가 하는 방법을 배우는 것이 필수적입니다.

벤과 페기는 갈등을 창조적으로 다루는 법에 초점을 둔 주말부부 성장과정을 마친 후에 이렇게 합의했습니다 : "우리가 결혼생활을 하면서 성장할 수 있고 더 큰 만족을 얻을 수 있는 가장 좋은 기회를 가지고 있는 바로 그곳에서 우리의 가장 괴로운 갈등이 일어난다고 하는 사실을 깨달은 것이야말로 굉장한 수확입니다."

사랑을 키워 주는 전략 6.

당신들의 우정이 계속 튼튼하도록, 또 성장하도록 하십시오. 규칙적으로 같이 즐겁게 노는 것도 포함하십시오. 15년 이상 결혼생활을 영위해 온 부부 351쌍(이 가운데 300쌍이 결혼생활이 행복하다고 말했음.)을 대상으로 *Psychology Today* 잡지가 조사한 바에 의하면 이런 놀라운 결과가 나타났습니다. 여태까지 결혼생활을 지속시켜 온 비결이 무엇인지 묻는 질문에 대해서 남자나 여자 응답자 모두에게서 제일 많이 나온 이유는, "내 배우자는 가장 좋은 나의 친구랍니다." 하는 것과 "나는 내 배우자를 한 인간으로서 좋아하지요."라는 것이었습니다. 남녀 응답자가 답한 가장 중요한 이유 열 가지 가운데는, "내 배우자는 더욱더 재미있는 사람이 되었어요", "우리는 같이 웃지요." 하는 것도 있습니다. "우리는 성생활에서 마음이 맞답니다." 하는 답은 관계를 지속시켜 주는 이유들 가운데 남성쪽 답으로는 12위이고, 여성쪽 답으로는 14위였습니다. 성(性)은 초기에는 부부를 한데 결속시켜 주는 강력한 요인의 하나입니다. 그러나 친밀한 관계를 유지시키는(또한 낭만의 불꽃이 계속 타오르게 하는) 최선의 장기적 접착제는 서로를 친구로서 좋아하는 것이랍니다![12]

> 기억하세요.
> 만약 당신이 논쟁을 하고 그것으로부터 배우지 않는다면 당신은 좋은 논쟁을 놓친 것입니다.
> ─하워드 클라인벨

함께 더불어 웃고 노는 것은 당신들의 사랑을 일구어 주는 즐거운 방법일 뿐만 아니라 대단히 중요한 방법이기도 합니다. 자기를 보고서, 또 서로 함께 웃을 수 있다는 것은 후텁지근한 날 시원하고 신선한 공기를 호흡하는 것과 같습니다. 이제 읽는 것을 잠시 멈추고 미니휴가─오늘 언젠가 당신들 두 사람이 긴장을 풀고 즐길 만한 재미있는 시간─를 계획해 보십시오. 그걸 하면서 이번 주 안에 당신의 배우자나 애인이나 친구와 재미있는 '데이트'를 가질 계획도 세워 보면 어떨까요? 일주일에 한두 번씩 그런 데이트를 갖는다면 친밀한 관계를 재형성하는 신선한 오아시스가 될 수 있습니다. 특히 당신들이 거리를 두고서 냉전 중이라든지, 압력솥같이 시간에 쫓기는 생활을 한다든지, 혹은 맞벌이부부라든지 할 때 이런 시간을 갖는 것은 아주 중요합니다. 통찰력 깊은 저서 「당신이 원하는 사랑을 얻기」(*Getting the Love You Want*)에서 하벨 헨드릭스(Harvel Hendrix)는 다음과 같은 관찰을 합니다 : "부부가 넘치는 재미를 같이 누릴 때 그들은 서로를 즐거움과 안전의 원천으로 확인하게 되며, 이는 그들의 정서적 유대를 튼튼하게 해준다.……더 깊은 차원, 곧 무의식적 차원에서 서로 관계맺기 시작하는 것이다."[13]

사랑을 키워 주는 전략 7.

스스로를 정기적으로 '절정경험'(peak experiences)─당신들의 영적 생활을 함께 누리는 시간─을 향해 열어 놓으십시오. *Psychology Today* 잡지의 조사연구를 보면 오랜 결혼생활을 가능하게 하는 이유들 가운데 영적인 문제, 가치관의 문제들이 높은 순위를 차지했습니다. 사실 "결혼은 신성합니다."와 "우리는 같은 목적의식과 목표를 가지고 있답니다." 하는 것이 4위, 5위로 빈도수가 높게 나왔습니다. 20여 년 전에 지금과는 아주 다른 세계였을 때 나의 아내 샬롯트(Charlotte)와 나는 영적 친밀성이 지니는 힘에 대해서 다음과 같이 책에 쓴 적이 있습니다 : "친밀성이 가장 완전하게 표현되는 곳에는 흔히 하나의 수직적인 차원이 있다.……이것은 관계를 강화시켜 주기도 하고 또 관계에 의해서 강화되기도 한다.……결혼의 영적 차원은 결혼생활의 성장과 건강을 위한 양식의 실제적인 공급원이다. 결혼생활에 기쁨을 주고 상호 완성을 향해 모험을 하도록 하는 요인으로서 영적인 차원의 발견에 함께 헌신한다는 것보다 더 큰 역할을 하는 것은 없다. 영적 생활은 극히 개인적인 것이므로 영적인 차원을 나누는 순간은 관계에 있어서 조심스럽고도 소중한 순간이다."[14] 영적 고독과 가치관의 혼란이 만연해 있는 이 불안하고 소외된 오늘의 세계에서, 그 당시에 우리가 했던 말은 창조적인 친근함을 발견하려는 몸부림에 더욱더 적절하다고 하겠습니다.

우리 서구의 종교적 전통은 인간의 사랑이 하나님의 사랑에 근거해 있고, 또 하나님의 사랑에서 힘을 얻는다고 이해하고 있습니다. 여기 1세기에 이처럼 표현한 말이 있습니다 : "하나님이 우리를 사랑하시는 사랑을 우리가 알고 믿었노니 하나님은 사랑이시라. 사랑 안에 거하는 자는 하나님 안에 거하고, 하나님도 그 안에 거하시느니라.……사랑 안에 두려움이 없고 온전한 사랑이 두려움을 내어 쫓나니"(요일 4 : 16-17). 당신의 유한하고 부숴진 인간적 사랑이 바로 우주의 사랑을 당신이 체험할 수 있도록 해주는 불완전하지만 진정한 관문이 된다고 하는 사실을 당신이 예기치 않게 발견할 때 그것은 흥분스러운 순간일 수 있습니다.

아마 당신은 어두운 침실에서 잠자는 것을 무서워 한 어린 소년 이야기를 기억할 것입니다. 아버지가 그 아이를 위로하려고 이렇게 말했습니다. "무서워 할 것 없다. 하나님이 여기 계시니까." 그 아이는 "얼굴이 있는 하나님이면 좋겠어요!" 하고 대답했습니다. 우리의 유동적인 인간적 사랑이—고뇌에 잠겨 있거나 황홀함을 느끼는 특별한 순간에—매우 부분적이기는 하지만 하나님의 사랑이 구체적으로 나타난 현실적인 모습이 될 때 어떤 기적적인 일이 일어납니다. 이런 일이 일어날 때 신적 사랑의 치유하는 존재가 우리의 인간적인 관계들 속에서 살아 숨쉬게 됩니다. 뿌리없이 떠도는 세상에서 하나님의 사랑에 뿌리내리고 있다는 것은 뿌리의식(a sense of groundedness)을 부여해 주는 경이로운 원천일 수가 있습니다. 이 성경구절이 보여주는 이미지는 우리 자신을 열어서 이 치유하는, 초월적인 사랑을 받아들이라고 하는 초대장입니다 : "너희가 사랑 가운데서 뿌리가 박히고 터가 굳어져서"(엡 3 : 17).

기쁜 소식입니다! 당신과 당신의 파트너는 두 사람 사이의 영적, 가치관적 친밀성을 심화시키도록 도와주는 2장에 써 있는 영적 성장방법들을 사용할 수가 있습니다.

솟아오르는 샘물과 수로의 이미지를 기억합니까? 만일 파트너와 함께 있다면 지금 시간을 내서 당신들이 사랑으로 가는 수문을 열 수 있는지 해보십시오. 어떤 부부들은 영적 성장을 위한 실천을 함께함으로써 이것을 합니다. 이를테면 명상과 기도, 영감을 주는 독서, 예배, 자연과의 교감, 그리고 어려운 사람들을 돕는 일 등이 그 방법이 되는 것입니다. 영적 친밀성을 높이는 것을 통해 당신 삶의 다른 영역들에서도 창조적인 친근성이 증진될 수 있습니다.

사랑을 키워 주는 전략 8.

당신의 돌봄의 공동체 – 지난 세월 동안 인생의 우여곡절 속에서도 당신을 사랑하고 당신들 관계를 지지해 준 가까운 친구들과 확대된 가족들을 잘 돌보십시오. 건강한 가족들에 대한 연구들에 의하면, 건강한 가족은 '개방된 체제'라는 것을 보여 줍니다. 이 말은 그들이 상호 지원체제인 생물학적 의미의 확대가족과 '가족 같은 친구', [15] 그리고 다른 의미있는 개인과 집단들과 더불어 숱한 상호 작용을 한다는 뜻입니다. 고립된 핵가족들은 인생단계와 배경과 생활양식이 다양한, 좋아하는 사람들과 폭넓은 관계를 맺음으로써 얻을 수 있는 풍요로움을 놓치고 맙니다. 고립된 핵가족들은 또한 위기가 닥쳤을 때 지극히 허약합니다. 유동적이고 가지 꺾인 꽃과 같은 우리 사회에서 해마다 다섯 가구 가운데 한 가구가 이사를 합니다. 우리들 대부분에게 있어서 건강을 가꾸어 주는 돌봄의 공동체를 유지하기 위해서는 우정을 계속 돈독히 할 필요가 있습니다. 많은 사람들이 깨달았듯이, 따뜻하고 가족적인 교회공동체는 당신이 생활근거를 옮겨서 새로운 지역으로 이사했을 때 빠른 시일 안에 뿌리를 내릴 수 있는 최선의 장소 가운데 하나가 됩니다.

사랑을 키워 주는 전략 9.

당신들이 현재 처해 있는 삶의 단계에서 누릴 수 있는 특별한 낭만과 도전, 기회와 지혜, 그리고 재능들을 함께 발견하고 즐기십시오. (각 개인의 삶의 단계처럼) 각각의 가족단계마다에는 새로운 상실과 문제들이 있습니다. 또한 새로운 자산과 가능성들도 있습니다. 괴로울 때나 즐거울 때나 함께 살아가면서 맞는 변화하는 계절들을 맛보는 것을 배우는 일은 수명이 연장된 이 시대에 필수적인 기술(art)입니다. 그것은 당신들의 성장하는 관계에 생명과 향취를 더할 수 있는 기술입니다. '인생을 재출발하는' 중년들이 참여하는 성장 수련회를 인도하는 기쁨 가운데 하나는 그 부부들로 하여금 놀라운 발견을 하도록 돕는 데 있습니다. 다시 말하면, 그들이 인생 여정을 걸어오면서 함께 나눈 그 모든 것 때문에 그들에게 가능한 특별한 깊이의 낭만이 존재한다는 사실을 발견하도록 돕는 기쁨입니다. 만일 당신이 젊은이라면, "낭만적인 사랑이란 젊은 사람에게만 해당되는 것"이라고 하는 믿음이, 그걸 믿을 경우에만 들어맞는 케케묵은 오류라고 하는 것을 증명하는 나이든 부부를 적어도 한 쌍 정도 알고 지내기 바랍니다.

사랑을 키워 주는 전략 10.

당신들이 함께 즐거이 일할 수 있는 신나는 대의명분을 찾으십시오. 서로에 대한 당신들의 사랑은, 다른 방식으로 표현하자면, 당신이 사는 지역사회와 세계를 인간 가족을 위해서 좀더 건강하게 만드는 일을 도움으로써 더 깊어질 것입니다. 훌륭한 목사요 설교가인 해리 에머슨(Harry Emerson)은 자기 속에 똘똘 싸여 있는 사람들은 그 사람됨이 매우 작다는 것을 관찰한 적이 있습니다. 가족과 같은 친밀한 관계들에 대해서도 마찬가지입니다.

당신의 직접적인 자기 이해와 돌봄의 관계 폭을 넓혀나가면 당신의 친밀한 관계도 더욱 온전해지며 확장됩니다. 따라서 당신들의 함께하는 삶은 '가족 도취'(family narcissism)—살 속으로 파고드는 발톱과 같은 그 무엇—의 함정에 빠지는 것을 피할 수가 있습니다. 8장에 나오는 '지구를 치유하여 스스로를 치유하는' 다양한 방법들이 함께하는 돌봄에 대한 당신들의 지평을 넓히기 위해서 당신의 생물학적 가족이나 가족 같은 친구들 속에서 쓰일 수 있습니다. 이런 일을 하면서 당신은 당신의 지역사회와 당신의 세계가 입은 상처의 치유를, 사소하지만 의미깊은 방법으로 돕는다는 만족감을 함께 즐길 것입니다. 〈당신 자녀들을 평화와 정의와 환경에 대한 인식과 행동에 참여시키는 방법들을 알아보려면, 8장의 권장도서 중에서 제임스와 캐틀린 맥긴니스(James and Kathleen McGinnis) 부부가 쓴 책들과 조셉 코넬(Joseph Cornell)의 저서를 참고하기 바랍니다.〉

사랑을 키워 주는 전략 11.

여기 나오는 전략들과 당신이 고안해 낸 다른 전략들을 한데 통합해서 당신의 관계들을 위한 상호 돌봄의 의도적 계획을 개발하고 실행하십시오. 결혼생활의 행복에 관한 장기간에 걸친 연구 결과, 한 가지 도전적인 사실이 발견되었습니다. 말하자면 부부가 그 관계를 계속 성장시키기 위해 함께 노력하는 법을 배우지 않으면 만족도는 해가 갈수록 줄어드는 경향이 있다는 사실입니다. 몇 해가 지난 뒤에도 계속 친구와 애인일 수 있는 사람들은 대개의 경우 바로 이런 일을 해온 부부인 셈입니다.

사람들이 친밀한 관계에 있어서 얼마나 행복한가 혹은 얼마나 불행한가 하는 데 영향을 미치는 복합적인 요인들이 있습니다. 많은 사람들이 자기 애인이나 동료에게 매혹당하는 이유는, 자기들이 어린아이로서 갈망했지만 스스로는 지니지 못했던 부모의 모습을 발견하고 싶은 (헛된) 희망 때문입니다. 자기 파트너에게서 부모의 모습을 찾는 것이 친밀한 관계들 속에서 신경증적 상호 작용을 일으키는 가장 지배적인 형태 가운데 하나입니다. 이러저러한 이유들 때문에 관계성장 계획을 사용한다고 해서 최상의 행복한 관계가 보장되는 것은 아닙니다. 그것이 하는 역할은 당신의 관계 속에서 상호 만족과 사랑의 온전성이 꺼져내리기보다는 꽃피어날 가능성을 높여 주는 일입니다.

만일 당신들이 의도적인 성장을 위해 최선의 노력을 다하고 있음에도 불구하고 상호간의 방해작업이 수그러들지 않는다면, 다음 두 가지 일을 해보기를 권합니다. 첫째는, 오랜 세월 무의식 속에 박혀 있는 프로그래밍을 바꾸는 효과적인 접근방법을 기술한 책 한 권을 읽고 자기 것으로 소화해서 당신들이 '열렬한 친구'가 될 수 있도록 하십시오. 그 책은 하빌 헨드릭스(Harville Hendrix)가 쓴 「당신이 원하는 사랑을 얻기 : 부부를 위한 안내」(*Getting the Love You Want : A Guide for Couples*)입니다. 두 번째로는, 만일 그 책을 읽어도 바라는 만큼 도움이 되지 않는다면 개인적 심리치료나 부부치료를 받으십시오. 이 치료는, 어제 집어넣은 프로그래밍에 의해 오늘의 관계를 살고 있는 것에서 사람들이 해방되도록 돕는 훈련을 받은 관계상담가와 함께하십시오.

사랑을 키워 주는 전략 12.

만일 당신들이 친밀한 관계를 돌볼 만한 시간이 없다면 그건 문제가 있는 것입니다. 아마 당신들이 정한 우선순위와 이 우선순위가 당신들 생활을 짐스럽게 만드는 과중한 계획표를 수정할 필요가 있을 것입니다. 사랑은 시간이 듭니다. 눈코 뜰 새 없이 분주한 우리 생활에서 사소한 일들이 주는 압박으로 인해서 우리의 소중한 시간으로부터 사랑을 가꾸는 시간을 억지로 짜내게 되기가 쉽습니다. 아마 당신들은 상담시간에 부부들이 와서 종종 생각에 잠겨서 혹은 화가 나서, "우린 마치 밤에 항해하다가 스쳐 지나가는 배들처럼 허둥지둥 의사소통을 할 뿐이지요." 하는 심정을 느껴왔을지도 모릅니다. 당신들은 마음과 마음으로 소통하기 위한 시간이 얼마나 자주 있습니까? 아니, 얼마나 자주 그런 시간을 만듭니까? 당신들의 중요한 관계(들)에 단지 남는 시간만을 투자하고 있습니까?

당신들이 판단하기에 만일 당신들이 맺고 있는 가장 중요한 관계들이 소홀히 되고 있다면, 우리 각 사람에게는 매일 1,440분이 있고, 매주 10,080분이 있다는 것을 상기하는 것이 도움될 것입니다. 우리의 소중한 시간을 날마다 어떻게 투자할 것인가에 관한 순간순간의 결정들은 현재 가동되고 있는 우리의 가치관과 우선순위에 의해 좌우됩니다. 그러므로 만일 당신이 의사소통과 사랑을 위한 시간을 더 원한다면 당신을 좌우하고 있는 우선순위를 바꿈으로써 시작할 수 있을 것입니다. 만일 당신이 진정으로 날마다 중요한 관계들을 즐기고 돌볼 시간을 얼마간 갖고 싶어 한다면 2장에 나오는 '시간―가치관 목록'이 도움이 된다는 것을 알게 될 것입니다.

아래 나오는 두 가지의 자기 변화 실습―계획적 관계촉진법(the Intentional Relationship Method)과 관계 만족도 및 공평성 점검(the Relationship Satisfaction and Justice Inventory)―은 당신들의 관계에 관한 현재의 합의를 수정함으로써 갈등을 줄이고, 상호간의 충족도를 높이며, 그럼으로써 사랑을 향상시키는 데 이용될 수 있습니다. 만일 당신이 고속차선을 달리고 있어서 이 부분을 건너뛰고 싶은 유혹을 받는다면, 다시 돌아와서 이것을 체험해 보기 위해서 당신 자신과, 또 당신 파트너와 데이트 약속을 하기를 권합니다. 내 생각으로는 아래 두 가지 방법이 이 책에서 가장 쓸모있는 도구라는 것을 당신이 발견하게 되리라고 여겨집니다.[16] 이 도구들은 파트너 두 사람 모두가 관계를 서로에게 더 만족스럽게 만들기 위해서 관계의 변화에 어느 정도 개방되어 있을 때에만 유용할 것입니다. 물론 하고자 하는 동기가 덜한 쪽이라도 관계 개선을 원하는 상대방의 소망 때문에 기꺼이 협조할 수도 있겠습니다.

계획적 관계 촉진법(IRM)

이 의사소통 방법은 어떠한 인간관계에서도 이용될 수 있습니다. 이를테면 친구와 친구, 아내와 남편, 부모와 자녀, 동료와 동료, 애인과 애인, 그 밖에 다른 관계 어디나 적용될 수 있는 것입니다. 내가 여러 해에 걸쳐 실험해 본 모든 의사소통 도구들 가운데서 많은 부부들이 이 방법이 다른 어떤 것보다도 '가장 도움되는' 것이었다고 평가했습니다. 30대 초반인 메리 앤과 래리 부부는 결혼기념일을 즈음해서는 자기들의 결혼생활에서 오는 힘을 재확인하고 갈등을 해소하기 위해서 해마다 이 방법을 이용합니다. 아리조나 주의 한 상담가는 예비부부 교육프로그래밍에서 이 방법을 사용하여 훈련합니다. 또 몇몇 단체들이 관계를 강화하고 숨겨진 갈등을 해소하기 위해서 지도자 수련회의 한 프로그래밍으로 이 방법을 사용해 왔습니다. 지금 당신이 IRM을 꼭 해보기 바랍니다.

♥ **방법** : 이 훈련은 관계를 맺고 있는 파트너와 함께했을 때 가장 생산적입니다. 그렇기는 하지만, 만일 당신이 이 책을 혼자 읽고 있다든지 혹은 현재로서는 헌신할 만한 관계를 맺고 있지 않더라도, 각 단계들은 어떻게 하면 친근한 관계들을 세워 나가고 성장시킬 것인가 하는 데 대한 안목을 얻도록 도와줄 것입니다. 지금 혼자 이것을 하더라도 나중에 당신이 원하면 파트너와 함께할 경우를 대비한 좋은 예비작업이 될 수 있습니다. 처음 세 단계를 하기 위해서 최소한 45분의 시간을 내십시오. '자기관리일지'(또는 다른 종이)와 펜이 필요할 것입니다. 지시사항들은 부부모임에서 제시되는 것처럼 쓰여 있기 때문에 혼자 사용하는 데 맞도록 고칠 필요가 있을 것입니다. '/' 표시는 여기서 읽는 것을 잠시 멈추고 쓰여진 대로 하라는 의미라는 것을 기억하십시오.

1단계 당신들이 맺고 있는 관계가 주는 장점들을 즐기기

편안한 자리에 서로 마주앉으십시오. 원한다면 바닥에 앉아도 좋습니다. / 우선 당

신들에게 이미 유리하게 작용해 온 장점들과 자산들을 얼마간 더욱 뚜렷이 의식하도록 하십시오. 첫 번째로, 각자가 상대방과 그 사람과의 관계에서 즐기고 고맙게 여길 수 있는 모든 것들의 목록을 적어 보십시오. / 자, 기억을 되살리기 위해서 당신들이 쓴 목록을 사용하여 한 사람이 상대방에게 이렇게 문장을 완성하여서 되도록 여러 번 말합니다. "당신이(혹은 우리가) _____해서 나는 고맙게 여깁니다." 당신이 고맙게 여기는 것을 표현할 때 당신이 고마워하지 않는 점들을 당분간 표로 만들어 두는 것이 중요합니다. 듣는 사람은 그저 귀기울이면서 자기 파트너가 하는 따뜻한 긍정의 말을 기쁘게 즐기십시오. / 첫 번째 사람이 1단계를 마치고 나면 역할을 바꾸십시오. / 이제는 이 긍정의 말을 주고받을 때 당신들이 체험한 것을 서로 나누십시오. / 적당하다고 느껴지면 서로 포옹하십시오. / 당신과 당신 파트너가 각기 상대방에게 감사하고 있는 것들을 적어 두는 것이 도움될 것입니다. /

진지한 감사는 사랑의 언어입니다. 연인들은 이것을 직감적으로 알고 저절로 실천하게 됩니다. 그렇지만 좀 오랫동안 부부생활을 해온 사람들 중에는 이 핵심적인 진리를 잊어버리는 경향이 있습니다. 1단계는 다음 단계들로 올라가기 위해서 따스함과 희망을 갖게 하고 동기를 유발시켜 주는 도약대 구실을 할 수 있습니다. 만일 당신들의 관계에 성적인 측면이 있다면 이 단계가 성적 친밀성을 위한 훌륭한 준비작업이라는 것을 발견할 것입니다. 이 단계를 즐겁게 거쳤다면 그냥 재미를 위해서 다시 이 작업을 할 시간을 정하십시오.

2단계　당신들 관계에서 자라고 있는 위기와 채워지지 않은 요구와 소원들을 파악하기

물론 잘 되어가고 있는 관계를 포함해서 모든 인간관계들에는 성장할 여지가 있습니다. 이 두 번째 단계는 당신들이 원하기만 한다면 더불어 함께 성장할 수 있는 부분들에 집중할 수 있도록 만들어 줍니다. 이 단계에서는 먼저 각자가 욕구/소원 목록을 작성하십시오. 당신 파트너가 채워 줄 수 있고 또 채워 주었으면 하는 구체적인 욕구나 소망을 모두 포함시키십시오(당신의 파트너가 그런 욕구나 소망들에 응해 줄 수 있는지, 또 응할 것인지에 대해서는 염려하지 마십시오). / 할 말을 빨리 할 수 있도록 자기가 적은 목록을 이용해서 한 사람이 상대방에게 원하는 만큼 여러 번 이 문장을 큰소리로 완성하는 것입니다. "나는 당신한테서 _____을 원합니다"(혹은 필요로 합니다). 듣는 사람은 가능한 한 주의깊게 귀를 기울이고 자기 변호를 하지 말도록 하십시오. 어떠한 인간관계에 있어서도 상대방의 욕구를 모두 채워 준다는 것은 바람직하지도 않고 가능하지도 않다는 것을 기억하십시오. 이 단계를 하는 목적은 단지 당신들이 좋아하는 것을 드러내놓고서 그것을 의식하게 되고, 그럼으로써 3단계에 가서 그것들을 가지고 작업할 수 있도록 하려는 것입니다. /

각자가 목록 작성을 마치고 나면 '자기관리일지'에 당신 파트너가 했던 표현을 들은 대로 적으십시오. / 그리고는 소통이 잘되었는지 점검하는 뜻으로 당신의 목록과 파트너의 목록의 욕구와 소원을 비교해 보십시오. 각 사람이 얼마나 분명하게 자기 욕구를 얘기했는지, 또 각 사람이 얼마나 주의깊게 듣고 기억했는지 알아보십시오. /

자, 이제는 이번 단계에서 당신들이 느낀 것을 토론해 보십시오. / 아마 1단계보다는 2단계가 좀더 어렵다고 여길지 모르겠습니다. 당신 파트너가 충족되지 않았다고 느끼는 욕구와 소원을 듣고 있노라면 자신을 변호하려는 쪽으로 감정이 일기 쉽습니다. 어떠한 가까운 관계에서도 충족되지 않았거나 부분적으로만 충족된 욕구가 바로 갈등이 제일 많이 일어나는 곳이며, 또한 성장의 여지가 제일 큰 곳이라는 사실을 기억하십시오. 바로 그 점 때문에 서로의 욕구와 소원을 얘기하고 듣는 것이 소중한 것입니다.

가까운 관계에 세 가지 유형의 욕구가 존재한다는 것을 알아두는 것이 좋습니다. (1) 공유하는 욕구(shared needs)는 양쪽 모두가 느끼는 욕구입니다. 예를 들면, 많은 부부들이 단 둘이서 이야기하고 놀 시간이 더 있었으면 하는 절박한 욕구를 공유하고 있습니다. (자기 목록에 있는 이 공유하는 욕구들 옆에 '공' 자를 써놓는 것이 도움될 것입니다.) (2) 갈등하는 욕구(conflicted needs)는 한쪽은 더 원하는데(예컨대 성관계나 함께 있는 시간) 다른 한쪽은 덜 원하는 사항들에 관한 갈등입니다. (목록의 이런 욕구들 옆에 '갈' 자를 써넣으십시오.) (3) 병렬적 욕구(parallel needs)는 서로 모순되지는 않고 단지 서로 다른 욕구를 말합니다. 예를 들어서, 외식하러 나갔을 때 한 사람은 중국음식을 좋아하는데 다른 쪽은 멕시코요리를 먹고 싶어하고, 그렇지만 두 사람 모두 다른 식의 음식을 즐길 수가 있습니다. (당신 목록에 있는 모든 병렬적 욕구들 옆에 '병' 자를 쓰십시오.)

3단계 당신들의 상호 욕구 충족을 계획적으로 높여 당신들 사랑을 성숙시키는 계획 세우기

이제 당신들은 상호간의 관계가 더 잘 성숙하게 되도록 만들 만반의 준비를 마쳤습니다. 당신들은 어떤 만족스러운 변화를 의도적으로 가져올 차비가 된 것입니다. 친근한 관계에서 바람직한 변화를 일으킴에 있어서 절대적인 성공이란 있을 수 없습니다. 앞으로 나가는 각 단계가 그 다음 단계를 밟을 여세를 조금씩 더해 주는 것입니다. 공유하는 욕구 부분에서 변화를 가져오는 것이 제일 쉽습니다. 왜냐하면 두 사람 모두가 이 변화들을 보람있는 것으로 여길 것이기 때문입니다. 따라서 행동으로 옮기기 위하여 이제 당신들 두 사람의 목록에 있는 공유하는 욕구들을 놓고 토론을 거쳐서 양쪽 모두에게 중요하게 보이는 한두 가지 변화를 결정하십시오.

자, 이제는 대화를 통해서 당신들이 선택한 공유하는 욕구(들)을 채워 주리라고 의견의 일치를 본 '상호 변화 계획'을 세우십시오. / 당신들의 계획을 실행함에 있어서 각자가 무엇을 할 것인지, 그리고 언제 할 것인지 대충 윤곽을 잡으십시오. 공동 계획서를 써놓으면 나중에 점검하면서 그 계획 실현에 각 사람이 어떤 진척을 보였는가 하는 것을 알아보기가 좋습니다.

4단계　**당신들의 자기 변화 계획을 실행에 옮기기**

이제는 결승전 단계입니다. 어떤 부부들은 자기들의 공동계획을 상징적인 방법이나 어떤 의식(儀式)을 거쳐서 출범시키는 것이 도움된다고 생각합니다. 말하자면 자기들이 생각해 낸 일종의 간단한 의식을 통해서 자기들이 합의한 바를 확인하는 것입니다. 그렇게 하는 것이 당신들 모두에게 의미있다고 느낀다면 지금 그렇게 하십시오. / 계획을 실행에 옮기는 동안, 당신들이 이룬 진척에 대해 토론하고 '자기관리 일지'에 매일같이 써 두는 것도 좋은 생각입니다. 당신들이 취한 작은 조처 각각에 대해서 자신들에게 꼭 상을 주도록 하십시오. 이렇게 하는 한 가지 방법은 당신들이 관계를 함께 강화시켜 나갈 때 서로를 축하하는 것입니다. 의도적인 긍정과 계획을 통해서 당신들은 관계 계약서에다가 작지만 의미심장한 조항을 하나 이상 첨가하거나 혹은 개선시킨 셈입니다. 당신들이 취한 행동들을 통해서 당신들 관계가 더욱 상호간에 충족되도록 만든 것이며, 그럼으로써 당신들의 사랑이 성장하도록 만든 것입니다.

무슨 이유에서든지 어떤 특정한 계획이 이루어지지 않는다면, 창의력을 발휘해서 계획을 수정하거나 삭제하고, 처음의 설계도면으로 다시 돌아가서 이러저러한 욕구들을 만족시킬 수 있는 더 실현 가능한 계획을 마련하십시오.

5단계　**공유하는 욕구를 또 한 가지(혹은 병행하는 욕구 두 가지를) 선택해서 이 욕구를 채울 계획을 세우고 실행하기**

충족되지 않았거나 혹은 부분적으로밖에 충족되지 않은 욕구들을 한 쌍씩 짚어나가는 이 과정을 이어감으로써 당신들의 관계를 계속해서 의도적으로 갱신하는 길에 당신들은 접어들었습니다. "당신이(혹은 우리가) ＿＿＿＿＿ 해서 고맙게 여깁니다." 단계를 반드시 정기적으로 되풀이하십시오. / 공유하는 욕구로부터 병렬적 욕구로 옮겨갈 때는 '상호 변화 계획'을 더 공정한 '퀴드 프로 쿠오'(quid pro quo)―'응분의 보상'을 의미하는 라틴어 법률용어―로 실행하게 될 것입니다. 이런 맥락에서 번역하자면 그것은 "당신이 내 등을 긁어 준다면 나도 기꺼이 당신 등을 긁어 드리지요." 하는 뜻입니다.

가장 큰 도전은 갈등하거나 서로 모순되는 욕구들을 충족시킬 수 있는 실현 가능한 계획을 세우는 것입니다. 여기에 필요한 결코 쉽지 않은 의사소통 기술은 양쪽이 모두 승자가 되는 타협을 통한 합의를 이끌어내는 효과적인 협상입니다. 이것은 각자가 자기가 필요로 하거나 원하거나 희망하는 것을 설령 전부는 아니라고 해도 어느 정도 얻게 되는 합의입니다. 예를 들어, 만일 당신이 일주일에 너댓 번 성관계를 하기를 원하는데 당신 파트너는 단 한두 번만 원한다면, 양쪽이 다 승자가 되는 타협은 일 주일에 세 번 사랑을 나누는 것에 합의하는 것일 것입니다. 달리 말하자면, 중간지 점에서 만나는 것입니다. 친밀한 관계에서 갈등하는 욕구들을 승부가 가려지는 '해 결책'으로 푼다는 것은 정말이지 절대로 해결이라고 할 수 없습니다. 한쪽만 유리 한 보통의 승부방식을 따른다면 두 사람 모두가 정말로 패배하는 것입니다. 왜냐하 면 당신들의 관계는 이 불공평함으로 인해서 상처받을 것이기 때문입니다. 반대로, 양쪽이 모두 승자가 되는 해결책은 당신들 각자의 욕구들 가운데 얼마간을 더 공평 한 방법으로 충족시킴으로써 사랑을 성숙시켜 주는 쪽으로 나갑니다.

갈등하는 욕구에 대한 양자 승리의 해결책을 위해서는 종종 제3의 선택을 찾을 수도 있습니다. 메리 앤과 래리는 IRM을 하면서 갈등하는 욕구를 몇 가지 확인했 습니다. 이를테면, 래리는 캠핑을 아주 싫어하는데 메리 앤은 몹시 좋아하는 것입 니다. 래리는 휴가계획에 '문화적인 것'—미술관과 음악회들—을 많이 넣고 싶어하 는데 메리 앤은 그런 데를 갈 마음이 내키거나 그렇지 않거나 할 수도 있습니다. 다 행스럽게도 그들은 두 사람 모두가 신나게 여기는 휴가철 계획을 몇 가지 발견했습 니다. 이를테면 떠돌이 여행이라든가 한적한 해변의 눈에 띄지 않는 별장에서 한 주간을 보내는 것입니다. 그들은 실제로 양쪽이 다 승자가 되는 타협안으로 결정을 보아, 요세미트(Yosemite) 국립공원으로 가기는 하지만 거기서 텐트를 치는 것보다

"나는 당신과 살지 않겠어요. 나는 내 마음이 원하는 곳으로 어딘가를 가겠어요."

는 편안한 호텔에서 머무르기로 하였답니다.

관계 만족도 및 공평성 점검(RSJI)

위에서 언급한 대로, 어떠한 친밀한 관계에서도 사랑과 존경과 정열은 공정함과 평등이라는 기후조건 속에서 꽃이 제일 잘 피어납니다. 어쩌면 당신들의 관계는 원하는 만큼 잘 이루어지고 있지 않을 수도 있습니다. 만일 그렇다면 아마 그 이유는, 당신들의 기본 계약이나 합의를 수정할 필요가 있기 때문일 것입니다. 어떻게 이런 일을 할 것인가 하는 방법을 안다는 것은 장기적인 관계들을 성장을 통해서 지속케 하는 가장 중요한 도구 중의 하나입니다. IRM과 RSJI는 부부가 자기들에게 현재 통용되는 합의를 수정하도록 돕기 위해서 고안된, 스스로 할 수 있는 두 가지 점검목록입니다. RSJI는 IRM의 아쉬운 점을 보완하고 그것을 넘어서서 부부간의 계약에 대한 만족스러움과 공정성이 어디서 부족한가 하는 데 대한 특수한 정보를 제공해 줍니다.[17] 두 가지 도구는 어떠한 가까운 관계에서도 활용될 수 있습니다.

♥ **방법 :** 이 훈련방법은 혼자서 할 수도 있고 파트너와 함께할 수도 있습니다. 어느 경우든지 목록을 개별적으로 작성하려면 20분 가량 시간을 내야 합니다. 만일 파트너와 함께하고 있다면 최소한 30분 정도를 더 내서 작성한 것을 서로 나누고 불공평과 불만요인들을 제거하기 위한 실천적 계획을 세우기 시작하십시오. 이 검사목록은 당신들 두 사람이 서로의 관계에 대해서 비교적 좋게 느끼고 의사소통도 잘된다고 느낄 때 활용하십시오. 만일 당신들이 거리감을 느끼고 고통스러울 때 이것을 한다면 당신들만으로는 해결하기 어려운 갈등부분들을 발견하고 압도당할 수도 있습니다. 이런 일이 일어날 경우에는 역량있는 인간관계 치료전문가의 도움을 받는 것이 중요합니다. 이 점검목록을 두 부 복사해서 누가 파트너 A가 되고 B가 될 것인지 정할 필요가 있을 것입니다.

🅵 단계

각자가 혼자서 점검목록표를 채워 넣으십시오. 먼저 왼쪽에 있는 '우리들 관계의 영역들'을 훑어보십시오. (이 영역들은 당신들이 맺은 관계 계약의 조항들입니다.) / 점검목록 왼편 아래쪽에 있는 빈 칸에다 당신들 관계에서 중요한 다른 영역들을 더 써넣으십시오. / 첫 번째 항목으로 되돌아가십시오. 만일 집과 마당과 다른 '지저분한 일'에 대한 책임의 구분이 현재 두 사람 모두에게 공평하고 만족스럽다고 느낀다면 이 항목 오른쪽에 '공' 자와 '만' 자를 쓰십시오. 만일 당신들이 현재 하고 있는 역할수행이 파트너 A에게 불공평하거나 불만족스럽다고 느끼면 가운데 칸에다 '불만'

또는 '불공'이라고 쓰십시오. 파트너 B에 대해서도 오른쪽 빈 칸에 쓰십시오. 검사
표에 있는 각 항목을 이런 식으로 모두 채우십시오.

우리들 관계의 영역들	두 사람 모두에게 공정하고 만족스러움	A에게 불공 혹은 불만	B에게 불공 혹은 불만
지저분한 일에 대한 책임			
교육이나 성장의 기회			
자기 실현하는 일의 기회			
자녀양육의 책임			
돈에 관한 결정권			
자기 돌봄의 기회			
취미와 오락의 기회			
성적인 만족			
관계 속에서의 주도력			
자존감 증진의 기회			
이사에 관한 결정권			
친척들과의 관계			
영적 생활의 책임			
지역사회 봉사 책임			
기타 영역들			
_____			
_____			
_____			
_____			
_____			
_____			
_____			

② 단계

당신들이 쓴 두 가지의 답을 비교해 보십시오. 특히 '불공'과 '불만'이라고 적힌 부분—두 사람 중에서 누군가가 불공평하거나 만족스럽지 못하다고 느끼는 영역—에 주의를 기울이면서 말입니다. 여기가 바로 갈등이 가장 자주 일어나는 곳이라는 사실을 당신들이 깨달으리라고 생각합니다. 또한 이런 곳들이야말로 성장이 가장 필요한 곳이고 그 보람의 잠재력이 가장 큰 곳이기도 합니다. 이 갈등이 있는 영역들을 직시할 수 있는 용기를 지녔다는 것에 대해서 자기 자신을 칭찬하십시오. 당신들은 문제를 고쳐나가기 위한 의도적인 변화를 향해서 중요한 한 단계에 올라선 것입니다. 이들 영역에 대한 당신들의 인식이 비슷하다면 이를 당신들 관계가 갖고 있는 한 가지 강점으로 간주하십시오. 그 강점을 바탕으로 해서 당신들 관계는 더욱 개선될 수 있는 것입니다.

자, 이제 당신들의 '자기관리일지'에 어느 한 쪽이라도 '불공'이나 '불만'이라고 표시한 영역들을 써내려가십시오. 각 항목 옆에는 몇 마디 적어 넣을 여백을 남겨 두십시오.

③ 단계

한 항목 한 항목 내려가면서 당신들의 관계 계약을 건설적으로 변화시킬 계획들을 협상해 나감으로써, 당신들 관계를 더 공정하고 만족스럽게 만들기 위해서 할 수 있는 것에 관한 시험적인 생각들을 토론하고 적어 보십시오. 이 일을 하는 동안 당신들은 사랑을 성숙시켜 갈 것이라는 점을 명심하십시오.

④ 단계

당신들 중의 한 사람에게 불만족스럽거나 불공평하다고 두 사람이 합의하는 한 가지 영역을 고르고, 또 다른 쪽에 불만족스럽거나 불공평한 두 번째 영역을 골라 내십시오. / 이 두 개의 영역에서 만족감과 공평성을 높이기 위해서 당신들이 할 수 있는 것에 관해서 당신들의 생각을 나누십시오. 그리고 나서 '상호 변화 계획'을 함께 작성하십시오. 반드시 누가 언제까지 무엇을 하기로 했는가 하는 말을 분명하게 집어 넣도록 하십시오. 만일 어느 한 사람이 관계 속에서 불리한 입장에 처해 왔다면 그 정의롭지 못한 부분을 바로잡는 데 집중하십시오. 그렇지만 또한 두 사람 모두가 전체적인 계획에서 얼마간 만족감을 더 얻게 되도록 하십시오. 당신들이 합의한 계획을 글로 적어서 앞으로 참고할 문서화된 기록을 지니도록 하십시오.

⑤ 단계

당신들의 계획을 실행하는 데 헌신하고 최선을 다하십시오! 더 공평하고 만족스러운 관계로 나아가는 조처를 취했을 때마다 서로 축하하는 포옹을 한다거나 두 사

"다른 날이랑 똑같았지 뭐예요. ……집을 치우는 동안 태평스러웠던 잠깐의 순간과, 아이들과 노는 즐겁고 뿌듯한 한 시간과, 부엌에서 자발적인 창조성을 발휘한 몇 시간……."

람 모두 좋아하는 어떤 것을 함으로써 스스로 상을 주십시오. 상상력을 발휘해서 당신들 관계에서 만족스럽지만 불공평한 측면들을 포기해 버려야만 하는 데서 오는 어떠한 욕구불만도 상쇄시킬 수 있는 보상책을 만들어 내십시오(물론 많은 변화들이 그 자체로서, 또한 저절로 보상이 된다는 것이 입증될 것입니다). 만일 어느 한 쪽이나 두 사람 모두가 각자 하기로 합의한 것을 하지 않음으로써 망쳐 버린다면 어떤 보상이 보류될 것인지 하는 것도 미리 합의해 두십시오.

처음 정한 영역들에서 변화를 이루고 나면 다시 앞으로 되돌아가서 함께 동의하는 다른 두 분야를 선정해서 4단계와 5단계를 반복하십시오. 만일 어느 한 사람이나 두 사람 모두가 변화 계획을 진척시켜 나가는 노력이 부진하다면, 서로 비난하고 쓸데없는 사후(事後) 논의를 하는 데 정력을 허비하지는 마십시오. 보상이 보류되는 것만으로도 다음 번에는 더 잘하겠다는 동기부여가 충분히 될 것입니다. 그 영역에서 공평성과 만족감을 높일 수 있는 더 실현성있는 계획을 그저 강구해 내든가, 아니면 그것은 냉장고 안에 넣어 두고(식혀 놓고) 당분간 덜 어려운 영역에서 변화를 일으키는 데 초점을 맞추도록 하십시오.

깨달은 이기주의를 넘어서

이 장의 주제, 곧 당신들 관계에서 공평성과 욕구 만족도를 높이는 것이 당신들의 사랑을 성장하게 하는 길이라고 하는 주제가 당신을 걱정스럽게 합니까? 어쩌면 이것은 이기주의나 법치주의식으로 보일지도 모르겠습니다. 이 점을 강조하고 싶습니다. 더 공평하고 만족스러운 관계의 계약을 협상하는 것은 당신들의 사랑을 살려주는 좋은 출발점이지, 최종 도착지점은 아니라는 사실을 말입니다.

부부가 심각한 욕구불만으로 괴로워하고 있을 때, 그래서 상처받고, 적대감과 낮은 자존감, 정서적 소외감을 느낄 때 깨달은(enlightened) 이기주의는 그들이 상처를 치유하기 시작할 수 있는 가장 효과적인 지점입니다. 이것은 그들이 자신의 깨닫지 못한 이기심을 늘어가는 상호 만족감으로 점점 바꾸어가도록 도울 것입니다. 그런 다음에는 그들이 상승하는 욕구 박탈감과 상호 공격의 악순환에서 벗어나 서로 더욱 만족할 만한 궤도로 진입할 수 있게 해줄 것입니다.

토마스 머튼(Thomas Merton)이 잘 보았듯이, "사랑을 단지 욕구와 충족의 문제로 본다는 것은, 또 냉정한 흥정으로 이루어지는 어떤 것으로 본다는 것은 사랑의 전체적인 의미를, 그리고 생명 자체의 전체적인 의미를 놓쳐 버리는 것이 됩니다."[18] 사랑이 무르익어 갈수록 신명나는 관계의 생동성 두 가지가 작동하기 시작합니다. 첫째로, 부부는 사랑의 '새로운 수학'을 발견하게 됩니다. 다시 말하자면, 상대방에게 만족감을 줌으로써 사랑을 준다 할지라도 그것이 사랑을 줄어들게 하지는 않는다는 것, 오히려 이것이 자기에게 되돌아오는 사랑을 더 늘리는 유일한 길이라는 것입니다. 탈무드에 나오는 한 이미지가 성숙한 사랑의 실상을 잘 표현해 줍니다 : "촛불 하나는 자기 빛을 잃지 않고도 많은 초에 불을 밝혀 줄 수 있다."[19] 연인들이 직감적으로 알고 있듯이, 다른 사람의 정열의 초에 불을 붙이는 것은 자기 자신의 초가 빛을 발할 뿐만 아니라 열도 내면서 타오르도록 만들 수 있는 것입니다. 만일 당신들이 독기(毒氣)없는 사이라면 당신들은 자기 보상과 서로 사랑이라는 순환궤도를 의도적으로 증가시킬 수 있고, 그럼으로써 두 사람 모두가 돌봄의 사랑을 받고 또 주게 됩니다. 위에서 언급한 대로 만일 당신들의 관계가 원만하지 못한 의사소통으로 인해서 독기어려 있고 괴로움을 겪고 있다면, 당신들은 아마 이것을 달성하는 방법을 배우도록 도와줄 유능한 상담치료 전문가의 도움을 필요로 할 것입니다.

아이들은 많은 사랑을, 특히 사랑받을 만하지 못할 때 많은 사랑을 필요로 한다고 누군가가 관찰한 바 있습니다. 이것은 우리 어른들 모두의 내면에 있는 어린 소녀나 소년에게 확실히 해당되는 말입니다. 우리가 아프거나 낙담해 있거나 다른 사람들을 보살피는 일을 너무 오래해서 지쳐 있을 때 발동하는 그 내면의 어린이는 아무 노력없이도 얻을 수 있는 사랑을 섭취할 필요가 있습니다. 건강한 친밀관계에서는 각 사람 내면의 어린이는 때때로 바로 그 시간에 사랑을 갚을 것이라는 기대를 받지 않고도 사랑 가득한 돌봄을 얻을 수가 있습니다. 인간관계에 있어서 5리를 더 간다는 것은 상대방이 바로 그 당시에 보답할 마음이 아닐 때라도 기꺼이 주고 싶어하는 상호 존중심과 돌봄이 충분히 존재할 때 가능하

> 촛불 하나는 자기 빛을 잃지 않고도 많은 초에 불을 밝혀 줄 수 있다.
>
> —탈무드

고 건강할 수 있는 것입니다. 그렇기는 하지만, 두 파트너에게서 전인건강이 이루어지도록 하려면, 어떠한 관계에서도 서로 주고받는 사랑은 상당히 균형을 이루지 않으면 안 됩니다.

사랑이 성숙하고 있는 인간관계에서 긴밀하게 연관된 두 번째의 생동성은 어떤 욕구들이 점점 중복되고 합치된다는 것입니다. 인간 완성을 지향하는 심리학자 에이브러햄 매슬로우(Abraham Maslow)는 이 점을 다음과 같이 잘 설명하고 있습니다 : "좋은 애정관계에 존재하는 한 가지 중요한 측면은 욕구의 동일시(need identi-fication)라고 부를 만한 것, 다시 말해서 두 사람 내면에 있는 기본적인 욕구체계들이 하나의 체계로 합쳐지는 것이다. 이렇게 된 결과 한 사람은 상대방의 욕구를 마치 자기 자신의 욕구인듯이 느끼게 된다."[20] 물론 이기심은 우리 모두 안에 어느 정도는 계속 존재합니다. 자기가 원하는 것을 청하고 싶어하는 것은 그것이 일방통행이 아닌 쌍방적인 것이라면 관계에 있어서 건강한 것입니다. 그러나 사랑하는 관계가 성숙해 갈수록 각 파트너가 상대방에게 기쁨을 주는 데서 더 많은 기쁨을 얻게 되는 것처럼, 상호 교환의 관계는 종종 초월되고 맙니다.

사랑이 가장 즐거운 것이 되고 가장 큰 변화의 힘을 지니게 되는 것은 바로 우리가 개화된 이기심을 넘어갈 때입니다. 토마스 머튼의 통찰은 이 변화를 밝게 조명하고 있습니다 : "실제로 사랑은 초월적인 영적 힘이다. 그것은 사실 인간성 가장 깊은 곳에 존재하는 창조적 힘인 것이다. 삶을 고귀한 선물로 받아들이는 살아 있는 감사이다. 사랑에는 그 나름의 지혜가 있다. 사랑하는 사람의 신비 속에서 생명의 내적 깊이를 탐색해 들어가는 그 나름의 방법이 있는 것이다. 진정으로 사랑하고 있을 때 사람들은 상대방이 같이 있어 주었으면 하는 상호 욕구 같은 것보다 훨씬 그 이상의 것을 체험한다. 서로 관계를 맺음으로 해서 그들은 다른 사람이 되고 만다. 그들은 일상적인 그들 자신보다 훨씬 그 이상의 존재가 되고, 더 생명감 넘치며, 더 이해심 깊은 존재가 된다. 그들은 그들 사랑의 힘으로 변화되는 것이다."[21]

머튼이 말하려고 하는 것은, 살아 있는 인간관계 어디에나 있기 마련인 더러운 세속성과 갈등의 한복판에서도 간혹 어떤 변화시키는 힘을 체험한다는 것은 정말로 가능한 일이라는 사실입니다.

독신자들을 위한 관계의 전인건강

전인성의 관점에서 보자면 독신생활에는 문제점과 가능성이 더불어 존재합니다. 독신자나 비독신자나 인생여정의 숱한 우여곡절을 공유하는 면이 많습니다. 그러나 미혼자나 이혼한 사람, 별거하고 있거나 사별한 사람들은 또한 여러 특별한 도전들에 다양하게 직면합니다. 앞에서 강조한 바와 같이, 누구에게나 자기의 지배와 소속에 두려고 집착하지 않는(혹은 적은) 사랑으로써 자기의 전인건강을 지지해 줄 친구나 가족의 돌봄 공동체가 필요합니다. 독신자들은 건강을 가꾸어 주는 자신의 지지체계를 유지하기 위해서 더 열심히, 더 의도적으로 일해야만 하는 경우가 흔합니다. 특히 가족처럼 포근히 감싸 주는 항구가 없이, 다시 말해서, 인생의 바다에서 부딪치는 폭풍을 이겨내기 위해서 진정으로 쉴 수 있고 연료도 재공급받을 수 있는 항구없이 혼자 살고 있는 사람들에게 이 말은 꼭 들어맞는 말입니다.

독신자의 자존감을 건드리는 사회적인 도전 가운데 하나는, 미혼자와 결손부모, 그리고 전통적인 양친가족(two-parent family)이라고 하는 낡은 생활방식에 들어맞지 않는 사람들에게 가해지는 널리 만연된 편견과 (종종 불법적이기도 한) 차별이라는 형태로 나타납니다. 이 편견은 미국인 가운데 다수가 이제 더 이상 그런 전통적인 가족형태로 살고 있는 것은 아니라는 사실을 간과합니다. 그렇지만 결혼생활을 하는 것이 여전히 정상적인 것으로 간주되고 있습니다. 이 말이 의미하는 것은, 이혼했거나 사별했거나 혹은 (자의건 타의건) 전혀 결혼해 본 적이 없는 성인은 사회에 의해서 그 가치가 낮게 매겨진다고 느끼거나 사회적 현실 속에서 마치 스페어 타이어처럼 쓸모없는 존재라고 느낀다는 말입니다. 나이가 든 미혼 여성들은 자기가 속한 문화권의 잔인한 고정관념과 바보취급하는 말들에 시달릴 것입니다. 교회를 포함해서 사람에게 봉사하는 많은 기관들이 혼자 살아가는 것에 대한 문화적 편견에 도전하기보다는 거기에 순응하고 있습니다. 가족 중심의 프로그래밍들은 비록 가족에 대한 예로부터의 정의에 들어맞는 사람들에게는 중요하겠지만, 독신자들로 하여금 국외자(outsiders)가 된 듯한 느낌을 갖게 하는 경우가 흔합니다〈현대 사회에서 이루어진 건강한 발전 한 가지는 '가족'의 개념을 친밀한 지지관계들(intimate supportive relationships)의 범위 전체를 포함하는 것으로 그 정의의 폭을 넓혔다는 것이다〉.

독신자들에게 건강상의 위험을 부과할 수 있는 또 다른 요소로는 스트레스가 심한 독신자 전용장소의 생활양식도 들 수 있습니다. 여기서 어떤 이들은 자기의 정서적, 성적 친밀성에 대한 욕구를 충족시키려 하기도 합니다. 독신자용 술집과 콘도미니엄은 이런 압박감의 실상을 나타내 줍니다. 끝장났지만 완전히 파묻혀 버린 것은 아닌, 예전의 가까운 관계에서 받은 치유되지 않고 곪은 상처들이 어떤 독신자들의 건강을 희생시키기도 합니다. 고독감은 그들을 불건강한 관계로 몰아넣을 수도 있는데, 아직 낫지 않은 예전의 관계들이 주는 아픔과 슬픔은 여기서 받는 새로운 고통으로 인해서 더 커지게 됩니다.

어떤 독신자들은 어린 시절 혹은 어른이 된 초기에 경험한 깊은 상처를 반복할까 두려워서 장기적인 헌신관계를 피합니다. 그들은 철학자 쇼펜하우어가 인용했던 얼어죽어 가는 고슴도치 두 마리에 관한 옛날이야기에 나오는 딜레마의 고통을 겪습니다. 그 고슴도치들은 얼어죽지 않으려고 같이 붙어 있자니 서로의 날카로운 가시가 찌르고, 혼자 있자니 얼어죽는 이러지도 저러지도 못하는 형편에 놓여 있습니다. 독신자 성장그룹과 독신자 상담치료는 바로 그런 사람들로 하여금 관계 형성

기술을 배우고, 성장을 이루는 상호 친밀성을 가로막는 정서적 장애물들을 제거할 수 있도록 해주는 좋은 투자가 됩니다.

혼자 사는 사람들은 대개 영양가 있는 음식을 장만할 마음이 덜하기 때문에 식생활이 덜 건강한 편입니다. 그들은 지방과 소금, 정제설탕이 많이 든 즉석식품(fast foods)을 지나치게 많이 먹고 텔레비전을 보면서 식사할지도 모릅니다. 혼자 살고 있는 독신자들은 위기에 건설적으로 대처하도록 돕고 지지해 줄 대인관계가 적은 경우가 흔합니다. 만일 독신생활이 고독감이나 슬픔, 자존감 약화라고 하는 무거운 짐을 지울 경우에는 이 고통스러운 감정들을 처리하기 위해서 중독의 위험에 빠지기 쉬운데, 이들은 과음하거나 (처방된 것이나 거리에서 구하는) 약물 사용을 하거나, 과식을 하고 운동부족이 되기도 합니다.

그러나 독신생활은 또한 전인건강을 위한 어떤 독특한 긍정적 잠재력을 지니고 있기도 합니다. 한 가지 꼽는다면, 독기어린 관계에서 벗어나 자기 해방을 누린다는 것은 자신의 전인성에 소중한 기여가 될 수 있습니다. 불건전한 결혼생활이 건강에 미치는 부정적인 영향은 상당한 것입니다. 셸리는 31세에, 마침내 그런 질식할 것 같은 결혼생활을 청산할 용기를 냈습니다. 그녀는 자기의 존재 전체가 얼마나 좋게 느끼는가 하는 이야기를 할 때 가슴 깊은 곳에서 터져나오는 웃음을 웃으면서 자기가 영웅으로 간직하는 한 사람(마틴 루터 킹 : Martin Luther King, Jr.)의 말을 인용했습니다 : "드디어 자유다! 전능하신 하나님께 감사하라. 나는 드디어 자유를 찾았노라!" 독신자들은, 안전하기는 하지만 신경과민과 죽음 같은 상태로 몰아 넣는 결혼생활 뒤에 숨을 수가 없기 때문에 더 건강한 인간관계와 생활양식을 발전시킬 수 있는 자유를 누리고, 또 종종 그러고자 하는 동기를 가지고 있습니다. 그들은 자기 몸을 돌볼 수 있는 시간을 내며, '친구가족 관계'를 건강한 상태로 유지하는 데 필요한 에너지를 투자합니다.

성(性)은 결혼생활을 하는 사람들에게도 충분히 복잡한 문제입니다. 그런데 독신자들에게는 성이 종종 더욱 큰 문제거리가 됩니다. 성에 관해서 우리 사회가 현재 취하고 있는 태도는 혼란스럽고 변화하는 과도기에 있습니다. 성은 대중매체 속에서 미화되고 '매디슨 가'(街 : 미국 뉴욕시의 광고업 중심가)에서 선전되고 있지만, 전통적인 사회적 태도는 여전히 수백만명에 달하는 독신 성인들의 성생활을 부정하려고 합니다. 많은 기혼자들과 더불어 독신자들도 종종 자기들에게 온전성을 창조하는 성은 무엇으로 이루어지는가 하는 것을 발견하도록 격려받을 필요가 있습니다. 이 점에 관해서는 10장에서 더 다루어집니다.

결혼이 다소 매력을 잃어가게 되고 독신생활이 좀더 진정한 하나의 선택, 곧 충분히 정당한 하나의 생활양식이 되고 있다는 것은 현대사회에 있어서 건강한 발전입니다. 젊은이들이 더 오래 혹은 영원히 독신으로 남을 수 있는 선택의 자유가 커짐에 따라 그들이 어린 시절의 가정이나 자신의 고독감과 낮은 자존감으로부터 탈출하려는 헛된 시도에서 나쁜 결혼생활로 도망칠 우려는 더 줄어드는 것 같습니다. 결혼과 독신생활은 모두 다 소름끼치도록 건강에 위험한 것일 수가 있습니다. 그러나 다행스럽게도 그 두 가지는 또한 관련 당사자들의 삶과 관계의 질에 따라서 온전성을 가꾸어 주는 것일 수도 있습니다.

창조적인 독신생활을 안내하는 귀중한 책은 존 랜드그래프(John R. Landgraf)의 「홀로서기 : 새로운 독신생활방법」(Singling : A New Way to Live the Single Life)입니다. 그는 독신생활을 재정의하기를 '자신과 좋은 결혼생활을 하고 있는' 긍정적인 상태라고 합니다. 그의 핵심은 이런 의미에서 충분히 홀로설 수 있는 것이 창조적으로 부부생활을 하거나 혹은 창조적으로 독신생활을 하는 데 선행조건이라는 것입니다. 이에 대한 설득력 있는 증거가 다음과 같이 제시되고 있습니다 :

▷ 독신생활은 높은 수준의 전인건강 상태일 수 있다.
▷ 사람은 독신이면서 성적으로도 온전할 수 있다(그는 자기 자신의 가장 좋은 애인이 되기를 권하고 있음).
▷ 일단 완전히 독신이라면, 그 사람은 평생의 동반자를 가질 자유와 준비가 갖추어져 있는 것이며, 가지지 않을 자유와 준비도 되어 있는 것이다.[22]

새로운 형태의 관계 모델

(위에서 얘기한) 부부 성장을 위한 기본적인 방법들은 어떤 가까운 관계에도 귀중한 도구가 될 수 있습니다. 여기에는 결혼하지 않은 채 서로 헌신하는 관계로 같이 살고 있는 이성(異性)의 동거인들도 포함됩니다. 그런 많은 짝들이 자기 부모세대의 인습적 결혼생활에서 느껴지는 정서적 위선과 무기력함에 반발하고 있습니다. 이들은 인간의 기본 욕구, 곧 누군가와 함께 있고, 정서적 지지를 얻으며, 성생활을 하는 욕구를 충족시키는 더 인간화된 방법들을 탐색하고 있습니다. '성직자의 승인없이' 같이 살고 있는 나이든 동거인들은 정식 결혼이 때로 일으키는 복잡함과 소득의 손실없이 이런 정서적, 성적 욕구를 충족하고자 합니다.

새로운 형태의 삶(alternative life-styles)을 살고 있는 짝들과 또한 동성연애자들은 흔히 전통적인 결혼생활에서처럼 인간관계의 갈등과 고통을 경험합니다. 그러나 이들에게는 짊어져야 할 짐들이 추가되어 관계의 전인성이 더욱 큰 도전이 되는 경우가 빈번합니다. 이 짐들에는 그들의 생활양식이나 성적 성향에 당혹감을 느끼고 거부하는 가족이나 교회 교인들의 냉대를 받는 것이 포함됩니다. 또 다른 짐으로는 사회의 비판적이고 차별적인 태도와 관행들도 있습니다. 그런 동거인 짝들은 자기들이 사는 지역사회에서 한 단계 낮은 위치로 취급당하는 괴로움을 겪는 소수집단(minority group)이 마주치는 도전들과 마찬가지 형태의 도전에 직면합니다.

그러한 형벌 같은 압박들 때문에도 이런 짝들이 자기들의 사랑과 전인성을 높이기 위해서 함께 노력하는 것이 더욱더 중요한 것입니다. 사람에게 봉사하는 기관들에 속해 있는 우리들도, 그런 개인들과 짝들의 삶을 풍요롭게 해주는 자원으로서 이 기관들이 갖는 효율성을 손상시키는 그런 비판주의와 동성애혐오증(homophobia)을 지워 버리기 위해서 힘닿는 대로 최선을 다해야 할 것입니다.[23]

부모-자녀와 가족의 전인성 향상 방안

건강한 가정은 세계의 가장 위대한 전인건강 자원입니다. 왜냐구요? 그 이유는 전인건강이란 '집에서 자라는 것'(home grown)이고, 가족은 그 주된 정원이며, 부모는(그리고 교사들은) 일급 정원사이기 때문입니다. 부모들이 집단적으로뿐만 아니라 개별적으로도 이 지구의 전인건강의 미래를 우리 손 안에-문자 그대로-쥐고 있다는 사실은 의심할 여지가 없습니다. 얼마나 굉장한 책임이요, 그리고 기회란 말입니까!

> 자신에 대한 복수!
> 너무 오래 살아서
> 자기 자식들한테
> 골칫거리가 되다니!
> ─저고리 단추

가족문제를 다루는 전문가 550명을 대상으로 실시한 계몽적인 조사 결과 건강한 가족의 특징이 확인되었습니다.[24] 그들이 발견한 건강한 가족들의 특징은 다음과 같습니다.

▷ 의사소통을 하고 귀기울여 듣는다.
▷ 서로 칭찬하고 지지해 준다.
▷ 타인을 존중하는 것을 가르친다.
▷ 신뢰감을 발전시킨다.
▷ 놀이와 유머에 대한 감각이 있다.
▷ 책임 분담 의식을 보인다.
▷ 옳고 그른 것에 대한 의식을 가르친다.
▷ 의식(儀式)과 전통을 풍부하게 간직한 강한 가족의식을 갖는다.
▷ 종교적인 안목을 지닌다.
▷ 서로의 사생활을 존중한다.
▷ 타인에게 봉사하는 것을 귀하게 여긴다.
▷ 가족의 식사시간과 대화를 장려한다.
▷ 여가시간을 함께 즐긴다.
▷ 문제가 생길 때 이를 인정하고 도움을 구한다.

기쁜 소식은, 이 장에 기술된 개인적인 전인건강과 관계의 전인건강을 증진시키는 방법들 대부분이 당신의 가정에서도 적용될 수 있다는 사실입니다. 위의 조사에서 파악된 것과 같은 특징들을 증대시키도록 돕기 위해서 이런 방법들을 활용하십시오. 예를 들면, 많은 가정에서 IRM과 RSJI가 사랑을 성숙시키는 소통을 증진시키고 갈등을 해소하는 데 유용한 도구라는 것을 발견합니다.

자기의 힘으로 되지 않을 때는 어떻게 할까?

당신이 스스로 해보는 전략들과 의사소통 훈련, 갈등 해소의 도구들을 모두 실천해 보았는 데도 당신이 원하는 전인건강이 성취되지 않는다면 어떻게 하겠습니까? 나는 당신에게 목사나 신부나 랍비의 지도를 받거나(그 사람이 상담 방면의 훈련을 받은 경우에 말입니다), 아니면 역량있는 관계상담 치료가의 도움을 받도록 권합니다.[25] 그런 현명한 안내를 받으면서 일련의 상담과정을 거치면 당신은 더 공평하고, 서로 만족스러우며, 사랑을 창조해 내는 관계를 합의해 내는 협상에 도움을 얻을 것입니다. 전문가의 도움을 받고 난 뒤에 보면 이 책에 나오는 전략과 의사소통 도구들이 당신에게 쓸모있는 것임을 깨닫게 될 것입니다. 그러한 도움을 받는 것은 당신 자신과 당신의 가족, 당신의 미래, 그리고 당신 자녀들이 맞이할 미래의 전인건강에 대한 훌륭한 투자입니다.

우리는 결혼과 가족을 존중하는 인류역사의 새 시대 초기에 살고 있습니다. 결혼생활과 가족 안에서 사람들의 정체성과 역할, 관계들은 심오한 방식으로 재정의되고 있습니다. 많은 이들이 자기들이 예전부터 이해해 온 것 가운데서 건강한 것은 무엇이나 발견하고 계속 보유하고자 맹렬히 분투하고 있습니다마는, 또한 90년대와 다음 세기의 새로운 세계에 필요한 변화들에 대해서 더 개방적인 모습을 갖습니다. 존 쉘비 스퐁(John Shelby Spong)은 우리가 직면한 엄청난 도전을 이처럼 걸맞게 묘사하고 있습니다 : "결혼은 불평등한 두 사람 사이의 힘의 관계로 존재하지 않게끔 되고 있다. 점차로 결혼은 서로 더불어 새로운 생활을 꾸미기 원하고, 성적 즐거움을 함께 나누며, 가족 단위의 경제적 전인건강을 위해 협력하고, 노후생활을 같이 설계하는 파트너가 되기를 원하는 두 사람 사이의 관계로 간주되고 있다. 그러한 관계에서는 노골적인 갈등이 일어날 가능성은 필연적으로 더욱 커질 것이다. 동반자적 결혼에서 성실과 상대방의 전인건강을 돌보겠다고 다짐하는 결혼선서는 두 사람을 모두 묶어 놓든지 아니면 아무도 묶어 놓지 못할 것이다."[26]

만일 당신이 이성의 누군가와 맺는 친밀한 관계를 재정의하고자 몸부림치고 있는 중이라면 다음과 같은 책 세 권을 권하고 싶습니다. 하나는 심리학자 허브 골드버그(Herb Goldberg)의 「새로운 남녀관계」(The New Male-Female Relationship)인데, 대중적인 문체로 쓰여진 안내서입니다(이하 세 권에 대해서는 추천도서목록에서 참조하라). 두 번째 책은 메닝거 심리학자(Menninger psychologist)인 해리엣 골드 러너(Harriet Goldhor Lerner)의 「친밀성의 춤」(The Dance of Intimacy)입니다. 부제가 "중요한 관계에 변화를 가져오는 용기있는 행동의 여성 안내서"라고 붙어 있기는 하지만 남성에게도 귀중한 도움이 될 수 있습니다. '열중한 사이'에서 진정한 친밀성과 굳건한 연결관계가 일어나려면, 적어도 한 사람은 주로 상대방에게(부정적인 방식이나 염려하는 식으로) 집중하는 일을 그만두고 그 에너지를 더 분명하고 더 강한 개성감각을 개발하는 데 투자해야만 한다고 저자는 주장합니다.

세 번째 책은 라이언 아이슬러(Riane Eisler)가 쓴 「성배와 칼날」(The Chalice and the Blade)입니다. 이 저자는 남녀간의 동반관계를 지금 세계 각곳에서 해산의 진통을 겪고 있는 새로운 '동반자 사회'의 일부로 보고 있습니다. 이 사회에서는 여자와 남자가 완전한 동반자일 수 있을 것이며, 가족과 학교와 정부 같은 사회 조직체들이 위계질서 피라미드의 종적 관계가 아니라 횡적 관계에 기반을 둘 것입니다. 그녀는 예언하기를, "생명에 대한 찬양과 더불어 사랑에 대한 찬양이, 여성과 남성 사이의 성적인 사랑을 포함해서 사랑에 대한 찬양이 이루어질 것이다. 우리가 지금 결혼이라고 부르는 어떤 형태를 통해서 성적인 결속이 지속될 가능성은 크다. 그러나 이런 결속의 주된 목적은 상호간의 동반관계와 성적인 즐거움, 사랑일 것이다. 그리고 그 밖에도 존재할 수 있는 돌봄의 관계들이, 반드시 이성간의 짝짓기가 아니더라도 충분히 인정될 것이다."[27] 라이언 아이슬러(Riane Eisler)와 그 남편 데이비드 로이(David Loye)가 더 최근에 쓴 책 「동반자의 길」(The Partnership Way)은 「성배와 칼날」의 실용적인 속편입니다.

몇 해 전, 나는 남다른 젊은 여성 산드라를 만났습니다. 그녀는 암에 걸려 오래 투병하던 남편 마크를 20대 중반의 나이에 떠나보낸 후였습니다. 그 비통한 슬픔을 겪으면서 그녀가 엄청나게 성장했다는 사실은 분명했습니다. 남편이 죽은 지 1년 뒤에 그녀는 친구와 친척들에게 이런 감동스러운 말을 적어 보냈습니다 : "여러분 모두에게 저는 말하고 싶습니다(마크도 내가 이렇게 말하기를 원할 것이라고 믿습니다). 지금 서로서로를 위해서 여러분의 사랑을 마음껏 드러내며 사십시오. 미래를 가정하지 마십시오. 다른 사람들과 당신이 관계를 맺으면서 상처받은 곳들을 고칠 치유의 시간을 따로 가정하지 마십시오. 삶에 존재하는 모든 비극적인 차원들과 즐거운 차원들을 깊숙이, 그리고 솔직하게 어루만지고 함께 나누는 것을 두려워하지 마십시오."[28] 지혜로운 말이라고 생각하지 않습니까? 이는 진정으로 사랑하는 관계에서 뿜어져 나오는 스러지기 쉬운 찬란함을 직면한 체험에서 흘러나오는 말인 것입니다.

관계를 위한 자기 건강관리계획을 만들라

이 장을 읽으면서 당신 마음에 들었던 통찰과 방법들로 돌아가서 되새겨 보십시오. 검사표에서 당신이 '보통'이나 '못함'이라고 표시한 항목들에 관해서 떠오르는 생각을 적어도 여섯 가지 이상 포함시키십시오. 친밀한 관계들을 풍요롭게 하기 위한 자원들을 지니고 있는 다른 장들을 보면 유익한 내용을 더 많이 발견할 것입니다. 그것은 성과 전인건강(10장), 여성과 남성의 전인성(11장), 평화와 정의와 환경의 전인건강에 관한 내용(8장) 등입니다.

창의력을 발휘해서 당신의 친밀한 관계들의 온전성을 즐기고 증대시키기 위한 현실적인 '자기관리계획'을 작성하십시오. 파트너와 함께하고 있다면, IRM과 RSJI에서 배운 것을 활용해서 공동 계획을 만드십시오.

당신이 계획을 세울 때 다음 다섯 가지 사항을 포함시킨다면 아마 더 효과적일 것이라는 점을 기억하십시오 : (1) 당신이 정말로 달성하기를 원하는 구체적이고 실현 가능한 목표들, (2) 이 목표들을 향해 나아가는 실천전략들, (3) 일정계획, 특히 당신이 시작할 시간, (4) 당신이 목표를 향해 한 단계씩 올라갈 때 스스로에게 주는 보상들, 혹은 앞으로 나가지 않고 멈춰 있을 때 주어질 형벌들, (5) 당신의 '일지'에 진척사항을 기록하기. 당신이 계획하는 것이 (진지할 뿐만 아니라) 재미있도록 만들고 영적으로 힘이 넘치게 하십시오.

특별히 매력적이고 성취 가능한 목표를 한 가지 이상 골라서 지금 즉시 시작하십시오. 당신에게 가장 중요한 관계들 속에서 당신이 사랑을 성숙시키고 서로의 자기 돌봄이 익어가기를 기원합니다.

제 6 장

전인건강 증진과 탈진 탈출

당신 자신에게 이러한 중요한 질문을 던져 보세요 : 나는 내가 선택한 직업을 즐거워하고 있는가? 비록 그 일을 하면서 임금을 받지 못하는 경우에라도 그 직업이 주는 만족을 적어도 부분적으로라도 얻고 있는가? 나는 수백명의 워샵 참석자들에게 이 질문을 해보았습니다. 나는 이 질문에 예라고 대답할 수 있는 사람들에게 우리 사회에 아직도 남아 있는 행복한 소수 속에 들어 있다고 지적했습니다. 자기의 직업을 충분히 사랑하는 것은 자기들의 심리적, 신체적 건강과 행복에 중대한 기여를 합니다.

> 쥐들의 경주에서 진정한 문제는 당신이 이기더라도 당신은 아직도 쥐일 뿐이라는 사실이다.
> ─릴리 톰린

당신의 총체적인 전인건강을 증진시키는 한 가지 중대한 방법은 할 수 있는 한 당신의 직업이 당신의 인생을 완성하고 자존감을 향상시키게 만드는 것입니다. 이것은 쉬운 일이 아닙니다. 그러나 가능한 일입니다. 당신이 우리 대부분과 같은 사람이라면, 당신의 직업은 일주일에 40시간씩, 1년에 48~50주간 동안, 그리고 40

> 헤르니아 (탈장)를 가지고 있지 않은 사람은 자기가 져야 할 짐을 지지 않는 사람이다.
> ─사무실의 사인

년간 계속해야 하는 것으로 당신의 전체 인생 중에 막대한 부분을 차지합니다. 이러한 긴 시간 동안 당신이 싫어하는 일을 해야 한다면, 그것은 여러 가지 면에서 당신의 건강에 파괴적이 될 수 있습니다. 반면에 당신이 좋아하는 일을 한다면, 그것은 여러 가지 면에서 당신의 전인건강과 행복을 양성시켜 줄 것입니다. 그 직업은 당신과 당신이 관심갖는 사람들과 일들에 필요한 재정을 공급하여 감사하며 만족하게 살게 해줍니다. 당신의 직업능력과 거기서 흘러나오는 성취는 당신의 자존감을 높여 줄 것입니다. 건설적인 직업은 당신이 이 사회에 필요한 가치있는 일을 하고 있다는 깨달음을 주어 삶의 환희를 증가시켜 줄 것입니다.

산업화된 국가들의 직업세계는 오늘날 커다란 지진으로 지각변동을 일으키고 있

습니다. 이 지진은 급격한 사회변화와 하이테크 혁명으로 생겨난 것입니다. 수백만의 사람들이 직업과 관련된 문제들에 전염되고 있습니다. 그들의 직업은 무거운 짐이 되고 있습니다.[1] 그들의 직업이 그들의 건강을 증진시켜 주기보다는 그들

> 당신의 일을 24시간내에 완수하지 못했다면 밤에도 일하라!
> ―저고리 단추

의 총체적 행복과 건강을 약화시키고 있습니다. 수많은 사람들이 자기들의 생존을 위해 반드시 해야 한다고 생각하는 그것을 미워하고 있습니다. 그들은 탈출구가 없는 직업의 함정에 빠졌다고 느끼고 있습니다. 그들이 일을 통해서 얻는 유일한 보상은 월급으로 물건을 사고, 그리고 잠깐 휴가 동안의 자유입니다. 더구나 수없이 많은 사람들이 어느 정도의 고통스러운 탈진으로 고통당하고 있습니다. 자기들의 직업에 대한 사랑과 의미를 상실했기 때문에 그들의 직업이 그들을 질질 끌고가고 있습니다. 그들은 자기들의 시간을 비효과적으로, 그리고 비능률적으로 보내고 있습니다.

권태롭고 의미없는 직업에 더하여 여러 가지 직업에 관련된 문제들은 수많은 사람의 전인건강을 약화시키고 있습니다. 여기에는 직업의 귀천문제, 반복성, 보수를 못 받음, 일중독, 만성적 실업, 자기 재능에 비해 훨씬 낮은 직업, 잘못 선택한 직업, 격렬한 일, 개가 개를 먹는 직업, 기술이 새로이 개발

> 우리가 하는 다른 모든 것과 같이 직업은 자기와 이웃에게 사랑을 전달하는 도구이다.
> ―마르샤 시너타

되면서 지금까지의 기술을 가진 사람들이 갈 곳이 없다는 문제, 할 일 없이 퇴직하는 일 등이 있습니다. 또 다른 직업과 연관된 문제들은 목적을 달성하기 위하여 보수가 낮은 두 직업을 동시에 뛰어야 하는 것, 여성들이 제대로 보수를 못 받는 일, 형편없는 자존감에 묻혀 있어야 하는 낮은 보수의 직업들, 소수민족에 대한 직업 차별, 장애자 차별, 화학물질로 인한 중독, 오염, 방사능 노출 등 작업장의 다양한 문제들 등입니다.[2]

「로스엔젤리스 타임즈」의 최근호에 4개의 큰 광고가 게재되었습니다(그 광고들 바로 다음에는 게임쇼 경쟁자들을 모집하고 있음). 담대한 필치로 뽑은 제목들은 다음과 같은 것들입니다 : "직업 압력, 너무 심한 것 아닌가? 과로? 두통? 스트레스? 난무하는 폭력들? 정서적 고통 또는 육체적 고통? 우울증? 탈진? 부당한 해고? 학대? 불면? 직업문제 핫라인이 언제나 당신 곁에 있습니다." 그러한 핫라인 전화상담을 개설한 사람들은, 현대에 전염병처럼 만연되고 있는 직업과 관련된 좌절, 분노, 건강 문제 등을 돈 버는 데 사용하고 있습니다.

이러한 모든 도전들은 우리 모두가 우리 자신들과 우리 사회를 위하여 직장에서의 전인건강과 행복을 높이는 방법을 발견하지 않으면 안 된다는 긴급성을 대변하고 있습니다. 그러면 당신은 어떻게 당신의 직업과 직장과 그 직업에 대한 당신의 사고방식을 바꿀 수 있겠습니까? 그래서 직업과 직장들이 당신의 건강과 행복을 촉진시키게 할 수 있습니까?

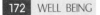

"나의 하루? 기가 막힌 슬램덩크의 연속이라우."

　다음에 제시하는 것들은 직업에 대한 이슈들이며, 아이디어에 불과하기는 하지만 약간 당신에게 맞게 조정하면 당신의 직업에 적용할 수 있을 것입니다. 그 이슈들 가운데는 학생들의 직업교육, 가정주부와 남편의 가사꾸미기, 공공기관 봉사와 종교단체들에게 권능을 부여하는 수많은 귀중한 자원봉사들, 퇴직자들의 계속적인 창조적인 일에의 참여 등이 들어 있습니다.

직업 행복도 점검

　다음의 직업 행복도 점검은 당신에게 두 가지 점에서 유익을 줄 것입니다. (1) 당신의 직업이 당신의 건강에 주는 충격을 진단해 볼 수 있는 방법을 제시합니다. (2) 이것은 당신의 직장생활에서 일을 하면서 당하기 쉬운 탈진을 피하고, 오히려 당신의 전인건강과 행복을 증진시키는 여러 가지 제안을 해줄 것입니다.

　✐ **방법**: 점검표의 각 항목 앞에 있는 ＿＿＿＿난에 다음 세 가지 가운데 하나를

적어 넣어라.

잘함－이 점에서 나는 뛰어나게 잘하고 있다.

보통－나는 잘하고 있는 것 같다. 그러나 더 개선해야 할 점들이 있다.

못함－나는 이 분야를 결정적으로 강화시켜야 하겠다.

_____ 나는 내 직업을 사랑한다. 이 직업은 일반적으로 나에게 도전을 주며, 나의 인간을 완성시켜 주고 있다.

_____ 내 직업은 보수가 괜찮은 편이다. 나는 기본적인 경제적 안정을 누리고 있다.

_____ 나의 직업은 나의 재능들과 기술들의 대부분을 사용하게 하며, 나는 기꺼이 이 직업에 최선을 다한다.

_____ 내가 다시 태어난다고 해도 나는 이 직업을 선택하겠다.

_____ 은퇴 후에 나의 직업과 한 일을 뒤돌아보면서, 내가 한 것에 대하여 일반적으로 만족을 느끼게 될 것이다(당신이 은퇴했으면 현재형으로 대답하라).

_____ 나는 너무 많은 요구사항들과 비현실적인 기대들 때문에 나의 하루의 일과를 과중하게 만들지 않는다. 나에게 할 일이 많이 있을 때에 나는 우선순위를 정하고 한 번에 하나씩 하려고 한다.

_____ 나는 충동적으로 일에 매달리지 않는다. 나는 나의 삶 가운데서 나의 직업과 놀이 사이에 건강한 균형을 유지한다.

_____ 나는 적어도 내 직업의 몇 가지 부분들을 할 때에, 아주 신나게 놀이적으로 하며, 거기서 다른 사람들과 함께 폭소하기도 한다.

_____ 나는 내 직업 가운데서 나의 인생의 목적을 적어도 부분적으로라도 완성하고 있으며, 이 직업이 사람들에게 손상을 주기보다는 유익을 주고 있다고 믿는다.

_____ 나는 내 직장에서 함께 일하는 사람들과 건설적인 관계를 맺고 있으며, 괴로움을 주는 사람들이 너무 오랫동안 나의 주위에 머물지 않도록 좋은 관계를 만든다. 갈등이 일어날 때에 나는 그들과 만나서 정당한 타협을 만들어 낸다.

_____ 나는 나의 상관으로부터 내가 받아야 할 존중을 받고 있으며, 나를 지도하는 모든 분들에게 합당한 존중을 하고 있다.

_____ 나는 일하기 전에 건강한 아침식사를 하며, 거북한 부담을 주는 점심식사를 이용하는 사업논의 없이 영양가 있는 점심을 즐긴다.

_____ 내 직업의 스트레스와 좌절들이 나의 정신과 육체의 건강을 해치게 만들지 않는다.

_____ 나는 나의 자기 신뢰를 높이고, 나의 좌절을 줄이기 위하여 일하는 도중에 술이나 오락성 마약을 사용하지 않는다.

_____ 내가 일하는 중에 압박을 받으면, 나는 하루에도 수차례 기분전환 호흡훈련을 실시한다.

_____ 나는 내 자신에 대해 바보스럽게 너무 높은 기대를 할 때에 나 스스로 웃어 버린다.

_____ 불공정하고, 건전치 못하고, 비하시키는(나와 다른 사람들을) 어떤 일이 나의 직장에서 일

어났을 때에, 나는 다른 사람들과 협력하여 건설적인 변화를 요구하고 있다.

_____ 나의 직업상황이 만성적으로 좌절을 가져오며, 나의 기본 가치와 갈등을 일으키며, 그
때문에 고민한다면, 나는 내 직업을 바꾸겠다.

_____ 나의 일과 나의 여가활동은 서로 보완관계이며, 서로 균형이 맞는다.

_____ 나는 나의 직업의 성공이 크거나 작거나 깊이 음미하며 사랑한다.

_____ 나는 나의 일의 실수로부터도 배우며, 그것을 마음에 품고 고민하지 않는다.

_____ 나는 보통 나의 일을 집에까지 가져가지 않는다. 실제의 일거리뿐 아니라 감정적으로
도 집에서는 일을 잊어버린다.

_____ 나는 직장 일 때문에 밤에 잠을 자지 못하는 일이 없다.

_____ 나는 만성적인 연기습관 때문에 좌절하거나 나의 직업의 효율성을 잃지 않는다.

_____ 실패의 위험이 나를 무자비하게 괴롭히지 않는다. 나는 그 때문에 창조적으로 나의 일
을 하려는 위험감수를 주저하지 않는다.

_____ 나는 나의 영혼을 팔아 버리고 있다는 부정적인 감정을 가지지 않고 내가 일하는 직장
의 구조 안에서 효과적으로 기능을 다하고 있다.

_____ 나는 성이나 인종이나 나이 때문에 직장에서 차별이나 학대를 받지 않는다.

_____ 나는 계획적인 인생의 계획과 목표달성의 한 부분으로서 나의 직장생활을 하려고 계획
하고 있다.

♥ **평가**: 이 점검을 통하여 가장 큰 유익을 얻기 위하여 당신이 표시해 놓은 '잘
함', '보통', '못함'들을 잠깐 훑어 보세요. 그것만으로도 당신의 직업
행복도에 대한 일반적인 인상을 얻을 수 있을 것입니다. '잘함' 항목에
대해서 할 수 있는 대로 자세히 검토하세요.

이제 앞으로의 당신의 직업 행복 계획을 위하여 당신의 자기관리일지
에 당신에게 중요하다고 생각하는 '보통', '못함' 항목을 적어 넣으세
요. 그 분야에서 당신은 어떻게 직업 행복도를 높일 수 있을까 하는 계
획적인 생각들도 적어 넣으세요.

직업 탈진의 이해

탈진을 방지하거나 대처하기 위하여 당신이 할 수 있는 실천적인 방안들을 생각
하기 전에, 먼저 널리 퍼져 있는 이 문제의 성격과 원인들부터 살펴봅시다. 탈진
(burnout)이란 말은 본래 로켓이 모든 연료를 다 소모한 후에 잠깐 동안 그대로 날
아가는 상태를 일컬어 하는 말입니다. 이 때에 공기저항과 중력이 그 로켓의 속도
를 감소시키고, 드디어는 지구 안으로 회수해 들일 수 있게 되는 것입니다. 당신도
이와 같이 연료가 다 소모되어 버린 것 같은 경험을 한 적이 있습니까?

탈진이 주는 경고의 징조들은 무엇입니까? 이것은 자기도 모르게 살금살금 침입해 들어오는 병폐로서, 초기에 그 사인을 자각하는 것이 탈진을 미연에 방지할 수 있게 해줍니다. 가장 뚜렷한 증상은 차츰 목적과 정열과 삶과 일에 기쁨을 잃고, 스트레스에 빠진 느낌을 갖는 것입니다. 또 다른 증상들은 아래와 같습니다.

▷ 이제는 조용히 쉬어야겠다는 느낌이 든다.
▷ 충분히 쉬고 잠을 자도 만성적인 피로감이 떠나지 않는다.
▷ 당신의 일과 인간관계의 요구에 대처할 수 있는 충분한 에너지가 고갈되었다고 느낀다.
▷ 자기 회의, 부적합감, 귀찮음, 윤리적 혼동, 우울증, 소망 잃음, 무기력, 냉소주의, 실패감, 자기 자신과 자신의 상황에 대해 웃을 수 없음 등을 느끼게 된다.
▷ 감기에 자주 걸리고, 두통, 위장문제 등의 고통 등 여러 가지 정신육체적 질병에 걸린다.

누가 직업의 탈진에 가장 잘 빠질까요? 교사, 의사, 간호사, 목사 등 사람을 돕는 직업을 가지고 있는 사람들이 탈진에 잘 빠집니다. 그리고 탈진은 고도의 압력을 받는 직업과 경영자 위치에 있는 사람들에게도 자주 오며, 특히 추진성, 강렬한 경쟁성, 동료들과의 만성적 갈등을 가지고 있는 A타입의 사람들에게 잘 옵니다. 또한 이것은 비천하다고 인정받는 직업에 종사하는 자들, 능력보다 하급직에서 일하는 사람들, 봉급이 일한 대가보다 적다고 생각하는 사람들 가운데서 잘 일어난다. 특히 편모 또는 편부거나 남편이 집에서 어렵고 더러운 일들을 거의 도와주지 않고 어린애가 여럿 있는 주부 등 짐은 무거우나 아무도 알아 주지 않는 가정주부들에게도 잘 일어난다.

완전주의적이요 이상주의적이며 자가 추진적이고 나 혼자 그 일을 해야겠다는 생각을 가진 일중독자들이 특별히 탈진에 취약합니다. 그들의 문제는 '내가 누구냐? 나는 얼마나 가치있는 존재냐? 정말 해야 할 일들을 위해서 나는 무엇을 할 수 있는 존재냐?' 등의 기본적인 자기 정체성에 대하여 자기 가치를 강화시키는 대답을 하지 못하는 성숙의 결여 때문에 오는 수가 많습니다. 낮은 자존감 때문에 그러한 사람들은 다른 사람을 기쁘게 하지 못할까 두려워합니다. 그들은 다른 사람들의 요구가 비현실적이라도 그에 대해 거절하기 어려워합니다. 불행스럽게도, 다른 사람의 요구에 거절하지 못하는 '도움을 베푸는 자'에게 붙어서 의존적인 삶을 살고자 하는 사람들이 엄청나게 많이 있습니다. 그러한 이유로, 의존적인 사람을 도와주려고 지나치게 충성하는 사람들은 자기 자신의 건강과 행복관리를 할 수 없을 뿐 아니라 탈진에 빠지고 맙니다.

탈진을 방지하고 대처하려고 한다면, 내적인 원인과 외적인 원인을 구별하는 것이 중요합니다. 외적인 이유들은 보통 내적인 요소에 취약점이 있을 때 탈진을 만들어 내는 요인으로 작용합니다. 그러므로 이것은 좋은 소식입니다. 그 이유는 우리에게 외적인 이유보다 내적인 원인에 대한 통제 가능성이 더 강하기 때문입니다. 내적인 원인들 중에는 낮은 자존감, 중심이 되려는 불굴의 목적의식의 결여 등 자신의 사고방식과 감정들이 포함됩니다. 또 다른 탈진의 내적인 원인들은 다음과 같습니다.

▷ 분노와 갈등에 대한 두려움, 이것이 갈등과 부정의 해결보다는 회피를 가져온다.
▷ 당신의 이상적인 자기 이미지와 당신의 현실적인 욕구와 충동들 사이의 고통스러운 갈등
▷ 당신의 직업의 요구와 가족(또는 다른 사랑하는 사람들)의 요구와 자신의 자기관리의 필요 등 세 가지 서로 갈등하는 요구들 사이의 시간배정 문제. 탈진에 빠지는 사람들 사이에, 가족의 필요들과 특히 자기관리는 보통의 경우에 아주 제한되어 있습니다.

외적인 탈진의 중요한 이유는 불건전한 직업환경에 있습니다. 그것들을 상술하면 아래와 같습니다.

▷ 높은 수준의 갈등과 비판, 그리고 낮은 사기
▷ 조직 안에서 여러 분야들끼리 커뮤니케이션 부재 또는 약화
▷ 권위주의적이거나 또는 나약하고 결단성이 없는 지도력
▷ 과장된 기대감, 그 때문에 오는 만성적 피로
▷ 낮은 보수와 지나친 과로에 의한 경제적 착취
▷ 업적에 대한 불공평한 평가와 불공정한 승진, 그리고 잘한 일에 대한 적극적 평가 결여
▷ 성적, 인종적, 노인과 계급적 학대와 차별
▷ 상호 격려나 팀웍의 의식이 없거나 거의 없음.
▷ 상처입은 사람들에 대한 관심과 돌봄 결여
▷ 적대적이요 깍아 내리는 유머만 있고 진실한 웃음은 결여됨.

그러한 요인을 가지고 있는 기관이 상업이든, 공장이든, 학교든, 봉사기관이든, 정부기관이든, 자율단체이든, 심지어 교회라고 할지라도, 그러한 기관들은 '광태 창조' 기관이라고 부를 수 있습니다. 이러한 기관의 광태는 그들과 접촉하는 모든 사람들에게 위험스러운 건강위험을 생산합니다(이러한 기관의 광태를 감소시키는 방법에 관해서는 이 장의 뒷부분에서 논한다).

평생직업계획의 중요성

탈진을 피하고 당신의 직업건강(행복)을 향상시키는 열쇠는 계획적인 평생직업계획을 당신의 삶의 스타일로 만드는 것입니다. 직업 자기관리에 관한 책들을 저술한

리차드 볼스(Richard Bolles)는 직업계획은 당신의 인생을 하나의 전체로 생각하고 더욱 일을 잘할 수 있는 계획을 개발하는 맥락에서 효과적이 될 수 있다고 분명히 보여 줍니다. 그는 이렇게 선언합니다 : "사람이 자기에게 가장 효과적이요 생산적인 직업이나 일을 발견하는 열쇠는 자기가 어떤 기술들을 가지고 있으며, 그 기술들을 어떻게 사용할 때 가장 즐거운가를 발견하는 것이요, 자기의 열망이 무엇인지를 알아내는 것입니다. 왜냐하면 자기가 진정으로 좋아하는 일을 발견할 때에, 그는 자기가 최선을 다할 수 있는 직업을 발견하는 것이요, 그렇게 해서 당신의 삶에 진정한 사명을 발견하게 되는 것입니다."[3]

평생직업계획 점검방법

다음은 당신의 기본적인 기술들, 정말로 좋아하는 것, 가치들, 그리고 스타일에 대하여 통찰을 얻기 위하여 지금 당신이 이용할 수 있는 평생직업계획을 세우는 데 필요한 점검방법입니다.[4] 15분 동안에 다음의 자기 점검방법을 완성해 보세요.

- **방법 1** : 다음 도표의 왼쪽 윗부분에 당신의 최고의 기술이요 능력이라고 생각되는 것들을 적으세요. / 그리고 오른쪽 윗부분에는 당신의 가장 예민한 관심과 흥미를 가지고 있는 것들을 적으세요. 왼쪽 아랫부분에는 당신에게 가장 가치있다고 생각되는 것을, 그리고 오른쪽 아랫부분에는 자기의 개인적인 스타일을 적어 넣으세요.
- **방법 2** : 당신이 현재 가지고 있는 직업과 자원봉사하는 일들, 또는 앞으로 계획하는 일들을 평가해 보세요. 당신이 작성한 도표의 기술, 관심(흥미), 가치, 스타일 앞에다 당신이 지금 하고 있는 일(또는 앞으로 할 일)이 이것들을 잘 사용하거나 이것들을 당신의 일을 통해서 잘 표현하고 있다면 +로 표시하고, 그렇지 못할 때에는 −로 표시해 보세요. /
  아주 잘 사용하거나 표현되는 일에는 ++(플러스 2개), 그리고 전혀 사용되지 못하고 있는 것에는 −−(마이너스 2개)로 표시하세요. /
  당신의 현재의 일이나 장래에 계획하는 일이 당신의 독자적인 자원들을 얼마나 잘 활용하고 있는지 +와 −의 비율에 따라 대략적으로 평가해 보세요.

이제는 이 도표를 활용하는 단계입니다.
상상 가운데서 당신의 기술, 가치, 관심, 스타일 등을 가장 완전히 존중하고 활용하는 직업을 마음에 창조하고 명상하세요. 그것이 현실적이냐 하는 것에는 별로 신경을 쓰지 마세요. 독특하고 유일한 존재로서 당신이 이상적인 일을 어떻게 하고

평생직업계획 자기 점검표	
나의 최고의 기술들과 능력들은 다음과 같다. 나는 ~에 자신있다(대중 앞에서 말하는 것, 목공일, 물건을 파는 일, 가르치는 일 등). 1. 2. 3. 4. 5.	가장 예민한 나의 관심들은 다음과 같다. 나는 ~할 때에 가장 신바람이 난다(다른 나라의 문화연구, 다른 사람을 돕는 것, 음악, 과학 등). 1. 2. 3. 4. 5.
나의 가장 최고의 가치는 다음과 같은 것들이다. ~것들이 나에게 가장 중요하다(돈을 버는 것, 건강을 지키는 것, 뛰어난 사람이 되는 것 등). 1. 2. 3. 4. 5.	나의 개인의 스타일은 다음과 같다. 나는 ~타입의 사람이다(다양성을 좋아한다. 내 스스로 보스가 되는 것, 야외에서 일하는 것 등). 1. 2. 3. 4. 5.

있는지를 영상으로 경험해 보세요.

당신의 훈련과 작업현실에 비추어 당신의 이상적 직업이 무엇인지 깊이 생각해 보세요.

평생직업의 목표실현 과정

당신은 수첩이 독재자처럼 느껴지고, 당신이 스케줄을 움직이고 있는게 아니라 스케줄이 당신을 움직이고 있다고 느껴 본 적이 있습니까? 만약 그렇다면 일을 할 때나 일이 끝났을 때에도 계속해서 당신의 건강과 행복을 자라게 하기 위해서, 당신의 시간을 당신 자신이 지배할 수 있도록 더욱 노력하고, 계획적으로 그 시간을 사용할 수 있게 해야 합니다. 너무 과중한 시간계획들을 좀 조정할 수 있는 한 가지 단순한 방법은 '할 일'목록을 만드는 것인데, 당신의 매일계획을 그날그날 검토하며 다시 정리하는 것입니다(대개 전날 저녁이 좋음). 당신에게 가장 시급한 일들과 꼭 완성해야 할 일들 옆에 별표를 하는 것도 도움이 됩니다.

　당신의 단기목표와 장기목표 모두를 실현해 나갈 수 있는 시간계획을 세우는 것은 평생직업계획의 중심요소입니다. 알란 레이킨(Alan Lakein)의 *How to Control Your Time and Your Life*[5]은 이에 대해 가장 훌륭한 지침서입니다. 그의 철학은 시간이 인생이라는 것입니다. 그러므로 당신의 시간을 통제하는 계획을 사용함으로 당신은 당신의 인생의 통제를 높이는 것이요, 당신이 사용할 수 있는 시간을 가장 잘 이용하는 것입니다. 그는 계획을 세우는 것을 미래를 현재로 가져오는 한가지 방법이라고 보았습니다. 그러므로 당신은 그 시간에 대하여 건설적으로 사용할 수 있는 것입니다. 하루의 시작과 끝에 간단히 계획을 세우는 순간도 당신을 놀라게 할 정도로 당신의 시간투자에 중요한 역할을 할 것입니다. 당신의 하루와 직업과 여가와 인생을 계획하는 가장 중요한 첫 부분은 스스로 현실적인 목표를 선택하여 세우는 것입니다.

✳ 전인건강훈련 ✳

　목표설정훈련 : 다음은 레이킨의 기본적인 목표설정방법을 나름대로 정리한 것입니다.[6] 곧 실천에 옮겨 보세요. 구체적인 장기계획과 단기계획을 세우는 데 대략 15분 정도 걸릴 것입니다. 당신의 전인건강 자기관리일지 맨 윗부분에 '나의 인생목표들은 무엇인가?' 라고 적으세요. / 지금은 5분 이상 앞으로 남은 당신의 삶의 기간 동안에 당신이 성취하고 싶은 모든 일들을 적으세요. 거기에 개인적인 목표, 가족목표, 직업목표, 사회적인 목표, 경제적인 목표, 여가선용의 목표 등 할 수 있는 모든 목표들을 포함시키세요. 당신이 성취해야 할 진실로 중요하다고 생각하는 것을 모두 적으세요. 사랑, 행복, 건강, 마음의 평화, 성공, 사랑하는 사람을 즐거워 함, 재미있게 삶, 나의 공동체를 향상시킴과 같은 구체성이 없는 목표보다는 좀더 구체적인 목표인가를 검토하세요. 이 목표들을 더 구체적이요, 좀더 집중적이 되게 하기 위하여 다른 페이지의 맨 윗쪽에 이렇게 쓰세요 : 나는 다음 5년 동안 무엇을 성취하고 싶은가? 5분내로 이 질문에 대한 대답들을 적으세요. / 이제는 또 한 페이지를 넘겨서 다음의 질문을 적음으로 당신의 시각을 구체화시키세요. : 내가 오늘부터 6개월 후에 벼락을 맞아 죽는다면 그 이전에 나는 무엇을 하고 싶은가?(당신은 이미 유언과 같이 죽음에 직접적으로 연관된 것들을 끝냈다고 생각하라.) 5분 이내에 얼마 남지 않은 중요한 기간 동안에 성취시키고 싶은 중요한 것들을 적으세요.

　이제는 세 장에 적어 놓은 것 하나하나를 검토하여 그중 가장 중요하다고 생각되는 것을 한 페이지에 세 가지씩 적으세요. 또 다른 페이지에 나의 가장 중요한 평생목표들이라고 제목을 쓰고 그 밑에 이 9가지 목표들을 적으세요. 그것을 중요한 순서대로 번호를 매기세요. 이것이 바로 당신의 평생목표설정(LGS : Lifetime Goal Statement)입니다. / 당신의 LGS에서 4가지 가장 중요한 목표들을 실현시키기 위하여 즉시 당신이 할 수 있는 구체적이요, 가능한 활동들과 일들을 결정하세요. 당신이 이것을 실천하는 동안에 당신은 차츰 더 많은 시간들을 만들 수 있을 것입니다. 그래서 LGS에서 더 많은 것들을 실천해 나갈 수 있을 것입니다.

> 만약 당신이 시간을 잘 조정하여 긴장을 풀면서 아무것도 하지 않는 시간을 만든다면, 오히려 당신은 더 많은 일을 할 수 있고, 더 큰 즐거움을 얻을 수 있다는 사실을 발견할 것이다.
> —알란 레이킨

이러한 훈련을 사용할 때 나의 길을 가로막는 문제는 그 시간에 내가 할 수 있는 일에 보통 3~4배의 일을 하고 싶어한다는 것입니다. 이 때문에 레이킨의 방법에 파킨슨 법칙을 활용하는 것이 나에게 유익하였습니다. 즉, 냉장고의 비어 있는 곳에 채울 수 있는 모든 음식을 채워서는 안 된다는 법칙입니다. 이것을 위해서 레이킨의 80/20법칙을 사용하여 우선순위를 정하세요. 당신의 80% 만족은 당신의 매일 '할 일' 목록의 20%를 성취할 때에 옵니다. 그렇다면 당신의 가장 중요한 일들을 위하여 더 많은 시간을 할애해야 할 것입니다. 당신이 만약 이러한 레이킨의 법칙이 일중독에 걸린 사람들을 치료하는 데에만 합당한 법칙이 아닌가 하고 걱정이 된다면 다음의 말을 숙고해 보세요 : "만약 당신이 시간을 잘 조정하여 긴장을 풀면서 아무것도 하지 않는 시간을 만든다면, 오히려 당신은 더 많은 일을 할 수 있고, 더 큰 즐거움을 얻을 수 있다는 사실을 발견할 것이다."[7]

능력 – 만족 순환

26세의 로만은 좌절을 주는 직업 속에서 쉬거나 불평하기 쉬운 상황에 처해 있었습니다. 그러는 가운데 그는 자기의 보스에게는 바보스럽고 종업원을 노예취급하는 못난 놈이라고 불평하고, 자기 동료들에게는 자기의 능력을 알아 주지 않는다고 분노했습니다. 그러나 그는 드디어 이렇게 계속하다가는 자기 자신만 병신취급당하고 손해본다는 사실을 깨닫기 시작했습니다. 그의 분노는 내면으로 억제되었고, 그래서 스트레스가 쌓이고, 기분이 상하고, 기력이 탈진되고, 이 모든 결과로 더욱 불평분자가 되었습니다. 그의 일이 악화되면 될수록 더욱 불평의 조건들이 많아졌고, 자기 보스의 구질구질한 모습에 더욱 심술부릴 이유가 생겨났습니다.

> 나는 더 애써 일하기보다는 더 깨끗하게 일을 하고 싶다.
> —범퍼 스티커

당신도 로만처럼 이중의 함정에 사로잡힌 것같이 느끼는 유독한 직업을 가지고 있지 않습니까? 만일 그렇다면 그러한 자기 패배의 순환을 깨뜨리는 데 도움을 줄 수 있는 두 개의 평행의 길이 있습니다. 그리고 그 길을 따라가는 동안에 약간 더 그 일의 만족을 얻을 수 있을 것입니다(이와 꼭 같은 일반적인 방법이 중독성의 관계와 같이 다른 분야에서도 적용될 수 있다). 당신이 택할 수 있는 두 가지 주요한 가능성은 (1) 당신의 사고방식을 바꾸는 일이요(뒤에 상술함), (2) 당신의 행위를 바꾸는 일입니다. 예를 들면, 당신의 기술을 더 발전시키고, 일의 질을 향상시키며, 함께 일하는 사람과 더 친밀하게, 그리고 더 협동적으로 사귀는 것 등입니다. (1)과 (2)는 동시에 처져 있는 당신의 기분과 자존감을 높여 줄 것입니다. 당신이 만일 더 높은 질의 일을 하려고 작정했다면, 그 결과는 멋있게 당신을 놀라게 할 것입니다. 당신이 충격을 받은 보스로부터 감사의 피드백을 받을 수 있을지 누가 알겠습니까? 어떠한 경우든, 당신의 자존감은 아마도 당신 자신에 대해 더 나은 감정을 가질 때 향상될 수 있으며, 더욱 그 일에 만족감을 얻을 것입니다. 이것은 당신의 세 번째 선택을 훈련하기로 작정할 때에 더욱 귀중한 자산이 될 것입니다. 그것은 더 건강한 직업을 찾고 현재의 고용자에게 그만둔다고 이야기하는 것입니다.

직업 압박에 대한 창조적인 대처 방안

나는 당신이 이미 탈진을 피하고 더 건강한 직업을 즐기는 실천적인 아이디어들을 몇 가지라도 찾아냈다고 기대합니다. 당신이 기억해 낼 수 있다면 이 장의 서두에서 본 점검표는 여러 가지 제안들로 가득했을 것입니다. 다음은 당신이 택할 수 있는 몇 가지 중요한 과정들을 돋보이게 하기 위한 것입니다. 여기에 제시하는 13개의 지침은 당신의 직업인생을 더욱 건강하게 만들어 줄 것입니다.

1. 위에서 제시한 대로 계획적인 평생직업계획을 정기적으로 시행하되, 특히 실직했을 때나 직업을 옮길 때에 하세요. 이렇게 함으로 당신은 당신의 인생을 운전하는 주인이 될 것입니다. 당신은 지나치게 과중한 스케줄이 당신을 움직이고 결국 당신을 넘어지게 만드는 것을 피하기 위하여 우선순위 정하기와 계획세우기 등을 활용하세요.
2. 당신의 스케줄 속에 자기관리와 취미생활을 위한 시간을 정기적으로 가질 수 있게 작정하세요. 매주 1~2일은 실제로 쉴 수 있게 하고, 매년 꼭 휴가를 갈 수 있게 하세요.
3. 당신의 스케줄에 매일 당신의 가족과 당신의 친구들과 의미있게 함께 보내는 시간을 정하세요.
4. 건강식과 규칙적인 근육운동과 합당한 휴식과 감각적 필요의 충족 등으로 당신의 몸을 잘 관리하세요. 당신 몸이 나빠지고 특히 스트레스에서 기인한 질병과 탈진의 기미가 있을 때에 당신 자신을 특별히 관리하는 지혜를 가지세요.
5. 당신의 일을 흥미있게 만들어 놀이와 일을 균형있게 하세요. 다른 사람들과 함께 웃고, 당신 자신을 기뻐하고, 직장에서 일어나는 미친짓들에 대해 웃음을 아끼지 마세요(다음에 더 이야기함).
6. 직장이나 다른 곳에서 분노, 분개, 죄책 또는 불안 등을 쌓아 두지 마세요. 이러한 부정적인 감정들이 쌓일 때에 탈진의 독버섯이 피어납니다.

7. 다음의 방법들을 활용하여 집에서 매일 스트레스를 감소시키고 내면의 샘을 다시 채우는 법을 배우세요. 명상, 전신 긴장풀기 훈련, 이미지 만들기, 음악, 기도, 시쓰기와 읽기, 창조적인 일하기, 예술, 영감의 독서, 사랑하기, 의미있는 커뮤니케이션, 레크리에이션, 장난치기 등.

8. 왼쪽 뇌와 오른쪽 뇌의 활동을 번갈아 가면서 움직이는 바꾸기 원리를 실천하세요. 당신의 일이 왼쪽 뇌의 분석적, 언어적, 수학적 기술을 주로 사용하는 것이라면, 오른쪽 뇌의 운동을 가끔 실천하여 서로 조화있게 만드세요(7번의 방법들을 활용하라).

9. 당신을 열어 다른 사람이 당신에게 감사하고, 당신을 육성할 수 있게 허용하며, 다른 사람에게도 그렇게 하세요(다음에 더 이야기함).

10. 만약 당신의 우선순위와 자기 요구와 삶의 스타일이 당신에게 탈진을 가져올 수 있다면, 억압을 감소시키고 당신의 삶을 더욱 건강하게 관리할 수 있는 방법으로 그것들을 개선하세요.

11. 당신의 삶의 과정이 과중한 짐으로 가득하거나, 사람들이 당신에게 지나친 요구를 하거나 당신의 자기관리가 당신에게 별 이득을 주지 못할 때마다 "아니오." 하고 말하는 기술을 실천하세요.

12. 당신의 삶과 일과 세계에 중요한 것들에 대해서 계속 성장하고 신나서 할 수 있게 훈련하세요. 그래서 당신의 직업인생과 당신의 인생의 일이 서로 맞물려 돌아가게 하세요.

13. 당신이 일할 때나 쉴 때나 당신 자신은 하나님의 영의 귀중한 아들, 딸임을 확인하고 자신을 사랑하고 관리하고 용서하며 자기 자신을 존중하세요.

당신의 직장에서 자신을 해방하기

상대적으로 건강한 직장에도 좌절과 인간관계의 갈등과 적어도 약간의 미친짓들이 있게 마련입니다. 이러한 탈진요인들은 불완전한 인간들과 혼란스런 직업환경이 잘못된 상호 작용을 하면서 생겨납니다. 완전한 직업은 완전한 결혼과 같이 동화이야기나 환상 속에서만 존재합니다. 부정의와 다른 스트레스요인들을 제거하기 위하여 당신이 할 수 있는 모든 일을 한 후에도 그렇게 좌절을 주는 직업을 떠나지 않기로 작정했다면, 상대적이기는 하지만 건전하게 그 직업을 수행하는 데 도움을 줄 수 있는 어떤 것들을 할 수 있는 힘이 당신에게 아직도 남아 있습니다. 당신의 사고방식을 부정적이요, 자기 패배적인 데서 긍정적이요, 친밀관계를 형성하는 것으로 바꾸기로 결정하는 것은 이러한 자기관리 전략의 핵심입니다. 자기 보호적이며, 사고방식과 관계를 바꾸어 주는 방법들을 몇 가지 살펴보기로 합시다.

당신이 만일 직업상 레몬을 가지고 있고, 그 레몬을 가지고 그 직업에 머물기로 작정했다면, 이제 당신이 그 레몬으로 레몬쥬스를 만드는 몇 가지 방법들을 찾아낼 수 있는지 심사숙고하세요. 나는 당신에게 유해하고 고통스러운 작업환경에 그대로 머물라고 암시하는 것이 아닙니다. 자기를 비하시키는 직업을 떠나는 용기와 유독한 관계를 떠나는 위험부담을 선택하는 것이 전인건강과 행복을 위한 근본적이요, 용기있는 일일 수 있습니다. 그러나 만약 당신이 어떤 이유로든 그렇게 좌절을 주는 그 직업에 그대로 남아 있기로 했다면, 당신의 궁극적인 사유, 즉 외부적인 상황에 대한 당신의 자세를 선택하는 자유를 구사하세요. 가끔 부정적인 상황에 잘 숨겨져 있는 긍정적인 가능성에 자신을 열어 놓으세요. 예를 들면, 당신은 당신의 직장에서나 집에서 권태로움에 사로잡히고 반복적인 일의 덫에 걸렸다면, 당신은 아마도 당신의 마음이 두 가지 수준에서 기능할 수 있다는 사실을 발견할 것입니다. 하나의 수준은 일상의 업무를 그대로 수행하는 것이요, 또 하나의 수준은 더 창조적이요, 더 즐겁고, 동시에 더 흥미있는 어떤 것을 가지고 씨름할 수 있는 것입니다.

당신이 할 수 있는 또 다른 것은 당신의 직업 밖에서 당신에게 더 큰 만족을 주고, 더 큰 자존감을 길러 줄 자양분을 발견하는 것입니다. 장미꽃의 냄새를 더 맡으세요. 즉, 당신의 가족과 친구들과의 친선동아리와 당신의 지역사회와 또는 교회의 회원이 되어 거기서 즐거움을 발견하세요. 많은 사람들은 자기의 직업을 떠나지 않고 직업 밖에 있는 사람들과 상호 지지와 친선관계를 개발함으로써 좌절을 주는 직업 속에서도 상대적이기는 하지만 건강하게 일합니다.

당신은 또한 좌절을 주는 직업을 직장에 같이 근무하는 동료 한 사람과 상호 지탱의 친밀관계를 개발함으로써 더욱 건강한 직업으로 만들 수 있습니다. 그러한 우정관계는 즐거움을 줄 뿐 아니라 서로의 자존감을 강화시키는 데 큰 도움을 줍니다. 어떠한 직업갈등들은 그러한 전략으로 피할 수 있습니다. 데니스 웨이틀리(Denis Waitley)와 레니 위트(Reni L. Witt)는 공저 *The Joy of Working*에서 자존감이 직업효율성과 즐거움에 미치는 중요성을 이렇게 강조합니다 : "자존감은 자기의 직업에서 행복을 찾는 첫 번째 열쇠입니다. 자존감은 성공의 기초석입니다. 그것은 당신 자신의 영혼 안에 깊이 자리잡은 자기 가치의 감정입니다. 자기의 일을 사랑하는 사람들은 자기 가치와 자기 신뢰에 대한 강한 신념을 개발합니다. 그 사람들은 꼭 이런 감정과 신념을 가지고 태어난 사람들이 아닙니다. 그들은 젊었을 때 바보스럽고 보잘것없다고 느꼈을지도 모릅니다. 그러나 성인이 되어 일을 하면서, 그들은 실천을 통하여 자기 자신을 좋아하는 것을 배웠습니다."[8]

불행하게도, 많은 직장에서 어떠한 취급을 당하고 있느냐에 따라 자존감이 달라지고 있습니다. 특별히 하이테크 직장에서 지탱적인 관계와 아주 적극적인 관계로 서로 접촉하는 것은 전인건강과 행복에 본질적입니다.[9] 나의 젊은 동료가 큰 회사에서 오랫동안 일하던 자기 아버지의 감동적인 기억들을 나와 함께 나누었습니다 : "아버지께서 일하는 것을 보면서, 일하는 것은 위대한 기쁨이라는 확신이 내 속에 자라났습니다. 그러나 인생의 과정에서 그 직업을 위대한 가치로 전환시킨 것은 사람들과의 친밀한 관계였습니다. 내가 나의 아버지에게 직업에 대한 이야기를 들을 때에, 아버지는 무엇을 하였느냐보다는 아버지와 함께 일하던 사람들에 대하여 더 많이 말씀하셨습니다. 이제 (은퇴한) 나의 아버지에게 중요한 것은 바로 그 사람들 이었습니다."[10]

다음은 당신의 직장에서 상호 지탱을 증진시키고 사람과의 관계에서 만족을 얻는 몇 가지 제안들입니다.

1. 당신과 약간의 친밀을 느끼며 당신의 흥미와 관심을 함께 나눌 수 있는 직장동료들과 우정관계를 만들 수 있는 커뮤니케이팅(경청을 포함하여)을 하세요. 나 개인에 대해서 말한다면, 이러한 교제가 30여 년간 비슷한 것을 대학원에서 가르쳐 오면서도 나를 살아남게 지켜 주었습니다. 내가 캠퍼스에서 가까운 인격적인 친구, 믿을 수 있고 상호 지탱과 신뢰의 근원이 된 친구 한 사람을 가질 수 있었다는 것이 나의 건전성을 지켜 주었습니다. 그가 아주 바쁜 스케줄이 있을 때에도, 그는 나의 사사로운 삶과 공적인 삶의 승리의 순간과 좌절의 순간들마다 내 옆에 있어 주었습니다. 그는 나에 대해서도 나와 같은 이야기를 할 것입니다. 우리가 규칙적으로 점심을 하면서 나눈 대화들은 가끔 지성적 세계가 교수들과 학생들에게 만들어 주는 메마른 사막의 오아시스와 같이 우리에게 신선감을 주었습니다.

2. 당신의 동료들이 가지고 있는 감사의 조건들을 (솔직하게) 찾아내어서, 당신이 좋아하고 감사하는 것을 그들에게 말하세요. 많은 직장에 서로 인정해 주는 것이 부족한 상태이며, 특히 정서적인 분위기가 움츠러들고, 동료들 간에 갈등이 심하고 경쟁의식이 있는 곳에서 일하는 사람들 간에 더욱 그렇습니다. 다른 사람으로부터 받는 솔직한 인정과 감사의 선물은 당신의 자존감을 높여 줍니다. 그것은 또한 상호 존중과 관심을 길러 줍니다. 당신의 직장동료들에게 당신의 관심을 표현함으로써 그들에게 긍정적인 스트로우크스(사랑의 접촉)를 주기 위해 항상 노력하세요. 그것은 처음에 그들을 어리둥절하게 만들고 무슨 꿍꿍이 속이 있지 않나 하고 의심하겠지만, 그것을 두려워하지 마세요. 그들은 결국 그것을 좋아하게 될 것입니다. 당신이 만일 상관의 위치에 있다면 필요할 때에, 그리고 가능할 때마다 신실하게 인정해 주는 것은 매우 중요합니다. 특별히 직원들에게 교정과 비평을 해야 할 때에는 더욱 신실한 인정과 감사가 필요합니다. 5장에서 언급한 IRM의 방법은 갈등을 피하고 동시에 갈등을 해소하며, 스탭간의 관계를 향상시키는 데 이용될 수 있을 것입니다.

3. 어떠한 인정이나 관심있는 피드백이든지 직장에서 받을 수 있는 것을 수용할 수 있게 당신 자신을 열어 놓으세요. 여러 해 동안 나는 나의 직장에서 나의 에너지 수준이 오르락내리락하고 있다는 이상한 사실을 깨닫게 되었습니다. 며칠 동안 나의 일상 업무들(가르침, 상담, 위원회 모임, 동료들과의 관계 등)을 하고 난 후에 나는 완전히 탈진해 버립니다. 이것은 정서적인 탈진일 뿐 아니라 육체적인 탈진입니다. 또 다른

때에 여러 날 같은 일을 하고 났으나, 나는 육체적으로 피로를 느끼며 집으로 오지만 정서적으로는 활기가 넘칩니다. 거기에는 단순한 하나의 차이밖에 없다는 사실을 뒤늦게(내가 왜 그처럼 오랫동안 그 사실을 자각하지 못했는지.) 깨닫게 되었습니다. 탈진해 버린 날에, 나는 내 일에 접근하면서 일종의 전문가 찰스 아틀라스 자세로 임하였던 것을 깨닫게 되었습니다. 그것을 자각하지 못한 채, 나는 엄청난 짐들을 지고 가고 있었습니다. 나는 무거운 짐으로 어깨가 짓눌리고 있었고, 무엇이 그날 일어나든지 내가 책임져야 한다는 억눌린(그리고 외로운) 감정을 안고 있었습니다. 그러나 다른 날에 나는 더 오래, 그리고 더 힘들게 일했으나 그때에 나는 오히려 더 열려지고, 더 수용적이고, 나 자신의 나약함을 더 자각했습니다. 책임감에 관해서 이야기하더라도 나는 독주자와 같이 느끼지 않고, 오케스트라의 한 사람의 연주자(가끔 지휘자가 될 때도 있지만)처럼 느낍니다. 나는 학생들과 스탭들과 내담자들과 동료들을 더 즐거워하고, 그들과 더욱 즐겁게 웃을 수 있었습니다.

4. 당신이 일하는 동안에도 놀이적인 내면의 아동과의 접촉을 계속하세요. 시인 루스 베버마이어(Ruth Bebermeyer)의 시를 기억하면 건강에 도움이 될 것입니다. "당신의 속에 있는 아동과 성숙한 성인과 당신의 영혼 속에서 숨바꼭질을 즐기세요."[11] 당신의 직장에서의 건강과 행복을 위하여, 당신의 직장에서 일어나는 재미있고 어린아이 같고, 불합리하게 보이는 것들을 당신 자신과 함께, 그리고 다른 사람과 함께 웃어 넘기세요. 적당할 때마다 즐겁게 다른 사람들과 접촉하면서 당신의 일의 짐을 덜어 버리고, 거기에 있는 다른 사람에게 환영받는 선물들을 공급하세요(장난, 웃음, 유머 등).

기독교인 의사이며 스트레스 이해의 선구자적인 연구가인 한스 셀리(Hans Selye)는 이상적으로 일하는 것은 즐거운 연극이 되어야 한다고 보았습니다.[12] 치명적인 고역을 치루는 대부분의 사람들의 직업세계에서 이와 같은 목표는 중류사회의 직업 엘리트주의같이 보일 것입니다. 그러나 여러 문화 속에서는 억압당하는 인간들이 어떻게 그들의 작업지옥에 대처하고 있는지를 생각해 봅시다. 그들은 그러한 작업 환경 가운데서 일하면서도 노래를 만들어 동료들과 함께 노래하고, 동료의식을 즐기며, 구원의 공동체를 만들어 내고 있습니다.

나의 기억의 창고 속에 어린 시절에 보았던 어머니의 모습이 강하게 남아 있습니다. 그분은 부엌 싱크대 앞에서 매일 똑같은 허드렛일을 하면서도 그분이 좋아하던 찬송을 언제나 허밍으로 부르고 있었습니다. 나의 딸 수잔은 좌절을 주는 일을 하면서 다음과 같은 사실을 깨달았습니다. "나의 직장에서 끊임없이 반복되는 일을 하는 동안에, 나와 함께 일하는 사람들과 함께 웃고 사귀는 법을 배운 것이 그 직장이 나에게 줄 수 있는 유일한 의미였습니다."[13] 서로 함께 즐기면서 일하는 법에 대해서는 다음 장에서 서술하려고 합니다.

5. 내면의 압박을 풀어 버리고 사람을 즐겁게 하는 자, 항상 "예" 할 수 있는 자가 되세요.

지배적인 사람들이나 의존적인 사람들의 지나친 기대를 거절하지 못하는 취약성은 바로 자존감이 흔들리기 때문에 오는 것입니다. 이 때문에 그들은 다른 사람에게 사랑받기를 지나치게 요구하며, 동시에 다른 사람이 아니라고 말하는 거절의 두려움을 지나치게 의식합니다. 이러한 증후군이 과도 스트레스와 탈진의 주요 원인이 됩니다. 당신 자신을 보호하는 것은 부족을 느끼는 당신이 더 높은 자존감을 얻어, 당신 자신의 필요들을 더 존중하고, 거절의 예술을 실천하고, 그래서 당신 자신에게 꼭 필요한 자기관리를 위한 시간을 만드는 것입니다.

만약 이 모든 '스스로 실천하기' 기술이 당신에게 의미가 없다면, 나는 당신이 능력있는 직업상담자와 적어도 몇 회의 면접상담을 하여 당신 자신과 당신의 직업에 대하여 좀더 귀중한 투자를 하라고 권고해 드리고 싶습니다. 특히 인격적인 문제를 다룰 수 있는 정신치유상담자와 면담하면서 당신의 내면에서 반복적으로 결심을 번복시키는 충동적 요소들에 대해서도 검토해 보기를 권고합니다.

일중독에서의 회복

일중독은 사회적으로 보상을 받는 질병으로 널리 퍼져 있습니다. 이것은 다른 모든 중독과 같이 점진적으로 정상적이요, 균형있는 인생을 사는 자유를 잃게 만듭니다. 억눌리고 충동적인 이 과정은 수백만의 사람들의 건강을 약화시킵니다. 그러한 사람들은 가끔 자기들의 장례식에서 '자기 가족을 부양하기 위해 혼신의 힘을 다한 사람'이라고 찬양을 받습니다. 그러나 실상 그들의 가족들은 아마도 그들이 그렇게 일중독에 걸려 탈진되었다는 사실을 숨길 것입니다. 일에 중독된 사람들은 가끔 다음의 특성들을 나타내 보입니다.

▷ 조금만 쉬고 오랜 시간 동안 벌을 주듯이 일한다.
▷ 쉬지 않고 계속 일하므로 고도의 아드레날린 분비를 가져온다.
▷ 일하지 않을 때는 신경과민이 되고 죄책을 느낀다.
▷ 놀이마저도 노동으로 만든다.
▷ 항상 '빨리 증후군'에 사로잡힌 것 같다. 대부분의 일을 위해 너무 적은 시간만 배정하며, 여러 가지 일을 한꺼번에 하려고 한다.
▷ 밤과 주말에 일거리를 집으로 가지고 가며, 휴일 동안에 살금살금 노동을 하며, 이것을 일종의 불안방지 안전담요로 이용한다.
▷ 그들은 일을 하지 않으면 안 되기 때문에, 중요한 가족의 일에도 빠진다고 사랑하는 사람들에게 만성적으로 불평을 받는다.
▷ 스트레스에 기인한 광범위하고 다양한 정신적, 육체적 고통을 당한다.

▷ 그들이 병들었을 때에만 압도적인 불안이나 죄책감을 느끼지 않고도 일을 그만둘 수 있다.

▷ 그들이 쉬지 않고 일을 해야만 하는 이유를 정당화시키는 합리화 수단을 갖는다.

▷ 그들은 끊임없이 일을 한다. 그들은 충동적이면서도 효과는 없다.

▷ 자기관리와 놀이는 시간을 낭비하는 것으로 생각한다.

수많은 일중독을 일으키는 완전주의적 자기 요구들은 당신의 일 가운데서 얻을 수 있는 것이면 어떠한 기쁨이라도 없앨 수 있습니다. 완전주의가 그 희생자들을 탈진하도록 몰아세우지만, 그 충동성은 놀이성에서 솟아나오는 진정한 창조력에 장애물이 됩니다. 그것은 그들의 조그만 성공을 즐거워하게 하는 것은 결코 좋은 일이 아니라고 믿게 만듭니다. 만약 당신이 완전주의로 고민하고 있다면 카렌 호니(Karen Horney)가 "불완전에의 용기"라고 부른 것을 실천으로 배우세요. 그렇게 하는 것이 당신의 창조력에 뿐 아니라 당신의 건강과 행복에도 좋을 것입니다. 만약 당신의 완전주의가 합리적인 것이든 비합리적인 것이든 타인의 기대에 자동적으로 부응하려는 욕구와 서로 얽혀 있다면, 이러한 욕구를 감소시키거나 제거시키는 것은 당신의 건강과 행복에 결정적입니다. 당신이 이것을 하는 만큼 당신의 내면의 짐은 가볍게 될 것입니다.

핵심적인 일중독은 중단시키기가 어렵습니다. 그 이유는 그것이 사회적으로 보상을 받기 때문이요, 도움에 열려지게 하기 위하여 밑바닥 뿌리를 파내는 것은 매우 느리기 때문입니다. 그래서 대부분의 경우에 건강문제가 서서히 개발되어 갑니다. 일중독 치유협회에서 하는 것과 같은 12단계 그룹치유 프로그램은 심각한 중독증세를 가진 사람들 가운데서 고침을 받아야겠다는 동기를 부여받은 사람들에게 효과적인 치유방법이 될 수 있습니다.[14] 개인과 그룹정신 치유는 충동을 일으키는 심리적 악마를 몰아내기 위하여, 회복과정의 어떤 지점에서 12단계 프로그램과 효율적으로 연계시킬 수도 있습니다.

물론 이 모든 것은 쉽지 않습니다. 아트 버츠왈드(Art Buchwald)는 재미있는 칼럼을 다음 제목으로 썼습니다 : "만일 일중독에 대한 치유방법이 있다면, 그것은 효력이 없을 것이다." 그는 글을 쓰지 않고 아내와 즐기면서 주말을 보내려고 노력하였다는 사실을 이야기합니다(실제로 실패함). 토요일 아침에 그는 홀로 되어서 일에 몰두하기 시작하면서 그의 계획은 흔들리기 시작했습니다(미국은 주말이 금요일 저녁에 시작된다. 그는 자기 결심이 24시간도 되기 전에 무너졌다고 하는 것이다 : 역자 주). 그는 아름다운 유머로 자기의 통찰을 감쌌지만 자기의 내면 깊숙히 자리잡은 중독적인 과정이 어떻게 자기를 몰아세우고 있는지를 분명히 조명하고 있습니다.

일중독자들은 자기들의 과장되고 완전주의적인 자기 기대들이 내면의 부모의 음성이라는(TA의 용어) 사실을 깨달을 때에 도움이 될 것입니다. 내면의 부모는 이렇게 말합니다 : "네가 완전하기까지(사실 이것은 불가능하다.) 너는 나의 사랑과 용납을

"이것은 일중독자들을 위한 것입니다. 이것은 컴퓨터 터미널과 마이크로 오븐을 복합시킨 것입니다."

받을 생각을 하지 마라. 완전해지는 것이 나의 사랑의 대가이기 때문에 너는 자신을 채찍질하며, 그 불가능을 성취하여야 할 것이다." 아동기 때부터 우리의 머리 속에서 반복하여 들어 온 해묵은 녹음테이프같이 그것은 완전히 꺼 버릴 수 없는 것입니다. 가능하면서도 도움이 되는 방법은 이러한 머리 속의 테이프들의 볼륨을 약하게 하고, 그것을 틀었을 때에 그것을 들으며 속으로 웃어 버리는 법을 배우는 것입니다(12장에 기술된 부모자아 교정방법이 당신에게 도움이 될 것이다).

충동적인 일중독과 고도의 생산성을 가진 노력을 구별하는 것이 중요합니다. 후자도 가끔 오랜 동안의 힘든 일을 하게 만들 것입니다. 그러나 그들은 자기들이 하는 일을 좋아하며, 그러므로 그 안에 일과 놀이가 서로 중첩되고 있습니다. 일중독자들과 달리, 그들은 즐거운 시간에 진정한 레크리에이션을 즐기며 긴장을 풀 수 있을 것입니다.

직장을 쇄신하라

당신의 직장환경의 건강을 향상시키고, 그래서 구조적인 탈진의 원인들을 줄이기 위하여 가능한 것이면 무엇이나 행하면 당신의 전인건강에 기여하게 될 것입니다. 당신이 속한 기관들—직장이나 또 다른 기관의 전인건강에 미치는 충격에 대한 당신의 이해를 높이기 위하여, 이 책 맨 끝에 있는 "당신의 기관이나 교회나 직장이 전인건강과 행복을 지지하게 하라."는 제목의 연구조사 도구를 검토하고 사용하기를 권장합니다.

토마스 피터스(Thomas J. Peters)와 로버트 워터맨(Robert H. Waterman) 공저

*In Search of Excellence*는 많은 영감을 주는 책인데, 미국에서 가장 생산성이 높은 30개의 회사에 대한 연구조사를 보고하고 있습니다. 여러 다양한 종류의 회사들이 가지고 있는 기본적인 작업원리는 '사람들을 통한 생산성 향상'이라고 그들이 칭하는 원리입니다. 그 의미는 고용인들을 존엄성과 존중으로 대우하고 성인이요 파트너로 인정하여, 그들의 최선의 노력을 진정한 가치요 본질적인 요소로 보는 것입니다. 그 저자는 다음과 같이 선언합니다 : "아주 뛰어난 이 회사들에게 개인개인을 존중하는 것보다 더 설득적인 주제가 거의 없었다. 이러한 회사들을 생동하게 만드는 것은 충분한 구조적인 고안들, 시스템들, 스타일과 가치들이다. 그러므로 이 회사들은 평범한 사람들을 가지고 특별한 결과를 만들어 낸다는 점에서 참으로 유별나다. 이 회사들은 사람들에게 자기의 운명을 스스로 통제할 수 있게 만들어 준다. 그들은 평범한 조와 보통의 제인을 승리자로 바꾸어 준다. 우리는 쓸개 빠진 얼간이에 대해 이야기하고 있는 것이 아니다. 우리는 개개인들에 대한 확실한 존중과 그들을 기꺼이 훈련시키는 것과 그들에 대한 분명하고 합리적인 기대를 하고 있다는 것과 그들에게 스스로 걸어가 자기 일을 실천하는 자발성을 격려하는 일에 대하여 말하는 것이다."[15] 한마디 덧붙이면, 바로 이러한 기본적인 원리가 산업뿐 아니라 모든 종류의 기관에서 전인성을 증진시키는 하나의 열쇠라는 것입니다.

가족와해, 중독, 그리고 탈진 등으로 고통당하는 고용인들을 위해 가족상담이나 개인치유상담을 제공하는 것이 고용주 자신의 이익이라는 사실을 분명히 깨달아 가고 있습니다. 경험있는 근로자들을 복귀시키는 것이 새로운 일꾼을 훈련시키는 것보다 훨씬 비용이 덜 듭니다. 이것은 또한 인도적인 가치가 있으며, 따라서 기관의 전인성을 향상시키는 데 기여합니다.

많은 기관들이 또한 건강관리에 유익을 주는 건강훈련 프로그램을 만들고 있습니다(5만 이상의 미국 회사들이 실내체육시설을 가지고 있다). 운동시설, 조깅트랙, 몸무게 감소 프로그램, 담배끊기 프로그램, 건강관리 강연 등을 무료로 제공하고 있습니다. 어떤 회사들은 고용인의 가족들과 은퇴 고용인들에게까지 이러한 시설을 개방하고 있습니다. 많은 연구들은 이러한 프로그램들이 고의적인 결근을 감소시키고, 고용인의 사기를 높이며, 비용면에서도 효과적이며, 생산성과 이윤을 높여 주고 있음을 보여 줍니다.[16]

불필요한 스트레스 요인들과 좌절과 부당성을 제거하기 위하여 당신의 직장에서 다른 사람들과 협동하는 것은 중요합니다. 노동자 소모의 대부분은 인간존중 전직원 실천을 통해서 제거시킬 수 있습니다. 이것은 모든 사람들을 위한 더욱 건강한 직업분위기를 창조합니다. 어떤 종류의 부정의들도 개인의 전인성뿐 아니라 기관의 전인성을 해칩니다. 고용인 불평소송과 이것에 실패하였을 때 제기하는 법적 소송 등은 거기에 관련된 개인과 기관 모두의 건강에 엄청난 손상을 입힐 수 있습니다.

누군가(당신 자신을 포함해서) 부당한 임금, 불공정한 승진, 채용, 그리고 해고, 성적 학대, 인종차별, 권위의 잘못된 사용 등의 방법으로 착취를 당하거나 차별대우를 받을 때에 분노하고 어떤 행동을 취하는 것은 건강한 것입니다.

당신의 마음-몸 전인건강을 위하여 당신의 재정적 안정건강을 언급하지 않으려고 조용히 마음사리지 마세요. 만약 당신이 바로 지금 직업을 잃을 수 없으므로 잠시 동안 직업을 지키기 위하여 어쩔 수 없는 경우에만 잠잠할 수 있습니다.

당신이 무엇을 할 수 있느냐 하는 것은 권력구조에서 당신의 위치가 어디에 있는가에 따라 달라집니다. 당신이 만약 결정을 내리는 위치에 있다면, 당신은 당신의 기관을 모든 사람을 위해 더 건전하게 만들 수 있게 변화를 주도할 수 있는 좋은 기회를 가지고 있습니다. 물론 어떤 사회 시스템이든지 파도를 만들면, 불공정한 현상황 때문에 이익을 보는 사람들이 속상해 할 것입니다. 당신이 만일 직장의 권력구조에서 하부에 속해 있다면, 한 개인으로 정의의 십자군이 되려고 하는 것보다 동료들과 협력하는 것이 더욱 효과적이 될 것입니다. 당신의 직장에서 불의에도 수동적인 자세로 묵묵히 따라가거나, 돈키호테처럼 독불장군 공격형을 취하는 것에 비해 보다 바람직한 제 3의 선택이 있습니다. 이것은 당신의 동료들과 협력하여 할 수 있는 대로 많은 사람들을 그 문제를 중심으로 모이게 하는 전략입니다. 당신이 만일 노동조합의 일원이라면, 이러한 선택을 실천하는 것이 더욱 효과적일 것입니다.

직업 바꾸기와 해고에 대처하기

현금의 직업상황에서 하나의 신선한 발전은, 많은 중년들이 자기들의 일생 동안 하나의 직업 이상의 직업을 가지는 자유입니다. 아마도 당신은 과거에 선택한 직업에서 벗어날 만큼 성장하였는지도 모릅니다. 만약 그렇다면 하나의 신바람나는 새로운 장이 당신의 인생에 열려졌습니다. 그것은 두려움을 감수하고 믿음의 도약을 선택하여 새로운 직업의 문을 여는 것입니다. 당신이 지금 종사하고 있는 직업이 당신에게 중독성이 있다면, 이러한 도전적인 기회는 당신에게 더욱 의미있는 기회가 될 것입니다.

만약 당신의 현재의 직업이 당신 인생의 중요한 가치들과 갈등관계에 있는 일을 하는 것이라면, 직업을 바꾸는 것은 당신의 인격과 윤리적 전인건강에 크게 기여할 수 있을 것입니다. 40세 초반에 전기공학 엔지니어이던 조는 지금의 인간봉사 프로그램의 행정요원으로 직업을 바꾸었습니다. 그는 그의 새 직업으로부터 오는 '사람보상'(사람에게서 얻는 보상을 의미함 : 역자 주)은 비록 돈을 많이 받지 못하지만 넉넉하고 크다고 이야기합니다.

조가 그의 직업을 사임하기 전에, 여러 달 동안 영혼탐구의 세월을 보내며 고민했고, 그의 아내 제니퍼와 여러 번 밤늦게 토의했습니다. 조가 보수가 낮은 직업을 갖게 되면, 제니퍼는 파트타임 직업을 가지고 공부하려던 계획을 취소하고 전임 직업을 택해야 합니다. 그러나 그들 두 사람은 조의 엔지니어 기술이 살인무기제작에 기여하여 수백만의 순진한 어린이들과 어른들을 몰살시키고 몇 분 안에 생태계에 회복시킬 수 없는 엄청난 손상을 입힐 수 있다는 사실을 깨닫고 커다란 양심의 가책을 느꼈습니다.

많은 친구들은 조의 직업을 바꾸기 위해 조 부부가 함께 결단을 내리면서 보여 준 그들의 놀라운 윤리적 용기에 감탄했습니다. 그의 동료들도 조와 같이 사임하는 결단을 내리지는 못했으나 조의 용기를 인정했고, 자신들의 양심도 불편하다고 이야기했습니다. 가장 어려운 적응은 조와 제니퍼의 10대 아들인 데이비드에게 있었습니다. 자기 부모들의 그런 결정을 내리기 전에 데이비드와도 의논했지만, 그래도 그는 전가족이 경험하는 경제적인 압력 때문에 속이 상했습니다.

어떠한 이유로든 직업 바꾸는 일을 하기 전에, 당신이 앞으로 겪게 될 일들을 조심스럽게 내다보고 계획을 세우는 일이 중요합니다. 흔들리는 직업시장과 관련해서 당신의 재능과 취미와 사고방식들을 분석해 보세요. 어떠한 직업선택이 당신의 인생의 목적의식과 성취에 가장 크게 공헌할 수 있습니까? 유능한 직업지도 전문가는 당신이 직업선택으로 고민할 때에 현명한 선택을 하도록 돕는 일에 귀중한 자원이 될 것입니다.

실직의 위기는 많은 사람들에게 직업적으로 새로운 결단을 내리게 밀어내고 있습니다. 실직은 거의 모든 사람들에게 3중의 위협이 되고 있습니다. 경제적으로 큰 고통을 받으며(가끔 재난으로 변함), 자기의 자존감에 손상을 입으며, 가족 안정성이 흔들립니다. 장기적인 실직만큼 대부분의 사람들을 총체적으로 위협하는 위기는 별로 없었습니다. 다음은 이러한 위기를 건설적으로 대처하는 몇 가지 제안들입니다.

> 그 시스템이 제대로 돌아간다고 믿으면, 그렇지 못한 사람들에게 이야기하세요.
>
> -범퍼 스티커

1. 당신은 여러 가지를 동시에 상실하는 슬픔의 과정에 있음을 자각하고 슬픔의 과정에서 취할 행동을 하세요(제 9장 참조).

2. 사람들을 찾아가서 그들의 도움을 받으세요. 당황과 혼란 가운데서 사람을 피하는 일은 금물입니다. 만약 당신 가까이 직업안정 지지그룹이 있거나 또는 그들이 먼저 접근해 온다면 그들과 협력하세요.[17]

3. 특별히 직업상담 전문가들의 도움을 얻어, 당신의 직업위기에 대한 직업방향의 평가를 주의깊게 내리는 기회로 삼으세요. 당신의 직업인생의 방향을 다시 잡는 일을 심사숙고하세요.

4. 리차드 볼즈(Richard Bolles)의 저서 *What Color is Your Parachute?*를 읽고 그 책에 있는 '단기간 취업 안내도'를 사용하세요.

5. 그 위기가 당신의 가족관계를 심각하게 붕괴시키고 있다면, 결혼과 가족상담 전문가의 도움을 요청하세요.

직업정신과 소명의식

고통스러운 직업문제로 괴로워하는 사람들과 상담하면서 나는 자기의 직업에서 어떤 의미의식을 발견하는 것보다 직업건강과 행복에 더 중요한 것은 없다는 결론을 얻었습니다. 당신은 자기의 일을 뜨겁게 사랑하고 그 일이 자기 인생의 기본적인 목적을 실현하는 것이라고 믿는 사람들이, 도전과 스트레스와 어려운 일을 당해도 힘있게 뻗어나가는 것을 경험한 적이 있습니까? 대체로 그러한 사람들은 고도로 생산적일 뿐 아니라, 일중독이나 탈진으로도 보통 고통을 당하지 않습니다. 왜 그럴까요?

그 대답은 USC대학교 교수 샤론 코넬리(Sharon L. Connelly)의 연구를 통하여 발견되었습니다. 그녀는 소위 '직업정신'(work spirit)을 가졌다고 하는 20명의 사람을 대상으로 조사했습니다. 그들은 자기들의 일을 매우 만족스러워 했고, 따라서 아주 높은 수준의 성취와 뛰어난 기능과 능률을 보였습니다. 그녀가 발견한 직업정신의 본질적인 특색들은 "그들의 직업에서 더 큰 의미를 위해 헌신하고 있다는 비전과 목적의식", "그들을 불러 그 일을 하게 하시는 더 높은 어떤 분과 하나가 되어있다는 의식", "그러한 의식을 통하여 흘러나오는 것이라고 믿는 놀라운 에너지" 등입니다.[18] 바로 이러한 직업정신은 도로시 데이를 힘있게 했던 정신과 비슷합니다.

이러한 직업관에 대한 불교적 표현은 '정도'(正道)입니다.[19] 기독교전통에서는 그러한 직업을 사랑하는 정신이 '소명'(글자 그대로의 뜻은 부름을 받았다임.) 또는 '하나님으로부터 받은 사명'입니다. 전인적인 관점에서 일(직업)을 이야기하면, 모든 건설적인 직업은 더 넓은 우주의 맥락에서 순수한 가치를 갖습니다. 그러므로 그러한 믿음을 가지고 일하는 모든 사람들은 자기들의 일을 소명이라고 이해하며, 일을 하는 사람들은 단순히 자기들의 종교그룹에서 그 일을 지명했다고 생각하지 않습니다. 당신이 만약 영적으로 전혀 관심이 없다면, 이런 식으로 직업에 대하여 이야기하는 것은 약간 거만하다고 볼 것입니다. 그러나 당신의 직업에서 더 넓은 목적을 발견하는 것은 당신이 그 직업에서 자신을 순수하게 완성시키고 있다고 믿는 데 결정적입니다.

전인성의 관점에서 볼 때, 우리 모두는 소명을 받고 있습니다. 이 소명은 인간 가족의 모든 식구들을 좀더 사랑하고 좀더 전인적인 행복을 가지고 살도록 세상을 만들기 위하여 우리의 뇌와 상상력과 은사들과 기술들과 사랑을 사용하는 것을 의미합니다. 당신이 그렇게 하고 있을 때에 당신의 일은 아주 중요한 의미에서 당신을 위한 우주의 사랑의 목적을 표현하고 있는 것입니다. 여기에 당신 자신에게 물어야

전인건강의 창

도로시 데이

신문기자요, 대민 봉사자요, 사회에서 소외된 사람들을 위한 십자군인 도로시 데이(Dorothy Day)는 직장 재해자, 실직자, 가난한 자, 그리고 집없는 자들의 고통에 놀라운 책임의식을 느끼고 있었습니다. 뉴욕에서 나오는 한 신문의 기자로 일하면서 그 여자는 뉴욕 슬럼가에서 관찰한 것 때문에 소름이 일었습니다. 그녀는 테레사 수녀의 철학에 공감하여, 테레사처럼 자발적인 빈곤을 선택하여 그들과 함께 살면서 가난한 자들의 비참을 함께 나누기로 작정했습니다. 그녀는 로마 가톨릭으로 개종하면서 세상의 비참함을 외면하는 어떠한 종교도 진정으로 믿을 수 있는 종교는 아니라고 느꼈습니다.

1917년에 그는 고통당하는 여인들을 위하여 백안관 앞에서 데모하다가 붙들려 투옥되었습니다. 대공황으로 온 사회가 가장 곤경에 처했을 때에, 그녀는 1개월에 1센트짜리 신문인 *Catholic Worker*를 발행하기 시작했습니다. 이 신문은 그녀의 종교전통의 영성에 깊이 몰두하여, 사회적 이슈들에 대한 자기의 교회와 국가의 양심을 일깨우기 위해 열정적으로 도전했습니다. 그녀는 널리 퍼진 가난, 우리 사회의 경제구조의 불공평, 그리고 또 다른 평화와 정의의 이슈들이 상호간에 아주 깊이 연계되어 있다는 사실을 깨닫고 고민하였습니다. "다른 사람의 필요에 즉각적으로 응답해야 한다."는 가톨릭교회의 신조를 실천하려고 하는 가톨릭 노동자운동은 그녀에게서 영감을 받고, 그녀의 지도에 따라 거의 전미국의 주요 도시마다 '자비의 집' 구조망을 설립하였습니다. 배고픈 자를 먹이고, 집없는 자에게 쉴 곳을 제공하고, 직업을 얻지 못하기 때문에 절망하는 수많은 청년들을 도왔습니다. 핵무기가 개발되는 시기에 데이와 그녀의 운동은 호전국의 핵전쟁 준비에 강력하게 반대했습니다. 그녀는 강제시민방위훈련에 반대하고, 미국 농부파업을 지지하는 데모를 했기 때문에 여러 번 투옥되었습니다.

도로시 데이는 가난한 자들 가운데서도 가장 가난한 자들과 함께 사는 것을 선택했습니다. 그는 그들과 깊은 유대관계를 개발했습니다. 정의를 위한 피곤한 투쟁의 와중에서 그녀는 바다를 찾고 기도수양회를 하면서 내적인 힘을 새롭게 하였습니다. 여러 가지 면에서 그녀는 간디처럼 일했습니다. 특히 털실작업을 하면서 긴장을 푸는 점에서도 비슷했습니다. 그녀는 80세가 넘어서 뉴욕시 남동부에 있는 가톨릭 노동자 호스피스에서 1980년에 죽었습니다. 정의에 뿌리를 둔 그녀의 강한 사랑은 그녀가 죽는 순간까지 그녀의 일을 계속하게 만들었습니다. 그녀의 영감의 인생과 경제적 전인성에 대한 정열은 사회적, 경제적, 직업억압 등으로 절뚝거리는 사람들에게 전도하고 돌보도록 전교회를 움직이게 하는 가장 중요한 힘이었습니다.

할 열쇠가 되는 질문이 있습니다. 어디에서 나의 독특한 재능들과 울부짖는 세계의 필요가 서로 만날 것입니까? 이것은 당신의 직업인생과 당신의 평생직업이 서로 만나는 지점을 찾는 것입니다. 이 두 가지가 당신 안에서 서로 만날 때, 당신의 인생은 활기를 얻고 힘있게 될 것이며, 당신은 당신 자신의 전인건강을 위해 일할 것이며, 당신을 통하여 이웃의 전인건강이 이 땅에 들어오게 될 것입니다.

직업관리 훈련계획 만들기

앞으로 돌아가서 이 장을 읽어 나가는 동안에 당신에게 귀중하게 생각되었던 아이디어들을 검토하세요. 앞서 제시한 점검표에 당신이 표시한 '보통'이나 '못함' 항목들과, 당신의 재능과 가치와 개인적인 스타일을 가장 잘 활용할 수 있는 이상적인 직업에 대해 당신 자신이 만들어 놓은 계획과 항목들도 검토하세요. 그것들 가운데서 6개의 항목을 선택하고, 당신의 직업인생의 전인성을 향상시킬 구체적인 행동을 결정하세요. 당신의 창조성을 사용하여 당신의 직업을 더 전인적이요, 더 자기 완성적이요, 더 환희에 넘치는 것으로 만들기 위하여 현실적인 자기관리 변화계획을 쓰세요.

당신의 계획에 다음의 사항들을 포함시키면 더욱 효과적이 될 것입니다 : (1) 구체적이요, 실현 가능성이 있는 것으로 당신이 정말 성취하고 싶어하는 것, (2) 장애와 저항을 극복하고 실천에 옮길 수 있는 실천적인 전략, (3) 일정계획, 특히 언제 시작할 것인가 하는 점, (4) 그것을 향해 성공적으로 나갈 때마다 당신 자신에게 부여할 보상과 뒤로 물러 갈 때마다 내릴 벌, (5) 당신의 계획을 실천해 가는 동안에 생각나는 새로운 통찰들과 진전 상황의 기록. 당신은 사랑 중심으로, 그리고 영적으로 활력을 얻을 수 있게 계속 노력하세요.

처음 시작하는 사람들을 위하여, 특별히 매력적인 것 1~2개를 선택하여 다음 몇일 동안 실천에 옮겨 보세요.

만약 내적인 저항이 당신의 진전을 방해하고 위협한다면, 매일 몇 분 동안 당신의 마음에 영화영상을 만들어 보세요. 당신이 계획한 것을 성공적으로 실천하고 그것을 즐거워하는 당신을 영상으로 경험하세요. 당신의 심각한 계획성과 쾌활한 교제를 서로 균형있게 하여 당신의 삶에 아주 큰 생동력을 주는 이 분야의 자기관리를 더욱 즐겁게 할 수 있게 하세요.

제 7 장 웃음과 놀이로 치유와 건강을

전인건강에 이르는 중요하고 즐거운 방법은 놀이와 웃음이 가지고 있는 치유에너지를 정기적으로 경험하는 것입니다. 당신 자신과 인생의 불합리한 모순들, 그리고 다른 사람들을 보면서 웃는 것은 당신의 인생을 연장시키며 아마도 몇 년 동안 더 살게 하는 스트레스 감소방법입니다. 이것은 돈이 들지 않고, 쉽게 얻을 수 있으며, 중독성이 없는 것입니다. 이것은 당신의 정신과 육체와 영혼에 당신이 줄 수 있는 가장 단순하고, 가장 건강하며, 가장 크게 해방을 줄 수 있는 건강선물 가운데 하나입니다. 이 장의 목적은 당신의 PPQ(Play-Pleasure Quotient : 놀이-만족지수)를 높이므로 당신의 AQ(Aliveness Quotient : 생동력 지수)를 상승시킬 수 있는 통찰과 방법을 제공해 주는 것입니다.

> 세상에서 최고의 의사는 다이어트 의사, 침묵 의사, 그리고 즐거움 의사이다.
> -조나단 스위프트

웃음과 놀이 건강 점검표

여기에 소개하는 점검표는 다음 중요한 두 가지 점에서 유익한 도구가 될 수 있습니다. (1) 당신의 전인건강을 향상시키기 위해서 당신이 웃음과 놀이를 얼마나 잘 사용할 수 있는지 그 방법을 재빨리 점검할 수 있게 합니다. (2) 점검표의 항목들은 인생의 놀이의 기쁨을 향상시키는 행동들과 사고방식들을 보여 줄 것입니다.

✎ **방법**: 다음 각 항목들 앞에 있는 _____ 난에 다음 세 가지 가운데 하나를 표시하세요.

잘함-나는 이것을 아주 뛰어나게 잘하고 있다.

보통-나는 그런 대로 하고 있다. 그러나 개선의 여지가 많다.

못함-이것을 꼭 강화시켜야 하겠다.

_____ 나는 나를 보면서, 그리고 나의 인생 가운데서 일어나는, 말도 안 되는 일들을 보면서 즐겁게 웃는다. 내가 너무 심각하게 내 자신에게 집착할 때에 나는 나 자신을 과장시키는 내 모습을 보면서 웃어 버림으로 기분을 전환시킬 수 있다.

_____ 나는 다른 사람과 함께 웃으며 장난친다.

_____ 나는 내 자신 속에 있는 장난치는 아동을 즐거워한다.

_____ 나의 미소는 나의 중심에서 나오며, 다른 사람에게 보이기 위한 미소나 조작적인 미소를 거의 짓지 않는다.

_____ 나는 재미있는 영화, 희극, TV 코미디쇼, 그리고 유머 책들을 자주 즐긴다.

_____ 아주 심각한 상황 가운데서도, 나는 적어도 약간의 우스운 어떤 것들을 볼 수 있다.

_____ 나는 나의 친구들과 나의 가족들과 함께 재미있는 사건들과 농담들을 나누며 즐긴다.

_____ 내가 관심을 갖는 사람들과 웃고 장난하는 것은 이 관계를 풍성하게 만드는 즐거운 방법이다.

_____ 일들이 긴장되거나 권태로워질 때에 나는 유머로 그 상황을 가볍게 만든다.

_____ 나는 고집스런 관료주의자들과 독재자들 면전에서도 속으로 웃을 수 있다(크게는 아니지만). 그래서 그들의 면전에서도 힘을 더하게 할 수 있다.

_____ 나는 내 자신이나 다른 사람들이 내게 거는 불합리한 기대들을 보며 웃어 버린다. 그래서 나의 기대라는 무거운 짐들을 가볍게 만든다.

_____ 나는 놀이의 치유능력을 실천하여 매일 여러 차례 웃음을 터뜨리며 미니휴가를 즐긴다.

_____ 나는 매주 1~2회 종일 쉬면서 자기관리와 즐거운 일을 위해 그날을 사용한다.

_____ 나는 해마다 재미와 생동력을 더해 줄 수 있는 시간을 가질 수 있도록 충분한 휴가를 주의깊게 계획한다.

_____ 나는 가끔 장난치고, 휴가를 즐기고, 또는 빈둥거리면서도 그전이나 이후에 그 때문에 죄책감을 느끼거나 나 자신을 벌하지 않는다.

_____ 나는 정기적으로 긴장을 풀고 기분을 전환할 수 있는 다양한 오락활동들을 즐긴다.

_____ 나는 일이 너무 무거워져 가면 가벼운 TV프로그램이나 가벼운 독서, 또는 다른 건강운동을 하며 즐긴다.

_____ 나는 혼자서, 그리고 가족 식구들과 친구들과도 오락활동을 즐긴다.

_____ 나의 일과 놀이는 서로 중복된다. 나는 가끔 일을 오락같이 즐기며 한다. 그리고 내가 놀이를 즐길 때에 생산적이 된다.

_____ 나는 나의 웃음과 눈물이 서로 보완하는 관계에 있으며, 나의 삶을 풍부하게 만들 수 있다는 사실을 발견했다.

_____ 나는 하나님과 명랑한 관계를 즐기면서 나의 영성생활을 풍성하게 만든다.

_____ 나는 놀이에 대한 심각한 점검이 일종의 농담이었음을 알았다.

♥ **평가** : 첫째로 당신의 PPQ(놀이-만족지수)에 대한 전반적인 인상을 파악하기 위하여 당신이 표시한 응답들을 훑어 보세요.

　　두 번째로 도움이 된다고 생각하면, 당신의 삶에서 기쁨과 재미를 증가시키기 위하여 당신이 하기를 원하는 '보통', '못함' 항목들을 당신의 자기관리일지에 기록하세요. 당신이 어떻게 이 일을 하는지에 대하여 어떤 계획적인 아이디어를 가졌다면 그 아이디어를 적어 두었다가 이 장의 끝에 가서 활용하세요.

웃음의 치유와 스트레스 감소 능력

> 마음의 즐거움은 양약이라도 성령의 근심은 뼈로 마르게 하느니라.
> -잠 17 : 32

　　웃음이 좋은 건강을 증진시킨다는 신념은 고대부터 있었습니다. 히브리성경의 지혜문에서 나오는 이러한 주옥 같은 말을 음미해 보세요 : "마음의 즐거움은 양약이라도 심령의 근심은 뼈로 마르게 하느니라"(잠 17 : 22). 14세기의 지혜로운 의사의 말이 마음에 떠오릅니다 : "마을에 들어온 한 사람의 광대는 한 무리의 노새등에 잔뜩 실은 약품보다도 주민들의 건강에 더 좋다."

> 사람들은 결국 그의 창조주를 만날 때에 하나님이 주신 인생의 모든 즐거움을 즐기지 못한 것 때문에 책임추궁을 당할 것이다.
> 그때에야 그는 자기가 받은 선물을 제대로 사용하지 않았다는 것을 깨달을 것이다.
> -샘 레빈슨

　　최근의 과학적인 연구조사는 이러한 옛 지혜를 확인하고 있습니다. 노만 커즌스(Norman Cousins)는 이러한 연구의 선두주자입니다. 교원병(膠原病)에 걸렸다가 회복된 자기의 경험을 반영하면서 그는 이렇게 보고했습니다 : "나는 10분간의 폭소가 고통없이 2시간 동안 편히 잘 수 있는 마취효과가 있음을 발견하여 기뻤다. 고통을 죽이는 웃음의 효과가 사라졌을 때에 우리는 영화 영사기를 다시 바꾸어 돌렸다. 그러자 또다시 고통없이 잠자는 시간을 만들 수 있었다."[1] 웃음의 사건이 있기 여러 시간 전과 바로 후에 조사한 그의 육체화학작용검사는 긍정적이요 점차 최고조에 달하는 향상을 보였습니다. 커즌스의 탐구는 과학적 기초와 상상적 구조 위에 착실한 기금의 준비를 갖춰 UCLA 대학교 의과대학에서 계속되었습니다. 초점은 적극적 감정이 치유에 미치는 영향에 맞추었습니다.

　　윌리엄 후라이(William Fry) 박사는 스탠포드대학교 교수인데, 웃음은 근육운동, 맥박수, 산소의 교환 등만 증가시키는 것이 아니라, 교감신경계통과 심장혈관계통도 촉진시켜 준다는 것을 밝혔습니다. 그것은 카테콜라민이라고 부르는 호르몬의 생산을 증가시켜 주었습니다. 그리고 그 호르몬은 육체의 자연적인 고통 감소효소인 엔돌핀의 생산을 자극시켜 주었습니다. 베타 엔돌핀은 아마도 어떤 조깅하는 사람들이 보고하는 '주자들의 절정경험'과 계속 웃을 때 경험하는 '웃음의 절정경험'

전인건강의 창

노만 커즌스

웃음의 치유의 힘은 노만 커즌스(Norman Cousins)가 보고한 놀라운 경험을 통하여 그 신빙성이 널리 알려졌습니다. 그는 UCLA대학교 의과대학에서 의학적 인간학을 가르치는 객원교수이며, *Saturday Review*지의 저명한 전임 편집장이었습니다. 1976년에 그는 희귀하고, 고통스럽고, 거의 회복이 불가능하며, 계속 몸의 관련조직들을 퇴화시키는 교원병에서 그를 회복시키는 데 웃음이 주요 요인이었다고 주장했습니다. 그는 병원에 입원해 있었을 때, 자기 주치 의사가 자기가 잘 아는 친구에게 보내는 충격적인 편지를 우연히 보게 되었습니다. 그 편지에서 "나는 노만을 잃어버릴까봐 두렵네." 하는 글을 읽었을 때에, 그는 뭔가 자기가 선수를 쳐야겠다고 작정하였습니다. 부정적인 감정들이 많은 병의 취약성을 높이는 원인이라는 사실을 알고, 그는 웃음과 긍정적 감정들이 자기의 회복에 기여할 것이라고 생각하게 되었습니다. 그래서 그는 병원을 퇴원하여 호텔로 들어갔습니다. 그리고 그는 고 막스 브라더스(Marx Brothers)의 필름들과 속임수 TV프로그램인 몰래카메라의 필름들을 볼 수 있게 조정했습니다. 가끔 간호사가 유머책들을 그에게 읽어 주었습니다. 그는 한동안의 웃음이 자기 치유 능력을 상당히 높여 주는 것을 발견했습니다. 그는 이렇게 보고했습니다. "그것은 효과가 있습니다. 웃음이 좋은 약이라는 옛말에 심리학적 기초가 있음을 발견했을 때 나는 몹시 기뻤습니다"(*Anatomy of an Illness*, pp.39-40). 커즌스는 폭소를 '내면의 조깅'

이라고 불렀다. 그 이유는 폭소가 근육긴장 풀기, 심장박동수, 혈압 등에 건강한 효과가 있음을 알았기 때문입니다.

여러 해 후에 커즌스는 심장마비에 걸렸습니다. 그는 다시 자기의 몸과 마음의 치유의 능력을 놀라운 방법으로 활성화시켰습니다. 자기 아내가 회복 1주년을 기념하여 노만에게 '깜짝파티'를 계획하고 있다는 것을 안 그는 유니버설스튜디오에 들려서 분장사에게 자기의 얼굴을 엉뚱한 얼굴로 분장시키게 했습니다. 그는 자기를 위해 준비한 '깜짝파티'에 그의 친구와 동행하여 나타났습니다. 그의 친구는 노만을 영국에서 방문한 몰톤 교수라고 소개했습니다. 그의 분장이 하도 뛰어나서 그의 아내와 그의 딸까지도 속았습니다. 그는 말까지도 조금 깨진 소리를 내는 영어 악센트를 흉내내어 말했습니다(Cousins, *The Healing Heart*, New York : Avon Books, 1983, pp.86-87).

노만 커즌스는 이 시대가 낳은 가장 놀라운 저널리스트요, 작가들 중의 한 사람입니다. 그는 경영난에 허덕이는 문학지(*Saturday Review*)를 아이디어들과 세계의 사건들과 문화와 영감을 주는 사회적 이슈들로 가득한 존경받는 주간광장으로 만들었습니다. 15권 이상의 책을 저술한 지칠 줄 모르는 편집자요, 작가인 그의 관심과 기여는 참으로 놀라울 정도로 광범위했습니다. 지성적인 뛰어남, 창조성, 열정, 그리고 낙관주의를 겸비한 그는 해외특파원, 대통령 자문위원, 대학강사, 시민외교관, 평화와 생태계에 대한 십자군적 참여주의자, 그리고 전인건강

연구가 등으로 활약하였습니다. 핵시대가 시작되었을 때에 인간은 누구나 세계시민으로 살든지, 세계 전투자로 죽든지 해야 할 것이라고 그는 역설하였습니다. 그는 십 년 동안 세계연방협의회의 국제 의장직을 맡았으며, 사건 뒤의 대사로 케네디 대통령, 교황 요한 23세, 니키다 후르시초프 사이를 오가며 메시지를 전달하였고, 결국 미-소 핵실험 금지조약을 체결하게 했습니다. 커즌스는 분명히 심각한 저술과 실천적인 운동으로 인간 가족이 직면한 가장 치명적인 문제 가운데 얼마를 치유하는 데 기여했습니다. 그의 이러한 성취에도 불구하고 커즌스는 '빈둥거리기를 좋아하는 자'라고 자기를 평했습니다. 그의 취미는 작곡과 아주 오래된 교회의 오르간을 고치고 연주하는 것이었습니다. 그는 컬럼비아대학교 교육대학을 졸업한 후에

여러 해 동안 야구를 계속하였습니다. 그는 지금은 골프와 테니스를 좋아합니다. 그는 *Saturday Review*에 가끔 정교하고 재미있는 속임수를 만들어 실었습니다. 그중 하나는 익명의 기고가(K. Jason Sitewell)가 골프를 금지하는 법안이 국회에 상정되었다고 불평하는 편지를 거기에 실은 것입니다. *Golf World* 잡지는 이러한 속임수 장난에 속아서 아주 격렬한 어조의 사설을 실어 국회를 공격했습니다. 커즌스는 그의 문학적인 속임수에 대해서 이렇게 이야기했습니다 : "장난의 속임수는 여기에 하나의 전통이 되어왔습니다. 우리는 웃는 것을 좋아하고 우리는 그 웃음을 이웃과 나누고 싶어합니다. 특히 오늘과 같이 웃을 일이 그리 많지 않은 시대에는 더욱 그렇습니다"(*Current Biography*, 1977, p.120).

등의 원인이 되는 것 같습니다.[2]

웃음은 스트레스와 고혈압과 우울증을 약화시키는 경향이 있기 때문에 정기적인 폭소가 인생의 기대를 증가시킬 수 있다는 것은 가능한 일입니다. 산타 바바라에 소재한 캘리포니아대학에서 계획한 '웃음 프로젝트'에 참여한 과학자들은 옛날식의 무릎을 철썩 때리며 웃는 웃음상담은 복합적인 바이오 피드백 프로그램과 맞먹는 스트레스 감소효과가 있다는 사실을 발견했습니다. 그들은 웃음치료는 어떤 특별한 장비나 훈련이 필요없고 다만 웃을 수 있는 뼈만 지니고 있으면 된다는 점을 지적했습니다.

웃음과 놀이의 심리적 보상

신체적인 유익 외에도 웃음은 7가지 심리적 건강보상을 가지고 있습니다.

1. 웃음은 당신의 인생에 좌절을 가져오고, 당신의 힘으로 바꿀 수 없는 상황에 직면해서도 놀이적 태도로 대처하게 해줍니다. 그래서 스트레스를 감소시키고 건강을 증진시킵니다. 이렇게 당신의 관점을 바꿈으로 당신의 전인건강에 손상을 주는 스트레스를 조성하는 상황의 압박을 현저하게 감소시킬 수 있습니다. 당신이 이미 발견했듯이,

관료적 구조(예 : 직업상황)에 당신의 영혼을 팔지 않을 수 있는 한 가지 방법은 관료주의적 사고를 가진 사람들과 관료주의적 정책의 어리석음을 웃어 버리기로(적어도 내면의 미소로) 작정하는 것입니다. 같은 방법으로 권태로운 회의의 충격을 감소시킬 수 있습니다.

  2. 웃음은 스트레스를 감소시키고 당신의 전인건강을 증진시킬 수 있습니다. 그것은 웃음이 싸움―도망에 제 3의 선택을 제공해 주기 때문입니다. 네브라스카대학교 의과대학 교수이며 심장전문의인 로버트 엘리옷(Robert Eliot)은 스트레스 대처의 3가지 법칙을 제안합니다 : "제 1법칙은 작은 일에 땀흘리지 않는 것입니다. 제 2법칙은 모든 것은 작은 일에 불과하다는 것입니다. 제 3법칙은 당신이 싸울 수도 없고 도망갈 수도 없으면 흐르는 대로 자신을 맡겨 흐르게 하라는 것입니다."[3] 당신의 모든 좌절들과 스트레스들은 아마도 작은 일들 때문에 온 것은 아닐 것입니다. 그러나 당신이 싸움―도망의 응답이 불가능하거나 건설적인 응답도 불가능한 상황에 있다면(예컨대 당신의 보스나 거만한 관료나 또는 교통경찰을 만났을 때에), 세 번째 선택, 즉 당신이 흐를 수 있는지를 보고 그대로 노력하세요. 그렇게 하는 것이 더 나은 일을 위해서 창조적인 에너지를 보존하는 일이 될 것입니다.

  ✻ 전인건강훈련 ✻

  하나의 실험으로, 다음에 당신이 권태롭거나 좌절을 주는 회의에 꼼짝없이 빠져서 헤어나올 수 없을 때에, '내면 미소' 기교를 사용해 보세요. 당신은 그 상황에서 익살스럽거나 바보 같은 어떤 것을 찾아낼 수 있는지 살펴보세요. 또는 당신이 마치 다른 별에 있는 것처럼 높은 창공 위에서 보는 것처럼 그 상황을 주시하세요. 그리고 그 상황의 바보스러움을 즐기세요. 적어도 내면적인 미소를 지어 보세요.

---

  3. 웃음은 당신의 자존감을 강화시키고 도전적인 상황을 건설적으로 조정할 수 있게 힘을 더하여 줍니다. 당신이 상황의 어리석음과 그런 생활을 영속화시키려는 사람들을 보며 미소짓고 웃을 때 무엇인가 변화가 일어날 수 있습니다. 당신이 어떠한 수동적 희생자 감정을 경험한다고 해도 그 상황을 웃어(상징적으로) 버리면 그 감정은 분노와 함께 산산히 부서져 버릴 것입니다. 당신은 그렇게 함으로 자유의식과 힘의 감각을 훈련하고 향상시키고 있는 것입니다. 당신이 더욱 큰 힘을 얻으면, 당신은 그 상황 속에 있는 부정의를 교정하기 위하여 타인들과 함께 노력할 수 있을 것입니다. 여성의 전략적 유머 사용이라는 영감적인 토의에서, 레지나 바레카(Regina Barreca)는 인간의 삶에서 웃음의 가치와 힘을 다음과 같이 지적하였습니다 : "우리가 웃은 날은 낭비하지 않은 날이다. 웃는 것은 우리 자신과 우리의 삶을 기본적인 의미에서 인정하는 것이다. 유머는 도전에 대처하며, 두려움을 기쁨으로 바꾸며,

고통을 용기로 만드는 한 가지 방법이다."[4]

4. 웃음과 놀이는 당신의 내면에 아직도 존재하는 작은 아동(당신의 나이가 얼마이든간에)을 당신 주위에서 바보같이, 광대같이 행동하게 함으로 전인건강과 행복을 양성시킬 수 있습니다. 당신은 구약성경과 신약성경에서 이와 유사한 성구들을 생각해 보세요 : "어린아이에게 끌리며"(사 11 : 6), "어린아이와 같이 받들지 않는다면"(막 10 : 15). 한번의 신나는 웃음은 가장 빠르고 가장 활기있게 하는 미니휴가입니다. 장난으로 하는 조금의 미친짓과 광대짓에는 자유케 하는 어떤 힘이 있습니다.

대인관계분석(TA : 교류분석이라고도 함.)은 전인건강의 하나의 자원으로서 놀이의 생동력에 대하여 조명해 줍니다. 우리가 과거에 가졌던 작은 소년이나 소녀가 아직도 우리의 인격 내면에 남아 있는 것이 분명하다고 TA는 가르칩니다. 그것은 지금도 살아 있고, 영향을 주지만, 꼭 건전한 상태에 있다고 하기는 어렵습니다. TA에서는 우리의 내면의 아동이 두 측면을 갖고 있다고 봅니다. 우리의 속에 있는 내면의 아동 중에 적응된 아동은 내면의 부모의 지배 아래 있어서 외부세계의 부모와 같은 사람들의 모든 명령에 잘 순종하며, 그들의 인정을 받으려고 합니다. 우리의 적응된 아동은 자연적인 아동보다 더 많은 관심과 에너지를 받습니다. 이 자연아동은 자유를 즐기며, 영감으로 가득하며, 자발적으로 웃으려 하며, 되는 대로 장난치려 합니다. 당신 속에 있는 이러한 자연적인 아동을 사랑하여, 자주 놀이를 즐기게 하는 법을 배운다면, 당신의 마음-몸-영혼의 전인적 건강은 풍성히 향상될 것입

"몰톤은 지금 넉아웃 직전 상태래요."

니다.

5. 자신을 보며 웃고, 과장된 자기의 기대를 바라보며 웃는 것은 당신의 스트레스의 짐을 가볍게 하는 데 도움을 줄 수 있습니다. A타입의 인간으로서 나는 "아니오"의 기술을 실천하지 못하고 나의 스케줄을 어이없이 꽉 채울 때가 있습니다. 가끔 나의 스케줄은 너무 꽉 차서 자연의 부름에 대답할 시간까지도 완전히 쐐기를 박아 버린 것 같이 느낄 때가 있습니다. 내 자신과 나의 광적인 자기 기대들을 보며 낄낄거리며 웃는 것은, 자기 스트레스를 요리하는 압력밥솥에 있는 증기를 가볍게 하고 빼는 데 아주 뛰어난 방법입니다.

내 친구 하나가 자기의 꿈을 내게 이야기한 적이 있습니다. 그는 꿈속에서 우주적인 관점에서 자기의 일중독 상태를 보았습니다. 그것은 하나님이 보는 대로 자기를 본 것입니다. 그는 개미의 나라에서 너무너무 바쁘게 일하고 있었습니다. 그는 이 방향 저 방향 가리지 않고 무턱대고 달리고 있었습니다. 바로 그때 그는 바쁘게 뛰는 개미의 모습을 보며 크게 웃는 하늘의 소리를 들었다고 이야기합니다.[5]

✷ 전인건강훈련 ✷

당신의 친구나 동료에게 당신 자신에 대한 농담을 이야기하고, 당신이 행한 그 바보 짓에 대하여 다른 사람과 함께 웃어 보세요. 당신의 약점을 보이는 위험을 감수하세요. 그리고 당신 안에서와 당신의 관계에 어떤 일이 일어나는지를 발견하세요.

---

6. 당신 자신을 보며, 그리고 다른 사람들과 함께 웃는 것은 당신과 그들에게 건강한 '취약점 드러내기' 휴식시간입니다. 다른 사람들이 당신에게 어떤 종류의 위장을 강요하는 입장에 당신이 처해 있다면, 위장의 짐을 벗어 던지는 것은 매우 중요합니다. 당신을 보며 웃는 것은 당신의 무거운 짐을 가볍게 할 수 있으며, 타인들과의 친밀감을 새롭게 하기 위하여 자신을 열어 놓는 것입니다. 이것은 당신이 정중한 모습으로 남아 있을 때는 불가능한 일입니다. 에델 배리모어(Ethel Barrymore)가 이야기한 것으로 알려진 다음의 이야기에는 진리가 있습니다 : "당신이 자신을 보며 웃을 때에 당신은 처음으로 성숙하기 시작한다." 심리학자 고든 알포트(Gordon Allport)에 따르면 상대적으로 성숙한 사람들은 놀이의식과 부드러움의 감각을 가지고 있으며, 자신을 보면서 웃을 수 있다고 합니다. 루실 볼(Lucille Ball)은 우리 자신의 약한 점들과 미숙함에 대해서 웃을 수 있게 했기 때문에 한 세대 동안 TV의 총아로 각광을 받았습니다. 사실 우리는 그 여자의 모습에서 우리 모습을 보며 즐거워한 것입니다.

7. 다른 사람과 함께 웃으며 장난할 수 있다는 것은 그들과의 관계를 풍성하게 만드는 건강하고 즐거움이 넘치는 방법입니다. 당신의 내면의 아동으로 함께 까불어 대는 것은

삶의 깊이에 접촉하게 하는 즐거운 방법입니다. 최근의 연구조사는 유머감각이 남성과 여성이 상대방에게 매력을 느끼게 만드는 특성 중의 하나라는 사실을 발견했습니다. 처음 만나 데이트하는 남녀가 서로에게 끌리게 하는 가장 중요한 가치가 무엇이었느냐는 질문에 여성들은 유머감각이 첫째이고, 그 다음이 민감성과 인격이었습니다. 오랫동안 함께 살아온 부부들은 가끔 많은 일들을 너무 심각하게 취급하기 때문에 불꽃을 잃어버립니다. 그러한 관계에서 함께 나누는 웃음의 휴식은 답답한 방안에 신선한 공기를 환기시키는 것 같습니다.

레지나 바레가는 유머의 커뮤니케이션 촉진기능을 다음과 같이 강조하였습니다. "섹스에 대한 유머감각을 갖는 것은 죽음에 대한 유머감각을 갖는 것과 같습니다 - 이 양자 모두는 서로 다른 방법이기는 하지만 굉장한 조망을 잠재적으로 제공합니다. 유머는 우리와 가장 가까운 그런 이슈들에 대해 이야기할 수 있게 기회를 만들기 때문에 금기들을 깨뜨리는 힘이 있습니다. 우리는 유머를 우리 자신의 감정들과 응답들을 듣는 자에게 위협을 주지 않고 전달하는 한 가지 방법으로 보아야 합니다."[6]

물론 모든 미소가 다 건강한 것은 아닙니다. 건강을 증진시키는 미소들과 웃음들은 당신의 중심에서 나와야 하며 진정성이 있어야 합니다. 사람들은 가끔 다른 사람을 조작하기 위하여 미소를 사용합니다. 어떤 사람들은 미소지으면서 자신들을 위장하여 자신들 속에 있는 절망을 숨기려 합니다. 이러한 것들이 소위 침울한 미소입니다. 그러한 미소 속에 가식적인 특성이 있습니다. 여성들과 우리 사회에서 약간 무시당하는 사람들은 자기들의 분노를 숨기기 위하여(그리고 그 뒤에 숨은 고통을 숨기기 위하여) 미소를 사용합니다. 여성들의 분노를 금기시하는 우리 사회의 관념 때문에, 많은 여성들은 여자답게 보이고 남성들에게 위협을 주지 않기 위하여 미소를 띄는 법을 배워 왔습니다. 불행하게도, 유머는 가끔 여성들과 다른 소수그룹들, 종교그룹, 소수민족그룹 등을 공격하고 깎아 내리기 위하여 사용됩니다. 이런 모든 형태의 웃음들은 전인건강에 도움을 주기보다는 파괴의 징조요, 원인들입니다(여성에 대한 성차별적인 농담이 얼마나 적대적 깔보기의 성격을 가지고 있는가에 대한 논의를 바레카의 책에서 보라).

> 웃음은 두 사람간의 가장 가까운 거리이다.
> ―빅톨 보게

해방하는 힘으로서의 웃음

나는 최근의 나의 인생 가운데 웃음이 나에게 준 치유의 능력에 감사합니다. 거의 스트레스로 넘어지려고 하는 시기에 형태요법을 사용한 나의 상담기술을 향상시키기 위해 10일간의 상담자 세미나에 등록하였습니다. 나는 치유자로서 고도의 능력을 연마하고, 내 직업에 사용할 치유기술을 배우고, 아주 힘든 나의 개인적인 문제들을 해결하려고 결단하고 갔습니다. 이렇게 어리석은 자기 기대 때문에 더 열심히 노력할수록 나는 더 크게 좌절하게 되었습니다.

세미나가 끝나기 전날 밤에 나는 실패했다는 기분을 가지고 잠자러 갔습니다. 그 때에 나는 성공하려는 방어적인 욕구의 함정에 빠져 이제 더 이상 소망이 없다고 믿었습니다. 그날 밤에 나를 해방시키는 열쇠가 된 꿈을 꾸었습니다. 이 꿈은 해방의 관문을 뚫어 주는 꿈이었습니다. 나는 이 세미나를 인도하는 형태요법 상담자와 함께 내 꿈을 효과적으로 풀어 보자고 강한 결심을 하고 마지막 상담에 참여했습니다.

아주 심각하고 고된 음성으로 몇 분 동안 나의 꿈에 대해 이야기했을 때에 나에게 충격을 주는 일이 일어났습니다. 그 상담자가 작고 여러 가지 색으로 칠해진 베개를 자기 머리 위에 올려놓고 그의 눈과 얼굴로 광대 같은 짓을 하기 시작한 것입니다. 나는 즉시 강렬한 배신감과 분노를 느꼈습니다. 바로 그때에 내 안 어디에서인가로부터 전혀 예상치 않았던 웃음의 물결이 터져 나왔습니다. 그리고 내가 지금까지 해온 것들, 내 자신과 나의 목표를 포함해서 모든 것을 마치 아주 심각한 국가적인 문제인 것처럼 생각해 온 나의 희극적인 어리석음이 불빛처럼 번쩍 내 머리에 떠올랐습니다. 몇 년만에 처음으로 참을 수 없이 경련을 일으킬 정도로 웃음이 터져 나와 나는 기진맥진해졌습니다. 이제까지 오랫동안 무시해 온 장난을 좋아하는 내면의 아동이 해방의 순간을 맞아 즐거워했습니다. 그 웃음은 전염성이 있었습니다. 곧 그 방안에 있는 모든 사람은 떠들썩하게 웃었습니다.

외적인 웃음이 가라앉았을 때에, 나의 내면의 웃음은 가볍게 펄쩍펄쩍 뛰면서 춤을 추는 느낌으로 계속되는 것을 깨닫고 놀랐습니다. 이때에 강력한 이미지가 내 마음에 일어났습니다. 그것은 나의 아들들과 내가 수년 전에 등산했던 시에라산맥을 따라 흐르던 산악의 거친 시내의 이미지입니다. 그 시내는 산 아래로 거침없이 춤을 추며 흘러 내리고 있었습니다. 그것은 바위들 위에 거칠게 뿜어오르며 부딪치고 있었습니다. 그리고 아름다운 햇살에 반사되어 반짝이고 있었습니다. 그 시내를 그처럼 거칠고, 그처럼 빛나게 만든 것은 바로 그 바위들이었음을 깨달았습니다(후에 나는 그 바위들이 내 인생 속에 있는 바위 같은 문제들이었음을 깨달았습니다).

그 워샵이 끝난 후에도 나의 내면에 미소는 계속되었습니다. 나는 아주 신선하고 활기넘치게 나의 몸과 자연과 다른 사람들과 더 접촉하고 있다는 느낌을 갖고 아주 기쁘고 놀라왔습니다. 며칠 후에 나는 이른 아침 산타 바바라 해안가의 황량한 모래밭을 홀로 걷고 있었습니다. 새벽의 태양은 부서지는 파도 위에 빛나고, 나는 10대 시절에 배운 옛날 캠프송 한 구절을 부르기 시작했습니다. "춤추는 태양의 빛살처럼, 나를 즐겁고 자유롭게 만들어 주오." 모래밭을 따라 걸어가면서 파도를 헤치며 아침거리 고기를 잡는 해오라기와 연대감을 느꼈습니다. 내가 접근하자 그 새는 날아올라 부드러운 호선을 그리며 파도 위를 맴돌다 다시 모래사장으로 되돌아왔습니다.

나는 나의 영혼이 해오라기 새가 되어 자유롭게 솟아오르는 것을 느꼈습니다.

내면의 미소와 부드러움은 여러 달 동안, 어려운 상황에도 불구하고 약간의 높낮이는 있었으나 계속되었습니다. 그러나 점차적으로 옛날의 중압감이 증가되었습니다. 생동력을 즐기기보다는 나 자신을 증명하려고 했고, 내가 생존해 있다는 그 사실보다는 나의 행동에 집착하면서 이 모든 것이 나의 춤추는 파도와 산곡의 시내에 대한 깨달음을 무디게 만들었습니다. 그때에 나의 어머니가 2,000마일 떨어져 있는 양로원에서 고칠 수 없는 병에 걸려 있었습니다. 솟아오르는 새의 자유와 나의 내면의 아동의 웃음과 기쁨은 완전히 사라져 버렸습니다. 그때에 나의 어머니가 죽었습니다. 비참한 상황 아래서의 그녀의 죽음은 2톤 무게의 벽돌로 나를 치는 것 같았습니다. 여러 달 동안의 슬픔 해소를 위한 투쟁은 우울증에 빠진 나의 중압감을 단지 부분적으로만 치유할 수 있었습니다.

약 1년 후에 내가 가르치는 신학교의 예배실에서 거행된 성회수요일(Ash Wednesday)예배에 참석했습니다. 나는 의무감에서 거의 벗어났고, 나의 고통을 치유하려는 어떤 기대도 생각지 않았습니다. 학생들은 이 예배에서 특별한 의식을 계획하였습니다. 그것은 예배자들을 초청하여 종이 위에 사순절에 포기해야 할 것과 취해야 할 것을 쓰는 의식이었습니다. 그러한 의식은 보통 나에게 특별한 의미가 없었습니다. 나는 이렇게 스스로 생각했습니다. "사순절에 내가 결코 포기하고 싶지 않은 것은 사순절에 무엇을 포기하는 것이다." 그러나 나는 그들이 계획하는 것을 따르기로 작정했습니다. 내가 무엇을 써야 할까를 생각하는 중 하나의 놀라운 생각이 나에게 떠올랐습니다 : "아마도 나는 사순절에 대한 무거운 마음을 포기해야겠다." 그래서 나는 나의 종이 위에 그것을 썼습니다. 다른 종이들과 함께 내가 쓴 그것도 의식에 따라 함께 태웠습니다. 그리고 그 재로 예배자의 이마 위에 십자가 표식을 만드는 것이 상례였습니다.

놀랍게도 그 효과는 극적이었습니다. 나는 예배당 마루 위 몇 인치 높이를 떠서 가는 것처럼 놀라운 감정을 가지고 그곳을 떠났습니다. 나는 놀라운 선물을 받았습니다. 나의 내면의 미소가 부드러움과 생동성의 느낌과 함께 다시 돌아왔습니다. 그후 10여 년 동안 여러 가지 좌절과 스트레스와 상실에도 불구하고 그 선물이 계속 나에게 머무른 것을 나는 감사합니다. 물론 나에게 무거운 날도 있었고, 웃을 기분이 아닌 때도 있었습니다. 그러나 이러한 날들 가운데서도 나는 나의 내면의 웃음을 경험할 수 있었고, 그래서 내 속에 있는 장난을 좋아하는 작은 아동과 접촉할 수 있었습니다.

여러 가지 단순한 테크닉들이 당신의 내면의 미소를 그 생동력과 함께 깨어나게 만들어 줄 것입니다. 예를 들면, 호흡을 더 완전히 하는 것, 몇 분 동안 명상하는 것, 음악을 가까이하는 것(실제 음악이든지 마음의 음악이든지), 당신이 최근에 들은 재미있는 것을 기억해 내는 것, 또는 감각적이나 난폭한 환상여행을 하는 것 등이 당신을 도울 것입니다. 만약 당신이 오랫동안 치유하는 놀이의 선물들과 접촉해 오지 못했다면 그 회복은 점진적으로 올 수도 있고, 또는 빠르고 극적으로 올 수도 있습니다. 그러나 당신의 내면의 장난을 좋아하는 아동과 친구가 되고 그 아동을 즐거워하는 것은 여러 해 동안 당신이 친밀관계를 갖지 못했다 하더라도 가능한 것입니다.

웃음과 눈물 – 동반자요 친구

인생행로 가운데 지금 당신이 고통스러운 장소에 와 있다면, 당신은 웃음으로 가득한 날이 내게 다시 올 수 있을까 하고 생각할 것입니다. 눈물과 웃음이 함께 있을 수 있을 뿐 아니라 실제로 상호 촉진작용을 할 수 있다는 증거들이 발견되고 있습니다. 어떤 사람들은 터져나오는 눈물에 빠지지 않을까 너무 두려워 마음을 다하여 웃지 못합니다. 그들은 깊이 우는 위험을 감수할 수 있을 때에 더 넘치게 웃을 수 있을 것입니다. 칼릴 지브란(Kahlil Gibran)은 이 진리를 시적으로 표현합니다.

> 기쁨은 가면을 벗은 슬픔이어라.
> 웃음이 솟아나오는 바로 그 샘은 눈물로 채워질 때도 있나니,
> 어떻게 이런 일이 있을 수 있을까?
> 눈물의 샘을 깊이 파면 팔수록 기쁨의 샘도 함께 깊어지느니라.
> 당신의 포도주를 담고 있는 그 컵은 바로 용광로 불 속에 있던 컵이 아닌가?
> 당신의 영을 달래는 루트(악기이름 : 역자 주)는 바로 날카로운 칼로 깎아내고 다듬던 그 나무로 만든 것이 아닌가?[7]

내가 형태상담 워샵에서 경험한 해방을 주는 웃음의 산악시내로 돌아가 봅시다. 그것은 생동력을 얻기 위해 오랫동안 내가 투쟁해 오지 않았다면, 그 시간에 내 속에서 흘러나오지 못했을 것입니다. 그것은 나의 방어적인 바쁨의 외피를 깨뜨리기 위하여 그처럼 처절한 대결을 요구하였습니다. 나의 내면의 아동의 웃음은 너무나 오랫동안 나의 심리의 벽장 속에 갇혀 있었습니다. 나의 포기와 무기력이 오히려 그 땜을 깨뜨리고 산악시내를 흐르게 만들었습니다.

내가 성인이 된 후 나는 거의 자유롭게 울 수 없었습니다. 나의 남성적 프로그램이 나에게 건강치 못한 메시지를 계속 전달했습니다 : "진짜 사나이는 상처를 입어도 울지 않는다." 그 워샵에서 폭소가 터져나온 후 한 시간도 안 되어 긴급전화로 나의 가까운 친구 한 사람이 죽었다는 소식을 전달받았습니다. 내가 성인이 된 후 전에 없이 많은 눈물이 저절로, 그리고 가득하게 흘러나왔습니다. 그러나 놀랍게도 내면의 기쁨의 감각은 그 눈물과 어우러져 그대로 남아 있었습니다. 오랫동안 막혔

던 내면의 통로가 열려 웃음과 눈물이 함께 흘러나온 것입니다. 이 얼마나 놀라운 은사입니까?

생명을 위협하는 질병을 치유하는 웃음의 활용은 점점 더 대중적이 되고 있습니다. 건강공동체는 남캘리포니아에 있는데, 암환자들이 절망, 무기력, 수동성, 나만의 희생자 의식 등을 극복할 수 있게 도우며, 의사들과 함께 회복을 위한 투쟁에 공동으로 참여하는 것을 목적으로 세워졌습니다. 이 센터는 무료로 여러 가지 자원들을 제공하여 암환자들의 삶의 질을 향상시키며, 살고자 하는 의지를 강화시킵니다. 개인상담, 영양교실, 이미지 만들기, 긴장풀기훈련 등과 함께 가장 중요한 프로그램 가운데 하나는 첫 번째 일요일 브런치(아침과 점심을 겸하여 하는 식사 : 역자 주) 농담잔치입니다. 여러 시간 동안 환자들은 한 사람씩 서로에게 재미있는 이야기를 하는데, 여기에는 암을 주제로 한 농담들도 있습니다. 농담들이 좋아졌다 나빠졌다 하면, 너털웃음이 킥킥거리는 웃음과 낄낄거리는 웃음으로 바뀌집니다. 가슴을 따스하게 해주는 환희의 웃음은 전염됩니다. 그리고 많은 사람들은 참을 수 없는 웃음의 눈물을 삼킵니다. 최고의 농담과 최악의 농담에는 시상을 합니다. 터져나오는 웃음, 함께 나누는 즐거움, 그리고 그룹의 상호 지탱이 아마도 참석자들의 암투쟁 신체화학작용을 촉진시켜서, 그들의 살고자 하는 의지와 희망이 강화되는 것입니다. [8]

말콤 보이드(Malcolm Boyd)는 기쁨과 슬픔과의 밀접한 연관관계에 대해서 같은 이야기를 합니다. 그가 뜨겁게 좋아하는 럭키라는 이름의 개가 암에 걸렸습니다. "드디어 럭키는 발을 땅에 놓기도 어려운 고통을 당하게 되었습니다. 어느 날 아침 내가 잠에서 깨어났을 때에 아름다운 눈이 가득한 것을 보았습니다. 나는 개를 뜰에 풀어 놓았습니다. 놀랍게도 럭키는 부드러운 눈 위로 달릴 수 있었고 뒹굴기도 하였습니다. 그 눈 속에는 럭키의 자극들로 가득하였습니다. 럭키는 즐거움으로 가득하였습니다. 나는 럭키가 이 세상에서 마지막으로 뛰어다니는 것을 보면서 웃었습니다. 럭키에게 그 순간은 모든 것을 잊어버린 자유의 순간이었습니다. 그것은 나에게 쓰리고도 아름다운 하나의 기억입니다. [9]

산타 바바라에 사는 한 사람의 상담자는 암환자, 깊은 슬픔에 빠진 사람들, 고통스러운 가족문제를 안고 있는 사람들뿐 아니라, 곤충에 물렸거나 강간으로 고통당하는 사람들을 치유하면서 자주 웃음을 활용합니다. 가족들과 함께 상담하면서 그 상담자는 함께 다시 웃고 울도록 가족들을 돕습니다. 그들이 올 때 깨어졌던 관계가 함께 웃고 울기 시작할 때 다시 치유되기 시작합니다. [10] 내가 결혼상담과 치료를 하면서 경험한 바로는 즐거운 놀이는 부부관계를 치료하고 양육하는 데에 값이 싸면서도 고귀한 자원입니다.

반가운 소식은 스트레스와 상실, 울음과 가슴막히는 상황 가운데서도 즐거운 놀이적 시각을 가질 수 있다는 것입니다. 더구나 더 무겁고 혼란스러운 일이 우리의 삶 가운데 일어날수록, 더욱 중요한 것은 우리의 사고방식 가운데 무엇이든지 놀이적인 것을 만들어 내려고 노력하는 것입니다.

```
✳ 전인건강훈련 ✳

    당신의 인생 가운데서-직장이나 관계나 건강 가운데서-겪었던 쓰라린 경험을 하
나 기억해 내세요. / 당신이 그것을 어떻게 선택했든지간에 잠시 동안 그 고통을 다시
경험하고 그것을 표현하세요. 이제는 그 경험을 되돌아보면서 너무 불합리하여 웃을 수
밖에 없는 어떤 것이 그 상황 속에 있는지 찾아보세요. / 당신이 만일 그러한 것을 발견
하였다면 잠시 동안 그 각도에서 그때의 상황을 다시 보세요. 그리고 미소가 나오기 시
작하는지 보세요. / 당신이 지금 무엇을 느끼든지 그대로 머무세요.
```

희망을 상실한 세상에서도 웃음과 놀이는 가능한가?

웃음과 놀이가 상당한 건강가치가 있다고 해도 아직 괴로운 질문이 남아 있습니다. 이렇게 비극이 많고, 압박이 심하고, 이렇게 질병과 죽음이 많은 세상에서 웃고 즐거운 놀이를 하는 것이 합당한 것인가? 인간 가족의 1/4의 아동들이 어젯밤 배고파하며 잠자러 가고, 반면에 우주 자체를 날려 버릴 수 있는 엄청난 무기를 위해 천문학적인 돈을 낭비하는 이때에 즐겁게 놀이하는 것이 바른 일인가? 그러한 질문이 당신의 마음속에 일어난다면, 그러한 질문을 할 수 있게 한 당신의 민감성을 축하합니다.

신학자 위르겐 몰트만(Jürgen Moltmann)도 이러한 딜레마와 씨름하였습니다. "밖에서는 어두운 인생의 그늘에서 죽어 가는 사람들을 위하여 부르짖으며 노력하고 있는데, 자기는 웃고, 놀이를 즐기고, 춤추는 것이 옳은가?" 몰트만은 다음과 같이 즐거운 놀이의 가치를 이야기함으로 그 대답을 분명히 했습니다 : "놀이는 다른 사람들과 함께 탄식하며 고통하는 사람들, 이 사회의 넘치는 악에 억압당하며 그 악에 항거하는 사람들, 자기의 중요성이 너무 짓밟힘을 당하여 절망하거나 그것을 망각하려고 작정하는 사람들을 위한 것입니다."[11] 사실 고통당하는 사람들에게 열정적으로 관심을 가지는 사람들은 즐거운 놀이에 대한 특별한 시각을 갖습니다. 그 시각이 동정심 탈진이라고 부르는 것을 방지합니다. 바로 놀이가 평화와 정의와 굶주림과 생태계 문제에 헌신하는 사람들 사이에 전염병처럼 번져 있는 탈진을 방지할 수 있는 것입니다.

전인건강을 위한 놀이의 활용

예레미야(Jeremiah) 형제라고 하는 사람이 다음과 같은 자기의 삶을 함께 나누었습니다.

내가 다시 한 번 태어날 수 있다면, 다음 세상에서는 실수를 더 많이 하고 싶다. 나는 긴장을 풀고 쉬고 싶다. 나는 운동을 더 많이 하겠다. 이번의 인생보다 더 순진하고 더 어리석게 살겠다. 내가 심각하게 생각할 것이 별로 많지 않을 것이다. 여행을 더 많이 하겠다. 산에 더 많이 올라가고, 강에서 수영을 더 많이 하고, 석양의 해를 더 많이 바라보겠다. 나는 아이스크림을 더 많이 먹고 콩을 적게 먹겠다. 나는 더 많은 고통을 직접 당할 것이며, 상상적인 삶을 즐기겠다. 정말로 나는 매일매일, 그리고 매시간시간 예방적으로, 감각적으로, 건전하게 살아가는 사람들 중의 하나가 되겠다. 오, 내가 내 시간을 다시 한 번 갖는다면, 그리고 만약 내가 다시 한 번 더 살 수 있다면, 나는 그 모든 것들을 더 많이 가지고 싶다. 사실 나는 다른 어떤 것도 가지고 싶지 않다. 앞에 남아 있는 수많은 세월을 살지 않고 나에게 주어진 그 순간순간을 살고 싶다. 내가 만약 또 하나의 인생을 살 수 있다면, 나는 회전목마를 더 많이 타고, 더 많은 데이지 꽃을 뽑으리라.[12)]

이러한 고백은 생기넘치는 한 노인이 입고 있던 저고리의 단추를 생각나게 합니다 : 몇 가지 실수들은 너무 재미있어 한 번만 하기에는 너무 아깝습니다. 삶에 대한 놀이적 사고방식은 스트레스 감소를 위해 귀중한 재산입니다. 이러한 이유로 당신 자신과 인생을 너무 심각하게 생각하지 않는 것이 당신의 정신적, 영적, 그리고 육체적 건강을 위해서 당신이 할 수 있는 가장 심각한 기여입니다.

✻ 전인건강훈련 ✻

몇 년 전에 엘마 픽슬리라고 하는 한 친구가 익명의 저자가 쓴 '전인건강 증진 미니훈련' 이라는 소중한 자료를 나에게 주었습니다. 아마 당신도 이 방법을 사용하여 당신의 상상력을 촉진시킬 수 있을 것입니다. 당신의 내면의 아동에게 더 많은 즐거운 시간을 주고 미니휴가를 갖는다고 결정하세요. 다음은 그 자료에 나의 생각을 첨가한 것입니다 :

일지에 계속 쓰라. 잡초를 뽑으라. 잡초를 뽑지 말라. 악기를 연주하라. 요가교실에 등록하라. 구름을 보라. 엘리베이터를 사용하지 말고 계단을 사용하라. 녹차를 마셔라. 친구에게 소식을 전하라. 당신이 좋아하는 음악을 들어라. 거실을 돌아다니며 춤을 추라(당신의 옷을 입거나 벗고). 빗소리를 들어라. 소리를 질러 보라. 감사를 표시하라. 석양을 바라보라.

낚시하러 가라. 정원을 가꾸라. 어린이 웃는 소리를 들어라. 모래사장에서 뛰어라. 더러운 것들을 깨끗이 치워라. 개를 애무해 주라. 아침 일찍 일어나 침묵을 들어라. 활기

있게 걸어라. 재미있는 영화를 보라. 당신의 좋은 점을 적어 보라. 당신이 만나는 사람의 좋은 점들을 적어 보라. 해뜨는 것을 보라. 신문과 빈 깡통을 재활용하라. 당신 자신을 보며 웃어라. 밖에서 먹어라. 자녀를 안아 주라. 촛불을 켜고 친구와 식사하라. 평화를 위해 무엇인가 하라. 불가에 앉아라. 채소를 요리하라. 나무를 쪼개라. 깊은 숨을 쉬어라. 환상여행을 하라. 서로 상대방을 두드려 주라. 당신이 좋아하는 노래를 부르라. 뜨거운 목욕탕에 몸을 담그라. 묵상하라. 시를 써라. 친절을 베풀라(모르게 하라). 희망과 사랑이 넘치는 것을 읽어라. 춤을 추라. 낮잠을 자라. 풀 위를 벗은 발로 걸어라. 팔을 뻗는 훈련을 하라. 고독한 사람에게 전화를 하라. 그릇 만드는 클래스를 택하라. 당신 자신을 용서하라. 다른 사람을 용서하라. 주말을 아름답고 조용한 곳에서 보내라. 보트를 저어 보라. 보트를 타고 나가 보라. 새로운 아이디어 만들기를 하라. 연을 날려라. 어린이를 달래 보라. 사랑을 하라. 나무에 올라가라. 동물원에 가라. 동네를 활기있게 걸어서 돌아다니라. 친구를 안아 주라. 자전거로 여행하라. 롤러스케이트를 타라. 백일몽을 꾸어 보라. 창고를 치워라. 캠핑을 가라. 꽃의 냄새를 맡아라. 나무를 심어라. 바보짓을 해보라. 목표에 달성하면 자기에게 시상하라. 병든 친구를 방문하라.

당신의 마음으로 이 목록과 함께 즐기세요. 미니휴가에 대하여 여기에 적은 것 이외에 또 다른 아이디어들이 떠오르면 적으세요. / 이 목록에서 3개를 선택하여 오늘 실천하세요. / 당신의 전인건강을 위해 좋은 선물이 되게 매일 이중 3가지씩 선택하여 미니휴가를 즐기세요. 그 계획을 지금 만드세요.

칼 시몬튼(Carl Simonton)과 스테파니 매튜스-시몬튼(Stephanie Matthews Simonton)이 개발한 자기 치유방법은 환자들에게 스스로 재미있게 즐길 수 있는 중요한 테크닉들을 포함하고 있습니다. 그들은 자기들이 주관하는 수양회에 참석한 사람들에게 병들었을 때에 할 수 있는 좋은 것들을 모두 기록하라고 요구합니다. 그중에는 휴식을 더 취하는 것, 죄책감을 가지지 않고 일하는 것, 몸의 평안에 더욱 관심을 집중하는 것, 다른 사람에게 미안감을 갖지 않고 "아니오." 하고 말하는 것 등도 포함됩니다. 이것을 다 적고 나면 그들은 참석자들에게 병들기 전에 이런 일을 하여 병을 미리 예방하라고 제안합니다(만약 당신에게 스트레스가 쌓인다고 생각되면 지금 잠깐 쉬면서 이 훈련을 실천해 보세요).

즐거운 놀이는 당신의 전인건강에 아주 놀라운 변화를 주며 스트레스를 감소시키는 방법이 될 수 있습니다. 놀이는 또한 당신의 잠재적인 창조성을 활성화시키는 비옥하고 양육하는 환경이 될 수 있습니다. 앞서 언급한 소위 창조적인 과정의 잉태단계는 긴장풀기와 즐거운 놀이와 어우러졌을 때입니다. "아이디어를 가지고 논다."는 말은 이 단계의 창조성을 의미합니다. 나는 당신에게 바로 지금 내면의 아동과 함께 창조적인 놀이를 하기 바랍니다. 이 훈련을 당신 자신의 방법으로 만들어

훈련하며 자기관리를 향상시켜 보세요.

전인건강을 위해 새로운 여가 활용하기

만약 당신이 사람을 돕는 전문직에 있거나, 또는 결손부모이거나, 집 밖에 있는 직장에 고용되어 일하는 어머니라면, '새로운 휴가'가 당신에게 아주 느리게 온다고 느낄 것입니다. 불행하게도 대부분의 결손부모와 어머니들은 두 가지 전일제 직업을 갖고 있는 셈입니다. 그러나 보통의 미국 남성은 1년에 4개월 이상의 휴가를 갖습니다-8일의 공휴일, 8~10일의 휴가, 52주말(매주말은 토, 일, 2일간임 : 역자 주). 전형적으로 미국인들은 13.5%의 시간만 직장에서 보내며, 매주 40% 이상을 비어 있는 시간으로 남겨 놓습니다.[13] 그러므로 사람들이 비어 있는 여가의 시간들을 어떻게 사용하는가 하는 것은 그들의 총체적인 건강수준에 중대한 영향을 미칩니다.

대부분의 사람들은 여가의 시간들을 어떻게 사용하고 있을까요? 우리는 년간 여가를 위해 2,000만불 이상을 사용하지만, 평균 미국인들은 여가시간의 75%를 집에서 보내고, 그중 3/4은 TV를 보면서 지냅니다. 대부분의 TV 내용들이 진력나게 만드는 것들임을 감안할 때, TV스위치를 돌리는 데 중독된 미국인들의 습성은(TV 보면서 정크식품 먹는 습성도 포함해서) 수많은 사람들의 건강수준을 약화시킵니다. 주 4일간 32시간 노동과 조기은퇴, 그리고 컴퓨터혁명으로 온 스피드 가속화, 창조적이 아닌 방법으로의 여가사용 등은 사실 우리의 전인건강 향상에 전에 없는 위협임과 동시에 새로운 기회에 대한 놀라운 도전이기도 합니다.[14]

당신이 여가를 더 재미있고 더 새롭게 하는 방법을 계획할 때, 여가의 시간이 아닌 시간들도 즐거운 놀이와 같이 사용하려는 태도가 매우 중요합니다. 나는 리차드 볼스(Richard Bolles)의 다음과 같은 주장을 좋아합니다.

내가 알고 있는 가장 행복하고 가장 멋진 사람들을 생각할 때, 나는 그들에 대하여 한 가지 특성을 매우 중요시한다. 즉, 여가를 즐길 줄 알 뿐 아니라, 자기를 즐기는 법을 깨달은 후에야 그 여가는 자기들에게 의미가 있다는 사실을 깨닫는다. 그들은 어디에 있든지 또는 무엇을 하고 있든지간에 끊임없이 즐겁게 놀이를 계속하는 것같이 보인다. 그날그날 자기들에게 맡겨진 변화없는 일거리들이 자기들의 유머의 연금술과 부드러운 접촉으로 변화를 받게 된다고 그들은 믿는다.

광대들, 당신이 그렇게 말해도 좋다. 결코 자라날 줄 모르는 어린이들의 이름이다. 아, 그렇다. 이 얼마나 아름다운 불평인가! 2,000년 전에 다음과 같은 말씀을 하신 분을 기억하라. "너희가 돌이켜 어린아이들과 같이 되지 아니하면 결단코 천국에 들어가지 못하리라." 그러므로 여가의 시간들에 울타리를 쳐서 즐거운 놀이가 들어가지 못하게 하려는 모든 유혹을 물리친 사람들을 위해 축배를 들자. 그리고 그 축배를 밖으로 쏟아내어 그들의 삶 전체가 즐거운 놀이의 포도주로 가득하게 하자. 공부하는 모든 것도 놀이가 되게 하자. 일하는 방법들도 놀이적이 되게 하자. 사랑을 하는 것도 즐거운 놀이가 되게 하자. 모든 것을 즐거운 놀이로 바꾸자. 그래서 그들의 삶 전체가 여가가 되게 하자.[18]

✱ 전인건강훈련 ✱

당신의 삶은 '하지 않으면 안 된다'와 '해야만 한다'로 너무 가득 차 있지 않은가? 즐거운 놀이와 자기관리는 당신의 스케줄에서 가끔 밀려나고 있지 않은가? 만일 그렇다면 다음의 단순한 세 가지 단계는 당신의 삶을 가볍게 해줄 수 있는 일을 하면서 더 많은 시간을 보낼 수 있게 만들어 줄 것입니다.[15]

1. 1주나 2주 앞서 당신의 수첩에 자기관리와 즐거운 놀이를 위해 무엇이든지 당신이 하고 싶은 일을 할 수 있게 시간을 미리 예비하세요.

2. 이 시간에 충분한 보상을 받을 수 있는 것으로 재미있고, 신선감을 주고, 건강을 촉진시키기 위하여 당신이 할 수 있는 간단한 계획을 세우세요. 삶과 직업계획을 세우는 데 선구자인 리차드 볼스는 현명한 권면을 합니다 : "당신의 여가에 무엇을 할 것인지 결정할 때에 교류리듬의 원리에 따르면, 당신의 여가는 당신의 일을 보충한다고 한다. 당신이 가지고 있는 가장 오래된 즐거운 기술을 찾아라. 당신의 직업이 그 기술을 사용하지 못하는 것이라면, 그것을 사용할 수 있는 여가활동들을 선택하라. 만약 당신의 직업이 그 기술을 만족스러울만큼 사용하고 있다면, 당신에게 가장 새롭고 잠재적으로 가장 즐기는 기술을 탐구하는 데 당신의 여가를 사용하라."[16] 한 사람의 '여가 상담자'는 만족스러운 여가활동계획을 세우는 데 도움을 주는 8가지 방향을 발견했습니다 : 문화, 건강훈련, 공부하는 것, 예술, 종교, 자원봉사, 오락, 관계기술개발.[17] "이러한 활동들이 나의 삶에 얼마나 균형있게 실천되고 있는가?" 하는 질문을 하면서 위의 8가지 방향에서 당신이 할 수 있는 여가계획들을 적어 보세요.

3. 그 활동들을 당신에게 매력을 주는 순서에 따라 순서대로 배열하세요. 그 하나하나의 활동을 시작하는 대강의 일정을 적으세요. 그리고 매일 순서 1번부터 시행하세요.

영적인 삶을 풍요하게 만드는 웃음과 놀이

우리의 건강과 행복에 불행한 일이지만, 종교에 대한 수많은 접근들이 영성을 개발하고 즐거워하는 데 장애가 되고 있습니다. 인류학자들의 보고에 따르면, 어떤 아프리카 종족들에게 기독교선교를 성공적으로 수행하여, 그들을 그리스도인으로 회심케 했을 때 슬픈 행동변화가 일어났다고 합니다. 선교사가 이 종족들에게 들어오기 전에 그들은 마음에서 우러나오는 온몸 폭소를 하는 종족으로 소문나 있었습니다. 그러나 이렇게 무절제한 웃음은 이방적이라고 선교사들은 판단했습니다. 기독교적인 방법들을 재교육받은 후에 그 종족들은 '선교사 웃음'이라고 알려진 신경질적이요, 억제되고, 당황스러운 웃음을 개발시켰습니다.[19] 이 얼마나 우스운 일입니까? 복음의 기쁜 소식이 슬픈 미소를 만들게 하다니. 이것이 바로 선교사들이 전하고자 하는 복음이었습니다. 이것은 곰쇼를 반대하면서, 반대하는 이유가 곰에게 고통을 주기 때문이 아니라 구경하는 사람들에게 감각적 만족을 주기 때문이라고 한 옛날 청교도 목사의 주장을 생각나게 합니다.

그리스도교적인 삶의 여정을 따라 걸어가려고(때로는 흔들리기도 함.) 노력하는 사람들에게 있어서 더 자유하게 하면서도 정확하고 건강한 영성의 모습은 예수의 삶의 스타일입니다. 엘톤 트루블러드(Elton Trueblood)는 그의 저서 *The Humor of Christ*에서 예수님이 위트와 유머의 사람이요, 자기도 웃고 남도 웃기를 기대하는 사람이었다는 사실을 보여 주기 위하여 30개의 예를 제시하고 있습니다. 먹지도 아니하고 마시지 아니한 세례 요한과 달리, 예수님은 잔칫집 분위기가 가라앉아 갈 때에 자기의 권능을 사용하여 포도주를 더 많이 공급하심으로 혼인잔치에 활기를 더하게 하는 기적을 제일 먼저 행하셨습니다. 그가 친구들과 함께 먹는 것과 마시는 것을 즐기자, 그 당시 경건하다는 사람들은 이것 때문에 의심할 여지없이 위협받았습니다. 그래서 그들은 이러한 예수의 행위에 대하여 분노했습니다. 이것은 예수님의 삶을 즐기고 사람들을 사랑하는 삶의 스타일을 이해할 수 없는 사람들에게, 예수님을 '먹기를 탐하고, 마시기를 즐기는 자'라고 비난할 수 있는 구실이 되었습니다. 그는 삶과 사람들에 대하여 감동적인 예를 이야기하는 분이었습니다. 자기와 가장 가까운 사람들과 마지막 식사를 나누는 자리에서 그는 이렇게 말합니다 : "이것을 너희에게 이름은 내 기쁨이 너희 안에 있어 너희 기쁨을 충만하게 하려 함이니라"(요 15 : 11). 내가 기억하기로, 하나님의 현존의 가장 확실한 증거는 기쁨이라고 말한 것은 아주 깊은 영성전문가 피에르 떼이야르 드 샤르댕(Pierre Teilhard de Chardin)이었습니다.

다른 종교들 가운데는 웃음을 중심에 두는 종교들이 더러 있습니다. 남부 오스트레일리아 원주민 종족들 가운데 한 종족은 인간이 배설물로부터 피조된 존재라고 묘사하고 있습니다. 인간의 형상으로 만든 후에 웃으면서 살아나게 하려고 간질렀다고 합니다. 지카릴라 아파치 인디안 종족은 이런 재미있는 이야기를 가지고 있습니다. 조물주는 모든 동물들을 창조하고 나서 뒤에 가만히 서서 그 동물들의 재미있는 모습들과 습관들을 보면서 웃었습니다. 그후에 창조주가 인간을 만들었을 때, 조물주는 인간에게 "말을 하라."고 말했습니다. 그러자 인간은 "웃는다." 하는 말을 처음으로 하고 나서 곧 웃기 시작했습니다. 그리고 나서 조물주가 여자를 만들었을 때 남자는 여자에게 말을 했고, 놀랍게도 여자가 대답을 했습니다. 그러자 그들은 함께 웃기 시작했습니다. 그들은 웃고 또 웃었습니다.[20]

당신의 신앙에 대하여 심각하면서도 동시에 즐거운 놀이로 여기는 태도는 당신의 메마른 율법주의와 천박한 도덕주의에서 당신의 영성을 해방시키고, 기쁨이 가득한 영성을 가지게 할 것입니다. 당신의 영성이 암울하고 기쁨이 없는 것이라면 당신은 새로운 영성이해를 가져야 할 것입니다.

C. S. 루이스(C. S. Lewis)는 *The Screwtape Letters*에서(이 책은 귀신이 되는 법을 훈련시키는 조카 웜우드에게 악마 실력자인 Screwtape이 보낸 편지 형태로 구성되었다.) 다음과 같이 썼습니다.

나의 사랑하는 웜우드에게

……나는 인간의 웃음의 원인들을 기쁨, 재미, 적합한 농담, 그리고 경솔로 나누었다. 너는 첫 번째 원인을 휴일 저녁에 재결합하는 친구들과 연인들 가운데서 볼 수 있을 것이다. 어른들 가운데 농담을 이야기할 때에 그 농담의 배경이 되는 상황설명이 먼저 있을 것이다. 그러나 그러한 시간에 일어나는 가장 작은 위트들이라도 웃음을 일으키는데, 그 농담의 구조가 실제로 웃음의 원인이 되는 것은 아니다. 웃음의 진짜 원인을 우리는 모른다. 그와 같은 것이 인간들이 음악이라고 부르는 혐오스러운 예술들의 대부분에서도 표현된다. 그와 비슷한 것들이 천국에서도 일어난다. 즉, 천국의 경험이 리듬을 타고 의미없이 점점 상승되는 것이다. 이것은 우리에게 매우 불분명한 것이다. 이런 종류의 웃음은 우리에게 좋지 못할 것이다. 그리고 항상 우리를 낙담하게 만드는 것이다. 그 외에도 그 현상 자체는 혐오스러운 것이요, 우리 지옥의 현실과 위엄과 엄숙성을 직접적으로 모욕하는 것이다.

……재미는 가끔 기쁨과 매우 밀접하게 연결되어 있다. 즉, 그것은 놀이감각에서부터 일어나는 일종의 감정적 거품이다. 그것은 우리에게 아무런 유익이 없는 것이다. 물론 그것은 우리의 대적자(하나님)가 그들에게 느끼게 하고 실천하게 하려는 어떤 것으로부터 인간을 분산시키는 데 이용될 수도 있다. 그러나 그 자체 속에 우리가 정말 원치 않는 어떤 경향성이 들어 있다. 그것은 자비와 용기와 만족과 그리고 다른 여러 가지 악을 증진시킬 수 있기 때문이다.

너를 사랑하는 삼촌
스크류테입[21]

나는 시편기자가 하나님을 이 세상의 교만한 왕들을 보며 웃으시는 분(시 2 : 4)이라고 묘사하고 있는 것을 기쁘게 생각합니다. 스스로 높이는 권위주의자들을 보고 웃으시는 것은 합당하고 건강한 일 같습니다. 나는 "춤을 출 수 있는 신만을 믿을 수 있다."고 말한 철학자 니케의 선언에 얼마 정도 공감합니다. "신들도 농담을 좋아한다."고 한 소크라테스의 대화 가운데 나오는 주장은 고대 헬라의 종교들의 건전한 차원을 반영합니다.[22] 더 즐거운 놀이적인 순간에 나는 현재의 영적인 것들에 대한 이해를 "하나님의 미소의 신학"이라고 부르면 어떨까 하고 고려해 왔습니다. 또는 더 경건치 못한 순간에(종교의 영역에서 아주 무거운 것들과 만난 후에) 나는 "우주적 웃음의 신학"이라고 생각을 굴렸습니다. 나는 하나님의 영이 열렬한 유머감각을 가지고 있기를 바랍니다. 그렇지 않으면 우리는 모두 큰 곤란에 빠질 것입니다.

> 나는 죽음을 두려워하지 않는다. 나는 죽음이 일어날 때 그곳에 있고 싶지 않을 뿐이다.
> —우디 알렌

> 내가 어디로 가서 죽을지 안다면, 나는 거기에 가지 않을 것이다.
> —우디 알렌

인생에 대한 놀이적 관점이 당신의 영성을 풍성하게 만들 수 있는 한 가지 방법은 당신의 죽음에 대한 두려움(실존적인 불안), 괴롭히는 우상숭배로 해결하려고 하지 말고 오히려 생동성과 창조성을 자극하는 기회로 삼는 것입니다. 우디 알렌(Woody Allen)의 두 가지 비슷한 경구가 실존적 불안을 대처할 수 있는 유머적인 수단을 예시합니다 : "나는 죽음을 두려워하지 않는다. 나는 죽음이 일어날 때 그곳에 있고 싶지 않을 뿐이다." "내가 어디로 가서 죽을지 안다면, 나는 거기에 가지 않을 것이다."

10,050피트 높이의 발디산(이 산은 남캘리포니아에 있으며, 스모그가 걷힐 때에 1년에 한두 번 내 사무실에서 볼 수 있다.) 중턱에 위치한 선불교센터에서 수도하는 승려 한 사람이 나에게 한번 이야기해 준, 선불교 지혜자가 수세기 전에 한 말을 인용하고 싶습니다 : "천사가 하늘을 날 수 있는 이유는 아주 가볍게 몸을 관리하기 때문입니다."[24] 자신을 너무 심각하게 취급하려는 경향이 있는 사람들에게 좋은 충고가 될 것입니다.

✱ 전인건강훈련 ✱

이미지 만들기 훈련 : 옛날 선불교 지혜자의 정신으로, 선웃음 명상을 해보세요. 마음을 평안히 가라앉히고 눈을 감으세요. 숨을 내쉴 때마다 속에 있는 긴장을 내보내면서 잠시 동안 호흡운동을 하세요. / 이제 당신은 아름답고 평화로운 자연 속에 있다고 상상하세요. / 해가 떠오르기 직전입니다. 서서히 밝아오는 자연을 바라보세요. / 당신 속에 가득한 평화의 감정을 느끼세요. 그리고 밝은 빛이 당신 주위에 있는 것을 무엇이든지 감싸기 시작하는 장면을 보면서 조용한 기쁨이 당신에게 내려 앉게 하세요. 그 아침의 부드러움을 감사하며, 부드러운 내면의 미소를 살아나게 하세요. / 당신의 눈에 반짝이는 빛을 담고, 나가서 생기넘치는 것들을 즐거워하세요. / 준비가 되었다면 팔을 쭉 뻗고, 눈을 뜨고, 돌아와 신선감과 활력을 음미하세요.[23]

자기놀이 관리계획을 수립하라

이 장을 읽으면서 당신의 놀이감각을 불러일으킨 부분을 다시 검토하세요. 점검표에 있는 중요한 항목들을 기억하세요.

당신의 내면의 아동이 더 즐겁게 놀이할 수 있는 항목들을 적어도 6가지를 만드세요. 당신의 창조성을 살려서 이것을 실천에 옮길 수 있는 현실적인 자기관리계획을 수립하세요. 다음의 사항들을 포함하는 것이 더 효과적이라는 사실을 명심하세요. (1) 당신이 정말로 즐길 수 있는 것, (2) 그것을 실천할 수 있는 실제적인 전략, (3) 일정계획, 특히 얼마나 자주 그 일을 하려고 하는지 하는 계획.

그중에서 가장 매력적인 것을 1~2개 선택하여 오늘 그 일을 시작하세요. 적어도 내일부터는 그것을 실천하세요. 즐거운 놀이관리는 그 속에 이미 보상이 내재되어 있으므로 특별한 보상방법을 만들 필요는 없었습니다. 또한 나는 당신이 매일 당신의 마음속에 당신을 보며 웃는 경험과 당신의 삶에서 일어난 미친짓 같은 것들을 보며 미소지은 경험들을 활동사진으로 만들어 보기를 권장합니다.

제 8 장

상처입은 지구의 치유로 전인건강 향상하기

매일 미국인들은 2,700만 마일을 조깅하고, 아이스크림 3백만 갤론을 먹어치우며, 유독성 산업폐기물을 150만 톤씩 만들어 내고 있다.

-CBS 뉴스, 1986년 2월 17일-

중요한 사절단의 일원으로 영국에 파견된 마하트마 간디(Mahatma Gandhi)는 12명의 기자들에게 "서구문명에 대해 어떻게 생각하십니까?"라는 질문을 받았다. 간디는 "나는 그것이 훌륭한 사상이 될 것이라고 생각합니다."라고 대답했다.[1]

오래 전에 멍청하고 어린 캘리포니아 회색고래 세 마리가 알래스카주 포인트배로우 부근 북극해의 풍성한 먹이에 취해서 거기 너무 오래 머무르고 말았습니다. 북극지방의 겨울이 몰려와 바닷물이 일찍 얼어 버리자 고래 세 마리는 얼음 속에 갇히게 되었고, 4분에 한 번씩 숨을 쉴 수 있는 작은 구멍이 몇 개밖에 남지 않게 되었습니다. 환경단체 '그린피스'(Green-Peace)가 이들이 궁지에 몰려 있다는 소식을 들었습니다. 얼음이 숨쉴 구멍을 좁혀 들어가기 시작하자 이 고래들을 확실시되는 죽음에서 구출해 내기 위한 엄청난 노력이 개시되었습니다. 한 해군소장이 이 구조작업을 지휘했습니다. 노련한 에스키모 원주민들이 채용되어 체인톱으로 얼음을 잘라내는 일을 24시간내내 계속했습니다. 거창한 중장비 행렬이 동원되어 높이 치솟은 얼음을 뚫고서 외해(外海)쪽으로 수로를 내려는 필사적인 노력을 기울였습니다.

각 나라 사람 수백만명의 가슴에 열렬한 동정심이 일어났습니다. 이 이야기는 매일같이 신문의 1면을 차지하는 뉴스거리였습니다. 세계적인 텔레비전 방송망을 통해서 고래들이 날카로운 얼음날에 찔려 피를 흘리면서 숨을 헐떡거리는 가슴 아픈 장

면과 함께 뉴스가 보도되었습니다. 미국 대통령은 구조대원들에게 온 국민을 대신해서 성공을 기원하는 전화를 걸었습니다.

거의 3주간에 걸쳐 쉬임없는 노력을 기울였지만 희망은 점점 엷어져 갔습니다. (원주민들이 '보운'이라는 애칭으로 불렸던) 제일 작은 고래가 죽었습니다. 그때 소련 당국이 전례없는 조치를 취해서 수로를 뚫기 위한 두 척의 거대한 빙산 파괴선을 파견했습니다. 얼마 안 되어서 생존한 고래 두 마리가 해방되자 온 세계 사람들은 환호를 터뜨렸습니다. 이들은 2만 명 이상 되는 삼촌과 숙모, 사촌들을 뒤따라서 캘리포니아주 바자의 따뜻한 바다를 향해 장장 6천 마일에 걸친 연례 이동을 했으며, 거기서 짝을 지어 새끼를 낳기도 했습니다. 아마 여러분도 다른 사람들처럼 환호를 터뜨리고, 내가 느낀 것과 마찬가지의 감정을 느꼈을테지요─마치 내 안에서 무엇인가가 해방된 듯한 감정 말입니다!

그런데 내 마음을 어지럽히는 그림 하나가 끼어들었습니다. 그 고래 구조작업에 든 비용을 보도한 뉴스에 의하면 미국 돈으로 3백만 달러가 넘게 들어갔다고 합니다. 이 지구촌 곳곳에서 짓누르는 가난과 죽음으로 내모는 굶주림, 그리고 치명적인 질병이라고 하는 얼음바다에 꼼짝 못하고 갇혀 있는 수백만명의 사람들─남녀노소의 모습이 눈앞에 떠올랐습니다. 이들 중 과연 얼마나 많은 사람이 그런 열성적이고 전면적인 국제적 비용부담에 의해 구조될 수 있겠는가 하는 의문이 일어났습니다. 그리고 나서 지난 100년 동안 세 차례에 걸쳐서 거대한 회색동물들(grays)이 싸구려 개먹이 따위를 만들기 위해 무참히 죽임을 당해 거의 멸절되다시피한 대량학살의 기억이 떠올랐습니다. 그런 동물 종(種)들을 구해 내기 위한 전면적인 노력은 마치 인간 가족의 회개를 표시하는 상징적인 제스추어처럼 굉장히 적절한 것이라고 여겨졌습니다. 그러나 나는 여전히 원합니다─온 지구 구석구석에서 덫에 걸려 꼼짝할 수 없는 인간들을 위해서 우리가 같은 일을 할 수 있기를 말입니다.

그 고래들이 얼어붙은 바다에 갇혀 버린 사실이 그처럼 강렬하게 우리의 주목을 끈 이유는, 우리 자신이 갇혀 있다는 사실을 우리가 어렴풋이나마 깨달아 이에 공명했기 때문이라고 말할 수 있을까요? 아마도 우리의 내면생활, 독을 뿜어대는 인간관계, 일터에서의 좌절, 사라져 가는 꿈들 속에 갇혀 있기 때문에 우리는 궁지에 몰린 고래들에게 일체감을 느끼는 것일지도 모릅니다. 이 현대의 비유가 보여 주는 강렬한 이미지들은 우리가 타고 있는 우주선인 지구 위에서의 삶─종말이 올 가능성을 지닌 전지구적 환경위기라고 하는 덫에 갇혀 있는 지구 위에서의 삶─에 대해서 우리 숱한 인간들이 어떻게 느끼고 있는가를 표현하고 있습니까? 더욱 건강한 환경 속에서 더욱 건강한 삶이 주는 따스함과 사랑에 찬 기쁨으로 나아가기 위해서 우리 내면의 깊은 곳으로부터 우리는 자유를 갈망하고 있지 않습니까?

오늘날 당신과 당신이 사랑하는 이들이 직면하고 있는 궁극적인 건강의 문제는 무엇입니까? 우리 모두가 맞닥뜨린 건강문제에 관한 핵심적인 도전은, 생태학적으로 합당한 생활양식과 정의로운 세계경제로 나아감으로써 환경적인 재난으로부터 지구의 경이로운 생명망(web of life)을 구출할 수 있는 효과적인 방법을 창출해 내는 것입니다! 이것은 우리 시대뿐만 아니라 모든 시대에 걸쳐서 가장 중요한 건강문제입니다. 만일 우리가 지구공동체 가족으로서 지구를 살해하는 이 도전을 우리 시대에 해결짓지 못한다면 우리의 자식들과 자식의 자식들과 온 인류와 다른 생물 모두의 후손에게 건강한 미래라고 하는 것은 불가능할 것입니다.

자기 나라의 새 지도자에게 보내는 강력한 호소문에서 천체물리학자 칼 세이건(Carl Sagan)과 샌 드러얀(Sann Druyan)은 이와 같이 선언했습니다 : "자녀를 단지 사랑해 주고, 먹이고, 입히고, 교육시키는 것만으로는 이제 충분치 않습니다. 미래 그 자체가 위험에 빠져 버린 이 시대에 우리는 마치 내일이라는 것이 전혀 없는 것처럼, 마치 지구의 혜택을 입고 살아가야 할 새로운 세대가 전혀 없는 것처럼 환경을 다루어 왔습니다. 그러나 그들도 우리도 물을 마셔야 하고 공기를 호흡해야만 하는 것입니다. 그들도 우리도 치명적인 폐기물과 자외선, 기상이변들 앞에서는 피해를 입을 수밖에 없는 연약한 존재입니다."[2]

지구의 상호 의존적인 생명의 구조망(earth's interdependent network of life)은 한 가지 공통된 현실에 위협받고 있습니다. 이 지구 위에 생명이 존재해 온 30억 년간의 이야기 속에서 처음으로 하나의 종(種 : species)이—호모 사피엔스(우리)가—모든 종들을 위협하고 있는 것입니다. 하나의 종이 무책임하게도 인구과잉 문제를 계속 저지르고 있으며, 하나의 종이 살 만한 곳인 지구를 파괴해 버릴 수 있는 기술을 만들어 내는 데 그 뛰어난 지적 능력을 이용해 왔습니다. 우리는 생명을 해칠 수 있는 방사선으로 모든 생명의 미래가 좌우되는 유전자 집단(gene pool)을 돌이킬 수 없이 손상시키는 가공할 힘을 창출해 냈습니다. 그러나 우리는 또한 그럴 마음만 먹는다면, 지구를 살려낼 힘과 지성을 가지고 있기도 합니다.

이 전례없는 도전에 맞서 우리 인간 종이 분연히 일어나 우리의 지구를 치유하고 보호할 혁신적인 방도를 만들어 내지 않는다면, 당신의 개인적 건강과 나와 인류 가족의 건강, 나아가서 모든 동물과 식물의 건강이 존속할 수 있는 미래는 있을 수가 없습니다.

얼마 전 「로스앤젤레스 타임즈」에 세계 최후의 팔로스버디스 파랑나비가 죽었다는 짤막한 기사가 실렸는데, 1977년도에만 발견된 적이 있는 이 나비는 '멸종위기 리스트'(the endangered species list)에 올라 있었습니다. 란초팔로스버디스시(市)가 이 나비의 유일한 먹이요, 서식처인 로코 풀밭을 도시개발 명목으로 뒤엎어 버렸을 때 이 나비는 전멸해 버렸습니다. 이 도시는 '멸종위기 리스트'에 오른 종을 파괴한 혐의로 기소되었는데, 고작 경범죄 죄목이었습니다.

이 기사를 읽으면서 나는 돌연 슬픔과 분노로 가슴이 물결치는 체험을 했습니다. 놀랍게도, 내가 그런 감정에 잠겨 있을 때 내 자식과 손자들이 팔로스버디스 파랑

나비를 절대로 보지 못하리라는 것을 깨닫게 되다니! 큰 안목에서 보자면, 나비 한 마리의 죽음쯤은 결코 그리 중요하지 않을지도 모릅니다. "그따위 감상에 빠지는 건 집어 치워!"라고 혼잣말을 했습니다. 그러나 그 당시도, 지금도 나는 깊은 비애를 느낍니다—내 자식과 손자가, 그리고 당신의 자손들이 영원히 상실해 버린 것에 대해서 말입니다. 그러자 내 기억 속에 떠오르는 것은 그 상실이 매일같이 계속되고 있으며, '멸종위기 리스트'에 오른 종이 1,070여 종류나 된다는 사실입니다. 지난 17년 동안 3백여 종의 동식물이 '리스트'에 포함시키는 정부의 승인을 기다리는 동안 멸종선언을 받고 말았다는 사실도 상기되었습니다.

이 책을 완성하는 동안 나는 브라질의 아마존강 유역에서 멋진, 그러나 소박한 며칠간을 보냈습니다. 하루는 우리가 미시시피강보다 열한 배나 수량이 많은 거대한 강을 건너가게 되었습니다. 우리는 카누 한 척을 타고서 우림(rainforest) 속으로 흐르는 작은 물줄기를 따라 올라갔습니다. 그 숲의 아름다움과 넘쳐나는 생기는 놀라웠습니다. 우리를 안내하던 사람은 숲 안으로 들어가 한 시골학교 근처에 축구장을 만들기 위해서 나무들을 불태워 버린 장소로 우리를 인도했습니다. 그 운동장 한가운데 우리가 멈춰서자 그는 우리 발 밑의 흙을 한 번 살펴보라고 했습니다. 그 흙은 마치 해변의 모래처럼 보였습니다.

안내인은 설명하기를, 우림이 파괴될 때 얕은 지표 토양에 함유된 양분은 금새 호우에 씻겨내려간다는 것이었습니다. 4년 안에 거기서는 식량작물이 더 이상 자랄 수 없게 됩니다. 7년 정도 지나면 가축이 뜯어먹을 목초마저 낼 수 없게 된다고 합니다. 우리가 막 걸어들어온 이 놀라우리만치 생기넘치는 우림이 메마른 황무지로 변해 갑니다. 우리가 놀라서 멍하니 그 자리에 서 있는 동안 내가 깨달은 것은, 만일 내가 벌목한 우림지역에서 사육된 값싼 수입소의 고기로 만든 햄버거를 캘리포니아에서 사먹는다면 나는 결과적으로 그 숲의 거대한 나무 한 그루를 베어내는 셈이라는 사실이었답니다!

만일 당신이 북아메리카에 살고 있다면, 브라질의 환경부 장관 호세 루젠버거가 한 이 지혜로운 말을 잘 생각해 보십시오 : "미국과 캐나다가 자기 나라 태평양 연안에 있는 원시림을 마구 베어 버릴 때, 혹은 스웨덴과 러시아가 자기네 북부지방의 타이가림에다 같은 짓을 한다면, 그 결과는 아프리카나 뉴기니아의 열대우림의 파괴와 마찬가지로 지구 생태계에 똑같이 파괴적입니다. 그리고 국제적 여론의 비난을 받아 마땅한 것입니다"(*WorldWatch*, 1990, 9–10월호, p.8).

이 장에서 우리는 생명계가 앓고 있는 아픔과 우리의 주요한 사회기관들이 지닌 병리현상이 매일 매순간 어떻게 우리의 개인적인 온전성에 영향을 미치는가 하는 것을 살펴보기로 하겠습니다. 우리의 개별적인 안녕은—유복한 나라와 부류에 속한 특권층이 잠시 누리는 사치는—그리 오래가지 못할 것입니다. 만일 우리가 건강이라는 것을 전지구적인 성격으로 이해하지 않는다면 말입니다. 또한 그러한 이해를 바탕으로 해서 지역사회의 시민봉사기관들에 손을 뻗쳐 자기 나라 안에서 그 치유를 위해 일하지 않는다면 말입니다.

평화-환경 전인건강 검사표

이 점검표는 두 가지 중요한 방식으로 유용하게 쓰일 것입니다. (1) 당신이 살고 있는 지역사회와 세계의 사회구조의 건강과 관련지어서 당신의 생활양식과 가치관의 건강 정도를 이 검사표가 평가해 줄 것입니다. (2) 생명을 위협하는 집단적 질병에 걸려 있는 지구의 치유를 돕는 당신 자신의 계획을 세우는 데 이 검사표는 다양하고 실천적인 대안들을 제시합니다.

✎ **방법**: 각 항목의 앞에 다음 세 글자 가운데 하나를 써 넣으세요.
　　 잘함-나는 이 부분에서 훌륭히 해내고 있다.
　　 보통-잘하고 있지만 개선의 여지가 확실히 있다.
　　 못함-내 생활방식은 확실히 이 부분에서 보강될 필요가 있다.

_____ 내 개인적인 전인성과 내가 사랑하는 이들의 전인성이 내가 사는 사회와 자연계의 전인성과 불가피하게 한데 얽혀 있다는 사실을 나는 알고 있다.

_____ 나는 지구를 사랑하며, 내가 매우 작지만 중요한 부분을 차지하는 경이로운 생명계 전체에 내가 깊숙이 연결되어 있음을 느낀다. 나는 식물과 동물과 자연이 아름다운 장소에 다가갈 때 기쁨과 새로워지는 느낌을 발견한다.

_____ 나는 인간 가족에 속하는 놀라울만큼 다양한 사람들과 깊은 유대감을 느낀다.

_____ 나는 내가 가장 사랑하는 사람들과 더불어 자연의 아름다움과 경이로움을 함께 나누는 것을 즐거워한다.

_____ 나는 지구를 해치는 근본적인 원인들이, 세계 각처에서 일어나고 있는 인구폭발과 경제적 불의에 기인한 빈곤의 폭력, (우리) 부유한 개인과 국가들이 저지르는 탐욕스러운 소비양식, 세계적인 군비경쟁으로 인한 지구의 유한하고 소중한 자원의 낭비 등이라는 사실을 알고 있다.

_____ 나는 자연에 대한 폭력과 사회에서 약자로 규정된 사람들(여성, 어린이, 소수민족)에 대한 폭력이 동일한 원인-불의와 빈곤, 폭력에 대한 가부장적 가치관, 사회적으로 과해진 무능력상태 등이라고 하는 사회악-에 근거하고 있음을 나는 의식한다.

_____ 나는 내 생활방식과 그것을 이끄는 가치관을 정기적으로 점검하고 수정한다. 나의 건강과 지구의 건강 양자에 대한 나의 사랑을 더 잘 표현하도록 하기 위해서.

_____ 나 자신의 건강과 지구의 치유를 위해서 나는 지구건강의 치유와 보호에 헌신하는 환경·평화운동 그룹 안에서 다른 사람들과 같이 일하고 또 지원하는 일에 적극 참여한

다.

_____ 나는 절망과 비관, 무력감이라는 내 마비된 감정들을 치유하는 방법들을 알고 또 사용한다. 환경과 평화를 위한 활동에 기울일 희망과 에너지를 회복하기 위해서.

_____ 나는 영원히 지속되는 창조사업의 신비와 경이로움을 경험한다.

_____ 나는 내 영적 중심, 곧 나의 지구사랑 활동의 힘을 제공하는 중심을 풍요롭게 하기 위해서 유용한 방법들을 사용한다.

_____ 나는 편협하고 배타주의적인 신앙과 가치관을 넘어서서 내 신앙과 가치관이 다른 전통들이나 종(種)들에 대해서 더 큰 포용성을 갖고 다리를 놓는 것이 되도록 성장하고 있다.

_____ 나는 평화와 정의와 환경 차원의 온전성(environmental wholeness)을 위한 '부모역할'과 '친구역할'을 실천하고 있다.

_____ 나는 지구의 건강한 미래, 곧 내가 그 실현을 위해 힘쓰고 있는 미래에 대한 분명하고도 발전적인 이미지를 지니고 있다.

_____ 나는 평화·환경운동의 동지들과 함께 일할 때 안전판 구실을 하고 행동력을 북돋아 주는 내 유머감각과 웃음을 이용한다.

♥ **평가** : 이 점검표를 최대한 활용하려면 더 광범위한 사회 및 세계와 관련지어서 당신의 생활양식의 건강함에 대한 전체적인 인상을 얻기 위해 자신이 자체평가한 것을 다시 훑어보기를 권합니다. 당신의 '전인건강 자기관리일지'에 '보통'과 '못함'이 표시된 항목들을 써 보십시오. 이 항목들은 당신 생활에 건설적인 변화를 가져와야겠다는 생각을 당신이 갖도록 만들기에 충분한 만큼 중요해 보입니다. 이것말고도 지구의 치유를 도움으로써 당신 자신의 전인성을 향상시키기 위해 당신이 할 만한 일들에 대해서 생각나는 것이 있으면 적어 보십시오.

개인주의적 전인성 추구 – 그 위험천만한 오류

만일 당신이 살고 있는 지역사회와 더 넓은 세계의 상처를 무시한 채 당신 자신의 전인성을 극대화하려고 애쓴다면 당신은 막다른 골목으로 걸어들어가고 있는 셈입니다. 충분히 효과적이기 위해서는 당신과 당신 가족의 전인건강에는 지구의 치유를 위해서 당신이 할 수 있는 모든 것을 다하는 일이 포함되어야 하며, 그럼으로써 개인과 가족이 겪는 상처의 사회적 원인들을 감소시켜 나가는 일이 포함되어야 합니다. 이들 사회적인 악성종양들로는 성차별과 인종차별, 군사주의, 계급주의, 소비주의, 인간종족 중심주의(species–ism : 다른 동물들은 우리에게 착취당하기 위해 존재한다는 식으로 다루는 것), 민족주의, 병적인 종교운동, 정치·경제적 억압, 살

만한 환경에 자행되는 비극적인 파괴 등이 있습니다. 이들 제도화된 질병들은 당신의 전인성과 나의 전인성을 매일같이 매순간마다 침해하고 있습니다. 우리가 그 영향력을 의식하고 있든지 아니든지간에 말입니다. 이 질병들은 지구상에 살고 있는 모든 사람의 건강에 피해를 입히고 있으며, 특히 경제적, 민족적, 인종적, 정치적 억압에 신음하고 있는 사람들에게 더욱 잔인하게 나타납니다.

어떤 공중보건 전문의 한 사람은 병원치료의 M.A.S.H.(mobile army surgical hospital : 미국육군 이동외과병원—역자 주)식 접근방법에 대해 우리 모두가 물어야 할 중요한 문제를 이렇게 제기했습니다 : "병을 돌보는 체제는 대체로 사람들을 대충 꿰매 가지고 그들이 다쳤던 원래의 전쟁터로 돌려보내고자 애쓰고 있다. 평화를 이루는 건 고사하고라도 전투의 규칙이라도 바꿔 보려는 노력은 전혀 없다. 우리는 왜 불건강을 만들어 내는 식으로 우리 사회의 구조를 유지시켜야만 하는가? 건강을 창조해 내기 위해서 우리 사회의 구조를 바꾸는 길은 있는 것일까?"[3]

우리 이 문제를 당신과 나의 문제로 삼읍시다. 악화되고 있는 환경이 우리의 건강에 미치는 영향은 과연 어떻습니까? 의사와 생태학자 두 사람이 쓴 강력한 책「건강한 몸, 건강한 지구」(*Well Body, Well Earth*)는 이 건강을 위협하는 현실에 내가 눈을 뜰 수 있도록 도와주었습니다. 저자들은 다음과 같이 선언합니다 : "모든 살아 있는 생명체들은 환경 속에 존재하기도 하고 환경의 일부이기도 하다(All living things are both in and of the environment).……그것은 처음도, 중간도, 끝도 없이 서로 뒤얽혀 있는 상호 의존성(interdependency)인 것이다. 만일 전체 가운데 어느 한 부분이 불건강하다면 우리는 전체 중에서 다른 각 부분도 영향을 받는다고 가정해야만 한다.……우리는 지구와 따로 떨어져 있는 것이 아니다. 우리 몸의 각 세포가 우리의 일부분인 것과 마찬가지로 우리는 지구의 일부분인 것이다. 모든 질병은 당연히 환경적인 것임에 틀림없다."[4]

> 상황이 절박하게 될 때는 가장할 시간이 없습니다.
> —달라이 라마

달라이 라마는 노벨평화상을 받기 직전에 클레어몬트에서 연설하면서 이 점을 직설적으로 표현했습니다. "상황이 절박하게 될 때는 가장할 시간(time to pretend)이 없습니다."라고 말입니다. 우리의 부숴져 버린 세상에서 이기주의적인 추구가 가능한 것인양 가장하고 있을 시간이 없습니다. 깊이 상처입은 지구를 치료하기 위해 해야 할 일을 외면한 채 오로지 우리 자신의 건강에만 초점을 맞추는 것은 결국 우리 개인과 가족의 안녕에 불건강한 일입니다.

그러나 병든 지구의 문제들은 우리 삶의 육체적인 면에만 위협을 주는 것이 아닙니다. 그 무시무시한 예언들과 거창하고 복잡한 문제들을 해결하고자 하는 숱한 과제들은 우리를 내적인 혼란과 좌절, 분노, 절망, 무력감이라는 마비된 느낌으로 몰고갈 수도 있습니다. 이 지구가 처한 절망적인 상황 속에서 어떤 진정한 희망이 있기는 한 것일까요? 네! 만일 우리가 우리의 우선순위와 가치관을 바꾼다면 우리는

"여러분, 이 그림은 아주 무시무시하지요. 세계의 기후는 변하고 있고, 포유동물이 번창하고 있으며, 우리 모두는 호두 크기만한 두뇌를 가지고 있답니다."

원자를 폭발시키고 달에 인간을 착륙시킨 바로 그 놀라운 인간 지성과 창조성을 이용할 수가 있습니다. 지구를 구해 내기 위해서 말입니다. 그것은 인간 가족에 속해 있는 우리 모두가 직면해 있는 도전인 것입니다.

손해볼 것 없는 미래에 대한 투자

노만 커즌스(Norman Cousins)는 세계 상황에 대한 당신의 느낌이 어떻게 당신의 개인적 건강에 영향을 미칠 수 있는가 하는 극적인 실례를 제공해 주었습니다. 커즌스는 자신을 대상으로 해서 천진난만한 실험을 하나 했습니다. 그는 혈액 샘플을 두 개 뽑아서 자기가 교수로 재직하는 의과대학에서 검사하게 했습니다. 첫 번째 샘플은 자기의 면역체계의 효율성 기준치를 설정했습니다. 그리고 나서 단 5분 동안 그는 강대국들이 각기 진정으로 이성적인 외교정책을 가지고 있다는 상상을 했습니다. 두 번째 혈액 샘플이 채혈되었습니다. 세계에서 극적인 긍정적 변화들이 일어났다고 마음속에 떠올리는 체험을 한 그 5분 안에 커즌스의 면역세포들은 모든 부분에서 평균 53% 증가했답니다![5] 오늘날 커즌스의 실험을 본따서 해보려 한다면 우리가 해야 하는 일은 그저 환경문제의 치유 노력에 있어서 중요한 타결이 일어났다든가 국제적 충돌의 불안을 야기하는 많은 부분들 가운데 하나에서 평화가 이루어졌다고 상상해 보는 것입니다.

　기쁜 소식은, 당신이 사는 지역사회의 문제들을 치유한다든지 또는 생태·핵문제를 치유하는 일에 당신의 에너지와 창조성과 정열과 돈을 투여하는 것은 손해보지 않는 투자라고 하는 사실입니다. 동시에 그것은 당신 자신과 지구의 건강 모두에 투자하는 것이기도 합니다. 당신의 지역사회나 세계의 치유를 돕기 위해서 다른 사람들과 적극적으로 활동하는 것은 아마도 당신의 건강성(fitness)을 드높여 줄 것입니다. 설령 당신의 지역사회나 세계에서 빠르고 급진적인 변화를 일으키지는 못한다 하더라도 말입니다.

　빌이라는 고등학교 1학년 학생이 학교의 심리학자의 부탁으로 우리 성장상담센터에 보내졌습니다. 빌은 지능지수가 145 정도로 지적 능력이 뛰어났음에도 불구하고 모든 과목에서 낙제를 하고 있었습니다. 그를 맡은 목회심리 임상전문가는 가족 가운데 한 사람이 그런 고통스러운 역기능에 시달리고 있을 때는 식구 전체가 어느 정도만큼 아픔을 겪고 있다는 것을 알았습니다. 그래서 그는 현명하게도 첫 번째 상담 때 빌의 부모와 10대의 두 형제를 빌과 함께 오도록 초대했습니다.

　여기 그 상담 때 신뢰관계가 형성된 후에 일어난 중요한 상호 변화가 기록되어 있습니다.

> **임상가** : 빌, 네가 책을 펼치지 않는 어떤 이유가 분명히 있을테지. 네가 어떤 생각에서 그렇게 하는지 알고 싶구나.
> **빌** : (아주 침울해 보이고 풀이 죽은 채 어깨를 들썩한다.)
> **임상가** : (자기 어깨를 들썩해 보이면서) 이게 무슨 뜻이지?
> **빌** : (괴로움 속에서 긴장한 모습으로 불쑥 말한다.) 세상이 온통 아수라장이 되고 있는데 그게 무슨 상관이에요?
> **임상가** : 만사가 너한테는 지독하게 절망적으로 보이는구나.
> **빌** : (끄덕이면서) 그래요, 빌어먹을 세상!

　빌의 절망감이 쏟아져 나왔고, 그의 가족은 굉장히 놀랐습니다. (핵문제나 생태문제는 그들의 '가정 묵계' ─식구들이 이야기하지 않기로 무의식적으로 동의한 것─였던 것입니다.) 빌의 아버지가 "빌, 세상이 어수선한 혼란투성이라는게 나한테도 역시 걱정된단다."라고 인정했을 때 그 가정에는 건강을 향한 한 전환점이 왔습니다. 다음 몇 달에 걸쳐 그 가족은 함께 치료작업을 더 많이 했습니다. 생태─핵문제에 대해 입을 열게 된 것이 그들의 마비된 소통을 풀어 주는 열쇠라는 사실이 입증되었습니다. 가족의 소통이 개선되어 가자, 예일대학교의 정신과 의사인 로버트 링턴(Robert Lifton)이 "철저한 미래절망증"(radical futurelessness)이라고 부른 심리에서 결과된 자학적인 의기소침 상태에서 빌이 벗어나기 시작했다는 것은 놀랄 일이 아닙니다.

주목할 만한 것은, 빌과 그 가족이 자기들 치료의 일부로서 자기들이 다니는 교회에 속해 있는 '지구와 평화를 사랑하는 연구·행동 모임'에 참여하게 된 것이 가장 도움되는 일 중의 하나였다는 사실입니다. 나의 직업상 경험에 의하면, 그런 참여는 흔히 세계의 미래에 대해 절망하고 있는 사람들, 특히 10대와 젊은 성인들을 위해 가장 치유효과가 높은 방법으로 판명되고 있습니다.[6] 지구를 살리도록 돕는 일은 바로 현명한 자기 이익 실현의 길이라는 점이 다시금 분명해집니다.

지구를 사랑하는 사람이 되는 법

이 모든 것이 어떻게 전인건강의 핵심이요, 원동력인 사랑과 연결되는 것일까요? 우리가 우리 자신을 위해, 그리고 우리가 사랑하는 사람들을 위해(아직 태어나지 않은 증손자들까지 포함해서) 할 수 있는 가장 사랑넘치는 일은 우리 모두의 미래가 달려 있는 생명계 안에서, 그리고 생명계를 위해서 더욱 사랑넘치게 살아가는 것입니다. 우리 자신과 남들을 효과적으로 사랑한다는 것에는, 마치 돌멩이를 연못에 던지면 동심원이 넓게 퍼져나가듯이 그렇게 우리의 돌봄(care)의 폭을 넓혀 나가는 일이 결부됩니다. 전체 인간 가족과 생명계를 위한 돌봄이 이렇게 넓게 퍼져나간다면 이는 우리와 마찬가지로 지구를 염려하고 돌보고 있는 다른 나라와 전통에 속한 사람들과 우리를 하나로 이어 줄 수 있습니다.

씨애틀 추장(Chief Seattle)이라고 하는 한 영감(靈感)을 받은 태평양 북서아메리카 원주민이 1854년에 행한 지혜로운 연설은 오늘날에도 강력한 의미를 갖습니다 : "우리가 우리 자녀들에게 가르친 것을 당신들도 자식들에게 가르치시오. 바로 지구가 우리의 어머니라는 것을. 이를 우리는 알고 있소. 지구는 우리에게 속한 것이 아니요. 우리가 지구에 속한 것이지. 이를 우리는 알고 있소. 마치 한 가족을 묶어 주는 핏줄처럼 만물이 한데 이어져 있는 것이오. 지구에 닥치는 일은 무엇이나 지구의 자식들에게도 닥치는 것이오. 사람들이 생명의 그물을 짜고 있는 것이 아니라 다만 그 그물의 한 가닥일 따름이오. 이 생명의 그물에 사람들이 어떤 짓을 하건 그것은 자기 스스로에게 하는 셈이오."[7]

지구에 대한 이 깊은 존경심과 친근성은 이 시대의 아메리칸 원주민인 파울라 군 알렌(Paula Gunn Allen)이 간직한 추억 속에서도 여전히 반영되고 있습니다. 그 여자는 기억하기를, "내가 어렸을 때 어머니는 나에게 말씀하셨죠. 동물과 곤충과 식물은 우리가 높으신 어른들을 대할 때처럼 어떤 존경심을 가지고 다루어야 한다고요. '생명은 하나의 동그라미란다. 모든 만물이 그 안에 자기 자리가 있지.'라고 종종 말씀하셨지요. 그것이 내가 저 신성한 생명의 원을 만난 방식이었답니다."[8]

지구의 생태학적 위기와 핵문제 위기는 인류에게 전례없는 도전인 동시에 전례없는 기회이기도 합니다. 먼저 살았던 어떤 세대보다도 더 우리는 지구를 새로운 방

전인건강의 창

헬렌 캘디코트(HELEN CALDICOTT)

오스트레일리아 출신의 한 생기발랄한 소아과 의사가 뉴욕시에 있는 콜럼비아대학 장로교병원에서 치명적이지만 비교적 드문 어떤 소아병의 치료법을 연구하고 있었습니다. 그녀가 핵무기 경쟁으로 인해 전세계 어린이들에게 가해지는 위협이 증가하고 있다는 인식을 하게 되자 그녀는 종신 의사직을 사임하고 우리 시대의 가장 헌신적이고 정열적이며 지칠 줄 모르는 평화운동가의 한 사람이 되었습니다. 그녀는 '사회적 책임을 위한 의사회'(Physicians for Social Responsibility)에서 지도적 역할을 담당하면서 의사들을 동원해 내는 일에 눈부신 역량을 발휘했습니다. 그 뒤에, 여성의 비전과 특수한 경험이 구렁텅이로 가고 있는 인류의 어리석음을 저지하는 열쇠가 된다고 확신한 그녀는 WAND(Women Against Nuclear Destruction : 핵파괴반대 여성회)의 결성을 도왔습니다. 1982년 7월에 그녀는 '인간주의 심리학회'의 연례총회에서 다음과 같은 강력한 연설을 행했습니다.

"하나님의 창조가 금년에, 내년에, 10년이나 20년 안에 파괴되어 버린다면 우리는 결코 아무런 영향도 끼칠 수 없는 것입니다. 그렇지요? 저는 믿습니다. 우리는 지구를 구하기 위해서 하나님에 의해 바로 이곳에 세워지게 되었다고. 예전의 어떠한 세대도 이처럼 무거운 책임을 떠맡은 적은 없었습니다. 그것이 바로 여러분이 여기 계시는 이유입니다. 그리고 지구를 구할 책임을 지는 것은 여러분 같은 사람들에게 달려 있습니다. 또한 이 일을 하는 것은 가장 기쁜 일임을

아시기 바랍니다. 이 일은 모든 사람을 하나로 단결시켜 줍니다. 부자와 가난한 자, 흑인과 백인, 러시아인과 미국인을 한데 뭉치도록 하는 것입니다. 우리 모두가 하나님의 아들, 딸이기 때문에 우리는 모두 형제자매인 것입니다. 또 만일 우리가 지금 영적으로 진화하지 않는다면(우리는 시간의 기로에 서 있다), 우리는 그 일을 할 수 없을 것입니다."

'사회적 책임을 위한 의사회'의 지도자로서 여러 해 동안 맹렬하고 헌신적으로, 지칠 만큼 일한 뒤 헬렌 캘디코트는 그 조직내에서의 평화운동으로부터 물러났습니다. 그녀가 겪었던 신경쇠약증은 근본적 변화들에 대한 남성지배적인 의료전문인들의 저항에 맞서 싸운 그녀의 힘겨운 투쟁에 기인했음이 분명합니다. 그녀는 WAND에는 계속 관여했습니다. 그리고 나서 1990년 10월, 헬렌 캘디코트는 일리노이대학 교정에서 '학생환경행동연합' 후원으로 7천여 명이 모인 한 강력한 회의에서 기조연설을 했습니다. 그녀는 청년층의 환경운동이 주최, 대성공을 거둔 이 전국적 연대 집회를 격려하는 일에 로버트 레드포드(Robert Redford), 랠프 네이더(Ralph Nader), 제시 잭슨(Jesse Jackson), 시저 샤베즈(Cesar Chavez) 같은 정의·평화운동의 기라성 같은 인물들과 함께했습니다. 학생들에게 도전장을 던지듯 그녀는 이렇게 선언했습니다 : "이날을 기다려 왔습니다. 이날은 지구구출혁명을 시작하는 첫날인 것입니다!" <「핵시대」(Nuclear Times), 1990년 겨울호, p.5에서 인용>

법으로 사랑하는 법을 배울 기회를 맞고 있습니다. 다시 말하면, 지구가 모든 곳에 있는 하나님의 모든 피조물들을 위한 아름다운 장소가 될 수 있도록 지구를 살리기 위한 일에 뛰어들 만큼 충분히 지구를 사랑하는 법을 배울 기회를 말입니다.

북미 각국의 평화운동단체들을 방문하고 난 후 헨리 뉴엔(Henri Nouwen)은 평화운동가 대부분이 그의 표현을 빌리자면 '공포의 집'에 살고 있다고 결론지었습니다. 그는 단언하기를, 효과적인 운동을 하려면 우리는 공포의 집에서 사랑의 집으로 이사해야 한다고 했습니다. 나도 찬성입니다. 우리가 공포와 절망의 집에서 나와서 사랑과 희망의 집으로 옮겨갈 때에 비로소 우리는 우리 세계가 치유되려면 일어나야만 하는 변화들, 곧 우리 자신과 우리의 생활방식과 우리 사회 안에서 일어나야 하는 철저한 변화들을 가져올 에너지를 유지할 수 있는 것입니다. 사회운동가들의 신경쇠약증은 널리 퍼져 있는데, 그 이유는 사회개혁과 정의를 위해 일하는 많은 사람들이 주로 공포와 분노를 동기로 해서 움직이는 것처럼 보이기 때문입니다. 이들 감정이 합당하고 가치있을 수도 있습니다. 그러나 사회변화를 위한 활동을 떠받쳐 주는 더 건강한 동기는 사랑—우리 자신과 다른 사람들과 우리의 보금자리인 지구에 대한 사랑인 것입니다.

✳ 전인건강훈련 ✳

평화 만들기 훈련 : 잠시 멈추고서 이 장의 '전인건강의 창'에 나오는 헬렌 캘 디코트의 말에서 기쁨과 희망을 느끼도록 해보십시오. 우리 사이를 갈라놓고 있는 수많은 벽을 넘어서 환경과 평화를 위한 실천이라는 도전을 체험해 보십시오. / 이 체험을 하는 동안 당신에게 떠오른 이미지와 생각들을 적어 보십시오. 당신이 할 수 있는 것에 대한 생각도 포함해서 말입니다.

환경과 평화문제에 관한 이런 이야기가 우리의 전인건강의 영성적 핵심과는 어떤 관련이 있는 것일까요? 이 도전이야말로 우리에게 주어진 가장 영적인 과제입니다. 이것은 우리 모두가 직면하고 있는 영성적 지상명령인 것입니다. 성령의 기쁜 부르심은 바로 우리를 갈라놓고 있는 모든 경계선과 차이를 넘어서서 지구를 적극적으로 사랑하는 사람으로서 선의를 가진 모든 이들과 더불어 일하라고 하는 것입니다. 무엇을 위해서? 모든 인간이 자기의 가장 완전한 가능성을 개발할 기회를 가지게 될, 환경정의가 실현되는 세계공동체(a global community of eco-justice)를 창조하기 위해서입니다. 이 꿈을 위해서 일하는 것은 바로 모든 사랑과 건강과 정의와 평화의 궁극적 원천이신 사랑의 성령과 더불어 창조의 역사에 동참하는 공동창조자가 되는 것입니다.

1991년 여름에 나는 제일 친한 친구와 함께 이틀간의 신나는 뗏목타기를 즐겼는

데, 창조주의 가장 아름다운 솜씨인 자연의 경이, 그랜드캐년의 188마일을 헤치며 흰파도를 타는 여행이었습니다. 우리가 출발지점을 향해 작은 비행기를 타고 날아 가는 동안 우리는 이 장엄한 협곡을 종종 가리는 갈색 안개를 보고 슬픔과 분노가 치밀었습니다. 협곡에서 불과 16마일밖에 안 떨어진 곳에 거대한 화력발전소가 있 는 것을 보았는데, 이 발전소가 아름다운 경관을 흐리는 대기오염의 주범으로 여겨 지는 아황산가스의 배출원이었습니다. 미국 환경보호처가 이 발전소에 아황산가스 배출을 감소시킬 분진제거기를 설치하도록 강제명령을 내리기 전에는 이 일은 바뀌 지 않을 것입니다. 역설적으로, 또 다른 정부기관인 자원재생국이 그 범죄를 저지 르는 발전소의 공동운영자로 되어 있습니다.

우리 지구의 치유를 돕는 방법들

자기 나라 오스트레일리아와 지구 전역에 있는 우림보호를 위한 투쟁의 선구자인 존 씨드(John Seed)는 '우리 자신 안에서 지구가 울고 있는 소리를 듣는 것'에 우 리를 청합니다.[9] 지구는 자신의 생명지지체계가 붕괴되는 것을 슬퍼하며 울고 있는 데, 그 붕괴현상은 다음과 같은 사실로 지적되고 있습니다.

▷ 강과 호수와 바다에 쏟아부어지는 각종 독성물질들
▷ 알래스카와 그 밖의 깨끗한 평원에 유출되는 기름
▷ 숲과 호수를 파괴하는 산성비
▷ 보호기능을 가진 오존층에 뚫린 구멍들
▷ 보팔과 체르노빌 같은 곳에서 일어난 비극적 재난들
▷ 지구온난화와 온실효과
▷ 소중한 지표토양의 광범한 유실과 사막지역의 점증
▷ 삼림벌채와 특히 지구상의 모든 식물종(種)의 절반 이상이 살고 있는 열대우림의 파괴
▷ 군비경쟁과 고삐풀린 말처럼 통제되지 않는 산업오염으로 생겨난 독성폐기물과 핵폐기물
  더미들
▷ 30년이 지나면 하루에 평균 100종(種)씩 사라질 것이 예상되는 생물의 멸종
▷ 남극대륙에서 경제적 목적으로 이루어지는 개척사업에서 결과되는 오염 위협
▷ 우리가 먹는 음식과 가정에 있는 유독물질로 인한 우리 자신의 몸의 오염
▷ 우리의 보금자리 지구를 쓰레기더미로 만들어 버리는 것

누군가가 관측한 것처럼, 지구가 스스로를 치유하는 면역체계는 돌이킬 수 없이 무너지고 있어서 마치 우리의 세계라고 하는 몸이 에이즈에 걸린 셈이 되었습니다. 지구를 구하기 위해서 우리가 해야 할 일을 하도록 우리 자신을 움직이게 하는

✳ **전인건강훈련** ✳

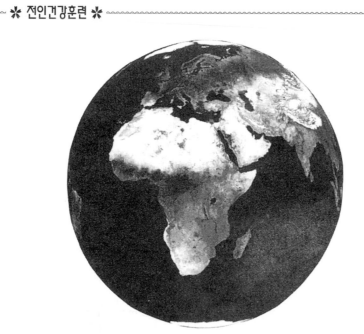

희망을 북돋우는 훈련 : 달 근처에서 찍은 이 지구사진은 우리 인간에게 새롭고도 구원의 가능성이 있는 시각을 제공해 줍니다. 이 사진을 들여다볼 때, 지구를 광활하고 차가운 무한의 우주 속에 떠 있는 하나의 작고 소중한 살아 있는 우주선으로 보십시오. 지구를 집으로, 당신과 이 경이스러운 생명계의 구조망에 속한 모든 사람들과 피조물이 살고 있는 집으로 보십시오. 숱한 문제들과 가능성을 안고 있는 당신의 삶을 이 지구적인 시각에서 보도록 노력하십시오. 이 지구적인 시각이야말로 오늘날 건강을 추구하는 유일하고 진정으로 전체적인 시각인 것입니다. 이제 잠시 멈추고서 눈을 감으십시오. 그리고 당신의 정신과 마음이 이 치유하는 이미지를 맘껏 즐기도록 하십시오. 당신의 '전인건강일지'에 이 체험을 기록하는 동안 당신에게 떠오른 생각과 이미지들을 적어 보십시오.

열쇠는 무엇이겠습니까? 그 열쇠는 바로 우리가 우리 자신 속에서 지구가 우는 소리를 듣고 느끼는 것, 우리 자신의 몸과 마음과 영혼 안에서 환경위기를 체험하는 것입니다. 이것이 의미하는 것은, 우리가 이미 지불한 저 무서운 개인적 대가를, 그리고 우리가 저 지구를 모독해 온 방식들을 과감하게 변화시키지 않는다면 건강의 악화로 몇 배나 더 치러야 할 개인적 대가를 더 폭넓게 의식하도록 깨어나야 한다는 것입니다. 「건강한 몸, 건강한 지구」의 저자들은 이 점을 강력하게 지적하고 있

습니다 :

　　우리 자신과 사랑하는 사람들의 개인적 건강보다 더 긴급하고 중요하게 여겨지는 것은
없다. 우리가 환경오염 문제를 해결해야 할 가장 깊은 절박성을 느끼는 곳은 바로 여기며,
우리 행동들의 결과가 가장 극적으로 입증되는 곳이 바로 여기이다. 무선부표가 항해하고
있는 배를 인도하듯이 질병과 건강이 우리의 삶을 인도할 수 있다. 이들 신호에 의해 우리
의 항로를 잡아나가는 것은 비교적 질병이 없는 삶으로 이끌어 줄 뿐만 아니라 그것은 개인
적인 성취의 상한선까지 우리를 인도해 줄 수도 있다. 다시금 말하건대, 우리의 상호 연결성
으로 인해 어떤 한 개인이나 체제의 성취는 궁극적으로 그 주위의 모든 체제들에 혜택을 준
다. 질병과 건강에 의해 인도되어 가이아(Gaea : 대지의 여신), 곧 살아 있는 지구는 각 사람
의 인간적 성취로부터 혜택을 입는 것이다.[10]

　　지구 생존의 희망을 일깨워 주는 또 하나의 열쇠는 '환경여성해방론자들'
(ecofeminists)의 비전과 이해로서, 이는 여성해방론의 통찰의 초점을 환경위기에
맞추고 있는 최근의 운동입니다. 환경여성해방론의 문필가이며 활동가인 주딧 플랜
트(Judith Plant)는 이렇게 선언합니다 : "여성해방론과 생태학을 연결시키면 우리
는 우리 모두가 태어난 곳인 이원론적이고 분리된 '남성지배적' 세계의 바깥으로
걸음을 떼어 놓을 수 있다. 이 새로운 관점에서 우리는 우리들 서로의 관계가 어떻
게 자연계와 우리의 관계들에 반영되고 있는가를 보기 시작한다. 온갖 형태로 지구
에 자행되는 강간은 숱한 가면을 쓰고 있더라도 여성에게 저질러지는 강간을 가리
키는 한 은유(metaphor)가 된다. 우리 모두가 동일한 생명의 유기적 흐름의 부분이
라고 하는 사실을 이해함에 따라 우리의 가장 깊숙한 자아를 휘젓는 감동으로 우리
가 진정코 누구인가 하는 것을 상기하게 된다. 우리는 이 지구의 부분이며, 그러기
때문에 이 세계는 무한한 신비의 장소가 되며, 감각과 지성에 기쁨을 주는 장소가
되는 것이다."[11]

　　아프리카와 미국에서 소설가로 활동하는 앨리스 워커(Alice Walker)는 마틴 루터
킹(Martin Luther King, Jr.)의 탄생을 축하하기 위해 쓴 에세이에서 이렇게 선언
했습니다 : "우리 가운데 어떤 이들은 여성을 이 세상의 검둥이라고 여기는 데 익숙
하게 되었으며, 유색인을 세상의 검둥이라고, 가난한 자를 세상의 검둥이라고 여기
는 데 익숙하게 되었다. 그러나 참으로, 지구 자체가 이 세상의 검둥이가 되어 버렸
다. 역설적으로, 지구가 협조해 주지 않으면 건강한 호흡을 할 수 없다는 사실을 알
고 있으면서도 사람들은 지구를 타인으로, 이질적인 것으로, 악한 것으로, 위협하
는 것으로 인식하고 있다. 지구가 중독되면 지구가 떠받쳐 주고 있는 모든 것이 중
독된다. 지구가 노예가 되어 버리면 우리 가운데 아무도 자유로울 수가 없다. 지구
가 '쓰레기 취급을 받으면' 우리도 마찬가지 취급을 받는 것이다."[12]

환경과 평화를 위한 행동 점검

지구와 그 생명계를 위한 우리의 사랑을 표현하기 위해서 당신과 나는 무엇을 할 수 있습니까? 당신은 이미 이 장에 나오는 점검사항을 통해 다양한 시사를 얻었습니다. 당신과 같은 사람들이 하고 있는 다른 일들을 덧붙이고자 합니다. 이 표를 당신 자신의 아이디어를 덧붙일 수 있는 선택사항 점검표로 다루기 바랍니다.

✎ **방법**: 각 항목 앞에 있는 빈 칸에 0부터 5까지 숫자를 적으세요. 0은 '관심 없음'을, 5는 '굉장한 아이디어다! 그렇게 하겠어!' 라는 뜻입니다.

_____ 꽃과 나무, 새와 동물, 그리고 자연 속의 사람, 손이 닿지 않은 아름다운 장소들과 자주 벗하는 것(communion)이 주는 치유의 즐거움과 정신 – 몸 – 영혼의 쇄신을 즐기십시오. 위에서 시사된 바와 같이 지구와의 깊은 관계를 즐기는 법을 배우는 것은 지구를 구출해야겠다는 우리의 동기를 높이는 중요한 방법입니다. 당신의 몸속에서, 그리고 몸을 통해서 자연과의 유기적 관계를 체험하는 것은 현재 진행되고 있는 환경·평화운동에 참여할 에너지를 제공해 줍니다. 또한 과도한 스트레스를 덜어 주고 당신의 아픈 곳들을 치유시키는 데 도움을 줍니다. 버니 시겔(Bernie Siegel)이라는 외과의사가 관찰한 바에 의하면, 하늘이 보이는 병실에 입원한 환자가 더 빨리 낫는다는 것입니다.[13] 내가 경험한 바로도, 생명에너지와 자연의 리듬에 잠시 잠겨드는 미니휴가(10−15분 정도)조차도 놀라울 정도로 새로운 활력을 줄 수 있습니다. 당신이 사랑하는 사람들과 더불어 자연의 경이로움을 즐긴다면 그 관계들이 더 풍성해질 수 있습니다. 당신의 내적 평화를 가꾸는 것은 세상에서 평화운동을 하다가 당신이 지쳐 버릴 위험을 줄여 줍니다.

아메리카 원주민 가수이며 치유자이고 저술가인 개리 둔(Gary Doone)은 라코타족의 지구와의 유대감을 다음과 같이 묘사합니다 : "모든 부모가 자기 자식들과 말로 설명할 수 없는 유대를 느낀다. 그것은 논리나 이유와는 관계가 없다. 그것은 그런 것보다 더 깊고 완전하고 더 신비스러운 유대인 것이다. 이는 우리 자신과 만물 사이에 존재하는 놀라운 끈에 눈을 뜰 때 '어머니인 지구 위의 모든 관계들'과 함께 맺게 될 연결인 것이다. 우리의 깊은 유대는 파괴적인 태도와 행동들을 봉쇄할 뿐만 아니라 오늘날 우리가 맞닥뜨리고 있는 쟁점들에 대한 조화롭고 진정으로 생태학적인 해결책을 주기도 할 것이다."[14]

거의 2천 6백 년 전 중국에서 노자는 자연에 대한 치유의 의미가 있고 천진난만한 이 개방성을 아름답게 표현하였습니다 :

그대 장막 문을
창공을 향해 활짝 열 수 있는가?
자연을 숨쉬는 어린아이의
순박한 모습을 지닌 채
그대, 그럼에도 어른이 될 수 있는가?

날카로운 통찰력으로 그는 이렇게 관찰했습니다 :

땅(지구)을 차지하여
제멋대로 모양을 바꾸려는 자 있다면
절대로 성공치 못할 것을 나는 안다네.
땅은 신성한 그릇과 같은 것
불경스런 자 다가가기만 해도
못쓰게 망가진다네.[15]

_____ 변화하는 환경, 핵위기에 관해서 입수할 수 있는 가장 정확한 사실들을 확보하십시오.

비록 이 일이 쉽지는 않겠지만 (위의 만화가 상기시켜 주듯이) 당신이 할 수 있는 가장 좋은 정보를 입수하는 것은 지구 구출을 돕는 것을 위한 필수적인 숙제입니다. 그렇게 함으로써 환경운동이라는 말에 올라타서는 사방으로 천방지축 달리는 것을 피할 수 있게 됩니다. 그러한 의식화는 공부를 통해서(이 장을 위한 권장도서를 참조하십시오), 혹은 당신의 친구들이나 지역 사회에서, 또는 교회에서 지구사랑 연구실천모임을 조직하는 것을 통해서 이루어질 수 있습니다. 당신의 지식 창고에는, 어머니 자연에 대한 폭력이 또한 더 약하고 덜 중요하며 기이한 존재로 규정된 이들—예컨대 여성, 어린이, 소수민족, 노인, 동성연애자, 불구자, 빈민, 발전도상국가, 그리고 동물들—에게 가해지는 폭력과 어떻게 동일한 원인들에 근거하고 있는가를 이해하는 것도 포함되어야 합니다. 그 원인들이란 다름아닌 (자신과 타인과 자연에 대한) 사랑의 결핍이며, 또 힘과 지위와 돈과 자원의 불공평한 분배를 의미하는 불의인 것입니다.

자녀들이 갈등을 해결하는 건설적인 방법을 배우도록, 사람들과 자연계를 존중하고 사랑하고 돌보는 방법을, 당신과 함께 환경·평화운동에 참여하는 방법을 배우도록 도우십시오. 〈특히 도움되는 것은 캐틀린과 짐 맥기니스(Kathleen and Jim McGinnis)가 쓴 「평화와 정의를 위한 부모역할」(*Parenting for Peace and Justice*)이라는 책입니다.〉 그런 부모역할에서 오는 많은 보상들 가운데 '시에라클럽'(the Sierra Club)의 창시자이며 자연보호운동의 선구자인 존 무어(John Muir)가 파악한 보상은 흔히 인식되지 못하고 있습니다. 죽음에 대한 우리 사회의 왜곡된 태도를 논하면서 그는 이렇게 권합니다 : "자녀들이 자연과 함께 걷도록 하고, 숲과 풀밭, 들판과 산과 우리의 저 찬란한 별들이 가르쳐 주고 있는 대로 삶과 죽음의 아름다운 뒤엉킴과 서로 사귐, 삶과 죽음의 뗄래야 뗄 수 없는 일치를 자녀들이 보도록 하십시오. 그러면 그들은 죽음에는 참으로 고통이라는 것이 없음을 배우게 될 것이며, 또한 무덤은 결코 싸우지 않으므로 무덤은 승리라는 것을 가지지 않음을 배우게 될 것입니다. 모든 것이 신성한 조화인 것입니다."[16]

지구에 저질러지고 있는 끊임없는 강간행위와 군비경쟁(mega-armaments)으로 인한 지구의 귀중한 자원의 비극적인 낭비라고 하는 폭력을 당신이 의식하게 될 때 마땅히 일어나는 건설적인 분노와 죄의식과 슬픔을 당신 스스로 체험하도록 하십시오. 이런 격렬한 감정들에 의해 일어나는 에너지는 당신으로 하여금 전체적인 시각을 가진 환경·평화운동에 참여하여 활동하도록 할 것입니다.

당신의 생활양식(그리고 그것을 이끄는 가치관)을 점검해 보십시오. 그리고 더욱 생태학적으로 건설적이고 평화를 가꾸는 생활방식을 나날이, 매주간 채택하십시오. 만일 당신이 풍족한 나라에 살고 있는, 바로 인류 가운데 극소수인 특권층에 속해 있다면 당신의 생활양식에 대해서 아마 받아들이기 힘들 법한 한 가지 골 치아픈 사실이 있을 것입니다. 그것은, (세계의 제한된 자원 가운데 부당하게 많은 몫을 우리가 소비해 버리는 것에 좌우되는) 우리의 탐욕스럽고 비생태학적인 생활양식과 또한 막대한 군사시설에 대한 우리의 지원이야말로 지구 파괴의 주범이라고 하는 사회경제적 현실입니다. 우리의 풍요로운 생활양식은 가난한 나라들의 희생을 발판으로 삼은 것이며, 지구오염에 기여하고 있는 것입니다. 우리의 생활양식이 의존하고 있는 세계경제체제는 확산되고 있는 빈곤과 폭력을 조장합니다.

얼마간은 열대우림의 파괴에 기인하는 온실효과와 지구온난화현상이 이 문제를 잘 설명해 줍니다. 많은 개발도상국가들처럼 브라질은 채무에 시달리고 있습니다. 브라질은 북반구의 부유한 나라들과 세계은행으로부터 결코 상환할 수 없을 만큼 막대한 빚을 짊어졌습니다. 이자라도 갚아 보려는 헛된 시도에서 이 나라는 값싼 햄버거고기를 만들어서 북미의 즉석식품 연쇄점 체인에 팔려는 목적으로 소를 기르기 위해 소중한 열대우림 수천 에이커를 벌목하고 불태워 버렸습니다. 이런 일이 일어난 후 그 땅은 황폐해져서 버려졌고, 더 많은 우림이 유린되고 있습니다. 개개인은 이 고기를 수입하는 체인들에 대한 불매운동을 펼침으로써 얼마간 도울 수가 있습니다. 그러나 세계은행과 부유국들의 정부당국을 통해서 제도적인 변화가 일어나기 전에는 브라질은 상환불가능한 채무와 우림파괴라고 하는 악순환의 덫에서 헤어날 수 없을 것입니다.

국가 단위로, 혹은 국제적으로 무수한 환경·평화운동 단체 중 한 곳 이상에 가입하여 지역 안에서 자연과 평화를 사랑하는 사람들과 함께 손을 잡도록 하십시오. 광범한 기반을 지닌 그러한 단체들의 정치적 영향력은 대단하며, 바로 당신이 참여하고 지원함으로써 그 영향력이 커질 필요가 있습니다.[17] 현장 단위의 활동(grass-roots action)은 국가적, 국제적 단체들 속에서 엮어져야 합니다. 지역 차원에서 효과적인 많은 재활용 사업들은 소규모의 헌신적인 그룹들이 자기들의 지역사회에서 활발하게 사업을 전개했기 때문에 생겨나게 된 것입니다. 우리 귀에 익은 '생각은 전지구적으로, 행동은 지역적으로'라고 하는 모토는 맞는 말입니다. 엄청난 환경위기에 직면한 개발도상국들을 돕고자 하는 단체들은 진정한 동반자의식을 가지고 그렇게 해야 합니다. 오스트레일리아의 한 원주민 여성은 이 문제를 잘 지적하고 있습니다. "만일 당신이 나를 도우러 왔다면 다시 집으로 돌아가도 좋아요. 그러나 만일 당신이 나의 투쟁을 당신 자신의 생존의 일부로 본다면 그때는 아마 우리가 함께 일할 수 있을 거예요"("민중의 참여와 지속가능한 발전에 관한 마닐라 선언"에서 인용).

　　반핵평화운동 단체들을 계속 지원하는 것은 중요합니다. 비록 냉전은 놀라운 해빙기를 맞았다 하더라도. 최초의 원자폭탄을 개발한 원자과학자들이 핵전쟁의 위험성을 상징하기 위해서 1947년에 만든 세계멸망시계(the doomsday clock)를 기억하십니까? '핵관련과학자연맹'(the Union of Concerned Scientists)은 최근에 시계의 큰 바늘을 4분 되돌려 놓았습니다―초강대국들 사이에 평화가 일어나고 있는 것처럼 보이기 때문에. 그렇지만 지금은 지구 최후의 시각인 자정에서 불과 10분 전일 따름이랍니다! 칼럼니스트인 엘렌 굿맨(Ellen Goodman)은 이렇게 묻고 있습니다 : "인간의 자기 파괴 능력에 대해서 계속 생각하기 위해 미국인들이 공포에 떨어야 하는지를 묻는 것은 타당하다. 마침내 '여전히' 밤 12시 10분 전이다. 5만기나 되는 당신의 핵탄두가 어디에 있는지 당신은 알고 있는가? 사고가 일어날 위험은 어느 때보다 크다. 또 다른 4개국이 핵폭탄 생산기술을 보유하고 있다. 또한 국내에서 우리는 지금도 핵무기들을 '현대화'하고 있는 중이다(파괴력을 더 높이기 위해서). 요컨대 지금은 밤 12시 10분 전이며, 아직 걱정을 놓을 만한 시간이 아닌 것이다."[18]

당신의 애국심을 수정하여 지구를 포함하는 애국심으로 발전시키십시오. 모든 나라의 고향인 지구가 안전하고 온전하지 못하다면 어떠한 나라에서도 전인성이라는 것은 불가능합니다. 어떤 것이 우리 나라에는 좋아보이는데 세계 전체에는 나쁘게 여겨진다고 한다면 그것은 결국 우리 나라에도 정말은 나쁜 것입니다. 버지니아 울프(Virginia Woolf)는 저서 「세 사람의 가이아나민들」(Three Guineas)에서 다음과 같이 선언합니다. "한 여자로서 우리 나라는 세계 전체다."[19] 생태학적 관점에서 보면 이 말은 그것을 우리가 알든지 모르든지 지구상에 사는 모든 인간, 모든 남녀에게 이제 진실인 것입니다. 이것은 애국심에 대한 모든 배타적인 정의들이 모든 사람의 건강에 잠재적 위험성을 갖도록 만듭니다. 지구와 인류 전체를 당신의 돌봄과 헌신의 핵심으로 삼는 것이 당신 조국에 대한 당신의 사랑과 충성심을 감소시키는 것은 아닙니다. 오히려 그것은 우리의 현대 세계에서 더욱 조국을 사랑하는 길입니다. 왜냐하면 그것이야말로 당신의 나라가 건강한 미래를 누리는 최선의 기회를 조국에 주는 유일한 길이기 때문입니다.

　　내가 살고 있는 남부 캘리포니아 지역의 아메리칸 원주민들은 추마쉬인이라고 불립니다. 이것은 그들의 문화에 존재하는 지혜에서 나온 말입니다 : "온 세상은 한 척의 배요, 노젓는 자나 타고가는 자나 우리 모두가 그 배를 탄 하나의 사람이라네." 이 말을 현대적인 용어로 옮겨 봅시다 : "우리가 깨닫고 있든지 못 깨닫든지 우리 모두는 좋으나 같은 배에 타고 있다네. 좋거나 싫거나간에."

이런 정신에서, 우리 집 냉장고에 붙여 놓은 '지구 가족에 대한 충성 맹세'를 소개합니다 : "나는 지구와 여기 살고 있는 동식물과 인간 생명에 충성을 맹세하며, 안전한 공기와 물과 흙, 만인을 위한 경제정의와 평등한 권리와 평화가 존재하는, 나뉘어질 수 없는 하나뿐인 지구에 충성을 다할 것을 맹세합니다."[20]

강력한 사회적 양심을 지니고 건전한 환경과 평화의 원칙, 사업에 헌신하는 정치지도자들을 지방이나 도 단위, 전국 단위로 선출하기 위해서 시간과 돈을 기부하십시오. 그런(국회나 지방의회) 의원들은 고삐풀린 말 같은 군비경쟁을 되돌리고, 건강, 주택, 교육사업들을 늘리며, 계속 악화되는 황폐지역을 보전하고, 건설적인 정치·경제 정책들을 통해서 자연을 보호하는 일에 헌신합니다. 개인적인 수준에서 생태학적으로 더 건전하고 평화를 만드는 생활양식을 채택한다는 것은, 그것이 굉장히 중요한 일임에도 불구하고, 지구를 도매금으로 위협하고 있는 법들과 사회적 관행들을 절대로 변화시킬 수가 없습니다. 개인의 건강이 중대한 사회적, 정치적 차원들을 가지고 있는 것으로 이해될 때에 비로소 그것들을 변화시킬 정치적 행동이 취해질 것입니다.

지구 구출을 돕는 데 사실 그대로의 가치를 가지고 있는 것뿐만 아니라 상징적인 가치를 가지고 있는 간단한 것들도 하십시오. 여기 당신이 오늘 당장 할 수 있는 철저한 과제들이 있습니다. 여기 인용된 많은 착상과 입증사실들은 귀중한 작은 책자 「지구를 살리는 50가지 방법」(*Fifty Simple Things You Can Do to Save the Earth*)에서 따온 것입니다.[21] 이 책은 당신에게 이 행동들을 하는 이유와 방법들을 제공해 줄 것입니다.

▷ 당신이 할 수 있는 모든 것을 재활용하십시오. 여기에는 알루미늄, 유리, 신문지, 광고 우편물더미(와 사무실 서류), 모터오일, 타이어, 플라스틱 가방, 골판지 상자 등이 포함됩니다. 미국에서 매주 일요일판 신문을 만드는 신문용지를 공급하기 위해 벌목되는 나무 50만 그루 중에서 많은 나무들을 구할 수가 있습니다.

▷ 사회적, 환경적 책임감이 있는 기업에서 생산된 식품이나 그 밖의 상품들을 구입하십시오. 그럼으로써 당신의 양심이 있는 곳에 당신의 돈을 쓰십시오. 사회적으로 무책임한 기업들의 아픈 데를 찌르십시오. 식품가게에 갈 때 들고 갈 만한 좋은 소책자는 '경제적 선택을 위한 협의회'(the Council for Economic Priorities)에서 발간한 「더 좋은 세상을 위한 쇼핑 : 사회적 책임감을 갖는 수퍼마켓 쇼핑안내」(*Shopping for a Better World : A Quick and Easy Guide to Socially Responsible Supermarket Shopping*)입니다.[22] 이 책은 다음과 같은 사항들에 관해

서 기업체와 상품들의 등급을 매기고 있습니다 : 환경에 대한 관심, 여성과 유색인종의 승진, 지역사회 기여도와 자선사업 기부액, 군사·핵무기 관련 계약, 남아프리카에 대한 투자, 동물실험, 피고용인 가족에게 주는 혜택 등.

▷ 식품을 통째로 사고 그 밖의 상품들도 가능한 한 썩을 수 있거나 재활용이 가능한 포장에 담긴 것을 사십시오.

▷ (온실의 주된 기체인) 탄산가스를 줄이기 위해서 나무를 심고, 더운 여름날 나무그늘을 즐기며, 당신의 집에 그늘을 드리워 줄 곳에 나무를 심음으로써 에너지 수요를 감소시키십시오. 자기가 사는 곳마다 적어도 나무 한 그루씩을 심는 어떤 여자에 대해서 한 친구가 이야기해 준 적이 있습니다. 지구의 미래에 대한 투자를 위해서 그 방법은 어떻습니까?

▷ 육류 소비를 줄이든가 아예 없애고, 농약없이 유기농법으로 재배된 채소와 과일을 더 먹음으로써 먹거리 연결고리 중에서 더 낮고 더 건강한 부분을 섭취하십시오〈참조 : 프랜시스 무어 라페(Frances Moore Lappé)의 「작은 지구를 위한 식생활」(*Diet for a Small Planet*)과 존 로빈스(John Robbins)의 「새로운 미국을 위한 식생활」(*Diet for a New America*)〉.

▷ 자동차 함께 타기, 대중교통수단을 이용하고, 당신 자동차를 운전하는 시간을 훨씬 더 줄이며, 걸어다니거나 자전거를 훨씬 더 많이 이용하십시오. 당신이 보통의 휘발유차로 1만 마일을 운전할 때(미국에서의 연평균 운전거리) 당신의 자동차는 일산화탄소 650파운드, 탄화수소 105파운드, 질소산화물 50파운드를 우리 모두가 호흡하고 있는 공기 속으로 내뿜는 것입니다.〈'유럽환경기구'(the European Greens)의 공동의장인 사라 파킨(Sarah Parkin)은 최근 이런 관측을 했습니다 : "런던에서는 교통기관이 이제는 중세시대보다 더 빠르지 못한 실정입니다."〉[23]

▷ 자동차를 살 때는 최소량의 휘발유로 최장거리를 달릴 수 있는 차종으로 선택하십시오. 그보다 더 나은 것은 프로판가스나 알코올 등 청정연료를 사용하는 차종을 택하는 것입니다.

▷ 걸어다닐 때는 휴지봉투를 가지고 쓰레기를 주우십시오. 재활용할 수 있는 깡통과 병도 포함해서 말입니다.

▷ 광고우편물을 반송봉투에 넣어 되돌려 보냄으로써 발송을 중단케 하십시오. 쪽지를 적어서 첨부하십시오. 만일 10만 명만 이런 일을 한다 해도 1년에 15만 그루의 나무가 구해집니다.

▷ (인산염이 없는) 무공해 세제만을 사용하십시오. 많은 호수와 강을 죽이고 있는 인산염의 절반 이상이 합성세제에서 나옵니다.

▷ 독성이 있는 유성페인트 대신 라텍스를 사용하십시오. 페인트제품들은 개인이 버리는 위험스러운 쓰레기의 절반 이상을 차지합니다.

▷ 스티로폴 포장용기와 컵을 거부하십시오―스티로폴은 독성이 있으며 전혀 분해가 되지 않습니다.

▷ 가게에 갈 때는 (유럽인들이 하듯이) 천이나 그물로 된 다시 사용할 수 있는 쇼핑가방을 들고 감으로써 종이와 비닐로 된 봉지를 줄이십시오.

▷ 상아나 기타 위험에 처한 동식물을 원료로 한 상품을 사지 마십시오.

▷ 일회용 기저귀 말고 천으로 만든 기저귀를 쓰십시오. 일회용 기저귀는 분해되는 데 5백 년씩이나 걸리고, 처리되지 않은 똥을 하수도가 아니라 쓰레기 매립지에 해마다 3백만 톤씩 내버리는 역할을 합니다.

▷ 무공해 농약만 사용하고, 당신 자신의 땅을 비옥하게 하고, 식물 뿌리를 덮어 주기 위해서 풀로 만든 퇴비와 정원에서 깎은 잔디, 잎, 그리고 부엌에서 나온 찌꺼기들을 이용하십시오.

▷ 물이 조금씩 나오는 샤워꼭지를 설치하고 수세식 변기 물탱크에 물을 가득 채운 플라스틱통을 넣음으로써 에너지와 물을 절약하십시오. 더 좋은 방법은 물 절약형 변기를 설치하는 것입니다.

▷ 열대우림을 살리기 위해서 열대산 원목제품을 사지 말고, 아마존강변에 위치한 벌목된 땅에서 사육된 수입고기를 사용하는 즉석식품을 사먹지 마십시오.

▷ 전세계적인 가난과 굶주림과 환경파괴의 근본 원인이 되는 인구폭발을 중단시키려고 가족계획을 위해서 일하는 국내, 혹은 국제단체들을 지원하십시오.[24]

▷ 당신의 사무실이나 클럽, 교회에서 지구를 살리기 위해서 위에 열거한 것과 같은 일들을 하도록 격려하십시오.

환경운동가가 된다는 것은 당신의 미래를 위해 찬성표를 던지는 것입니다. 그것은 당신 자녀들과 손자들의 미래에 자본이 많이 드는 투자를 하는 것입니다. 그런 투자를 하기에는 결코 늦지 않았습니다. 멜키아데스 오르티즈(Melquiades Orttiz)는 104세인데도 뉴멕시코주 남서부의 힘브리즈계곡에 있는 자기 땅에서 여전히 농사를 짓고 있었습니다. 그는 말이 끄는 쟁기 하나를 가지고 알팔파와 사과와 곡식을 재배하면서 자신과 지구와의 관계를 즐기고 있었습니다. 그가 101세였을 때 지역관개체계복구를 위한 5개년 집단계획에 참여하게 됨으로써 물과 토양의 보존에 대한 자신의 헌신성을 표시했습니다.[25]

당신의 절망감과 능력을 활용하는 작업

당신의 창조적 에너지를 깎아먹고 있을지 모르는 무의식적인 거부감과 공포가 있다면 그것을 전부 꺼내 놓고 해소하는 것이 당신 건강을 위해서 중요합니다. 당신은 그 에너지를 더욱 생산적으로 사는 데, 그리고 지구를 살리는 것을 돕는 데 이용할 수 있습니다. 나는 조안나 로저스 메이시(Joanna Rogers Macy)가 개발한 아래의 단계들을 당신이 친구와 함께 지금 해보도록 초대합니다.[26]

❶ 단계

상호 신뢰의 관계 속에서 당신 마음 안에 어떤 거부하고 싶고 억눌러진 공포나 그 밖의 감정들을 낱낱이 끄집어 내놓으십시오. 핵 · 환경에 관한 서로의 이야기에 귀를 기울임으로써—당신들 각자는 지구가 위험천만한 상태에 놓였다는 것을 어떻게 알게 되었는가—이 작업을 하십시오. 이것에 대한 당신의 감정들을 충분히 표현하십시오. (내가 절망작업을 처음 체험했을 때 지구의 고통에 대해서 분노와 공포와 죄의식이라는 무의식적 감정들에 휩싸여 내가 얼마나 많은 감정의 짐보따리를 져왔던가 믿을 수 없을 정도였습니다.)

❷ 단계

세계를 위한 서로서로의 고통이 현실에 근거한 것이고 타당한 것이라는 점을 인정하십시오. 당신 자신과 서로에게 이렇게 이야기하십시오. "너는 미치지 않았어! 이 사상 유례없는 지구의 위기 속에서 세계에 대해서 괴로움을 느끼는 것은 당연하다구!"

❸ 단계

이야기할 때, 당신이 느끼는 고통 밑에 깔려 있는 그 고통의 근원—돌이킬 수 없는 피해의 위협을 받고 있는 이 경이로운 생명계에 대한 당신의 염려와 사랑을 느껴 보십시오.

❹ 단계

당신 마음의 문을 활짝 열어 희망과 능력을 받아들이십시오. 이것은 당신의 절망감을 직면하고 해소함으로써, 당신의 내적 자원을 동원해 냄으로써, 당신 자신이 생명계와 그리고 모든 생명의 창조자와 연결되어 있다는 의식을 심화시킴으로써 당신 안에 들어오게 됩니다.

❺ 단계

이 희망과 힘을 이용하여 당신의 행동 목표와 자원을 확인하고, 다른 사람들과 더불어 지구를 지키고 평화를 이루는 일로 걸음을 내디디십시오.

전인성을 지닌 환경·평화운동의 영적-윤리적 핵심 발견

우리가 살아 남으려면 왜 영적인 진화를 해야만 하는지 좀더 깊이 살펴보기로 합시다. 우리 개개인 안에, 그리고 우리 사회 안에 존재하는 깊은 영적, 윤리적 공허와 불안은 환경·핵위기의 근본 원인입니다. 오직 이 영적, 윤리적 병리현상이 치유되는 정도만큼만 전체 지구 위에서의 온전한 평화라는 것이 현실로 다가올 수 있는 것입니다. 여기 영적 병리현상을 진단하는 의미에서 잠시 살펴보기로 합시다.

우리가 앓고 있는 위험스러운 영적 병의 한 가지 중요한 차원은, 칼 융(Carl Jung)이 우리의 그림자(shadow)라고 부른 바 있는 우리 인격의 한 측면, 곧 어둡고, 거부당하고, 잠재적으로 파괴성이 있는 그 인격 측면과 벗하고자 하는 우리의 충족되지 않은 욕구입니다. 우리는 이 거부당한 측면을 우리에게 존재하는 한 실재적인 부분으로 보는 것을 피하려 합니다. 대신에 우리는 그것을 다른 사람들에게 전가하고, 그들을 '타인'이라고 규정하며, 조만간 그들을 위험스럽고 위협을 주는 적으로 간주합니다. 그러고는 우리 자신을 보호하기 위해서 그들을 증오하고 공격하는 것은 물론 마땅한 일이라고 느끼게 됩니다. 적대시하는 집단이나 국가를 필요로 하는 이 병적 욕구는 집단적 과대망상증의 한 형태입니다. 핵시대에는 이 적 만들기가 애석하고 기나긴 인류 폭력의 역사에 있어서 그 어느 때보다도 더 위험천만한 것입니다.

> 만약 당신이 주님을 사랑한다면, 평화와 정의를 위해 일하십시오 ─아무리 하찮은 사람이라도 깨달음을 줄 수 있습니다.
> ─범퍼 스티커

'야생'(wild)동물을 길들여야 하거나 죽여야 할 적으로 대하고, 또 황무지(wilderness)를 보면 지리하게 서 있는 세련된 건물들과 끝없는 주차장이 있는 쇼핑센터로 '문명화'시켜야 할 빈 공간으로 여기는 우리의 성향을 생각해 보십시오. 이는 우리 자신의 더 깊은 삶 속에 존재하는 저 야성적인 황무지의 차원들을 두렵게 거부하고 이를 남에게 전가하는 데서 어느 정도 초래되는 적 만들기 과정의 예입니다. 이것을 치유하려면 우리의 야성적인 그림자의 측면과 우리가 사귀어서 어떻게 그것과 친구가 될 것인지 하는 것을 발견하는 일이 필요합니다. 이런 일을 한다면 우리의 내적인 황무지는 우리의 '문명화된', 사회적으로 '용납될 만한' 측면을 풍요롭고 활기차게 해주는, 다시 말해서 살아갈 힘과 맛을 주는 장소가 될 수 있습니다.

두 번째로 꼽을 수 있는, 그리고 앞의 것과 긴밀하게 관련되어 있는 만성적인 영적, 윤리적 병은 생명계의 그물망과 인간 가족, 그리고 성령과 우리의 유기적인 하나임(oneness)에 대한 경이로운 감각으로부터 단절되어 있다는 사실입니다. 이 감각이야말로 모든 생명과 사랑의 원천이며 활기차게 유지시켜 주는 힘인 것인데 말입니다. 파괴적인 '나─그것' 행태들은 전반적으로 모든 생명과 우리의 일치에서 괴리된 이 깊은 소외로부터 흘러나오는 것입니다. 우리 몸─우리와 가장 가까운 자연의 일부─으로부터의 소외는 한 가지 결과입니다. 자연으로부터의 소외는 우리 인간이 어쨌든지 지구를 수탈하고 다른 종(種)들을 학대할 권리를 하나님께 받았다고 하는 과대망상을 낳습니다.

이것을 치유하는 데는 모든 인간들을 포함해서 상호 의존성을 갖는 전체 생명계와 우리의 심오한 하나임을 발견하는 일이 결부됩니다. 생명공동체 안에서 가장 의식이 깨인 구성원으로서 우리는 이 공동체를 보호하고 육성할 고귀한 의무, 신성한 책임을 가지고 있습니다. 우리의 하나임을 깨닫게 되면 새로 태어나는 듯한 활기와 우리가 성령의 동반자요 공동창조자임을 느끼게 된다는 굉장한 선물이 주어집니다. 우리는 "땅은 주님의 것이다."(출 9 : 29)라고 한 오랜 지혜의 진리 속에 사는 것을 배워야만 합니다. 우리는 그것을 오직 미래의 세대를 위해 책임감있게 보전하는 것입니다. 창세기의 첫 창조 이야기에서 거듭 되풀이되는 후렴의 심오한 진리를 우리가 되찾을 때 우리는 정말로 지구를 사랑하게 될 것입니다. 창조의 각 단계마다 창조주의 응답은 "좋다!" "좋다!" "참 좋다!"는 울림이었던 것입니다.

마틴 부버(Martin Buber)는 생명체의 거룩함에 대한 감각이 자연계와 우리의 관계를 어떻게 변화시키는가 하는 것을 묘사합니다. 이 위대한 철학자 스승은 이렇게 쓰고 있습니다 : "나는 나무 한 그루를 명상한다. 그리고 내가 그 나무를 명상하는 동안 만일 의지와 은총이 합세한다면 나는 하나의 관계 속으로 끌려들어가게 되며, 그 나무는 이미 그것(it : 나와는 아무런 상관이 없는 존재인 그것—역자 주)이 아니게 된다."[27]

세 번째의 영적, 윤리적 병은 우리 자신의 배타적 소집단(in-group)에서 좁다랗게 경계선을 그어 버리는 우리의 편협한 종교적 신앙과 민족 이기주의적 양심입니다. 이 좁은 신앙, 가치체계는 계급주의, 종교적 배타주의, 호전적 민족주의와 더불어 인종차별·성차별주의로 나타납니다. 이런 것들은 우리로 하여금 '외국의'(foreign) 혹은 '이교도의'(heathen) 종교들과 집단들에 대한 그릇된 방어심리와 가짜 우월성(pseudosuperiority)을 견지할 수 있도록 만듭니다. 오로지 포용성 있는 신앙과 양심만이, 지금 편협한 종교들이 그러하듯이 우리를 갈갈이 분열시키는 것이 아니라 지구를 살리기 위해서 인간 가족을 한데 끌어모을 수 있습니다. 오직 포용성 있는 신앙과 가치관만이 이 분열된 시대에 사람들과 함께, 그리고 자연과 더불어 누리는 전인성을 위해서 영적 비전과 치유력을 제공해 줄 수 있는 것입니다. 이 영적 도전에 대한 매튜 폭스(Matthew Fox)의 다음과 같은 표현은 방향을 정확히 짚은 말입니다 :

우주적 영성없이 어떻게 인간들이 우주적인 에너지와 그것에 대한 자기들의 책임을 다룰수 있겠는가? 우리의 비전을 그토록 좁게 만들어서 우주적 파괴력을 갖는 무기들 때문에 1분에 백만 달러씩 쓰게 만드는 인간중심주의(human chauvinism)는 중지되어야 한다. 우주적 비전과 우리의 세계를 덜 오만하고 덜 인간중심주의적으로 보게 하는 방법을 다시 소개하는 일은 종교가 맡아야 할 과제이다. 오늘날 인류가 전쟁을 손에서 놓아 버릴 때가 되었다는 사실, 이제 전쟁을 치르기에는 너무 성숙했음을 인정할 때가 되었다는 사실, 서로의 차이를 해결하는 방법으로 전쟁을 택하는 것에서 더 나아가야 할 때가 되었다는 사실은 더욱더 명백해지고 있다. 백 년 전에 인류가 노예제도를 폐지한 것처럼 이제는 전쟁을 폐지하는 것이 가능하다.[28]

네 번째로 꼽을 수 있는 치명적인 영적 질병은, 우리로 하여금 하늘로부터 하나님이 속효성 마약주사를 놓는 손을 펼쳐 개입함으로써 환경파괴나 핵으로 인한 파국에서 구원되리라고 기대하게 하는 주술적 신앙으로 이루어져 있습니다. 이 역겨운 종교적 믿음은 지구를 살리는 것을 돕기 위해 우리가 마땅히 해야 할 것에 대한 책임감을 무디게 하기 때문에 위험천만하게도 테러를 변호하는 셈이 됩니다. 우리가 바보스럽게도 신적인 지혜와 권력을 부여하는 정치지도자들의 손에 의해서 환경·핵으로 인한 재난 직전에 구출되리라는 구원환상은 똑같은 병적 영성의 세속적 변형인 것입니다.

만일 우리가 살 만한 세상에서 생존하고자 한다면 또 하나 치유되어야만 할 위험스러운 병적 현상은, 살아 있는 지구 위에 그저 살고 있다고 하는 이 엄청난 선물을 우리가 소중히 여기고 축하하는 것을 방해하는 우리의 영적 죽음상태(spiritual deadness)입니다. 생명과 또한 그 생명의 원천과 사랑관계에 빠진 사람들이라면 환경의 비극적인 파괴나 전세계적 군비경쟁이 초래하는 어마어마하게 낭비적인 폭력을 참아내지 못할 것입니다. 우리의 내적 죽음상태는 우리 사회구조의 죽음상태를 덜 잔인하게 느끼도록 만듭니다. 이러한 내적 죽음상태는 우리 안에 존재하는 신적(神的)인 것이 우리에게 낯선 자라고 하는 사실에서 연원합니다. 우리의 초월적 자아(transcending self)로부터의 이 소외는 사랑의 내적 통로를 좁게 만듭니다. 그것은 우리 안에 계시는 성령으로부터 영적 힘이 흘러나오는 것을 죄어듭니다. 자신에 대한 사랑과 타인에 대한 사랑, 지구에 대한 사랑, 하나님에 대한 사랑은 이 하나의 내적 원천에서 흘러나오는 것입니다.

효율성을 유지하기 위해서도 평화·환경운동 집단들은 영적으로 힘이 채워진, 생명사랑 집단이 되어야만 합니다. 우리의 영적 죽음상태를 치유한다는 것에는 어느 순간이나 살아 계시는 신의 변화시키는 존재라고 하는 선물을 받아들이도록 우리 스스로를 열어 놓는 것이 결부됩니다. 그렇게 함으로써 당신은 아시시의 성(聖) 프란시스(Saint Francis of Assisi)의 영성에 가까운 어떤 것과 더불어 살아간다는 것이 주는 고양된 힘을 발견할 것입니다. 자연의 경이 속에 존재하는 신적인 것을 향해 자신을 열어 놓음으로써 당신은 살아 있는 성 프란시스의 기도, "주여, 나를 당신의 평화의 도구로 써 주소서."라는 기도의 기쁨을 찾을 것이며, 세계가 앓고 있는 상처의 치유를 도움으로써 그렇게 하는 것의 기쁨을 찾을 것입니다.

지구와 더불어 사는 전인건강훈련

미래를 그려 볼 때 당신은 활기차고 온전하며 자유로운 세계를 봅니까? 미래에 대한 당신의 비전은 당신으로 하여금 그 미래를 현실로 만들기 위해서 일할 기운을 북돋아 줍니까? 이 실습의 목적은 저 미래를 향해 당신을 끌어당길 수 있는 희망찬 에너지를 체험하도록 하기 위한 것입니다.[29] 이 오른쪽 두뇌훈련의 핵심은 조안나 로저스 메이시(Joanna Rogers Macy)에게서 빌려왔습니다. 나는 그 여성의 훈련에 수정을 가해서 환경 차원을 포함시켰습니다.

♥ **방법** : 15분 가량 아무 방해도 받지 않을 조용하고 편안한 곳에 앉으십시오. 당신의 '전인건강일지'를 손이 닿는 곳에 두십시오. 처음에 모든 근육을 긴장시켰다가 깊은 호흡과 함께 풀어 주고, 숨을 매번 내쉴 때마다 긴장이 흘러 나가도록 하십시오. 당신에게 맞는 몸을 풀어 주는 다른 방법들이 있다면 몸—마음 유기체가 깊숙히 긴장이 풀려 있으면서도 예민하게 깨어 있는 상태가 될 때까지 그 방법들을 사용하십시오./

자, 이제 당신의 숱한 창조적 능력들 가운데 하나를 이용하여 당신 마음속에다가 자연 속에서 당신이 가장 좋아하는 장소를 떠올려 보십시오. 그곳을 생생하게 천연색으로 그리십시오./그 장소의 장엄한 아름다움과 고요함을 누리면서 그곳에 머무십시오. 자연의 치유하는 리듬에서 당신 스스로가 자양분을 얻도록 하십시오. 그 장소의 활기 속에 젖어들어 그 에너지가 당신 몸 전체를 흐르게 하고 세포 구석구석마다 새로운 생명이 스며들게 하십시오./

이제 상상의 나래를 펴서 오늘과 똑같은 날이지만 30년 후의 미래를 그려 보십시오. 1990년대의 환경파괴 경향이 30년에 걸쳐 계속 약화되지 않았다고 상상하십시오. 지구의 오염은 증가되었고 수천가지의 동식물 종(種)들이 멸종되어 버렸습니다. 인구는 60억에서 90억, 100억 명 선으로 치솟았고, 그 잔인한 결과가 굶주림과 질병으로 뿐만 아니라 자연계에도 나타났습니다. 당신은(좀 옛날 사람이 되었겠지만) 여전히 당신이며, 자연 속의 같은 장소에 앉아 있습니다. 주위를 둘러보고 당신이 느

끼는 것을 의식하면서 그 장소가 어떠한지 체험해 보십시오./

이제 기어를 바꾸어서 다른 각본으로 옮겨갑시다. 1990년대 초에 지구 곳곳에 사는 당신 같은 사람들이 자녀와 손자들에게 더 아름다운 지구를 물려주기 위해서 지구를 사랑하고 보호하기로 결정했다고 상상해 봅시다. 그들은 또한 지구 전체를 볼모로 잡아왔던 모든 핵무기와 화학·생물 무기들을 파괴함으로써 저 정신나간 군비경쟁을 중단시키기로 결정했습니다. 게다가 인구폭발도 멈추었고, 각 나라들이 지구 차원에서 함께 협력하여 기아와 질병문제도 해결되었습니다. 환경을 보호하고 평화를 만드는 국제적인 힘이 효과적으로 발휘되는 세계—모든 어린이들이 자기 재능을 완전히 개발하기에 충분한 음식과 건강관리와 주택과 교육의 혜택을 누리는 건전하고 건강한 세계에 살고 있는 것이 어떠한지 의식하십시오./

당신이 좋아하는 자연의 장소에 다시 가십시오. 주위를 둘러보고 30년 전보다 더 깨끗해지고 아름다워진 그곳을 체험하며 즐기십시오./이제 한 어린이가 당신에게 다가오고 있는 것을 바라보십시오. 그 아이는 아홉, 열 살 정도 되어 보입니다. 수줍어 보이지만 또한 매우 호기심이 많은 것 같습니다. 30년 전에 세상이 어떠했는지 하는 것에 대해 그 아이는 좀 들은 적이 있습니다. 당신이 앉아 있는 자리로 그 아이가 가까이 와서는 당신에게 묻기 시작하는 것을 보십시오. 옛날이 어땠는지에 대해서 묻는 그 아이의 진지한 질문과 당신의 대답에 귀를 기울이십시오. "그때는 어땠나요? 공기와 물이 더러워져서 사람들과 동물들이 병이 들었나요? 정말로 세상 전부를 날려 없앨 만큼 큰 폭탄들이 있었나요? 정부가 폭탄만드는 데 그렇게 많은 돈을 써 버리고 있었기 때문에 저 같은 어린아이 수백만명이 가난하고 굶주렸나요? 그때는 살아 있다는 게 겁나지 않았나요? 오늘 우리가 사는 이 좋은 세상을 만들기 위해서 당신은 무엇을 하셨나요?"/

그 어린아이는 꾸밈없이 당신 목을 팔로 껴안고는 "고맙습니다! 고맙습니다! 고맙습니다!" 하고 말하면서 감사의 큰 포옹을 합니다. 그리고서 그 아이는 떠나고 당신은 눈을 감고서 그 체험 전체를 명상합니다. 환경문제나 핵문제의 위협들이 없는 평화롭고 건강한 세상에 살고 있다고 깨달을 때 기분이 어땠습니까? 도저히 믿기가 어려웠습니까? 아니면 무거운 짐덩어리를 내려놓는 기분을 느꼈습니까? 그렇다면 당신은 이제 매일 매순간마다 당신의 심리적인 등 위에 무거운 짐같이 지고 왔던, 세계에 대한 만성적 불안이라는 부담을 의식하게 된 것입니다. 그 어린아이가 당신에게 자기와 다른 아이들에게 그런 놀라운 세상을 주도록 하기 위해서 무엇을 했냐고 물었을 때 당신 기분은 어땠습니까?/당신의 여행을 더 온전한 미래로 계속 진행시켜 보십시오. 스스로에게 이렇게 물으십시오. 아직 태어나지 않은 아이들을 포함해서 미래의 모든 어린이를 위해서 지구를 살리는 일에 지금 더욱 깊이 참여하려면 나는 무슨 일을 할 필요가 있을까요?/준비가 되었으면 당신의 '전인건강일지'에 변화된 세계를 방문한 결과 당신이 발견한 것들과 당신이 계획하는 것을 적으십시오.

당신의 환경 · 평화운동 계획을 창조하기

이제 시간을 내서 우리의 지구를 살리는 것을 돕는 데 더 많은 일을 함으로써 당신 자신의 온전한 삶을 드높이기 위한 당신의 계획을 써내려가 보십시오. 점검표와 뒤따라 나오는 쇼핑목록에서 당신이 주목하기 위해 표해 놓은 항목들을 포함해서 이 장을 읽으면서 흥미로웠던 부분들을 되집어보십시오. 당신이 하고 싶은 일을 적어도 여섯 가지 이상 골라내십시오.

당신의 창조성을 동원하여 현실적인 '지구관리를 통한 자기관리계획'(Self-Care Through Earth-Care Plan)을 쓰십시오. 당신의 계획에 다음과 같은 것이 포함된다면 아마 그 계획은 더 효과적일 것이라는 점을 기억하십시오 : (1) 당신이 정말로 성취하고 싶어하는 구체적이고 실현 가능한 목표들, (2) 이 목표들을 향해 나아가기 위한 실제적 전략들, (3) 일정계획, (4) 목표를 향해 각 단계를 밟아갈 때 당신이 얻을 수 있는 보상들, 또는 당신이 퇴보할 때 보류되어 버릴 보상들, (5) 당신의 '일지'에 자신이 진척을 이룬 내용을 적는 것. 당신 계획 속에 더 많은 독서를 넣고 싶을지도 모르겠습니다(이 책 뒤에 첨부된 추천도서목록 참조).

특별히 매력적이고 실현성있는 목표 한두 가지를 골라서 지금 즉시 실천에 옮기기 시작하십시오. 또한 당신의 노력에 힘을 덧붙이기 위해서 날마다 계획을 성공적으로 실천하는 기쁨과 투쟁을 체험하면서 당신 마음속에 한편의 힘있는 영화를 창조하기를 권합니다.

그에 덧붙여, 당신의 계획을 실천하면서 이루어 내는 진척사항을 기록으로 남기십시오. 당신이 사랑하는 것을 계속 중심에 놓고 영적 기운을 불어넣는 것은 중요한 일입니다. 당신의 진지한 의도를 유머감각과 균형 맞추면서 당신 안에 존재하는 내면의 아동(inner child)이 활발히 뛰놀게 하십시오. 밀톤 벌은 이렇게 말했습니다 : "세계는 무서운 형상을 하고 있다. 비관론자들은 그것을 결코 좋게 생각하지 않는다."[30]

우리 지구에 닥친 다중적 위기가 저 고대 중국의 격언을 상기시켜 줄 것입니다 : "방향을 바꾸지 않는다면 우리는 아마 출발점에서 끝장나 버릴 거라네!" 개인으로서나 한 사회로서 방향을 바꾼다는 것은 줄잡아 말하더라도 고달픈 일입니다. 그러나 그것이야말로 우리 지구의 건강위기에서 빠져나가는 유일한 길이며, 그것이야말로 우리 자녀들에게 아름답고 살 만한 지구를 확실하게 물려줄 수 있는 유일한 길인 것입니다.

기진맥진한 지구 구원자들에게 환경운동가 에드워드 애비(Edward Abbey)의 건강한 조언을 선사합니다 : "스스로를 불태워 버리지 마십시오. 나처럼 되십시오─머뭇거리는 열광자, 시간제 투사, 내키지 않는 광신자 말입니다. 즐거움과 모험을 위해서 자신의 다른 반쪽을 아껴 두십시오. 환경을 위해서 싸우는 것만으로는 충분하지 못합니다. 환경을 즐기는 것도 중요합니다. 할 수 있는 동안 말이지요. 그것이 아직 여기 있는 동안 말이지요."[31] 당신의 마음을 활짝 열고, 깊은 만족을 주는 '자기관리'―지구관리를 포함하는 자기관리―를 누리기를 기원합니다.

제 2 부

전인건강 여정에서의
우회로와 도전과 기회에 대한
건설적 대응

제 9 장

위기 · 상실 · 장애 · 중독
가운데서 성장하기

    얼마 전에 우리 지방 신문의 스포츠란에 어빈에 소재한 캘리포니아대학교의 농구 코치가 말한 고전적인 코멘트가 실렸습니다. 피바디대학교와의 경기에서 125대 59라는 엄청난 스코어차로 자기 팀이 패배했을 때 그는 이렇게 선언했습니다 : "우리는 형편없이 출발했습니다. 그러자 모든 일이 뒤틀리고 말았습니다." 당신에게도 그런 날이 있었습니까? 그런 주간이 있었습니까? 만약 그렇다면 당신은 찰리 브라운의 불평을 발견할 것입니다(찰리 브라운은 미국에서 대히트한 만화주인공임 : 역자주) : "아침에 내가 일어나자마자 나는 내 머리 위에 내가 올라가 있는 것처럼 느꼈다." 위기와 상실들은 조만간 누구나 인생의 행로 가운데서 경험하는 삶의 부분들입니다. 옛날 욥기의 저자가 이야기한 것처럼, 우리 인간은 "고난을 위하여 났나니, 불티가 위로 날음 같으니라"(욥 5 : 7).

    고통스러운 위기와 상실들이 우리에게 부딪쳐올 때에 우리는 우리의 중심의 건강을 정상으로 유지하기 위하여 무엇을 할 수 있을까요? 극동의 옛날 지혜의 빛은 두 개의 중국글자로 된 단어에 반영되어 있습니다. 그 단어의 왼쪽 글자는 위험을 의미합니다. 오른편 글자는 기회를 의미합니다. 이 두 글자가 합쳐서 위기(危機)가 됩니다.[1] 이 단어에서 우리는 본장의 주제를 발견합니다. 우리들 대부분은 우리의 위기와 상실 가운데 숨어 있는 위험을 아프게 깨닫습니다. 그러나 우리는 자주 그 속에 있는 기회를 놓쳐 버립니다. 당신의 위기 속에 내재한 기회를 활용하려고 한다면 비참한 마이너스를, 적어도 부

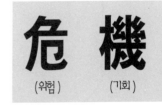
(위험)　(기회)

분적인 플러스로 전환시키는 법을 배워야 합니다. 이것은 위기와 상실들을 통하여 성장하는 법을 배우는 것입니다. 그렇게 하는 것은 힘이 듭니다. 그러나 가능한 일입니다. 바로 이것을 배우는 것은 우리의 전인건강에 필수요소라고 할 수 있습니

다.

조만간 우리 모두는 희망과 꿈이 부서지는 아픔을 맛보게 될 것입니다. 당신이 누구를 깊이 사랑하면 할수록 그 사랑하는 사람이 떠나갔을 때에 슬픔의 골도 더 깊어질 것입니다. 당신이 어떤 일에 대한 관심이 열렬하면 열렬할수록 당신이 할 수 있는 모든 일을 다했음에도 불구하고 그 일이 실패했을 때 분노와 아픔도 비례적으로 더 깊어질 것입니다. 당신의 전인건강의 실현은 상실이 올 때 상실 때문에 영구히 한이 맺혀 살거나 절름발이 인생을 살지 않고, 그 슬픔에 대처하는 법을 배워 극복하는 데 있습니다. 그것은 당신의 실패, 그리고 아픈 전환과정 등을 받아들일 수 있는 용기를 가지는 것입니다. 그것은 이러한 고통스런 침입자를 활용하여 당신의 인간의 전인성, 새로운 힘, 그리고 이 세상을 딛고 설 수 있게 하는 어떤 것을 창조하는 법을 배우는 것입니다.

나의 기억력의 창고에 보관되어 있는 나의 소년시절에 다니던 교회의 목사님(나의 제2의 아버지와 같은 분)의 다음과 같은 지혜의 말을 나는 존중합니다 : "부드럽게 걸으세요. 당신과 만나는 사람들은 모두 자기의 십자가를 지고 가고 있습니다."[2] 이 말은 50여 년 전에 내가 처음 들었을 때보다도 오늘에 와서 더 절실하게 울립니다. 이러한 사실은 놓치기 쉽습니다. 우리들 대부분은 우리 자신의 위기들을 다른 사람에게 숨기는 데 이력이 났습니다. 우리는 우리의 중심에서 밑바닥을 보려고 눈을 치뜨면서도 그 꼭대기에 있는 것처럼 위장하는 데 전문가입니다. 허다한 불완전을 가지고 당신 자신을 사랑하고 수용하는 것이 곧 당신의 전인건강의 지표입니다. 이것은 우리 대부분에게 가장 어려운 것들―깨어지고 속박이 되고 매력이 없는 부분들―을 수용하는 것도 포함됩니다. 자신의 그림자 측면(칼 융의 용어)을 알고 받아들이고 친구로 삼는 것이 당신의 전인건강에 결정적입니다.

나의 소년시절과 청년시절에 여름마다 남부 일리노이에 있는 나의 할아버지의 농장에서 보낸 중요한 시간들은 하나의 분명한 이미지를 나에게 만들어 줍니다. 봄철에 평원을 가로질러 말이 끄는 쟁기로 깊게 파놓은 고랑들을 나는 기억합니다. 나는 지금까지도 신선하게 파인 땅과 함께 그 봄의 냄새들을 맛보며 즐깁니다. 나는 지금도 파헤쳐진 땅 위에 기어다니는 벌레를 잡아먹기 위하여 쟁기를 따라 날아오르는 물새와 종달새를 봅니다.

위기들과 슬픔들은 그와 같은 것입니다. 그 아픔의 칼날은 우리의 영혼에 깊은 골을 파냅니다. 그 쟁기는 가끔 우리에게 습성이 된 평안한 신념들과 삶의 스타일의 뿌리들도 잘라 버립니다. 그러나 바로 이러한 혼란으로 해서 새로운 씨들을 자라게 할 수 있는 땅이 준비되는 것입니다. 이 씨들은 뿌리를 내리고 결국 꽃을 피우게 되는데, 이것은 그 땅이 새로운 생명을 위해서 그처럼 무자비하게 갈아엎어지기 전에는 결코 상상할 수도 없는 것입니다. 슬픔으로 그 고랑이 더 깊이 파여지면 파

> 조수의 흐름이 조용해질 때 당신의 외상값을 갚으라. 그리고 줄행랑을 놓아라!
> ─하와이 한 호텔 로비의 글

전인건강의 창

헬렌 켈러와 앤 설리반

헬렌 켈러와 헌신적인 그녀의 선생이요, 친구인 앤 설리반의 이야기는 개인적인 위기들과 상실들과 장애들에도 불구하고 전인건강에 도달한 영감의 이야기입니다. 헬렌은 1880년 아무런 육체의 장애없이 태어났습니다. 그녀의 2회 생일 직전까지 그녀는 지저귀는 새소리를 들으며, 꽃과 나무를 보며 알라바마농장에서 살았으며, 거기에서 자라났습니다. 그때에 그녀는 악독한 뇌열병에 걸려 시각과 청각장애자가 되었습니다.

그녀의 부모는 2중 장애자인 자기들의 딸을 위해 온갖 노력을 다했으나 결국 심한 문제아로밖에 키울 수 없어 좌절하고 있었습니다. 그들은 벙어리들을 가르치는 교사로 재직했던 알렉산더 그라함벨에게 도움을 요청했습니다. 그는 20세의 여인 앤 설리반을 소개하였습니다. 앤은 헬렌의 집에 상주하면서 헬렌을 가르치는 교사가 되었습니다. 앤은 문맹이요 알코올중독자이며 이민자인 아버지 밑에서 비참한 아동기를 보냈습니다. 열 살에 앤은 가난의 집에 보내지는 수모와 거절을 경험했습니다. 그녀는 거기에 맹인으로 들어갔습니다. 4년 후에 그녀는 맹인들에게 새로운 방법으로 교육시키는 기관으로 옮겨졌습니다. 그는 거기서 수술을 받고 눈을 회복했습니다. 서서히 그녀의 아동기의 재난으로 입은 수치와 미움이 이해와 사랑의 사람이 되는 길을 마련해 주었습니다. 그녀는 졸업반을 대표해서 답사를 읽는 수석 졸업자로 선정되었습니다.

앤이 헬렌의 교사로 들어오는 날 그녀는 인형을 가지고 왔습니다. 그녀는 그 인형을 헬렌의 손에 쥐어 주고 나서 헬렌의 손바닥 위에 자기 손가락으로 D-O-L-L(인형이라는 영어단어 : 역자 주)을 써 주었습니다. 학습받는 데 있어 놀라운 전환점이 된 것은 앤이 헬렌의 한 쪽 손에 펌프로 물을 퍼부으면서 다른 손에 물이라는 단어를 써 준 사건이었습니다. 헬렌은 드디어 모든 것은 이름이 있다는 사실을 깨달았습니다! 바로 이것이 헬렌에게 언어의 신비를 열어 주었습니다. 그녀는 의욕있고 속도 빠른 학습자가 되었습니다. 열 살 되었을 때 그녀는 읽고 쓸 수 있게 되었습니다. 결국 그녀는 영어뿐 아니라 프랑스어와 독일어를 말하는 어려운 일을 해냈습니다. 그녀는 라드클리프대학에 앤과 함께 들어갔으며, 영문학, 역사, 그리고 외국어에서 최우수성적을 받으면서 우등생으로 졸업했습니다. 졸업 후에 평생의 정열과 소명을 발견했는데 그것은 맹인들을 위하여 일하고 글을 쓰는 것이었습니다. 그녀는 수많은 저서를 남겼고, 미국과 외국 등 광범위한 지역에서 강연하였습니다. 그녀는 자기의 관심의 폭을 넓혀 여성참정권 운동과 가난한 자와 압박당하는 자를 위하여 다른 정치활동에도 참여하였습니다. 그 모든 일들과 함께 그녀는 말타기, 자전거타기, 보트타기, 개와 놀기, 정원 가꾸기 등을 즐겼습니다. 그녀는 불꽃 같은 유머감각과 함께 생동력과 낙관주의를 가지고 있었습니다. 그래서 그는 여러 가지 문학, 정치, 교육, 오락 지도자들을 포함해서 수많은 친구들을 사귀었습니다.

그녀는 그 시대의 별같이 빛나는 여인들

가운데 하나로 인정이 되어, 그녀는 훈장과 상장들을 받았습니다. 1936년에 그녀와 앤은 엄청난 성취를 공동노력으로 이루어 낸 것을 기리는 루즈벨트 메달을 받았습니다. 마크 트웨인은 그녀를 "놀라운 피조물-세상에서 가장 놀라운 피조물"이라고 기술하였습니다. 헬렌은 이렇게 말했습니다 : "나의 인생은 행복하다. 그 이유는 내가 놀라운 친구들을 많이 가졌고 해야 할 일도 많이 있기 때문이다. 나는 나의 제한에 대하여 거의 생각해 본 적이 없으며, 그것들이 결코 나를 슬프게 만들지 못했다. 아마도 때로 갈망의 손끝이 나를 건드린 적이 있다. 그러나 그것은 꽃밭을 지나는 미풍같이 희미하였다. 바람은 지나가고 꽃들은 만족스럽게 거기 서 있다"(*Current Biography*, 1942, p.444).

헬렌 켈러의 명랑한 정신은 다음과 같은 그녀의 자서전에 아름답게 표현되었습니다 : "사람은 솟아오르고 싶은 충동을 가졌을 때에는 결코 기는 것으로 만족할 수 없다." 헬렌 켈러는 1968년에 죽었습니다. 그녀는 저술과, 특히 그의 생동적이며 용기있는 삶으로 수백만의 사람들에게 영감을 주고 갔습니다. 헬렌과 앤 설리반의 전인건강은 다소간의 상실과 장애로 고통하면서도 솟아오르고 싶은 충동을 느끼는 우리 모두의 인간 가족들에게 계속적인 축복으로 남을 것입니다.

여질수록 거기에서 더 풍성한 생명이 흘러나옵니다. 다행히 우리는 이 고랑에 무엇을 심을 것인지 어느 정도 선택할 수 있습니다. 처음에 그 고랑은 보통 눈물의 급류를 흐르게 합니다. 이것들은 계속적인 한과 분노의 산성물결일 수도 있습니다. 또는 점차적으로 우리는 동정, 공감, 사랑—우리 것과 하나님의 것—을 우리 영혼의 통로에 흐르게 할 수 있습니다. 이것이 일어날 때 새로운 꽃들이 슬픔으로 메말랐던 삶 속에 피어날 수 있는 것입니다. 그것은 바로 우리 자신과 함께 시작되는 것입니다.

미시건대학교 경영대학 교수인 잭 매츤(Jack Matson)은 실패101이라고 부르는 과목을 가르치고 있습니다. 이 과목은 연속적인 장애물 뛰어넘기 훈련을 시키면서 학생들(이제까지 성공에 습관이 되었던)에게 실패와 굴욕을 맛보게 만듭니다. 그 교수의 설명에 따르면 그 학생들이 후에 살아가는 동안 무언가 잘못되었을 때에, "그들은 그것이 자연스럽고 정상적인 삶의 과정임을 자각하고, 앞으로 전진하여 나가는 일에 더 큰 확신을 얻게 될 것입니다. 우리가 진정으로 성공하기 원한다면, 우리는 위험을 감수해야 합니다." 그리고 그 위험은 가끔 실패를 의미합니다.[3]

위기와 상실 건강 점검표

이 점검표는 다음의 두 가지 점에서 당신의 건강을 증진시킬 수 있습니다. (1) 이것은 자기 발견 도구입니다. 이것은 위기와 상실에 대하여 건설적으로 대처하는 데에 당신의 강점과 약점들을 속히 평가할 수 있게 해줄 것입니다. (2) 이 점검표는 중요한 이 부분에서 당신의 건강훈련을 향상시킬 수 있는 개인적인 계획들을 개발하는 데 도움을 줄 것입니다. 이 점검표는 또한 본장에서 더 깊이 다룰 많은 자기훈련 아이디어들과 방법들을 미리 예시해 줍니다.

✎ **방법** : 점검표 각 항목 앞에 있는 _____ 난에 다음 중 하나를 기록하세요.
　　　잘함－나는 이것을 아주 잘하고 있다.
　　　보통－나는 이것을 하고 있으나 아직도 개선될 여지가 있다.
　　　못함－나는 이 분야에서 확실히 강화시킬 필요를 가지고 있다.

_____ 고난이 닥칠 때, 나는 육체적, 정서적으로 나 자신을 더 잘 관리하며, 나를 도울 수 있는 이웃에게 가서 도움을 요청한다.

_____ 미래가 끔찍하게 어두워 보일 때, 나는 한 걸음씩 나의 삶을 걸어가겠다. 나는 거부와 절망 속으로 오랫동안 물러서고 싶은 유혹을 피하겠다. 만약 내가 할 수 있는 것들을 조금씩 조금씩 하고 있으면, 결국 희망의 문이 열릴 것을 안다.

_____ 나는 고통스러운 나의 감정들을 완전히 표현할 수 있으며, 그들을 다 이야기해 버림으로 결국 그 감정들을 쏟아 버리겠다.

_____ 상실이 일어났을 때에, 인생이 나를 냉대하고 있다는 느낌을 오랫동안 가짐으로 창조적인 에너지를 허비하지 않겠다. 나는 그것이 모든 사람의 인생에 정상적인 한 과정임을 알기 때문이다.

_____ 내가 위기나 상실 때문에 완전히 좌절할 것같이 느낄 때에, 나는 유능한 상담자나 지도자를 찾아가는 용기를 가지고 있다.

_____ 나는 나와 비슷한 위기와 상실을 경험하는 다른 사람들과 만나는 것이 서로에게 매우 큰 도움이 되는 것을 발견했다.

_____ 나는 사랑하는 사람이 죽을 병에 걸리든지, 중요한 생애의 전기와 같이 앞으로 상실이 일어날 것이 예상되거나, 또는 지금 일어나고 있는 상실을 대비해서 나 자신을 준비시키고 있다.

_____ 나는 부당하게 보이는 비극적 상황에서도 어떤 영적인 위로와 의미를 발견하는 법을 배웠다. 만약 나의 옛 신앙이 흔들리는 것같이 느낀다면, 나는 영적 갱신이 서서히 일어나기 시작할 때까지 거기에 머물겠다.

_____ 내가 육체적, 정신적 대인관계의 고통을 경험할 때, 나는 나의 생애에서 어떤 것을 고쳐야 할 필요가 있는지에 대하여 나에게 이야기하는 것을 경청하려고 노력한다.

_____ 바르게 고친 후에 나는 나 자신을 용서하고 하나님의 용서를 받아들이겠다. 내가 나의 위기와 상실에 무엇을 기여하였든지간에 그에 대해 용서는 필수적이다.

_____ 나에게 중대한 위기가 올 때라도 나는 계속하여 합당하게 먹고 쉰다. 비록 그런 기분이

✽ 전인건강훈련 ✽

간단한 이 훈련의 목적은 당신이 이미 알고 있는 상실과 위기들 가운데서 어떻게 성장할 수 있는지 하는 방법들을 기억나게 하려는 것입니다. 당신의 기억의 창고 속으로 들어가서, 당신이 살아오는 동안에 경험했던 고통스러운 상실, 위기, 실패, 사고, 장애 등의 문제들 가운데 하나를 찾으세요. 바로 그 경험을 재생시키되 당신이 할 수 있는 한 세세하게 어떠한 고통이 그 경험 속에 있었는지 재경험하세요. / 당신이 아직도 치유받지 못하고 미결사항으로 남아 있는 고통이나 두려움이나 분노가 아직 거기에 있다 해도, 아직도 더 많은 치유작업을 해야 할 에너지 소모감정들을 깨달은 것만도 좋은 것이라는 사실을 기억하세요. /

당신이 방금 재생시킨 것들을 음미하세요. 당신의 마음속에(그리고 당신의 자기관리일지에) 그 힘든 경험을 대처한 결과로, 그리고 그때 했던 일들 가운데서 얻은 당신의 개인적인 지혜들과 강점들과 영적 성장들의 목록을 만드세요. 당신이 간신히 헤어나왔다 하더라도 당신은 그렇게 할 수 있는 힘을 활성화시켰었다는 사실을 기억하는 것이 좋습니다. 그 위기에 대처하면서 얻은 지혜가 아무리 작더라도 당신은 당신 자신에 대한 자부심을 가져야 합니다. / 당신을 그 위기 가운데서 살아 남게 하고 아마도 그 위기를 통하여 당신을 성장할 수 있게 도와준 것들과 사람들을 생각하세요. 당신이 이처럼 불시험을 통하여 배운 것들은 당신의 미래에 당하게 될 위기와 상실들에 활용할 수 있다는 것을 기억하세요.

아닌 때라도. 나는 또한 지나치게 술을 마시거나 약물을 복용하거나 정신없이 일에 매달림으로 고통을 마비시키려고 하거나 고통에서 도망가려고 하지 않겠다.

_____ 가능한 한 위기나 상실로 좌절의 충격을 벗어나지 못할 때에는 중대한 결정을 하지 않으려고 노력하겠다.

_____ 나는 나의 위기들을 한가닥 한가닥 나누어 보고, 한 번에 한 가닥씩 택하여 대처하고자 한다. 나는 혼란스럽게 이리저리 얽힌 복잡한 문제들을 한꺼번에 대처하려다 오히려 그 문제들에 압도당하여 마비현상을 일으키게 하지 않겠다.

_____ 만약 내가 자살이나 에이즈같이 사회적으로 오명을 받는 상실을 경험한다 해도, 나는 비판이나 사회적인 지탱의 상실에 대처할 수 있는 자원들을 가지고 있다.

_____ 위기를 통하여 배울 수 있는 보편적인 것들 가운데 하나는, 도무지 살아 남으리라고 상상할 수 없는 그 일들을 살아 남게 할 수 있다는 것을 발견하는 것이다.

♥ **평가 :** 당신의 응답들을 훑어보고, 위기와 상실들을 성장지향적으로 처리할 수 있는 당신의 강점들과 약점들에 대한 당신의 전체적인 감정들이 무엇인지 점검하세요. 그리고 나서 당신의 건강관리일지에 당신의 '못함' 이나

'보통'이라고 표시한 것들 가운데서 당신의 마음에 떠오르는 대로 가장 중요한 열쇠가 되는 단어들을 적어 넣으세요. 이것들은 성장변두리 영역으로서 당신이 위기관리훈련으로 가장 큰 유익을 얻을 수 있는 부분들입니다. 또한 이렇게 필요와 기회가 되는 분야들을 위해 당신이 취할 수 있는 실천사항들이 무엇인지 계획과 생각들을 적어 보세요.

비참한 순간들을 부분적인 플러스로 전환하기

1940년에 보스턴에서 가까운 곳에 있는 한 나이트 클럽에서 불이 나서 엄청난 인명손실을 입은 적이 있습니다. 이 비극은 하버드대학교 정신의학교수 에릭 린데만(Erich Lindemann)에게 동기를 부여하여, 위기와 슬픔 가운데서 사람들이 어떻게 회복되는가에 대한 과학적인 연구를 하게 했습니다. 그의 연구와 그 이후 실시된 수많은 연구들은 풍부한 이해의 보물창고를 만들어 주었습니다. 이러한 이해는 고통스러운 경험들을 더 건설적으로 대처할 수 있게 우리를 도와줍니다. 다음은 그 연구들을 통하여 발견한 것들을 요약한 것입니다.

모든 중요한 위기들과 삶의 변화들은 상실을 가져오고, 슬픔의 척도를 제공합니다. 놀랍게도 이러한 상실을 가져오는 변화와 위기들 가운데는 직장에서의 승진, 졸업, 은퇴 등의 좋은 변화들까지 포함되어 있습니다. 위기와 슬픔의 경험들은 서로 얽혀 있습니다. 어떠한 위기가 있다면, 거기에는 반드시 실제적인 것이든, 마음으로 경험하는 것이든 어떠한 상실이 따라옵니다. 위기경험은 당신에게 일어나는 것이라기보다는 당신의 내면의 마음에 일어나는 것입니다. 외적인 압력은 내적인 위기경험을 하는 데 정서적으로 취약하게 만들어 줍니다. 위기가 당신 안에서 일어난다는 사실은 당신이 그에 대한 응답을 선택할 수 있는 최소한의 능력을 가지고 있다는 것을 의미합니다.

다음은 대부분의 위기 가운데 나타날 것이라고 예상되는 단계들입니다.

1. 당신은 당신에게 매우 중요한 어떤 것을 뺏기거나 빼앗으려고 위협하는 문제나 상실에 직면해 있습니다. 이러한 일이 두려움, 충격, 분노, 그리고 불안의 감정들을 유발시킬 것입니다.
2. 당신은 이미 알고 있거나 이전에 사용해 본 적이 있는 문제해결 기술을 사용하여 여기에 대처하려고 합니다. 만약 그것이 효과를 거두면 위기감정은 가라앉을 것입니다.
3. 그 상황이 새로운 요소들 때문에 옛날에 사용했던 문제해결 기술이 효과를 거두지 못한다면, 당신은 새로운 대처전략을 열심히 시도할 것입니다.
4. 이것마저도 효과를 거두지 못하면, 심각한 위기감정들이 넘쳐날 것입니다. 예를 들면, 고통스러운 혼란, 붕괴, 무기력, 약탈, 절망, 공황, 분노, 그리고 죄책 등의 감정들이 솟아납니다.
5. 필요를 빼앗아가는 문제가 자신의 노력으로나 타인의 도움으로도 해결되지 않는다면, 그 위

기는 점차적으로 폭발지점에까지 올라갈 것입니다. 당신은 대처불능이라고 부르는 험란한 물결에 압도당하는 느낌을 가지며 어떠한 형태로든지 꿰맨 곳이 찢어져 버리는 아픔을 당할 것입니다.

　전인건강을 위협하는 위기와 변화와 상실의 스트레스는 점점 축적되어 간다는 사실을 아는 것은 중요합니다. 처음 상처가 치유되기 전에 또 다른 상처가 뒤따라오는 상실은 하나씩 닥쳐왔을 때에 둘을 합친 것보다 훨씬 더 총체적인 스트레스를 유발합니다. 그러므로 비가 내릴 때는 폭우로 쏟아져 내리는 것과 같은 상황(재앙은 홀로 오지 않고 겹겹으로 온다는 동양의 격언과 비슷한 말 : 역자 주)에 당신이 처해 있다면, 특별히 당신 자신에게 부드럽고, 따스하며, 용서하는 자세로 대하세요. 또한 위기와 상실들이 예기치 않게 당신에게 들이닥친다면, 예상하던 위기들을 치료하는 것보다 이처럼 예기치 않은 때에 닥쳐온 위기를 완전히 치료하는 데 더 오랜 시간이 필요하다는 사실도 기억해야 합니다. 예기치 않은 위기와 병적인 슬픔은 상처들을 더 많이 만들어 내어 상담적인 도움이 없이 저절로 치유되기 어려울 수도 있습니다. 예기되는 상실들은 당신에게 어떻게 대처하여야 하는지 준비할 수 있게 하고, 흐트러진 관계들을 하나로 묶어 이별을 고하거나 "나는 당신을 사랑합니다." 하는 말을 할 수 있습니다. 그래서 상실이 일어나기 전에 슬픔의 과정(예상되는 슬픔)들을 일부 처리할 수 있습니다.

　연구조사가 보고하는 바에 따르면, 심각하고 복합적이거나 예기치 않은 위기와 상실을 당하는 동안에 될 수 있는 대로 건강하게 남아 있으려고 하면, 당신의 자기관리와 이웃의 돌봄을 받아들이려는 수용성을 높이는 것이 필수적입니다. 다른 말로 하면, 당신 자신에게 친절하고 부드러우며, 당신의 친구들과 사랑하는 이들에게 당신이 더 많은 지탱과 돌봄을 필요로 한다는 사실을 알게 해야 합니다.

　내가 이 책을 끝내고 있을 때에 내가 기대하는 것보다 더 빨리 나는 나의 본향에 가까이 다가왔다는 사실을 깨달았습니다. 몇 달내로 나는 같은 학교에서 30년간 섰던 강단을 떠나게 될 것입니다. 우리는 30년 동안 우리의 세 아이를 키우며 살아왔던 집을 팔고 이사를 가야 했습니다. 나는 나의 반생애 가까이 일하던 그 사무실을 비워야 했습니다. 내가 쌓아 놓았던 것을 하나하나 골라내고 던져 버리는 것만도 쌓아 두기 좋아하는 쥐협회의 주요 회원인 나에게 큰 상처를 주었습니다. 그리고 나서 우리는 새로운 동네로 이사하여 새로운 집에 살게 되었습니다. 우리는 그 집에 살면서 그 집을 다시 수리해야 했습니다. 스트레스로 기진맥진하여 나는 어떤 사고가 일어나기를 기다리는 사람 같았습니다. 그리고 그 사고가 일어났습니다. 자동차 사고였습니다. 나도 거의 다칠 뻔했습니다.

　이렇게 압박이 오래되는 시기에 꼭 해야 하는 만큼 나의 자기관리를 충실히 했었으면 얼마나 좋았을까! 불행하게도 나는 나의 시간압박과 심리적 부담 때문에 나의 자기관리를 오히려 더 축소시키고 말았습니다. 내가 차츰 나의 미친 쥐경주를 보며 웃는 법을 또 한 번 배우고, 그렇게 미친듯한 몇 달 동안에 내 등에 짊어진 무거운 기대의 짐을 보며 웃을 수 있게 되었습니다. 그때에야 제정신에 가까운 무엇이 돌아오기 시작했습니다.

위기와 상실들 안에 잠재된 성장의 기회는 보통 감추어져 있습니다. 그러나 그 기회들은 실제로 당신의 인생여로의 포크(fork)들입니다. 만약 당신이 그 포크를 건설적으로 붙잡고 사용한다면, 당신은 뒤를 돌아보면서 약간 더 강하고 더 지혜롭게 성장했다는 사실을 발견할 것입니다. 아마도 당신은 그 결과로 약간 더 공감적인 친구가 되어 있을 것입니다. 반대로 당신이 그 포크를 문제회피수단으로 사용하였다면 당신의 위기조정 근육은 더욱 약해져서, 앞에 놓여 있는 다음의 위기와 상실을 만났을 때 더 큰 고통을 당할 것입니다. 당신은 또한 깊은 마음속에 미결로 남아 있는 상실들을 가지고 다니기 때문에 창조적인 에너지를 소모시키게 될 것입니다.

위기를 통하여 성장하고 당신에게 필요한 전인건강을 유지하기 위해서 다음의 세 가지가 필요합니다 : 첫째로 그 어두움 가운데서 당신을 지지하고 사랑함으로 당신에게 빛을 비춰 줄 수 있는 사랑의 사람들입니다. 우리 사회의 전염병인 고독에 사로잡혀 있는 수많은 사람들은 심각한 위기 동안에 성장하기는 고사하고 살아 남기에도 지극히 어려운 시간들을 갖습니다. 공동체와 교회가 그러한 위기의 순간에 처해 있는 사람들을 사랑으로 지지해 줄 수 있는 사람들을 훈련시키고 개발시키는 것이 중요합니다.

두 번째는 우리의 위기에 대한 어떤 의미의식을 가지는 것입니다. 전쟁 포로수용소 수감자들의 연구조사에 따르면, 단기적인 목적의식을 가지고 있는 사람들일지라도 의미의식이 결여된 사람들을 파멸시키는 엄청난 착취와 고통에서 살아 남을 수 있었습니다.

세 번째 필요한 것은 더 나은 미래에 대한 조그만 희망입니다. 희망에 대한 심리학적인 연구들에 따르면, '희망이 있는 곳에 생명이 있다.' 는 단순하면서도 깊은 진리의 증거가 분명하다고 합니다. 현재를 대처하는 우리 인간의 능력은 과거의 기억력과 미래에 대한 기대와 서로 얽혀 있습니다. 좋은 미래에 대한 희망이 깨졌을 때, 사람들은 미래를 향하여 견인하는 강력한 자석을 잃어버립니다. 예일대학교 정신의학교수 로버트 리프톤(Robert Lifton)에 따르면, '철저한 미래상실' 은 북미청년들 사이에 널리 퍼져 있습니다. 그것은 이 지구혹성 위에 군림하는 생태학—핵무기 위기를 깨닫고 있기 때문에 온 것입니다. 미래상실은 가난한 젊은이들 사이에 전염되고 있습니다. 이러한 심각한 절망은 보다 나은 미래를 건설하는 목적지향의 건설적인 삶과 행동의 신경조직을 잘라 버립니다. (제 8장에 언급한 고등학교 젊은 학생 빌을 기억하는가?)

미시건대학교 과학연구원인 로즈 캠벨—깁슨(Rose Campbell—Gibson)은 위기와 상실을 대처하는 인간의 능력에 관하여 놀라운 발견을 하였습니다. 미국 전역을 상대로 실시한 연구조사분석에서,[4] 그녀는 미국에서 가장 가난한 그룹에 속한 흑인 여성노인들이 백인 여성들과 흑인과 백인 남성들보다 오래 살고 노화의 문제에 더 잘 대처하고 있다는 사실을 발견했습니다. 그들은 다른 어떤 노인그룹들보다도 더 낮은 자살율을 보였습니다(백인 남성들은 가장 풍요를 누리는 그룹들인데 자살률은 제일 높았다). 일단 흑인 여성들은 75세에 이르면, 다른 어떤 그룹들보다도 더 오래 살 수 있다고 예상할 수 있습니다.

더 나이든 흑인 여성일수록 다섯 가지 형태의 사회적인 압력으로 고통당합니다. 그 다섯 가지는 모두 대부분의 사람들의 건강을 약화시키는 것인데, 인종차별, 성차별, 노인차별, 가난, 그리고 피곤한 정신노동 등입니다. 그들은 어떻게 이러한 압력에 대처하고 살아 남을 수 있을까요? 연구조사자들의 보고에 의하면, 흑인들은 가족, 친구, 이웃, 그리고(이것도 꼭 포함시켰어야 한다.) 그들의 교회 등의 구조망으로부터 사랑의 지지를 받는 데 있어서 백인들보다 훨씬 낫습니다. 그 연구조사는 흑인들이 백인들보다도 기도를 대처의 방법으로 삼고, 다른 사람들과 연대관계 수단으로 사용하는 데 훨씬 뛰어나다고 주장합니다. 그러나 깁슨은 그 조사를 설명하는 과정에서 흑인 미국인들의 신앙생활과 교회 공동체가 그들의 사랑, 소망, 그리고 믿음의 제일차적인 근원이라는 중대한 사실을 놓쳤습니다. 노예시대로부터 지금까지 흑인교회들은 메마르게 하고 모멸을 주는 인종차별의 열기를 씻어 주는 생명의 오아시스가 되어왔습니다. 가족과 같은 교회의 관계구조는 위기와 슬픔의 시기에 상호 지지를 제공했고, 동시에 인종을 차별하는 백인들의 사회 안에서 끊임없는 모욕으로 손상을 입어 온 흑인들의 자존감을 회복시켜 주었습니다. 교회는 또한 지도력을 개발하고 억압된 감정들을 쏟아 내는 곳이요, 감동을 주는 리듬의 찬양, 예전, 예배 등의 영적인 샘으로부터 만족하게 들이마시는 장소이기도 합니다.

슬픔을 통한 성장 : 다섯 가지 치유의 임무

상실을 치유와 성장의 기회로 활용하기 위하여 당신은 무엇을 해야 합니까? 에릭 린데만이 "슬픔처리과정"이라고 부른 것과 꼭 같은 기본적인 과정이 위기회복과제에도 그대로 적용될 수 있습니다. 치유의 과정을 구성하는 다섯 가지의 과제가 있는데 이 과제들은 서로 중복되면서 진행됩니다. 내가 지금 이 과제들을 하나하나 이야기해 나갈 때, 당신은 당신의 인생 가운데서 경험한 고통스러운 위기, 상실 또는 변화에 그 과정 하나하나를 연결시켜 보기를 권합니다.

1. 치유의 과정에서 첫 번째 과제는 거부의 자세를 점차 포기하고 고통스러운 문제나 상실의 현실을 받아들이는 것입니다. 어떤 충격적인 재난이 무거운 벽돌과 같이 우리를 때

릴 때에, 우리 마음은 거부라는 심리학적 방어수단을 사용하여 무거운 짐으로부터 우리를 보호하려고 애씁니다. "그것은 깨버리고 싶은 무서운 악몽과 같은 것입니다. 나는 실제가 아닌 감정 속으로 들어갔다가 다시 나옵니다." 이것은 마약에 중독된 채 운전을 하다가 죽은 10대 아들의 아버지의 말입니다. 어떤 정도의 거부는 그렇게 거대한 상실 속에서 제정신을 유지하기 위하여 행하는 첫 번째 요소입니다. 그러나 치유가 계속되려고 한다면 이러한 방어적인 거부는 점차 걷어 버려야 합니다. 그 냉혹한 사실은 반드시 받아들여져야만 합니다.

산산히 부숴 버리는 상실 바로 후에 우리들 대부분은 어떤 종류의 도움을 필요로 합니까? 신뢰받는 가족식구들과 친구들이 따스한 사랑을 가지고 그 자리에 같이 있는 것이 가장 중요합니다. 꼭 해야만 하는 수많은 실제적인 도움이 중요합니다. 그리고 그 사람의 종교적 배경에 따라서 신뢰받는 목사, 제사장, 랍비 등이 거기에 와서 그의 영적 전통에 따로 위로하는 것도 꼭 필요하며 도움이 됩니다. 우리 대부분에게 심각한 위기와 초기단계에서는 한 번에 한 시간씩, 그리고 하루씩 우리의 삶에 대처하며 이어가는 것이 그 위기를 극복해 나가는 길입니다. 지금 잠깐 멈추고 당신의 상실에서, 바로 이 거부의 단계에서 당신은 누구의 지지와 어떠한 도움으로 그 단계를 극복할 수 있었는지 회상해 보세요.

2. 두 번째 과제는 당신의 모든 괴로운 감정들을 경험하며 표현하는 것입니다. 그 감정들을 다 이야기해 버림으로 당신은 서서히 그 감정들을 쏟아 버릴 수 있을 것입니다. 이 과제는 첫 번째 과제에서 시작되며 서로 뒤엉켜 있습니다. 그 고통을 완전히 경험하고 표현하고 털어놓아 이야기하는 것을 방해하는 것은 무엇이든지 치유를 지체시키거나 가로막을 것입니다. 신약성경은 꼭 같은 통찰을 다음과 같이 표현합니다 : "애통하는 자는 복이 있나니 저희가 위로를 받을 것임이요"(마 5 : 4).

정말로 귀를 기울여 경청하는 사랑의 사람의 현존은, 점차적으로 슬픔에 잠긴 사람으로 거부를 포기하고 자기의 고뇌를 표현하도록 촉진시키는 역할을 합니다. 슬픔을 당하는 자는 자기의 상실을 이야기하고 다시 이야기하면서 고뇌를 표현합니다. 그러면서 그는 감정을 쏟아내는 울음을 경험하며, 때로는 아주 깊은 흐느낌을 통해서 그 감정들을 배출시켜 버립니다. 잔인한 상실 뒤에 오는 소용돌이치는 감정의 파도를 완전히 배출시키는 것은 보통 오랜 시간이 걸리고, 가끔 1년이나 그 이상 걸릴 수도 있습니다. 몹시 괴로운 감정들이 서서히 감소되어 갈 때에, 마음에 있는 문제해결의 능력은 다시 가까이 나타나며, 그 상실 때문에 일어난 새로운 상황을 대처할 수 있게 되는 것입니다.

이처럼 두 번째 과제로 씨름하는 사람들을 위하여 어떠한 종류의 도움이 일반적으로 필요한 것일까요? 넬 몰톤(Nelle Morton)의 즐겨 사용하는 구절 "말 속으로 들어가 들어줄 수 있는"[5] 사람이 필요합니다. 이것은 판단이나 충고를 하지 않으면서 경청하고, 따스한 마음으로 들어주며, 그것이 어떠한 형태로 나타나든지 그 사람의 슬픔을 사랑으로 수용하는 사람을 의미합니다. 이것은 정중하지도 않고, 예의도 없고, 쉽게 받아들일 수도 없고, 쉽게 표현할 수도 없는 혼돈되고 뒤틀린 감정들을 표현하는 것을 포함합니다. 이것은 너무 고통스럽기 때문에 말로 표현할 수 없는 말과 말 사이 또는 말 뒤에 숨어 있는 감정들까지 들어주는 것을 말합니다.

실제로 요구되는 것은(이것은 말 그대로이다.) "무엇이 일어났는지 이야기해 주시겠습니까?" 하고 말하고 나서 당신의 입을 닫는 예술을 실천하는 것입니다. 당신이 만약 그렇게 한다면, 당신은 그 사람이 쓰디쓴 쓸개즙을 쏟아 버릴 수 있는 침묵을 창조하고 있는 것입니다. 그는 이 침묵 속으로 분노, 갈망, 후회, 분개, 혼란, 자기 연민, 절망, 거부, 공허, 붕괴 등의 쓸개즙들과, 그리고 어떤 경우에 안심, 해방, 희망 등을 쏟아 부을 수 있습니다. 이렇게 깊이 있는 경청은 하나의 은사입니다. 그러나 그것은 쉽게 얻을 수 없는 기술이기도 합니다. 특히 우리의 불안과 고통이 우리를 함정에 빠뜨려 쉬운 여섯 가지 충고를 하려고 하거나 고통이 쉽게 사라지게 하는 방법을 취할 때 더욱 그렇습니다. 잠깐 쉬면서 자신에게 물어 보세요. 나는 다행히도 커다란 나의 위기나 상실 중에 치유의 경청을 해줄 누군가가 나의 곁에 있었는가? 나는 아직도 이야기해서 배출시켜야 할 어떠한 고통을 가지고 있는가?

3. 치유의 과정에서 택해야 할 세 번째의 기본적인 과제는 당신이 무엇을 상실했든지간에 관계없이 어떤 형태로든지 실천적인 모습으로 당신의 삶을 서서히 되돌려 놓는 것입니다. 이 과제를 어렵게 만드는 것은 죽음이나 또 다른 위기 바로 직후에 시작해야 한다는 점입니다. 즉, 이 과제는 치유의 제 2과제가 멀리 진행되기 오래 전에 시작되어야 합니다. 위기상황은 소용돌이치는 격류 속에서 머리만이라도 물 위에 내놓으려고 몸부림치는 것과 같은 감정으로 가득했을 때에, 어려운 결정을 내리고, 힘든 행동을 취하지 않을 수 없게 만듭니다.

부서진 삶을 다시 함께 되돌려 놓는 것은 누구를 잃었든지, 또는 무엇을 잃었든지간에 그와 연관을 가지고 본질적인 필요를 충족시켜 오던 당신의 모든 옛날 방법들을 포기하는 것을 의미합니다. 이렇게 옛 방법을 버리고 새 방법을 학습하는 것은 우리 모두에게 두렵고 고통스러운 과정입니다. 당신의 상실이 당신의 인생에서 아주 중요한 사람이라면, 그와의 깊은 관계는 어떤 의미에서 결코 회복될 수 없다는 사실을 당신은 알고 있습니다. 그러나 잃어버린 만족의 얼마를 공급할 수 있고, 삶을 다시 살아갈 수 있게 돕는 새로운 관계를 개발할 수 있다는 사실을 당신이 발견하기 바랍니다.

진이라고 부르는 나의 친구는 중년에 자기의 사랑하는 남편이 죽고 난 후에 자기가 경험한 고통의 싸움을 다음과 같이 기술합니다 : "드디어 어느 정도의 평안감을 되찾고, 독신 여성으로서 나의 길을 발견하는 데 3년이 걸렸습니다. 나는 당신과 이 3년간의 여정을 나누고 싶습니다. 첫째로 얼마나 많은 상처를 내가 입었고, 얼마나 많은 눈물이 거기에 있었고, 나의 친구들과 놀라운 나의 가족들 사이에 있으면서도 얼마나 외로워질 수 있는지 나는 결코 몰랐습니다. 사랑의 지지는 매우 중요하지만, 이것은 나 혼자의 여정이요, 어느 누구도 나를 대신하여 고칠 수 없는 여정이었습니다."

그녀는 계속하여 이렇게 썼습니다. "6개월 후에 나는 너무 심한 우울에 빠져 상담하러 갔습니다. 나의 상담자는 나를 위해 문을 열어 주었습니다만, 대체로 그녀는 나를 확신시키는 것이었습니다. 그녀는 나의 슬픔이 건강한 것이라고 확신시켰습니다. 그녀는 나에게 실제적인 결정들과 계획들을 찾아내도록 도왔습니다. 9개월쯤 후에, 나에게 혼자서 '날으라고' 하면서 필요하면 다시 찾아오라고 했습니다. 당신도 아시겠지만 나는 지금 진실한 상담의 옹호자입니다. 그 여정은 계속되었습니다. 고통과 상실은 아직도 거기 있었습니다. 그러나 치유가 나에게 오고 있었습니다. 한 사람의 인격자로서 새로운 정체성을 가지고 열심히 일을 하는 사람으로 치유된 것입니다".[6]

4. 네 번째 치유의 과제는 당신의 새로운 상황에 어떤 의미를 발견하기 위하여 당신의 믿음을 확장시키는 것입니다. 충격적 위기들은 영적 성장의 기회를 가지고 우리를 찾아옵니다. 그 위기들은 우리가 가지고 있던 '완벽한 나'의 환상을 깨뜨려 버립니다. 위기들은 우리의 작은 신들이 얼마나 부적합한 것이었음을 폭로시켜 버립니다. 성취, 성공, 안전, 힘, 특권, 그리고 소유 등과 같이 우리의 삶의 스타일로 숭배하던 가치들의 허무함을 드러냅니다. 위기들은 우리를 초청하여 우리가 그렇게 귀중한 정열과 헌신을 보내던 그 우상들이 얼마나 무가치한가를 보여 줍니다. 위기는 자기가 할 수 있다는 자기 충족의 껍질로 위장시켜 보호해 오던 우리의 궁극적인 인간 가치들을 산산히 부수어 버립니다. 우리는 사실 위기가 그것을 부수어 버리기 전에는 다른 사람이나 하나님의 영이 정말로 필요없다고 느끼며 살아왔습니다.

내가 이 장을 끝내갈 때에 잔인한 병이 내 가족식구 중 한 사람에게 강하게 부딪쳐 왔습니다. "어째서 선한 사람이 그처럼 부당한 고통을 당해야 하는가?" 하는 욥기의 중심질문이 우리가 살고 사랑하던 곳에서 우리에게 부딪쳐 왔습니다. 우리 인간들은 한편으로는 분노와 분개 때문에, 다른 한편으로는 이 모든 것의 부당함 때문에, 또는 "나는 그것이 무엇인지 알지 못했다고 해도 나는 그것을 위해 무언가 했어야만 했는데" 하는 불합리한 죄책 때문에 "어째서 나에게?" 하는 큰 질문을 던집니다. 그러나 어떻게 해서 우리가 그 질문을 던졌다고 해도 거기에 어떠한 합당한 대답이나 완전히 만족을 주는 대답은 실제로 없었습니다.

그러나 내가 기억하기로는 고통을 가볍게 할 수 있는 몇 가지 건설적인 것들이 있습니다.

▷ 그 하나는 가끔 인생은 진실로 정당하다는 사실에 직면하게 되는 것입니다. 슬픔과 기쁨은 의로운 사람들에게와 불의한 사람들 위에 내려옵니다. 그리고 그 사이에 서 있는 우리들 위

에도 내립니다.

▷ 우리가 할 수 있는 두 번째의 것은 비생산적인 죄책감 여행을 피하는 것입니다. 동시에 우리는 위기가 일어나게 하는 데 어떻게 도왔는지를 솔직하게 보고, 우리가 발견한 교정할 수 있는 것들에 대한 책임을 지는 것입니다.

▷ 우리가 할 수 있는 세 번째는 부당한 일 때문에 인생에 대한 분노를 오랫동안 계속하여 가지는 일을 그치고, 거기서 절약한 에너지를 사용하여 우리가 할 수 있는 한 건설적으로 그 상실에 대처하는 것입니다.

▷ 네 번째는 이 고통스러운 우리 인생 여정의 부분들 가운데서 우리가 배울 수 있는 모든 것을 배워서 우리의 상황을 재구성하는 것입니다.

우리가 이미 성숙한 어른이 되었다고 해도 우리 대부분은 마술적으로 자신을 보호하려는 방어적인 과거의 잔재들을 아직도 가지고 있습니다. 이것은 아동기에서 온 것으로 지금은 폐물이 되어 버린 쓸모없는 신념들입니다. 이러한 것은 보통 다음과 같은 한 가지 주제의 다양한 변형들입니다. "만약 내가 어떤 일을 하든지 또는 하지 않으면 하나님이 모든 비극에서부터 나를 보호할 것입니다." 그러한 신념은 조만간 현실과 맞부딪치는 충돌로 산산히 부서집니다. 많은 사람들은 자기 아내 캐티가 악성암으로 수축되어 32세에 죽어 버렸을 때 론이 느낀 것과 같이 느낍니다. 론은 그때에 직장생활, 가정생활과 재산이 막 풍성해지기 시작할 때였습니다. 다음은 론이 자기 목사 마이크에게 분노 가운데서 부르짖은 것입니다 : "이것은 너무 불공평합니다! 내가 지금까지 믿어 오던 것이 이제 완전히 거짓으로 판명되었습니다! 나는 내 믿음을 잃어버렸습니다."

이처럼 믿음을 산산조각나게 만드는 상실 후에 어떠한 도움을 제공하여 영적으로 성장하게 만들 수 있을까요? 그 괴로운 투쟁 가운데서 론을 가장 도운 것은 다행스럽게도 슬픔상담을 훈련받은 바 있는 신뢰받는 그의 목사의 사랑의 현존이었습니다. 그 목사는 론이 하나님과 운명에 대하여 분노를 터트릴 때에 따스한 사랑과 판단하지 아니하는 수용으로 경청했습니다. 그는 들었습니다. 그리고 자기가 들은 것을 다시 론에게 전달했습니다. 그의 엄청난 절망의 부르짖음과 그의 영혼의 어두운 밤에 경험하는 공허들을 그 목사는 들은 대로 론에게 전했습니다. 론은 마이크 목사의 도움으로 차츰 회복되어 갔습니다. 그의 아동기에 얻었던 신념들은 산산히 부서져 버리고, 그 사건으로 깊숙히 가졌던 죄책감을 내버리고, 영적인 성장을 가져올 수 있는 방법들을 가슴과 머리로 이해하기 시작했습니다. 그리고 그는 목사가 그에게 빌려준 책 *When Bad Things Happen to Good People*(Harold S. Kushner 저)을 읽고 많은 도움을 받았습니다. 점차로 그는 우리 인간이 아직도 생성과정에 있는 우주에 사는 매우 나약한 피조물이며, 파괴적인 세력이 매일 우리의 삶에 충격을 주며, 우리의 사회와 자연환경 속에 있는 중독의 힘에 의하여 우리는 부서질 수 있으며, 질서의 세계 속에서 삶의 원리와 부합되지 않는 삶을 살기 때문에 우리가 우리 자신을 해치고 있으며, 그 원리를 우리는 아직도 완전히 이해하지 못하고 있다는 사실 등을 받아들였습니다.

그러므로 그 목사는 론에게 이중의 슬픔사역을 하게 해주었습니다. 하나는 자기 아내를 상실함으로 야기된 슬픔사역이요, 다른 하나는 그의 아동기 신앙을 상실함으로 오는 슬픔사역입니다. 여러 달 동안의 상담을 거쳐, 마이크는 론을 격려하여, 하나님과 치유의 관계에 자기를 열어 놓을 수 있는 더 강하고 더 실천적인 믿음에 이를 수 있게 하였습니다. 론은 이 믿음을 통하여 자기를 있는 그대로 보고 느끼고 받아들일 수 있게 되었습니다. 그 목사는 론이 몇 가지 힘든 결정을 하게 도왔습니다. 그 결정들 중에는 어떠한 대가를 치르더라도 앞을 향해 전진한다는 삶의 스타일을 작정하는 것과 거기에 암시된 뒤틀린 우선순위들을 바꾸는 결단(론은 결국 해내었다.)을 하는 것도 있었습니다.

당신이 가지고 있는 믿음과 삶을 지도하는 가치들은 당신에게 부딪쳐 온 위기의 태풍 속에서 당신을 생존하게 만들 수 있는 것입니까? 그 믿음과 가치들이 위기에 대처할 수 있게 힘을 주었습니까? 아직도 당신의 삶 가운데서 이 부분에 성장이 필요합니까?

5. 위기와 상실들 가운데서 성장할 수 있는 다섯 번째 과제는 비슷한 깊은 고난의 바다를 가고 있는 이웃들과 손을 잡고 상호 이해와 협조를 하는 일입니다. 당신이 위기를 당하고 그 위기로부터 유익한 어떤 것을 배웠다면, 당신은 다른 사람들이 치유를 얻을 수 있게 도울 수 있는 새로운 자산을 갖고 있는 셈입니다. 이러한 방법으로 이웃에게 손을 뻗어 돕는 것은 결코 손해볼 것이 없는 전략입니다. 그것은 이웃을 도울 수 있습니다. 그러나 그것은 거의 틀림없이 당신 자신의 치유를 도울 것입니다. 2,000년 전에 살았던 영적인 젊은 천재 목수의 지혜를 다음과 같이 풀어 쓸 수 있을 것입니다. 상처 가운데서 풍성히 넘치는 삶을 얻으려면, 당신은 고통 중에 있는 이웃에게 손을 뻗어 섬겨야 합니다. 당신 자신만 떠받드는 삶을 계속하는 것은 그 삶을 잃어버리는 것입니다. 그것을 주어 버리는 것이 그것을 찾는 것입니다. 서로 사랑하며, 서로 치유하기 위하여 그것을 주어 버리세요. 당신의 삶의 위기들이 고뇌와 슬픔의 시간들을 어떻게 조정할 것인지에 대한 어떤 귀중한 지혜들을 당신에게 가르쳤다면, 조그만 지혜라도 결코 헛되이 낭비하지 말아야 합니다. 당신의 상처는 위기와 슬픔으로 상처입은 당신의 이웃에게 다리가 될 수도 있고 장애가 될 수도 있습니다. 당신이 만일 당신의 상처를 숨기려고 한다면, 고난당하는 다른 사람들은 당신이 무엇인가 진실하지 못하다는 사실을 알게 될 것입니다. 그러나 만약 당신이 당신의 고통을 자기의 것으로 만들고 그 고통으로부터 무엇인가 배운다면, 그것은 즉각적인 공감의 다리가 되고, 다른 사람의 상처를 치유할 수 있는 샘물이 될 것입니다. 당신은 상처입은 치유자가 될 것이고 결국 당신 자신이 치유를 받게 될 것입니

다.

자기의 25세의 아들이 죽고 난 후에 *Lament for a Son*이라고 하는 감동적인 작은 책자를 쓴 니콜라스 월터스토프(Licholas Wolterstorff)는 자기의 인생의 미래를 다음과 같이 반영합니다 : "슬픔은 이제 더 이상 섬이 아니라 대해가 되었습니다. 나는 나의 눈물을 통하여 다시 세상을 바라볼 것입니다. 아마도 나는 메마른 눈으로는 볼 수 없었던 것들을 볼 수 있게 될 것입니다."[7] 당신의 눈물을 통하여 볼 수 있는 귀중한 것들은 다른 사람을 돕기 위해 손을 내뻗을 때에 귀중하게 사용될 것입니다.

다음은 몇 년 전 나의 양친이 세상을 떠난 직후에 기록한 것입니다.

당신의 고통을 허비하지 맙시다.

나의 고통, 오 하나님, 나는 그것을 선택하지 않았습니다.
나는 그것을 좋아하지도 않습니다.
할 수 있다면 그것을 떠나 보내고 싶습니다
나에게 지혜를 주시옵소서. 그 고통을 가교로 만들게 하시옵소서.
이웃의 고통 속으로 들어가는 가교, 그의 지옥 속으로 들어가는 가교로 만들어 주소서.
이웃과 함께 살아갈 수 있는 용기를 주시옵소서.
나의 껍질 속에 숨어서 혼자 살지 않게 도우소서.
항상 꼭대기에 올라가려고 힘쓰고, 지배자가 되려고 하고,
조각조각 부수는 데는 합당하나, 정말로 이웃들을
필요로 하지 않는 조그만 나의 세계를 깨트려 주소서.
나의 속에 있는 고통을 나의 것으로 소유하고
내 자신을 열어 놓게 하소서.
내가 만나는 그 사람들에게 나를 열어 놓고,
그들의 고통에 사랑으로 응답하여,
우리 모두 한 인간 가족임을 확인하며,
주님 안에서 결국 우리는 하나임을 알게 하소서.

위기를 건설적으로 대처하는 수단

큰 위기나 상실을 정리하여 *당신의 삶을 다시 시작하는 것은(슬픔처리과정의 제 3 과제) 수많은 어려운 결정들과 새롭고도 겁나는 행동들을 요구합니다. 다음은 위기상담의 ABCD 접근방법을 스스로 활용할 수 있게 약간 수정한 것입니다.[8] 이것은 단순하지만 귀중한 수단입니다. 이것은 당신과 이웃들을 도와서 위기를 건설적으로

전인건강의 창

클렘 루실(CLEM LUCILLE)

클렘의 어린 딸 루스가 그녀의 첫 생일날에 죽었을 때에, 온 가족이 그 비극으로 부서지는 아픔을 당하였습니다. 직관적인 깨달음으로 클렘은 그녀가 지고 있는 슬픔의 내리누르는 짐을 견디기 위하여 무엇인가 하지 않으면 안 된다는 것을 알았습니다. 그녀의 응답은 그 깊은 신앙을 표현하는 것이었습니다. 여러 해 동안 그녀는 자기 동네 신문을 주의깊게 보아 왔습니다. 그녀가 한 어린아이의 죽음에 대한 기사를 읽었을 때에, 그녀는 아주 간단한 글을 그 어린아이의 부모에게 써 보냈습니다. 거기에 그녀는 얼마나 괴롭겠느냐, 그들을 위해 기도하고 있다, 자기도 사랑하는 아이를 잃었기 때문에 그 어둠의 골짜기를 걸어가는 것이 얼마나 암울한지를 잘 안다는 등의 글을 썼습니다. 클렘은 그 편지를 받은 부모들이 얼마나 도움을 받았는지 이야기한 적이 없습니다. 그러나 분명한 사실은 클렘 자신이 그 조그만 편지를 보냄으로 깊은 치유를 경험했다는 것입니다. 그녀는 그러한 어두움의 시절에 하나님께서 자기의 인생을 향하여 세우신 뜻과 계획에 충실히 응답하고 있다고 믿었습니다. 우리 가족이 그처럼 어둠의 골짜기를 걸어가면서도 다른 사람에게 치유의 사랑을 보냄으로, 클렘은 나의 어린 시절에 놀라운 진리를 나에게 가르쳐 주었습니다. 나는 지금도 클렘에게 감사하고 있습니다. 클렘 루실 클라인벨은 바로 나의 어머니였습니다.

대처하게 하고 험난한 시기에 약간이라도 성장하게 만들어 줄 것입니다. 당신이 만약 지금 어떠한 위기(크든 작든간에)를 당하고 있다면, 이 전략을 바로 지금 당신에게 적용해 보라고 강력히 권고합니다. 위기를 건설적으로 대처하기 위하여 다음의 4가지를 실천하세요.

A. 당신을 사랑하고 당신의 동료가 될 수 있는 믿을 수 있는 사람(들)과 관계를 수립하세요 (achieve a relationship). 당신의 머리가 위기의 충격과 슬픔으로 세차게 흔들릴 때, 당신이 신뢰할 수 있는 사랑의 사람들에게, 적어도 한 사람에게라도 당신을 지탱해 달라고 요청하는 것은 결정적으로 중요합니다. 그러한 사람들은 당신이 상황을 더 정확하게 볼 수 있게 도와줄 것이요, 거기에 근거하여 현실에 근거한 대책을 세우게 도울 것입니다. 그들은 그 어두움의 골짜기를 지나는 동안 사랑의 안내자로서 당신 곁에 서서 걸어갈 것입니다. 그들은 모든 것을 털어놓고 함께 이야기하고 당신의 위기를 해결하기 위해 함께 노력하면서 당신을 격려하고 현실감각을 되찾게 만들어 줄 것입니다. 그러한 도움은 신뢰받는 가족들, 친구, 목사, 상담자, 교인, 또는 위기지탱그룹 등을 통하여 올 수 있습니다.

B. 복합적인 위기상황을 요약하여(boil down), 그것을 중요한 문제별로 분류하세요. 큰

위기들이 그처럼 압도적으로 내리누르는 한 가지 이유는 연관된 문제들이 한꺼번에 뒤엉켜 당신에게 부딪쳐 오기 때문입니다. 당신의 위기의 부분들을 하나하나 구분해 내는 것은 매우 유익합니다. 아주 시급히 해결해야 될 부분들과 좀 천천히 해도 될 것들을 구별하고, 당신이 해결할 수 있는 문제들과 당신의 손이 미치지 못하는 문제들을 구별하세요. 당신의 손이 미치지 못하는 문제들 때문에 에너지를 낭비하지 마세요. 이렇게 하는 것은 신학자 라인홀드 니버(Reinhold Niebuhr)의 평화의 기도를 활용하는 것입니다 : "내가 바꿀 수 없는 것을 받아들일 수 있는 평화를 내게 주소서. 내가 바꿀 수 있는 것을 바꾸는 용기를 주옵소서. 그리고 그 차이를 분별하는 지혜를 주옵소서." 내가 아는 뉴욕의 정신과의사는 만약 환자가 이 기도대로 살아갈 수 있다면, 그들 대부분은 더 이상 치유받을 필요가 없다고 이야기합니다. 당신이 만약 ABCD전략으로 현재의 위기를 대처하고 있다면 당신의 자기관리 일지에 당신의 문제들의 조각들을 한부분 한부분 나누어 목록을 만들어 보세요. 그리고 위에서 언급한 대로 믿을 수 있는 당신의 지도자와 함께 그 문제들을 분류하여 정리하세요.

　C. **분류하여 정리한 위기의 부분들 가운데서 당신이 지금 할 수 있는 것들을 한두 가지를 선택하고, 곧 어떤 행동을 취하도록 자신에게 도전합니다.** 그 부분부분에 대한 모든 가능한 해결책들을 당신이 생각해 낼 수 있는 대로 목록을 만들어 쓰고, 하나하나의 접근방법을 사용할 때에 어떠한 결과가 따라올 것인지 목록을 만들어 정리하세요. 이 모든 것을 당신의 안내자와 함께 의논하세요. 그리고 나서 어느 해결책(들)을 당신이 시도해 볼 것인지 결정하고, 실제적인 계획을 만들고, 그 계획이 당신에게 유익이 되도록 작은 스텝이라도 실천에 옮길 수 있게 계획하세요. 이렇게 한 후에 이 계획을 ASAP에 따라 실천하세요. 일정계획을 작성하고 다른 사람이 필요한 경우에는 도움을 요청하세요.

　위기상담자가 반복적으로 발견한 바에 따르면 인간의 성격은 근육과 같습니다. 문제해결을 위해 그것을 적극적으로 활용하면 그것은 강하게 자랍니다. 그것을 사용하지 않으면 그것은 차츰 맥이 빠지고 쇠퇴할 것입니다. 당신이 행동계획을 실천에 옮길 때에, 당신의 문제대처 근육은 때로 좌절하기는 하지만 힘을 다해 노력하는 그것 때문에 강화될 것입니다. 꼭 같이 중요한 점은 당신이 위기의 한 부분을 해결하기 위하여 작은 스텝이라도 옮겨 놓을 때에, 당신의 흔들리는 자기 신뢰가 강화되고 당신의 희망이 깨어난다는 것입니다. 차츰 당신은 새 힘이 약동하기 시작했다는 것을 경험할 것입니다.

　D. **위에서 하지 못한 위기의 나머지 부분들을 대처하기 위해서, 계속적인 행동계획을 하나하나 개발하고 실천하세요**(develop and implement). 그래서 점차 문제영역들 하나하나를 통합하여 당신의 삶을 재건하세요. 당신의 행동계획들 중에 잘되지 않은 부분들이 있으면 계획단계로 다시 돌아가야 합니다. 당신의 안내자와 다시 의논하고,

인간의 영은 결국 파멸당할 수 없는 것이다. 재 가운데서 다시 살아 나오는 영의 힘은 몸이 죽음에 가까이 와도 남아 있을 것이다.

－앨리스 밀러

그 문제를 위한 더 나은 계획을 고안하든지, 당신의 위기의 다른 부분들을 위한 계획을 세우세요. 잘 듣지 않는 과거의 낡은 패턴들을 무시해 버리고, 치유할 수 없고 변화시킬 수도 없고 회복될 수도 없는 것들이 있다는 사실을 깨닫는 것은 당신의 에너지 수준향상을 위해 필요한 것입니다. 당신의 머리를 위기의 절벽을 향해 부딪침으로 소모시켜 버리던 에너지를 보존하여 창조적인 에너지로 만들 때에 그 에너지는 삶과 사랑과 대처를 위해 사용될 수 있을 것입니다.

하버드대학교 의과대학 정신·신체클리닉 원장인 심리학자 조안 보리젠코(Joan Borysenko)는 어떤 사람은 위기에 잘 대처하고 또 어떤 사람들은 위기를 당할 때 좌절하는 것에 대하여 조명해 주는 연구조사를 기술하고 있습니다. 수잔 코바샤 (Suzanne Kobasa)와 그녀의 동료들은 심각한 스트레스를 받고 있는 회사중역들과 변호사들을 연구했습니다. 스트레스에 내구력을 가진 현저한 세 가지 자세가 발견되었습니다. 이 세 가지는 위기 가운데서도 육체적인 질병에 걸리지 않게 그들을 보호해 주었습니다. (1) 헌신—무엇이 일어나든지 사명감과 호기심을 가지고 적극적으로 대처합니다. (2) 도전—스트레스를 주는 변화들이 우리의 성장을 촉진시키는 호기가 될 것으로 믿고 있습니다. (3) 통제—이미 일어난 일에 아무리 적게라도 영향을 줄 수 있다는 확신을 구체적으로 행동화하려고 합니다. 보리젠코는 선언합니다 : "자기 삶을 스스로 통제하고 있다고 느끼는 사람들은 엄청난 변화가 일어나도 잘 견디고 성장합니다. 무기력을 느끼는 사람들은 거의 모든 것에 대처하지 못합니다."[9] 내가 알기로는 ABCD방법은 그들의 용기, 도전, 통제감 등을 강화시켜 주기 때문에 많은 사람들에게 효과가 있습니다.

가슴의 상처가 아물지 않을 때

슬픔과 위기들은 질병이 아니라는 사실을 아는 것이 중요합니다. 이것은 중대한 상실이나 재난 때문에 유발된 심리적인 상처에 대한 정상적인 인간의 응답입니다. 대부분의 사람들은 심각한 상실에 대처하기 위하여 자기 자신과 자기들이 속한 사랑의 공동체 안에 내재한 자원들을 활용하려고 합니다. 당신의 손에 베인 상처와 같이 위기나 슬픔의 상처는 거기에 감염이 없다면 시간이 지난 후 저절로 치유됩니다. 그러나 무거운 고독과 죽음을 부인하는 문화에서 많은 사람들은 그들이 상처를 입을 때에 어느 정도의 감염을 경험합니다. 그 감염은 치유의 과정을 저해하거나 완전히 가로막아 버립니다.

다음은 당신의 슬픔상처가 감염되고 있다는 것을 경고해 주는 몇 가지 위험사인

"나는 한 가지 분명한 말을 하고 싶소—당신이 도망간다고 해서 당신의 문제들은 결코 해결될 수 없소."

들입니다. 이것이 줄어들지 않고 계속되면 위험합니다.

▷ 상실의 사실을 계속적으로 거부하거나 상실되어 버린 것을 지나치게 계속 이상화시킴(폐쇄된 관계 속에서 흘러나오는 모든 부정적인 감정들을 억압시키는 것을 의미함).

▷ 통곡하지 못하거나 반대로 계속 통곡만 하는 것

▷ 심각한 우울증세, 죄책감, 분노, 공포, 또는 삶의 환희를 맛보지 못함.

▷ 계속적으로 사람들로부터, 그리고 인간들의 활동에서 철수시킴.

▷ 심리육체적인 심각한 질병, 다양한 질병으로 시달림. 예컨대 심장병, 고혈압, 관절염, 당뇨병, 신경성 피부염, 갑상선 기능약화, 위장암(에릭 린데만이 이야기하는 위기로 오는 7대 질병) 등.

▷ 알코올이나 약물(병원조제약이든 거리에 파는 마약이든지간에) 또는 과로에 빠져 상실감에서 도망하려 함.

▷ 여러 종류의 중독현상, 또는 암시적으로, 명시적으로 나타나는 자살충동 또는 자살행위들 (예컨대 과속질주 등)

▷ 기괴한 잠버릇 또는 거식증

▷ 미친짓, 유해한 관계, 성적 불능, 심각한 장애들이 재난 후 몇 달 안에 시작됨.

▷ 급작스런 성격변화(예컨대 산뜻하던 사람이 지저분한 것을 좋아함.)

▷ 신앙의 상실, 또는 유해하고 열광주의적 종교관이나 그룹에 빠짐.

이러한 증상들의 대부분은 큰 위기나 상실이 일어난 첫날에서 몇 주간의 고뇌의 순간에 어느 정도 나타납니다. 이러한 증상이 여러 달이 지나도 아직도 계속될 때에만 그 증상들은 감염된 슬픔상처의 경고사인으로 보아야 합니다.

만약에 당신이 사랑하는 사람들 중 어느 누군가(당신을 포함하여)가 치유되지 않는 슬픔의 상처로 고난당하고 있다는 사실을 알았을 때에 당신은 무엇을 해야 합니까? 상담훈련을 받은 목사에게 단기위기상담과 유족상담을 하게 하는 것이 큰 도움이 될 것입니다. 내면에 쌓여 있는 강력한 감정들—예컨대 분노, 죄책, 수치, 또는 공포 등—은 보통 깊이 숨어 있는 감염된 슬픔의 원인들입니다. 이렇게 거부되었던 감정들이 깊이 묻혀 있다면, 그것들을 표면적으로 끄집어 내어 자각하게 해주는 유능한 목회상담자나 정신치유자가 필요합니다. 감염된 감정들을 완전히 배출시킴으로 치유가 일어나게 해야 하는 것입니다. 슬픔을 처리하는 과정이 늦어지면 늦어질수록 그 사람의 창조성과 건강에 더 많은 지장을 초래하고, 감염된 슬픔을 처치하는 숙련된 상담자의 도움을 얻는 것이 더욱 중요합니다.

거대한 상실들과 파괴적인 위기는 보통 얼마간 또는 오랜 동안 우리를 초죽음으로 만들어 버립니다. 살아 남는 것만도 힘든 것 같습니다. 하물며 그러한 경험 가운데서 배움과 성장을 생각하는 것은 불가능합니다. 살아 남기 위해서 그처럼 애쓰고 있는데 어찌 그 이상을 바라겠습니까? 그러나 당신의 슬픔이 감염이 되지 않았다면, 여러 해 후에 당신이 뒤를 돌아보았을 때, 당신은 매우 놀라운 발견을 할 수 있을 것입니다. 당신의 슬픔은 이제 더 이상 뼈를 에이는 아픔을 갖고 있지 않을 것입니다. 그것은 조용한 슬픔으로 바꾸어졌을 것입니다. 당신은 또한 한 인간으로서 더욱 깊이 있게 변했다는 사실을 발견할 것입니다. 그러한 인격적인 강점들은 미래가 절망적이고 완전히 의미가 없는 것 같을 때에라도 앞으로 향하여 전진하고자 계속 노력한 결과로 오는 것입니다.

에이즈, 자살, 또는 수치스러운 상실들

이 사회가 수치스럽게 여기는 질병이나 죽음으로 인한 위기와 상실들은 보통 감염된 고통스러운 슬픔들을 만들어 냅니다. 계획적인 침묵과 숨김 때문에 회복은 오래 걸리고 복합적이 됩니다. 예를 들면, 에이즈로 인한 죽음은 사회적인 거절과 냉대를 가져오며, 가끔 동성에 대한 공포증도 복합됩니다. 널리 퍼져가는 에이즈는 인간 가족으로 하여금 광범위한 의학적, 경제적, 윤리적, 교육적, 성적, 신학적인 문제에 직면하게 만들고 있습니다. 그러나 이것은 이제 시작일 뿐입니다. 전에 없던 이러한 건강의 위기는 이미 일어나고 있는 그 무서운 상처와 슬픔, 그리고 다음 세대를 위한 대책에 대한 새롭고도 전세계적인 해결의 긴급한 필요성을 시사합니다. 내가 이 글을 쓰고 있을 때, 내가 알고 있는 유능한 젊은 대학원생이 에이즈로 죽었습니다. 이 때문에 나는 슬픔을 느끼고 있습니다. 자기의 비밀이 알려지면 거절당할 것이라는 두려움으로 해서, 그는 제정신을 잃어가는 순간 여러 날 동안 방에 홀로 숨어 지내다 죽었습니다. 그의 죽음은 널리 퍼지는 에이즈가 우리 모두에게 부딪쳐 오고 있다는 전에 없는 고통스러운 도전을 나 개인에게 해주었습니다.

자살에 의한 죽음도 아직 많은 사람들에게 수치스러운 것으로 받아들여지고 있습니다. 불행스럽게도, 어찌해 볼 수 없는 통증과 경제적인 도산 위기와 의학적인 기술에 의지하여 생명을 연장시키는 것이 무의미하다고 느껴 스스로 죽음을 선택했을 때까지도 이것을 수치스럽게 생각합니다. 이혼도 지금은 과거와 같이 그렇게 심한 편은 아니나 아직도 감염된 슬픔을 만들어 냅니다. 당신이 사랑하는 사람들 중에 그러한 슬픔으로 고통당하는 이가 있다면, 그들은 특별한 수용과 경청과 사랑이 필요한 사람들이라는 사실을 인식해야 할 것입니다. 이러한 경우에 치유를 도와주는 것은, 수많은 사회적 슬픔의식과 공동체의 지탱을 받는 '존경받는 상실'로 고통당하는 사람들보다 훨씬 더 길고 어렵습니다.

장애로 인한 위기에서의 전인건강

심각한 육체적 발달장애를 가진 수많은 아동들과 성인들(미국에만 3,000만 이상이 있음.)은 소외되고 무시된 채로 있을 때가 많습니다. 이것은 최근에 평등원칙에 입각한 입법들이 있었음에도 불구하고 별로 달라진 것이 없습니다. 자기들의 몸이 아주 명백히, 그리고 아주 심한 장애를 갖고 있을 때에 내적인 전인건강을 얻고 유지하는 것은 매우 힘든 일입니다. 허리우드와 메디슨가에서 쏟아져 나오는 대중매체들 가운데서 강조되는 완전한 신체를 영광으로 삼는 우리 문화는 이런 판에 박은 기준에서 벗어난 몸을 가진 사람들에게 심각한 자존감과 신체수용의 문제를 야기하고 있습니다. 수백불을 들여 자기의 외모를 수술하려는 사람들이 신문에 오르내리고 있습니다. 아름다운 몸의 이미지에서 거리가 멀기 때문에 오는 슬픔은 다양한 자존감 상실과 슬픔의 문제들 가운데 하나입니다. 이러한 사람들이 받은 선물들을 완전히 개발하고자 한다면 이 문제로 야기되는 자존감 상실과 슬픔의 문제를 해결해야 합니다. 심한 장애자의 부모, 형제자매, 그리고 자녀들은 가끔 나의 친구 헤더 (Heather)가 "걷히지 않는 검은 구름"이라고 한 만성적 슬픔에 시달립니다.

그들은 장애를 가진 사람들과 그들 가족들의 전인건강을 극대화시키기 위하여 무엇을 할 수 있을까요? 인간의 가치를 자기의 몸의 이미지와 동일하게 보는 것 자체가 잔인한 일이요, 불합리하게 자기를 모멸하는 처사라는 사실을 깨달으면서, 그들은 이 일을 시작할 수 있습니다. 이것은 자존감 손상 편견이요, 이 편견은 추방되어야만 하는 것입니다. 자기 해방의 가장 중요한 부분은 완전한 몸을 가짐이 없이도 전인건강을 가질 수 있다는 사실을 깊이 깨닫는 것입니다.

20세의 톰은 나면서부터 한쪽 다리가 짧은 것 때문에 그 동안 축적되어 온 열등감과 수치감으로 괴로워하면서 상담을 받으러 왔습니다. 문제의 돌파구는 그가 이야기한 대로, "나는 한쪽 다리가 짧은 사람이 아니라, 짧은 다리 한쪽을 갖고 있는 한 사람의 인격자이다."라는 사실을 발견했을 때 왔습니다(원문의 뜻은 짧은 한쪽 다리에 관심을 가지던 자기가 이제는 한쪽 다리를 가지고 있지만 한 사람의 인격자라는 데 관심을 모으기 시작했다는 것을 의미함 : 역자 주). 자기 정체감에 대한 근본적인 변화(상담과 정신치유에서는 삶의 틀을 재구성한다고 말함.)는 당신이 어느 부분에 어떠한 제한을 가지고 있다고 해도 당신의 전인건강과 행복을 확인하는 데 열쇠가 됩니다.

나의 중년기 초기에 심각한 장애(당뇨)가 나를 세차게 때렸습니다. 나의 신체에 대한 신뢰가 산산히 부서져 버렸습니다. 내가 흔들려 버린 몸의 이미지와 슬픔과 싸우고 있을 때에, 영감의 사람 글렌 커닝햄(Glenn Cunningham)이 우리 지방 YMCA에 와서 강연한 적이 있었습니다. 그때가 약 25년 전이었던 것 같습니다. 그는 양쪽 다리가 심하게 불에 타서 고생하던 소년 이야기를 들려주었습니다. 의사들은 좌절하는 그의 부모에게 그 소년이 다시는 걸을 수 없다고 알려 주었습니다. 자기 아버지가 모는 마차 뒤에 매달려서 그 소년은 상처입은 그 다리로 다시 걷는 법을 배우기 시작했습니다. 그는 말할 수 없는 고통을 견디어야만 했습니다. 결국 그는 걷는 법을 배웠을 뿐 아니라 달리기까지 할 수 있었습니다. 글렌은 그 이야기를 마치면서 "그 소년이 바로 나입니다." 하고 말했습니다. 우리는 글렌이 그 당시 1마일 달리기에서 세계의 기록 보유자라는 사실을 알았습니다.

나의 장애는 내가 배우고 싶지 않았던 많은 것을 배우게 했습니다. 그것은 오랫동안 무시해 왔던 나의 몸의 메시지에 귀를 기울이게 만들었습니다. 특히 나의 몸은 이렇게 부르짖고 있었습니다. "나를 순종밖에 모르는 기계와 같이 다루지 마세요! 나를 사랑으로 돌보아 주세요!" 나는 몸무게를 줄이고, 더 건강식으로 식사하고, 내가 살아 남고자 한다면 정기적으로 운동하는 것을 더 이상 선택으로 삼아서는 안 된다는 사실 등을 배웠습니다(사실 억지로, 그것도 많은 저항과 함께). 그 결과로 나는 30년 전 나의 장애를 진단받았을 때보다도 오늘이 더욱 육체적인 에너지와 건강이 넘침을 느끼며 감사합니다. 상담자로서도 나는 슬픔과 나약함과 유한에 직면하여 고통하던 때로부터 장애를 가진 내담자들과 나의 관계가 훨씬 더 좋아졌다는 것을 알게 되었습니다.

나의 슬픔경험에서와 마찬가지로, 장애자들과 그들의 가족들은 자기들의 상황을 현실적으로 받아들이고 슬픔회복 과정을 거침으로 더 큰 전인건강에 이를 수 있을 것입니다. 이것을 위해서는 그들의 속에 억눌린 분노를 쏟아내고 자존감을 회복해

전인건강의 창

해롤드 윌케(HAROLD WILKE)

해롤드 윌케라는 나의 친구는 놀라운 그의 인생을 통해 수많은 사람들에게 영감을 주었습니다. 양팔이 없는 그가 태어난 직후에, 식품점에서 그의 어머니를 만난 아는 사람이 이렇게 말했습니다 : "나는 오늘 아침 어린아이의 죽음을 알리는 교회종소리를 들었는데, 그것이 당신의 그 불쌍한 불구의 아들이기를 바랍니다." 깊은 신앙으로 강화를 받은 그의 부모는 양팔이 없는 아이를 가진 충격과 정서적 재난에 대항하여 힘을 다해 씨름했습니다. 다행스럽게도 하롤드를 기관에 맡기고 싶은 유혹을 뿌리쳤습니다. 대신에 그에게 확실한 책임감과 자기 신뢰를 개발하게 도왔습니다. 해롤드는 '피아노치는 것을 제외하고는' 거의 모든 것을 할 수 있다는 사실을(주로 자기 발로) 차츰 발견하였습니다.

대학교와 신학교를 마친 후에 목사로 안수를 받고 그가 7개의 경력이라고 칭한 것들을 하기 시작했습니다 - 그는 지교회 담임 목사, 육군 군목, 교단지도자, 작가, 편집자, 교수, 치유공동체의 창설자 등이 되었습니다. 그 치유공동체는 전세계적인 구조망을 가진 단체로 전교인이 장애자들을 도와서 교회의 주류 속에 함께 활동할 수 있도록 하는 것을 목적으로 삼았습니다. 그는 37개국과 미국 50개주 전체에서 강연하였으며, 메닝거 파운데이션(미국의 유명한 심리상담연구소 : 역자 주)과 유니온신학교에서 가르쳤습니다. 해롤드와 그의 아내 펙은 5명의 아들을 길렀습니다. 1990년 7월 26일에, 조지 부시 대통령이 역사적인 1990년의 "미국장애자교서"라는 법률에 서명할 때에 해롤드 윌케는 하나님의 복을 비는 기도를 하도록 초청을 받는 영예를 얻었습니다. 백악관 남쪽 잔디에서 가진 예식 후에 그는 대통령으로부터 감사의 펜을 받았습니다(발로). 그러나 그때 해롤드는 그 펜을 받기에 더 합당한 여자에게 그 펜을 주고 싶다고 했습니다. 그가 대통령에게 받은 펜을 자기 아내에게 주었을 때, 대통령은 이어 자기 펜을 해롤드에게 주었습니다.

야 합니다. 사랑으로 경청하는 자가 이런 일을 도울 수 있을 것입니다. 장애자가 풍성하게, 독립적으로, 그리고 생산적으로 사는 법(직장생활을 포함하여)을 배우는 것은 중요합니다. 이것은 재활상담과 용기와 인내로 가능한 일입니다. 유사한 제한을 가지고 있는 사람들의 지원그룹에 참가하는 것도 가끔 새로운 기초 위에 자존감을 세우는 데 엄청난 도움을 줍니다. 장애자들에 의하여 장애자들을 위해 결성한 권익보호그룹에 참여하는 것도 새 힘을 얻고 정치적인 이익을 위해 유익합니다.

인간이 개발할 수 있는 놀라운 능력 가운데 하나는 다른 기술들, 은사들, 그리고 기능들을 완전히 개발시킴으로 약점을 보상하는 능력입니다. '다른 방향에서 가능한 기능'이라고 하는 말은 중대한 정신적, 또는 신체적 제한을 가진 사람들에게 매우 중요한 것이 될 수 있는 인생의 또 다른 분야들의 성장에 도전하는 것을 의미합니다.

중독의 위기와 슬픔

서구사회에 만연되고 있는 갖가지 중독증세들은 우리 지구의 거대한 상처의 또 하나의 표현입니다. 중독증세들은 수많은 사람들의 삶 속에 심각한 고통을 만들어 내고 있습니다. 알코올중독, 약물중독, 충동적인 도박, 성중독, 식물과 니코틴중독, 열광적인 종교중독 등 수많은 병적 중독증세들이 있습니다.

오늘 수많은 사람들은 동시에 여러 가지 중독증세로 시달립니다. 예를 들면, 수많은 성중독자들은 동시에 알코올중독과 약물중독증세를 가지고 있습니다. 이러한 중독형태 뒤에서 충동적 행위를 조장하는 힘의 근원은, 절망적인 고독과 사랑과 자존감과 하나님의 영과의 친밀관계에 대한 갈망입니다.[10] 중독은 불같이 태워 없애는 우상입니다. 중독자들은 그 중독을 충족하는 것을 자기 삶의 유일한 최고의 목표요, 가치요, 헌신으로 삼고 있습니다. 중독자의 삶이 중독현상이 내미는 강력한 촉수로 질식되면서 다른 모든 가치들은 밖으로 밀려나고 맙니다.

중독증세와 절망적인 투쟁의 긴 역사 가운데서, AA에서 처음으로 개발한 영성중심의 12단계 치유프로그램이 가장 효과적이라고 판명되고 있습니다. 지금 수많은 상담자들이 다른 중독적-충동적 증상을 가진 사람들을 치유하는 데 이 방법을 사용하고 있습니다. 나는 AA가 인생과 회복에 관하여 나에게 가르쳐 준 것에 대해 항상 감사하고 있습니다. 나는 또한 AA의 창설자 중의 한 분인 빌 W에게 감사합니다. 그는 "알코올중독의 원인과 회복에 있어서의 영적 차원의 역할"이라는 나의 박사논문 연구과제를 격려해 주고 후원해 주었습니다. 우리가 처음 만났을 때에 그가 나에게 한 다음과 같은 말은 나의 사상을 깊게 하는 데 큰 영향을 주었습니다 : "AA가 창설되기 이전에 알코올중독자들은 술병에서 하나님을 마시려고 노력했었습니다."

빌 W는 칼 융에게 자기의 친구 롤란드(Roland)에게 좋은 지침을 제공해 주어서 고맙다고 편지했습니다. 롤란드는 취리히로 융을 찾아가서 알코올중독에 대한 조언을 구했습니다. 융은 영적인 각성만이 알코올중독에서 해방시킬 수 있는 힘이라고 그에게 이야기했습니다. 바로 이 말이 빌에게 암시를 주어 영적인 접근을 하게 했고, 드디어 AA방법을 개발하게 되었습니다. 빌의 감사편지에 회답하면서, 융은 알코올에 대한 갈망은 '전인건강에 대한 영적인 갈망'이요, 사회로부터 자신을 고립시키는 그들의 태도를 포기하고 더 높은 힘(higher power)에게로 돌아갈 때에만 중독된 사람들은 건전한 정신에 머무를 수 있는 힘을 얻을 수 있다고 썼습니다.[11] 중독증세의 다양한 원인들 가운데 영적인 요소들이 가장 우선적이라는 것은, 생동적인 영적 요소들이 완전하고 효과적인 회복프로그램의 필수불가결의 부분임을 의미합니다(당신이 만일 이런 주제에 대해 좀더 깊이 연구하고 싶으면, 나의 책 *Understanding and Counseling the Alcoholic Through Psychology and Religion*[12]

을 보라).

대부분의 중독증세에는 여러 가지 슬픔들이 복합되어 있습니다. 그 슬픔들은 효과적인 치료를 통해서 치유되어야 합니다. 40대 후반의 홀어머니 엘리자베스는 자기 아들이 월남전에서 죽기 전까지는 자신을 통제하면서 술을 마실 수 있는 분이었습니다. 자기 아들이 죽고 나서 몇 달이 못되어 그녀의 쓰라린 슬픔은 충동적인 알코올중독과 약물과용과 안정제중독으로 그녀를 빠트렸습니다. 그녀의 중독증세가 더욱 강화되면서 그녀는 자기 신뢰, 자존감, 신앙, 친구, 드디어는 직업까지 차례로 잃어갔습니다. 18개월 동안의 무절제한 폭음 후에, 그녀는 알코올중독 환상증상으로 그 도시 병원에 입원할 수밖에 없었습니다. 바로 그 지점에서 그녀는 자기의 '최고의 친구'인 술병, 곧 그녀를 배신한 신(神)을 잃어버리는 슬픔으로 고통당했습니다. 엘리자베스는 여러 가지 슬픔들의 무거운 짐을 가지고 있었으며, 그녀의 회복을 위해서는 이 슬픔들에 하나하나 대처해야 했습니다. 이 모든 문제들은 자기 아들의 비극적 죽음을 중심으로 형성된 감염상처들이었습니다. 여러 종류의 슬픔들이 치유되고 있다는 경험이 약간이라도 있을 때, 그녀는 그녀의 치유과정의 하나로 슬픔조정작업을 행할 때 자기의 치유를 계속할 수 있는 힘을 얻었습니다. 이 과정은 그녀를 회복시키는 중요한 절차가 되었습니다.

대부분의 중독자들의 가족들도 상호 의존성에서 회복되기 위해서 수많은 슬픔치유사역을 하여야 합니다. 상호 의존성이란 중독자 가족들이 중독자들에게 가지는 강박관념의 하나로, 아무런 효과도 없는 구출자 역할이라는 함정에 빠지는 것입니다. 가족들은 중독자들에게 자기들 외에는 중독자를 도울 자가 아무도 없다고 생각하며 강박관념에 빠지는 것입니다. 여러 가지 부분들로 복합된 그들의 슬픔은 중독자 가족이 가지는 병 가운데 한 부분으로, 자존감의 상실, 가족 정체감의 손상 등과 얽혀져 있습니다. 가족들의 슬픔치유와 회복의 핵심은 중독자의 중독을 치유(통제)하려는 헛된 노력들을 포기하고, 사랑하는 그 중독자를 놓아 주는 법을 배우는 것입니다. 사실 가족들은 중독자를 고친다는 미명하에 그를 과보호하거나 그 행위를 처벌하여 왔습니다. 그들은 중독자가 무엇을 하든지간에 강인한 사랑을 실천하며 자기 자신의 건강을 위해 힘쓰는 법을 배워야 합니다.

위기와 슬픔 치유공동체의 발견하기

고독으로 찌그러진 우리의 세계 도처에 걸어다니는 상처의 사람들을 위해 새로운 사회적인 치유전략이 절실히 요구됩니다. 이 전략의 핵심은 도움이 필요한 자는 누구나 용이하게 도움을 얻을 수 있게 나눔─돌봄의 공동체를 더 많이 만드는 것입니다. AA와 같은 만개된 자가치유그룹은 슬픔, 수치, 중독증세 등을 치유하고, 희망을 일깨우고, 전인건강과 행복을 향해 성장하도록 촉진하는 데 놀라운 힘을 증거하고 있습니다(미국에서는 매주 1,500만의 사람들이 50만 개의 자가치유그룹에 출석하고 있다). 더 건강한 사회를 만들기 위해서, 헨리 데이비드 쏘로우(Henry David Thoreau)가 흔해 빠진 침묵의 고통이라고 표현한 '조용한 절망의 삶'을 살고 있는 모든 사람들이 더 용이하게 접근할 수 있을 정도로 위기-슬픔나눔그룹들과 지원그룹들이 많아져야 합니다.

모든 신앙단체의 신도들은 그러한 치유 구조망을 만드는 데 지도적인 역할을 취할 수 있는 놀라운 기회를 가지고 있습니다. 건강시설들과 상담소들도 이러한 일에 중요한 역할을 할 수 있습니다. 지난 20년간의 슬픔치유그룹과 가진 나의 경험은 모든 종류의 상실들, 위기들, 장애들, 고통스러운 변화들, 그리고 중독증세들에 대처하는 데 이러한 기관들이 크게 도움이 된다는 확신을 더하게 했습니다. 그러한 그룹을 만들고 지도하는 일은 어렵지 않습니다. 상담훈련을 받은 목사들과 위기와 슬픔을 당하여 대처해 본 경험이 있는 사람들 가운데서 신중히 선택하여 지도를 받게 한 비전문가들이 효과적인 지도력을 제공할 수 있습니다. 나는 목사나 교인들이, 사회공동체에서 필요할 때 이용할 수 있는 위기와 슬픔회복그룹이 하는 것에 못지 않게, 치유와 전인건강에 기여할 수 있다고 생각합니다(두 개의 시리즈로 된 비디오테이프, "슬픔, 자가치유를 통한 성장", "당신의 슬픔상처의 치유"는 슬픔회복그룹들과 슬픔과 위기교육 프로그램에서 보여 주는 자원들이 얼마나 놀라운 유익이 있는지를 증거한다. 추천도서목록에 자세히 소개되고 있다).

당신의 건강을 계속 유지하기 위하여, 결혼과 자녀생산과 은퇴 등과 같이 예상되는 발달위기들을 건설적으로 조정하기 위하여 당신이 준비할 수 있는 모든 일을 하는 것은 매우 중요합니다.

교회에서 실시하는 위기-슬픔교육의 유익 가운데 하나는 그러한 정상적이면서 예상되는 위기들을 준비하기 위하여 '정서적 예방접종'이라고 부르는 것을 경험하도록 교인들을 격려하고 지도하는 것입니다.

몸-마음 치유를 위한 긴장풀기 이미지 만들기

다음은 당신이 당신의 몸을 위해 줄 수 있는 귀중한 선물이 될 이미지 만들기 훈련입니다. 이 훈련은 위기와 상실 가운데서도 당신의 건강을 유지시키는 데 도움이 될 것입니다. 깊이있는 긴장완화훈련과 창조적인 이미지 만들기를 통합시킨 이 훈련은 당신의 마음, 몸, 그리고 영 가운데 잠재해 있는 놀라운 자가치유 자원들을 촉진시키고 극대화시켜 줄 수 있습니다. 이와 같은 접근들이 당신의 몸을 바이러스, 병균, 그리고 악성질환들의 공격으로부터 보호해 주는 면역체계를 활성화시킨다는 증거들이 많이 있습니다. 물론 이러한 방법은 모든 것을 치료하는 방법은 아닙니다. 여러 종류의 심리·신체적인 문제로 고통하는 내담자 레이첼은 다음과 같이 이

야기합니다 : "그것은 나의 상담에서 수동적인 수혜자가 아니라 적극적인 파트너로 참여할 수 있게 해주는 하나의 좋은 방법이다." 이러한 형태의 자가능력 부여훈련은 당신의 몸, 마음, 영, 그리고 관계의 전인건강을 높은 수준으로 양성하는 데 예방적으로 사용될 수도 있습니다.

다음에 제시하는 것은 암환자들에게 사용하기 위하여 의사인 칼 시몬튼(O. Carl Simonton)과 심리학자 스테파니 매튜스－시몬튼(Stephanie Matthews Simonton)이 개발한 접근방법을 약간 수정한 것입니다.[13)]

♥ **방법** : 이 훈련은 조용한 방에서 당신의 척추를 수직자세로 세우고 당신의 발은 바닥을 완전히 밟으면서도 평안한 자세로 훈련해야 합니다. 그래야 당신의 몸속에 있는 에너지의 흐름을 촉진시킬 수 있습니다. 당신이 다음에 소개하는 단계들에 익숙할 때까지 단계와 단계 사이에 다음 단계에 해야 할 지시사항들을 몇 분 동안 쉬면서 기록하는 것이 도움이 됩니다(괄호 안에 들어 있는 나의 코멘트는 적지 말라).

이 훈련을 시작하기 전에 육체적인 통증이나 심리적인 문제나(아마도 위기나 상실 같은), 또는 당신이 꼭 고쳐야 한다고 생각하는 고통스러운 인간관계 등을 선택하세요. 이 방법을 사용하여 얼마나 효과를 얻게 될지는 당신에게 달린 것이지만, 적어도 일주일간은 이 훈련을 계속하게 동기를 부여할 수 있을 만큼 무거운 문제를 선택하세요.

① 단계

몇 분 동안, 할 수 있는 대로 당신의 몸 전체의 긴장을 풀게 하고, 당신의 마음에는 조용한 민감성을 채우세요. 당신이 발견한 긴장풀기 방법 중에 가장 좋다고 생각하는 방법을 사용하세요. 그 방법이 어떠한 것이든 당신에게 적합한 것이면 좋습니다(그러한 방법들 중의 하나를 4장에서 언급했다). 긴장을 완전히 풀면서도 민감성을 채울 때에 이미지를 사용하여 당신 자신에게 보내는 메시지를 가장 잘 받아들일 수 있도록 당신의 몸과 마음의 기관들을 열어 줄 것입니다.

② 단계

충분히 긴장이 완화되었다고 느끼면, 당신이 선택한 치유받고 싶은 문제를 당신의 상상 속에서 영화화면에 지나가는 영화의 장면처럼 아주 분명하게 형상화시키세요. 그 문제의 실상과 고통을 경험하세요(당신이 만약 신체적인 통증을 가지고 있으면, 사실적이든 또는 상징적으로든 당신의 그 지체가 어떻게 보이는지를 당신의 마음에 하나의 영상으로 만들라. 두통의 경우를 예로 든다면, 당신의 머리를 해머로 계속 때리는 영상을 만들 수 있다). 당신이 만약 정서적인 문제나 영적인 문제를 선택했다면, 그것을 선명하면서도 상징적 방법으로 영상화시키세요. 당신이 만일 서로 괴로운 인간관계에 초점을 맞추었다면, 고통스러운 소외와 갈등 가운데 있는 사람들을 보고 경험하세요. /단계마다 몇 분간 계속하여 강렬한 경험을 할 수 있게 하세요./

3 단계

당신이 받고 있는 치료나 상담을 움직이는 영상으로 만드세요. 그것이 당신에게 놀라운 효과가 일어나고 있다고 마음에 선하게 그리며 그 효과를 경험하세요(예를 들면, 당신이 두통 때문에 아스피린을 복용하고 있다면, 수천알의 아스피린이 한꺼번에 당신의 모든 혈관 속을 돌아다니면서 모든 통증을 몰아내어 당신의 두통이 사라지고 있다고 영상을 만들라. 만약 당신이 정신치유나 영적 지도나 관계상담을 받고 있다면, 바로 그것이 아주 좋은 효과가 있다고 당신의 마음속에 움직이는 영상을 만들라). 몇 분 동안 전인건강을 향상시키는 따스한 감정이 당신 속에 실제로 일어나고 있음을 경험하며 즐기세요.

4 단계

이제는 당신의 몸의 자연적인 방어능력과 치료능력들이 강력하게, 그리고 주체적으로 그 문제들을 극복하기 위하여 힘차게 기능을 발휘하고 있는 영상을 분명하게 만드세요. 예를 들면, 당신이 만약 감염된 몸의 부분을 치료하고 있다면, 당신의 혈관을 통하여 건강회복의 기능을 가진 수백만개의 백혈구들이 밀려가고 있는 영상을 보세요. 수백만의 백혈구들이 지금 진공청소기가 먼지를 빨아들이듯이 당신의 온몸을 정결케 씻어 주고 있으며, 특히 감염된 신체 부위나 그 문제의 또 다른 원인들을 씻어내고 있는 것을 영상으로 보세요. 당신에게 의미가 있는 영상을 선택하는 것은 중요한 일입니다. 당신이 그 문제에 어떻게 접근하고 있는지와 조화가 되는 영상을 선택하세요. 어떤 젊은 사람들은 비디오게임 패크맨의 형상을 좋아할 것입니다. 유방암을 가진 여인은 조그맣고 귀여운 새들이 자기 핏속에 있는 빵부스러기(암세포)를 쪼아 먹는 영상을 만들 수 있습니다. 버니 시걸(Bernie Siegel)의 제안에 따르면, 이미지를 선택할 때 자기가 가장 중시하는 감각기관—시각, 청각, 촉각 또는 후각 등에 호소하는 것이 중요합니다. 예를 들면, 촉각이 뛰어난 여인은 자기의 면역체계를 정결케 하는 시내가 자기 온몸을 씻어내고 있다는 것을 느끼게 하는 것이 좋습니다.[14] 당신이 만약 심리적인 문제나 영적인 문제나 인간관계의 문제를 치유하고자 한다면, 자가치유에 사용될 수 있는 마음과 심령의 수많은 자원들을 상징적으로 영상화하세요. 당신 속에 잠재한 자가치유 자원들이 아주 놀라운 효과를 가지고 당신에게서 작용하고 있는 것을 경험해 보세요.

5 단계

이제는 당신 바로 앞, 약간 머리 위에 부드러우면서도 힘있는 빛—놀라운 사랑과 완전한 용납의 하나님의 치유의 빛—을 영상화하세요. /이 빛이 당신 속에 흘러들어와 당신의 온몸을 흐르며, 당신의 마음과 영을 씻어내고, 치유의 에너지로 당신의 중요한 인간관계들을 감싸고 있습니다. / 이제 이 빛이 특별히 치료가 필요한 신체의 부위나 심리적인 문제나 인간관계 위에 강렬하게 비추고 있다고 초점을 맞추세요(당신이 만약 두려움이나 죄책감을 치유하려고 한다면, 그 빛을 상징적인 방법으로 그 위에 머물게 하거나 그 빛이 당신과 그 괴로운 인간관계의 당사자들을 그 치유의 빛 안으로 함께 모이게 하는 것을 보라). 그 빛을 거기에 잠깐 머물게 하여 건강과 행복이 향상되고 있는 느낌을 즐기세요. / 모든 치유의 근원이신 사랑의 하나님의 영에게 뜨거운 감사를 드리세요.

❼ 단계

이제는 문제의 부분들이 완전히 치유되고 놀라운 건강으로 당신의 전인에 넘치고 있다는 것을 영상화하세요. 그 경험 가운데 머무세요. 당신의 몸과 정신 전체에 넘치는 구원과 기쁜 감정들을 즐거워하세요. 고통에서 벗어나고, 에너지로 넘치고, 기쁨으로 생동하고, 인간관계가 가까워지고, 사랑이 가득하고, 삶의 목표를 향해 기쁨으로 전진하며, 당신의 주위 세상에 건설적인 변화를 창조하고 있음을 느끼세요. 당신이 실제로 당신에게 일어나는 이러한 내적인 모든 기쁨을 몇 분 동안 경험하세요.

❽ 단계

당신이 경험한 타오르는 빛의 덩어리를 사용하여, 당신이 사랑하는 사람들 중에 치유나 도움이 필요한 사람들에게 치유가 일어나는 영상을 만드세요. / 하나님의 사랑의 치유의 에너지로 타오르는 그 빛의 덩어리가 그를 치유하기 위하여 그 사람 주위로 옮겨가서 그를 따뜻하게 비추기 시작합니다. / 이제 바로 그 사람이 그 빛으로 튼튼한 건강을 입고 다른 사람들의 필요를 채우려고 기쁘게 일어서고 있습니다. / 당신이 할 수 있는 데까지 이 치유의 광선이 여러 사람에게 뻗어 나가 그들을 치유하게 하세요. 그 빛은 온 세상을 비추고 싶어하고 있음을 인식하세요.

당신이 자가치유와 이웃치유를 위해 적극적으로 참여한 것을 축하합니다. 이 지점에서 그 경험이 당신에게 겨우 미미할 정도의 의미밖에 없다고 해도, 스스로 당신의 등에 사랑으로 애무해 주세요(이 훈련이 당신에게 진정으로 의미가 있으려면 적어도 한두 주 걸린다는 사실을 명심하라). 하루에 2~3회 이 훈련을 실시하세요. 훈련을 할 때마다 깨어 민감한 상태에 자기를 열어 두고, 희망과 사랑이 새롭게 된다는 느낌을 느끼세요. 만약 당신이 1일 1회 5~10분 정도만 한다 해도, 이 훈련이 유익하며, 특히 예방적인 효과가 있을 것입니다. 그러나 치유를 원한다면, 아침식사 전, 점심식사 전, 잠자기 전 등 1일 3회 10~15분간씩 실시하는 것이 좋습니다.

암과 같이 중대한 질병을 위해 이 훈련을 실천하려고 한다면, 그전에 당신의 의

사와 함께 이 훈련의 사용에 대해 의논하는 것이 좋습니다. 여기에 제시한 자가치유 기술을 활용하기 위하여 칼 시몬튼과 스테파니 매튜스-시몬튼의 *Getting Well Again*이라는 저서를 읽는 것이 중요합니다(추천도서목록을 보라). 이 방법을 몇 번 사용한 후에 당신은 당신에게 더 적합한 방식으로 이것을 수정하여 사용할 수 있을 것입니다.

위기와 상실 자기관리 훈련계획 만들기

이제는 시간을 내어 이 장을 읽으면서 당신에게 관심을 끌게 했던 부분들을 다시 읽어 보세요. 특히 앞에 제시한 점검표에 '보통'이나 '못함'으로 표시한 항목들도 점검하세요. 당신의 창조력을 활용하여 현실적인 자가위기 관리계획을 만드세요. 당신의 계획에 다음의 사항들이 포함되면 더욱 실천적이 될 것입니다 : (1) 당신이 더 잘 조정하고 싶은 특별한 문제들을 선정하되 구체적이요, 실천이 가능한 대상을 선택하고, (2) 그 목적을 실천할 수 있는 구체적인 행동계획, (3) 일정계획, (4) (이것은 매우 중요한데) 이 계획을 하나하나 실천해 갈 때마다 자신에게 줄 보상과 그렇지 못할 때 내릴 벌칙, (5) 당신의 자기관리 계획실천의 발전과정을 기록하기. 이 책 뒤에 제시한 추천도서목록을 읽는 것도 당신의 계획에 포함시킨다면 도움이 될 것입니다.

1~2개의 특별히 중요한 과제를 선택하여 즉시 실천하세요. 영적으로 활성화되기 위하여 당신이 할 수 있는 것을 항상 실천하여야 한다는 것을 명심하세요. 실패하는 경우라도 너무 자신을 학대하지 말아야 합니다. 그런 때에는 다른 과제들을 선정하여 다시 실천해 보세요.

나는 위기, 상실, 장애, 중독증세 등의 문제로 고민하는 당신이 희망을 일깨우는 자기관리를 시작할 수 있기를 희망합니다.

제 10 장

성과 전인건강 : 감각적 사랑을 누리는 열 가지 방법

당신의 온전성이 주는 기쁨은 당신의 성(性)을 경축함으로써—당신 자신과 더불어, 그리고 사랑과 상호 존경과 책임감이 존재하는 관계 속에서—커질 수 있습니다. 먼 옛날 두 연인들의 입에서 흘러나온 이 정열적인 노래를 즐기는 자리에 나는 당신을 초대합니다(약 25세기 전의 노래라는 것을 믿을 수 있겠습니까?).

> 성이란 아직 세금이 매겨지지 않은 채 남아 있는 몇 가지 안되는 인생의 즐거움 가운데 하나다!
> —J. 한 감각적인 여성

나에게 입맞춰 주세요, 숨막힐 듯한 임의 입술로.
임의 사랑은 포도주보다 더 달콤합니다!

아, 사랑하는 이가 나에게 속삭이네.
"나의 사랑 그대, 일어나오. 나의 어여쁜 그대, 어서 나오오.
겨울은 지나고, 비도 그치고, 비구름도 걷혔소.
꽃피고 새들 노래하는 계절이 이 땅에 돌아왔소.
비둘기 우는 소리 우리 땅에 들리오."
나는 잠자리에서 밤새도록 사랑하는 나의 임을 찾았노라.

오 나의 사랑, 나를 기쁘게 하는 여인아,
그대는 어찌 그리도 아리땁고 고운가?
그대의 늘씬한 몸매는 종려나무 같고,
그대의 젖가슴은 그 열매송이 같구나.
"이 종려나무에 올라가 가지들을 휘어잡아야지."

도장 새기듯, 임의 마음에 나를 새기세요.

사랑은 죽음처럼 강한 것, 사랑은 타오르는 불길,

바닷물도 그 사랑의 불길 끄지 못하고, 강물도 그 불길 잡지 못합니다.[1]

　솔로몬의 아가(the Song of Solomon)에서 따온 이 정열적인 시가 당신으로 하여금 하나님의 가장 기쁜 선물인 당신 자신의 육체적 애정에 접하게 해주기를 바랍니다. 우리는 이 고대의 노래가 성경의 일부로 남아 있다는 사실을 기뻐할 수 있습니다. 서구의 종교들이 몸과 성에 대해서 종종 "아니!"라고 부정해 왔던 사실에 비추어볼 때 이는 하나의 작은 기적이라고도 할 수 있습니다. 또한 이 연인들이 꽃이 만발한 봄날 야외에서 사랑을 하는 기쁨을 발견했다고 하는 암시를 당신이 즐기기 바랍니다. 내 친구 한 사람은 아이들도 긴 예배시간에 꼼짝 못하고 앉아 있어야 하는 보수적인 기독교교단에서 자랐습니다. 자기가 열 살쯤인가 되었을 때 교회 의자에 놓인 성경책에서 어떻게 솔로몬의 아가를 발견할 수 있었던가 하는 것이 생각나면 그 여자는 지금도 웃어 버리곤 합니다. 그것을 읽는 것이 길고 지루한 설교시간을 견뎌내는 데 도움이 되었다고 합니다.

　설령 당신이 직접적인 체험을 하지는 못했더라도 오늘 아침 조간신문에서 읽어서 알듯이 현대의 인간의 성은 종종 전인건강보다는 상처를 낳는 것처럼 보입니다. 이 분야에서 많은 진척이 이루어졌음에도 불구하고 성은 여전히 인간적인 고통과 자기 소외, 괴롭히는 죄, 치열한 갈등으로 가득 차 있습니다. 고통스러운 성문제들은 다음과 같은 현상을 포함하는 전염병입니다.

> 오늘날 사람들은 그러한 질문이 있었는지 몰랐던 성에 대한 대답들을 인쇄하고 있답니다.
> ―범퍼 스티커

▷ 개인적, 가정적 비극을 널리 초래하는 성중독증의 만연

▷ 성을 매개로 옮겨지는 20종이 넘는 질병들. 이중에서 가장 치명적인 것은 전세계적으로 퍼진 비극적인 병 에이즈로서, "사랑을 표현하는 행위가 생명을 위협하는 병균을 옮기는 통로가 될지도 모른다."는 공포를 일으키고 있다.[2]

▷ 비정상적인 색정(色情)공포증(에로틱한 것에 대한 공포증)

우리 사회의 성적 고통과 병리현상이 보이는 그 밖의 증세들은,

▷ 원하지 않는 임신(수백만명의 10대들을 포함)

▷ 성적인 정복으로 자기의 위태로운 남성(masculinity)을 보이고자 애쓰며 '사나이 프로그램'(macho programming)에 의해 충동질당하는 남자들의 강제적인 성행위

▷ 널리 퍼진 동성연애 혐오증(homophobia)과 동성연애자들에 대한 차별

▷ 어떠한 사회경제적 수준과 교육수준을 막론하고 모든 사회계층에 존재하는 어린이와 여성

에 대한 성폭행이라고 하는 끔찍한 전염병

다행스럽게도, 뒤죽박죽이 되어 버린 오늘의 세계에서도 성과 온전성에 관해서 희망찬 햇살이 몇 줄기 비칩니다. 당신의 성을 기쁘게 축하하는 일은 실제로 당신 삶의 질을 높일 뿐만 아니라 수명을 연장할 수도 있다는 사실이 판명되었습니다. 그것은 당신의 인생여정에 더 큰 기쁨을 줄 수 있으며, 그 지속기간을 늘릴 수도 있는 것입니다. 케네스 펠레티어(Kenneth Pelletier)는 수명연장에 관한 다양한 조사 연구로 확인된 주요인들을 요약하면서 이런 기쁜 소식을 전해 주고 있습니다 : "성 행위는 수명연구가들의 주목을 받은 다섯 번째 요소를 이룬다. 영화와 책자로 기록된 바 있는 빌캄바바(Vilcambaba)족에 대한 한 연구는 카피오 멘디에타라는 이름의 남자가 '123세에도 성적으로 왕성함을 보인다.'고 보고했다."[3] 카피오와 자기의 성을 소중히 함으로써 말년에 생기를 더하는 모든 이들에게 우리 박수를 보냅시다!

자신의 성에 대해서 당신이 어떻게 느끼고 그것을 어떻게 표현하는가 하는 것은 당신의 온전성이 갖는 다른 차원들에 싫든 좋든 영향을 미칩니다. 온전성을 키워 주는 성은 상호 존경과 책임감, 돌봄이 있는 의사소통, 지속성, 자기 자신과 서로의 성장과 전인건강에 대한 헌신 등이 존재하는 사랑의 관계 속에서 가장 번성합니다. 그러한 관계 속에서라야만 육체적, 성적인 즐거움은 지속성 있는 기반 위에서 가장 아름답게 꽃피어날 수 있습니다. 미국인들의 성생활에 관한 최근의 연구에서는, 자기들이 제일 행복하다고 말한 부부들이 역시 가장 많은 성관계를 누리고 있었습니다 —아마도 이 양자는 서로 원인과 결과가 될 것입니다.[4] 오늘날의 다양한 성적인 선택권들 가운데서 어떤 사람들에게는(미국인의 3%) 독신생활이 건강한 선택일 수도 있습니다. 그러나 그런 결정을 했더라도 자신의 신체적 욕구를 긍정하고 자기의 성적 에너지를 다른 창조적인 방향으로 분출해 낼 필요성은 여전히 남습니다.

다행스럽게도, 최근 몇십 년 동안에 더욱 건강한 성으로 나아가는 의미있는 조처가 취해졌습니다. 성이 안방에서부터 공개적인 토론마당으로 나오게 된 것입니다. 많은 사람들이 자기들이 더 높은 수준의 성적 만족을 누리고 있다고 보고합니다. 많은 여성들이 다양한 오르가즘을 체험하는 능력을 비롯해서 전에는 억눌렸던 굉장한 잠재된 쾌감을 발견했으며 즐기고 있다고 합니다. 어떤 남성들은, 성을 자신의 남성다움을 시험하는 실패 가능성 있는 테스트로 삼음으로써 성적 행복감을 감소시키는 자기들의 방어적이고 권력지향적인 성의 이용행태로부터 벗어나 해방감을 맛보고 있습니다. 다양한 성적 취향을 사회적으로 용납하는 분위기가 더 널리 퍼지고 있습니다.

성에 대한 더 기쁜 소식은, 성을 부정하는 감정과 태도와 행동 등이 우리의 어린 시절에 학습된 것이라는 명백한 증거입니다. 학습된 것은 흔히 폐기될 수도 있는 것입니다. 성교육과 성을 풍요롭게 하는 워크샵들은 몸을 사랑하는 새로운 감정과 태도와 쾌감을 주는 기술이 예전의 재미없고 죄의식에 짓눌린 성유형들을 대신하도록 학습될 수 있다는 사실을 거듭 증명해 왔습니다. 더 복잡한 성과 인간관계에 관한 임상치료들은 억제된 성적 욕망을 포함해서 역기능적인 성생활로 괴로워하는 많은 이들을 도울 수 있음이 입증되었습니다.

　40대 중반의 고등학교 교사로서 과도한 스트레스에 시달리는 크리스는 임상치료사에게 자신의 성생활을 이렇게 털어놓았습니다 : "그건 뚜껑을 열어둔 채 냉장고 안에 너무 오래 넣어둔 사이다 병 같아요." 당신의 성이 때로 그렇게 느껴진다면 이 장은 어떤 생기를 회복하는 방법들을 제공해 줄 것입니다. 이 장은 당신의 성생활을 풍요롭게 하기 위해, 그럼으로써 당신의 전인건강을 증진시키기 위해 이용할 수 있는 안목과 방법을 마련해 줄 것입니다. 당신이 기혼자이거나 혹은 성관계를 공유하는 연인이 있다면 당신의 동반자와 함께 이 장을 읽어가는 것이 서로에게 도움이 될 것입니다.

성과 전인건강 점검표

　이 점검표는 당신의 성생활을 두 가지 방법으로 증진시켜 줄 수 있습니다. (1) 당신의 전반적인 성적 건강을 빠르게 평가할 수 있게 하며, (2) 점검항목들은 당신의 성생활이 더 만족스럽고 건강해지도록 도울 수 있는 다양한 사항들을 제공합니다.

　✐ **방법** : 각 항목의 앞에 있는 ＿＿＿＿ 난에 다음 세 가지 중에 하나를 쓰세요.
　　　　잘함－나는 이 점을 훌륭하게 하고 있다.
　　　　보통－꽤 잘하고 있지만 개선의 여지가 있다.
　　　　못함－이 부분은 정말로 보강할 필요가 있다.

＿＿＿＿　나의 성을 표현하는 방법들은 나와 내 파트너의 전인건강을 증대시킨다.

＿＿＿＿　나는 내가 남자나 여자라는 것을 비롯해서 나의 성에 대해 편안함을 느낀다.

＿＿＿＿　나는 어릴 때 배웠던 성적으로 금지하는 내면의 메시지를 철저하게 감소시켰거나 없앴다.

＿＿＿＿　나는 내 성을 인생이 부여해 준, 그리고 (혹은) 사랑의 성령이 내려 주신 좋은 선물로 누린다.

＿＿＿＿　나에게 가장 충족감을 주는 형태의 성은 신뢰와 상호 존중이 존재하는 사랑의 관계에서 가능하다.

＿＿＿＿　나(우리)는 원치 않는 임신을 피하는 것을 포함해서 안전하고 책임감있는 성생활을 하기 위해서 가능한 모든 것을 실행함으로써 건강한 향락을 즐긴다.

_____ 나는 느긋하고, 온몸에 느껴지는 쾌감을 주고받는 것을 즐긴다.

_____ 나는 내 몸이 쾌감을 느끼는 곳을 알고 있으며, 가장 만족감을 준다고 발견한 것을 나의 성파트너에게 이야기한다.

_____ 나는 죄의식을 느끼지 않고 혼자만의 성(solo sex)을 즐길 수 있다.

_____ 나(우리)는 성관계를 가지는 곳의 배경을 에로틱하게 꾸미는 상상력 풍부한 방법들을 배웠다.

_____ 나는 죄의식에 사로잡히지 않은 상태에서 관능적인 환상들을 즐기며, 나의 성적 행복감을 높이기 위해 그 환상들을 이용할 수 있다.

_____ 나는 급하게 절정감을 맛볼 필요없이 각 단계의 성적 자극이 주는 쾌감을 종종 연장하기도 한다.

_____ 우리는 성행위를 하기 전에 우리의 관계에서 서로 거리를 두게 된 상처가 있다면 그것을 함께 다루고 정서적 재결합을 이룬다.

_____ 나는 성행위를 할 때 네 가지 덫, 다시 말해서, 급히 서두른다거나, 지쳐 버린다거나, 술을 너무 많이 마신다거나, 무언가를 증명할 필요가 있다거나 하는 덫들을 피한다.

_____ 우리는 우리가 성적으로 좋아하는 것에 차이가 있으면 충분히 털어놓을 수가 있고, 서로의 욕구를 어느 정도 충족시키기 위해 서로 승부가 따로 없는 협상을 이루어 낸다.

_____ 성행위를 하고 난 뒤 우리는 거리감이 아니라 더 깊은 따스함과 친근함을 느낀다.

_____ 나의 영성과 성적인 면은 내 삶에 있어서 서로 연결되어 있고, 서로를 풍요롭게 해주는 영역들이다.

_____ 만일 내가(우리가) 잠시 성적 문제를 겪게 된다면 우리는 그것을 변명하려 하지 않고 그냥 편히 쉬면서 가까이 있다는 사실 자체를 즐긴다.

_____ 나는 성을 내가 남자나 여자로서 자존심을 세우는 한 방법으로 이용하지 않으며, 내 파트너를 조종하는 권력 행사용으로 이용하지도 않는다.

_____ 나의 성관계는 자발적이고 재미로 하지 억지로 혹은 충동에 몰려서 하지는 않는다.

_____ 나(우리)는 (이 장에 나오는 내용을 포함해서) 소위 전문가들이 하는 충고가 우리한테 맞지 않을 때는 무시하고, 나의(우리 자신의) 스타일대로 성적 놀이를 맘껏, 그리고 자유롭게 즐긴다.

♥ **평가 :** 이 점검에서 최대한의 이득을 얻기 위해서는 다음 단계들을 따라하십시오.

1. 당신이 써 놓은 답을 훑어보면서 당신의 강점과 개선이 필요한 곳들을 대강 느껴 보십시오.

2. 만일 당신의 성파트너도 함께 이 점검을 했다면, 두 사람이 일치한 답들과 불일치한 답들에 관해서 토론하여 서로의 성적 욕구와 선호경향, 태도들을 더욱 완전하게 이해할 수 있

도록 하십시오.

3. 당신의 '전인건강일지'에 당신이(그리고 아마 당신의 파트너가) 개선의 필요를 느끼는('보통'과 '못함'이라고 적힌) 중요한 항목들을 적어 놓으십시오.

4. 그리고는 나중을 위해서 그러한 부분에서 성을 향상시키기 위한 아이디어가 우선 떠오르는 대로 적어 두십시오.

성과 독신생활

건강을 증진시키는 성을 개발한다는 것은 서로에게 헌신하는 짝이 있는 대부분의 사람들에게 충분히 도전거리가 됩니다. 그러나 자의든 타의든 독신생활을 하는 많은 사람들에게는 그것이 더욱더 복잡할 것입니다. 이들 가운데는 10대와 결혼 전의 청년, 기혼자(이혼한 남녀, 과부, 홀아비 등), 그리고 전혀 결혼한 적이 없는 사람들(순수 미혼자와 동성연애자)이 포함됩니다. 이 독신자들이 미국의 전체 성인 가운데 3분의 1을 차지합니다. (주류를 이루는 종교들의 가장 많은 목소리를 포함해서) 우리 사회의 전통적 도덕에서 여전히 독신자의 성은 접근금지사항으로 되어 있습니다. 그렇지만 한 사회가 한편으로는 성을 미화하고 상품화하면서도 성인의 3분의 1이 그 즐거운 만족을 누리는 것을 금지한다는 것은 불공평하고 동시에 불건강한 노릇입니다. 다행스럽게도, 어떤 용기있는 종교지도자들은 더 인간적이고 현실에 기초한 윤리적 지침을 촉구하고 있습니다. 성공회 주교인 존 쉘비 스퐁(John Shelby Spong)은 이런 종교지도자들 가운데서 분명한 목소리를 내는 사람으로 두드러지는 인물입니다. 그의 선구적인 저서 「죄악 속에 사는가?」(*Living in Sin?*)에서 그는 웅변조로 이렇게 묻고 있습니다 : "총명하고 최선을 다하는 새 세대에게 아마 만 열두 살부터 시작할 사춘기에 일어나는 성적 충동을 대학을 마치는 때까지, 예컨대 스물 다섯 살까지 억눌러야 한다고 말하는 것이 도덕적인 사회의 정당한 요구입니까? 생물학적 현실과는 철저히 괴리된 하나의 윤리적 기준이 존속하리라고 기대할 수 있습니까? 사실이 말해 주는 바는, 그 기준이 존속하지 못했다는 것입니다."[5] 그리고 나서 그는, 전통적인 기준들을 강화하고자 하는 데 이용되어 왔던 낡은 죄의식이 급격히 약화되고 있다는 것을 관찰하고 있습니다.

청년층 독신자들과 이혼한 사람들 다수가 아마 성에 관한 사회의 진부한 구속으로 여겨지는 것을 무시하기로 마음먹는 듯합니다. 성적으로 왕성한 십대들은 종종 반항적으로, 피임기구없이 무책임하게 그렇게 하곤 합니다. 결과는 원치 않는 임신이라고 하는 전염병입니다. 과부와 이혼자들 중에는 50대 초에 과부가 된 미쉘이 느끼는 것과 비슷한 감정과 투쟁하고 있습니다. 미쉘이 상담센터에 온 이유를 이렇게 말했습니다. "나의 외로움과 성적인 욕망, 한 남자와 가까워지고 싶은 소원 같은 것을 처리하려고 애써 온 방법들에 대해서 죄의식에 시달려, 나는 갈갈이 찢겨져 나가는 심정이에요." 상호 애정과 신뢰, 헌신의 건강한 관계가 아닌 성적 문란과 이른바 레크리에이션적인 성은 기혼자들뿐만 아니라 많은 독신자들에게도 여전히 엄청난 고통을 초래합니다.

성적 전인건강을 위한 지침

수많은 독신자, 비독신자들에게 성은 기쁨보다는 고통을, 쾌락과 만족과 행복보다는 좌절과 절망을 더 많이 낳고 있습니다. 흔히 성은 사람들의 내면에서, 그리고 사람들의 친밀한 관계 속에서 전쟁터가 되곤 합니다. 성은 때때로 황홀감을 나누는 연인의 침실이라기보다는 가시방석이 됩니다. 이렇게 되는 데는, 성에 관한 우리 사회의 가치관과 규범들이 혼란과 혼돈을 겪는 과도기에 처해 있다는 사실을 포함해서 많은 이유들이 있습니다. 그 가치관과 규범들은 건설적이고 기쁨을 주는 성적 행동을 위한 새로운, 혹은 의지할 만한 지침을 거의 제공해 주지 못합니다. 이로 인해서 어떤 사람들의 성생활은 마치 방향키없이 폭풍 속에 흔들리는 배와 같습니다. 따라서 많은 이들이 오늘의 진짜 세상에 적합한 지침, 다시 말해서, 사람을 존중하고, 생명을 긍정하는 내적 지침을 찾고 있는 것입니다.

당신의 전인적인 건강에 이바지하기 위해서 성은 다음과 같은 것이어야 합니다 :

▷ 성은 진정한 자기 사랑과 더불어 헌신과 지속성, 상호 존경과 정직함, 신뢰를 특징으로 하는 상호 애정의 관계 속에서 존재해야 한다.
▷ 관계된 사람들에게 육체적으로 안전해야 한다.
▷ 원치 않는 임신을 방지하기 위한 가장 효과적인 방도를 이용해야 한다.
▷ 자기들의 성감과 취향을 포함해서 성의 파트너 두 사람에게 정말로 문제가 되는 것들에 관한 원활한 의사소통이 이루어짐으로써 강화되어야 한다.
▷ 두 사람 관계의 다른 측면들도 풍요롭게 해줄 수 있어야 한다.
▷ 존경심과 자존감(self-esteem), 책임감있는 향락을 증대시키고, 일상의 스트레스로부터 미니휴가를 즐길 수 있도록 해야 한다.

당신의 전반적인 건강에 이바지하기 위해서 성은 다음과 같은 것이어서는 안 됩니다 :

▷ 죄의식과 수치심, 공포, 반항, 무책임성으로 괴로워하는 것이어서는 안 된다.
▷ 성은 강요되거나, 정복욕이라든가, 타인에 대한 힘의 행사, 신체적, 심리적 폭력에 대한 충동에서 표현되는 무력감에 근거한 것이어서는 안 된다.
▷ 성은 성중독증에서처럼 거기 사로잡히거나 충동질당하는 것이어서는 안 된다.

▷ 원치 않는 임신을 초래하면 안 된다.

▷ 성을 매개로 옮는 질병들을 퍼뜨려서는 안 된다.

▷ 재미없고, 지겨우며, 기계적인 것이어서는 안 된다.

　분명히, 우리 인간에게 성이란 생물학적 충동 이상의 것입니다. 성은 또한 다양한 정서적 욕구들과 인간관계적 욕구들을 충족시키고자 하는 한 방법이기도 합니다. 이런 욕구들 가운데 어떤 것은 건강하고 건설적입니다—사랑과 친근함, 즐거움, 애무, 돌봄, 초월적인 황홀경을 누리고 싶은 욕구들처럼 말입니다. 그러나 또 한편으로는 해로운 욕구들이 있으니, 남을 조종한다거나 지배, 정복하려는 욕구, 해치려는 욕구, 불안한 자존감을 떠받치려는 욕구, 자기의 남성다움이나 여성다움을 증명하려는 욕구 따위입니다. 만일 성을 통해서 사람들이 충족시키고자 하는 욕구들이 주로 손상된 자존감과 무력감에서 나오는 것이라면 성은 고통과 문제들을 가져오기 쉬울 것입니다. 만일 그 욕구들이 대체로 건강하다면, 성은 사람들의 온전성을 높이고 그들의 사랑을 키워 줄 것입니다.

　성적 기쁨은 너무나도 가치있는 것이어서 그것을 원하는 무수한 사람들의 생활에서 없어서는 안 되는 것입니다. 신학자인 카터 헤이워드(Carter Heyward)는 성적 쾌락을 "더 높은 단계의 정당화가 필요없는 즐거운 관계적 사건"(a delightful relational happening that needs no higher justification)이라는 견해를 가지고 있습니다.[6]

　이 장의 나머지 부분에서는 당신의 성생활의 기쁨과 전인건강을 드높이기 위한 열 가지 실제적인 전략들이 기술됩니다. 이 전략들은 제 5장에 나오는 의사소통 기술들을 기초로 한 것입니다. 만일 당신이 이 장을 파트너와 함께 읽고 있다면, 각자의 전략을 기술한 뒤에 잠시 멈추고서 당신들이 어떻게 그것을 사용할 것인지 토론해 볼 것을 권합니다. 만일 이 장을 혼자 읽고 있다면, 멈추고서는 당신의 성생활을 활기있게 하기 위해서 특정한 방법을 이용하는 데 대한 당신의 생각을 적어 보십시오.

성적 행복을 높이는 전략 1.

　당신들의 전체 관계를 사랑넘치는 의사소통으로 가꾸어서 우정이 깊어지고 서로에 대한 사랑이 자라나도록 하십시오. 여러 해 동안 부부상담과 결혼성장 프로그램을 해온 결과 자기들의 관계를 애정깊게 돌보는 부부들이 자존감과 사랑의 성장을 체험하기 쉽고, 그 체험이 보통은 그들의 성적 정열과 행복감을 함께 풍요롭게 해준다는 사실을 나는 확신하게 되었습니다.

　헌신과 돌봄이 깃든 지속성있는 관계에서는(하룻밤 정분과 같은 피상적인 성과는 반대로) 성이 그 관계 속에 존재하는 다른 모든 것과 뒤얽혀 있고, 또한 다른 모든 것을 채색합니다. 그러므로 성이란 그 관계가 처해 있는 대체적인 정서적 기상도(氣狀圖)를 알려 주는 지표인 것입니다. 관계라는 것은, 상호 돌봄과 존경과 갈등해소 기술을 통해서 그 안에 우정과 정직성과 애정과 성장이 존재하게 된다고 말합니다. 그런 부부의 성생활이 재미있고 만족스러울(물론 갈등이 없지 않더라도) 확률은 높습니다. 만일 관계가 부정직과 상처와 분노로 가득 차 있고, 서로를 지배하려 든다면, 그 부부의 성생활의 활력은 아주 감소해 버립니다.

성치료에서는 부부로 하여금 전문적인 도움을 청하도록까지 만든 성적인 문제에 일차적인 초점을 맞추는 것을 피하는 것이 유익한 경우가 종종 있습니다. 그들이 사랑을 키워 주는 의사소통과 갈등해소 기술을 배울 때에야 비로소 성적 이슈들이 눈에 띄게 향상되는 경우가 보통입니다. 성이 너무 무미건조해진―성적 억제라고 불리는 상태에 처한―부부들에게도 마찬가지입니다. 대부분의 부부들에게 성은 중요한 것이지만, 그들의 행복을 결정짓는 유일한, 혹은 주요한 요인은 전혀 못됩니다.

성감(sexual responsiveness)은 우리의 성기가 아니라 우리의 머리에서 시작됩니다. 성이란, 우리 인류가 가족으로 결속되어 내려 온 숱한 세월에 걸쳐 발전시킨 모든 다른 언어적, 비언어적 의사소통 수단과 뒤얽혀 있는 하나의 강력한 의사소통 방법입니다. 당신의 관계 전반에 걸쳐 사랑이 있는 의사소통(caring communication)을 증대시키는 것이라면 무엇이든지 당신 성생활을 가꾸어 주고 활기넘치게 해 준다는 사실은 결코 놀랄 일이 아닌 것입니다.

관계의 온전성을 다룬 장(제 5장)에 기술되어 있는 사랑을 육성하는 다양한 의사소통 도구들은 성에 관한 의사소통과 민감성을 증진시키는 데 활용될 수 있습니다. 이 도구들 가운데 정열을 일깨워 주는 데 가장 적절한 도구는 당신 파트너에게 따뜻하고 솔직한 감사를 표현하는 것―'계획적 관계촉진방법'(Intentional Relationship Method)의 첫걸음―입니다. 사랑하는 사람에게서 듣는 감사의 말은 우리 각 사람 속에 존재하는 남신(男神)과 여신(女神)으로부터 나오고 그 신을 위하여 있는 맛있는 음식과 같습니다. 그것은 또한 강력한 효력을 나타내는 심리적 성욕촉진제이기도 합니다. 이 실행의 갈등감소 부분(2. 3단계) 역시 서로 승자가 되는 타협을 통해 거리감을 일으키는 문제와 감정들을 해소함으로써 성적 행복을 증진시킵니다.

성적 행복을 높이는 전략 2.

당신 관계의 친밀성이 갖는 다른 측면들을 풍요롭게 하는 데 초점을 맞추십시오. 그러면 성적 친밀성은 꽃피어나기 쉬울 것입니다. 이것은 첫 번째 방법의 한 변형입니다. 다음에 제시되는 것은 여러 측면들이 있는 당신의 친밀성 안에 감춰져 있는 보물을 발견하고 갈고 닦는 도구입니다.[7]

친밀성 점검표

✍ **방법** : 친밀성이 지니는 각 측면의 앞에다 1~5까지의 숫자를 쓰십시오. 1이 의미하는 것은 "이것은 파트너와 함께 내가 채우고 싶은 친밀성이 진공상태에 있다."는 뜻이며, 3은 "우리는 상당히 잘하고 있지만 이 면을 발전시키고 싶다."는 것이고, 5는 "우리는 이 차원에서 훌륭하게 해내고 있다."는 뜻입니다. /

당신과 당신의 파트너가 이 장을 함께하고 있다면, 각 사람은 이 점검표를 따로 읽어야 합니다. 만일 당신이 혼자 하고 있다면, 자신의 친밀성 욕구에 관해서 당신이 할 수 있는 모든 것을 발견하고, 그것을 당신의 관계들 속에서 어떻게 더 충분히 채울 수 있을까 하는 것을 발견하기 위해서 이 일람표를 사용하십시오. /

혼자 사용하고 있다면, 이 점검표를 다 마친 후에 당신이 배운 바를 명상하고 나서 당신의 '자기관리일지'에 변화를 위한 당신의 계획에 대해서 몇 자 쓰십시오. /파트너와 함께 작업하고 있다면, 두 사람의 답을 비교해 보고, 서로 일치하는 것과 일치하지 않는 것의 의미를 놓고 토론하십시오. /한 사람이나 두 사람 모두가 개선을 원하는 부분에서는 친밀성을 높이기 위해서 당신들이 취할 수 있는 어떤 구체적인 조처들을 쏟아부어 놓고, 당신들이 함께 동의하는 생각과 계획들을 적어 두십시오.

_____ **의사소통 친밀성**=애무를 포함해서 언어적, 비언어적인 의사소통을 통해서 더욱 연결되어 있음을 느낌

_____ **갈등 친밀성**=괴로운 서로의 차이들을 해결하기 위한 투쟁과 공정한 타협을 거쳐서 느끼게 되는 결속감

_____ **위기 친밀성**=위기와 손실에 건설적으로 대응함으로써 오는 친근함

_____ **일 친밀성**=공통된 일거리를 함께함으로써 오게 되는 유대감

_____ **놀이 친밀성**=장난과 놀이와 그저 아무것도 안 하는 것을 함께 즐기는 것을 통해서 즐겁게 하나된 느낌

_____ **정서적 친밀성**=서로의 감정 주파수에 맞추어 정서적 공명을 함께하는 것

_____ **지성적 친밀성**=서로에게 자극을 주는 생각과 도전이 되는 이슈, 책의 세계를 공유함으로써 갖게 되는 친근함

_____ **영성적 친밀성**=당신 내부의 초월적인 능력(Higher Power)에 대한 절정경험을 나눔으로써 느끼는 유대감

_____ **개별화 친밀성**=서로의 자율성과 차이와 개인적 성장을 위해 홀로 있고 싶은 욕구를 존중함으로써 오는 연결의식

_____ **돌봄 친밀성**=맑은 날이나 궂은 날이나 서로서로를 돌보고 염려해 주는 데서 오는 친근함

_____ **창조적 친밀성**=무엇인가를 같이 창조하는 것-자녀를 키운다거나, 가정이나 사업을 일으키는 것, 공유하는 꿈을 실현하는 것-을 통해 연결됨을 느끼는 것

_____ **심미적 친밀성**=미적 체험을 공유함으로써 느끼는 유대감

_____ **외부에 대한 헌신 친밀성**=공통된 가치관을 갖고서 남을 돕고 지구를 건강하게 만들 목적으로 손에 손잡고 투쟁함으로써 획득하는 친근함

_____ **여정 친밀성**=인생 여정의 우여곡절을 함께 겪은 결과 깊어지는 동질감

_____ **성적 친밀성**=성적 즐거움을 통한 몸-마음-영혼의 일치

성적 행복을 높이는 전략 3.

당신들 내부에, 그리고 당신들 사이에 존재하는 감정의 찌꺼기들-풀리지 않은 상처, 분노, 짜증, 부당함, 인정받지 못한 느낌 등을 정기적으로 청소하십시오. 특히 성적으로 친근해지려고 하기 전에 그렇게 하십시오. 이를 무시하는 것은 중년부부 사이에서 성욕을 저하시키는 가장 빈도높은 원인입니다. 깊은 갈등을 안고 있는 부부들이 결혼과 성상담을 받으러 올 때 나는 종종 얼음으로(아니면 불로) 된 장벽이 그들 사이에서 자라고 있는 것 같다고 느낍니다. 그들이 이 괴로운 감정들을 해결짓지 못한다면 그 장벽은 그들 사이의 소통과 관능적인 에너지의 흐름을 점점 더 차단하게 될 것입니다. 아니면, 성은 서로를 좌절시키는 방식으로 자기들이 입은 상처를 터뜨려 내는 전쟁터가 될 수도 있습니다. 공정한 타협으로 해소될 필요가 있는 갈등 가운데는 성적 욕망의 차이도 포함될 수 있습니다.

20대 후반인 마지와 제프는 제프의 성불구증세 때문에 치료받으러 왔습니다. 그의 문제는 그들의 전체적인 관계가 주는 괴로움에서 오는 증세라는 것이 판명되었습니다. 그것은 두 사람 모두에게 더 큰 고통을 초래했고, 다시금 그의 성불구를 악화시켰던 것입니다. 치료를 받으면서 그들이 발견한 것은, 제프가 마지에게 분노를 느끼지만 스스로 이를 받아들이지 않거나 솔직하게 반응하지 않을 때마다 그는 자기 표현대로 '그 놈을 서게 할' 수가 없었다는 사실입니다. 제프는 점차로 자기 분노를 가지는 것과 그것을 말로 표현하는 것을 배우게 되었습니다. 그리고 마찬가지로 중요한 것은, 두 사람이 그들의 분노를 낳았던 고통스러운 갈등들에 대한 공정한 해결방법을 두고 협상하는 데 필요한 기술을 배우게 되었다는 사실입니다. 제프의 성불구증세는 점차 약화되었고, 성생활을 포함해서 그들의 전체적인 관계가 더 신나고 사랑넘치게 되었습니다.

성적 행복을 높이는 전략 4.

당신의 관계가 공정하고 평등하고 두 사람 모두에게 성장을 촉진시키는 것이라면 무엇이든지

하십시오. 만일 이렇게 한다면 당신의 성적 친밀성을 비롯해서 당신의 창조적 친밀성의 깊이가 더 깊어지기 쉬울 것입니다. 가장 깊숙하고 가장 완성된 형태의 친밀성이란 진정한 평등관계 속에서만 심리적으로 가능합니다. 한 쪽이 올라가고 다른 한 쪽이 쳐지는 관계 속에서 일어나는, 남을 농락하고 서로 멀리하는 조종과 파워게임임을 평등한 관계의 사람들은 하지 않습니다.[8] 당신의 가장 가까운 관계 속에서 공정성을 키움으로써 우리가 살고 있는 성차별 사회에서 남녀간에 그처럼 만연해 있는 상호 조작게임들을 당신은 줄여가게 됩니다.

여성의 자기 정체성(self-identity)이 급진적으로 변화하는 이 시대에, 그래서 가까운 남녀관계에 심각한 변천이 일어나는 이 시대에, 많은 부부들이 더 공정하고 더 평등한 관계맺기의 방법들을 모색하고 있습니다. 이러한 시대에는 남녀관계가 무거운 불안의 짐을 지워 줍니다. 이런 환경 속에서 성문제가 확산되고 있다는 것은 놀라운 일이 아닙니다. 자기 인생에 함께하는 여자들로 하여금 보조적인 방법으로 행동하게 함으로써 그녀 자신의 진짜 지성과 힘을 감추도록 하는 것에 자기의 내적 힘과 가치 확인 여부가 달려 있는 남자들이 있습니다. 그런 남자들은 어느 날 여자들이 더 이상 이런 식으로 나약한 남성에고를 과잉보호하지 않겠다고 결심할 때 뿌리깊이 흔들리고 맙니다. 그 남성들의 심리적 성불구는 성적인 부분에서 표현될 수도 있습니다. (여자들과 달라서) 남자들은 여기서 겉으로 아무렇지도 않은 채 성생활을 할 수가 없습니다.

나는 언젠가 한번 인간의 성에 대한 강의를 듣는 학생들에게 구두로 질문하기에는 당황스러울 법한 민감한 이슈들을 제기할 수 있도록 서면으로 질문을 하도록 권해 본 적이 있습니다. 근심에 찬 한 남학생이 이런 질문을 썼습니다 : "남성의 전능의식(omnipotence : 성불구 impotence와 대조되는 말)은 어떻게 고칩니까?" 그의 유머 있는 문구는 사실상 많은 남성들이 오늘날 직면하고 있는 괴로운 문제를 가리키고 있습니다. 인생의 동반자 여성들이 케케묵은 남녀 불평등관계는 고쳐져야 한다고 주장할 때 자동적으로 한수 위를 차지했던 위치에서 밀려난 듯한 느낌을 남성들이 가지면서 그런 일이 일어납니다.

당신이 남자라면, 당신의 성이 당신 자신과 당신의 파트너를 위해 더 온전해지도록 돕는다는 것에는 자기 자신을 재프로그래밍하는 일도 결부될 것입니다. 아마 필요한 것은 당신의 태도와 감정에서 성과 힘과 자기 가치라고 하는 문제들을 따로 구분하는 일일 것입니다. 이렇게 하는 만큼만 당신은 자기 성기가 별로 크지 않다는 느낌에 사로잡히는 낡은 짐보따리를 벗어버리고 성을 더 자유롭게 즐길 수 있을 것입니다. 이 널리 퍼져 있는 고민은 여자와의 관계에서나 남자와의 관계에서나 자신의 남성다운 힘과 능력을 증명해야만 한다는 강박관념의 한 상징입니다. 이 낡은 프로그래밍에서 오는 자기도 주체 못하는 충동은 여성에 대한 성적 공격성에 불을 지릅니다. 또한 남성의 성이 충동에 사로잡히면 '실패'가 더 일어나게 되고 그것이 일어날 때 참담한 지경으로 만듭니다. 그러나 남성의 성은 남녀간의 정서적 친밀성을 가로막는 장벽인 것입니다. 이것은 성에서 그 최고의 황홀감을 박탈해 버리고, 많은 남성들이 성과 영성의 달콤한 상호 연관성을 알지 못하도록 방해합니다. 남성으로서 우리들은, 그 '사나이 프로그래밍'으로부터 우리의 남성적 정체성을 해방시킴으로써 얻어야 할 것이 많이 있습니다. 여기에는 진정한 남성의 힘은 무엇인가 하는, 깊은 감정 차원에서의 재정의가 내려져야 할 필요가 있습니다.

성적 행복을 높이는 전략 5.

당신들의 내면에 있는 아동과 자주 같이 놀도록 하십시오. 가정전문의이며, (자기 아버지처럼) 유머리스트이기도 하고, 성문제 상담가인 스티브 알렌(Steve Allen, Jr.)은 잠자리에서 경직되는 느낌을 갖는 부부들을 위해 장난스러운 치료법을 한 가지 고안해 내었습니다. 그가 내리는 처방은, 너무 심각해지지 말고 변덕스러운 기분으로 함께 요란스럽게 웃어보라는 것입니다. 그는 선언하기를, "성은 기껏해야 굉장한 놀이일 뿐"이라는 것입니다.[9] (상처받았을 때는 함께 울 뿐만 아니라) 빈번히 함께 웃고 노는 부부들은 사랑을 나눌 때도 더 장난스러운 것이 보통입니다. 당신의 관계에 웃음의 빛깔이 물들어 있으면 당신이 안고 있는 문제들을—성적인 문제를 포함해서—너무 심각하게 받아들이는 덫을 피하는 데 도움이 됩니다.

대인관계분석(TA : transactional analysis)의 용어를 빌리자면, 우리 인격에 존재하는 남에게 책임감을 느끼는 부모문제가 되는 현실을 감당하는 성인에 고착되기가 쉽습니다. 건강하고 즐거운 성은 당신 인격의 성인과 부모 모두를 쉬게 하는 쾌락의 휴식시간을 가져 당신의 아동이 감각적으로 신나게 뛰어놀도록 하는 것입니다. 우디 알렌(Woody Allen)이 관찰한 바로는, 성은 스트레스를 줄여 주지만 사랑은 스트레스를 증가시킨다는 것입니다. 다행스럽게도, 성과 사랑은 한데 결합시킬 수만 있다면 서로를 상승시켜 줄 수 있답니다!

성적 행복을 높이는 전략 6.

서로의 즐거움을 키워 주고 성적 민감성을 일깨우기 위해서 성 치료법의 기본 원리와 방법에 순응하십시오. 성적 민감성이 감퇴되는 문제들은 때때로 장기적인 심리치료를 필요로 하는 깊은 심리적 장애에 근거하는 경우가 있습니다. 그러나 그보다는 다른 원인이 있는 경우가 더 흔합니다. 그것은 두 가지 면에서 잘못 학습된 데 원인이 있습니다. 한 가지는, 어린 시절에 학습한 성에 대한 부정적 감정입니다. 다른 한 가지는, 효과적인 자기 만족과 상호 만족의 기술을 학습하지 않았다는 것입니다. 성치료에서 동원하는 많은 방법은 통상적인 의미에서의 치료가 아니라 그저 단지 개별적으로 행하는 재교육일 따름입니다. 부부들은 서로 관련된 두 가지 체험들을 통해서 점점 성행위 불안증(실패하면 어쩌나 하는 공포심)을 극복하고 더욱 성을 긍정하는 태도와

"나는 맑은 날씨와 청결과 건강에 좋은 그림에 대해 이야기해야 합니다. 팝콘이 위생적이지 못하다는 것에 대해서도."

감정을 발전시키게 됩니다. 그들은 처방된 대로 '성감대에 집중하는' 쾌감 기술을 여유롭게 실행하는 데 시간을 할애하게 되는데, 이때 치료전문가와 책에서 받은 조언을 참고합니다(이 장의 권장도서목록을 참조하라). 그들의 행동에서 건설적인 변화가 점차 일어나 그들의 감정과 태도에 긍정적인 변화를 낳게 됩니다. 뿐만 아니라, 성

✽ 전인건강훈련 ✽

전인건강을 위한 쾌락훈련 : 여기 당신의 생활과 친밀한 관계들의 쾌락지수(PQ : Pleasure Quotient)를 높일 수 있는 장난스럽고 좌우 두뇌를 다 동원하는 훈련이 있습니다.

신속하게 6분 동안 이 문장을 가능한 한 여러 번 완성하십시오. 답을 적어 내려 가면서 말입니다 : 이 장난스럽고 감각적이며, 혹은 성적인 행위를 나 자신과, 또 가능하다면 내 배우자나 애인과 함께 훈련해 보면 재미있을 거야.

실제로 그런 일이 일어날 가능성에 대해서 걱정하지 말고 바보스럽든 감각적이든, 들떴거나 재미있거나간에 당신이 할 수 있는 것을 모두 열거해 보면서 당신의 환상이 한바탕 즐거운 장난을 치도록 하십시오./

그리고 나서 다음 한 주간 동안 이 감각적이고 재미있는 것 가운데 두세 가지를 실행할 계획을 세우기 위해서 당신이 쓴 목록을 이용하십시오. 만일 당신이 파트너와 함께 이 훈련을 하고 있다면 당신 두 사람이 쓴 목록을 토론해 보고, 두 사람 모두가 재미있고 실제로 할 만하다고 여기는 즐거운 일을 적어도 열 가지 찾아보고, 다음 한 주간 동안 해볼 두세 가지를 고르십시오. 즐기십시오! 각 주마다 해볼 것을 적어도 두 가지씩 계획을 세우십시오.

에 대한 그들의 부정적 태도가 변화하여 치료전문가가 보여 주는 지식에 기초하고 쾌락을 긍정하는 태도를 자기 것으로 만드는 것입니다.

성적 행복을 높이는 훈련

성치료법에서 따온 다음과 같은 자조적(自助的) 접근방법을 실습해 보십시오.

자기 탐색과 발견 : 사람들이 쾌감을 느끼는 취향은 엄청나게 다릅니다. 만일 당신이 가장 쾌감을 느끼는 부위들을 발견하기 위해서 자신의 몸 전체를 탐색해 본 적이 없다면 아래 나오는 다른 실습들을 해보기 전에 이 조사작업부터 시작하십시오. 시간을 들여서 여유있게, 또 철저히 이 작업을 즐기도록 하십시오.

당신의 성생활 나누기 : 만일 당신과 성관계를 갖는 상대방이 있다면 이 훈련은 당신의 성관계를 증진시킬 수 있는 방법들을 솔직하게 토론할 수 있게 도와줄 것입니다(이는 '계획적 관계촉진방법'(Intentional Relationship Method)을 변용한 것이다). 당신들 두 사람 모두가 자신과 그 관계에 대해서 상당히 좋다는 느낌을 가질 때 당신들의 성생활에 관해서 이야기할 시간을 한시간 가량 내십시오.

🕐 단계

시작하는 토론을 이런 물음들에 초점을 맞추십시오. /당신 파트너의 몸과 당신들의 성생활에 대해서 당신은 얼마나 그 진가를 인정합니까? 당신의 파트너가 어떻게 할 때 진정으로 뜨거운 자극을 받으며 가장 감각적인 쾌감을 얻습니까? (여기서 슬쩍 비판으로 벗어나지 마십시오. 단지 당신이 인정하는 것을 표현하는 데 머무르십시오.)

🕑 단계

당신의 성생활에서 어떤 점을 더 좋아하고 어떤 점을 덜 좋아합니까? 당신 몸의 어떤 부위가 애무나 키스, 입으로 빠는 것을 즐거워하며, 당신 파트너의 입술이나 혀, 손, 성기로 사랑받기를 좋아합니까? 성행위를 더욱 만족스럽게 만들어 주는 것을 서로 자세히 이야기하십시오. /이 성에 관한 대화시간에서 당신이 얻은 생각들을 적어 두십시오. /이런 것들에 관해서 이야기 나누면서 어떤 느낌을 받는지 토론하십시오.

🕒 단계

당신의 성생활을 더 활기차게 만들기 위해서(혹은 침체해 있다면 깨어나게 하기 위해서) 당신들은 함께 무엇을 할 수 있습니까? 당신들의 애정생활을 활기있게 하기 위한 계획을 같이 세워 보십시오. 처음부터 서로 충돌하는 욕구와 갈망들을 해결하려고 하는 것은 피하십시오. 만일 어느 한 쪽이 받아들일 수 없다고 여기는 어떤 것을 다른 한 쪽에서 원한다면 일단 그 갈등을 적어 놓고서, 당신들의 성생활에서 서로 합의할 수 있는 부분에서 상호 만족감을 높이는 일부터 시작하십시오.

장기적인 성관계에 있어 모험과 다양성을 유지하려면 창조적인 놀이를 이용할 필요가 있습니다. 만일 '정상체위'라든가 항상 같은 시간에 침실에서 사랑을 나누는 것이 싫증난다면 사태를 멋지게 만들기 위해서 창의력을 발휘해 보면 어떨까요? 다양한 체위를 시도해 보십시오. 아니면 비내리는 (혹은 맑은) 어느 오후 당신의 에너지 수위가 높고 느긋한 기분으로 사랑을 즐길 만하다 싶을 때 몇 시간을 따로 내십시오. 주위환경을 (음악이나 촛불, 꽃, 천장에 단 거울 등으로) 관능적으로 다시 꾸미십시오. 성생활의 지루함을 씻어 버리고 성욕의 불길이 일어나도록 하려면, 대그마 오카너(Dagmar O'Connor)의 「일생토록 같은 사람과 사랑하는 법 그리고 그것을 사랑하기」(*Make Love to the Same Person the Rest of Your Life, and Still Love It*), 조셉 노윈스키(Joseph Nowinski)의 「평생의 연애사건」(*A Lifelong Love Affair*) 같은 책들이 적절한 방안들과 성에 관한 메뉴를 제공하고 있습니다.

성적 흥분주기의 각 단계를 즐기는 시간을 연장하는 것도 성에 관한 조사연구와 성치료법에서 배울 수 있는 또 하나의 가치있는 부분입니다. 윌리엄 매스터즈(William Masters)와 버지니아 존슨(Virginia Johnson)이 제시하는 성적 흥분주기 단계는, (1) 성적 흥분이 점차 일어나는 단계, (2) 절정감없이 높은 흥분상태를 상당 시간 유지하는 단계(높은 수준의 안정기), (3) 오르가즘, (4) 두 사람이 따스한 친근감을 주는 달콤한 기억을 즐기는 해소단계 등입니다.

여기 성치료법에서 배울 수 있는 두 가지가 있습니다. 한 가지는 비판적 부모(혹은 심판하는 내면의 부모)에게 권한을 주지 않는 것인데, 비판적 부모는 사람들이 성감문제를 겪게 될 때 종종 끼어들곤 합니다. 많은 사람들이 잠재적인 금기사항과 콤플렉스가 일시적으로 되살아나는 경우를 겪습니다. 그런 경우들을 꼬치꼬치 물고 늘어지기보다는(이는 비판적인 부모에게 더 큰 발언권을 주는 것이다.) 그저 편안하게 아무런 요구할 것도, 잃어버릴 것도 없는 즐거운 기분상태에서 머무십시오. 이것은 또한 문제가 상존하도록 만드는 것을 피하는 최선의 방법이기도 합니다. 그저 지나가는 한 작은 사건 정도로 취급함으로써 당신은 상승하는 성취불안과 실패공포증이라고 하는 악순환에 빠져드는 것을 피하게 됩니다. 이 성취불안과 실패공포증은 성감문제가 생길 가능성과 다음에 또 성취불안을 더 크게 할 가능성을 증대시키는 것입니다.

성치료법에서 배울 수 있는 또 한 가지 가치있는 것은 삼중의 덫을 피한다는 것인데, 이는 성관계를 갖기 전에 과로하고, 급히 서두르며, 과음을 한다는 삼중의 덫을 피한다는 것을 말합니다. 많은 남성들이, 특히 50대 이후의 남성들이 이따금 발기문제를 겪습니다. 이것은 보통 이중 삼중의 덫 가운데서 한두 가지에 빠져드는 결과를 초래합니다.[10] 어떤 사람들에게는 술 한잔 정도가 내면의 부모를 잠재우고 장난기있는 아동을 일깨우는 데 도움을 주기도 하지만, 지나치게 많이 마시면 자기 몸의 성감을 저하시키게 된다는 사실을 명심하십시오.

성적 행복을 높이는 전략 7.

당신 몸에 잠재된 쾌락감각을 해방시키십시오. 당신이 어린아이였을 때 사랑을 표현하는 가장 의미깊은 언어는 접촉(touch)의 언어였습니다. 당신의 전체 몸−마음이 깨달은 사랑의 메시지는 따뜻하고 부드럽게 포옹과 애무를 받는 것이었습니다. 내면의 아동이 지니고 있는 이 접촉 언어의 갈구는 우리 인간들이 결코 졸업하지 못하는 갈구입니다. 그러나 완고하고 접촉이 별로 없는 가정과 문화권 속에서 어느 정도의 연령이 지난 어린이를 포옹하는 것과 어른과 어른의 접촉(특히 남자들 사이에서의 접촉)은 혐오적 태도와 색정 공포증에 의해 방해받고 있습니다. 이는 고도의 신체적 쾌락불안을 낳아서 죄의식이나 수치감없이 감각적인 만족감을 즐긴다는 것을 어렵게 만듭니다. 성적 충동과 민감성은 벙어리가 되어 버리거나 아니면 성이 중독을 일으켜서 성에 대한 생각에 많은 시간을 사로잡히도록 만들게 될 수도 있습니다.

유감스럽게도, 우리 문화권에서는 쾌락불안이 종종 혼자만의 성행위(자위행위)에 붙어다닙니다. 그것은 어떤 독신자들을 위해서, 그리고 결혼은 했지만 상대방이 멀리 있거나 병석에 있거나 혹은 자주 성관계를 갖는 데 흥미가 없거나 하는 사람들을 위해서 하늘이 준 선물입니다. 자위행위를 포함해서 자기 쾌감법(self−pleasure)을 배우는 것은 성치료법에서 여성의 억압된 성감을 일깨우도록 돕는다는 사실이 거듭 증명되었습니다. 일단 성감이 일깨워지고 나면, 본인이 원하는 경우 파트너와 더불어 즐길 수 있게 되는 것입니다. 자기 쾌감법에는 여러 가지가 포함될 수 있는데, 자기 마사지, 감각을 살리는 오랜 시간의 목욕, 부드러운 시트 등 당신의 성감대를 자극하는 것이면 됩니다. 내가 아는 어떤 부부는 하루일을 마치고 뜨거운 목욕탕에서 몸과 몸이 부딪치는 친근성을 즐기면서 긴장을 풀고(재결합하기 위해서) 이야기를 나눕니다. 신체자각훈련(body−awareness exercises)과 자기 쾌감법은 많은 사람들이 자신의 성감을 일깨우고 더 원기왕성하고 즐겁게 자기의 몸과 그 몸의 쾌감을 사랑하는 것을 배우도록 돕습니다. 더욱 생기있는 몸은 당신이 연인으로서 지니는 성적 민감성을 증진시키는 경향이 있습니다.

성적 행복을 드높이는 전략 8.

당신의 '감각적 영성' 능력을 개발하고 즐기십시오. 당신의 삶 속에 존재하는 종교와 성문제에 관해서 생각해 보십시오. 이들 양자는 친구입니까? 아니면 적입니까? 어쩌면 당신 인생의 단절된 두 부분에 존재하고 있는 낯선 자들입니까? 당신의 성생활과 영적 생활을 한데 결합시키는 것은 양자를 모두 풍요롭게 만들 수 있습니다.

✳ **전인건강훈련** ✳

자기관리훈련 : 당신 피부의 갈증을 충족시켜 주는 자기 가꿈의 방법을 즐기기 위해서 시간을 몇 분 내십시오. 얼굴과 머리 피부에 탄탄하고 부드럽게, 그렇지만 활기차게 마사지하십시오. 좋아한다면 발도 사랑스럽게 마사지하십시오. 자신에게 미니마사지라는 선물을 하는 동안 숨을 일부러 더 깊숙이 쉼으로써 당신의 몸 전체에 생기를 불어넣으십시오./

만일 이 짤막한 자기관리의 시간을 당신이 좋아한다면 당신 몸의 다른 부분도 규칙적으로 마사지하기를 권합니다.

기니와 덕은 자녀가 셋 있는 40대 중반의 부부입니다. 16년간의 그들의 결혼생활은 친밀한 관계에 있을 수 있는 보통의 기복을 겪었지만 대체로 무난했습니다. 그들이 만성적으로 갈등을 일으킨 주된 부분은 성문제였습니다. 덕은 더 자주 원했지만 성관계에서 만족을 거의 얻지 못한 기니는 별로 흥미가 없었습니다. 몇 해 동안 서로를 바꿔 보려는 곤혹스러운 시도를 한 끝에 그들은 두 사람 모두 패배감을 느꼈습니다. 성교를 하게 되면 두 사람 모두가 긴장을 느끼고 서두르게 되고, 대체로 만족감을 얻지 못했습니다.

이 부부는 마침내 이 문제에 관해서 자기들의 목사에게 이야기했습니다. 자기가 가진 시간이나 능력면에서 베풀 수 있는 것보다는 더 깊은 치료가 필요하다고 느낀 목사는 그 부부를 우리 상담센터로 보냈습니다. 여기서 그들은 그런 문제들의 심리학적, 인간관계적 차원과 더불어 영성적인 차원도 부부들이 다루도록 돕는 훈련을 받은 목회치료 전문가와 함께 상담하게 되었습니다.[11] 덕과 기니는 자기들이 겪는 갈등의 얼마쯤은 자기들의 성적 충동의 수준이 다른 데서 파생한다는 것을 발견했습니다. 그러나 또한 그들은 자기네의 지속적인 갈등 뒤에 숨어 있던 아주 오래된 어떤 감정들을 의식하게 되었습니다. 이 감정들 가운데 대부분이 어린 시절 초보수적인 교회에서 '성은 위험하고 나쁜 것'이라는 메시지를 내면화한 데서 온 것이었습니다. 지금 와서는 두 사람 모두 이런 교리를 거부했지만 그 오래 간직되어 온 감정은 여전히 그들 내면에서 위협을 주고 있었던 것입니다. 덕은 반항적으로 반응해 왔습니다. 이 때문에 그의 성적 충동은 충동에 떠밀려 하지 않고는 못 배기는 성향을 보였던 것입니다. 또 기니는 자신의 성적 충동에 대한 의식을 봉쇄해 버리는 반응을 보여 왔던 것입니다.

따로따로 혹은 함께 상담시간을 가지면서 그 상담치료자는, 그들이 종래의 그릇된 종교적 태도에서 성을 하나님이 주신 좋은 선물로 즐거워하는 태도로 바꾸도록 도왔습니다. 한 가지 숙제가 특히 그들에게 도움이 되었다는 것이 입증되었습니다. 그것은 제임스 넬슨(James Nelson)의 「육체화」(*Embodiment*)라는 책을 얼마만큼

✽ 전인건강훈련 ✽

성적-영적 전인건강훈련 : 만일 당신의 성욕을 감퇴시키는 태도와 감정들이 어린 시절의 경직된 종교적 훈련에 뿌리를 두고 있다는 의혹이 들면 기니와 덕이 성치료시간에 했던 이 실습을 해보십시오. 다음 10분 동안 이런 두 가지 질문을 자신에게 던지십시오. 두 눈을 감고 당신의 대답과 감정들에 집중하면서 말입니다. 하나님께서 우리가 성을 즐기도록 뜻하신 것이 아니라면 성을 놀림감으로 만들려 하셨을까? / 내가 만일 성을 하나님께서 책임감있게 뿐만 아니라 기쁘게 사용하라고 주신 선물이라고 진정으로 믿는다면 나의 성적 감정과 행동은 어떻게 변화할 것인가? /

몇 분 동안 당신의 '자기관리일지'에 당신에게 떠오른 생각과 이미지와 감정들을 적어 넣으십시오. / 그리고 나서 당신이 체험한 것을 파트너와 더불어 나누십시오.

같이 읽는 것이었습니다. 그들이 특별히 도움을 받은 구절은 이런 것이었습니다 : "우리는 하나님께 향하는 우리 사랑의 관능적이고 성적인 차원을 이야기할 필요가 있다. 정열과 힘이 결여된 하나님 사랑은 사람이나 하나님의 마음을 거의 기쁘게 할 수가 없다"(pp. 112-113). 나중에 그 상담치료자는 그들에게 헬렌 싱어 카플란(Hellen Singer Kaplan)이 쓴 「성치료법의 그림 지도서」(The Illustrated Manual of Sex Therapy)를 빌려주었습니다. 이 숙제들은 그들에게 어떻게 하면 더 큰 재미와 상상력을 가지고 사랑을 나눌 수 있는가 하는 데 대해서 어떤 시각적인 코치를 해줄 뿐만 아니라 허락을 받았다는 느낌도 주었습니다.[12] 이와 같이 하여 기니와 덕은 점차 자기네 성생활의 기쁨을 방해해 온 종교적인 뿌리를 끊어 버리게 되었습니다.

성적 행복을 높이는 전략 9.

당신의 현재 삶과 관계의 단계에 존재하는 특별한 낭만을 발견하고 즐기십시오. 성 전문학자들이 전하는 기쁜 소식에 의하면, 감각적인 즐김은 이어지는 인생단계마다 거의 무한정 지속될 수 있다는 것입니다. "그것을 사용하라. 그러면 잃지 않을 것이다."라는 말은 당신의 정신뿐만 아니라 당신의 성생활에도 해당되는 소중한 충고입니다. 노인을 차별하는 흔히 있는 오류는 성적 정열과 만족이라는 것이 주로 젊은 사람들에게 해당된다는 것입니다. 이것은 다음 두 가지 사실을 무시한 것입니다. 곧, 성적 기술은 실제로 하는 것을 통해서 향상될 수 있다는 것과, 친밀한 관계란 여러 해 동안 기쁨과 괴로움을 함께 나누는 것을 통해서 더 깊고 풍요로워질 수 있다는 것 말입니다. 중년 이상의 인생단계에 접어든 많은 부부들이 기쁘게 발견한 것은, 그들이 자기네 사랑을 계속 가꾸고 키워가기만 한다면 인생을 함께 헤쳐가면서 겪어 낸 우여곡절 속에서만 비로소 가능해지는 특별한 낭만과 친근함이 있다는 사실입니다. 이 흥분스러운 가능성에 관해서는 마지막 장에서 이야기하기로 합시다.

전인건강의 창

알렉스 캄포트(ALEX COMFORT)

런던 출신의 알렉스 캄포트는 그가 편집한 성에 관한 서적 두 권 때문에 널리 알려졌습니다. 그렇지만 그는 상당히 다양한 분야에서 창조적인 공헌을 폭넓게 한 여러 얼굴을 가진 르네상스적 인물입니다. 중점적인 평생의 작업은 노화과정에 특별한 초점을 맞춘 인간생물학입니다. 그는 또한 아동보건과 생화학 분야에 박사학위가 있는 의사이기도 합니다. 거의 20년에 걸쳐 그는 동물의 퇴화과정과 그것을 늦추는 방법을 연구했습니다. 그는 런던대학에서 노인학 연구소장으로 일하며, 런던 의과대학의 생리학 강사이기도 합니다. 또 「실험노인학」(Experimental Gerontology) 잡지의 창간인겸 편집인이었습니다. 생리학, 생물학, 노인학에 관한 교과서와 연구서적들을 썼지만, 그는 또한 시인이고 극작가이며 자기 이름으로 낸 소설책이 18권이나 되는 소설가입니다.

알렉스 캄포트는 많은 사람들이 더욱 자연스럽고 재미있게 성이라는 좋은 선물을 긍정하고 즐길 수 있도록 도움을 주었습니다. 그가 쓴 유쾌한 책 「성의 기쁨 : 성교 안내서」(The Joy of Sex : A Gourment Guide to Lovemaking)는 찰스 레이먼드(Charles Raymond)와 크리스토퍼 포스(Christopher Foss)가 그린 관능적이고 아름다운 천연색 삽화들을 크게 넣고 있습니다. 이 그림들은 모험이 가득한 성교의 자유로움을 즐기는 남녀 한쌍을 보여 줍니다. 이 책은 무수한 사람들이 자기 육체가 지닌 쾌감의 잠재력을 더욱 완전하게 발견하고 축하하도록 도움을 주었습니다. 그 속편인 「더

큰 기쁨 : 성의 기쁨으로 인도하는 성교 동반자」(More Joy : A Lovemaking Companion to the Joy of Sex)는 부부들이 너무도 중요한 성의 관계적 측면을 탐색하고 향상시키는 데 한차원 높은 도움을 주었습니다. 이 책은 성숙한 어른이 사람으로 성장하기 위해서 즐거운 성을 어떻게 이용할 수 있는가를 보여 주고 있습니다. 캄포트는 이렇게 선언합니다 : "우리가 받은 기본적인 문화적 교육의 잘못 때문에 우리는 세 가지 고민을 가지고 있다. 사람들은 위험하지 않은 존재라는 것을 우리는 배워야 하고, 육체는 수치스러운 것이 아니라는 것을 배워야 하며, 아무 득이 될 것이 없는 성적 감각이란 것이 어떤 식으로든 반사회적이지만 않다면 비정상적이거나 나쁜 것이 아님을 우리는 배워야 한다. 설령 우리가 이것이 진실임을 안다고 하더라도 우리 내면에 있는 어린이의 마음을 변화시키려면 때로는 육체적인 증명이 필요하기도 하다." 이 책은 많은 사람들이 육체적인 자연스러움에 대해서, 이를테면 접촉과 애정표현에 대해서 느끼는 굉장한 거부감을 줄이고자 하는 데 목적이 있습니다(p.10). 저자는 이렇게 관찰했습니다 : "부부가 좋은 성에서 얻는 기쁨의 절반은 상호간의 보상과 수용인 것이다"(p.8).

자기 확신을 지니는 용기를 가진 사람 캄포트는 인간의 전인건강에 중요하다고 간주하는 문제, 곧 성문제나 그 밖의 쟁점들에 관해서 논쟁거리가 될 견해를 표현하는 것을 결코 두려워 하지 않았습니다. 그는 인구문제, 기아, 환경파괴 같은 전세계적인 문제

에 관한 혁신적인 접근방법들과 국제적 협조를 위해서 일해 왔습니다. 그는 건강한 지구 위에서 인간 가족에게 좋은 삶을 제공할 수 있는 유일한 장기적 선택으로서 인구성장률 제로를 일찍이 주창한 사람이었습니다. 장기적인 정치적 행동가인 그는 제 2차 세계대전 동안 양심적인 반전운동가였고, 연합군의 비군사 목표물에 대한 무차별 폭격을 공격하는 그의 발언 때문에 그는 방송 출연 금지 인물로 얼마 동안 지목된 바 있습니다. 1962년에는 런던의 트라팔가광장에서 열린 대규모 "폭격 금지" 데모를 조직하는 것을 도왔다는 혐의로 투옥되었습니다. 몇 해 동안 캄포트는 캘리포니아주 산타바바라에 있는 '민주제도연구소'(the Center for the Study of Democratic Institutions : 현대 사회의 근본 문제들을 해결하는 데 헌신하는 학자들의 국제적인 두뇌집단)에 관계한 바도 있습니다.

노인학과 성적 즐거움에 관한 그의 의미

깊은 기여뿐만 아니라 알펙스 캄포트는 보통 사람들이 노년에 활기와 정력과 재미(성적 재미를 포함해서)를 지속시키고 발견하도록 돕는 작업을 해왔습니다. 마이클 레너드(Michael Leonard)가 그림을 그린 그의 안내서 「좋은 시절」(A Good Age)에서 그는 중년 이후의 사람들에게 지금 열려 있는 보람있는 선택 가능성과 새로운 기회들을 보여 주는 숱한 사례를 폭넓게 제시하고 있습니다. 도전적인 행동주의 어투로 그는 선언하기를, 단지 시간이 경과했다는 이유만으로 핵심적인 부분에서는 여전히 젊을 수 있는 사람들의 역할에 사회가 붙여 놓은 딱지, 곧 엉터리니 별볼일 없는 자라니 하는 딱지와 맞싸우는 것을 늙은이들이 배우는 것이 시급하다고 했습니다. 그 특유의 유머로 그는 다음과 같이 관찰했습니다 : "두 주간 정도는 은퇴할 만한 이상적인 기간이다." 나도 찬성합니다(이 정보의 대부분은 *Current Biography*, 1974, pp.80-83에서 따온 것임).

성적 행복을 높이는 전략 10.

당신 몸을 더 사랑하십시오. 그러면 당신의 성생활은 아마 향상될 것입니다. 바른 운동과 바른 식생활로 당신 몸을 적절히 유지하면 당신의 성적인 즐거움이 향상될 수 있습니다. 특히 40세가 넘었을 경우에 말입니다. 조사연구가 벤틀리 칼리지(Bentley College)는 수영시합에서 모두 활발한 모습을 보인 40~80세까지 된 사람들 160명을 연구한 적이 있습니다. 그들의 성생활은 30대 초반이나 심지어 20대 후반의 사람들과 아주 비슷하다는 점이 발견되었습니다. 성불구에 관한 의료전문가들은 포화지방과 그 밖에 콜레스테롤이 많은 음식을 섭취하는 데서 오는 혈관 막힘이 남성의 성기 주위에 혈액순환을 저하시킴으로써 발기문제를 야기할 수도 있다고 추측합니다.[13]

만일 모든 '혼자 해보기' 방법들이 당신이 그토록 원하는 만족을 주지 못한다면 어찌할까요? 아니면 당신이 만성적인 성기능 장애에 시달린다면 어찌할까요?(남자들에게는 조루증, 만성 발기불능, 사정 지연증 등이고, 여자들에게는 불감증, 오르가즘 장애,

과민성 질경련 등이 있다.) 만일 당신이 심각한 쾌락불안감이라든지 육체로부터의 소외감, 접촉공포증, 혹은 성기능 장애를 겪고 있다면 당신은 성–신체 치료법과 또한 개인 심리치료 및 부부치료를 훈련받은 유능한 치료전문가의 도움을 필요로 할 것입니다.[14] 성치료법이 제공하는 치료를 위한 재교육과 코치는 당신의 문제를 해결하는 데 충분할 것입니다. 그렇지만 만일 당신 문제의 근원이 어린 시절의 고통과 무의식적 갈등에 깊이 뿌리내린 것이라면 신체치료뿐만 아니라 개인적인 심리치료 역시 필요할 것입니다. 만일 성문제가, 종종 그런 경우가 있듯이, 소통과 관계의 문제에서 파생하는 것이라면 부부상담이 필수적입니다. 더 건강한 사회가 된다면 그러한 치료는 능력에 따라 치료비를 지불하는 방식으로 그 혜택을 받을 수 있을 것입니다. 이렇게 된다면 지금 성적 콤플렉스와 성적 부작용에 시달리고 있는 무수한 사람들이 더 즐거운 성이라고 하는 선물을 알 수 있게 될 것입니다.

감각적인 온몸 마사지 즐기기

마사지는 어떻게 하느냐에 따라서 철저하게 긴장해소와 치유효과를 낼 수도 있고, 아니면 온몸에 감각적인 자극을 줄 수도 있습니다.[15]

♥ **방법**: 마사지를 받는 사람에게 어느 쪽에서나 쉽게 다가갈 수 있도록 좁다란 테이블이나 바닥 위에서 마사지하십시오. 편안하도록 하기 위해서 스티로폴 고무매트를 사용하십시오. 아니면 제일 좋은 방법은, 접는 마사지 테이블을 만들거나 사서 쓰는 것입니다. 향기로운 바디오일을 발라서 당신의 손이 압력을 가하면서도 피부 위를 부드럽게 움직일 수 있도록 하십시오. (올리브나 잇꽃 같은) 야채오일을 손수 만들고 당신들 두 사람이 모두 좋아하는 향기를 첨가할 수도 있습니다. 오일을 체온에 가깝도록 데우십시오. 실내온도는 적어도 화씨 75도는 되어야 합니다. 겨울이라면 벽난로 불이 분위기를 돋구어 줄 것입니다. 기분을 진정시키거나 감각적인 소리로 청각적 환경을 조성하기 위해서 당신들이 좋아하는 음악을 틀어도 좋습니다. 마사지를 하기 전에 뜨거운 목욕탕에 푹 잠겨서 피로를 풀면 즐거움이 더할 것입니다.

따뜻한 손으로 마사지받는 사람의 몸 한쪽 전체에 오일을 바르고 나서 문지르고 어루만지기 시작하십시오. 만일 당신이 사랑넘치는 돌보는 마음가짐으로 만진다면 당신이 어떻게 하든지 십중팔구 상대방에게 환영받고 좋을 것입니다. 그렇지만 마사지받는 사람은 얼마만큼 누르면 제일 기분이 좋고, 또 어디가 더, 혹은 덜 주목할 필요가 있는 곳인지 하는 것을 알리는 신호를(말로든지 손으로) 보내고 싶어할 수도 있습니다. 처음에 얼굴과 목, 머리를 여유롭게 마사지하기 시작하십시오. 그리고 나서 차츰 아래로 내려가서 몸의 각 부분을 적어도 몇 분간씩은 애무하십시오. 천천히, 그리고 확실한 어루만짐이 보통은 제일 좋지만, 당신 파트너가 어떤 곳은 빠르고 힘차게 어루만져 주는 것을 더 좋아할 수도 있습니다.

목과 어깨와 턱같이 스트레스가 쌓인 부분들은 특별히 주목할 필요가 있습니다. 흐름을 따라가면서 표현력이 굉장한 당신들 손의 언어로 사랑을 주고받는 것을 즐기십시오.

성적 행복을 높이기 위한 당신의 계획 만들기

지금까지 읽은 내용을 거슬러올라가서 점검표에 있는 중요한 사항들을 비롯해서 당신이 이 장을 읽으면서 마음에 드는 통찰과 방법들을 되짚어 보십시오.

당신이 하고 싶은 것을 적어도 여섯 가지 골라내십시오. 그리고 당신 삶에서 사랑을 더 향상시켜 주는 성을 위한 임시계획을 세워 보십시오. 이 작업을 할 때는 즐거운 기분으로, 5장에 나오는 '건강관계촉진'(Relationship Fitness Plan)과 연관지어서 하십시오. 이 장을 당신 파트너와 함께하고 있다면 평등한 방법으로 각 사람의 욕망을 가능한 한 충분히 만족시키도록 공동계획을 세우십시오.

당신의 계획이 다음과 같은 것들을 포함할 때 그 효과가 올라갈 것임을 명심하십시오 : (1) 구체적이고 실현 가능한 목표들, (2) 이 목표들로 향해 가는 실제적인 전략들, (3) 시간적 계획, (4) '자기관리일지'에 진척사항을 기록하는 것.

특별히 마음을 끄는 한두 가지를 선택해서 그것부터 속히 시작하십시오.

관능적인 영화를 마음속에 그려 보거나 비디오를 즐기는 것이 성적인 장애와 후유증을 극복하는 데 도움이 된다는 것을 발견하는 사람들도 있습니다. 환상과 이미지, 그림들은 사람들이 죄의식없이 즐거운 성의 감미로운 쾌락을 경험할 수 있도록 해주며, 이것은 오래 전부터 프로그램화되어 왔던 고정관념을 차차 변화시켜 줍니다.

만일 당신의 계획서 중에서 어떤 특정한 부분을 실행하려고 노력할 때 예전의 습관과 불안 탓으로 저항감이 느껴진다면 따로 그것을 적어 놓고서 다른 부분으로 옮겨 가십시오.

당신의 성적 행복이 사랑 속에 커지고 감각적 영성으로써 촉촉히 적셔지도록 하십시오. 기쁘고 즐거우시기를!

제 11 장
여자나 남자로서의 전인건강에의 도전 – 창조적 대응

성차별 사회에서 키워진다는 것은 당신 건강에 위험할 수가 있습니다. 모든 경우에 그런 것은 아니지만 대부분의 문화권에서 남자 아기들이 같은 배경에서 길러지는 여자 아기들보다 예상수명이 상당히 짧다고 하는 사실을 한 번 깊이 생각해 보

십시오. 미국에서는 남녀의 수명 차이가 8년 이상 됩니다. 고도 기술사회에서 남자들 사이에 퍼져 있는 스트레스성 질병들에 관한 통계에 대해서도 생각해 보기 바랍니다. 여자들이 더 오래 사는 이유 중에는 여자들이 더 건강한 생활양식을 실천하기 때문이라는 이유도 있습니다. 최근의 한 연구를 보면, 남자들은 여자들보다 콜레스테롤 제한 실행비율이 15% 낮고, 과음률은 12% 높으며, 음주운전을 19% 더 많이 하고 있는 것으로 나타났습니다. [1] 〈남성다움 프로그래밍으로 인해 남자들이 치러야 하는 건강상의 희생을 다룬 역작을 보려면 추천도서목록에 있는 허브 골드버그(Herb Goldberg), 워렌 파렐(Warren Farrell), 제임스 딧티스(James Dittes), 앤 스타인먼(Ann Steinman), 데이비드 폭스(David Fox)의 저서들을 참고하라. 로잘린드 바레트(Rosalind Barrett)와 조지아 웝킨–라노일(Georgia Watkin–Lanoil)의 저서들은 차별적 프로그래밍으로 인해 남녀 모두가 겪는 질병들을 기록하고 있다.〉

성차별 사회에서 여성다움 프로그래밍 때문에 치르는 높은 희생들로는, 여자들 사이에 급증하는 우울증과 알코올중독, 그리고 처방에 따른 향정신성 약물중독 사건들에서 뼈아프게 실증되고 있습니다. [2] 여류시인 아드리엔 리치(Adrienne Rich)는 여자들이 자기 몸을 불신하고 거부하도록 훈련받았기 때문에 치러온 대가를 다음과 같이 강력하게 이야기하고 있습니다. "우리 몸에 대한 두려움과 증오심은 종종 우리 뇌까지 불구로 만들었다." [3] 성차별적 프로그래밍은 여성들의 자존감을 손상시켜서 감정적인 아픔에 대해서 여성들이 남성들보다 훨씬 더 취약하게 만들었습니다.

성역할 구분과 관련된 자존감에 관한 심리학적 연구들을 검토해 보면, "여성의 역할을 주입하는 사회화가 성공적으로 이루어지면 자기 인식의 수준은 낮아지게 된다."는 사실을 확인해 주었습니다.[4] 여성의 자존감을 해치는 주범은, 가정을 제외한 우리의 모든 기관들에서 여성들이 의사결정을 내리는 위치에서 조직적으로 배제당하고 있다는 데 있습니다.〈성차별주의가 여성의 건강에 미치는 피해를 기록한 책으로는 '추천도서목록'에 나오는 필리스 체슬러(Phyllis Chesler), 진 베이커 밀러(Jean Baker Miller), 매기 스카프(Maggie Scarf), 메리 데일리(Mary Daly), 허버트 프로이덴버거(Herbert Freudenberger)와 게일 노스(Gail North)의 저서들을 참조하라.〉

기쁜 소식은, 많은 여성과 남성들이 전통적인 성역할 프로그래밍이 전인건강을 위축시키는 영향을 깨닫게 되고, 거기서 스스로를 해방시키고자 투쟁하는 변혁기에 우리 사회가 들어서고 있다는 사실입니다. 이 때문에 지금은 여자와 남자의 관계에 있어서 투쟁과 갈등의 시기일 뿐만 아니라 희망의 시기이기도 한 것입니다. 많은 여성들이 더 정의롭고 평등한 사회로 나아가는 변화의 속도가 너무 느린 탓으로 깊이 좌절해 있습니다. 그렇지만 몇몇 중요한 변화들이 일어나고 있습니다.

다음에 나오는 점검표는 두 가지 점에서 당신에게 유용할 수 있습니다. 첫째로, 당신이 여성 혹은 남성으로서 전인건강을 감소시키는 성역할 이미지와 행동들로부

"아들은 낙제를 했고 딸은 A학점을 받았다는 이야기를 우리 아빠한테 어떻게 해명할까 궁리하고 있는 중이야."

터 얼마나 해방되어 있는가 하는 정도를 이 점검표는 대체적으로 알려 줄 것입니다. 두 번째로, 자신을 더욱 해방시키는 데 활용하기 위해서 택할 수 있는 구체적인 태도와 행동들을 푸짐하게 차린 밥상을 제공해 줄 것입니다. 여성과 남성이 해방을 향해 나아가는 출발점이 워낙 다르기 때문에 점검표를 남성용과 여성용으로 따로 마련했습니다. 상대방 성이 맞닥뜨리고 있는 문제들에 대한 감각을 얻기 위해서 상대방의 점검표도 당신이 읽어 보기를 제안합니다.

여성용 전인건강 점검표

✎ **방법**: 당신이 속한 성을 위해 만들어진 점검항목들 앞에 다음 세 가지 중에서 하나를 적어 넣으세요.
　　　잘함–나의 해방의 이 측면에서 나는 훌륭하게 해내고 있다.
　　　보통–꽤 잘하고 있지만 개선의 여지가 있다.
　　　못함–이 부분에서는 확실히 보강할 필요가 있다.

_____ 나는 여성으로서 나 자신을 좋아하고 내적인 힘을 느낀다.
_____ 나는 내 안에 있는 어린 소녀를 사랑스럽게 돌본다.
_____ 나에게는 남녀 양쪽에 좋은 친구들이 있다.
_____ 나는 여자친구들과 서로 지지하고 즐거움을 나누는 자매관계를 맺고 있다.
_____ 남녀의 모습을 보여 주는 모델로서 나의 부모에게 부적당한 점들이 있었다 해도 나는 다 용서했다.
_____ 나는 내 어머니(실제 어머니와 내 안에 품고 있는 어머니)와 사이좋게 지내며, 그래서 우리는 지금 서로를 존중해 주는 성인 친구가 되어 있다.
_____ 나는 내 아버지(실제 아버지와 내 안에 품고 있는 아버지)와 사이좋게 지내며, 그래서 우리는 지금 서로를 존중해 주는 성인 친구가 되어 있다.
_____ 나는 자동적으로 남자들의 의견에 따름으로써, 혹은 남자들에게 복종함으로써, 남자들에게 도전적으로 나감으로써 내가 지닌 역량을 놓쳐 버리지 않는다. 나는 남자들과 함께 있을 때 내 지성과 역량을 숨기고서 은밀하고 교묘한 방법으로 표현하지 않고 그것을 솔직하게 표현한다.
_____ 나는 매일 여자들이 빈번하게 받고 있는 멸시를 의식하고 있지만, 그렇다고 해서 이런 태도들을 자신에 대한 이미지로 내면화시키는 것을 거부한다.
_____ 나를 상대하는 전문가나 지도자가(예 : 의사, 치료전문가, 성직자, 비행기 조종사) 여성이든지 남성이든지 나는 똑같이 편안하게 느끼며, 그들을 성별에 의해서가 아니라 그들이 지닌 능력을 근거로 해서 평가한다.
_____ 남녀 모두의 전인건강에 파괴적인 남성적 기존체제를 비록 내가 거부하고 거기 도전하

기는 하지만, 나는 성차별의식에서 비교적 해방된 남자들 개개인을 좋아한다.

_____ 나는 여성과 남성의 완전한 해방에 헌신하는 그룹에 적극 참여한다.

_____ 나는 여자들의 영적인 깨달음과 성령의 '여성적인' 차원을 긍정하는 상징과 이미지와 이야기들 속에서 영적인 치유능력을 발견한다.

_____ 나는 남들을 돌보아 주는 역할을 좋아하지만 그 역할과 나 자신을 지나치게 동일시하는 것은 피한다.

_____ 나는 딸을 낳았다는 얘기를 듣거나 아들을 낳았다는 얘기를 듣거나 똑같이 기쁨을 느낀다.

_____ 나는 새로운 사람을 낳을 수 있는 놀라운 능력을 지닌 내 몸을 좋아하고, 내 몸을 사랑스럽게 돌본다.

_____ 나는 나의 여성적 성감을 즐기고 찬양한다.

_____ 나는 어머니인 대지와 깊은 연결의식을 느끼고 즐거워한다.

_____ 내가 주장을 펼 때나 분석적이거나 독립적이거나 관리업무를 할 때와, 전통적으로 더 여성적인 것이라고 간주되는 태도와 행동들을 표현할 때 똑같이 여성임을 느낀다. 나는 여성답다는 것을 두 종류의 행동을 모두 포함하는 것으로 재정의한다.

_____ 나는 남자들을 농락하기 위해서 내 성을 이용하지 않는다.

_____ 나는 내가 관심을 갖고 있는 남자들이 파괴적인 남성 프로그래밍에서 스스로를 해방시키도록 격려한다. 비록 그들만이 그 자신을 자유롭게 할 수 있음을 내가 알지만.

_____ 만일 내가 다시 태어난다면 나는 남자가 되든지 여자가 되든지 다 좋다.

남성용 전인건강 점검표

_____ 나는 남성으로서 나 자신을 좋아하고, 여자들과 다른 사람들을 억압하기 위해서 외부적 힘을 사용하는 것을 막는 내적 힘을 느낀다.

_____ 나는 내 안에 있는 어린 소년을 사랑스럽게 돌본다.

_____ 나는 남녀 양쪽에 좋은 친구들이 있다.

_____ 나는 다른 남자들과 형제처럼 가까운 관계를 즐기며 그들에게 마음을 털어놓을 수 있고, 그들을 경쟁하는 마음으로 대하지 않을 수 있다.

_____ 해방된 남성과 여성의 역할모델로서 나의 부모에게 어떠한 부적당한 점들이 있었다고 해도 나는 다 용서했다.

_____ 나는 내 아버지(실제 아버지와 내 안에 품고 있는 아버지)와 사이좋게 지내며, 그래서 우리는 지금 서로를 존중해 주는 성인 친구가 되어 있다.

_____ 나는 내 어머니(실제 어머니와 내 안에 품고 있는 어머니)와 사이좋게 지내며, 그래서 우리는 지금 서로를 존중해 주는 성인 친구가 되어 있다.

_____ 나를 상대하는 전문가나 지도자가(예 : 의사, 치료전문가, 성직자, 비행기 조종사) 여성이든

지 남성이든지 똑같이 편안하게 느끼며, 그들을 성별에 의해서가 아니라 그들이 지닌 능력을 근거로 해서 평가한다.

_____ 나는 성차별적인 말과 여자를 멸시하는 말을 모두 없애 버림으로써 내 언어와 농담을 순화시켰다.

_____ 내가 어릴 적에 받은 전인건강을 약화시키는 프로그래밍을 나는 의식하고 있으며, 남성적 '성공'의 쳇바퀴라고 하는 건강 위험요인으로부터 나 자신을 해방시키고자 분투 노력하고 있다.

_____ 나는 여성과 성적 존재로서 뿐만 아니라 인간으로서 관계맺기를 좋아한다.

_____ 나는 여자들 개개인과 맺는 나의 사적인 관계들에 있어서 평등과 정의를 실천하고자 결연한 자세로 노력하고 있다.

_____ 나는 가정과 일터와 지역사회에서 여자들에게 상처를 주거나 그들을 조종하거나 제한 하기 위해서 나의 남성적 힘을 사용하지 않는다.

_____ (가정과 일터를 비롯해서) 내 인생에 중요한 조직체들 안에서 성차별적인 현상을 유지하 는 데 적극적이지는 않더라도 소극적인 역할로라도 기여하고 있음을 알고 있다. 나는 여자들을(그리고 다른 힘없는 사람들을) 위해서 그곳들이 더 정의롭고 평등한 곳이 되도록 거기서 내가 가지고 있는 영향력을 이용하고 있다.

_____ 내가 점잖거나 수용적이거나 연약하거나 남을 돌보거나 남에게 의존적일 때나 유순함 과 슬픔 같은 '부드러운' 감정들을 표현할 때, 내가 전통적으로 더 남성적이라고 보는 행동과 감정을 표현할 때와 마찬가지로 나를 강하게 느낀다.

_____ 나는 예술과 같은 사내답지 못한 즐거움을 즐기는 것과 요리와 육아 같은 사내답지 못 한 일을 하는 것에 조금도 수치심을 느끼지 않는다.

_____ 나는 내 몸을 하나의 남성적 기계로 다루지 않고 사랑으로 돌본다.

_____ 나는 힘을 과시한다거나 내 남성다움을 증명하기 위해서 내 성을 이용하지 않는다.

_____ 나는 남자와 여자의 완전한 해방에 헌신하는 집단들에 적극적으로 참여한다.

_____ 나는 남성들뿐 아니라 여성들의 영적 깨달음을 표현하는 상징과 이미지와 이야기들 속 에 있는, 그리고 성령의 이른바 남성적 차원뿐만 아니라 여성적 차원 속에서 영적 치유 의 힘을 발견한다.

_____ 나는 딸이 태어났다는 소식이나 아들이 태어났다는 소식을 들을 때 똑같이 기쁨을 느 낀다.

_____ 내가 관심을 가지고 있는 여자들이 전인건강을 약화시키는 여성다움 프로그래밍에서 자기 나름대로의 방식으로 스스로를 해방시키는 노력을 지원한다.

_____ 나는 '남성적 힘'이라고 하는 것을, 서로 힘을 주는 관계방식을 긍정하고 타인에 대한 지배를 배제하기 위해서 재정의했다.

_____ 내가 다시 태어난다면 나는 여자로 태어나든지 남자로 태어나든지 다 좋다.

♥ **평가 :** 각 항목의 앞에 적어 놓은 글자들을 대충 더해 보십시오. 이렇게 하면
이 핵심적인 사항들에 관해서 당신이 얼마만큼 해방되어 있는가 하는 정
도에 대해서 전반적인 파악을 할 수 있을 것입니다.

　　나중에 참고하기 위해서 당신의 '자기관리일지'에 당신이 ('보통'과 '못
함'이라고 쓴 항목들 가운데서) 어떤 변화를 가져오는 것이 중요하겠다고
느끼는 문제들을 써 두십시오. 또한 이들 영역 중에서 자신의 전인건강
을 높이기 위해서 당신이 할 만한 일에 대한 시험적인 생각들을 적어 두
십시오.

건강을 위한 해방의 목표

　건강을 해치는 성차별주의로부터 당신 자신과 당신의 친밀한 관계들, 그리고 당
신 인생에 중요한 사회적 기관들을 해방시키는 일에 대해서 당신이 생각할 때 아마
당신은 자기가 무엇을 반대하고 있는지 알고 있을 것입니다. 그것은 또한 자기가
무엇을 찬성하고 있는가에 대한 이미지를 갖는 데 도움이 될 수도 있습니다. 여성
과 남성 모두를 위한 건강을 드높이는 해방이 추구하는 심리학적 목표는 양성적(兩
性的) 전인성(androgynous wholeness)입니다. 이 '양성적 전인성'이라는 말이 단순히 의
미하는 것은, 당신의 성품 중에서 오른쪽 뇌가 주는 선물인 감정이 풍부하고 남을 돌봐 주며 섬
세하고 직감적이며 수용적인 면과 아울러, 왼쪽 뇌의 능력인 이성적이고 자기 주장을 내세우며
분석적이고 직선적 사고를 하는 면을 균형있게 발달시킨다는 뜻입니다. 전통적으로 내려오는
사회적 압력은 남자들로 하여금 왼쪽 뇌의 능력을 발달시키도록 압박함으로써 오른
쪽 뇌부분에 있는 역량을 소홀히 하게 됩니다. 그것과 비교할 만한 압박이 또한 여
자들에게도 가해져서 왼쪽 뇌의 능력을 충분히 발달시키는 것을 소홀히 하도록 만
듭니다. 이들 두 가지 상호 보완적인 잠재능력들은 남자들과 여자들 사이에 똑같이
분포되어 있는 것으로 보입니다. 그 잠재능력들은 인간 정신이 지닌 기본적인 능력
인 것입니다. 더욱 전인적이 되기 위해서는 우리 사회가 여자들로 하여금 한 쪽으
로 치우쳐서 과도하게 발달시키도록 압박해 왔던 인간 능력들―인간관계를 돌보는
것, 양육적인 행동, 감수성이 풍부한 것―과 남자들로 하여금 다른 한 쪽으로 치우
쳐서 과도하게 발달시키도록 압박해 왔던 인간 능력들―합리성과 기술적, 언어적,
과학적, 직선적 사고의 기술들―에 동등한 가치를 부여해야만 합니다.

　당신 성품의 양쪽면을 충분히 발달시키는 것은 당신의 정신건강에도 좋다고 하는
경험적인 증거가 있습니다. 심리학자 산드라 립시츠 벰(Sandra Lipsitz Bem)은 고
정관념적 양식 및 양성적 양식과 관련지어서 여자들과 남자들이 자신을 정의하고
행동하는 방식을 연구했습니다. 가장 양성적인 면을 많이 지닌 남녀가 급격하게 달
라진 상황의 요구에 적절히 대응할 수 있는 능력이 가장 많다는 것을 그녀는 발견

했습니다. 예를 들면, 강력한 지도력이 필요하게 되는 긴급사태 때 책임을 맡는다든가, 혹은 그 반대로, 새끼 고양이 한 마리가 다가왔을 때 손을 내밀어 쓸어 줄 수 있는 능력 같은 것 말입니다. 사나이다움에 치우쳐 있는 남자들은 상황이 비공격적인 행동을 요구할 때 양성적인 면을 갖춘 남자들보다 더 경직되어 있고, 적절하게 대응하는 능력이 모자랍니다. 전통적인 여성다움의 틀에 잘 들어맞는 여자들은 사나이다운 남자들보다 더욱 융통성이 모자랍니다. 그런 사람들은 위기적 상황의 요구에 적절히 대응할 수가 없습니다.[5]

전인성에 대한 이런 그림은 살아 있는 인간이라는 견지에서 어떻게 보입니까? 30대 중반의 여성인 카렌은 환경공학분야에 학위를 가지고 있는데, 이것은 그녀가 지닌 과학에 대한 정열과 지구에 대한 사랑을 조화시킨 전공입니다. 그녀는 자기 직장에서 존경받는 지도자입니다. 이 직위에 걸맞게 요구되는 적극적 태도를 취할 때 그녀는 편안함을 느낍니다. (위협을 느낀) 남자 동료 두 사람이 그녀가 '남자처럼 사고하는 것'에 대해서 칭찬처럼 포장하여 문제를 제기했을 때 그녀는 그들에게 단지 이렇게 지적했습니다. 오늘날 여자처럼 사고한다는 것은 준엄하고도 기강이 잡힌 방식으로 사고하는 것을 포함한다고 말입니다.

카렌은 조나단의 아내라는 사실과 명랑한 네 살짜리 딸 낸시의 엄마라는 사실을 좋아합니다. 가정과 직장에서 해야 할 책임을 요술부리듯이 다해 내려면 불가피하게 시간상 삐걱거리는 소리가 나고 갈등이 일어납니다. 그러나 다행스럽게도 그녀와 조나단은 결혼하기로 결심하기 전에, 집안일과 육아는 가능한 한 공평하고 동등하게 두 사람이 함께 분담한다는 이해에 도달했습니다. 조나단이 독자적으로 일하는 건축가이긴 하지만 그들이 그 합의를 실행한다는 것은 쉽지 않은 노릇이었습니다. 종종 스케줄을 서로 맞추고 협상을 해야 합니다. 낸시가 귓병을 앓게 되어 누가 낸시와 함께 집에 있을 것인가를 결정내려야만 했을 때 그들이 자녀양육에 대한 전통적인 프로그래밍으로 돌아가지 않는 데는 힘이 들었습니다(조나단이 그날 집에 머물렀다).

40대에 접어들 나이인 조나단 역시 그의 성품과 생활양식에 있어서 상당히 양성적인 면을 갖춘 사람입니다. 그는 자기가 하는 일이 지닌 기술적인 면과 예술적인 면의 조화를 좋아합니다. 그는 또한 낸시에게 아빠노릇하는 것을 즐거워하며, 식사당번이 되면 그것이 썩 좋아하는 일거리는 아닐지라도 어느 정도 만족감을 느낍니다. 조나단과 카렌은 테니스광이고 두 사람 다 드라마 읽는 모임을 좋아합니다. 조나단과 카렌은 자연에 대한 사랑도 함께 나누며, 조나단은 환경을 보호하기 위한 새로운 방법들을 개발하려는 아내의 직업적 정열을 자랑스러워 합니다. 두 사람은 연애하던 기간과 낸시가 태어나기 전에는 도보여행을 열심히 했는데 머지않아 그것을 다시 시작할 예정입니다.

> 남자의 날개와 여자의 날개를 함께 가진 사람은 그 스스로가 세상의 자궁이로다. 끊임없이, 영원토록 생명을 잉태하도다.
> ―노자

도교의 창시자인 노자가 표현한, 전인건강에 관한 동양의 옛 지혜에는 우리 정신
이 지닌 잠재력의 양면성을 개발하는 데서 창조성이 흘러나온다는 인식이 담겨 있
습니다.

> 남자의 날개와 여자의 날개를
> 함께 가진 사람은
> 그 스스로가 세상의 자궁이로다.
> 끊임없이, 영원토록
> 생명을 잉태하도다.[6]

♠ 여자와 남자가 직면하고 있는 전인성을 위협하는 요소들

여 자	남 자
사회에 의한 성차별적 프로그래밍	사회에 의한 성차별적 프로그래밍
돌보는 일의 쳇바퀴	'성공'의 쳇바퀴
사회적인 멸시로 인한 자존감 약화	성취에 따라 좌우되는 자존감
자기 몸으로부터의 소외 −성적 대상으로 전락해서	자기 몸으로부터의 소외 −성공의 대상으로 전락해서
충분한 성감과 성적인 즐거움으로 부터의 소외	충동에 사로잡힌, 방어적 성생활로 성적 소외
분노와 적극성의 억압	부드러움과 장난기있는 어린이 측면의 억압
한 남자에게 의존하는 데서 오는 비주체적 자기 정체성	한 여자를 부속물과 지줏대로 삼는 데 좌우되는 자기 정체성
경제적 의존성, 힘과 기회로부터의 배제	끊임없는 경쟁에서 오는 스트레스
학습된 무력감 (남자들에게 힘을 넘겨 줌.)	남성적 경쟁에서 일어나는 힘의 잘못된 사용과 무력감
남자나 여자와 깊은 관계를 맺지 못하는 소외	여자나 남자와 깊은 관계를 맺지 못하는 소외
특히 억압적인 노인 차별	흔히 슬픈 상처를 남기는 은퇴
메마른, 남성 지배적인 영성	메마른, 남성 지배적인 영성

위에 열거된 전인성을 위협하는 요인들은 서로 겹치기도 하고 상호 강화하는 작용을 합니다. 두 목록의 첫 번째 항목 아래 나오는 것들은 모두 첫 항목—여자와 남자로서 우리가 받은 성차별적 프로그래밍—의 변형된 모습입니다. 우리의 남녀 양성에 대한 프로그래밍이 어떻게 전인건강을 손상시키는가 하는 것을 면밀히 살펴볼 때, 당신 자신이 어린 시절 가정에서 학습한 특정한 성별역할 유형들을 잘 생각해 보는 것이 유익하다는 사실을 당신은 깨달을 것입니다.

전통적인 가정에서는 여자 아이들이 자기 정체성과 가치관을 주로 돌보는 사람, 특히 남자와 아이들을 돌보는 사람의 모습에서 이끌어 내도록 학습합니다. 그들이 성인 여성이 되었을 때 이런 지향성 때문에 그들은 필요한 자기관리를 소홀히 하고, 또 건강한 자기 성장의 시간을 가질 때 자기가 '이기적'이라고 하는 이치에 맞지도 않는 죄의식에 시달립니다. 마찬가지로 남자 아이들은 전통적인 가정에서 자기 정체성과 가치관을 주로 성취와 '성공'—여기서 성공이라는 것은 남들을 앞지르는 것으로 정의된 성공—으로부터 이끌어 냅니다. 이로 말미암아 성인 남자들은 "성공적이지 못하다."(힘이 없다.)고 느끼거나, 사회에서 덜 중요한 사람 혹은 약자로 규정되는 이들—여자, 어린이, 소수집단 사람들—을 지배하고 조종하는 데 힘을 그릇되게 사용하도록 부추김을 당합니다. 우리 사회가 성공을 계급적 성격으로 이해하는 것 때문에 오직 몇몇 남자들만이 정말로 성공했다고 느낄 수 있는데, 다시 말하면, 그 몇 사람만이 자기 직업 서열의 정상에 오를 수 있다는 것입니다. 결과적으로 대부분의 남자들이 성공하지 못했다는 생각에 사로잡혀 자존감이 형편없게 됩니다. 남성적 성공이라는 쳇바퀴는 일벌레가 되기 쉽게 만드는데, 이는 우리의 가치를 증명하고 힘있음을 느끼기 위한 광적인, 그러나 공허한 노력인 것입니다.

당신이 스스로를 오직 하나의 대상물(성적 대상물이나 성공의 대상물)로서 평가하고, 거기서 가치를 느끼는 정도만큼 자신의 진정한 자아와 자신의 성을 포함한 자신의 몸으로부터의 소외가 뒤따릅니다. 많은 여성과 남성들이 자기 몸과 '나-그것의 관계'(I-it relationship)에 머물러 살고 있습니다. 긍정하고 사랑하는 '나-너의 관계'(I-thou relationship)로 살지 못하고 말입니다. 그들은 자기 몸을 결함있는 기계처럼 여기고는 광적으로 몸을 뜯어 고치려고 하거나 억지로 그럴 듯하게 만들려고 합니다. 수많은 여자들이 젊음을 유지하는 아름다움과 남자를 끄는 매력이라는, 매스컴이 만들어 내는 피상적인 이미지에 자기 몸을 맞추려는 강박관념에 사로잡혀 큰 대가를 치릅니다. 무수한 남자들도 그에 견줄 만한 강박관념에 시달립니다. 말하자면 남성적인 매력이라는 성적 기준에 자기 몸을 맞춘다거나 남성적 성공이라는 초경쟁적인 생쥐경주를 벌리는 힘겨운 일중독 세계에 자기 몸이 고분고분 따르도록 만드는 것입니다.

남녀 모두에게 있어서 자기 몸에서 느낄 수 있는 즐거움을 충분히 즐기는 것에서 소외당하게 되는 이유는 방금 묘사된 각본에 의해서 만들어진 몸의 거부와 자신과 몸에 대한 낮은 가치부여 때문입니다. 남자들에게 이 과정은 자기의 남성다움을 입증해야 한다는 강박적이고 중독성있는 욕구에 의해서 더욱 강화됩니다. 이 모든 것은 성관계를 비인격화하고, 남자들도 온몸의 관능성을 즐기도록 고무하기보다는 남자의 성이라는 것을 성기에 초점을 맞추도록 하는 경향이 있습니다.

전통적인 성차별 프로그래밍은 또한 남녀간의 정직하지 못하고 기만적인 힘겨루기 게임을 대량생산해 냅니다. 여자는 화를 내서는 안 된다는 금기와 남자는 부드럽고 연약해서는 안 된다는 금기는 남녀가 자기의 감정과 행동을 충분히 표출하는 것을 가로막습니다. 이로 말미암아 이들의 내적인 삶이 제한당할 뿐만 아니라 남녀간의 관계들도 메말라가게 됩니다. 거기서 파생되는 노인차별과 위축된 자존감은, 우리 문화의 청춘예찬과 자기 가치를 성적 대상물로 오해하게 만드는 그릇된 관념을 내면화한 여자들에게 특히 잔인한 것입니다. 자기 정체감과 자존감이 직업상의 성취에 크게 좌우되는 수많은 남자들은 은퇴라든지 장기간의 실업상태로 인해서 사람이 망가져 버립니다. 그 결과 심각한 건강문제와 성적인 문제들이 흔히 일어나게 됩니다.

여성 혹은 남성으로서 자신의 전인성을 실현한다는 것

여자나 남자라는 이유 때문에 건강에 위협을 주는 요인들이 당신 사회에서 미치는 부정적인 영향들로부터 당신은 어떻게 스스로를 보호할 수 있겠습니까? 당신이 할 수 있는 것 하나는 자신을 의식화(consciousness-raising) 체험을 향해 개방하는 것입니다. 독서를 하고 다른 여자들이나 남자들의 의식화 지원그룹에 참여함으로써 당신은 자기의 의식을 높일 수 있고, 고정관념들이 강화될 때 거기에 대한 저항력도 높일 수 있습니다. 고정관념은 텔레비전과 광고와 언론매체, 스포츠, 그리고 당신이 살아가면서 접하는 기관들의 성차별적 관행들이 미치는 영향에 의해서 끊임없이 강화되고 있습니다. 의식화는 종종 인생을 더욱 고통스럽게 만들기도 하지만, 자기 자신을 성차별에 대항해서 지킨다는 것은 당신의 의식이 깨어 있지 않는 한 불가능한 노릇입니다.

여성들의 의식화 지원그룹에 참여하는 일은 많은 여자들로 하여금 그들이 매일매일 어떻게 숱한 방법으로 멸시당하고 있는가 하는 것을 깨닫고 거기 저항하게 되도록 하는 데 도움이 됩니다. 남성들의 의식화그룹도 남자들이 람보(Rambo)와 수퍼볼(Superbowl) 이미지에 따라서 남성적인 힘을 정의하도록 압박하는 사나이다움의 영향력을 파악할 수 있게 합니다. 그러한 의식화 체험들은 성차별에 대해서 잠자고 있는 분노를 흔들어 깨울 수 있는데, 이것은 문제의 치유를 위한 행동을 할 힘을 주는 건설적인 분노인 것입니다. 그런 그룹은 전인성을 위한 자기 해방을 향해 투쟁하고 있는 형제자매들과 하나로 뭉치는 풍부한 체험을 통해서 상호 지지와 희망과 힘을 줄 수 있습니다.

번쩍거리는 갑옷을 입은 자기의 기사가 나타나기를 기다리는 여자는 그 기사의 말이 씻은 뒤에야 자기가 씻게 된다는걸 깨닫기 일쑤지!

－범퍼 스티커

우리는 자라나면서 우리 사회로부터 여자나 남자가 되는 '올바른' 길에 관한 강력한 메시지들을 학습했습니다. 이 낡은 녹음테이프들은 우리 속에 깊이 새겨졌고, 정서적으로 충전되어 있으며, 또 매우 유혹적인 것입니다. 이 모든 것 때문에 그 테이프들의 기만적이고 유해 성격을 입증하는 이성적인 증거가 아주 강할 때조차도 그것들을 바꾸기란 지독히 힘든 일이 됩니다. 당신 자신을 보호하는 열쇠는 이 낡은 녹음테이프들을 지우는 것인데, 이는 해방된 관점의 책들과 성별을 초월한 전인건강을 향해 매진하고 있는 동성(同性)의 사람들과 만나서 배우는 것을 포함하는 과정입니다. 당신의 마음속에서 낡아 빠진 성차별적 테이프가 돌기 시작하면 지금 당신이 남녀에 대해서 믿고 있는 더 건강한 것들을 자신에게 말함으로써 볼륨을 낮추십시오. 또한 낡은 메시지들이 담고 있는 어리석음을 비웃는 것도 도움이 될 것입니다. 낡은 테이프를 비웃어 줌으로써, 당신 마음속에 아직도 남아 있을지 모를 어떠한 해로운 힘도 제거할 수 있습니다. 사실 유머는 어떠한 억눌린 집단의 자기 해방에 있어서도 아주 중요하고도 큰 힘을 주는 역할을 할 수가 있는 것입니다.

남자들이 자기가 지닌 성차별적인 사회적 프로그래밍을 지워 버리기 위해서 할 수 있는 것이 또 있습니다. 그들은 자기 내면에 그려져 있는 성공과 남성적 힘에 대한 그림을 재정의할 수 있습니다. 이것이 의미하는 것은, 일중독 쳇바퀴가 건강한 성공을 낳는다거나 사내다운 힘이 정상이라거나 건강한 힘이라고 하는 망상을 거부한다는 것입니다. 그것은 남자의 성공이라는 것을, 자기 사랑에서 흘러나오는 자기관리와 우리에게 가장 가까운 사람들을 사랑으로 돌보는 데 더 주의를 쏟는 것을 포함하

남자 없는 여자란 마치 자전거 없는 물고기와 같다(남자 없는 여자란 날개 없는 새와 같다로 의역할 수 있다).

는 것으로 재정의함을 의미합니다. 그것은 부드러운, 이른바 남성답지 않다고 (잘못) 일컬어지는 감정들을 소유하고 거기에 가치를 부여함을 의미합니다. 그것은 또한 무력감을 극복하기 위해서 사용되는 속박들로부터 성을 해방시킴을 의미합니다.

많은 여자들이 자기가 살고 있는 성차별적인 사회의 부정적인 메시지들을 자기 자신의 자아의식 속에 내면화해 왔습니다. 이것은 자신의 힘을 내면에서 파괴하는 범인입니다. 정신병 의사인 진 베이커 밀러(Jean Baker Miller)는 지적하기를, 여성들은 전통적으로 '여성적인 힘'이라고 일컬어져 온 것이 귀중한 것이고, 또 오늘날의 세상에서 여자나 남자 모두에게서 개발될 필요가 있음을 인식함으로써 자신의 전인건강을 증진시킬 수 있다고 합니다. 그녀는 그러한 다섯 가지 힘들을 다음과 같이 파악하고 있습니다 : 섬세함, 감동 잘함, 협동성, 창의성, 그리고 자녀 기르기와 가르치기, 노인 돌보기 등과 같은 데서 보이듯 다른 사람의 발전에 참여하는 것을 가치있게 여기는 성향.[7]

나의 여자친구들은 이런 것들이 자기들의 성차별적 프로그래밍을 변화시키는 데 도움을 준다고 보고해 왔습니다. 즉, 돌봄을 받는 것과 주는 것의 균형을 잡는 것을 배우기, 자기 몸의 즐거움을 더 충분히 즐기는 것을 배우기, 침묵으로 행동함으로써 자신의 힘을 남자들에게 넘겨 주는 일을 피하는 것을 배우기, 새로운 기술과 능력을 배움으로써 자기 자신 속에서 자존감과 힘의 원천을 발견하기, 자신을 위해서 좋은 일을 더 많이 하기, 자기 변호, 적극성훈련과 보디빌딩훈련.

개인의 해방과 관계의 해방이 사회에 끼치는 유익

당신이 여자든지 남자든지 자신의 전인성을 위해서 당신이 할 수 있는 한 가지 중요한 일은 사회적 해방에 적극 참여하게 되는 것입니다. 그것은 (언론매체 편집자들과 국회의원들에게 편지를 써 보내는 따위의) 개인적인 방법으로 할 수도 있고, 우리 사회에서 성차별주의로 인해 생긴 상처를 제거하는 데 헌신하는 집단과 함께하는 방법으로도 가능합니다. 당신이 쏟는 노력이 사회적인 차원에서 어떤 것을 달성하더라도 이 중요한 대의에 어떤 적절한 분노와 에너지를 투입한다는 것은 당신 자신에게 치유와 힘을 줄 수가 있습니다. 모든 여자들과 남자들의 전인성을 약화시키는 사회적, 제도적 관행들을 제거하는 데 도움이 될 당신의 모든 영향력을 행사하는 것은 당신 개인의 전인성에도 유익합니다. 다른 말로 하자면, 개인의 해방은 성차별로 인해 건강에 위협을 주는 요인들의 사회적 뿌리를 근절하기 위해서 당신이 가지고 있는(혹은 발전시킬 수 있는) 개인적, 정치적, 경제적 영향력을 무엇이든지 사용한다는 것을 포함하고 있습니다.

우리 사회제도들이 해방됨과 더불어 점점 더 많은 여자들과 남자들이 자기 해방에 이르게 됨으로써 아마 그 결과, 우리의 전체 세계를 위한 전인건강에 이득이 될

전인건강의 창

이태영(한국 최초의 여성 변호사)

1981년도에 나는 한국의 서울에서 한 훌륭한 여성을 만났습니다. 이태영 여사는 한국 최초의 여성 변호사입니다. 남성 지배적인 법률과 관습들로 인해 여성들이 전통적으로 이류시민으로밖에 취급되지 않는 한 나라에서 그녀는 여성들의 권리와 인권을 위해서 지칠 줄 모르고 용감하게 활동하고 있습니다. 우리는 가정법률상담소에 있는 그녀의 사무실에서 만났는데, 그 건물은 전적으로 여성들이 낸 기부금으로 세워진 것이었습니다. 그 상담소는 두 가지 목적을 가지고 있었는데, 하나는 차별적인 이혼법과 상속법으로 고통받고 있는 여자들에게 법적인 도움을 주는 것이고, 다른 하나는 이들 불공정한 법률들을 개정하도록 노력하는 것입니다. 설립된 후 25년 동안 이 상담소는 10만 명이 넘는 여성 내담자들에게 법률적 자문을 해주었고, 적절한 경우에는 남편들도 불러서 결혼생활을 회복시킬 수 있는 건설적인 변화방법들을 함께 의논하기도 했습니다.

지금은 한국의 이북이 된 어느 작은 산골 마을에서 태어난 이태영과 그의 가족은 남한으로 피난을 왔습니다. 그녀의 어머니는 억눌리고 힘없는 사람들에게 봉사하는 삶을 살겠다는 마음을 그녀에게 심어 주었습니다. 그녀의 남편은 나중에 남한 정부의 외무부 장관이 된 사람인데, 일제가 한국을 점령하고 있던 시절에 5년 동안 감옥살이를 했습니다. 1945년에 석방되자 그는 옛날부터 내려온 전통을 깨고서 아내가 여성의 권익옹호를 위해 법률공부를 하는 동안 집에 머물러서 어린 자녀 넷을 키웠습니다. 사법고시에 합격한 후 그녀는 한 작은 사무실 구석을 빌려서 가정법률상담소를 개설했습니다. 그녀가 유일한 직원이었습니다. 첫해에 그녀는 절망에 빠진 여성 149명에게 법률자문과 가정문제 상담을 통해 도움을 주었습니다. 1977년에 그녀와 남편은 신구교 공동기도회에서 인권을 짓밟는 한국의 독재적인 대통령을 비난하는 선언문을 낭독한 죄로 집행유예 판결을 받고 시민권을 정지당했습니다. 친구 몇 사람이 그녀에게 그 상담소의 발전을 위해서 인권투쟁을 그만두라고 설득하자, 그녀는 단호히 거부하면서 이렇게 말했습니다 : "인간의 권리는 나눌 수 없는 것입니다. 우리가 다른 사람들의 인권을 지키는 일에도 똑같이 열심이지 않다면 여성의 권리를 위해서 싸울 아무 의미가 없는 것이지요!"<이 말과 현재의 프로필은 대부분 데이비드 핑켈슈타인(David Finkelstein)의 "한국의 '조용한' 혁명가 : 이태영의 프로필"("Korea's 'Quiet' Revolutionary : A Profile of Tai-Young Lee," *The Christian Century*, 1981년 4월 29일자)에서 인용한 것임.>

이태영 여사는 40년 이상을 여성의 권리를 위해서 온갖 곤란에 맞서 싸워 왔습니다. 내가 1990년 6월에 그녀를 다시 방문했을 때 그녀는 자기가 37년 동안 개정투쟁을 이끌어 온 한국의 새로운 가족법에 대해서 흥분된 어조로 얘기했는데, 그 가족법은 여성에 대한 법적 차별의 90%를 제거해 낸 법률입니다. 또한 한국 전역에 설립되어 있는 가정법률상담소 지부 조직망에 대해서도 이야기했는데, 이런 지부는 미국에도 세워져서 미군의 한국인 신부들과 다른 이민자들을 돕고 있다고 하였습니다.

손자를 열 명 둔 이태영 여사는 정의와 평등에 기반을 둔 가정의 평화와 조화야말로 세계의 정의와 평화로 가는 길이라는 생각을 정열적으로 고수하고 있습니다. 이 혁명적인 할머니는 스스로를 '아주 평범한 여자'라고 부릅니다. 그녀에게는 인간적인 따뜻함과 자비심, 이상주의와 강인하고 실용주의적인 정치현실에 대한 감각과 또한 '자유를 위한 맹렬함'이 한데 섞여 있습니다. 그녀의 전기 작가는 그녀를 묘사하기를 "외유내강"(外柔內剛, demure as dynamite)이라고 했는데, 이 표현은 원래 미국의 여류시인 에밀리 디킨슨(Emily Dickinson)을 가리키는 말이었습니다. 이 모든 힘의 뿌리는 그녀의 헌신적인 신앙심과 인간에 대한 심오한 사랑과 존경심인 것입니다. 그녀가 상담소 직원들에게 상기시키는 말이 있습니다. 괴로운 가정문제를 가지고 여성이 찾아오면 자기 자신에게 이렇게 물어야 한다는 것입니다 : "이 사람에게 어떤 사랑을 나눠 줄 수 있을까?" <쏘냐 레이드 스트론(Sonia Reid Strawn)이 쓴 이태영 전기 「길이 없는 곳에서」(*Where There Is No Path*), 1988, 서울, p.189에서 인용>

많은 흥미진진한 것들이 초래될 것입니다. 라이언 아이슬러(Riane Eisler)는 획기적인 저서 「성배와 칼날 : 우리의 역사, 우리의 미래」(*The Chalice and the Blade : Our History, Our Future*)에서 우리가 남성 지배적인 세계에서 동반자적인 세계로 옮겨 갈 때 어떤 일이 일어날 것인가 하는 것을 보여 주는 그림을 잘 그리고 있습니다 : "남녀관계에서 일어날 변화들, 곧 현재 볼 수 있는 고도의 의혹과 반박으로부터 더 큰 개방성과 신뢰로 나아가는 변화들은 우리 가정들과 지역사회들에도 반영될 것이다. 또한 우리의 국가적, 국제적 정책들에도 긍정적인 반향이 일어날 것이다. 지금 우리를 괴롭히고 있는 문제들, 이를테면 정신질환, 자살, 이혼문제에서부터 아내와 자녀구타, 문화 · 예술의 파괴, 살인, 국제적 테러행위에 이르기까지 끝없이 줄지어선 듯이 보이는 일상의 문제들이 감소하는 것을 우리는 점차 보게 될 것이다."

그녀는 이렇게 이어나갑니다 : "생명의 찬양과 아울러 사랑의 찬양도 터져나올 것인데, 이 사랑에는 남녀간의 성적 사랑도 포함되는 것이다. 우리가 지금 결혼이라고 부르는 형태를 통한 성적 결속은 틀림없이 지속될 것이다. 그러나 결혼의 일차적인 목적은 서로 사귐의 관계(companionship), 성적인 즐거움, 사랑이 될 것이다. 아이를 갖는다는 것이 더 이상 남성의 가계(家系)를 이어가고 재산을 물려주는 수단은 되지 않을 것이다. 단지 이성간의 부부만이 아니라 다른 형태의 서로 돌보는 관계들도 충분히 인정될 것이다. 어린이들의 사회화를 위해서 특별히 세워진 기관들뿐만 아니라 모든 기관들이 우리의 위대한 인간 잠재력을 실현하는 것을 목표로 삼게 될 것이다."[8)]

이 모든 것은 아주 큰 모험입니다. 살 만한 지구로 치유하는 것, 아니 살 만한 지구로 존속하는 것은 이른바 여성다운 가치라고 일컫는 것들─돌봄과 연민, 사람들과 관계들을 성숙시켜 가는 데 대한 관심─을 남자와 여자들이 공적인 분야에서 소중히 여기고 실천하도록 배우는 것에 달려 있을 것입니다. 남자들은 자신의 전인건강과 지구의 전인건강을 위해서, 사랑하는 힘과 힘을 주는 사랑에 관해서 여자들이 지닌 지혜를 귀기울여 듣고 거기서 배워야 하는 것입니다.

전인건강을 위한 전인적 영성

앨리스 워커(Alice Walker)가 쓴 소설 「칼라 퍼플」(*The Color Purple*)에서 코니(쎌리)는 친한 친구 셔그에게 이런 질문을 받습니다. 왜 자기 짐들을 전처럼 하나님께 고하지 않고 자기 여동생 네티한테 보내는 편지에 쏟아붓느냐고요. 코니는 이렇게 대답합니다 : "하나님이 나를 위해서 무얼 해주시지? 하나님은 나한테 폭행당한 아버지를 주셨고, 미쳐 버린 엄마, 다시는 꼴도 보기 싫은 개자식 의붓아버지와 의붓동생을 주셨어. 어쨌든 내가 기도하고 편지를 써 보낸 하나님은 남자야. 또 그 하나님은 내가 알고 있는 다른 모든 남자들과 똑같이 행동해. 경박하고, 건망증 심하고, 비열해." 셔그는 근심스럽게 대답합니다 : "미스 쎌리, 잠잠히 있는게 좋겠어. 하나님이 들으실라." 코니는 울화가 치밀어서 말합니다 : "제발 좀 들으라지. 하나님이 가난한 흑인 여자들한테 귀를 기울인다면 세상은 정말이지 딴판이 될텐데말야."[9]

아담과 이브 이야기는 "만일 남자에게서 여자를 만들어 낸다면 성가시게끔 되어 있다는 것을 보여 준다."

─캐롤 길리건

쎌리의 자존감을 난도질해 버린 인종차별과 가난과 성차별이라는 삼중의 억압에 덧붙여서 억압적인 남성 이미지를 가진 종교가 그를 짓눌렀습니다. 이런 신앙에 도전하고 이를 거부하는 법을 배우는 것이 그녀에게는 전인성을 향해 내딛는 한 걸음이었습니다. 동서양을 막론하고 종교체제내에 속해 있는 대부분의 신학들은 주로 남성들의 종교적인 경험에서 나온 것이며, 남성적인 권위의 인물들이 지배하고 있습니다. 넬 몰톤(Nelle Morton)은 무시당하고 종종 억눌려 온 여성들의 영적 지혜를 회복하는 데 도움을 주고 있는 선구자인데, 그 문제를 이런 반박조의 말로 표현하고 있습니다 : "한쪽 성(性)의 경험에서 비롯되고, 한쪽 성에 의해서 발전되었으며, 또 한쪽 성에 의해서 주로 가르쳐진 신학은 아마 절대로 그것이 온전한 신학인 것처럼 행세할 수가 없을 것이다. 온전한 신학이란 전체 사람들이 그 과정에 포함될 때에만, 그리고 그 속에 여자들이 포함될 때에만 가능한 것이다." 그리고 나서 그녀는 미래를 위한 희망의 말을 덧붙입니다 : "조만간 온전한 신학에 다다르게 될 것이다. 남자들이 여자들의 말을 듣게 될 때, 남자들과 여자들이 더불어 신앙을 완전하고 평등하게 표현하는 데 참여할 수 있게 될 때 그것은 가능할 것이다."[10] 남자들이 여자들의 영적 통찰력에 귀를 기울이지 않는 것이나 쎌리의 하나님이 그의 말에 귀를 기울이지 않는 그 유사한 과정은 주목할 만한 것입니다.

많은 여자들이 여성적인 이미지와 설화와 종교지도자들이 자기들의 영적 잠재력을 충분히 개발하는 데 도움을 준다는 사실을 깨닫습니다. 자기 정체성과 자기 가치를 남성의 보조적인 위치에 두도록 훈련되어 온 여자들의 이런 의존성은 신의 남성적인 이미지와 설화와 상징들에 의해서 더욱 심해지게 됩니다. 흔히 내뱉는, "나의 하나님은 남자도 여자도 아니다!"는 항변으로는 남성 종교지도자들에 의해서 끊임없이 반복되는 남성적 이미지들이 여자들에게 미치는, 영적으로 속박하는 영향력을 바꾸지 못합니다. 우리 사회에서 남자들이나 여자들이나 다 겪고 있는 영적인 갈증은 우리 신학과 종교기관들에 깊이 뿌리박혀 있는 성차별로 인해서 더욱 심해지고 있습니다.

캐롤 크라이스트(Carol Christ)는 여성하나님(Goddess)이라는 상징이 여성의 힘이 지닌 아름다움과 정당성을 긍정함으로써, 그리고 여성의 몸과 거기 표현된 생활주기를 긍정함으로써 여성의 전인성을 성장시킨다는 경우를 설득력있게 제시합니다. 여성하나님의 이미지는 또한 치유와 영성이라는 여자들이 물려받은 유산을 스스로 소중하게 여기도록 도우며, 여자들이 자매애로 더욱 단단히 결속하도록 돕습니다.[11] 넬 머튼은 자기가 겪은 여성하나님의 체험이 어떻게 자신의 비행공포증을 치유시켜 주었던가 하는 감동적인 이야기를 합니다.[12]〈온전한 신학에 대한 여성들의 강한 영적 욕구를 잘 기록해 놓은 책들로는 추천도서목록에 있는 넬 몰튼, 메리 데일리(Mary Daly), 샬린 스프레트낙(Charlene Spretnak), 캐롤 크라이스트, 라이언 아이슬러, 조안 엥겔스먼(Joan Engelsman)의 저서가 있다.〉

나는 남자들 역시 신성의 여성적 측면인 여성하나님을 체험하고 소중히 여길 필요가 있다고 확신합니다. 우리에게는 더욱 온전하고도 힘을 주는 영성을 체험하도록 우리를 도와주는 온전한 신학이 필요합니다. 여기서 '온전하다'는 말의 의미는 상호 보완적이고 서로 풍요롭게 만드는 두 가지 영적인 흐름—인간을 해방시키고 양성적인 면을 갖는 전통적인 종교적 지혜의 차원이라는 흐름과 오랜 세월에 걸쳐 여성들의 영적 깨달음에서 나오는 지혜의 흐름—을 합류시킨다는 뜻입니다. 유대교와 기독교의 유산들에는 하나님의 사랑과 치유의 영을 체험하는 길을 제시해 줄 수 있는 것이 많이 있습니다. 다행스럽게도 여성들의 영성을 전하는 고대 유산의 귀중한 단편들이 구약의 지혜문학과 이사야서에 나오는 이런 아름다운 문구에 남아 있습니다 : "어머니가 그 자식을 위로하듯이 내가 너희를 위로할 것이니.……너희가 이것을 보고 마음이 기쁠 것이다"(사 66 : 13-14). 더구나 여성들에 대한 예수의 태도는 당시에(그리고 우리 시대에) 지배적인 성차별주의와 예리한 대조를 보여 주는 것으로서 충격적이라 할 만큼 해방의 입장에 서 있습니다.[13]

아메리카 원주민들의 풍성한 영성 가운데 한 가지는 신성(神性)의 여성적인 차원에 대한 그 깊은 인식이었는데, 그것은 자연세계에 대한 그 존경심의 중심을 이루는 인식이었습니다. 파울라 군 알렌(Paula Gunn Allen)은 "존재의 신성한 원"(the Sacred Hoop of Be-ing)이라고 하는 자기네 아메리카 원주민들의 전승을 이렇게 기억합니다 : "태초에 생각이 있었고, 그녀의 이름은 여자였다. 그녀는 생명의 불을 지키는 늙은 여자다. 그녀는 우리를 한데 엮어서 짜는 늙은 여자거미다."[14]

내가 여성하나님 체험에 점차로 더 나 자신을 개방하게 되면서 나는 내 신앙생활에서 부드럽고 수용적이며 신비스러운 면을 즐기는 법을 터득했습니다. 놀라운 생명계와 내가 하나임을 체험하도록 자신을 여는 데 도움을 준 것에 대해서 나는 전인적 영성이라고 하는 여성해방신학의 비전에 감사함을 느낍니다. 이 계속되고 있는 발견 덕분에 따로 분리되어 있다고 하는 남성적인 망상이 치유되는 데 도움을 받았습니다. 죽음에 대한 불안도, 죽음이 적이 아니라 계속 돌고 도는 탄생-성장-죽음-재탄생이라는 이 순환과정 속에서 하나의 필연적인 존재의 옮겨짐(transition)이라는 것을 깨닫게 되면서 줄어들었습니다. 나는 많은 남자들이 자신의 영적인 갈증의 본질을 흔히 알아차리지 못한 채 여성하나님 체험을 추구하고 있는 것이 아닌가 생각합니다.

✱ 전인건강훈련 ✱

여성들의 지혜를 빌린 치유훈련 : 심리치료가인 다이언 메리차일드(Diane Mariechild)는 수백년에 걸쳐 여성 치유인들이 써 내려온 유산에서 치유의 이미지와 방법들을 끌어오고 있습니다. 우리 각 사람 안에 있는 지혜와 연결시켜 주는 귀중한 훈련을 그녀는 제시해 줍니다.[15] 지금 그것을 체험해 보기로 합시다. 몇 분 동안 더 깊이 호흡을 하고 나서 긴장을 풀고 당신의 몸과 마음이 깨어 있으면서도 편안한 상태가 되도록 하십시오.

자신을 직관과 이미지와 원형〈元型 : archetypes : 칼 G. 융의 심리학에 나오는 용어로 모든 인간의 집단무의식(조상들에게 물려받은 정신세계) 속에는 여러 가지 종류의 원형들이 있다고 주장함 : 역자 주〉의 영역 속으로 깊이 가라앉히십시오. 이 이미지들의 바닷속 저 깊은 곳에는 슬기로운 여자 노인의 이미지가 있습니다. 그분은 당신 내면의 아주 깊은 곳에 살고 계십니다. 당신은 그분을 알아내고 그 위대한 지혜에서 오는 유익함을 즐길 수 있습니다. 당신 내면에 펼쳐지고 있는 오랜 지혜의 유익함 말입니다. / 이제 당신은 산기슭에 있습니다. 자, 이 산을 올라가면서 돌길을 헤쳐 나가십시오. 높이 올라가면 올라갈수록 이제 산은 더 가파르게 되지만 당신은 내적인 힘을 얻어서 오르는 것이 별로 힘들지 않게 됩니다. 지금 공기는 점점 더 엷어지지만 깨끗하고 맑습니다. 그리고 당신은 열심히 위로 올라갑니다. 마치 오두막의 문에 막 다다른 것처럼 거의 뛰다시피 마지막 걸음을 옮깁니다. 여기 이 오두막에는 그 지혜로운 노파가 살고 계십니다. 그녀는 여기서 당신을 맞이하고, 당신은 그녀와 함께 아주 중요한 시간을 얼마 동안 보내게 될 것입니다.……10분쯤 멈춰 있으십시오. / 이제 당신은 그 노파가 좋은 충고와 지원을 해준 데 대해 감사드리고서, ……그 오두막을 떠나 산을 내려갑니다. 산길을 걸어 내려와 당신의 일상적인 생시의 세계로 돌아가는 것입니다. 이제 에너지가 넘치는 새로운 기분으로 돌아와서 쉬십시오. 눈을 뜨고 몸을 쭉 펴십시오. / 당신의 '자기관리일지'에 당신 내면에 있는 그 노파한테서 배운 것을 적으십시오. / 기회를 한 번 더 마련해서 남자 노인과 만나는 체험을 해보기를 권합니다. / 이 두 번째 만남을 끝내고 나서 두 가지 경험을 비교해 보십시오.

성해방 계획 만들기

거슬러 올라가서 이 장에서 중요하다고 여겨지는 핵심적인 통찰들과 방법들을 다시 검토해 보십시오. 당신이 사용하고 싶은 것을 여섯 가지 정도 골라서 말입니다. 점검표에서 당신이 '보통'이나 '못함'이라고 표시한 중요한 항목들을 거기 포함시키십시오.

당신의 창의력과 놀이능력를 발휘해서 자신의 이중(二重) 해방을―성별차이로 인한 건강 위협요인들로부터의 해방과 여자나 남자로서 당신의 인생을 더 충분하게 즐기는 해방을―위한 현실성있는 '자기관리계획'을 작성하십시오. 만일 당신이 파트너와 함께 작업하고 있다면 서로의 자기관리와 자기 변혁을 북돋아 주는 것을 겨냥한 공동계획을 세우십시오.

다시금 말하건대, 당신의 계획에 이런 것들이 포함된다면 아마 더 잘될 것입니다 : (1) 당신이 진정으로 성취하고 싶은 구체적이고 실현 가능한 목표들, (2) 이 목표들을 향해 나아갈 실천전략들, (3) 일정계획, (4) 자신의 자기 해방계획을 이행할 때 당신 자신이나 서로에게 주게 될 보상들, 또 만일 당신이 퇴보할 경우에는 유보될 보상들, (5) 당신의 진척사항을 '자기관리일지'에 기록하기. 당신이 세운 계획 가운데 매력적인 부분 한두 가지를 골라서 지금 즉시 시작하십시오. 당신이 행하는 것이 항상 사랑에 중심을 두고 영적으로 힘을 얻는 것이 되도록 하십시오. 또한 당신 내면의 어린이를 움직여서 당신의 진지한 의도에 명랑함이라는 양념을 치도록 하십시오.

만일 도움이 된다면, 매일 몇 분 동안 당신 마음속에 영화를 찍어서 남녀 모두와 더 해방된 모습으로 관계를 맺는 만족스러움을 체험하십시오. 책 몇 권을 읽는 것도 당신 계획에 도움이 될 것입니다(추천도서목록을 참조하라).

당신이 남성이라면 남성적인 제약상황으로부터의 자기 해방을, 당신이 여성이라면 여성 프로그래밍이라는 감옥으로부터의 해방을 맛보는 기쁨을 누리기를 빕니다!

제 12 장

사랑 중심의 전인건강을
현재와 전인생을 통해
최대로 누리는 법

사랑 중심의 전인건강이란 일생 동안 당신이 '생생하게 살아 있다.' 는 것을 의미합니다. 한 친구의 멋진 표현을 빌리자면 "가능한 한 늦게 젊은이인 채로 죽는 방법"[1]이라고도 할 수 있겠지요. 많은 사람들이 중년기를 침체기로 생각해서 인생의 풍미와 짜 릿한 매력을 맛보는 일을 멈추는 것은 참으로 애석한 일입니

> 당신이 무엇인가를 선택해야 할 때 노화는 방해요소가 되지 않는다.
> —범퍼 스티커

다. '삶'을 사랑하는 일을 멈춘다는 것은 커다란 손해입니다. 니콜라스 버틀러는 그 가 콜롬비아대학 학장이었을 때의 한 동료를 묘사하면서 그의 비석에는 "40세에 죽 었으나, 70세에 여기 묻히다."라는 문구를 새겨넣어야 할 것이라고 말한 적이 있습 니다.

우리가 1장에서 만났던 로사 베이어를 당신은 기억하십니까? 그녀는 버틀러 학장 의 친구와는 정반대의 인물입니다. 그녀의 인생은 수많은 고통스런 손실 속에서도 인생 여정의 모든 단계에서 재미있고 사랑이 가득 찬 전인건강을 유지할 수 있다는 멋진 소식을 당신에게 전해 주는 한 장의 편지입니다.

여배우 캐더린 햅번은 80세 되던 생일날 가진 인터뷰에서 이렇게 말했습니다. "나는 생일을 별로 대단치 않게 생각하기로 마음먹고 있어요. 내가 아직 읽어 보지 못한 책이 이천만 권이나 있고, 밟아 보지 못한 산책길도 이천만 길, 해보지 못한 역할도 이천만 개는 될테니까요." 그녀는 아직도 정원을 파고 맨하탄에 있는 그녀 의 저택 앞에 쓰레기처리를 합니다. 그녀는 그 특유의 유머를 섞어서 나이와 함께 키가 작아져 간다고 불평을 합니다. "전에는 170㎝였는데, 지금은 167㎝밖에 안 돼 요. 이러다간 조만간에 제가 사라지는 날이 올 거예요."[2] 캐더린 햅번과 로사 베이 어는 건강한 삶이란 노년에도 가능하며, 한 개인의 일생을 통해서 달성될 수 있는 가장 값진 보석임을 보여 주는 생생한 본보기들입니다.

인생의 단계마다 누리는 건강한 삶은 무지개에 비유해 볼 수 있습니다. '나이' 라는 스펙트럼 속에서 서로 다르면서도 영롱하게 빛나는 여러 가지 색채들은 서로서로를 칭송합니다. 당신이 늙었거나 젊었거나 당신이 그 단계 속에서 겪었던 투쟁과 학습이 없었다면 알 수 없었을 가치있는 것들을 당신은 인생의 현 단계에서 깨닫고 있는 것입니다. 인생이 당신에게 가르쳐 주기 전에는 불가능했던 일들을 당신은 지금 이해하며, 또 행할 수도 있는 것입니다. 많은 노인들은 젊은이들이 경험하지 못해서 알 길이 없는 삶에 대한 통찰력을 지니고 있습니다(노인이 우대받는 사회에서는 이런 통찰력이 귀중한 지혜의 일부분으로 받아들여진다). 반면에 젊은이들은 나이가 든 우리들이 이해할 수 없는 자기만의 경험에서 나온 일들을 잘 이해하고 있습니다.

그들은 우리와는 다른 세계에서 성장해 왔기 때문에 우리의 마음이 그들에게서 무엇인가를 배우려고 열려 있지 않다면 우리는 그들의 보물을 알아볼 수 없을 것입니다.

무지개의 비유는 무지개를 빚어 내는 폭풍우라는 배경 속에서 바라보면 더욱 정확하게 인간이 경험하는 실제 세계의 모습을 이해하게 해줍니다. 광폭하게 휘젓는 듯한 검은 구름, 천둥, 번개, 세찬 바람, 그리고 쏟아 붓는 비를 지닌 폭풍우말입니다. 인생의 폭풍우 속에서 찬란한 무지개를 방출하는 빛은 고통과 손실이라는 그늘에 가려 보이지 않는 경우가 많습니다. 그러나 폭풍우가 개이고 햇빛이 얼굴을 내밀면서 폭풍우 속에서 흘린 자연의 눈물이 아직도 공기 속에 남아 있어, 그 수억의 눈물방울 속을 햇빛이 통과할 때에 영롱한 무지개가 태어납니다.

여기에 무지개 영상에 비추어 인생이란 여행길을 감동적으로 표현한 헨리 뉴엔과 월터 가프니의 글을 옮겨 봅니다 : "나이를 먹는다는 것은 약속의 무지개처럼 인간 사회 위에 펼쳐져 있는 가장 보편적인 인간의 경험이다. 그것은 깊은 인간적 경험으로서 유년과 성년, 성년과 노년시대 따위로 나눈 인위적인 경계선을 뚫고 피어나는 무지개이다. 그 무지개는 더욱 풍성한 인생의 보물들을 캐낼 수 있도록 우리를 인도해 주고 있다는 약속의 상징이다."[3]

당신이 다른 이미지를 좀더 찾고 싶다면, 당신의 인생을 하이킹에다 한 번 비유해 볼까요? 당신이 근육을 움직이며 방향을 선택하는 그 길은 건강과 치유의 길입니다. 이 비유에서는 건강과 치유의 길이 가장 밝은 빛을 받으며 드러나는 한 폭의 그림이 됩니다. 당신의 여행길에서의 중요한 노정 변화는 많은 아픔과 손실, 새로운 책임들, 그리고 낯선 도전들을 한보따리 안겨다 줍니다. 그러나 그 인생의 단계마다 우리에게 가져다 준 새로운 힘과 자산들, 그리고 그 이전에는 몰랐던 가능성들을 우리는 종종 잊고 있습니다. 당신의 여정도 나의 여정과 마찬가지로, 때로는 당신을 아주 깊고 그늘진 음침한 골짜기로 이끌고 간 적이 있을 것입니다. 그러나 분명히 당신은 높은 봉우리에 올라 한 번도 본 적이 없던 믿을 수 없는 장관과 경이에 놀라 숨죽이며 잃어버렸던 감탄의 탄성을 다시 찾은 적도 있을 것입니다.

가일 쉬히(Gail Sheehy)는 성장여행이 주는 도전, 즉 전인건강의 필수요소를 이렇게 표현하고 있습니다 : "그것은 현재의 길을 전진해 나아가려는 기꺼운 자발성과 같은 것이다. 우리가 자라지 않는다면 우리는 살고 있는 것이 아니다. 성장은 친근한 유형들을 포기하고 어떤 것들은 그 틀을 바꾸어 버리라는 등의 요구를 한다. 새로운 발걸음을 내딛으려는 용기야말로 인생의 각 단계를 만족스럽게 놓아 보내며, 다음 단계의 부유한 초장 위에서 자라날 신선한 감각들을 발견할 수 있도록 도와준다. 인생의 모든 계절을 생기있게 살 수 있는 능력은 우리 안에 들어 있다."[4]

당신이 해야 할 최선의 것은 현재에 충실하는 것이다.

당신의 현재 나이와 단계에서 전인건강을 극대화할 수 있는 열쇠는 무엇일까요? 그것은 지금의 단계가 쥐고 있는 새로운 문제와 고통거리들을 오히려 그 단계가 당신에게 줄 수 있는 새로운 가능성과 소득으로 변형시키는 것입니다. 이것이 일생을 생기있게 살아갈 수 있는 아주 현실적인 전략이며, 온전한 성숙의 비밀입니다. 현재의 인생단계에서 당신의 마음과 육체, 영과 인간관계의 새로운 가능성들을 더욱 발전시킨다는 것은 당신의 미래의 가능성들을 계속 발전시켜 나갈 수 있도록 당신을 준비시키는 것과 마찬가지입니다. 이 장에서는 그 방법을 구체적으로 다루려고 합니다. 인생의 후반기에 대해서도 상당한 강조점을 두고 다루고 있는 까닭은 현대의 나이 문화에서 온전한 행복을 강화시켜 줄 수 있는 풍성한 가능성들을 놓치기 쉽기 때문입니다.

전인건강 점검표

✐ **방법**: 이 장에서의 여러 가지 검토목록이나 안내사항들은 상호 연관적입니다. 하나는 당신의 현 단계에서의 전인건강의 정도에 대한 평가를 위한 것이고, 또 하나는 전인건강이 더욱 요구되는 영역에서 전인건강을 강화하기 위한 다양한 방법들을 제공하려는 의도에서 나온 것입니다. 우선 아래의 ＿＿＿＿ 위에 다음 세 글자 중 하나를 써 넣으세요.

잘함－나는 이 영역에서 훌륭하게 잘 해내고 있다.

보통－잘 해내고 있지만 개선의 여지가 있다.

못함－이 분야에서는 분명히 강화할 필요가 있다.

＿＿＿＿ 나는 꾸준히 나이에 알맞는 운동으로 체중을 조절하거나, 음식조절, 적당한 휴식, 그리고 가족과 친구들과의 교제를 즐기며 생활하고 있다.

＿＿＿＿ 현 단계에서 나는 새로운 가능성을 개발하여 문제거리들에 대처하는 법을 배우고 있다.

＿＿＿＿ 나는 나의 과거와 평화를 유지해 왔고, 그래서 비생산적인 후회나 쓸모없는 자기 비하로 창조적인 힘을 낭비하지 않는다.

＿＿＿＿ 나는 현 단계에 대한 현실적 목표를 갖고 그것을 실현시키기 위해 착실히 계단을 밟고 있다.

＿＿＿＿ 나는 과거로부터 힘들게 배운 것들을 인정하고 현재와 미래에 내가 할 수 있는 일들을 위해 그 교훈들을 잘 이용하고 있다.

＿＿＿＿ 나는 주의깊은 계획으로 현실에 근거한 희망을 유지하며, 비생산적인 걱정에 귀중한 에너지를 낭비하지 않고, 내일에 대한 평화를 지켜 나간다.

＿＿＿＿ 나는 지금 이 순간을 즐기며, 그 기쁨과 고통을 다 받아들이면서도 살아 있다는 것에 감사한다.

＿＿＿＿ 오늘의 나의 경험은 과거의 좋은 추억과 미래에 대한 즐거운 기대로 더욱 풍성해진다.

＿＿＿＿ 나는 나의 유한성을 받아들이며, 따라서 이 행성(지구)에서의 나의 시간이 제한되어 있으므로 오늘의 삶을 더욱 알차게 살아야 한다는 것을 잘 깨닫고 있다.

＿＿＿＿ 나는 나이에 상관없이, 모든 연령층의 사람들과의 교제를 즐기며, 그들과 이해를 함께 나누고, 그들로부터 배우는 일에 개방되어 있다.

＿＿＿＿ 나는 세상을 조금이라도 좋게 만들기 위해, 내가 도착했을 때보다 세상을 떠날 때에는 더욱 좋아질 수 있도록 내가 할 수 있는 모든 일에 열심을 낸다.

♥ 평가 : '잘함', '보통', '못함'의 합계를 각각 내어, '자기관리일지'나 이 책의
가장자리에 '보통'이나 '못함'의 영역에서 당신이 원하는 건설적인 변화
를 가져올 수 있는 당신의 방안들을 떠오르는 대로 지금 적어 놓으십시
오.

편안한 여행을 위한 안내서

당신이 현재 단계 속에서 건강한 삶을 누릴 수 있는 방법들이 여기 있습니다(다른
장에서와 마찬가지로 이후의 다른 페이지에서도 이 안내문을 보충할 수 있는 다른 안내사항
을 발견할 수 있을 것이다).

1. 삶이란 당신의 인생도 포함해서, 각 장마다 잘 사용되어져야 할 소중한 선물임을 항상 기억
   하십시오.
2. 시간과 좋은 친구가 됩시다. 우선 과거의 후회와 미래의 공포가 있는 집에서 부드러운 자기
   용서와 미래를 향한 행동이 살아 숨쉬는 소망의 집으로 이사를 가는 것이 그 첫걸음입니
   다. 그리고 현재 이 순간에 살아 있다는 것에 대해서만이라도 감사해 볼 필요가 있답니다.
3. 매일의 톱니바퀴 같은 일상성과 달력을 넘기는 그날그날의 삶 속에서도 특별한 영적인 의
   미와 당신의 여행의 현재가 주는 기회들을 찾아내십시오. 성경이라는 고전을 보면 카이로
   스(kairos)라는 말이 사용되고 있습니다. 카이로스는 크로노스(chronos : 시계와 달력의 시
   간)라는 우리의 매일매일의 단조로운 생활 한가운데에 존재하고 있는 고품질의 시간입니
   다. 카이로스는 크로노스(시간)가 초월의 한순간을 위해 조용히 멈추고 섰을 때 다가옵니다.
   당신의 계획들을 다 잊고 난 뒤에야 당신이 영원성의 한 조각 위에 잠시 서 있음을 느낄
   수 있을 것입니다.
4. 당신의 현재 상황 속에서 새로운 힘과 가능성을 찾아보십시오. 이 선물들을 잘 개발하여 지
   금 부딪치고 있는 고통스런 문제들에 대처하는 데 필요한 자기 존중감과 소망, 사랑을 생
   성할 수 있도록 스스로를 도우십시오. 지금까지의 경험이 당신에게 가르쳐 준 지혜의 소리
   에 귀를 기울이십시오. 당신의 이해력과 기술을 사용하세요. 그것들은 오늘의 생활과 사랑
   을 위한 소중한 자원입니다.
5. 당신의 마음속에 들어 있는 미래에 대한 꿈을 일깨우십시오. 그 미래란 당신과 당신이 사랑
   하는 사람들을 위한 보다 온전한 삶이 준비되어 있는 새로운 미래입니다. 그리고 동시에
   지구촌 가족과 생태계라고 불리는 살아 있는 모든 것들에 대한 온전한 미래에의 꿈도 가져
   봅시다. 꿈에 유혹당하도록 자신을 풀어 놓고, 그래서 그것을 실현할 수 있는 일을 할 만큼
   힘도 끌어내어 봅시다. 지금 나는 잠시 쓰던 일을 멈추고 내 책상 가까이의 커다란 포스터
   에 쓰여 있는 랭스턴 휴즈(미국의 시인)의 멋진 싯구를 바라봅니다 : "꿈을 꽉 잡으세요. 꿈
   들이 죽어 버린 인생은 날개 부러진 한 마리의 새일 뿐입니다." 당신의 꿈에게 손과 발과

목소리를 만들어 주면 보다 좋은 미래를 창조하는 데 필요한 행동들이 태어날 것입니다.

　　성인발달과정에 대한 이론적 연구는 대부분의 성인들이 경험을 통해 이미 알고 있는 것을 확실하게 해줍니다. 성인시대는 끝없는 변화의 시대이며, 이러한 변화는 자신의 정체성, 이력, 가치관, 시간관념, 친근한 관계 등 수많은 분야에서 나타납니다. 다음의 세 목록표에는 성인시대의 주요한 3단계에 서 발생되는 온전성에 관한 문제점과 가능성들이 정리되어 있습니다. 사람들의 인생여정이란 참으로 다양한 것이어서 당신의 발달과제와 고통, 손익 등이 이 표들과 다를 수도 있습니다. 그러나 보편성을 띤 이 목록표는 당신 자신의 여행을 돌아보고 반영시켜 볼 수 있도록 짜여진 것입니다.

> "꿈을 꽉 잡으세요. 꿈들이 죽어 버린 인생은 날개 부러진 한 마리의 새일 뿐입니다."
> ―랭스턴 휴즈

초기 성인기의 전인건강 도전표

문제와 고통	가능성과 이익
어린 시절의 집 떠나기, 공식적 교육 완료기, 새 경력의 시작과 친근한 관계의 발전, 자녀갖기 등	다양한 요구에 부응하는 에너지의 수준높은 투자, 자발성과 경쟁력의 새가정 꾸미기, 성장, 새로운 일에 대한 도전을 즐기는 법
정체감의 부족이 초래한 친근성과 책임감에 대한 두려움	순수한 이상과 자신의 가능성을 다 살리고 싶은 강한 욕망
심각한 재정 압박	
준비없이 맞게 된 결혼이나 독신생활	충분한 의사소통을 통해 배우는 직업훈련과 문제해결능력의 기회
정다웠던 관계들을 떠나게 되는 잦은 이사	새로운 장소에서 새로운 관계망을 엮으면서 성장할 수 있는 기회
자신의 몸을 소홀히 하거나 과식하는 문제	바쁜 생활 속에서도 건강한 음식조절, 운동, 휴식을 취하는 법 배우기

　　압박감이 심한 성인 초기의 중요한 성숙과제는 에릭 에릭슨의 지적대로 친근한 관계를 맺는 능력을 발전시키는 일입니다. 이 마법은 자아사랑이라는 신선한 활력

을 우리에게 부여해 줍니다. 그러나 가까운 관계에서 받게 될 상처에 대한 과도한 두려움과 사춘기에서 완전히 벗어나지 못한 자아 정체감의 문제가 친근한 관계를 맺지 못하게 합니다. 이러한 고립은 고통스러운 일입니다. 다른 사람에게 자신을 내어 주어야 맺을 수 있는 유쾌하고 친숙한 분위기는 자신의 자아정체와 자기 가치에 대한 확고한 인식이 있어야만 할 수 있는 일종의 모험입니다.

투쟁하고 있는 젊은 성인들에 의해 자주 제기되는 도전들은 이런 것들입니다.

▷ 어린시절의 가정과의 유대감을 새로운 가족이나 동료집단에게로 이전하는 데서 오는 갈등과 저항감
▷ 자주성과 친근감 사이의 욕구 균형을 맞추는 법. 여성들은 대개 자주성이라는 대가를 지불하고 남성과의 친근감을 얻는 경향이 있다.
▷ 상호 존경과 동등성, 그리고 사랑으로 성(性)을 이루기 위한 갈등
▷ 일을 효과적이면서도 풍성하게 이룩하기 위한 방법을 배우는 일
▷ 창조적인 독신이나 결혼생활, 그리고 자녀양육에 요구되는 새롭고 대인관계적인 모든 기술을 배우고 발전시키는 일

중년 초기의 전인건강 도전표

문제와 고통	가능성과 이익
조용히 의식되지 못한 채 다가오는 중년의 위기	성장을 지속하기 위한 도전
직업에서 오는 심한 압박감	잠정적으로 높은 직업 만족도
10대와의 문제들	10대와의 원만한 관계
의존적으로 되는 부모들의 문제	부모들과 성인대 성인의 관계를 깊게 할 수 있는 기회
노화현상의 시작	건강과 적당한 체중을 유지하기 위한 자기관리의 기회
재정적 압박	잠정적인 수입증가 기대
결혼의 권태감과 기대	배우자의 관계를 심화시킬 수 있는 기회
가중되는 영적인 문제에 대한 압박감	영적 성숙의 기회

빈 둥지 증후군과 그 적응의 문제	빈 둥지 시기는 다른 활동을 시작할 수 있는 창조력 개발의 기회

자녀가 있는 부모들의 중년기는 두 부분으로 나누어집니다. 첫째는 10대의 자녀가 집에 있는 소모시기이고, 둘째는 이와 전혀 다른 압력과 가능성을 지닌 '둥지 비우기'와 '빈 둥지' 시기입니다. 현대의 가정에서 새로 등장한 심각한 문제 중의 하나는 성인 초기의 자녀들이 집을 떠나 독립할 시기를 늦추거나, 다시 집에 들어와 있을 때에 야기되는 부모들의 긴장감입니다. '빈 둥지'와 '비어 있지 않은 둥지'의 서로 다른 두 문제가 부모와 자녀를 팽팽하게 돌고 있는 회전문 앞으로 몰고 가는 셈입니다. 이 시기의 중요한 성숙 과제는 '생산성'입니다. '생산성'으로부터 사람을 돌보는 힘이 산출되거나 강화됩니다. '생산성'이란 아름다운 개념입니다. 왜냐구요? 그것은 당신이 자신의 일부를 투자해서 당신보다 오래 남아 있을 어린이들이나 젊은이들, 직업 그리고 단체들을 돌보고 사랑함으로써 당신의 미래를 아름답게 이루어 나가고 있다는 뜻이기 때문입니다.

'생산성'은 중년기뿐 아니라 인생의 어느 단계에서든 아름답게 피어날 수 있습니다. 중년기에도 이런 능력이 전혀 피어나 있지 않을 때는 이기주의가 전인성을 억누르게 됩니다.

중년기는 많은 사람들이 인생을 즐기고, 가족과 직업, 공동사회에 만족스러운(때로 지치기도 하지만) 방법으로 공헌도 하게 되는 시기입니다. 중년기에 부딪치게 되는 도전 중에는 결혼과 직업에의 권태, 10대의 성문제, 고통스런 영적 갈등, 약물복용이나 중독증(알코올, 마약, 성, 일), 그리고 사춘기 자녀와 의존적이 되어가는 노부모 사이에서 샌드위치 세대가 되는 문제 등이 있습니다. 이 시기는 시간관념이 뒤바뀌는 때이기도 합니다. 출생이 시간관념의 출발점이 아니라 남아 있는 마지막 시간이 그 출발점이 됩니다. 그래서 어떤 사람들에게는 삶의 의미와 우선순위, 생활방식에 의심이 드는 심각한 영적 위기의 시기가 되기도 합니다.

한번은 제가 공항 서점에서 「40년 동안 30대를 유지하는 법」이라는 책을 본 적이 있습니다. 제목이 조금 우습긴 하지만, 그 말은 우리에게 많은 시사점을 제공해 줍니다. 한 보따리의 문제들과 새로운 가능성들을 우리에게 안겨다 주는 중년기는 오늘날의 선진국에서는 그 기간이 30∼40년간이나 지속됩니다. 이러한 현상은 멋진 일이지만 겨우 20세기에 와서나 이룩된 역사가 짧은 인류에게 주어진 최근의 선물인 것입니다. 많은 사람들이 건강한 상태로 충분히 이 기간을 즐깁니다. 50∼70대 또는 그 이상까지 능동적이며 생산적인 삶을 삽니다. 보다 온전하게 사는 것, 그것이 확장된 중년기의 행복의 비결입니다. 그리고 그것이 바로 노년기에 대한 가장 훌륭한 대비책이기도 합니다.

새로운 성숙기(노년기) 전인건강 도전표

문제와 고통	가능성과 이익
건강문제의 대두	육체적 건강을 위한 자기관리의 능력 함양
행동력의 쇠퇴	참된 '존재하기'를 위한 풍성한 시간과 자극
은퇴에 따른 직업적 손실과 슬픔	새로운 도전으로서의 적극적인 은퇴생활
축소된 수입 (가난이 닥쳐 오는 경우도 있다.)	욕심의 절제
노령화에 따른 자아 존중감의 상실	자아존중의 내면적인 탐구
과거에 잡지 못한 기회들	자신의 일과 업적에 만족하기
빠르게 변화하는 미래에 대한 두려움과 압박감	현재를 즐기며 시간을 유용하게 쓰는 충족감 배우기
은퇴 후의 생활에 대한 걱정	시간 사용에 대한 선택의 자유와 취미활동과 다른 사람들을 도울 수 있는 충분한 시간
가까운 친지나 배우자의 죽음에서 오는 슬픔	슬픔을 딛고 친근한 관계를 강화해 가는 능력
자신의 유한성에 대한 대항	살아 있는 믿음과 사랑으로 죽음을 받아들일 수 있는 능력
건강 유지를 위한 운동과 생활의 소홀	운동과 바른 식생활로 노화현상 줄이기

이 성숙기는 대부분의 노인들에게는 두 단계나 세 단계로 나누어집니다. 1) 활기차고 능동적인 은퇴 초기, 2) 홀아비나 과부시기, 3) 죽음으로 인도되는 병상시기가 그것입니다. 이 세 시기들도 각기 당신의 중심 속에서 전인성이 활동할 수 있는 잠재력을 지니고 있습니다. 이 시기에는 소망을 지닌 온전한 통찰력이 귀중한 자산이 됩니다. 훌륭한 포도주처럼 무르익은 친숙한 우정(연륜과 함께 증명되는 법이지만)을 지닌 사람들에게는 이 시기는 부요하고 소중한 가까운 나눔의 시간입니다. 유진 오닐의 희곡 "오, 황야여!"에 나오는 부부들이 단언하는 것 그 이상일 수도 있는 셈입니다 : "봄만이 전부가 아니에요. 당신만 함께 있다면 가을과 겨울에도 멋진 일들

이 얼마든지 있을 거예요."[5] 독신생활을 해왔던 사람들은 이때에 친구나 가족들과의 유대를 더욱 멋있게 유지해 나가야 하는 도전이 기다리고 있는 때이기도 합니다.

이 성숙기의 중심과제는 자아통합입니다. 에릭슨의 용어인데 그에 따르면 이것은 절망의 반대 개념입니다. 이 과업이 잘 이루어지면 지혜가 하나의 힘이 되는 것입니다. 자아통합이란 당신의 유한성을 받아들이고 재빨리 사라져 가는 시간과 평화협정을 맺는 여유를 뜻합니다. 그것은 인생의 불완전성을 용서하고 그래도 살아 있다는 것은 근본적으로 좋은 일이라는 사실을 받아들인다는 뜻입니다. 인생의 수많은 손실과 제한성에도 불구하고 말입니다. 이런 수용이 당신을 자유케 합니다. 후회와 좌절, 죄책감과 원망, 과거에의 집착에서 벗어나 지금 여기의 삶을 즐길 수 있도록 당신을 풀어 놓아 줍니다

당신의 현 단계를 위한 점검표

아래의 간단한 도표는 당신이 현 단계에서 겪는 고통과 이익에 대해 명확히 알 수 있도록 도와줄 것입니다. 이 명확한 인식에 근거해서 당신의 고통에 잘 대처해 나갈 수 있도록 당신은 유용한 계획표를 만들 수 있을 것입니다.

✎ **방법** : 눈을 감고 현재의 고통과 책임, 그리고 장애물들을 느껴 보십시오. 그리고 제일 왼쪽의 '손실과 고통' 난에 현재의 부정적인 요소들을 상기시켜 주는 낱말들을 적어 내려 가십시오. '자산과 이익' 난에도 같은 방식으로 눈을 감고 현재의 경험 속에서 느껴지는 긍정적인 요소들—새로운 가능성들과 힘을 조용히 느껴 본 뒤에 생각나는 대로 구체적으로 적으십시오. 자, 이제는 현 단계에서 문제들에 대처하고 전인건강을 발전시키기 위해 당신의 자산들을 이용할 방법을 결정하십시오. 행동전략이 떠오르면 적어 두었다가 잘 이용하십시오.

손실과 고통	자산과 이익	고통 조절을 위한 전략표

이 간단한 점검표가 다양한 나이의 사람들, 특히 생활이나 경력에서 재조정이 필요하여 고통을 겪고 있는 사람들에게 굉장히 유용하였다는 이야기를 많이 들었습니다. 퍼시픽 노스웨스트사(the Pacific Northwest)의 경력설계 연구모임(a life-career planning workshop)에 참석했던 칼이란 39세 된 남자는 이 점검표를 사용해 본 뒤에 이렇게 말했습니다 : "문제에만 너무 집착해 있다 보니 이렇게 바로 손가락 끝에서 나오는 새로운 가능성들을 완전히 모르고 있었다는 사실이 놀랍기만 하군요." 나중에 그는 이 점검표를 이용하여 그의 마음속에서 훌륭하게 짜놓은 새로운 직업계획을 발표한 뒤 그 모임의 사람들에게 조언을 요청하기도 했습니다.

시간과 친구가 되자

"어제나 내일이 당신의 오늘을 먹어치우지 않도록 조심하라!"

　　　　　때때로 자동차 창문에 붙은 스티커 속에서 놀라운 지혜를 발견하곤 합니다 : "어제나 내일이 당신의 오늘을 먹어치우지 않도록 조심하라!" 현재의 전인건강을 더욱 즐기는 방법은 현재라는 장소에서 많은 시간을 보내라는 것입니다. 아래의 두 가지 방법이 우리를 현실로 이끌어 줄 것입니다.

1) 과거의 상처를 치료할 것
2) 미래에 대한 비생산적 걱정에 에너지를 낭비하지 말 것

내 인생 초기에 나는 5마일 밖의 일에 대해서(미래문제에 대한 어처구니없는 환상을 지닌 채) 너무 많은 생각을 하거나 지나온 5마일 뒤의 일들(이미 저질렀거나 하지 못했던 일들을 검시하면서)로 시간을 다 보냈습니다. 그래서 나는 길 위의 예쁜 국화꽃들을 즐길 여유가 없었습니다. 당신의 전인성을 극대화하기 위해 시간의 삼차원, 즉 과거, 미래, 현재와 친구가 되는 연습을 해봅시다. '자기관리일지'나 종이와 크레용 등을 준비해 놓고 이 운동을 해보세요.

명상지침 : 재양육

이 연습은 사춘기 이후의 누구에게나 가능합니다. 당신이 유년시절에 받은 정서적인 상처나 슬픔을 치유하기 위해 과거와 친해지도록 짜여진 운동입니다. 나는 당신이 이 운동을 친한 친구나 후원 동아리들과 함께 있을 때 해볼 것을 권합니다. 당신이 심각한 감정을 느낄 때라면 그들로부터 도움을 받을 수도 있을 것입니다.

자, 운동을 시작해 봅시다. 온몸의 근육을 바짝 긴장시킨 뒤 그대로 셋을 세십시오. 그리고는 긴장을 풀고 또 셋을 셉니다. 당신의 몸과 마음이 매우 이완되고, 또 동시에 민감해졌다고 느끼게 될 때까지 이 운동을 되풀이합니다. / 3장에서 설명한 대로 몇 분 동안 깊은 숨을 쉬며 긴장을 풀고 몸과 마음에 활력이 넘치도록 합니

전인건강의 창

매기 쿤(MAGGIE KUHN)

　매기로 더 잘 알려진 마가렛 E. 쿤은 격정의 인간 발전기요, 엄격한 결단의 사람이요, 확신에 넘치며 도덕적으로 덕성을 갖춘 인물입니다. 그녀는 65세에 정년으로 미국장로교단과 함께 일하던 교회와 사회 직업에서 퇴직하지 않으면 안 되었습니다. 관료주의적인 직장에서 해방된 것을 오히려 감사하며, 그녀는 그 당시 월남전을 반대했던 4명의 친구와 함께 하나의 조직을 결성하였습니다. 그들은 미국 전역에 만연해 있는 나이차별주의, 성차별주의, 그리고 다른 형태의 사회적 부정의로부터 인간을 해방시키기 위한 전국적인 조직망을 만들었습니다. 여기에는 노인들과 중년들과 젊은이들이 함께 참여했습니다. 이 단체는 급속히 확장되었고, 드디어 회색표범이라는 별명을 얻었습니다. 매기가 우리에게 지적해 주는 대로 회색은 무지개의 모든 색을 함께 혼합시켰을 때에 생겨나는 색깔입니다. 그녀는 이렇게 주장했습니다 : "우리는 순례의 길을 가는 자들이요, 한 마리의 종달새이다"(*Current Biography*, 1978, p.239). 필라델피아교회의 지하실에 회색표범들이 처음으로 사무실을 열 때에 대학생 자원봉사자들도 함께 참여하여 그들을 도왔습니다. 쿤은 이렇게 말합니다 : "우리는 이 사회의 노인이나 젊은이가 다 함께 차별을 당하고 있다는 사실을 깨달았다. 두 그룹 모두가 정체성의 위기를 맞고 있다. 두 그룹 모두 은행의 신용보증을 얻지 못하고 있으며, 약물중독에 빠진 것처럼 취급당하고 있다. 물론 그 약물은 다른 약물이요, 또 다른 열정을 의미한다"(*Current Biography*, 1978, p.241).

　매기 쿤은 시몬 드 보바르의 강력한 통찰을 인용합니다 : "오늘의 사회에서 노인들에게 붙여진 의미 또는 무의미는 전체 사회를 시험하는 시험대의 역할을 한다"(Dieter Hessel, ed., *Maggie Kuhn on Aging : A Dialogue*, Philadelphia : Westminster Press, 1977, p.65). 그녀의 표범들은 노인들을 훈련시켜 보험회사, 은행, 법원, 지역의회, 경찰당국, 그리고 메디아 등에 영향력을 행사하게 만들고, 노인들에게 가지고 있던 상투적인 인식과 차별을 철폐하는 데에 참여시켰습니다. 그들은 결국 랄프 내더의 퇴직전문가 참여그룹과 함께 손을 잡고 건설적인 새로운 법제정 시민운동을 주도했습니다. 그들은 함께 투쟁하며 로비활동을 하여 양로원시설 개혁운동과 그 노인들에 대한 건강보험 지원운동을 펴 나갔습니다. 매기는 노인들이 타고 난 연합운동가이며 다른 사람들에게 진실한 공감을 할 수 있는 능력자들이라고 믿었습니다. 그들이 사회참여운동가들이 되었을 때 그들은 자기들의 운명의 방향을 바꾸어 놓았을 뿐 아니라, 모든 나이의 사람들을 변화시키는 대리인들이 될 수 있었습니다.

　현재 그녀가 어떤 비전을 보며 살아가고 있는지를 봅시다 : "지금은 새시대입니다. 지금은 해방의 시대요, 자기 결정의 시대요, 또한 자유의 시대입니다. 변화의 바람은 사방에서 불어오고 있습니다.……수많은 그룹들이 자유를 얻기 위해 투쟁하고 있습니다. 그들의 투쟁은 전체를 만드는 조각들입니다.

백인 아닌 모든 이들은 인종차별에 대항하여 싸우고 있습니다. 여성들은 남성지배와 성차별에 대항하여 싸우고 있습니다. 젊은이와 노인들은 나이 차별에 대항하고 있습니다. 제 3세계의 개발도상국가들은 미국의 제국주의와 미국식 평화주의와 대항하여 싸우고 있습니다"(Hessel, ed. *Maggie Kuhn on Aging*, p.13).

매기 쿤은 그녀가 좋아하는 묘비명 중의 하나를 인용합니다 : "여기에, 그녀가 움직이지 못하는 오직 하나의 돌 아래 사랑하는 나의 아내 메리가 잠들고 있다." 매기는 이 말을 아주 좋아합니다. 이 글은 그녀가 어떻게 인류와 지구 자체를 돌보고 있는지를 대변해 주기 때문입니다. 그녀는 항상 이야기합니다 : "이 모든 것은 반드시 제리톨을 극복하게 만들 것이다!"

다. /

자, 이번에 당신이 집이라고 부르고픈 장소를 당신의 창조적인 상상력을 사용해서 영화필름처럼 돌려 봅시다. 가능한 한 세부를 생생하게 찍으십시오. 연상되는 모든 색깔, 소리, 광경, 사람들, 애완동물, 식물들, 그리고 냄새까지. / 그 집에 들어가 있으세요. / 거기에서 느끼는 정서적 분위기와 관계의 상황도 잘 느껴 보십시오. 거기에서는 당신 자신에 대해서 어떻게 느끼시나요? 안락하고 사랑받는 존재로 느껴지십니까? /

이번에는 당신이 어린 시절에 살았던 집 속으로 들어가 봅시다. 가능한 한 생생하게 바라봅시다(당신의 어린 시절 중 불행했던 시기의 집을 그려 봅니다). / 당시의 자신의 모습을(불행했던 때가 10대라면 10대로서의 자신을) 보십시오. / 집으로 들어가서 어린 시절의 바로 그 소녀나 소년이 되십시오. 자신이 어떻게 느껴지나요? 당신의 몸, 성, 생활, 신에 대해서는? / 부모님 중의 한 분을 방으로 모셔오고 무슨 일이 일어나는지 경험해 보세요. / 당신의 부모는 남성이나 여성으로서의 자기 자신을 어떻게 느끼고 계시나요? 어린이로서의 당신에 대해서는? 잠시 동안 부모님과 이야기를 나누세요. / 이번에는 다른 쪽 부모님을 방으로 모셔오고 무슨 일이 일어나는지 느껴 보세요. / 이 부모님은 당신을 어떻게 느끼시나요? 부모님들은 서로서로를 어떻게 느끼실까요?(만약 당신이 한 쪽 부모님과만 살았다면 그분과의 관계에서 오는 느낌만 느껴 보십시오.)

이번에는 전가족과 함께 식사를 하는 장소에 가 있으세요. 당신 가족의 정서적인 분위기를 느껴 보십시오. 건강한 관계들입니까? 사람들의 자기 존중감(특히 당신의)이 그곳에 있음으로 해서 더욱 증진되나요? 아니면 그 반대인가요? 이 가족의 영은 어떤 성격인가요? 기쁨, 아니면 슬픔이 그 속에 있나요? 당신은 안전하고 사랑스럽고 서로 연관되어 있다고 느끼나요? /

그림그리기

당신의 추억창고에 넣을 그림을 그리면서, 당신이 그저 당신 자신이라는 이유만으로 사랑과 인정을 받고 이해되어지고 있다는 긍정적 느낌이 들었던 특별한 때를 찾아보세요. 그때의 경험을 그대로 다시 겪으면서, 그 따뜻하고 달콤했던 순간을 화려하게 색칠해 보는 겁니다. 만약 당신에게 그런 경험이 없었다면, 찾아오는 고통으로부터 얻을 수 있는 모든 것을 얻어 내세요. /

아픈 경험-첫 번째 치유법

이번에는 벌받고 거부당하고 억울하게 야단맞고 학대받았거나 공포에 떨었던 때를 회상하고 다시 경험해 볼까요? 당신이 이 경험 도중에 벅차오르는 감정으로 고통스러워지면, 신뢰하는 친구나 동료들의 공감하는 후원을 받을 수 있을 때까지 남은 부분의 경험을 연기해도 좋습니다. 고통이 그래도 참을 만하다면, 아직도 기억에 남아 치료를 요하는 상처받은 감정을 그때 그대로 깊이 느낄 수 있도록 그 사건을 다시 경험하십시오. /당신의 마음속에 있는 부모님(한 분이든, 두 분 같이든)이 당신을 위로하고 사랑해 주고, 그들이 가능한 한 그 아픈 기억들을 치유해 줄 수 있도록 하십시오. /

재양육법-두 번째 치유법

자, 두 번째 치유단계로 들어가 봅시다. 현재의 당신—사랑스럽고 유능한 성인이 당신의 어린 시절의 집으로 들어가는 모습을 상상해 보거나 그림을 그리세요. /거기 그 집안에 당신의 어린이와 함께 있으세요. 그 어린이에게 당신이 줄 수 있는 모든 사랑과 힘을 부어 주세요. 당신이 느끼기에 옛 상처를 치유하기 위해 필요하다고 생각되는 일은 무엇이든 해주세요. 당신의 어린이가 원할 때는 언제든지 당신의 보호와 사랑, 존중, 그리고 현명한 안내가 따를 것임을 믿을 수 있도록 속삭여 주세요. / 안고 노래를 불러 주셔도 됩니다. 당신의 아기가 어떻게 느끼는지 주의하세요. 그 어린이가 더 안락하고, 덜 두려워하며, 더욱 사랑받고 있다고 느끼기 시작할 때 치유가 시작되는 것입니다(내 속에 있는 그 소년 ─ 클라인벨 2세는 내가 그를 껴안고 흔들어 주며 이제 괜찮다고 말해 줄 때 항상 웃거나 편안해 한다). / 이 두 번째 방법을 재양육(reparenting)이라고 부릅니다(좀더 알고 싶으신 분은 Muriel James, Louis Savary 공저, *A New Self*를 보라).

이제는 당신의 어린이가 기분이 나아졌을 겁니다. 왜 그 아이와 잠시라도 함께 놀아 보지 않는 거죠? 어디 게임이라도 한 번 해보세요. 그 어린이가 성인인 당신에게, 당신이 잊고 있던 재미있게 노는 법을 다시 가르쳐 줄 것입니다. / 서로에게 작별인사를 하기 전에 다시 만날 약속을 하세요. 가까운 시일내에 서로 익숙해지고 좋아하게 되고 배우고 즐길 수 있도록 말입니다. 당신 속의 이 두 자아가 그 동안 너무 떨어져 살았다면 함께 영양가있는 시간을 더욱 많이 투자하도록 하세요. 그러면 서로 상대방을 풍성하게 해주는 좋은 친구가 될 수 있을 겁니다. / '안녕'이라고 인사하기 전에 서로 한 번씩 따뜻하게 껴안아 주세요.

재양육법-세 번째 치유법

당신의 어린이가 아직도 상처입고 있다고 느낄 때, 이 세 번째 방법이 좋을 것 같군요. 현명하고 강한 우주를 사랑으로 다스리시는 자애로운 부모(하나님) 한 분의 모습을 마음속에 그립니다. / 영적인 능력이 넘치시는 그분이 당신의 옛집에서 사랑스럽고 치유적인 분위기 속에서 당신의 상처입은 어린이와 함께 있게 하십시오. 당신의 옛 상처에 대한 위로와 치유를 마음껏 받아들이세요. 오래된 옛날의 말씀을 기억하실 수 있을 겁니다 : "어미가 자식을 위로함같이 내가 너희를 위로할 것인즉"(사 66 : 13). 어떤 기독인들은 어린이들과 함께 있는 예수의 그림이 이런 종류의 치유에 도움이 된다고 이야기합니다. 그들의 어린이들은 그의 다정하고 긍정적인 말씀을 듣습니다. "어린아이들이 내게 오는 것을 용납하고 금하지 말라. 하나님의 나라가 이런 자의 것이니라"(막 10 : 14). /

마무리

마무리라는 느낌이 들 수 있도록 당신의 방법으로 지금까지의 명상을 완성해 보십시오. / 현재의 시간과 장소로 돌아와 눈을 감은 채 조용히 앉아 이 추억여행에서 당신이 발견해 낸 것들을 들여다보십시오. 이번 경험에서 아직도 끝난 것 같지 않은 부분이 있습니까? 치유여행을 계속하고 싶나요? 아직도 당신은 부모들을 용서할 수 없군요. 용서할 수 있을 때까지는 당신은 과거라는 낚시에 걸려 있는 셈입니다. 현재의 삶을 더욱 즐기는 데 사용되어져야 할 힘이 낭비되고 있습니다. 현재의 가정과 어린 시절의 집을 방문했을 때, 두 집에서 느꼈던 감정들 사이의 연관성을 찾아보십시오.

공책에 적기

당신 속의 어린이를 위한 치유여행에서 당신이 경험한 것이나 발견한 것들을 정리해 보는 것도 도움이 될 것입니다. 크레용으로 옛집의 모습을—그 속의 사람들까지 넣어서—그려 보라고 권하고 싶군요. / 신뢰하는 친구나 가족에게 이번의 연습여행을 이야기해 보는 것도 매우 중요한 부분이 됩니다. 위의 세 단계를 통해서도 당신의 상처가 아직도 생경하고 고통스러운 느낌으로 남아 있다면 신뢰할 만한 목사님이나 상담자를 찾아가 그 상처에 대해 이야기하십시오. 아직도 과거의 찌꺼기가 남아 있다는 것을 깨닫는 일은, 비록 완치되지 않았다 하더라도, 치유의 다음 단계를 밟아 나아가는 데 중요한 역할을 합니다. 이번의 내면여행 다음에 어떤 단계를 밟을 것인지 당신이 결정하셔야 합니다. /

나는 여러분이 이 연습을 통해 상처의 자가 치유법을 어느 정도 익히셨기를 바랍니다. 위의 치유를 통해 당신은 당신의 부모들이 제공할 수 없었던 부담없는 사랑과 자아존중의 풍부한 긍정성을 당신의 어린이에게 주었기를 바랍니다. 부모들은 아마 그들의 부모들로부터 조건없는 사랑을 풍성히 받지 못했기 때문에 당신 속의 어린이에게도 그렇게 할 수 없었겠지요. 그리고 할아버지와 할머니는 또 그 위 세 대로부터 그랬을 것입니다. 나는 십 년 이상 협동모임(workshop)에서의 기억치유를 위한 TA 재양육법, 상담, 가르침을 잘 섞어서 사용해 왔습니다. 상당한 효과를 볼 때도 있었습니다. 이 세 가지 중에서 무엇이 가장 알맞은 것인가는 사용자들이 선택할 문제입니다.

행복한 어린 시절에의 가능성

이 치유법의 핵심은 당신이 오래 전에 지나간 사건과 사라진 사람들로부터 받는 압박감으로 인해 창조적인 힘을 낭비할 필요가 없도록 하기 위한 것입니다. 이런 치유법은 버니 시걸이 간파한 대로 다음과 같은 진실을 당신이 경험할 수 있게 도와줄 것입니다 : "행복한 어린 시절을 보내기에 너무 늦은 때는 없다."[6]

밀톤 벌의 재치있는 말솜씨 속에도 우리에게 도움이 되는 유머가 들어 있습니다 : "당신이 당신의 조상을 선택하지 않은 것처럼 그들도 당신을 선택하지 않을 수 있었던 것은 아니었다."[7]

이 치유법들은 당신 인생의 어느 시기에나 적용될 수 있습니다. 먼저 현재에서 출발해서 아픈 상처가 있는 시기로 거슬러 찾아갑니다. 각 단계의 최초의 상처를 찾아서 치유되지 않은 슬픔과 고통을 되새겨서, 당신의 자기관리일지에 미래의 치유를 위해 적어 놓습니다. 한 번에 한 가지씩의 기억과 슬픔을 적어 놓고 그 사건 당시의 집 속으로 들어가 그 일을 다시 겪어 보는 겁니다. 각각의 상황에 맞게 그 다음 진행상황을 단순하게 적용하십시오.

만약 당신이 자녀들과(교사일 경우 다른 사람의 자녀일 수도 있다.) 문제가 있을 때는, 그들 나이였을 때의 당신 모습으로 여행을 떠나 보십시오. 나는 몇 년 전 10대인 딸이 도시락을 두고 가서 그것을 전하러 딸의 고등학교 교정에 들어갔던 때를 잘 기억합니다. 교정을 가로지르면서 나는 한 비쩍마른 소년이 홀로 앉아 있는 것을 보았습니다. 창백한 얼굴로 건물에 기대앉아 샌드위치 한 조각을 우물거리고 있었습니다. 갑자기 깜짝 놀란 듯한 슬픈 감정의 파도가 나를 엄습했습니다. 오래 전에 잊혀졌던 외로운 나의 고교시절의 상처가 가슴을 저며 왔습니다. 그때의 놀라웠던 경험이 과거의 상처치유를 위한 위와 같은 연습들을 시행하도록 나를 이끌어 주었습니다.

내가 아는 원목 한 분이 리디아라는 환자의 심방부탁을 받았습니다. 40세 가량의 여러 가지 증상으로 입원해 있던 여인이었습니다. 그 여인은 그 목사님에게 자신은 오랫동안 깊은 기도생활을 해왔으나 지금은 "하나님께서는 사라지시고, 그분이 살아 계신다는 느낌을 전혀 느낄 수 없어서 너무나 외롭고 고통스러울 뿐"이라고 말했습니다. 그녀는 아주 불안해 하고 있었습니다. 그 목사님은 그녀에게 그가 하자는 대로 따라오겠는지 물었고, 그녀는 동의했습니다. 그는 상상의 치유법을 통해 그녀를 시편 23편에 나오는 조용한 물가와 푸른 초장으로 안내했습니다. 그녀는 곧 편안해졌습니다.

충동적으로 그 목사님은 계속 그녀에게 상상 속에서 수평선 너머를 바라보며, 그녀에게 다가오는 한 사람을 잘 살펴보라고 말했습니다. 그 두 사람이 서로 가까워졌을 때 리디아는 그 아이를 알아보았습니다. 5살 가량된 어린 시절의 리디아였습니다. 그들은 서로 손을 잡았고, 그 아이는 놀이를 하면서 리디아를 끌어들였습니다. 그들은 여러 가지 놀이를 했습니다(땅따먹기, 사방치기……). 그러다가 그들은 지쳐서 건초더미 위에 벌렁 누웠습니다. 리디아는 그 아이를 무릎에 앉혔고, 그 아이는 리디아에게 자신의 불안과 좌절, 그리고 불공정한 상황 등을 얘기했습니다. 리디아는 위로하며 그녀가 거기 있을 것이며 그리고 도와주겠다고 말했습니다. 헤어질 때가 되자 그들은 자주 만나기로 약속했습니다. 아이는 그녀에게 노는 법을 가르쳐 주고, 그녀는 그 아이가 성장하도록 위로하고 도울 수 있기 위해서입니다. 리디아가 이 연습여행을 마쳤을 때 눈물이 흐르고 있었고 이렇게 말했답니다. "하나님께서 돌아오셨어요." 그때부터 오랫동안 지연되어 왔던 그녀의 회복이 빠른 속도로 진행되어졌다고 합니다.[8]

미래 만들기

우리 인간들은 마음속에서 미래를 창조해 낼 수 있는 놀라운 능력을 지니고 있습니다. 우리가 그리는 미래의 청사진은 현재의 우리의 감정과 행동에 큰 영향을 미칩니다. 잘 갖추어진 전인건강으로 이룩된 빛나는 미래를 바라보며 마음속에서 경험해 보는 일은 당신이 그런 미래를 향해 한 발자욱 더 다가가도록 도와줍니다. 이번 연습의 목적은 당신의 미래를 조형할 때 당신이 더욱 자신있게 임할 수 있는 자기 통제력의 증진법입니다.[9]

🄵단계

미래의 적당한 때(1년 후나 그 이후나)를 택해서 당신이 원하는 모습으로 변화되어 있는 멋진 자신의 모습을 창조해 봅니다. 이런 일이 당신에게 어떤 의미가 있다면, 당신의 꿈을 당신을 위한 하나님의 꿈이라고 생각되는 그분의 계획과 한 번 잘 섞어 보십시오. 이런 식으로 당신은 당신의 온전한 미래를 이루려고 활동하고 계시는 성령님과 함께 협력하며 살고 있다는 느낌을 지닐 수 있을 것입니다.

🄵단계

그 다음에는 변화된 당신이 되어 볼까요? 이미 경험이 있을 것입니다. 강화가 필요했던 영역에서 더욱 튼튼해진 자신의 모습을 경험해 보는 놀이입니다. 당신의 의식이 더욱 창조적이고 맑아지는 느낌, 친한 관계들 속에서 발견되는 감각적인 사랑의 기쁨, 일과 사회의 병리를 치료하고 돕는 일에 더욱 유능해진 당신의 모습, 어린이처럼 신나게 노는 즐거움, '삶'이라는 양육적인 그물망과 하나가 되는 느낌, 성령님과의 깊고 친근한 교제로 더욱 강해지는 당신……당신의 선택이 어떤 것이든, 놀랍게 변화된 당신의 모습을 생생히 경험해 보고 또 즐기십시오.

🄵단계

마음속에 항상 이 미래의 모습을 지니고 삽시다. 꿈의 실현을 방해하는 어떤 장애물도 이겨내는 무척 감동적인 자신의 모습을 그려 봅니다. 당신의 꿈을 적극적인 현실로 만드는 데 방해가 되는 내적, 외적인 요인들을 극복해 낼 때 얼마나 기분이 좋은지 지금 느껴 보세요.

🄵단계

현재의 당신 모습에서 출발하여 그 단계에서 선택한 미래의 모습으로 나아가는 자아변화전략을 차례차례 적어 봅니다. 당신의 견고한 목표들을 확실하게 정해 놓아야 합니다. 목표들을 분류하여 우선순위를 정할 때 도움이 될 것입니다. 보다 온전하고 멋진 자신을 향해 한걸음씩 나아갈 때에 해야 할 일들을 상세하게 적은 '온전성 계약'을 당신 자신과 맺으십시오. 그 계약서에 서명을 해서 그 서류의 위용을 높인 뒤에 친구와 서로 교환해도 좋습니다. 정기적으로 친구와 만나 서로 점검해 보고 피드백(feedback)을 주고받을 수 있도록 약속해 놓으세요. 미래를 창조해 가는 과정에서 겪는 경험담도 서로 나누면서 말입니다.

> 미래에 대한 가장 좋은 일은 한 번에 하루씩 미래가 주어진다는 사실이다.
> ―에이브러햄 링컨

창조적 미래경험을 더욱 풍성하게 해줄 빠른 방법이 하나 있습니다. 간단한 방법으로 시각적 자극을 덧붙이는 작업입니다.

(1) 1단계에 들어가기 전에 크레용과 흰 도화지를 준비한 뒤 당신 자신의 모습을 재빨리 그립니다. 계획이고 뭐고 없이 그냥 그리세요. 미술수업도 아니고, 아무도 보여 달라는 사람도 없으니 걱정말고 빨리 대강 그리는 겁니다. 현재의 당신 자신에 대한 느낌을 표현해 줄 선과 색깔들을 택해 그리는 것입니다. 그리고는 만화에서처럼 머리 위쪽에 말하는 난을 표시하고 당신이 그린 만화 속의 인물이 생각하고 느끼는 것을 재빨리 써 넣으세요.

(2) 1단계를 마친 뒤에 같은 방법으로 미래의 자신의 모습을, 그리고 대화난에 당신의 미래 자아의 새로운 느낌과 생각들을 써 넣으세요. 3단계와 4단계를 밟으면서 당신의 두 자화상 그리기를 통해 배운 것을 늘 새겨 두십시오.

현재에 사는 법

어느 누구에게도 풍성한 사랑과 전인성을 경험할 수 있는 기회는 한 번밖에 없습니다―지금 '여기에'라는 순간뿐이지요. 이런 격언이 있습니다 : "오늘이란 어제 내가 걱정했던 내일이며, 동시에 내일이면 후회할 어제이다." 현재를 더욱 생기있게 살기 위한 비법은 자신의 의식의 흐름에 대한 인식을 명백히 유지하는 것입니다. 그 인식을 더욱 뚜렷이 하기 위해 고안된 시간인식 연습을 한 번 해보실까요? 당신이 현재에 살고 있는지 아니면 과거인지 깨닫거나, 의도적으로 현재 속으로 들어가고 나오는 훈련을 위한 연습입니다.

> 오늘이란 어제 내가 걱정했던 내일이며, 동시에 내일이면 후회할 어제이다.
> ―격언

긴장완화와 호흡법 등으로 당신의 몸과 마음이 편안한 상태에 있도록 합니다. 눈을 감고 당신의 순간순간에 떠오르는 의식의 흐름 속에서 경험하는 것에 초점을 맞춥니다. 몸의 감각들, 소리, 날씨, 심상들, 냄새, 상념들, 환상, 느낌들―무엇이 당신의 의식 속에 들어오든, 잠시 동안 지금 여기 안에서 흐르는 의식을 경험하십시오. 그후에는 당신의 주의력을 과거나 미래로 돌리십시오. 현재 경험하고 있는 것으로부터 당신을 끌어 내는 일이 그리 어려운 일이 아님을 알게 되었을 겁니다. /자, 이번에는 과거, 현재, 미래 사이로 움직여 다니는 연습을 해볼까요? /과거에 일어났던 행복한 사건을 한 번 되새겨 보세요. /잠시 쉬고, 미래의 모습을 상상해 보고. 이제는 다시 현재의 이 몇 분간의 순간을 맛보십시오. /당신 마음을 당신이 선택하는 대로 이끌 수 있는 능력이 이런 연습으로 더욱 증가됨을 발견했나요? 당신은 그 능력으로 더욱 자신을 잘 책임질 수 있습니다.

현재를 풍성하게

시간인식 연습의 목표는 현재를 보다 긴 관점에서 조명해 봄으로써 당신의 현재가 보다 풍성해질 수 있음을 발견하기 위한 것입니다.

당신이 지금 죽음을 몇 달 앞두고 있는 인생 여정의 끝부분에 와 있다고 상상해 봅시다. 당신의 현재를 되돌아보고 있는 노인역을 해볼까요?/어떠세요? 그쪽 끝에서 현재를 바라보니까 현재라는 옷감의 질이 어떻게 느껴지나요? 자, 이제 결정할 때가 되었습니다. 당신의 현재를 풍부하게 하기 위해 일곱 가지 차원 중의 어느 부분들 중에서나, 아니면 전체적인 품질면에서 당신이 해야 할 바를 명확하게 글로 적어 놓으십시오./크레용으로 당신이 되고 싶은 모습을 재빨리 그린 후에 새 계약서를 작성해도 됩니다.

살아가면서 평화를 만드는 한 가지 방법은 현재에 대해 유머감각을 유지하는 것입니다. 당신은 오스트레일리아 유머작가의 말을 즐기게 될 것입니다 : "나는 무서운 밤을 가졌습니다. 오늘은 나의 남은 생애의 첫 번째 날이 될 것입니다. 이제 그것은 내일이 되어야 합니다."

생생한 삶으로 죽음을 맞이하기

20년도 더 전에 조안느라는 40대 중반의 한 친구가 나에게 전인건강에 대한 심원한 진실을 깨닫게 해주었습니다. 그녀가 죽어 가고 있을 때에 선택한 삶의 방식이 바로 그 동기가 되었습니다. 조안느는 알코올중독자 모임에 참여하여 고된 투쟁 끝에 알코올중독에서 벗어난 사람이었습니다. 10년이 넘는 금주생활을 하면서, 그녀의 다른 중독자들을 돕는 뛰어난 능력은 그녀의 인생을 아름답게 피어나게 했습니다. 그러던 어느 날, 그녀는 자신이 수술로도, 약으로도 치유될 수 없는 치명적인 암에 걸려 있다는 사실을 알게 되었습니다. 그녀는 오랫동안 그녀의 인생을 채워준 활동들을 중단하지 않기 위해 화학요법이 아닌 방법을 찾아보려고 애썼습니다.

그녀의 승리는 그녀가 간단하면서도 용기있는 결단을 내렸을 때 찾아왔습니다. "나는 죽어 가면서 살기보다는 차라리 살면서 죽겠어요." 조안느는 그 어느 때보다도 그 마지막 몇 달 동안에 더욱 생기있고 사랑스러운 사람이 되어갔습니다. 그녀의 영성은 이미 12단계 회복 프로그램에서 다시 태어났

> "나는 죽어 가면서 살기보다는 차라리 살면서 죽겠어요"
> –암에 걸린 것을 알게 된 조안느라는 여인

고, 이제 그 영혼은 그녀의 인생에 새로 찾아온 암이라는 무서운 병에 대처하는 용기있는 생활 속에서 활짝 피어났습니다. 그녀는 가족과 친구들의 교제를 즐겼고 사랑의 관계를 더욱 넓혀 나갔습니다. 1년을 못 넘기고 그녀가 죽었을 때에는, 알코올중독자 모임과 교회, 그리고 지역사회 전체에서 모인 수많은 친구들이 찾아와 슬

품을 쏟아 부었습니다. 그리고 우리들 대부분은 그녀가 우리에게 가르쳐 준 것, 특히 마지막 해에 그녀가 보여 주었던 영성에 대해 얘기를 나누었습니다. 끔찍한 병마의 고통과 좌절에도 불구하고 '살면서 죽음을 맞이'했던 그 기간은 수정처럼 맑은 시간이었습니다.

나는 그때 젊은이였고 조안느의 죽음의 방식이 그녀의 전인건강과 영적 치유의 역동적인 일부분이었다는 것을 잘 이해하고 있었습니다. 그러나 세월이 흐르고 인생으로부터 많은 것을 배운 지금, 그 뛰어났던 인간이 살면서 죽어 가던 시기에 했던 말을 훨씬 잘 이해하게 되었습니다. 그녀는 아가서의 오래된, 그리고 대담하게 외치는 연인들의 외침을 인용했습니다. "사랑은 죽음처럼 강하고"(아 8 : 6).

수년 전 저는 며칠 동안 병원에 입원해 있던 적이 있었습니다. 심각한 상태이긴 했으나 치명적인 상황은 아니었습니다. 그러나 그때가 자신의 유한성을 깨닫게 해 주는 배경음악의 소리가 절정에 이르는 순간이었습니다. 나는 몇 번 고통스러운 공포에 시달렸고, 이런 분야에서 남을 가르쳐 왔던 사람에게는 참으로 부끄러운 경험이었습니다. 병원을 떠나던 날, 하늘이 믿을 수 없이 푸르러서 나는 놀랐습니다. 풀의 색채도 이상하게 아름다워 보였습니다. 나의 죽음과 머릿속에서 맞부딪쳐 보았던 충돌이 내게 남겨 준 선물이었습니다. 죽음에 가까이 갔던 많은 사람들의 더욱 생생한 보고가 있습니다. 경이에 대한 놀라움, 미, 살아 있음에 대한 기적의 느낌……

우아하게 늙어가는 데 장애가 되는 요인은—어린 시절부터 노년기까지—우리 자신이나 우리가 가장 사랑하는 사람들이 죽을 것이라는 사실을 인정하지 않는 데 있습니다. 인간의 유한성에 대한 각성은 인생의 중요한 변화시기나(사춘기나 은퇴기 같은) 위기를 겪는 동안에 갑자기 의식의 표면으로 떠오릅니다. 우리의 후반 생(生)은, 우리 모두 '살면서 죽어 가는' 생물이라는 엄연한 현실을 어떻게 다루느냐에 달려 있습니다. 어떻게 창조적으로 늙어 가며(?) 어떻게 활기 찬 생활을 이어갈 것인가 하는 문제에도 많은 영향을 끼치지요.

그렇다면 우리 삶의 연약성과 덧없음에 대해 느끼는 우리의 감정을 생기와 창조성, 그리고 청명함을 이끌어 내는 자극제로서 어떻게 사용해 볼 수 있을까요? 죽음이라는 폭력에서 야기된 불안을 오히려 생기있게 사는 법을 배우는 터전으로 바꾸어 볼 수는 없을까요?

우리는 나이에 상관없이 인생의 무상함에서 오는 불안에서 도망치기보다는 그 불안에 대항함으로써 시작을 해볼 수 있습니다. 현재를 즐기는 삶의 축제의 자리로 나아가는 통로를 발견하는 방법은 삶의 나락을 들여다보는 위험을 무릅씀으로써만 가능해집니다. 많은 사람들이 유한성에 대처하기 위한 방편을 사랑이신 성령님과의 성숙된 교제에서 흘러나오는 살아 있는 믿음 속에서 발견합니다. 아마도 믿음을 유지하고 성장시키려고 다른 면에서 애쓰는 것보다도 교제를 통한 성장이 더욱 중요한 결과를 낳은 것입니다. 그리고 또 우리는 죽음을 초월하는 영적인 능력을 키우기 위해 같은 믿음을 지닌 양육적인 공동집단의 도움이 필요할 때도 있습니다.

죽음의 공포를 극복하기 위한 최후의 해답은—우리 삶에는 수많은 작은 죽음들이 있는데—지금 이 순간을 가능한 한 충실하고 생생하게 살라는 것입니다. 그렇게 사는 것이 곧 이 현세의 시간과 공간을 초월하는 순간을 발견하는 길입니다. 언젠가 전인건강 치유여행을 끝낸 뒤, 현명한 통찰력으로 이렇게 고백했던 한 내담자가 생각나는군요. "나는 죽는게 두려워서 도움을 받으러 왔다고 생각했는데, 이제 보니 나는 사는 것을 두려워하고 있었군요."

이런 맥락 속에서의 생생한 삶이란 우리의 짧은 인생이 사실은 타인의 삶과 튼튼하게 엮어져 있는 거대한 그물망과도 같다는 인식을 지녀야만 가능해집니다. 흘러가며 전진하는 놀라운 삶의 거미줄이라고나 할까요? 우리는 이러한 깨달음에 우리 마음을 열어야 합니다. 이런 깨달음 속에서만이 우리는 일상성 속에서 영원한 것의 일부분을 경험할 수 있습니다. 이때 죽음은 적이 아니라 만물이 다시 태어나고 변화되는 창조작업의 핵심적인 요소로서 받아들여지게 됩니다. 니코스 카잔차키스의 「그리스인 조르바」에 이런 구절이 있습니다 : "우리의 덧없는 삶 속에도 어떤 영원성이 주어져 있으나, 우리가 그 사실을 알아채기가 어려울 뿐이다. 매일의 걱정들이 우리의 정신을 흩뜨려 놓아서 오직 소수의 사람들만이 용케도 짧은 이승의 삶 속에서도 영원성을 누린다. 그들은 인류의 꽃이다. 그래서 신은 수많은 다른 사람들을 잃지 않기 위해 자비를 베풀어 종교라는 선물을 주셨다. 이렇게 해서 대중도 역시 영원 속에서 살 수 있게 되었다."[10]

성령님과의 생생한 교제 속에서 '지금 여기'에서의 영원성이 경험되어집니다. 이 경험의 흐름과 함께 실존적인 신뢰가 싹트며, 그 신뢰야말로 실존적 불안에 대한 궁극적인 해답입니다. 퀘이커교도였던 시인 존 그린리프 휘티어(John Greenleaf Whittier)는 이 신뢰를 아름답게 표현하고 있습니다.

나는 모른다.
미래가 무엇으로 만들어졌는지
대리석 아니면 놀라움?
다만 삶도 죽음도 모두 하나님의
자비임을 알 뿐.

나는 모른다.
하나님의 섬들이 잎이 무성한 나무들을
하늘 어느 구석에서 드리우고 있는지.
다만 내가 아는 것은

하나님의 사랑과 돌보심 안에서
내가 결코 방황하지 않으리라는 것뿐.

> 우리가 죽어 가고 있다는 깨달음은 우리의 하루하루 속에 의미와 긴박감과 아름다움을 덧붙여 준다.
>
> -버니 시걸

외과의사인 버니 시걸이 암이라는 진단을 받은 후 삶의 질을 더욱 향상시키는 환자들을 보고 나서 선언한 말입니다 : "우리가 죽어 가고 있다는 깨달음은 우리의 하루하루 속에 의미와 긴박감과 아름다움을 덧붙여 준다."[11] 우리 사회의 건강과 정의를 위해 일생을 바쳤던 사울 알린스키(Saul Alinsky)도 비슷한 말을 남겼습니다 : "일단 당신이 죽음을 받아들이고 나면 갑자기 삶이 자유로워진다. 당신은 더 이상 명성에도 신경쓰지 않는다. 단지 당신이 믿고 있는 신념을 증진시키기 위해서 전략적으로 명성이 필요할 때는 예외이다."[12]

당신의 인생에 삶을 더하기

하버드 의대의 성공적 노년연구 개발모임의 책임자였던 어느 교수가 쓴 글을 본 적이 있습니다 : "나는 여러분에게 심장병과 당뇨가 있는 75세의 한 노인을 소개할 수 있습니다. 그러나 당신은 그가 양로원에 살게 될 것인지, 아니면 전국변호사협회 고문으로 아직도 매일 출근하며 업무를 보고 있는지 자신있게 맞출 수는 없을 것입니다."[13] 얼마나 오랫동안, 또 얼마나 건강하게 살 것인가를 결정짓는 요인은 한두 가지가 아닐 것입니다. 이 책의 앞부분에서 이 분야에 대한 많은 설명이 있었지만, 여기서는 간단히 요약해 볼까요? 건강한 장수전략 또는 젊은이로 죽는 장수전략 등 아무 이름이나 붙여 봅시다.

1. 당신의 육체를 잘 돌보십시오.

건강관리에 관심이 많은 내 친구가 이런 말을 한 적이 있습니다 : "건강이란 젊은이에게 부여된 특권이며, 그 특권을 얻은 뒤에야 우리는 젊음도 얻을 수 있다."[14] 물론 당신은 지속적인 에어로빅, 좋은 영양, 적당한 휴식과 놀이로 젊음을 유지할 수 있습니다. 나는 어디에선가 이런 말을 들은 기억이 납니다 : "청춘의 샘이란 없다. 그러나 규칙적인 경보와 저지방 식사는 당신을 그곳으로 가까이 이끌어 준다." 펄펄 끓는 압력밥솥 같은 청년기와 같은 양의 압력을 받고 사는 중년기에 당신은 너무 바빠서 건강에 좋다고 알고 있는 일을 할 시간이 없습니다.

> 죽음은 당신이 퇴화되는 것을 상기시켜 주는 자연의 법칙이다.

당신이 젊은이라면 이런 일은 잠시 제쳐두고 살 것입니다. 그러나 어느 날 문득 계단을 오를 때 숨이 차거나 턱없이 지쳐 있는 자신을 발견하는 날이 올 것입니다. 중년의 조로현상이나 연약한 근육질의 현대 사회에서 번창하는 퇴행성 질병의 진행을 막을 수 있는 가장 좋은 방법은 무엇일까요? 그 대답은 간단합니다. 당신의 몸을 군살을 제거하고 유연하고 건강하게 유지하고, 마음도 활기있고 평안하게 유지하는 것입니다.

중년기의 많은 성인들이 일중독증에 걸려 있는 이때에, 정규적인 자기관리는 필수적인 요건이라 할 수 있습니다. 죽음은 천천히 나아가라는 자연의 명령을 우리에게 일깨워 줍니다. 다행히도 많은 사람들이 그런 일이 일어나기 전에 몸과 마음의 비명을 알아듣습니다.

규칙적이고 적당한 운동(빨리 걷기 같은)은 곧 젊음의 샘입니다. 평생건강관리 분야의 한 전문가는 적당 운동을 이렇게 평가합니다 : "적당한 운동은 당신이 어떤 조건이나 어떤 병을 지니고 있던 당신을 인생살이에서 더 많은 것을 얻어 내고 더 많은 일을 하도록 해준다. 그때에 당신이 나이를 먹는다는 것은 연륜의 문제가 아니라 적응력이 좋아질수록 당신은 그만큼 젊게 보일 것이다." [15] 중년이거나 전문가에 의해 추천된 운동량이 당신의 힘에 너무 부칠 때에 이 말을 명심하시기 바랍니다.

식사유형 또한 중년기 이후의 영양균형이 파괴되는 질병의 원인이 됩니다. 은퇴 이후의 노인들은 심한 좌절감 때문에 식사를 제대로 못하거나, 배우자의 죽음으로 '자신을 위해 음식을 만들고 싶지 않아서' 또는 '가난' 때문에 병을 초래합니다. 유복한 국가 중 근시안적인 정부에 의해 식량구호계획이 무산됨으로써, 여러 내륙 도시에서 개 사료용 음식의 매매가 급증하는 현상은 너무나 부끄럽고 부도덕한 이야기입니다. 개 사료용 통조림을 사는 가난한 사람들의 대다수는 노인들입니다. 물론 70% 이상이 여성 노인들입니다. 나이와 성차별이라는 이중적인 가난한 희생자들이 바로 여성 노인들입니다. 최근의 한 보고서는 미국 노인의 50% 이상이 짧은 시간에 음식을 살 수 있는 충분한 돈을 갖고 있지 않다고 보고하고 있습니다. [16] 우리는 모두 이런 사회적인 큰 해악을 바로잡기 위해 정치적으로도 개입해서 관심을 촉구해야만 합니다.

2. 계속 배우고 성장하고 몰두하십시오.

나의 친구인 에마 픽슬리는 80세에도 학점을 이수해야만 하는 힘든 대학원 과정을 수강하고 있었습니다. 어느 날 내가 왜 독서와 숙제와 시험에 시달리는 대학원 대신에 단기 심리학강좌를 듣지 않느냐고 물었을 때 그녀의 대답이 걸작이었습니다. "오, 하워드! 내가 언제 또 다른 학위를 시작하게 될지 나도 모르는 일이라오." 에마는 도전적인 아이디어들과 씨름하는 것이 즐거워 보였고, 또 다른 젊고 총명한 학생들과 사귀는 것을 좋아했습니다. 서머셋 몸(Somerset Maugham)은 젊은 시절에 플루타크 영웅전에서 카토가 80세에 그리스어를 배우기 시작했다는 구절을 읽었을 때 몹시 놀랐었다는 말을 한 적이 있습니다. 그러나 훨씬 후

노년이란 시간이 너무 걸린다고 젊은 시절에 멀리했던 과제들을 떠맡을 준비가 완벽히 갖추어진 시기이다.

-서머셋 몸

에 몸은 이런 명언을 남겼습니다 : "나는 더 이상 놀라지 않는다. 노년이란 시간이 너무 걸린다고 젊은 시절에 멀리했던 과제들을 떠맡을 준비가 완벽히 갖추어진 시기이다."[17]

대부분의 노인들은 약간의 육체적 건강만 주어지면 경험이라는 보물을 지녔기에 더욱 성장을 계속해 나갈 수 있습니다. 인간성이란 나이와 함께 더욱 풍부해지고 달콤하게 익어가는 법입니다. 그러니 당신이 중년이거나 성숙기에 들어 있거나간 에, 당신의 후반부 인생에 꽃이 피지 말라는 법이 있겠습니까? 당신이 '평생 꽃피우기' 학교의 학생이라면 당신은 또 그렇게 할 수 있습니다. 아니면 약간의 씨를 더 뿌리거나, 이미 심은 씨앗들을 후반부에 꽃피울 수 있도록 거름을 주고 돌보아 줄 수도 있지요. 당신이 나이가 많다면, 젊었을 때 이 나이쯤에는 모든 활동을 멈추고 텐트를 접는 편이 편안할 거라고 생각했던 일이 기억날 겁니다. 저도 그랬으니까요. 아직도 저는 90세 되신 분들에 대해서는 그렇게 생각하고 있고, 아마 내가 89살이 될 때까지는 그렇게 생각할 것입니다. 나이에 대한 고정관념은 다른 편견들과 마찬가지로 잘 알고 있으면서도 쫓아내기가 힘든 법입니다. 어쨌든 나는 비록 신체적으로 좀 느려지긴 했지만, 내가 젊었을 때의 생각보다 지금 삶과 사랑에 대한 풍미를 맛보고 매일의 생활로부터 많은 기쁨을 끌어내는 현재가 참행운이라는 생각이 듭니다.

3. 타인과 관심있는 일에 기여하기 위해 당신의 재능을 계속 사용하십시오.

100세와 그 이상된 장수자들에 관한 한 보고서는 흥미있는 결론으로 그 연구의 끝을 맺고 있습니다 : "연구대상 장수자들은 계속해서 그들이 속한 사회의 생산적이면서도 무언가 기여하는 구성원으로서 움직이고 있었다. 소속된 사회의 사회적, 경제적 생활에서 필요한 역할을 담당하고 있지 못한 사람들은 일반적으로 빨리 노화된다."[18] 나는 최소한 당신이 한 가지 일에만 열중하며 살아온 남성은 은퇴 후에 빨리 죽는다는 사실은 알고 있으리라 생각합니다. 그런 사람들은 '심장을 잃어버린' 사람들이라고 할 수 있습니다. 왜냐하면 그들은 자신의 존재의 심장부에서 자기 존경과 자기 의미를 빼앗아 버림으로써 어떤 의미로는 심장이 없는 삶을 살고 있기 때문입니다.

중년이나 그 이후에 당신의 재능을 개발해서 의미있고 생산적으로 쓸 수 있도록 새로운 길을 모색해 본다는 것은 쉬운 일은 아닙니다. 그렇다면 우리 어디 한 번 이렇게 표현해 볼까요? '은퇴'라고 틀리게 표기된 잠재적 가능성의 '신나는 인생 무대' 위에서 당신이 방금 새로운 배를 한 척 띄웠다거나, 아니면 띄울 예정이라고 말입니다. 당신이 하고 싶었던 일들을 할 수 있는 자유를 써먹는 방법은 얼마든지 있습니다. 당신이 관심있던 분야에 자원봉사자로 일하는 것도 한 가지 방법에 속하지요.

버사(Bertha)와 해롤드 소덴퀴스트(Harold Sodenquist) 부부는 은퇴하지 않은 '은퇴' 부부입니다. 그들은 사람들의 고정관념을 뛰어넘어 보다 온전한 세상을 만들기 위해 헌신한 위대한 본보기를 보여 줍니다. 그들은 평화봉사단 자원자들 중에서 가장 나이가 많은 사람들이었습니다. 그들이 평화봉사단에 가입하고 서(西)사모아의 한 중학교에서 가르치도록 배정되었을 때, 그녀는 76세였고 그는 80세였습니다. 평화봉사단은 50세를 넘은 사람들이 새로운 언어를 잘 배울 것이라고 기대하지 않았지만 소덴퀴스트 부부는 그 부담에서 벗어나길 거부했습니다. 버사는 "우리는 집으로 가서 주입식 공부를 했죠."[19]라고 보고했습니다. 그들은 둘 다 당당히 통과했습니다.

할 필요가 있고 당신이 기술을 투입했을 때 만족을 주는 것이 많이 있습니다. 예를 들면, 당신이 몇 살이건간에, 회색 퓨마들과 미국은퇴자협회와 같은 그룹들과 나이든 사람들에 대한 경제적 차별을 종식시키는 운동단체에 왜 가입하지 않습니까? 미국은퇴자협회의 약 35만의 자원자들은 1,001개의 공공봉사 명분을 가지고 그들의 기술과 경험을 사용하며, 수백개의 지역사회 속에서 활동하고 있습니다.

해밀턴 피쉬 경은 99세의 나이로 생존하는 가장 나이가 많은 전직 하원의원인데, 최근에 그의 집에서 살던 가정부 리디아 암브로기아와 결혼했습니다. 피쉬 경은 그의 신부에 대해 말했습니다. "그녀는 지난 3년 동안 내가 생명을 유지하도록 많은 것을 했습니다. 내가 핵무기 폐기에 관한 나의 메시지를 전파할 수 있도록 그녀가 나의 생명을 서너 해 더 유지시켜 주기를 나는 바랍니다." 그녀가 응수했습니다. "그는 핵무기(nuclear arms)에 관하여 이야기하고 싶어하는데, 나는 그가 내 팔(my arms)에 관해 이야기해야 한다고 말합니다."[20]

어떤 단계에 있어서든지 당신의 삶의 목적의식은 당신의 건강에 매우 중요합니다. 노만 커즌스는 이 도전의 힘을 웅변적으로 표현합니다 : "나의 삶과 일을 돌아볼 때, 아무리 적은 수라 할지라도, 몇몇 사람들에게 인류에 속했다는 데 대한 진정한 자부심을 느끼게 해줄 수 있었다는 것과 나아가서 그 자부심을 정당화하려는 열망을 줄 수 있었다는 것보다 더 큰 한 인간의 만족을 상상할 수 없습니다."[21]

4. 유희적으로 머무십시오.

밀톤 벌은 "더 오래 살기 위한 한 가지 방법은, 당신이 어떤 것을 위해 더 오래 살기 원한다면 바로 그것을 배제하는 것이다."[22]라고 했습니다. 이것은 재미있는 말이지만 오해하기 쉬운 말입니다.

사실 당신의 유희적인 내적인 아동을 활발하게 유지하는 것이 중년과 그 이후의 온전한 삶을 위한 필수적인 전략입니다. 고대 그리스의 위대한 철학자 소크라테스는 늙었을 때에 악기 연주하기와 춤추기를 배우는 데 시간을 들였습니다.[23]

나이를 먹는 것의 어두운 면에 대해서조차 농담을 할 수 있는 것은 치유적입니다. 월터 크론카이트는 다음과 같이 말했습니다. "내가 갈 때는 에론 플린처럼 가고 싶습니다. 70피트되는 요트의 갑판 위에 16세 된 여자와 함께." 그의 부인 베터 크론카이트가 응수했습니다. "당신은 70세 된 여자와 함께 16피트되는 보트를 탈 겁니다."

한 스코틀랜드의 재담꾼이 100번째 생일에 인터뷰를 받은 한 여인에 대해 이야기합니다. 리포터 : "당신의 나이에 어떤 걱정이라도 있습니까?" 그녀가 대답했습니다 : "더 이상 없습니다. 내가 나의 가장 어린 자녀를 좋은 노인요양소에 보낸 이후로는 없습니다."

> 인생은 불행, 괴로움, 외로움과 고통으로 가득 차 있다. 그리고 그것은 곧 끝날 것이다.
>
> -우디 앨런

5. 계속 사랑하십시오.

"그중에 제일은 사랑이라."는 성경적 지혜의 진리는 나이가 들어감에 따라 더욱더 중요해집니다. 늙으면 친구들과 가족간의 유대를 유지하는 것이 많은 사람에게 쉽지 않습니다. 친구들과 가족 구성원들이 죽어 가기 때문에 상호간에 조력하는 모임을 강하게 유지하기 위해서는 더 많이 의도적인 손을 건넴이 요청됩니다. 꼬여 있는 그랜드 캐년과 같이 우리 사회를 잘라내는 수많은 세대차들이 있습니다. 이것들을 넘어 친구를 사귀는 것이 나이가 많든 적든 모든 세대의 전인건강을 위해 좋습니다. 어린이들과 또 젊은이들과의 관계가 나이 많은 사람들의 마음을 젊게 하는 데 도움이 됩니다.

나이를 먹는 것에 대한 가장 잔인한 이야기는, 늙은 여자들은 성을 원하지 않고 늙은 남자들은 그것을 할 수 없다는 이야기입니다. 사실 중년에 성을 즐겨 왔던 사람들은 대개 그들의 생의 대부분을 통해 성적으로 계속 활발합니다. 물론 성적 활동이 그들의 삶의 초기에 낮은 우선권을 차지했던 사람들은, 그들이 늙어감에 따라 이 패턴을 그대로 유지하는 경향이 있습니다. 그러나 몇몇 여성들은 폐경이 원치 않는 임신에 대한 공포를 없애 준 후에 성에 더욱 관심을 갖게 됩니다. 어떤 경우에도 육감적 기쁨에 대한 필요는 누구의 삶 속에서도 나이와 함께 증발해 버리지 않습니다.

몇몇 (노인)요양소에서 일어나고 있는 인간적인 변화들 중 하나는 그곳에 있는 사람들과 그들의 파트너들에게 사적이고 비밀이 보장되는 시간을 제공하여 원하는 경우에 둘만이 있게 하는 것입니다. 그러한 시설에 거주하는 사람들이, 젊은 참모진들이 늙은 사람들은 성적이지 못하다라고 가정하는 시설들에 있는 사람들보다 덜 우울하고, 더 적은 양의 진정제를 소비하고, 더 행복한 것은 놀라운 일이 아닙니다.

위대한 법학자 올리버 웬들 홈즈에 대한 재미있는 이야기는 그가 90세 때 일어났다고 주장되는 사건을 말해 줍니다. 한 친구와 함께 캠브리지가를 걷고 있을 때 한 아름다운 여자가 그들 옆을 지나갔습니다. 홈즈가 탐내듯 말했습니다(아마도 웃으면서). "오, 다시 70세가 되기를!"

최근의 의학연구는 커피를 마시는 것과 나이 많은 여성의 높은 성적 활동 사이에, 그리고 나이 많은 남자들 사이에서의 성적 무능경향의 감소와 커피 사이에 중요한 상호 관련이 있다는 것을 보고합니다. 연구자 중 한 사람은 커피가 부드러운 근육을 이완시키고 중추신경계를 강하게 흥분시키기 때문이라고 합니다. 이 연구에 대한 신문기사는 "한 컵 더 원합니까?"라는 제목을 달았습니다. 신문기자는 연구결과에 대한 가능한 다른 이유를 덧붙였습니다 : "아마도 다시 그들은 바로 잠들 수가 없으니까."[24]

국립노화연구소 소장이었고, 정신과 의사이며, 노인학자인 로버트 N. 버틀러 (Robert N. Butler)는 전생애에 걸친 전인성의 도전을 다음과 같이 이야기합니다 : "우리 중의 아무도 우리의 삶의 가장 좋은 해들(years)을 벌써 가졌는지 혹은 가장 좋은 것이 앞으로 올 것인지 알지 못합니다. 그러나 인간의 가능성들의 가장 위대한 것은 인생의 끝까지 남아 있습니다—사랑과 감정, 화해와 해결의 가능성들."[25]

영적으로, 그리고 사랑에 의해 힘을 얻는 여행에서 나이 먹는 사람들에 대한 이 30여 세기에 걸쳐 지속되는 긍정(affirmation)의 말씀들을 들으십시오 : "늙어도 결실하며 진액이 풍족하고 빛이 청청하여"(시 92 : 14). 당신의 생애는 당신이 전생애를 걸쳐 온전의 새로운 차원을 경험할 수 있는 여행입니다. 한 이름모를 현인이 이야기했습니다 : "사랑하는 가슴은 항상 젊다."

> 사랑하는 가슴은 항상 젊다.
> —이름모를 현인

삶의 단계에 따른 자기관리의 적합화 계획 만들기

당신의 현재의 생애 단계의 가능성을 더 많이 개발하기 위한 실제적인 계획을 완료하기 위해 몇 분간의 시간을 내십시오(문제들과 건설적으로 싸우기 위해). 이 장 (chapter)에서 당신의 에너지 수준을 높인 통찰들과 방법들 중 적어도 여섯 개를 택하십시오. 점검표에서 당신이 '보통' 혹은 '못함'으로 표시한 아이템들을 포함시키십시오. 당신의 창의력을 사용하여 (당신의 자기관리일지에) 이 단계의 특별한 가능성들을 개발시키기 위한 실제적인 계획을 적으십시오. 다음의 다섯 가지를 포함한다면 당신의 계획이 더 잘 이루어질 것이라는 것을 기억하십시오 : (1) 당신이 진정으로 성취하고 싶은 구체적이고 실현 가능한 목표들, (2) 이 목표들을 향해 나갈 수 있는 실제적인 전략들, (3) 일정계획, (4) 당신이 당신의 자기관리계획을 이행했을 때 자기 자신에게 주거나 당신이 뒤쳐질 때 유보할 보상들, (5) 당신의 일지에 계속 기록된 당신의 진보기록.

당신의 계획에 몇 권의 독서를 포함시키는 것이 도움이 될지도 모르겠습니다.

당신의 계획에서 특별히 매력적인 한두 부분들을 골라 그것들을 즉시 실행하세요. 당신이 하는 일이 사랑에 중심되고, 영적으로 생동적이고, 유희적이 되도록 하십시오. 나는 당신에게 젊었든지 늙었든지간에 당신의 여행에서 현재의 시간에 새로운 가능성들의 보물을 발견하고 개발하는 기쁨이 있기를 기원합니다. 가서 쟁취하십시오!

개인적인 전인건강 프로그램의
완성과 활용

무한한 가치와 온전한 인격의 건강을 더욱 즐기기 위한 풍부한 가능성들을 가진 한 인격으로서 당신은 효과적인 자기 치유, 사랑스런 자기관리, 그리고 살아 있는 몸―마음―영혼을 가질 자격이 있습니다.

나는 당신이 이 책에서 이와 같은 목표들을 향하여 움직일 수 있는 유용한 도구들을 발견했다고 믿습니다. 나는 당신이 이제 당신의 배운 것을 더 위대한 전인건강으로 움직여 나가기 위해 사용할 것을 권합니다. 앞서 제안한 것처럼 당신이 벌써 장마다에서 제안된 분야들에서 당신의 전인건강을 증진시키기 위한 계획들을 개발했다면 축하합니다. 이제 당신은 당신의 전인건강, 자기관리일지 안의 전인건강에 초점을 맞춘 일련의 계획들을 가지고 있습니다. 나는 당신이 당신의 계획들의 부분들을 사용하기 시작했고, 그 유익들을 벌써 경험하기 시작했기를 바랍니다! 당신은 이제 이 계획들을 전반적인 건강 프로그램으로 묶을 수 있습니다. 가볍게 이 과정을 밟으십시오.

첫째로, 당신의 일지에 기입된 것들, 그리고 또 당신이 이 책에 밑줄 그은 것이나 여백에 적은 것들을 훑어 보십시오. 이것이 당신과 가장 연관이 많다고 여겨진 통찰과 경험들, 그리고 당신을 매료시킨 자기 돌봄의 실행들에 관련된 기억들을 새롭게 해줄 것입니다. 당신이 여러 가지

"내가 잊고 있었는데, 그들이 도달하려고 하는 곳은 지옥과 같은 곳이었어."

를 체크할 때에 당신이 발견한 것과 임시로 계획한 것에 특별한 주의를 기울여 주십시오.

둘째로, 당신이 이것을 하면서 각 장에 있는 당신의 변경된 계획이 서로 어떻게 연결되는지를 주의하십시오. 그들이 겹치거나 모순되는가를 재고할 때, 그것들이 함께 수행되면 많은 시간이 걸린다는 것을 발견할지 모릅니다. 아마 당신이 적어도 단번에 모든 것을 할 수 없을 것이므로 목록을 조직하기 위해 2~12장까지의 주제들을 사용하여 자기관리 목표들이 쌓여 있는 목록에서 우선적인 것을 뽑고 합리화하기 위해 시간을 들이십시오. 이것을 함으로써 당신은 당신의 전반적인 건강에 가장 중요하다고 보여지는 목표들에 당신이 만들 수 있는 어떠한 시간이라도 투자하도록 당신 자신을 인도할 수 있습니다. 목표들을 향하여 움직이도록 어떻게 당신이 계획을 수립하는가에 유념하면서 적합화 목표들의 목록에 우선순위를 정하십시오. 당신이 무엇을 계획하고 실행하든지간에 당신의 유희적인 내적 아동을 활발하게 유지함으로써 당신의 전반적인 프로그램이 그것에 압도당하지 않도록 하십시오. 당신이 당신의 프로그램을 실행함에 따라 단계적으로 당신 자신에게 줄 보상들을 늘려 가십시오. 이것이 당신의 경험을 달콤하게 할 것입니다. 단번에 모든 것을 할 수 없을 것이므로 목록을 조직하기 위해 2~12장까지의 주제들을 사용하여 자기관리 목표들이 쌓여 있는 목록에서 우선적인 것을 뽑고 합리화하기 위해 시간을 들이십시오. 이것을 함으로써 당신은 당신의 전반적인 건강에 가장 중요하다고 보여지는 목표들에 당신이 만들 수 있는 어떠한 시간이라도 투자하도록 당신 자신을 인도할 수 있습니다. 목표들을 향하여 움직이도록 어떻게 당신이 계획을 수립하는가에 유념하면서 적합화 목표들의 목록에 우선순위를 정하십시오. 당신이 무엇을 계획하고 실행하든지간에 당신의 유희적인 내적 아동을 활발하게 유지함으로써 당신의 전반적인 프로그램이 그것에 압도당하지 않도록 하십시오. 당신이 당신의 프로그램을 실행함에 따라 단계적으로 당신 자신에게 줄 보상들을 늘려 가십시오. 이것이 당신의 경험을 달콤하게 할 것입니다.

셋째로, 당신의 전반적인 프로그램으로부터, 개선된 자기관리가 가장 중요하고 매력적으로 보이는 온전성의 차원들에 관련된 것으로서 즉시 실행할 몇몇 항목들을 뽑으시오. 당신이 선택한 프로그램의 부분들을 실행하기 시작할 때, 당신의 일지에 당신의 경험에 대하여 적으세요.

넷째로, 적합화 파트너들로서 당신이 좋아하는 누군가와 함께 팀을 구성하십시오 (가족 혹은 가까운 친구). 이런 식으로 당신들 각자가 만들기를 원하는 변화들을 수행해 갈 때에 당신의 즐김을 증대시킬 수 있는 상호 지지관계를 형성하십시오. 각자의 개인적인 전인건강 프로그램들을 훑어보고 조절해 주십시오―그것들을 강화하기 위해 긍정과 제안들 모두. 가능하면 자기관리를 함께하거나 서로를 권장하기 위해, 또 진전과 문제들을 보고하기 위해 정기적으로 만나십시오. 전인건강을 증대시키기 위해 일하며 놀고 있는 적어도 한 다른 인격과 함께 상호적인 설명의무와 지지감을 나누고 있다면 저항들에 의해 유혹받는 것을 피하는 것이 쉽다는 것을 발견할 것입니다. 당신이 당신의 관계를 유희적으로 유지한다면 이것이 훈련을 강화하고 보상할 것이므로 당신과 당신의 파트너가 목표를 달성하기가 쉬울 것입니다.

다섯째로, 당신이 우선적인 선택들을 적은 목록을 실행하기 시작했다면, 다시 돌아가서 당신의 계획목록으로부터 다른 중요한 목표들을 첨가하십시오. 점차적으로 당신의 전인건강 프로그램을 더 많이 시행하십시오.

저항들을 극복하기 위한 계획

뉴에이지 출판의 광고 편지는 이 경고를 싣고 있습니다 : "받는 사람 : 양자 (quantum)의 도전과 진화적 성장에 준비되어 있을 때에만 편지를 뜯으시오!" 잡지의 편집인이 그 광고에 대해 논평하면서 반응를 보였습니다 : "우리는 월요일 아침에 대해서도 준비가 되어 있지 않다." 같은 맥락에서, 인간 잠재력 운동의 전성기에 한 치료사인 친구가 반 농담삼아 그는 자기 실현 이후의 우울을 전공할 생각이라고 말했습니다. 전인건강에 대한 열정을 가지고 있는 우리들은 모르는 사이에 사람들에게 결국 환멸과 자기 수치로 이끄는 과장된 기대들을 줄 위험을 감수합니다.

나는 입장을 분명히 합니다. 건강에 해로운 오래된 유형들을 잊어버리고 위에서 윤곽을 잡은 대로 자기관리 프로그램을 실행하는 것은 어려운 일을 포함합니다. 더 건강하게 사는 삶의 유형들은 즉시로 열매들을 주지 않습니다. 당신이 모양새를 갖추면 결국에 가서 삶에 대한 더 큰 열정을 가지고, 더 살아 있고, 정돈되었으며, 매력적으로 느끼게 되는 자기를 강화하는 보상을 경험하게 될 것입니다. 그러나 그것이 일어나기 전에 당신의 좌절을 참아내는 힘과 인내력을 시험할지 모릅니다.

강화된 전인건강으로의 여행은 당신의 건강에 좋다고 알고 있는 것을 실행하는 데 대한 좌절시키는 저항들을 극복하는 효과적인 방법들을 배우는 것을 포함합니다.

다음의 저항의 허를 찌르는 계획은 이미지를 만드는 것(오른쪽 뇌)과 당신 자신과 계약을 체결하는 것(왼쪽 뇌)의 연합을 사용합니다.

❶단계

당신이 저항을 만나게 되는 자기관리 목표를 고르십시오. 당신 마음속에 그 분야에서 당신이 진정으로 원하는 방식대로의 자신을 그려 보십시오. 그리고 나서(상상 속에서) 당신 자신이 더 건강한 방식의 보상들을 경험하는 것을 즐기도록 하십시오 (예를 들어, 당신의 몸이 타이어 구멍으로 빠져나가기를 원한다면, 당신 자신을 당신이 바라는 날씬하고, 정돈되고, 에너지있고, 매력적이고, 더 성적인 사람으로 바라보십시오. 그리고 나서 그런 식으로 되는 것이 얼마나 좋은가를 경험하십시오.)

②단계

당신의 목적을 향해 움직이지 못하도록 하는 행동들의 목록을 작성하십시오. 이 행동들과 더불어, 그것들을 바꾸지 않을 때의 보상들을 목록으로 만드십시오. 예를 들면, 당신이 지루할 때, 성적으로 좌절되었을 때, 외로울 때 혹은 TV를 시청하는 동안 습관적으로 사탕이나 감자칩을 게걸스럽게 먹는 자기를 위로하는 입의 만족들.

③단계

당신의 행동을 바꾸었을 때의 보상들을 당신이 진정으로 더 좋아하는지 아닌지 결정하고, 이것이 당신이 행동을 바꾸었을 때 잃어버리게 될 보상들을 상쇄하는지를 결정하십시오. 당신이 특별한 행동을 바꾸지 않기로 결정한다면 보상을 주는 것도 아니며 그만큼 바꾸기도 어렵지 않은 또 다른 건강을 쇠퇴시키는 유형을 고르십시오. 당신이 변화가 주는 잠재적인 보상쪽으로 결정했다면, 오래되고 건강하지 못한 행동이 주는 보상들에게 작별을 고하고 정말로 그 행동을 바꾸도록 노력하십시오.

④단계

당신이 선택한 목표와 그 목표를 향하여 나아가기 위해 당신이 취할 더 건강한 행동들을 열거하고, 당신 자신과의 자기관리 건강훈련 조약(자기 변화 계약)을 적어 보십시오. 당신이 당신의 조약에 충실하기로 동의한 기간의 시간계획을 포함시키고 당신이 목표를 향하여 각 단계를 진행할 때 당신 자신에게 주거나 당신이 뒤쳐질 때 보류할 보상을 포함시키는 것이 매우 중요합니다. 당신의 언명의 진지성의 구체적인 표시로서 당신 자신의 계약에 서명하세요.

⑤단계

당신의 건강훈련 파트너와 함께 당신의 저항들과 자기 변화 계약을 토론하십시오. 당신이 어떻게 하고 있는지에 대해 정규적으로 그 사람에게 보고하십시오. 몇몇 같은 영역들에서 개선되기를 원하는 사람과 공통으로 적합화 계약을 실천하는 것이 당신의 동기를 강화시키고, 저항들을 줄이고, 상호 지지적이며, 더 재미있을 수 있습니다.

⑥단계

당신이 목표를 향하여 한 단계 나아갈 때뿐만 아니라, 매일 당신의 약속을 지킬 때마다 구체적인 방법으로 당신을 보상하십시오(당신이 살을 빼려 한다면 칼로리가 없는 것으로). 당신이 결국에 가서 더 건강한 삶 속에 내재해 있는 보상들을 경험하기 시작할 때까지, 작은 단계에 대해 자신을 보상하는 것이 당신의 변화력을 유지하는 데 도움을 줄 것입니다. 건강한 삶 속에 더 내재해 있는 보상을 경험하기 시작할 때, 당신의 변화들이 스스로 보상을 주게 되고 더 지속성이 있게 될 것입니다.

7 단계

당신의 계획된 시간계획 끝에, 또 다른 기간을 위해 계획을 새롭게 할 것인가를 결정하십시오. 당신의 저항들 때문에 좌절된 분야들의 자기관리 조약에 하나 혹은 다른 변화 목표들을 첨가하세요. 강화된 적합을 향해 부과된 단계를 밟아갈 준비가 되었다고 느껴지자마자 이것을 하십시오.

때때로 뒤로 물러나더라도 당신 자신을 괴롭히는 데 창조적 에너지를 소비하지 마십시오. 저항들과 뒤로 쳐지는 것은 인간됨의 부분들입니다. 당신이 미끄러진다면 당신이 동의한 대로 보상을 보류하십시오. 그러나 당신의 에너지를 자기 비판에 소비하지 마십시오. 돌아가서 당신의 자기관리 조약을 수정하거나 더 실행하기 쉬운 다른 목표를 고르고, 당신 자신을 그것에 맡기십시오. 당신이 당신에게 중요하다고 결정한 자기관리를 실행할 것을 당신 자신과 재계약하십시오. 오랫동안 자기를 잘 돌보아 많은 만족들—증대된 적합, 자존감, 사랑, 생기를 누림에 따라 뒤로 쳐지는 것이 줄어드는 경향이 있습니다.

이러한 보상들이 완전히 경험되는 데는 시간과 저항이 들 것입니다. 당신의 몸과 마음, 다른 사람들, 자연세계, 그리고 신적인 영과 더 건강하고 더욱 사랑하는 관계를 맺고 사는 것 안에 있는 내재적 만족들을 경험해 감에 따라 해야만 하는 것을 계속하는 것이 더 쉬워집니다.

당신의 잠재적 보상들

전인건강을 많은 면들을 가진 다이아몬드로 생각하십시오. 각 면은 빛의 다른 광선들, 즉 전인건강 속에서 자라기 위해 요구되는 훈련과 땀에 대한 잠재적인 여러 보상들을 반영합니다. 이제 이 면들의 몇몇을 살펴보십시오.

▷ 전인건강은 때때로 빈약하고, 때때로 즐거운 삶과 그 삶의 절망과 희망, 소란과 고요, 그리고 고뇌와 황홀경의 광적인 혼합이 들어 있는 삶과 사랑하는 관계를 맺는 기쁨을 가져올 수 있다.

▷ 고통을 피하기 위해 당신의 자각을 죽이려는 모든 유혹들에도 불구하고, 이 순간에 당신이 할 수 있는 만큼 살아 있고 자각하는 데 따르는 위험을 감수할 것을 선택하는 데서 오는 살

아 있음의 열정을 전인건강이 가지고 올 수 있다.

▷ 혼자서 혹은 당신이 사랑하는 사람들과 함께, 때때로 곡조에서 좀 벗어나 당신 자신의 특별한 노래를 부르는 기쁨을 전인건강이 방출시킨다.

▷ 이 지구 위에 있는 당신의 50억 형제자매 사이에서 당신이 고유하게 받은 선물인 그 놀라운 표시인 당신의 지문을 축하하는 만족을 전인건강이 가져다 준다. 그것은(누군가 말한 것처럼) 당신이 하나뿐인 한 종류이고, 동시에 모든 종류들과 하나라는 믿기 어려운 발견에 이르게 할 수 있다.

▷ 모든 생명의 근원, 사랑과 해방의 신적인 영과 사랑하는 관계를 전인건강이 고양시킨다.

▷ 하나님의 형상을 따라 지음받은 한 인격으로서의 축소할 수 없는 가치를 주장하는 데서 오는 영적으로 능력받은 자존감을 전인건강이 가지고 온다.

▷ 당신의 영적인 자아를 아끼고 사랑함을 배우는 향상을 전인건강이 가져오고, 이 초월하는 부분(영적 자아)으로 당신의 삶의 통합하는 핵심이 되게 한다.

▷ 당신의 몸이 때때로 좌절케 하는 한계를 가지고 있다 할지라도, 당신의 몸에게 예(Yes!)라고 말하는 기쁨을 전인건강이 준다.

▷ 자신은 그럼으로써 또 다른 이들을 더욱 돌보며, 동감적이 되며, 더 받아들이고 용서하는 놀라운 선물을 전인건강이 가지고 올 수 있다.

▷ 당신이 상처를 치유하려고 할 수 있는 만큼 노력한 후에, 그래도 계속되는 상처와 적어도 얼마만큼의 평화를 누리는 고요를 전인건강이 가지고 올 수 있다.

▷ 당신 자신과 당신의 자녀들, 그리고 지구의 모든 자녀들을 위한 더욱 건강한 세상의 꿈- '불가능' 하지만 힘을 주는 꿈을 위해 일하는 지속적인 만족을 전인건강이 가지고 올 수 있다.

▷ 당신의 몸과 그것의 치유하는 지혜와 삶에 대한 지혜의 조각들(그것이 대개 '지혜' 처럼 느껴지지 않지만), 삶이 당신에게 어렵게 가르친 것들, 정말로 자신의 말이 누군가에게 들려지는 변화시키는 은사를 고대하는 사람들, 바람과 별들의 상냥한 새벽과 휘몰아치는 폭풍우, 꽃들과 새들의 치유하는 음악을 듣는 은사를 전인건강이 가지고 올 수 있다.

▷ 당신이 이 땅을 밟았다는 이유로 당신이 떠날 때 적어도 약간은 더 건강해질 세상을 창조하는 것을 돕기 위해, 당신의 삶과 얽힌 삶을 사는 사람들과 함께 하나님이 의도하신 온전한 인격성에 이르도록 당신이 지속적으로 성장하는 것을 방해하는 내적인 장애물들로부터 해방시키는 은사를 전인건강이 가져올 수 있다.

나는 「메가트렌드」(*Megatrends*)의 저자 존 내이스빗(John Naisbitt)이 다음과 같이 삶을 묘사한 것이 마음에 듭니다 : "시대 사이의 시기는 불확실하지만 위대하고 활력있으며 기회로 가득 차 있다. 우리가 불확실성을 우리의 친구로 만들기를 배운다면, 우리는 정적인 시대들에서 보다 더 많은 것을 성취할 수 있다. 정적인 시대에는 모든 것이 이름이 있고, 모든 것이 그것의 자리를 알고, 우리는 매우 약간의 투기밖에 할 수가 없다. 그러나 막간의 시기에는 우리가 앞에 있는 길에 대한 명확한 비전만 가진다면 개인적으로, 전문적으로, 제도적으로 비범한 지레의 힘과 영향력을 가질 수 있다. 오, 하나님, 살기에 얼마나 환상적인 시대인지요!"[1]

내이스빗이 제안하듯이 우리가 창조력과 용기를 가지고 오늘을 살려면, 우리는 불확실성, 불안전성, 그리고 불안과 친구가 되어야만 합니다. 정의와 평등을 위해 갈등하는 여성들의 입장에서 소설가 도리스 레싱(Doris Lessing)은 다음과 같이 선언합니다 : "우리 모두가 받아들이는 한 가지 확실성은 불확실하고 불안전하다는 조건이다."[2] 그녀의 초점은 근본적 변환기인 오늘의 세계를 사는 우리 모두에게 맞추어질 수 있습니다. 우리 존재의 중심에 건강한 사랑과 영성의 전인건강을 배양하는 것이 깊은 불확실성뿐만이 아니라 우리 모두가 깨어지며 태어나는 세상에서 대면하는 전례없는 기회들과 친구가 될 수 있는 비법입니다.

MIT에 있는 한 그룹의 명석한 컴퓨터 과학자들은 미래를 위한, 사람들이 서로 쉽게 상호 작용할 수 있는 컴퓨터를 완성시키는 데 기술적인 창의력을 투자하고 있습니다. 그들의 목적은 현재의 산업보다 2, 3년 앞서는 것입니다. 그들의 인상적인 업적들 가운데 건축가로 하여금 건물을 실제로 세우기 전에 삼차원으로 건물을 볼 수 있게 하는 프로그램이 있습니다. 이 과학자들이 미래를 예언하도록 요구받을 때 그들은 대답했습니다 : "미래를 예언하는 가장 좋은 방법은 미래를 발명하는 것이다."[3]

> 미래를 예언하는 가장 좋은 방법은 미래를 발명하는 것이다.
> ─어느 과학자

그것은 당신의 모든 일곱 차원에서의 전인건강의 미래 수준에도 타당한 말입니다. 지금부터 1년 후 당신의 건강이 어떻게 될까를 예측하는 가장 효과적인 방법은, 당신이 오늘 하는 것으로 시작하여 당신이 앞으로 나아감에 따라 그것을 발명하는 것입니다.

지구의 건강에 대해서도 같은 것이 적용됩니다. 당신과 내가 조그맣지만 중요하게 지구촌의 미래를 예언하는 것을 도울 수 있습니다. 전인류 가족이 전인건강으로 자랄 수 있도록 돕는 새로운 방법들을 발명하기 위해 다른 돌보는 사람들과 손을 잡음으로써 우리는 이것을 할 수 있습니다. 당신이 이것을 함에 따라 당신이 전인건강의 기쁨과 기쁨의 전인건강을 더 많이 체험할 것입니다.

당신의 조직, 모임, 또는 직장이 전인적인 인격과 전인건강을 지원하도록 돕기

　나는 당신이 이 책에서 얻은 유익한 것들을 당신 삶에서 중요한 모임들인 학교, 교회, 회당, 클럽, 또는 직장의 사람들뿐만 아니라 당신의 친구들이나 가족들과도 나누기를 바랍니다.

　여러 가지 이유 때문에 사람들을 섬기고 사람들로 이루어지는 모임들이 보다 효과적인 전인건강 프로그램을 발전시키는 것이 어렵습니다. 한 가지 이유는 당신의 모임이(서구 사회의 많은 모임들과 마찬가지로) 유례없는 건강관리의 위기에 봉착했기 때문입니다. 이 위기는 다음과 같은 모습으로 나타납니다.

▷ 의료비의 엄청난 증가(미국에서는 일반 물가상승의 거의 2배 가량)
▷ 노년 인구층에서 발견되는 만성병과 퇴행성 질병의 증가
▷ 대부분의 건강관련 전문가와 기관들이 적극적인 예방, 대안이 되는 치료책의 사용, 그리고 보다 전인적인 접근을 하는 데 있어서 많은 관심을 갖지 못하는 것
▷ 개발국의 도시 안의 영세민과 시골지역의 빈민들이 전문가와 시설이 부족하기 때문에 감수해야 하는 건강관리의 부적절함
▷ 의학이 전문화되고 첨단화되며 생화학적이 되어감에 따라 나타나는 의료행위의 비인간화 경향
▷ 널리 퍼진 불필요한 외과수술, 특히 여성에게 심한 처방된 약에의 중독증, 특히 노인에게 심한 지나친 약의 사용, 그리고 병원에서 생기는 병 ─ 치료와 수술에 의해 생기는 질병[1]
▷ 세계적인 유행병 AIDS에 의한 놀랄 만한 인적, 물질적 손실

　이런 위기를 타개하기 위해서 뭔가 근본적인 변화가 있어야만 합니다. 의료행위 체계에 근본적인 개선이 있어서 현대 의학의 놀라운 성과가 그것을 필요로 하는 모

든 사람에게 돌아갈 수 있게 해야 합니다. 적절한 건강관리가 기본적인 인권으로서 인정되어야 합니다. 그래서 모든 나라에서 폭넓은 보험계획을 통해 보장되어야 합니다.

의료교육은 보다 종합적이어야 하며 예방 중심적일 필요가 있습니다. 전통적인 치료와 대안이 될 만한 치료에 관한 양쪽 모두의 의학적 연구가 증가되어야 합니다. 또한 사람들이 자신 안에 있는 치유하는 지혜(the healing wisdom)를 발견하고, 또 자기 자신의 안녕은 궁극적으로는 자신의 몫임을 알아갈 수 있도록 널리 교육이 이루어져야 합니다. 나아가 사람을 다루는 기관이나 직장은 위기에 대해서 온전한 인간, 긍정적 돌봄, 그리고 예방이라는 새로운 발상의 프로그램으로 대처할 필요가 있습니다. 그런 조직들은 전문적으로 편성된 전인건강 프로그램들과 훈련된 평신도의 직무(호스피스운동에서와 같은), 그리고 지원팀을 준비시켜서 가정적 위기, 슬픔, 건강위기, 만성적 질병, 무능력, 중독증 등에 빠진 사람들을 도울 수 있어야 합니다.

인간의 역사에 있어서 모든 종류의 학교들이 종교조직과 함께 인생의 안녕을 위한 센터 역할을 하는 것이 지금처럼 중요한 때는 없었습니다. 건강관리의 위기 때문에 종교조직이 모든 사람을 지향하는 예방의 혁신적 프로그램을 개발하는 것이 중요하게 부각되고 있습니다. 교회들은 그들의 수도원과 수녀원을 통해서 서구의 현대 의학의 초창기에 선구적인 기관이었습니다. 그러나 최신식 의료기술의 발달과 함께 대부분의 종교적 기관들은 후퇴하게 되었습니다. 기독교인들(대부분의 교회 역사를 통해 위대한 의사라고 불려졌던 분의 발걸음을 쫓으려는 사람들)에게 전인적 치료와 건강은 현대 세계에서 절실히 요청되는 전통의 발현입니다. 다행히도 많은 모임들이 영적인 것에 중점을 둔 전인건강 프로그램을 발전시키고 있습니다. 이것들은 종종 목회상담센터, 영적 치유사역, 위기 지원그룹들, 온전한 주말들(그 주제에 관한 종교적 예배들에 의해 진행된다), 그리고 종파를 초월하는 넓은 범위의 건강박람회(health fairs) 등을 포함합니다.

당신의 조직이 치유와 전인건강의 영역에 발을 들여놓았다고 하더라도, 그것은 흥미진진한 기회들의 단지 표면만을 건드린 것일지도 모릅니다.

대부분의 학교들, 모임들, 건강기관들, 그리고 다른 사람을 다루는 기관들이 이런 분야에서는 잠자는 거인과도 같습니다. 역동적인 전인건강 프로그램이야말로 당신이 속한 조직이 깨어나게 하는 데 있어서 다른 어떤 외적인 프로그램들보다 효과적입니다. 치유와 높은 수준의 전인건강을 원하는 사람들에게 이 프로그램은 구체적인 도움을 줄 수 있습니다.

주된 건강관리의 위기와는 별도로 개인이나 가족의 전인건강에 관해 그 전인성이 핵심적으로 중요함에도 불구하고 주목의 대상이 충분히 되지 못하는 깊은 이유가 있습니다. 앞서 언급했듯이 개인문제의 전인적 예방은 다른 사람과 더불어 일하는 것을 포함해야만 합니다. 그래야 우리의 기관이 더 나은 곳이 되어서 모든 사람의 건강이 유지되고, 필요하다면 회복되는 것이 가능하게 될 것입니다. 당신이 속한 집단들이 이것을 효과적으로 할 수 있도록 당신이 애쓴다면 당신 자신은 물론이거니와 당신이 돌보기 원하는 사람들의 전인건강에도 당신은 큰 기여를 하게 되는 것입니다.

당신의 조직의 전인건강을 위한 효과적 프로그램의 지침

1. 당신 그룹의 지도자들과 함께 일하면서 그들이 그룹의 삶과 활동에서 전인건강을 우선순위로 삼도록 격려하세요. 오늘날 건강은 널리 퍼진 관심사이기 때문에 당신의 지도자들은 이것을 고려하는 데 매우 개방적일 수 있습니다. 이 책이나 추천도서에 있는 다른 책들을 통해 당신의 지도자들은 그런 프로그램의 가치에 관한 유용한 정보들을 얻을 수 있을 것입니다.

2. 전인건강 프로그램을 당신 조직에서 상설화시키기로 결정했으면 다음 단계로 나아갑니다. 다음 단계는 특별한 위원회나 조직내의 그룹으로 하여금 그 프로그램의 계획과 진행에 관한 책임을 맡겨 주는 일입니다. 만약 이런 책임을 맡을 부서(교육, 건강, 노동자 복지, 또는 인사위원회)가 현재의 구조에서 마땅하지 않다면, 새로운 특별 전인건강그룹이 모집, 훈련되어서 그 일을 맡도록 해야 합니다. 그 위원회는 건강교육행사들을 이끌어 갈 치유와 치료 전문가들과 교사들을 포함해야 하며, 당신 집단의 건강 자원(health resources)을 잘 아는 사람들을 포함시켜야 합니다. 자기도움(self-help)의 회원들이나 12단계 발견 프로그램들은 건강담당그룹의 귀중한 위원이 될 수 있습니다.

3. 이 그룹은 이 책을 읽고 토론함으로써 당신이 속한 집단 사람들의 특별한 필요에 부합될 수 있는 효과적인 프로그램을 계획하고 이끌 수 있습니다.

4. 전인건강그룹은 조직내의 사람들의 전인건강의 필요를 조사하고 평가하기를 원할 것입니다. 다른 비교할 만한 조직은 어떠한가를 살펴야 합니다. 그리고 조직내의 전체적인 건강 영향을 평가하는 것은 중요합니다. 이 장의 끝부분에 있는 목록은 이것을 살필 수 있도록 만들어졌습니다. 이 연구의 결과들을 분석하면 당신 조직의 전인적인 치유, 돌봄, 그리고 전인건강의 영향을 증가시킬 수 있는 구체적인 방법이 나올 것입니다.

5. 이 목록을 사용한 결과를 이용해서, 그리고 이 책의 큰 틀로서 주어진 각 장의 주제들을 이용해서 특별위원회는, 그들의 조직과 접하는 모든 사람들에게 최대한의 전인건강을 보장해 줄 수 있는 조직이 되게 하기 위해서 성취해야 할 주요한 목표를 정합니다. 이 목표들에 그들의 중요성과 실행 가능성과 긴급성의 관점에서 순위를 정하십시오.

6. 다음에는 당신들의 전인건강 프로그램을 위한 포괄적 계획을 세우십시오. 각각의 최우선 목표를 향한 계획들을 포함해야 합니다. 누가 책임을 질 것인지, 어떻게 특별한 프로그램에 사람들을 이끌어 낼 것인지, 재정 마련과 프로그램 진행의 각 부분에 어떻게 사람들을

배치할 것인지, 목표들을 향한 운동을 평가하는 방법들을 계획에 확실히 포함시켜야 합니다. 어떤 프로그램의 효율성을 측정하는 한 방법은 모든 참석자에게 행사 끝무렵에 평가서를 기록하게 하는 것입니다. 오로지 최고로 중요한 목표에만 집중해야만 여러 곳에 노력을 분산시키는 위험을 피할 수 있습니다. 내년을 위한 목표, 2개년 목표, 5개년 목표 등을 결정하십시오.

7. 매년 당신의 조직에서 전인건강이나 전인성을 위한 한 주를 정해서 기념하고, 가능하면 총체적인 건강박람회를 가지십시오. 이것으로 프로그램을 가시적으로 보이게 하며, 모든 사람들에게 이용 가능한 실제적인 자료들을 제공함으로써 전인성의 중요성을 널리 알릴 수 있을 것입니다.

8. 전인건강 프로그램의 중심부분으로서 쉽게 이용 가능하며 매력적이고 재미있을 만한 일생에 걸친 전인건강훈련을 개발하십시오. 종교집단에서는 자라나는 계층과 젊은이들, 부부들, 남자들, 여자들, 독신자들, 그리고 가족들을 위한 그룹들을 격려해서 그들의 프로그램에 정기적으로 전인건강의 연구주제를 포함시킨다면 좋은 전략이 될 것입니다.[2] 어떤 기독교 모임은 사순절이나 부활절 후 다섯 번에서 일곱 번의 모임을 가지고 모든 교회 가족들을 대상으로 전인건강시리즈를 마련했는데 아주 성공적이었습니다. 비교할 만한 접근들이 유대교나 다른 신앙집단에도 사용되고 있습니다. 어떤 프로그램을 조직의 목적이나 전통과 관계있게 만드는 것은 중요합니다.

9. 당신의 조직이 온전함을 위한 먹거리를 섭취하고 환경문제를 실천할 수 있도록 힘쓰십시오. 정제된 설탕, 지방, 그리고 카페인이 들어 있는 흔한 깡통음식보다는 건강에 좋은 스낵을 제공하는 것은 전인건강을 위해 도움이 될 것입니다. 조직은 모임 때에 보다 영양분이 있는 음식을 제공할 수 있습니다. 환경관리는 모든 종이, 판지, 플라스틱, 금속쓰레기 등을 재생하는 것과 버리는 쓰레기를 최소한으로 만드는 것을 의미합니다. 개인들은 사회적으로, 환경적으로 책임있는 정책과 실천방안들을 갖고서 쇼핑할 수 있도록 격려받을 수 있습니다(8장을 보라).

10. 전인건강 프로그램의 한 부분으로서, 당신 조직 안에 있는 개인이나 조직 전체의 공적이고 정치적인 영향력을 동원해서 창조적인 건강관리, 평화구현, 그리고 지역적, 국가적, 민족적, 세계적인 차원에서의 환경입법을 지지하십시오. 친숙한 구호인 "생각은 세계적으로, 행동은 지역적으로"는 여기서도 분명히 적용됩니다. 당신 조직의 지역적, 국가적, 세계적 부서들은 더 넓은 차원에서 전인건강 프로그램을 북돋울 것이며, 당신으로 하여금 조직간의 전인건강 활동과 입법을 시작하게 하는 세력에 동참하게 할 것입니다.

11. 당신 조직의 기금이 사회적으로 책임있고 온전한 형태로 투자되도록 하십시오. 이것은 담배회사나 통조림회사, 군수회사들과 같이 사람이나 환경의 건강에 해를 끼치는 산업에는 투자하지 않는 것을 의미합니다. 또한 의식적이든 아니든 개발국가에서 인종차별이나 경제적 착취, 또는 정치적 억압을 일으키는 기업들에게 투자하지 않는 것을 의미합니다. 대신에 경제적 기회뿐만 아니라 사회적 책임에 근거한 투자를 선택하는 그런 기금에다가 당

신 조직의 돈을 맡기도록 하십시오.

12. 프로그램은 반드시 남성, 여성 모두를 위한 것으로 계획하고 모든 삶의 단계와 모든 인종의 사람들이 유익함을 얻을 수 있도록 하십시오. 성인 교육기관이나 교회와 같은 다세대기관의 경우에는 부모들이 그들 자신의 가족들에게 전인건강 실천을 가르치게 하는(말 그대로 가르치거나 또는 본을 보이는 교육) 프로그램이 전략상 중요할 수 있습니다.

13. 위기와 상실 가운데 있는 사람들을 돌보고 지원하기 위한 활동적인 전략을 발전시키십시오. 그것들이 그 고통스러운 기간 동안에 병들 수 있는 취약성을 덜어 주게 될 것입니다.

14. 당신의 조직 안에 있는 '사람들' 중 전문가들을, 특히 건강관리와 교육에 관련된 사람들을 격려해서 전인 중심의 예방, 교육, 그리고 치유에 대해 시대에 뒤떨어지지 않은 이해와 헌신을 갖게 하십시오. 이 전문가들로 하여금 당신의 프로그램을 계획하고 조직하게 하십시오. 지나친 스트레스를 받게 되는 이런 전문가들은 자기 자신의 전인성을 증진시키는 데 도움을 필요로 합니다. 이와 같은 방식으로 당신의 조직은 이러한 전문가들에 의해 전인성의 영역에서 때로는 근본적으로 영향받게 될 수많은 개인들의 전인성을 증진시켜 줄 것입니다.

15. 당신 조직의 지도자로 하여금 조직구조, 예를 들면, 규칙, 전통, 입회원칙, 절차 등이 각 개인들의 전인성에 끼치는 긍정적, 부정적인 면을 조사하도록 하십시오. 그리고 나서 구조적인 변화를 통해 조직 안에 있는 모든 사람과 조직이 보다 전체적인 돌봄을 얻을 수 있도록 하십시오.

16. 당신 조직의 프로그램과 삶에다 웃음과 신나는 정신과 함께 돌보는 사랑을 퍼뜨리십시오. 당신 조직의 목적이 진지할수록 가벼운 접근이 사람들의 전인성을 위한 전면적 영향을 증대시키는 데 효과적입니다. 당신의 그룹에 문제가 많이 있을수록 지도자가 갈등해소와 건강관리를 위한 의사소통 기관과 함께 유머감각을 갖는 것이 더욱 필요합니다.

당신 조직의 전인성을 평가하기

♥ **이 목록을 이용하는 법**: 이 도구를 사용하는 데는 많은 방법이 있습니다. 각 지도자가 그룹평가나 계획회의를 갖기에 앞서 이것을 하는 것이 도움이 될 것입니다.

조직의 사기가 낮은 상태라면 몇몇을 임의로 뽑아서 이 목록을 작성하게 하십시오. 이렇게 하는 것이 문제분석과 조직 전체의 전인건강 문제를 고칠 수 있는 계획을 계발할 수 있는 유용한 정보를 제공할 것입니다. 이런 접근을 사용하는 것은 또 개인들의 견해와 필요에 대한 지도자들의 존중 정도를 보여 줄 것입니다.

A의 항목들은 모든 종류의 조직에 적용됩니다. B의 항목들은 주로 자원그룹과 조직에 적용됩니다. 당신 조직에 적용되지 않는 항목은 무시하십시오. 당신이 원한다면 이 두 목록에서 필요한 항목을 선택하고, 당신 자신이 새롭게 보태서 당신 조직에 맞을 만한 양식을 개발하십시오.

✐ **방법** : 각각의 점검항목 앞에 다음 세 가지 중에서 하나를 써 넣으시오.
　　　잘함-이 부분에서 이 그룹은 탁월하다.
　　　보통-만족할 만하다. 그러나 개선의 여지가 있다.
　　　못함-조직은 이 부분에서 분명히 강화되어야 한다.

Ⓐ 모든 조직

_____　목표와 목적, 그리고 정체성에 관한 분명한 생각을 갖고 있다.

_____　조직에 관련된 사람들이 그 목적과 목표들을 알고 일반적으로 확신하고 있다.

_____　조직의 목표들이 측정 가능하다. 즉, 과정이 목표들을 향해 얼마나 가고 있는지를 아는 것이 가능하다.

_____　그룹은 고도의 생산성과 성취능력을 갖고 있다. 과업들은 보통 제때에 수행되고 그 일을 하는 사람에게 큰 부담을 주는 일이 없다.

_____　그룹의 감정적인 분위기는 일반적으로 수용적이고 따뜻하다. 강한 소속감이 있다.

_____　사람들이 이 그룹에 관해 확신을 갖고 있고, 존중받으며, 돌봄을 받고 있다고 느낀다.

_____　조직을 이끄는 사람들이 지도력에 있어서 강하고 확고하며, 효과적이고 민주적이다. 지도자들은 적절한 때에 따뜻한 인정을 받기 원하는 필요를 포함해서 사람들의 필요에 대해서 또한 민감하다.

_____　성차별, 인종주의, 계층주의, 연령차별과 같은 사회적 악습이 조직의 관습이나 구조, 규칙, 또는 과정 안에 존재하지 않는다.

_____　위기나 슬픔을 당한 사람들이 그룹내의 동료들로부터 돌봄과 지원을 받는다.

_____　갈등들은 무시되거나 비생산적으로 처리되기보다는 빠르고 공정하며 생산적으로 다루어진다.

_____　문제 인물은 단호하고도 자비롭게 다루어진다. 그리고 이렇게 하는 과정에서 조직의 목적을 성취하려는 효율성은 심하게 감소하지 않는다.

_____　새로운 사람은 환영받고 그룹의 일원이 되는 데 충분한 지원을 받는다. 그리고 그들의 재능을 조직의 삶과 활동을 위해 활용한다.

_____　조직은 구성원의 잠재적 능력을 찾고 활용하기 위한 효과적 전략을 갖고 있다.

_____　조직의 일에 참여하는 사람은 그 일을 통해 맺어지는 관계와 그 일이 되어지는 방식의 결과로서 더 전인성을 느끼고 더 많은 자긍심을 느끼게 된다.

_____　그룹의 프로그램과 목표들, 계획들, 그리고 모임들은 지도자뿐 아니라 모든 그룹의 소속된 사람들에 의해 정기적으로 평가된다. 그래서 실수와 성취, 양자를 통한 배움이 생겨난다. 구성원들로부터의 평가는 지도자로 하여금 계획과 활동을 하는 데 도움을 준다.

_____　조직 구성원들로부터의 비판이 들리고 지도자에 의해서 심각하게 고려된다.

_____　그룹은 효과적인 장기계획을 위한 그룹을 두고 지난 경험을 비판적으로 평가한 것 위

에서 미래에 대한 계획을 만들어 나간다. 이런 계획과정의 자료는 모든 조직 구성원으로부터 모아진다.

_____ 조직내의 의사소통은 대체로 명료하고 개방적이며 솔직하다.

_____ 지도자들과 그룹의 기준들(standards)은 일반적으로 강한 페어플레이 정신과 도덕적 고결성을 보여 준다.

_____ 사람들은 일반적으로 그룹 안에서 자유롭게 그들의 사고와 기술, 그리고 창조성을 활용한다.

_____ 조직에 참여하는 결과로서 사람들은 일반적으로 우월감과 거절감, 두려움, 지루함 대신에 신뢰, 자존감, 희망, 힘의 분배, 삶에의 욕구를 느낀다.

_____ 남성과 여성이 동일하게 인정받고 조직내에서 편안함을 느낀다.

_____ 조직이 없어지면 관련된 사람들은 상실감을 느낄 것이다.

_____ 그룹 안에서는 웃음과 우호적인 유머로 인해서 때때로 안락함의 분위기가 있게 된다.

_____ 한계가 있기는 하지만 이런 조직의 일원이 된 것이 기쁘다.

_____ 조직은 나의 온전한 삶을 감소시키기보다는 증가시킨다.

Ⓑ 자원자 조직

_____ 조직은 명확한 '계약'(목적, 목표, 구성원들이 얻는 것과 주는 것 등)을 갖고 있고 구성원들의 일반적인 지지를 받는다.

_____ 잠시 동안 속했던 사람들도 함께 있는 것을 즐기기 때문에 서로의 이름을 알고 종종 이름을 부른다.

_____ 지도자로부터의 과중한 압력만 없다면, 출석과 재정적 기여, 그리고 분담된 책임은 일반적으로 괜찮다.

_____ 모임에 참석 못한 사람들이 기억되어지고, 빠진 사람들은 그것을 안다.

_____ 심한 위기나 상실을 겪고 있는 사람들이 구성원들에게 도움을 청하게 될 때에 편안함을 느낀다. 그룹에 개인적 위기를 겪는 사람들에게 다가갈 수 있는 기능적 위원회가 있다.

_____ 사람들은 그룹에 편안함을 느끼기 때문에 그들의 실제 느낌들을, 그룹에 대한 비판적인 느낌을 포함해서 솔직하게 나타낸다.

_____ 프로그램 계획과 지도력 발휘가 몇 사람에 의해서 이루어지기보다는 조직 안에서 널리 나누어 이루어진다.

_____ 지도자들은 민주적 과정에 의해 뽑히고 정기적으로 교체된다. 또 지도력은 구성원 모두에게 분산되어진다.

_____ 그룹의 계약을 결정하고 바꾸는 것을 포함해서 중요한 결정들은 민주적으로, 즉 모든 사람들의 견해가 표명되고 존중되는 가운데 결정된다. 별로 중요하지 않은 결정들은 모든 구성원에게 맡겨지는 대신에 핵심과 구성원들에 의해 이루어진다.

_____ 그룹의 중요성과 그룹의 목적이 자신들에게, 또 더 넓은 공동체에 대해 갖는 중요성에 대해 구성원간에 폭넓은 공감대가 이루어져 있다.

_____ 구성원들은 그들이 배울 수 있는 사람들과 프로그램들과 책, 테이프들을 통해서 그들의 심리적 근육을 강화하고 지적 영역을 넓힐 수 있는 기회들을 종종 갖는다.

_____ 대다수의 견해에 동의하지 않는 사람은 그의 견해가 경청되고 고려될 것을 알면서 자유롭게 그의 반대 견해를 표명한다.

_____ 한 구성원이 그룹으로부터 소외된다고 느낄 때, 다른 사람들이 화해를 위한 움직임을 시도한다.

_____ 조직의 프로그램들은(지도자의 숨은 의도가 아니라) 구성원들의 기본적인 흥미와 필요들을 만족시키도록 마련된다.

_____ 그룹은 다른 사람들의 필요를 채우고 그들이 속한 공동체의 전인건강을 증진시키기 위해 그들의 힘의 일부분을 사용한다.

_____ 조직에 속하는 것은 그 안에 있는 서로 다른 철학과 목적을 갖는 구성원들과 사람들과 집단들 간에 장벽보다는 다리를 세우는 경향이 있다.

_____ 배타적이 되거나 폐쇄적인 그룹이 되기보다는 다른 조직과 상호 작용하고 협력할 수 있는 개방성이 있다.

_____ 조직에의 헌신은 구성원이 아닌 사람이나 다른 그룹의 구성원들에게 대해서 갖는 우월감에 의지하지 않는다.

_____ 프로그램의 내용뿐 아니라 과정의 건강성에 관한 정기적인 관심이 있다. 즉, 목표뿐 아니라 수단의 전인성에도 관심을 갖고 있다.

_____ 조직의 목표들과 프로그램 안에도 완전함을 위한 한 가지 또는 몇 가지 중요한 차원에 대해—신체적, 지적, 감성적, 관계적, 일과 놀이, 환경적, 조직적, 그리고 영적인—분명한 관심이 있다.

_____ 그룹의 삶에서는 왼쪽 두뇌의 영역인 지적, 논리적, 분석적 문제들과 오른쪽 두뇌의 영역인 직관적, 감정적, 예술적, 놀이적 문제들 사이에 건강한 균형이 있다.

_____ 조직의 구성원들은 그들의 삶과 활동에 새로운 계기를 가져올 새로운 회원을 찾으며 그들을 환영한다.

_____ 대부분의 사람들은 조직에 참여한 후에 더 온전하게 되었음을 느낀다.

_____ 우리 그룹의 많은 구성원들은 이와 같은 앙케이트가 필요없다고 느낄 것이다. 왜냐하면 모든 일들은 기본적으로 건강하고 잘되고 있기 때문이다.

건강과 행복을 증진시키는
추천도서목록

교수로서 봉직하기 시작할 때에 나는 수많은 학생들이 내가 가르치는 대학원 수준의 상담과목들을 수강하며 동기부여를 받고, 열심으로 책들을 읽을 것이라는 환상을 가졌다. 드디어 나는 대학생활이라는 주간신문에 실려 있는 만화를 읽으면서 학생들의 현실세계로 내려오게 되었다. 그 만화는 내게 배우는 학생 가운데 하나인 데이비드 리차드슨(David Richardson)이 그린 것이었다. 당신은 다음에 내가 제시하는 수많은 추천도서목록을 보면서 웃어 버릴지 모른다. 나의 희망은 각 권에 달아놓은 짧은 소개의 말이 당신에게 암시를 주어 당신이 관심을 갖는 책을 발견하게 되는 것이다. 그 책들을 통하여 당신의 자기 건강관리 프로그램을 만드는 데 유익한 도움이 되기를 바란다.

"유일한 84권의 도서관 책을 훔쳤으니, 클라인벨은 그의 독서 요구를 감소시켜야 할 것이다."

✎ **방법:** 당신이 시간이 있을 때에 꼭 읽고 싶은 책들 앞의 ＿＿＿＿ 난에 X표를 하라. 그 책이 실제로 당신에게 흥미있게 보여 가능한 한 빨리 읽고 싶은 책 앞에 XX표를 하라. 그리고 지금 즉시 그 책을 읽어야겠다고 생각하는 책 앞에 XXX표를 하라.

치유와 건강에 관한 전반적인 도서목록

＿＿＿＿　Donald B. Ardell. *High Level Wellness : An Alternative to Doctors, Drugs and Disease.* Berkeley. CA : Ten Speed Press, 1977. 자기 책임, 영양학적 인식 등을 탐구하고 자기관리, 육체단련, 환경문제 등을 강조한다. 수많은 건강관련서적들을 깊이있게 소개하고 평가하고 있다.

＿＿＿＿　Boston Women's Health Book Collective. *The New Our Bodies, Ourselves.* New York : Simon & Schuster, 1984. 건강문제에 대한 광범위한 정보를 소개하며, 건강과 자기관리에 대한 유익한 백과사전으로 주로 여성의 필요에 초점을 모으나 남성들에게도 필요한 정보를 제공한다.

＿＿＿＿　Howard Clinebell. *Basic Types of Pastoral Care and Counseling.* Nashville : Abingdon Press, 1984. 박근원 역. 「목회상담신론」. 전인건강, 영성 중심의 상담에 초점을 맞추었다. 결혼과 부부상담, 위기와 유족상담, 영성과 윤리적 건강 등 다양한 분야의 자기관리에 유익한 정보를 제공하고, 각 장 끝에 주석적인 도서목록을 제시하였다.

＿＿＿＿　Norman Cousins. *Anatomy of an Illness, as Perceived by the Patient : Reflections on Healing and Regeneration.* New York : W.W. Norton, 1979. 유머, 자기 책임, 비타민C 등을 활용하여 쇠약해진 몸을 고친 자기 간증적인 이야기이다.

＿＿＿＿　Norman Cousins. *Head First : The Biology of Hope and the Healing Power of the Human Spirit.* New York : Penguin Books, 1989. UCLA대학교 의과대학 교수로서 10여 년간의 경험과 믿음, 사랑, 소망, 결단, 유머 등의 적극적인 감정이 어떻게 치유를 촉진할 수 있는가 하는 발견 등을 매혹적으로 기술하였다.

＿＿＿＿　René Dubos. *Celebration of Life.* New York : McGraw-Hill, 1981. 지구의 건강을 위해 인간의 창조성과 지성을 어떻게 활용하여 전인적인 삶을 살아야 하는가를 기술하였다.

＿＿＿＿　Tom Ferguson, ed. *Medical Self-Care : Access to Health Tools.* New York : Simon & Schuster, 1980. 광범위한 분야에서 자기관리방법을 제공한 건강전문가들의 지침들이다.

＿＿＿＿　Daniel Girdano and George Everly. *Controlling Stress and Tension, a Holistic Approach.* Englewood Cliffs, NJ : Prentice-Hall, 1979. 육체적, 생리적, 인격적인 스트레스의 원인들을 탐구한 책이다. 스트레스 관리를 위해 명상, 다이어트, 운동, 바이오피드백, 긴장완화 테크닉 등을 어떻게 사용할 것인지 보여 준다.

＿＿＿＿　Carl Lowe, James W. Nechas, and the editors of Prevention. *Whole Body Healing.* Emmaus, PA : Rodale Press, 1983. 의학치료의 객원교수로서 운동, 마사지, 기타

약물을 사용치 않는 방법들을 사용하여 자기관리하는 접근법을 소개하였다.

_____ Kenneth Pelletier. *Holistic Medicine : from Stress to Optimum Health.* New York : Delta/Seymour Lawrence, 1979. 영양과 건강지침 등을 포함하여 전인적인 의학모델을 제시하였다.

_____ Kenneth Pelletier. *Longevity : Fulfilling Our Biological Poten-tial.* New York : Delacorte Press/Seymour Lawrence, 1981. 장수와 삶의 질에 관련하여 삶의 스타일, 영양, 운동과의 관계를 탐구하였다.

_____ John W. Travis and Meryn G. Callander. *Wellness for Helping Profession-als : Creating Compassionate Cultures.* Mill Valley, CA : Wellness Associates Publications, 1990. 저자들은 성장적인 관점에서 자기들의 전문가로서의 삶과 경험들을 나눈다. '자기의 치유와 지구의 환경보전에 기여하고자 하는 사람들 모두에게 유익한' 방법과 풍부한 통찰, 모델, 방법들을 제시하였다.

_____ John W. Travis and Regina Sara Ryan. *Wellness Workbook.* 2d ed. Berke-ley, CA : Ten Speed press, 1988. 자기 책임, 감정, 호흡, 감각, 음식먹기, 생각, 일하기, 놀이하기, 커뮤니케이팅, 성, 의미발견 등에 관하여 건강의 관점에서 접근하였다.

_____ Donald A. Tubesing and Nancy Loving Tubesing. *The Caring Question.* Minneapolis : Augs-burg Publishing House, 1983. 자기관리와 이웃사랑의 주요차원들을 균형있게 개발한 영적인 지침서로서 교인들에게 유익하다.

제 2장 영적 건강과 행복 증진에 관련된 추천도서

_____ Anne McGrew Bennett. *From Woman-Pain to Woman-Vision.* Minneapo-lis : Fortress Press, 1989. 오늘의 여성신학적인 관점에서 실천적으로 신학하는 수많은 사람들에게 영감을 준 용기있고 선구자적인 여성신학자의 강의이다. 편집자 메리 헌트 (Mary E. Hunt)가 쓴 베네트의 삶과 사역의 의의에서 시작한다. 앤 베네트와 그녀의 남편 존과 공중석상에서 나눈 대화인 '상호 신뢰의 실험'으로 끝맺는다.

_____ Carolyn Stahl Bohler. *Prayer On Wings : A Search for Authentic Prayer.* San Diego, CA : Lura Media, 1990. 하나님에 대한 신선한 은유를 잘 선택하고, 창조적인 상상력을 사용함으로 기도생활을 활성화하는 방안을 모색한 책이다.

_____ Robert Brizee. *Where in the World Is God? God's Presence in Every Moment of Our Lives.* (Foreword by John B. Cobb, Jr.) Nashville, TN : The Upper Room, 1987. 과정신학을 활용하는 목사—심리학자가 하나님과 우리와의 해방시키는 관계를 제시하였다. 그리고 하나님이 어떻게 우리의 모든 위기와 일상적인 순간들에 참여하시는지를 탐구하였다.

_____ Martin Buber. *At the Turning.* New York : Strauss & Young, 1952.

_____ Annie Cheatham and Mary Clare Powell. *This Way Day Break Comes : Women's Values and the Future.* Philadelphia : New Society, 1986. 1,000명의 북미 여성들의 삶과 비전을 기록한 것으로 두 사람의 미래학자가 30,000마일을 여행하며

기술하였다.

_____ Carol P. Christ. *Laughter of Aphrodite : Reflections on a Journey to the Goddess*. San Francisco : Harper & Row, 1987. 여성과 평화와 정의와 여성과의 관계에 초점을 맞춘 영적인 대안을 제시해 준다.

_____ Carol P. Christ and Judith Plaskow, eds. *Womanspirit Rising : A Feminist Reader in Religion*. New York : Harper & Row, 1979. '새로운 전통의 창조'를 포함하여 여성의 영성에 관한 통찰력이 넘치는 글들을 수집하였다.

_____ Gary Doore, compiler and editor. *Shaman's Path : Healing, Personal Growth, and Empowerment*. Boston and London : Shambhala, 1988. 다양한 사상가들이 고대 토속적인 치유자들의 전통들과 방법들을 연구하고 그들의 현대 서구의 학과 심리치유와의 관계성을 탐구하였다.

_____ Tilden Edwards. *Spiritual Friend*. New York : Paulist Press, 1980. 개인적으로, 그리고 단체적으로 사용하는 영적 지도의 은사회복방법을 보여 준다.

_____ Matthew Fox. *On Becoming a Musical, Mystical Bear : Spirituality American Style*. New York : Paulist Press, 1972. 기도와 영성개발에 대한 기도의 접근방법을 소개한다.

_____ Matthew Fox. *Original Blessing : A Primer in Creation Spirituality*. Sante Fe : Bear & Co., 1983. 피조물과의 친밀, 어두움과의 친밀, 창조성과 신과의 친밀, 새창조와의 친밀(상호 협력적, 정의를 포함하여) 등 네 개 분야에 대한 폭스의 사상을 강력하게 소개한다.

_____ Carter Heyward. *Touching Our Strength : The Erotic as Power and the Love of God*. San Francisco : Harper & Row, 1989. 여성신학자가 정의를 위한 투쟁에 열정적으로 참여하기 위하여 건강한 종교와 성과의 관련성을 탐구하였다. 성차별이 곧 인종차별과 경제부정의에 직접 관련이 있다고 주장한다.

_____ William Johnson. *The Still Point : Reflections on Zen and Christian Mysticism*. New York : Fordham Univ. Press, 1970. 선불교를 애호하며 전문성을 가진 예수회 사제가 선과 기독교 관상과의 풍부한 관계 가능성을 탐구하였다.

_____ Merle R. Jordan. *Taking on the Gods : The Task of the Pastoral Counselor*. Nashville, TN : Abingdon Press, 1986. 우상숭배 노이로제를 탐구하고, 잘못된 심리학적인 신으로부터 해방을 얻도록 개인과 가족을 돕는 방법을 제시하였다.

_____ Morton Kelsey. *The Other Side of Silence*. New York : Paulist Press, 1976. 기독교 명상에 대한 깊이있는 연구지침이다.

_____ Lao-tzu. *Tao Te Ching, A New Translation, by Gia-Fu Feng and Jane English*. New York : Vintage Books, 1972. 영적 건강에 관한 고전적인 지혜를 (B.C. 6세기) 편집한 이 책은 아름다운 자연을 담은 사진들과 81개의 짧은 장에 영어와 한자 제목을 담고 있다.

_____ C. S. Lewis. *The Screwtape Letters*. New York : Macmillan, 1943. 삼촌 악마 스크루테입이 악마수업을 받고 있는 조카 웜우드에게 보내는 편지이다. 거만하고 유머를

잃어버린 오늘의 종교에 대한 지혜롭고 장난스러운 비평이다.

_____ Sallie McFague. *Models of God : Theology for an Ecological, Nuclear Age.* Philadelphia : Fortress Press, 1987. 어머니 하나님, 애인 하나님 등과 같은 정의, 평화, 생태학의 이슈들에 적합한 신의 이미지를 탐구하는 비유적인 신학이다.

_____ Robert Muller. *New Genesis : Shaping a Global Spirituality.* Garden City, NY : Doubleday & Co., 1982. 세계적인 UN 대변인이 다그 함마슐드와 떼이야르 드 샤르댕의 희망적인 전통 속에서 인간의 가치, 종교, 인간성 등의 초월적 가치들을 인식하고 확인하는 것을 저술한 책이다.

_____ John Shelby Spong. *Rescuing the Bible from Fundamentalism : A Bishop Rethinks the Meaning of Scripture.* San Francisco : Harper San Francisco, 1991. 현대의 성서신학의 연구와 성경을 사랑하는 그의 애정에 기초하여 저자는 현대 과학과 오늘의 삶의 스타일의 조명하에 어떻게 성경을 활성화시키고 재이해하는지를 보여 준다.

_____ Charlene Spretnak, ed. *The Politics of Women's Spirituality.* Garden City, NY : Anchor Press/Doubleday, 1982. 현대 여성운동에서 영성의 의미와 영성의 힘을 탐구한다.

_____ Merlin Stone. *When God Was a Woman.* New York : Dial Press, 1976. 고고학, 신화, 그리고 역사의 증거를 제시하면서, 여신종교 시대의 가부장제 이전의 여성의 역할을 탐구하였다.

_____ Gabriel Uhlein. *Meditations with Hildegard of Bingen.* Sante Fe : Bear & Co., 1983. 창조신학에 대한 힐데가드의 아름다운 시 모음집이다.

_____ Frances Vaughan. *The Inward Arc.* Boston : New Science Library, Shambhala, 1986. 초월주의 심리치유 관점에서 본 심리치유와 영성의 치유와 전인성에 관한 광범위한 비전을 제시하고 있다.

_____ John Welwood, ed. *Awakening the heart : East/West Approaches to Psychotherapy and the Healing Relationship.* Boulder, CO, and London : New Science Library, Shambhala, 1983. 동방과 서방의 관점을 대조하면서 치유와 전인건강의 영적 차원을 탐구한 책이다.

_____ Ken Wilbur. *No Boundary : Eastern and Western Approaches to Personal Growth.* Los Angeles : Center Publications, 1979. 서구적인 페르소나(persona)와 에고(ego)를 총체적, 유기체적 의식수준과 초월적(통합적 의식) 의식수준과 통합시키는 의식의 스펙트럼을 개발하려 한다. 후자는 베단타 힌두교, 마하야나 불교, 신비적 이슬람교, 유대교, 기독교 등에서 발견된 것이다.

제 3장 치유, 권능부여, 정신의 활력 등에 관한 추천도서

_____ Jeanne Achterberg. *Imagery in Healing.* Boston : Shambhala, 1985. 의학과 심리치유에서 무당들의 이미지 사용에 관하여 다양하게 연구하였다.

_____ Silvano Arieti. *Creativity : The Magic Synthesis.* New York : Basic Books,

1976. 창조적 과정에서 마음에 무엇이 일어나는지를 기술하였다. 창조성을 육성하고, 그 가치를 높이 평가하는 문화의 요소를 발견하고, 그것을 교육에 활용하려 한다.

_____ Philip Baker. *Using Metaphors in Psychotherapy*. New York : Brunner/Mazel, 1985. 치유자원을 활성화시키고 변화시키고 동기부여하는 데 메타포와 이야기들이 어떻게 활용될 수 있는가를 보여 준다. 어떤 접근들은 자가 치유에 적용시킬 수 있다.

_____ Mary Field Belenky, Blythe McVicker Clinehy, Nancy Rule Goldberger, Jill Mattuck Tarule. *Women's Ways of Knowing, The Development of Self, Voice, and Mind*. NY : Basic Books, 1986. 135명을 심층적으로 면담하여, 어째서 많은 여인들이 가정과 학교와 사회에서 침묵하려고 하는지를 밝히려 하였다. 지성적 자가 권능부여에 귀중한 자료를 여성에게 제공하고 있다.

_____ Herbert Benson. *The Relaxation Response*. New York : William Morrow, 1975. 다양한 명상기교가 신체에 미치는 유익을 기술하고, 명상을 실천할 수 있는 간단한 방법들을 제시한다.

_____ Milton Berle. *Milton Berle's Private Joke File*. New York : Crown Publishing, 1989.

_____ Thomas R. Blakeslee. *The Right Brain : A New Understanding of the Unconscious and Its Creative Powers*. Garden City, NY : Doubleday, 1980. 과학적으로 뇌가 어떻게 양쪽으로 나누어 기능하는지를 밝히고, 직관적인 오른쪽 뇌기능을 어떻게 개발하고 사용할 것인지 방법들을 제안하였다.

_____ Harold H. Bloomfield, with Leonard Felder. *Making Peace with Yourself : Transforming Weaknesses into Strengths*. New York : Ballantine Books, 1985. 자기 용서와 자기 용납의 테크닉과 훈련들을 소개하고, 비판에 대하여 너무 민감한 반응을 보이는 태도를 극복할 방법을 보여 주고 있다.

_____ Joan Borysenko. *Minding the Body, Mending the Mind*. Reading, MA : Addison-Wesley, 1987. 하버드대학교 의과대학 정신/신체 클리닉의 원장이었던 분이 거기서 사용한 전인건강 치유방법들을 소개한다.

_____ Barbara B. Brown. *Between Health and Illness : New Notions on Stress and the Nature of Well Being*. Boston : Houghton Mifflin, 1984. 스트레스 감소에 대한 실제적 지침을 보여 주고, 건강도 질병도 아닌 널리 퍼져 있는 불안에 대해 탐구하였다.

_____ Barbara B. Brown. *Supermind : The Ultimate Energy*. New York : Harper & Row, 1980. 보통의 인간 정신의 심층에 잠재한 거대한 이성, 판단, 자기 치유, 그리고 이타심의 자원들을 탐구하여 그 증거들을 제시한다.

_____ George Isaac Brown. *Human Teaching for Human Learning : An Introduction to Confluent Education*. New York : Viking Press, 1971. 교육을 더욱 활성화시키고, 전인건강 지향적으로 하며, 동시에 현실적인 삶의 이슈들을 중시하는 학습방법을 제시하려 한다.

_____ David D. Burns. *Feeling Good : The New Mood Therapy*. New York :

William Morrow, 1980. 자기의 인지와 사고패턴을 변화시켜 우울증과 절망을 제거하는 자기치유 프로그램을 임상적으로 제시한다.

_____ Gary Emery and James Campbell. *Rapid Relief from Emotional Distress.* New York : Rawson Associates, 1986. 한 심리학자와 한 정신과 의사가 자기 패배적인 사고를 인지요법에 기초한 자기치유방법으로 극복하는 방안들을 제시한다.

_____ Paulo Freire. *Pedagogy of the Oppressed.* (Translated by Myra Bergman Ramos.) New York : Herder and Herder, 1971. 용기있는 브라질의 철학자요 교육자인 저자가 저술한 힘이 있는 책이다. 전통적인 주입식 교육은 권위에 복종하게 만드나 대화식 교육은 사람들에게 자유를 실천할 수 있게 준비시켜 준다는 사실을 기술하고 있다.

_____ Shakti Gawain. *Creative Visualization.* Mill Valley, CA : Whatever Publishing, 1987. 건강과 사랑의 관계와 번영을 증진시키기 위하여 정신적인 이미지와 확신을 사용하는 방안들을 제시한 책이다.

_____ William Glasser. *Take Control of Your Life.* New York : Harper & Row, 1984. 정신건강과 신체건강과 관계문제를 우리의 머리 속에 있는 영상들과 연관시켜 기술하였다. 결국 우리의 인생과 우리의 건강은 우리 스스로 책임져야 함을 기술하고 있다.

_____ Daniel Goleman. *The Varieties of the Meditative Experience.* New York : Irvington Publis-hers, Inc., 1977. 선, 수피종교, 기독교, 유대교 등에서 보여 주는 12가지 명상시스템을 비교하면서, 그 목표에서 기본적인 공통점이 있음을 기술하였다.

_____ Willis Harman. *Global Mind Change : The Promise of the Last Years of the Twentieth Century.* Sausalito, CA : Institute of Noetic Sciences, 1988. 인간의 의식에 믿을 수 없을 만큼 큰 잠재성을 열어 주는 서구 산업사회의 신념체계에 대한 급진적 변화를 탐구하였다.

_____ Jean Houston. *The Possible Human.* Los Angeles : J. P. Tarcher, 1982. 우리의 몸, 감각, 마음, 감지능력, 숨겨진 창조성 등을 일깨우고 촉진시키는 방안을 제시한다.

_____ Dennis T. Jaffe. *Healing from Within.* New York : Simon & Schuster, 1980. 우리의 몸을 고치는 데 도움을 주는 마음을 사용하는 기술들을 제시한다.

_____ Susan Jeffers. *Feel the Fear and Do It Anyway.* New York : Fawcett Columbine, 1988. 어려움을 초월함으로 자기에게 권능을 부여하는 실천적 방법들을 제시한다.

_____ Spencer Johnson and Constance Johnson. *The One Minute Teacher : How to Teach Others to Teach Themselves.* New York : William Morrow, 1986. 목표설정과 칭찬의 방법을 활용하여 교육-학습의 과정을 더 효과적이요, 더욱 자존감을 향상시키게 만들 수 있게 하는 교사, 학생, 학부모 지침서이다.

_____ Lawrence Le Shan. *How to Meditate : A Guide to Self-Discovery.* New York : Bantam Books, 1975. 다양한 명상법들의 이유들과 방법들을 기술하였다.

_____ *Managing Stress from Morning to Night.* Alexandria, VA : Time-Life Books, 1987. 직장과 가정에서 스트레스를 감소시키는 방법을 실례를 들어 제시하는 지침서이다.

_____ Robert Ornstein and Paul Ehrlich. *New World, New Mind : Moving Toward Conscious Evolution.* New York : Double-day, 1989. 어떻게 케케묵은 '낡은 정신' (18세기에나 합당한)이 오늘의 교육, 종교, 정치, 대중사상 등을 오도하고 있는지를 보여준다. 오늘과 내일의 세계에서 인간과 지구의 생존욕구를 충족시킬 수 있는 '새로운 정신'을 개발하는 의식혁명을 제창하고 있다.

_____ Robert Ornstein and David Sobel, *The Healing Brain.* New York : Simon & Schuster, 1987. 정신생리학자와 의사가 '뇌가 어떻게 우리를 건강하게 지키는가에 대한 획기적인 발견'을 기술하였다.

_____ Martin H. Padovani. *Healing Wounded Emotions, Overcoming Life's Hurts.* Mystic, CT : Twenty—Third Publications, 1987. 우울증, 죄책, 분노, 그리고 자기 정죄에서 자기 사랑, 동정, 확신, 그리고 나눔으로 전환하는 방법을 영성적으로 접근하였다.

_____ Kenneth R. Pelletier. *Mind as Healer, Mind as Slayer.* New York : Delta Books, 1976. 스트레스성 질병들을 방지하고 치유하는 전인적 접근방법을 제시한다.

_____ Ira Progoff. *The Dynamics of Hope.* New York : Dialogue House, 1985. 불안과 창조성과 이미지와 꿈을 탐구하기 위하여 전인적인 심층심리학을 사용하였다.

_____ Keith W. Sehnert. *Stress/Unstress : How to Control Stress at Home and on the Job.* Minneapolis : Augsburg Publishing House, 1981. 5가지 스트레스 조정 방법에 대한 지침서이다.

_____ Bernie S. Siegel. *Love, Medicine and Miracles.* New York : Harper & Row, 1986. 자신의 회복에 참여하고 영향력을 행사하는 '특별한 환자'에게서 배운 자기치유방법들을 의사가 기술하였다.

_____ Bernie S. Siegel. *Peace, Love and Healing : Bodymind Com-munication and the Path to Self—Healing, an Exploration.* New York : Harper & Row, 1989. 자기치유 시스템(창조주로부터 받은)을 탐구하고, 명상, 긴장완화, 영상 만들기, 사랑 등을 통하여 어떻게 우리 자신에게 치유메시지를 보낼 것인가를 보여 준다.

_____ Charles T. Tart. *Waking Up : Overcoming Obstacles to Human Potential.* Boston : New Science Library, Shambhala, 1986. 기계적인 습관성 사고, 감지, 행동 등에 통제를 받는 무기력한 자동화습성에서 해방되는 자기치유방법과 통찰을 제시하였다.

_____ Donald A. Tubesing. *Kicking Your Stress Habits.* Duluth, MN : Whole Person Associates, 1981. 스트레스 대처의 자가치유 지침서이다.

제 4장 육체건강 증진에 필요한 추천도서

_____ *Bob Anderson. Stretching.* Bolinas, CA : Shelter Publications, 1980. 육체 단련과 스포츠를 위한 스트레치 지침을 예시한다.

_____ Covert Bailey. *The Fit—or—Fat Diet.* Boston : Houghton Mifflin, 1984. 당신의 다이어트 계획을 평가하고 당신의 식성에 맞는 다이어트 개발을 도와주는 책이다.

_____ Theodore Berland. *Fitness for Life.* Washington, D.C. : AARP, 1986. 인내력,

유연성, 힘 등을 키우는 필생의 단련계획을 기술한다.

_____ Boston Women's Health Book Collective. *The New Our Bodies, Ourselves.* New York : Simon & Schuster, 1984. 여성이 쓴 뛰어난 여성의 자기관리 지침, 남성에게도 도움이 된다.

_____ Alice Christensen and David Rankin. *Easy Does It Yoga.* San Francisco : Harper & Row, 1979. 나이든 사람들을 위한 요가훈련, 호흡훈련, 명상, 영양 등의 매일 계획이 제시되어 있다.

_____ Kenneth H. Cooper. *The Aerobic Program for Total Well-Being.* New York : Bantam Books, 1982. 의사가 전인건강을 증진시키는 운동, 식사, 감정의 균형적 통합을 기술하였다.

_____ Martha Davis, Elizabeth R. Eshelman, and Matthew McKay. *The Relaxation and Stress Reduction Workbook.* Richmond, CA : New Harbinger Publications, 1980. 발전적 긴장완화, 호흡, 명상 등을 포함하여 수많은 긴장완화 기술, 스트레스 감소방법 등을 기술한 지침서이다.

_____ *The Fit Body : Building Endurance.* Alexandria, VA : Time-Life Books, 1987. 활보, 달리기, 자전거 타기, 수영, 스키 등을 통한 에어로빅 훈련이다. 사무실이나 여행 중에서 행할 수 있는 프로그램 소개, 먹고 바로 시작할 수 있는 20분간의 단기 훈련들을 소개하고 있다.

_____ Richard L. Hittleman. *Yoga for Physical Fitness.* New York : Warner Books, 1964. 하다 요가훈련방법을 예시적으로 소개한 지침서이다.

_____ Frances Moore Lappé. *Diet for a Small Planet.* Rev. ed. New York : Ballantine Books, 1975. 단백질이 풍부한 채식 위주의 식사법으로 더 건강하고, 환경보전의 관점에서 영양을 섭취하는 법을 소개한다.

_____ Alexander Lowen and Leslie Lowen. *The Way to Vibrant Health.* New York : Harper & Row, 1977. 기본적인 생리신체적 훈련의 예증적 지침서이다.

_____ Robert Masters and Jean Houston. *Listening to the Body : The Psychophysiological Way to Health and Awareness.* New York : Dell Publishing, 1978. 스트레스를 감소시키고, 기쁨을 증가시키고, 몸의 기능을 향상시키기 위해 정신-육체 인식능력을 사용하는 프로그램을 제시한다.

_____ Joyce D. Nash. *Maximize Your Body.* Palo Alto, CA : Bull Publishing, 1986. 행동주의적 방법을 사용하여 먹는 습관을 조절하고, 할 수 있는 한 건강하게 통제하여 체중조절을 하는 16주 프로그램을 제시하고 있다.

_____ Keith W. Sehnert. *Selfcare, Wellcare : What You Can Do to Live a Healthy, Happy, Longer Life.* Minneapolis : Augsburg Publishing House, 1985. 영적인 의사가 제시하는 자기관리 건강지침이다.

_____ *University of California, Berkeley, Wellness Newsletter.* P. O. Box 10922, Des Moines, IA 50340. 건강, 영양, 훈련, 스트레스 조절 등에 관한 최근의 정보로 가득한 월간 뉴스레터이다.

_____ Gary Yanker and Kathy Burton. *Walking Medicine*. New York : McGraw-Hill, 1990. 최고의 건강 증진을 가져오는 걷기 지침서이다.

제 5장 친밀관계에서 사랑과 건강 증진에 필요한 추천도서

_____ Ronald B. Adler, Lawrence B. Rosenfeld, and Neil Towne. *Interplay : The Process of Interpersonal Communication*. 4th ed. New York : Holt, Rinehart & Winston, 1989. 자기의 개념이해에서 출발하여 이해심을 가지고 대인관계의 의미를 표현하고 경청하게 도와주는 효과적인 기술을 개발하는 기본적인 커뮤니케이션 능력 배양 교재이다.

_____ Susan M. Campbell. *The Couple's Journey : Intimacy as a Path to Wholeness*. San Luis Obispo, CA : Impact Publishers, 1980. 로맨스, 권력투쟁, 안정, 헌신, 협력적 창조의 5단계 전인적 인격관계 과정을 제시한 책이다.

_____ Howard Clinebell. *Growth Counseling for Marriage Enrichment*. Philadelphia : Fortress Press, 1975. 친밀관계를 향상시키며, 행복한 결혼관계에로 인도하는 다양한 방안들을 소개한다.

_____ Howard Clinebell. *Growth Counseling for Mid-Years Couples*. Philadelphia : Fortress Press, 1977. 어느 시기에도 사용할 수 있는 영적 성장과 가치의식을 갖게 하는 방안을 포함해서 제 2의 인생 여정을 풍성하게 만드는 관계의 방법들을 다양하게 소개하였다.

_____ Howard J. Clinebell, Jr., and Charlotte H. Clinebell. *The Intimate Marriage*. New York : Harper & Row, 1970. 여러 가지 면들을 가진 사랑의 관계에 대한 지침서이다. 풍성한 부부와 부부그룹육성 지침을 소개하고 있다.

_____ Riane Eisler. *The Chalice and the Blade : Our History, Our Future*. San Francisco : Harper & Row, 1987. 파트너쉽 연구센터의 여성 공동책임자가 여성이 어떻게 권능을 상실해 왔으며, 성적으로 소외되었는지를 추적한 역사적 서술과 미래 파트너쉽의 가능성을 제시하였다.

_____ Riane Eisler and David Loye, *The Partnership Way : New Tools for Living and Learning, Healing Our Families, Our Communities, and Our World*. San Francisco : Harper San Francisco, 1990. 지배관계에서 동업자관계로 전환하는 실천적인 지침서이다. 아이슬러와 그의 파트너가 저술한 *The Chalice and the Blade* 의 자매편이다.

_____ Herb Goldberg. *The New Male-Female Relationship*. New York : New American Library, Signet, 1983. 친구, 애인, 부모, 놀이동료, 동등한 관계 등을 즐길 수 있는 해방시키는 남성-여성관계의 전통을 추적하였다.

_____ Harville Hendrix. *Getting the Love You Want : A Guide for Couples*. San Francisco : Harper & Row, 1990. 부부가 아동의 이미지와 상처로 지배당하는 '무의식적 결혼'에서, 지속적인 사랑과 동반자관계를 갖는 '의식적 결혼'으로 전환시키는 통찰

을 제시하며, 건전한 방법을 제안한다.

_____ Margaret Frings Keys. *Staying Married*. Millbrae, CA : Les Femmes Publishing, 1975. 결혼의 문제와 위기를 성장의 기회로 바꾸는 TA 접근방법들을 소개한다.

_____ John R. Landgraf. *Singling : A New Way to Live the Single Life*. Louisville : Westminster / John Knox Press, 1990. 독신의 네 종류―사별, 이혼, 결혼 지체, 계획적 독신―를 논의하면서, 그 문제를 성장의 기회로 삼을 수 있는 방안을 제시한다.

_____ Jim Larson. *A Guide for Streng-thening Families*. Minneapolis : Augsburg Publishing House, 1984. 교회의 가족들의 전인건강을 촉진시키는 전략, 모델, 프로그램, 자원 등을 소개한다.

_____ Harriet Goldhor Lerner. *The Dance of Anger : A Woman's Guide to Changing the Patterns of Intimate Relationships*. New York : Harper & Row, 1985. 여성들이 어떻게 자기들의 분노를 더 큰 자율성과 더 강한 자아정체감을 얻는 데 사용할 수 있으며, 친밀관계를 건설적으로 전환하는 데 촉진력을 줄 수 있는지를 보여 준다.

_____ Harriet Goldhor Lerner. *The Dance of Intimacy : A Woman's Guide to Courageous Acts of Change in Key Relationships*. New York : harper & Row, 1989. 좋은 관계 촉진단계를 제공하며, 너무 소원하거나 강렬하거나 또는 고통스러운 관계를 치유하는 법을 제시한다.

_____ Ann Tremaine Linthorst. *A Gift of Love : Marriage as a Spiritual Journey*. Orange, CA : Pagl Press, 1979. 결혼관계에서의 영적 성장과 전인성 촉진방안들을 소개하고 있다.

_____ James L. McCary. *Freedom and Growth in Marriage*. Santa Barbara, CA : Hamilton, 1975. 창조적인 결혼과 성관계를 탐구하였다.

_____ Alan Loy McGinnis. *The Friendship Factor*. Minneapolis : Augsburg Publishing House, 1979. 친밀감을 개발하고, 관계의 위기를 조정하여 더 깊은 관계로 발전하는 방안을 제시한다.

_____ James McGinnis and kathleen McGinnis. *Parenting for Peace and Justice, Ten Years Later*. (8장 추천도서를 보라.)

_____ Jordan Paul and Margaret Paul. *Do I Have to Give up Me to Be Loved by You?*. Minneapolis : CompCare Publications, 1983. 창조적인 친밀감을 성취하는 데 숨은 장애를 극복하는 방법들을 기술하였다.

_____ Carol Pierce and Bill Page. *A Male/Female Continuum : Paths to Colleague-ship*. Laconia, NY : A New Dynamics Publication, 1986. 지배―순종의 남성 · 여성관계를 청산하고, 동료관계로 발전하여, 상호 권능부여로 각자의 전인성을 증진시키는 방안을 제시하고 있다.

_____ Virginia Satir. *Peoplemaking*. Palo Alto, CA : Science and Behavior Books, 1972. 전인육성 가족개발을 할 수 있게 부모를 돕도록 고안된 고전이다.

_____ Anne Wilson Schaef. *Escape from Intimacy : The Pseudo−Relationship*

Addiction. San Francisco : Harper & Row, 1989. 관계와 과정 속에 숨어 있는 중독적인 과정과 죄책, 수치, 낮은 자존감의 역할 등을 기술하였다. 중독적 사랑에서 벗어나 순수한 친밀관계로 발전하는 방안을 제시하였다.

_____ Tina B. Tessina and Riley K. Smith. _How to Be a Couple and Still Be Free._ North Hollywood, CA : Newcastle Publishing, 1980. 사랑의 관계에서 친밀과 자유의 균형을 유지하는 방안을 제시하였다.

_____ Barrie Thorne with Marilyn Yalom. _Rethinking the Family : Some Feminist Questions._ New York : Longman, 1982. 여러 분야의 사상가들이 전통적인 가족관에 대한 여권주의자들의 비판과 최근에 나온 이 비판에 대한 대답들을 기술하였다.

_____ Charlotte Whitney. _Win−Win Negotiations for Couples._ Gloucester, MA : Para Research, 1986. 기업경영의 승리−승리원칙을 부부와 가족관계에 적용시키는 방법을 기술하였다.

제 6장 직장에서 건강 증진에 필요한 추천도서

_____ Richard Nelson Bolles. _The Three Boxes of Life and How to Get Out of Them._ Barkeley, CA : Ten Speed Press, 1978. 평생직업 정보와 자원들을 망라한 풍부한 자료집으로, 성인의 삶의 전과정 기간 동안의 학습, 직업, 여가 등의 요소에 초점을 맞추고 있다.

_____ Richard Nelson Bolles. _What Color Is Your Parachute?_ Berkeley, CA : Ten Speed Press, revised each year. 인생경력 계획전문가가 직업찾기와 경력변경 등에 관해서 스스로 대처하는 방안들을 제시하는 귀중한 지침서로, 실제적인 수단과 지침을 제시한다.

_____ Richard W. Gillett. _The Human Enterprise : A Christian Perspec-tive on Work._ Kansas City, MO : Leaven Press, 1985. 직업과 관련된 윤리적 이슈들을 비판적으로 탐구하였다. 예를 들면, 실직문제, 경제의 군국주의화, 직업에서의 인종 및 성차별 등에 대한 대중정책들과 신학들을 비판하였다.

_____ John L. Holland. _Making Vocational Choices : A Theory of Careers._ Engle-wood Cliffs, NJ : Prentice−Hall, 1973. 실제적인 자가탐색 방법들과 이론적 이해 등을 제시한 유익한 책이다.

_____ Dorothy Jongeward and P. Seyer. _Choosing Success : Transactional Analysis on the Job._ New York : John Wiley, 1978. 직장의 전인성을 증진시키기 위해 TA 이론을 적용하는 영감적인 책이다.

_____ Alan Lakein. _How to Get Control of Your Time and Your Life._ New York : peter H. Wyden, 1973. 제목이 제시하는 것을 어떻게 하는가에 대한 고전적인 지침이다.

_____ Roy Lewis. _Choosing Your Career, Finding Your Vocation._ New York : Paulist Press, Integration Books, 1989. 영성 중심의 단계적 직업상담 지침으로 성인들이 평생 동안 거쳐야 하는 발달단계를 탐구하여 직업상담의 지침을 제시하고 있다.

_____ George Morrisey. *Getting Your Act Together.* New York : John Wiley, 1980. 건강, 소명, 여가활용 등을 고려하여 중요한 목표를 발견하고 설정하도록 돕는 계획설정 지침서이다.

_____ Thomas J. Peters and Robert H. Waterman, Jr. *In Search of Excellence : Lessons from America's Best-Run Companies.* New York : Warner Books, 1982. 사업수완과 성공에서 인간요소들의 중요성을 보여 준다.

_____ Marsha Sinetar. *Do What You Love, the Money Will Follow.* New York : Paulist Press, 1987. 인간의 삶의 정도를 발견하는 데 불교의 개념을 사용하면서, 기관심리학자인 저자는 자기가 정말로 좋아하는 직업을 가지고 살 수 있게 내적인 의심과 외적인 장애를 극복하는 지침을 제공한다.

_____ Denis Waitley and Reni L. Witt. *The Joy of Working.* New York : Dodd, Mead and Co., 1985. 쉽게 따를 수 있는 직업효과와 만족지침을 제시하고 있다.

제 7장 웃음과 놀이를 통해 건강을 증진시키는 추천도서

_____ Regina Barreca. *They Used to Call Me Snow White……But I Drifted : Women's Strategic Use of Humor.* New York : Viking, 1991. 여성과 남성이 유머 사용에 어떠한 차이가 있는지를 보이며, 여성들이 집에서, 성적인 갈등관계에서, 그리고 직장에서 어떻게 효과적으로 사용하는가를 탐구한 책이다.

_____ Adam Blatner and Allee Blatner. *The Art of Play.* New York : Human Sciences Press, 1988. 상상력과 자발성을 촉진시키는 지침서이다.

_____ Harvey Cox. *The Feast of Fools.* Cambridge, MA : Harvard Univ. Press, 1969. 인간은 본성적으로 노래하며, 춤추며, 환상을 즐기며, 꿈을 꾸며, 놀이하며, 이야기를 하며, 축제하는(또한 일하고 생각하는) 피조물임을 보여 준다. 이러한 축제적인 능력들이 억압된다면, 종교는 시들고, 인간의 생존은 위태롭게 될 것임을 보여 준다.

_____ Matthew Fox. *Whee! We, Wee, All the Way Home.* Wilminton, NC : Consortium Books, 1976. 감각적 영성에 대한 놀이적 지침서이다.

_____ Conrad Hyers. The Comic Vision and the Christian Faith : A Celebration of Life and Laughter. New York : Paulist Press, 1981. 코메디가 어떻게 우리의 종교적 삶을 풍요롭게 하며 정보를 제공하는가를 보여 준다.

_____ Sam Keen. *To a Dancing God.* New York : Harper & Row, 1970. '우연적인 발견을 강조하는 교육', 육체적이 되는 것의 중요성과 같은 주제들을 놀이적이면서도 깊은 경험을 통해 제시한다.

_____ C. S. Lewis. *Surprised by Joy.* New York : Harcourt Brace Jovanovich, 1955. 저자가 기쁨이라고 부르는 통로를 지나서 무신론에서 신앙으로 전환해 온 저자의 경험을 '목죄이는 주관성'(저자의 용어)의 표현으로 기술한 책이다.

_____ Werner M. Mendel, ed. *A Celebration of Laughter.* Los Angeles : Mara Books, 1970. Carlo Weber의 "웃으시는 하나님", Martin Grotjahn의 "웃음과 성"을

포함하여, 정신분석적으로 도입한 유머에 대한 문서들의 종합이다.

_____ Jürgen Moltmann. *The Theology of Play.* New York : Harper & Row, 1972. 하나님은 자기의 기쁨을 위해 우주를 창조하셨다는 대담한 주장들을 탐구하며, 진정성있는 인간의 자유와 영성에서 해방시키는 기쁨의 성격과 게임과 장난의 기능을 검토하였다.

_____ Raymond A. Moody, Jr. *Laugh after Laugh : The Healing Power of Humor.* Jacksonville, FL : Headwaters Press, 1978. 의사가 건강과 질병에서의 웃음과 유머의 역할에 대해서 기술하였다.

_____ Robert E. Neale. *In Praise of Play.* New York : Harper & Row, 1969. 종교의 본질은 인간의 삶의 모든 측면을 즐기게 하는 것이라고 주장하였다.

_____ Laurence J. Peter and Bill Dana. *The Laughter Prescription : The Tools of Humor and How to Use Them.* New York : Ballantine Books, 1982. 불안과 우울증을 감소시키고, 건강을 촉진시키는 데 유머의 사용을 탐구하였다. 스트레스 대처, 효과적인 커뮤니케이션 등을 신선한 실례로 제시하여 기술하였다(첫 번째 공저자는 Peter Principle의 Peter이다).

_____ Vera M. Robinson. *Humor and thd Health Professions.* Thorofare, NJ : Slack, 1977. 건강과 질병에서의 유머의 본성을 논의한 책이다.

_____ Elton Trueblood. *The Humor of Christ.* New York : Harper & Row, 1964. 예수님을 위트와 지혜의 사람으로 묘사하며, 예수님의 아이러니와 유머의 사용을 논의한 책이다.

_____ Matt Weinstein and Joel Goodman. *Playfair : Everybody's Guide to Noncompetitive Play.* San Luis Obispo, CA : Impact, n.d. 게임에서 이기는 것보다 놀이적인 기쁨이 더 중요한 유익이라는 점을 제시하는 전반적인 게임분석서이다.

제 8장 지구의 치유에 관한 추천도서

_____ Charles Birth and John B. Cobb, Jr. *The Liberation of Life : From Cell to Community.* Cambridge : Cambridge Univ. Press, 1981. 한 사람의 생리학자와 한 사람의 신학자가 사회경제적인 정책에 기초하여 인류와 자연계의 상호 관계를 이해하는 데 필요한 생태학적 모델을 만들고 있다.

_____ Lester R. Brown et al. *State of the World.* New York : W.W. Norton, 1991. 지탱적 사회의 '중대한 지구의 사인들'과 발전에 대한 세계감시기구의 연간보고서이다.

_____ Robert McAfee Brown. *Making Peace in the Global Village.* Philadelphia : Westminster Press, 1981. 세계평화에 대한 필수적인 필요성을 기독교적 관점에서 소개하였다.

_____ Walter Brueggeman. *Living Toward a Vision : Biblical Reflections on Shalom.* New York : United Church Press, 1976. 구약성경전문가가 샬롬의 개념(평화와 전인성)과 오늘의 세계에서의 적용여부를 검토하고 있다.

_____ Fritjof Capra and Charlene Spretnak. *Green Politics : the Global Promise.*

New York : E. P. Dutton, 1984. 독일에서 일어난 전인적이요, 생태학적이요, 여권주의적인 녹생당운동의 미래적 희망을 강조하고, 이것을 미국과 세계의 진로를 바꾸기 위한 전망과 운동으로 삼아야 한다고 역설하였다.

_____ Howard Clinebell, ed. *Global Peacemaking and Wholeness : Developing Justice—based Theological, Psychological, and Spiritual Resources*. Limited ed. Claremont, CA : Institute for Religion and Wholeness, 1985. 책 제목이 보여 주는 토픽을 주제로 실시한 컨퍼런스의 결과를 보고한 문서로 통찰을 기술하였다.

_____ Joseph Cornell. *Listening to Nature : How to Deepen Your Awareness of Nature*. Nevada City, CA : Dawn Publications, 1987. 영감넘치는 자연교육자가 존 핸드릭슨의 아름다운 색체 사진과 함께 자연이해의 원리와 기술을 보여 준 책이다.

_____ Joseph Cornell. *Sharing the Joy of Nature*. Nevada City, CA : Dawn Publications, 1989. 모든 나이의 사람들을 위한 상상적 자연활동을 제시하고 있다.

_____ Joseph Cornell. *Sharing Nature with Children*. Nevada City, CA : Dawn Publications, 1979. 활동과 게임으로 가득한 부모와 교사를 위한 지침서이다.

_____ Ben Corson et al. *Shopping for a Better World*. New York : Council on Economic Priorities, 1991. 수퍼마켓 쇼핑을 사회적으로 책임있게 하는 핵심적이고 쉬운 지침서이다.

_____ Norman Cousins. *The Pathology of Power*. New York : W.W. Norton, 1987. 정부권력과 무기경쟁의 확산과 오용이 어떻게 자유를 위협하고 있는지에 대한 영감있는 연구서이다.

_____ Bill Devall and George Sessions. *Deep Ecology : Living as If Nature Mattered*. Salt Lake City : Gibbs M. Smith, 1985. 자연의 지혜와 인간, 동물, 식물, 그리고 지구의 하나됨을 일깨우는 것을 강조하면서 환경위기를 탐구하고 있다.

_____ The Earth Works Group. *50 Simple Things Kids Can Do to Save the Earth*. Kansas City : Andrews & McMeel, 1990. 아동들(부모와 교사를 포함하여)에 대한 지침으로 지구를 더 푸르게 재생시키며, 동물을 보호하며, 에너지를 더 지혜롭게 사용할 수 있게 도와주는 '아동의 힘'을 촉진시키는 법을 설명한다.

_____ The Earth Works Group. *50 Simple Things You Can Do to Save the Earth*. Berkeley, CA : Earth Works Press, 1989. 위협받는 환경을 보호하기 위하여 왜, 그리고 어떻게 단순하면서도 더 적절한 행동을 해야 하는지에 대한 실천적 지침서이다.

_____ Duane Elgin. *Voluntary Simplcity : Toward a Way of Life That Is Outwardly Simple, Inwardly Rich*. New York : William Morrow, 1981. 지구를 살리는 데 필요한 삶의 스타일을 개발하는 방법을 제시하고 있다.

_____ Ruth Fletcher. *Teaching Peace : Skills for Living in a Global Society*. San Francisco : Harper & Row, 1983. 갈등조정, 비폭력, 협동, 평화, 건전한 지구촉진 사고와 삶에 관한 64가지 제목에 대한 교사지침서이다.

_____ Masanobu Fukuoka. *The Natural Way of Farming*. New York : Japan Publications, 1985. 생태학적으로 건전한 농업에 관련해서, 녹색철학의 이론과 실제를 다

루고 있다.

_____ Medard Gabel. *Energy, Earth, and Everyone : A Global Energy Strategy for Spaceship Earth*. New York : Doubleday, 1980. 지구를 구하는 데 연루된 중대한 차원들을 위한 창조적인 계획들을 제시하고 있다.

_____ Susan Griffin. *Woman and Nature : The Roaring Inside Her*. New York : Harper & Row, 1978. 몸과 비전과 상호 연관성을 이야기하는 여성과 자연에 대비되는 서구 가부장적인 목소리에 대한 여권론자의 비평이다.

_____ Eugene C. Hargrove, ed. *Religion and Environmental Crisis*. Athens, GA : Univ. of Georgia Press, 1986. 전인적인 환경적 양심을 생산하는 데 필요한 다양한 종교전통 속에 내재한 성스러운 힘의 근원을 탐구하는 에세이이다.

_____ J. Donald Hughes. *American Indian Ecology*. El Paso, TX : Texas Univ. Press, 1983. 미국 원주민의 땅에 대한 경외를 기술하였다.

_____ Sam Keen. *Faces of the Enemy : Reflections of the Hostile Imagination*. San Francisco : Harper & Row, 1986. 미움이 왜곡의 가면을 쓰고 나타난다는 것을 충격적인 실례를 들어 설명하면서, '문제아'들에 대한 심리학적인 연구와 갈등해소에 대한 건전한 접근방법을 제시하였다.

_____ Donald Keys. *Earth at Omega : The Passage to Planetization*. Boston : Branden Publishing, 1982. 지구시민상 정립으로, 핵위협, 인구과잉, 오염, 굶주림, 자원고갈 등의 상호 연결된 문제들을 해결하기 위하여 인류가 직면하고 있는 중대한 기회와 비전을 제시하고 있다.

_____ J. B. Libanio. *Spiritual Discern-ment and Politics*. Maryknoll, NY : Orbis Books, 1982. 지도적인 해방신학자가 정의의 신학을 구체적인 사회정치실제에 연관시키고 있다.

_____ Doris Janzen Longacre. *Living More with Less*. Scottdale, PA : Herald Press, 1980. 우리가 먹고, 여행하고, 옷을 입고, 돈을 쓰는 방법을 개선함으로써 어떻게 세계공동체, 정의, 그리고 건강환경에 기여할 수 있는가 하는 귀중한 지침서이다.

_____ Joanna Rogers Macy. *Despair and Personal Power in the Nuclear Age*. Philadelphia : New Society Publishers, 1983. 세계종교의 교사가 거절과 절망의 상황을 희망과 권능부여의 기회로 삼을 수 있는 방법을 제시하는 귀중한 책이다. 이 책은 평화를 만드는 행동실천을 강조하는데, 요나단 셸의 책 *Fate of the Earth* 이래 가장 용기있는 내용을 쓰고 있다.

_____ Paul McCleary and J. Philip Wogaman. *Quality of Life in a Global Society*. New York : Friendship Press, 1978. 성경적인 관점에서 기아, 환경, 에너지, 경제, 그리고 인구문제를 검토하며, 교회를 위한 중대한 이슈로서 삶의 평등성을 강조한다.

_____ James McGinnis and Kathleen McGinnis. *Building Shalom Families*. St. Louis : Parenting for Peace & Justice Network, 1986. 부모를 위한 윅샵에 사용할 수 있는 지침서로 뛰어난 두 개의 비디오카세트이다.

_____ James McGinnis and Kathleen McGinnis. *Parenting for Peace and Justice,*

Ten Years Later. Maryknoll, NY : Orbis Books, 1990. 어린이들이 평화와 정의
실현에 민감성을 가지고 실천기술을 배울 수 있게 지도하려는 부모와 교사들에게 주는
귀중한 지침서이다.

_____ Carolyn Merchant. _The Death of Nature : Women, Ecology, and the Scien-
tific Revolution._ San Francisco : Harper & Row, 1980. 과학혁명은 기계적 세계
관을 생산하여 무절제한 산업확장, 자연착취, 여성차별로 이끌고 있다는 주장이 여권주
의 학자에 의해 탐구되고 있다.

_____ Eugene P. Odum. _Ecology and Our Endangered Life-Support Systems._
Sunderland, MA : Sinauer Associates, 1989. 지구의 생명지탱 시스템과 연관해서,
시민들이 지침과 입문서로 사용할 수 있게 생태학적 원리를 제시하고 있다.

_____ M. Scott Peck. _The Different Drum : Community Making and Peace._ New
York : Simon & Schuster, 1987. 순수한 우주적 공동체적 경험을 창조함으로 개인적
인 전인성을 넘어서 소그룹과 궁극적으로 우주적 공동체의 건강을 추구하는 지침서이다.
인격적 삶과 관계에서 교회와 다른 기구들 안에서, 그리고 우리 국가와 세계에서 건전한
삶을 촉구한다.

_____ Judith Plant, ed. _Healing the Wounds : The Promise of Ecofeminism._
Philadelphia : New Society Publishers, 1989. 여권주의, 환경여권주의 정치학, 영
성, 공동체의 생태학을 탐구한 강력한 힘을 주는 작품집이다.

_____ Rosemary Radford Ruether. _New Woman, New Earth._ New York : Seabury
Press, 1975. 더 전인적이요 생태학적으로 양성되는 사회의 비전을 주는 여성신학자의
견해를 담은 책이다.

_____ John Robbins. _Diet for a New America._ Walpole, NH : Stillpoint Publishing,
1987. 동물성 단백질 섭취에 너무 의존함으로 발생하는 심각한 인간과 지구의 문제를 자
세히 검토하고 있다.

_____ Mike Samuels and Hal Zina Bennett. _Well Body, Well Earth._ San Francis-
co : Sierra Club Books, 1983. 한 사람의 의사와 한 사람의 환경론자가 우리의 몸과
지구의 건강이 어떻게 상호 연관되어 있는지를 보여 준다.

_____ John Seed, Joanna Macy, Pat Fleming, and Arne Ness. _Thinking Like a
Mountain : Toward a Council of All Beings._ Santa Cruz, CA : New Society
Publishers, 1988. 아름다운 밀림지대를 그림으로 예시하고, 깊이있는 생태학의 변화능
력을 탐구하는 에세이집으로 감동을 주는 책이다.

_____ Paul Shepherd. Nature and Madness. San Francisco : Sierra Club Books, 1982.
환경파괴와 인간파멸의 원인으로서 집단적인 정신적, 정서적 비성숙성을 탐구하였다.

_____ Dorothee Soelle, _The Arms Race Kills, Even Without War._ Philadelphia :
Fortress Press, 1983. 군비경쟁이 어떻게 평화적인 과학적 연구를 어렵게 만들고, 지
구상의 사람들의 평화에 대한 희망과 가난한 자들의 희망을 좌절시키는지를 보여 주는
책이다.

_____ Bruce Stokes. _Helping Our-selves : Local Solutions to Global Problems._ New

York : Worldwatch Institute, 1981. 그룹들이 어떻게 자가권능 부여의 기능을 하고 있는지 실례를 가지고 설명하는 귀중한 문서로, 건강문제, 삶의 질을 향상시키는지를 집중적으로 다루고 있다.

_____ William Irwin Thompson, ed. *Gaia : A Way of Knowing.* New York : Lindisfarne Press, 1987. 새로운 생물학이 주는 문화적 암시점들을 검토하기 위하여 가이아 (본래 땅의 여신)의 비전을 제공한다.

_____ Jim Wallis, ed. *Waging Peace : A Handbook for the Struggle to Abolish Nuclear Weapons.* San Francisco : Harper & Row, 1982. 여행자 공동체의 창설자가 핵무기 반대전략에 반대하는 기본 전략을 제시하고 있다.

_____ World Commission on Environ-ment and Development. *Our Common Future.* New York : Oxford Univ. Press, 1987. 평화, 안전, 발전, 환경보전 등의 상호 연관성에 대한 강력한 행동 지향의 문서들이다.

제 9장 위기와 상실을 통한 성장에 필요한 추천도서

_____ Sandra Albertson. *Endings and Beginnings.* New York : Ballantine Books, 1984. 자기 남편이 암으로 죽어 가는 과정을 경험하며 발견한 학습을 감동적으로 설명하였다.

_____ Howard Clinebell. *Growing Through Grief : Personal Healing.* Nashville : EcuFilm, 1984. 30분 상영 6개의 비디오테이프 프로그램(한 개는 위궤양문제)으로, 하워드 클라인벨이 지도하는 그룹 슬픔 치유과정을 보여 주며, 죽음의 상실과 이혼 등을 치유하려고 고안된 책이다.

_____ Howard Clinebell. *Healing Your Grief Wound.* Spiritquest Production and Distribution, P.O. Box 144, Claremont, CA, 91711, 1989. 고통스러운 상실 후 일주간 동안의 위기와 1년간의 문제에 대처할 수 있는 방안을 제시하는 두 권으로 된 비디오 자료이다.

_____ Howard Clinebell. *Understanding and Counseling the Alcoholic Through Psychology and Religion.* Nashville : Abingdon Press, 1968. 알코올중독자와 그 가족들을 돕는 지침서이다.

_____ Glen W. Davidson. *Understanding Mourning : A Guide for Those Who Grieve.* Minnea-polis : Augsburg Publishing House, 1984. 1,200명의 성인 유족들의 연구에 기초하여 오해를 명료화시키고, 건전한 슬픔사역을 정리하고, 종교적 자원을 활용하는 지침서이다.

_____ Bob Deits. *Life After Loss : A Personal Guide for Dealing with Death, Divorce, Job Change and Relocation.* Tucson, AZ : Fisher Books, 1988. 고통스러운 상실과 전환을 경험하는 사람들을 위한 귀중한 책이다.

_____ Ralph Earle and Gregory Crow. *Lonely All the Time : Recognizing, Understanding and Overcoming Sex Addictions.* New York : Pocket Books, 1989. 성 중독에 빠진 사람들을 이해하고 돕는 접근으로 사례를 많이 소개하였다.

_____ Esther O. Fisher. *Divorce, the New Freedom.* New York : Harper & Row, 1974. 건설적인 이혼과 이혼상담 지침서이다.

_____ Charles V. Gerkin. *Crisis Experience in Modern Life : Theory and Theology for Pastoral Care.* Nashville : Abingdon Press, 1979. 신학적, 심리학적 관점에서 위기의 성격과 의미를 탐구하였다.

_____ Earl A. Grollman, ed. *Concern-ing Death : A Practical Guide for the Living.* Boston : Beacon Press, 1974. 가톨릭, 개신교, 그리고 유대교 신학들과 예전, 자살, 아동, 죽음 등을 다루고 있다.

_____ John W. James and Frank Cherry. *The Grief Recovery Handbook.* New York : Harper & Row, 1988. 상실을 뛰어넘는 5단계 프로그램을 제시한다.

_____ Morton T. Kelsey. *Healing and Christianity.* New York : Harper & Row, 1973. 기독교와 유대교전통에서의 치유 연구를 다루고 있다.

_____ Harold S. Kushner. *When Bad Things Happen to Good People.* New York : Avon Books, 1983. 비극적이요, 부당한 상실을 당하여 "어째서 나에게?"라는 가장 고통스러운 질문을 하는 사람들을 돕기 위한 지침서이다.

_____ C. S. Lewis. A Grief Observed. San Francisco : Harper & Row, 1989. 자기 아내의 죽음에 뒤따른 슬픔의 경험들을 감동적으로 기술하고 있다.

_____ Gerald May. *Addiction and Grace.* San Francisco : Harper & Row, 1988. 모든 사람은 중독으로 고통당한다고 주장하는 영적으로 민감한 심리학자가 중독에서의 회복에 있어서 은혜의 중심성을 자각하고 이야기한다.

_____ Alice Miller. *For Your Own Good : Hidden Cruelty in Child–Rearing and The Roots of Violence.* New York : Farrar, Straus, Giroux, 1983.

_____ Ernest Morgan. *Dealing Crea-tively with Death.* Burnsville, NC : Celo Press, 1984. 죽음에 대한 교육과 간단한 장례식에 대한 귀중한 지침으로 슬픔 지탱기관들의 목록을 첨부하고 있다.

_____ Nancy O'Connor. *Letting Go with Love : The Grieving Process.* Tucson, AZ : La Mari-posa Press, 1984. 자녀상실과 같은 고통스러운 상실에 대처하는 통찰 넘치는 지침서이다.

_____ Ronald W. Ramsey and Rene Noorberger. *Living with Loss.* New York : William Morrow, 1981. 사망과 이혼과 실직 등에 연관된 고통스러운 감정들을 완전히 재생시키는 대면 치유방안이다.

_____ Nan Robertson. *Getting Inside Alcoholics Anonymous.* New York : William Morrow, 1988. 뉴욕타임지의 유능한 기자가 AA와 회복과정을 탐구한 책으로 감동적인 자기 이야기를 첨가하고 있다.

_____ John A. Sanford. *Healing and Wholeness.* New York : Paulist Press, 1977. 융의 심리학과 성경적 접근을 통합한 책이다.

_____ Anne Wilson Schaef. *When Society Becomes an Addict.* San Francisco : Harper & Row, 1987. 한 심리치유자가 어떻게 백인 남성시스템이 우리 사회에 중독

과정을 촉진시키고 있는지 보여 준다. 중독의 내용과 중독과정을 소개하고 있다.

_____ Jim Smoke. *Growing Through Divorce.* Irvine, CA : Harvest House, 1976. 이혼을 성장의 기회로 삼을 수 있는 방안을 제시한다.

_____ Ann Kaiser Stearns. *Living Through Personal Crisis.* New York : Ballantine Books, 1984. 다소간의 상실에 관련된 자기 비난, 분노, 쓰라림(한) 등에 대처하며, 치유의 본질인 자기관리 과정에 대한 자가치유 지침서이다.

_____ Howard Stone. *Crisis Counseling.* Philadelphia : Fortress Press, 1976. 위기 이론과 도움에 대해 유용하고 간결하게 소개하고 있다.

_____ R. Scott Sullender. *Grief and Growth : Pastoral Resources for Emotional and Spiritual Growth.* New York : Paulist Press, 1985. 슬픔을 당한 자를 돕기 위하여 심리학적 자원과 영적 자원을 어떻게 통합할 것인지를 이해할 수 있도록 도움을 주는 귀중한 지침서이다.

_____ David K. Switzer. *The Minister as Crisis Counselor.* Rev. ed. Nashville : Abingdon Press, 1986. 위기상담방법에 대한 철저한 논의를 하고 있는 책이다.

_____ Judith Viorst, *Necessary Losses.* New York : Simon & Schuster, 1986. 의존성, 환상, 불가능한 기대 등을 포기함으로 발달위기를 성장의 기회로 삼을 수 있다는 심층 심리적인 논의를 하고 있다.

_____ Emily B. Visher and John S. Visher. *Stepfamilies.* Syracuse, NJ : Lyle Stuart, 1980. 계부모와 자녀들을 돕는 지침서이다.

_____ Granger Westberg. *Good Grief, A Constructive Approach to the Problem of Loss.* Rock Island, IL : Augustana Press, 1962. 슬픔치유의 단계들을 요약한 책으로 슬픔그룹에 유익하다.

_____ *Women in Transition : A Feminist Handbook on Separation and Divorce.* New York : Charles Scribner's Sons, 1975. 조명을 주고 도움을 주는 여권론자의 관점에서 쓴 책이다.

_____ Betty Jane Wylie. *The Survival Guide for Widows.* Rev. ed. New York : Ballantine Books, 1983. 자기 자신의 경험에 기초하여, 저자는 미망인들에게 실천적이요 동정적인 지침을 제시한다.

_____ Jack M. Zimmerman. *Hospice : Complete Care for the Terminally Ill.* Baltimore : Urban & Schwarzenberg, 1981. 죽음에 임박한 사람들을 돌보는 데 대부분의 금세기의 희망적인 발전을 수록하였다.

제 10장 성적 기쁨과 건강을 증진시키는 데 필요한 추천도서

_____ The Boston Women's Health book Collective. "Relationships and Sexuality"; "Controlling Our Fertility", part 2 and 3 in *The New Our Bodies, Ourselves.* 관계, 성, 산아제한, 성적인 질병들에 대한 유익한 논의를 담고 있다.

_____ Alex Comfort, ed. *The Joy of Sex : A Gourmet Guide to Lovemaking ; More*

Joy of Sex : A Lovemaking Companion to the Joy of Sex. New York : Crown, 1972 and 1974. 아름다운 실례들을 제시하며, 더 놀이적이요, 즐거운 성을 개발하기 위한 지침을 제공한다.

_____ Barbara Ehrenreich, Elizabeth Hess, and Gloria Jacobs. *Re−making Love : The Feminization of Sex.* Garden City, NY : Anchor Press/Doubleday, 1986. 최근의 여권주의자와 여권신장의 극적 변화의 관계를 탐구한 책이다.

_____ Carter Heyward. *Touching Our Strength : The Erotic as Power and the Love of God.* San Francisco : Harper & Row, 1989. 더 이상의 합리화가 필요없는 감격적인 관계적 사건으로서의 성적 쾌락의 영성을 확신하며, 성관계와 정의의 문제들을 연결시키고 있다.

_____ Gordon Inkeles and Murray Todris. *The Art of Sensual Massage.* San Francisco : Straight Arrow Books, 1972. 부부가 서로에게 마사지하는 아름다운 사진의 실례를 제시하고 있다.

_____ William H. Johnson, Virginaia E. Johnson, and Robert C. Kolodny. *Masters and Johnson on Sex and Human Loving.* Boston : Little, Brown and Co., 1986. 성관계의 생리학적, 심리학적, 사회적 복합성을 논의하며, 성적 탈진을 피하는 방법을 제시한다.

_____ Helen Singer Kaplan. *The Illustrated Manual of Sex Therapy.* 2d ed. New York : Quadrangle, 1987. 감각에 초점을 맞추는 치유기술을 포함하여 성치유요법의 실례를 통한 지침을 제시한다.

_____ Helen Singer Kaplan. *The New Sex Therapy.* New York : Brunner/Mazel, 1974. 성치료의 재교육과 함께 화합 정신요법과 상관적인 치료를 제시한다.

_____ Sam Keen. *The Passionate Life : Stages of Loving.* San Francisco : Harper & Row, 1983. 사랑과 성과 인간정신에 대한 에로스적 위기를 탐구한 책이다.

_____ *Massage : Total Relaxation.* Alexandria, VA : Time−Life Books, 1987. 전신마사지, 자기 마사지 등을 포함한 다양한 마사지 방법을 실례를 통하여 제시하는 지침서이다.

_____ *James B. Nelson. Between Two Gardens : Reflections on Sexua-lity and Religious Experience.* New York : Pilgrim Press, 1983. 신학자이며 윤리학자인 저자는 성관계와 기독교 신앙과의 관계의 관점에서 광범위하게 성적인 이슈들을 탐구한다.

_____ James B. Nelson. *Embodiment : An Approach to Sexuality and Christian Theology.* Minneapolis : Augsburg Publishing House, 1978. 여권주의자의 통찰에 민감한 저자가 인간의 성의 신학적 암시를 논의하였다.

_____ Joseph Nowinski. *A Lifelong Love Affair : Keeping Sexual Desire Alive in Your Relationship.* New York : Dodd, Mead, 1988. 관계에서 신뢰와 힘과 자기신뢰와 환상의 역할이 얼마나 중요한가를 강조하면서 자기 스스로 친밀과 헌신과 동등관계의 열정을 유지하는 방법들을 제시한다.

_____ Dagmar O'Connor. *How to Make Love to the Same Person for the Rest of Your Life, and Still Love It.* New York : Doubleday, 1985. 성치유요법의 지도

자가 일부일처제의 단조로움을 치유하는 방법을 제시하고 있다.

_____ Ron Pion with Jerry Hopkins. *The Last Sex Manual*. New York : Wyden Books, 1977. 오르가즘 높이기 게임 등을 포함하여 행동주의 행동교정요법을 사용하여 10가지 가장 중요한 성적 불만을 치유하는 놀이적이면서도 심각한 지침을 제공한다.

_____ Jerry Rubin and Mimi Leonard. *The War Between the Sheets*. New York : Richard Marek Publishers, 1980. 남성·여성의 역할변화와 여성 오르가즘의 변화 등으로 나타나기 시작한 새로운 성관계를 유머스럽고 솔직하게 파헤쳤다.

_____ John Shelby Spong. *Living in Sin? A Bishop Rethinks Human Sexuality*. San Francisco : Harper & Row, 1988. 기독교회를 위한 최근의 성이해의 성경적 기초를 기술한 용기있고, 깊은 연구를 거친 책이다.

_____ Maurice Yaffe and Elizabeth Fenwick. *Sexual Happiness : A Practical Approach*. New York : Henry Holt, 1986. 결혼한 부부와 독신자들의 성적인 삶을 향상시키는 지침으로 남성과 여성을 구별하여 기술하였다.

제 11장 남성이나 여성으로서 건강 향상에 필요한 추천도서

_____ Rosalind Barnett, Lois Biener, and Grace Baruch. *Gender and Stress*. New York : Free Press, 1987. 여성과 남성들에게 스트레스가 어떻게 다르게 나타나며 감각되는지를 밝히고 스트레스의 근원을 밝히고 있다.

_____ Claudia Bepko and Jo-Ann Krestan. *Too Good for Her Own Good : Breaking Free from the Burden of Female Responsibility*. New York : Harper & Row, 1990. 여성의 '의무감'에서 해방되는 단계적 지침을 제시하며, 자기 양육, 자기 신뢰, 더 건전한 관계형성 등의 방안을 제시하고 있다.

_____ Charlotte Holt Clinebell(now Charlotte Ellen). *Counseling for Liberation*. Philadelphia : Fortress Press, 1976. 성의 상자 속에 감금되었기 때문에 남성과 여성은 고통을 경험하고 있다는 사실을 규명하며, 남성과 여성이 완전한 인격성 회복을 위해 필요한 방안을 제시한다.

_____ Mary Daly. Gyn/ecology : The Metaethics of Radical Feminism. Boston : Beacon Press, 1979. 여러 문화권에서 여성을 파괴시키는 남성의 문제들을 적나라하게 노출시킨다. 남성 지배사회에서 과거와 현재에, 남성학자들이 얼마나 여성들에게 잔혹할 수 있는지를 규명하고 있다.

_____ James E. Dittes. *The Male Predicament : On Being a Man Today*. San Francisco : Harper & Row, 1985. 전통적이요, 엄격한 남성 중심의 역할개념에서 더 완전한 새로운 모델을 제시하는 책이다.

_____ Joan Chamberlain Engelsman. *The Feminine Dimension of the Divine*. Philadelphia : Fortress Press, 1979. 남성적 하나님의 이미지에 예외적인 것으로서 여성적 이미지를 심리학적, 성경적, 역사적 관점에서 제안한다.

_____ Warren Farrell. *Why Men Are the Way They Are*. New York : McGraw-

Hill, 1986. 여권운동과 성혁명의 빛 안에서 오늘날 생동성이 있는 남성—여성관계를 분석한다.

_____ Herbert J. Freudenberger and Gail North. *Women's Burnout*. Garden City, NY : Doubleday, 1985. 여성의 탈진의 원인을 탐구하면서, 그것을 방지하고 치유하는 방법을 제시한다.

_____ Perry Garfinkel. *In a Man's World : Father, Son, Brother, Friend, and Other Roles Men Play*. New York : New American Library, 1985. 힘과 감정구조에 대한 스토아적인 남성적 프로그램이 우리 자신과 다른 남성들을 고립화시켜 결국 남성의 전인성에 상처를 입히고 있다는 것을 기술하는 유익한 책이다.

_____ Carol Gilligan. *In a Different Voice : Psycological Theory and Women's Development*. Cambridge, MA : Harvard Univ. Press, 1982. 우리 문화에서 남성과 여성이 도덕적으로, 심리학적으로 아주 중대한 발달의 차이를 가지고 있다고 기술한다.

_____ Herb Goldberg. *The Hazards of Being Male : Surviving the Myth of Masculine Privilege*. New York : New American Library, Signet Book, 1976. 애인, 남편, 부모, 의식주 책임자, 강하고 과묵한 남성 등의 다양한 전통적 남성상이 자살압박을 가중시킨다는 사실을 기술하면서, 자살압박을 피하는 방법을 제시한다.

_____ Herb Goldberg. *The New Male : From Self—Destruction to Self—Care*. New York : New Ameri-can Library, Signet Book, 1979. 여성과 관련해서 남성들의 이중적 속박을 포함하여 남성들이 빠져 있는 함정들을 제시하면서 해방의 방법들을 제안한다.

_____ Dorothy Jongeward and Dru Scott. *Women as Winners*. Reading, MA : Addison—Wesley, 1976. 오늘 이 시대의 여성들의 제한이 무엇인지를 규명하고, TA 와 형태요법을 활용하여 육체적, 심리학적, 성적으로 여성해방의 방법들을 제시한다.

_____ Catherine Keller. *From a Broken Web : Separation, Sexism, and Self*. Boston : Beacon Press, 1986. 남성과 여성의 관계성에 근거하여 신선한 전인적 비전을 제시하면서, 가부장적 철학, 신화, 신학들, 그리고 심리학들을 학문적으로 비평하고 있다.

_____ Diane Mariechild. *Mother Wit : A Feminist Guide to Psychic Development*. Trumanburg, NY : The Crossing Press, 1981. 고대 여성치유의 지혜를 활용하여 자가치유, 성장, 영적 자각 등의 훈련방법을 제시하고 있다.

_____ Jean Baker Miller. *Toward a New Psychology of Women*. Boston : Beacon Press, 1976. 여성에 대한 새로운 이해와 함께 여성이해의 기초를 제시한 고전적인 책이다.

_____ Nelle Morton. *The Journey Is Home*. Boston : Beacon Press, 1985. 선구자적인 여성신학자가 감동적인 자기의 여성 체험을 포함하여, 자기의 개인적, 이론적 비전의 발달을 기술한 책이다.

_____ National Women's Health Network, 1325 G St., NW, Washington, DC 20005. 근근의 건강자원들과 책들을 소개한다.

_____ James B. Nelson. *The Intimate Connection, Male Sexuality, Male Spirituality*. Philadelphia : Westminster Press, 1988. 성관계와 영성생활과의 관계 속에서 남성들이 상호적인 전인성 개발을 어떻게 도모할 것인가를 기술한다.

_____ Anne Kent Rush. *Getting Clear : Body Work for Women.* New York : Random House, 1973. 여성을 위한 육체단련을 기술한 책으로 남성들에게도 유익하다.

_____ Anne Wilson Schaef. *Women's Reality : An Emerging Female System in a White Male Society.* San Francisco : Harper & Row, 1981. 우리 사회에서 백인 남성 지배구조에 여성을 적응시키게 할 때에 당하는 여성들의 경험을 기술하고, 남성과 여성 모두에게 해방을 주는 새로운 여성구조의 출현을 기술한다.

_____ Anne Steinman and David J. Fox. *The Male Dilemma.* New York : Aronson, 1974. 전통적인 남성의 판에 박힌 역할이 어떻게 남성에게 손상을 입히는지를 기술하며, 새로운 남녀관계방안을 받아들일 때의 유익을 기술한다.

_____ Darlene Deer Truchses. *From Fear to Freedom : A Woman's Handbook for High Self-Esteem.* Denver : New Options Publishing, 1987. 성차별의 사회에서 여성으로 프로그램되었기 때문에 오는 자기 파괴적인 감정과 행동을 고치는 방법들을 제시한다.

_____ Alice Walker. *The Color Purple.* New York : Pocket Books, 1982. 인종차별, 성차별, 가난, 억압적인 종교들이 주는 파괴적인 충격에 대한 소설로서 강한 이미지를 제공한다.

_____ Barbel von Wartenberg-Potter. *We Will Not Hang Our Harps on the Willows : Global Sisterhood and God's Song.* Oak Park, IL : Meyer-Stone Books, 1988. WCC 여성위원회 전 위원장이 성차별과 경제적으로 착취당하는 사회에서 정의를 갈망하는 제 3세계 여성들의 입장들을 반영하였다.

제 12장 발달단계를 통한 전인건강 향상에 필요한 추천도서

_____ Theodore Berland. *Fitness for Life : Exercises for People over Fifty.* Washington, DC : AARP, 1986. 노인들의 심장 맥박훈련, 유연성, 근육강화, 내구력, 몸무게 조절, 긴장완화 등을 촉진하기 위한 훈련지침으로 실례를 들어 설명하고 있다.

_____ Eugene C. Bianchi. *Aging as a Spiritual Journey.* New York : Crossroad, 1985. 영적인 관점에서 중년기와 노년기의 도전과 가능성들을 검토하고 있다.

_____ Edward M. Brecher. *Love, Sex, and Aging.* New York : Little, Brown & Co., 1984. 노년기 성생활에 대한 소비자협회 지침서이다.

_____ William Bridges. *Transitions : Making Sense of Life's Changes.* Reading, MA : Addison-Wesley, 1983. 모든 위험스러운 전환과정에서 새로운 시작을 잘할 수 있게 돕는 창조적인 전략을 제시한다.

_____ William M. Clements, ed. *Ministry with the Aging : Designs, Challenges, Foundations.* San Francisco : Harper & Row, 1981. 종교와 노년기 문제에 관한 저명한 권위를 가진 역사가, 심리학자, 신학자, 목사 등이 쓴 이론과 실제들에 관한 에세이 모음집이다.

_____ William M. Clements, ed. *Religion, Aging and Health : A Global Perspective.* Compiled by the World Health Organization. New York : Haworth

Press, 1989. 개신교, 가톨릭, 이슬람, 불교, 유대교, 유교, 도교, 신도 등의 관점에서 건전한 노년기의 문제에 대한 종교의 역할을 다원화 문화적으로 이해하려고 하였다.

_____ Howard J. Clinebell, Jr. *Growth Counseling for Marriage Enrichment : Pre-Marriage and the Early Years.* Philadelphia : Fortress Press, 1975. 청년 부부와 그들을 돕는 사람들을 지도하기 위한 지침서이다.

_____ Howard J. Clinebell, Jr. *Growth Counseling for Mid-Years Couples.* Philadelphia : Fortress Press, 1977. 관계증진을 원하는 중년기 부부들과 목사들과 다른 전문가들을 위한 지침서이다.

_____ Alex Comfort. *A Good Age.* Illustrated by Michael Leonard. New York : Crown Publishers, 1976. 노년기의 인생에 있어서 위엄과 생동력과 충만하게 살 수 있게 하는 영감있는 지침서이다.

_____ Erik H. Erikson. *The Life Cycle Completed.* New York : W.W. Norton, 1982. 역사적, 자서전적 관점에서 자기의 기초이론을 검토한 책이다.

_____ Erik H. Erikson, Joan M. Erikson, and Helen Q. Kivnick. *Vital Involvement in Old Age.* New York : W. W. Norton, 1986. 80대의 노인들을 인터뷰한 것에 기초하여, 오늘날 노인의 생동력있는 삶을 제시한 책(에릭슨은 이 책의 주제모델을 제시하는 데 중요한 역할을 한다.)이다.

_____ Marie Feltin. *A woman's Guide to Good Health After Fifty.* Washington, DC : AARP, 1987. 오늘날 여성이 직면한 주요한 건강문제 향상을 위한 의사의 지침서이다.

_____ James W. Fowler. *Stages of Faith : The Psychology of Human Development and the Quest for Meaning.* San Francisco : Harper & Row, 1981. 5단계 과정을 통한 신앙발달의 기본적인 이론을 제시한 책이다.

_____ Naomi Golan. *Passing Through Transitions : A Guide for Practitioners.* New York : The Free Press, 1981. 청년기에서 노년기까지 14단계의 발달과정을 자세히 검토하여 도움을 주기 위한 지침서이다.

_____ Naomi Golan. *The Perilous Bridge : Helping Clients Through Mid-Life Transitions.* New York : The Free Press, 1986. 중년기 개인과 가족들과 전문가들에게 도움을 주는 지침서이다.

_____ Dieter Hessel, ed. *Maggie Kuhn on Aging : A Dialogue.* Philadelphia : Westminster Press, 1977. 영성이 넘치는 Gray Panther의 창설자가 노년기의 새로운 가능성과 문제들에 대한 통찰을 나누고 있다.

_____ William E. Hulme. *Vintage Years.* Philadelphia : Westminster Press, 1986. 의미와 희망을 가지고 어떻게 노년기의 성장을 도모할 것인지를 가르치고 있다.

_____ Muriel James and Louis Savary. *A New Self : Self Therapy with Transactional Analysis.* Reading, MA : Addison-Wesley, 1977. 자아의 영적 중심을 개발하기 위하여 부모자아, 아동자아, 성인자아의 역할을 재훈련시키는 TA방법을 소개하고 있다.

_____ William F. Kraft. *Achieving Promises.* Philadelphia : West-minster Press,

1981. 성인의 과정에 대한 영적 지침서이다.

_____ Pamela Levin. Cycles of _Power : A User's Guide to the Seven Seasons of Life._ Deerfield Beach, FL : Health Communications, 1988. TA와 인간발달관점에서 삶의 단계의 가능성들을 개발하는 훈련을 제시해 준다.

_____ Matthew Linn, _Sheila Fabri-cant, and Dennis Linn. Healing the Eight Stages of Life._ New York : Paulist Press, 1988. 영적 중심에 기초하여 에릭슨의 8단계 발달과정의 각 단계의 선물을 개발하고 상처를 치유하는 목회방법을 제시한다.

_____ Michael E. McGill. The Forty to Sixty Year Old Male. New York : Simon & Schuster, 1980. 남성 중년기 위기에 대처하려는 남성과 여성들에게 지침을 제공해 준다.

_____ Eugene Nelson, Ellen Roberts, Jeanette Simmons, and William A. Tinsdale. _Medical and Health Guide for People over Fifty._ Washington, DC : AARP, 1968. 건강유지의 프로그램을 소개하고 있다.

_____ Henri J. M. Nouwen and Walter J. Gaffney. _Aging : The Fulfillment of Life._ Garden City, NY : Image Books, 1976. Ron P. Van Den Bosch의 사진을 곁들인 시적, 영성적 노인이해 지침서이다.

_____ James Peterson and Barbara Payne. _Love in the Later Years._ New York : Association Press, 1975. 결혼과 노년기 문제 전문가가 성숙한 성인의 사랑과 성을 탐구하였다.

_____ Natalie Rogers, _Emerging Women : A Decade of Midlife Transitions._ Point Reyes, CA : Personal Press, 1980. 중년기에 들어 삶의 붕괴를 경험하면서 새 삶을 설계해 나간 한 여성의 인생 여정을 소개하고 있다(Natalie는 Carl Rogers의 딸).

_____ Isadore Rubin. Sexual _Life After Sixty._ New York : Basic Books, 1965. 근간에 발견된 성의 중요성, 문제, 그리고 창조적 접근을 논의하고 있다.

_____ Maggie Scarf. _Unfinished Business : Pressure Points in the Lives of Women._ Garden City, NY : Doubleday, 1980. 10~60대까지 60년간의 계속적인 성장의 필요와 그 장애를 논한 책이다.

_____ Gail Sheehy. _Passages : Predictable Crises of Adult Life._ New York : E. P. Dutton, 1974. 심층적인 면담에 기초하여 18~50세까지의 발달위기를 대중적으로 논의한 책이다.

_____ Gail Sheehy. _Pathfinders : Overcoming the Crises of Adult Life and Finding Your Own Path to Well-Being._ New Work : William Morrow, 1981. 건설적으로 대처하는 방법에 초점을 맞추면서 성인위기 이해지침을 제공한다.

_____ B. F. Skinner and M. E. Vaughan. _Enjoying Old Age : A Program of Self-Management._ New York : Warner Books, 1983. 노인기의 생동력을 개발하기 위하여 삶과 환경을 형성시키는 적극적 지침서이다.

_____ Charles L. Whitfield. _Healing the Child Within._ Dearfield Beach, FL : Health Communications, 1987. 역기능의 가족의 성인자녀들이 자기들의 아동기의 상처를 치유하는 데 유익한 책이다.

각 주

제 1장 전인건강의 7중 행로

1. 통찰을 주는 아론 안토노브스키의 다음 저서에서 인용함. *Health, Stress and Coping*(San Francisco : Jossey—Bass, 1982), p.54.(성차별주의자의 용어를 제거시킴으로 그의 정의를 바꾸었음.)
2. Tillich, *Love, Power and Justice*(New York : Oxford Univ. Press, 1954), p. 25.
3. 로스앤젤레스 공공 텔레비전 방송에서 보여 준 토마스 머튼의 일대기를 다룬 영화에서 인용하였다. January 18, 1985.
4. *The Phenomenon of Man*(New York : Harper & Row, 1959), p. 265.
5. Alphonse Kerr, in *Say It Again*, ed. Dorothy Uris(New York : E. P. Dutton, 1979), p. 77.
6. 개역성경으로 신약 요한복음 10 : 10을 보라.
7. 1981년 12월 개인적인 정보교환.
8. 종교에서와 같이 치유에서도 어제의 이단이 내일의 귀한 정통이 될 때가 있다. 그러므로 새로이 출현하는 다양한 통찰들과 방법들에 항상 열려 있는 것은 매우 중요하다. 척추지압요법, 전인건강운동, 영적 치유운동, 식이요법적 접근, 동방세계의 치유방법, 미국 인디언의 치유법, 고대 여성치유요법의 지혜 등을 열린 마음으로 연구하라. 이러한 자원들과 다른 자원들(예 : 침술과 최면술 등)이 오늘 치유에 매우 유익한 방법들을 제시하고 있다.

제 2장 영성적 삶의 촉진과 감격

1. 캘리포니아주 클레어몬트시에 종교—전인건강협회를 창설하도록 영감과 아이디어를 준 분은 엘마 픽슬리였다.
2. Eli S. Chesen, M.D.(New York : Collier Books, 1972). 이 책에는 다음의 내용이 포함

되어 있다. "How to Teach Your Children a Healthy Attitude About Religion : A Parents' Guide"(chap. 8).

3. William James, *The Varieties of Religious Experience. A Study in Human Nature*(New York : The Modern Library, 1902), pp. 77−162를 보라.

4. 수많은 사상가들의 주요한 아이디어를 점검하려면 다음의 나의 책을 보라. *Contemporary Growth Therapies*(Nashville : Abingdon Press, 1981). 병적인 신앙치유와 구원의 신앙 향상과 가치체계 형성을 위해서는 다음의 나의 책을 보라. *Basic Types of Pastoral Care and Counseling*(Nashville : Abingdon Press, 1984), Chaps. 5 and 6.

5. *Psychoanalysis and Religion*(New Haven : Yale Univ. Press, 1950), pp. 24−25.

6. John B. Cobb, Jr., *Theology and Pastoral Care*(Philadelphia : Fortress Press, 1977), p. 17.

7. *The Road Less Traveled*(New York : Simon and Schuster, 1978), p. 286.

8. Matthew Fox, *Original Blessing : A Primer in Creation Spirituality*(Santa Fe : Bear & Co., 1983), p. 278.

9. *On Becoming a Musical, Mystical Bear : Spirituality American Style* (New York : Paulist Press, 1972).

10. *Prayer On Wings : A Search for Authentic Prayer*(San Diego, CA : Lura Media, 1990).

11. 제임스 파디만과 로버트 프라저의 다음 저서에서 인용함. *Personality and Personal Growth*(New York : Harper & Row, 1976), pp.347−348. 몇 해 전에 나는 중세기 수도사 형제 로렌스의 글을 읽고 크게 영감을 받았다. 그는 수도원식당에서 일생동안 일했다. 그리고 그는 지속적인 하나님 경험으로서 '하나님 임재훈련'에 대해서 썼다. 그는 하나님의 사랑에 완전히 초점을 맞추고 있었기 때문에, 수도원식당 마루의 지푸라기 하나를 들어올리면서도 하나님의 사랑을 깨달을 수 있었다(당신이 그와 같은 영적 절정에 이르는 것은 쉽지 않을 것이다).

12. Maslow, *The Further Reaches of Human Nature*(New York : Viking Press, 1971), p. 325.

13. 로버트 허친스는 시카고대학교 총장이었을 때 이러한 영리한 방법을 많은 사람들이 피하고 싶어하는 가치 갈등이라고 기술한 적이 있다.

14. *The Caring Question*(Minneapolis : Augsburg Publishing House, 1983), p. 96.

15. Matthew Fox, *Original Blessing*, p. 36에서 인용함.

16. *The Divine Milieu*(New York : Harper & Row, 1965), p. 60.

17. Douglas J. Harris in *Shalom, The Biblical Concept of Peace*(Grand Rapids, MI : Baker Book House, 1970), p. 13에서 인용함.

18. *Beyond God the Father*(Boston : Beacon Press, 1973), p. 23.

19. *The Way of Life According to Lao−tzu*, translated by Witter Bynner (New York : Capricorn Books, 1944), p.71.

20. *The Way of Life According to Lao−tzu*, pp. 37, 40.

21. 전인성 지향의 정신치료사 에릭 프롬과 칼 융과 로베르토 아사지올리가 전인성에 대한 그들의 이해에 있어서 동양사상으로부터 깊은 영향을 받았다는 것은 주목할 만하다. 프롬은 건강한 비권위주의적 영성의 그의 이해에 있어서 선불교에 접근했다.

22. 이 세 번의 인용은 Reshad Feild의 다음의 책에서 했다. *The Last Barrier, A Journey Through the World of Sufi Teachings*(New York : Harper & Row, 1976), pp. 53, 172, 155.

23. Gabriele Uhlein, *Meditations with Hildegard of Bingen*(Santa Fe : Bear & Co., 1983), 70 and 63.

24. 이러한 치유의 생수명상은 다음의 책에 나타난다. *Newsletter of the Institute for Religion and Wholeness* 3, no. 4(June 1984).

제 3장 마음을 건강하게, 힘있게 하기

1. 조사자들은 성격검사를 사용하여 졸업시 그 의사들을 분류하였다. 조사자들은 그들에게 다음과 같은 질문에 동의하는지 그렇지 않은지를 물었다. "대부분의 사람들은 체포되는 것이 두려워서 정직하다." "나는 가끔 나보다도 잘 모르는 사람들의 명령을 받아야 할 때가 있다." 이 연구조사는 다음과 같은 부정적인 삶의 자세가 가져오는 치명적인 결과들에 대해서는 별로 조명하지 못했다. 만성적 적대감과 냉소적 자세로부터 일어나는 생화학적인 결과나 불만스러운 관계. "Cynical Attitude Harms Health," USA Today, October 18, 1984, D–1.

2. D. T. Suzuki, Erich Fromm, Richard DeMartino, *Psychoanalysis and Zen Buddhism*(New York : Harper & Row, 1960), pp. 87–88.

3. *Medical World*, June 11, 1984, pp. 101–102.

4. 가장 강력한 예견은 질병에 걸리지 않을 수 있는 기간이다. "Body and Soul," *Newsweek*, November 7, 1988, pp. 8–9.

5. Barbara Brown, *Stress and the Art of Biofeedback*(New York : Harper & Row, 1977).

6. *Imagery in Healing*(Boston : New Science Library, 1985). p. 161.

7. 한 의사는 신체/정신운동을 현대적인 수술, 페니실린의 발견과 비견되는 서구 의학계의 제 3의 혁명이라고 불렀다. "Body and Soul," *Newsweek*, November 7, 1988, pp. 88–97.

8. 롤로메이는 세 가지 권력모델을 제시한다. 그것은 지배권력, 반대권력, 협동권력이다. 다음의 책을 보라. *Power and Innocence : A Search for the Sources of Violence*(New York : W. W. Norton, 1972).

9. 자기 책임은 수많은 현대적인 심리치유접근의 중심 주제가 되어 왔음을 주시하라. 대인관계분석, 형태상담, 정신통합치유, 현실요법, 내가 성장상담이라고 부르는 전인적 접근 등 모두 여기에 속한다. 이러한 치유방법에 대해서는 다음의 나의 책을 보라. *Contemporary Growth Therapies*(Nashville : Abingdon Press, 1981).

10. 그러한 전문지도자에는 다음과 같은 전문가들이 망라된다 : 전인치료의사와 간호사, 영양사, 운동지도자, 스트레스감소 전문가, 척추지압, 정골전문가, 결혼과 가족상담자, 목회상담자,

영적 치유자(영적인 질병 치유의 전문가, 다른 치유에 영적 자원을 사용할 수 있는 전문가)

11. A statement by Ralph Tyler in John Naisbitt's *Megatrends*(New York : Warner Books, 1982), p. 247.

12. George Isaac Brown, *Human Teaching for Human Learning : An Introduction to Confluent Education*(New York : Viking Press, 1971).

13. *Los Angeles Times*, April 17, 1988.

14. *The Way of Life According to Lao-tzu*, trans. Witter Bynner(New York : Capricorn Books, 1944), p. 30.

15. 다음의 책을 보라. Thomas R. Blakeslee, *The Right Brain*(Garden City, NY : Anchor Press/ Doubleday, 1980), pp. 45−46.

16. 이러한 단계들은 Wallas의 다음의 책(1945년)을 보라. *The Art of Thought*. Blakeslee, *The Right Brain*, pp. 49−50에 인용됨.

17. Perry W. Buffington, "Understanding Creativity," *Sky*, June 1984, p. 25.

18. *Minding the Body, Mending the Mind*(Reading, MA : Addison−Wesley, 1987), p. 3.

19. *Minding the Body, Mending the Mind*, p. 16.

20. *Between Health and Illness : New Notions on Stress and the Nature of Well Being*(Boston : Houghton Mifflin, 1984), p. 191.

21. *The Way of Life According to Lao-tzu*, p. 48.

22. Reported in *USA Today*, August 29, 1989, p. 1.

23. 다음의 책에서 인용함. Peter McWilliams and John−Roger, *You Can't Afford the Luxury of a Negative Thought*(Los Angeles : Prelude Press, 1989), p. 450.

24. *Peace, Love, and Healing*(New York : Harper & Row, 1989), p.249.

25. "Dreams Before Waking," in *Your Native Land, Your Life*(New York : W. W. Norton, 1986), p. 46.

26. 다음의 책을 보라. Herbert Benson's *Relaxation Response*(New York : William Morrow, 1975), 70 and 71, for a summary of these fascinating findings.

27. "Study Finds Meditation Promotes Longevity," Santa barbara *News−Press*, February 4, 1990, A8.

28. Borysenko, *Minding the Body, Mending the Mind*, p. 34.

29. Eileen Caddy, *Footprints On the Path*(Forres, Scotland : Findhorn Foundation, 1976), p. 26.

30. 다음의 책에서 인용함. McWilliams and John−Roger, *You Can't Afford the Luxury of a Negative Thought*, p. 44.

31. *New World, New Mind*(New York : Doubleday, 1989).

32. William M. Bueler, compiler and translator with the assistance of Chang Hon−Pan, *Chinese Sayings*(Rutland, VT and Tokyo : Chas. E. Tuttle, 1972), p. 118.

33. 다음의 책을 보라. Norman Cousins, *The Celebration of Life*(New York : Harper &

Row, 1974), p. 34.

제 4장 몸관리와 전인건강

1. CBS News, March 31, 1984.
2. *High Level Wellness*(Berkeley, CA : Ten Speed Press, 1986), p. 150.
3. *The New Our Bodies, Ourselves*(New York : Simon & Schuster, 1984).
4. 고린도 전서 6 : 19−20(새번역)
5. *Betrayal of the Body*(New York : Collier Books, 1969), p. 231.
6. *Love, Medicine and Miracles*(New York : Harper & Row, 1986), p. 4. Emphasis added.
7. 다음의 책을 보라. *The New Our Bodies, Ourselves*, p. 3. 이 중독에 대하여 나의 의식을 끌어올려 준 루트 크랄에게 감사한다(personal communication, November 24, 1989).
8. *Women's Reality : An Emerging Female System in a White Male Society*(San Francisco : Harper & Row, 1981).
9. 이 이야기는 건강과 스포츠 대통령 자문기구의 파일에 수록되어 있다. 다음의 책에서 인용함. Ardell, *High Level Wellness*, pp. 159−160.
10. *University of California, Berkeley, Wellness Letter*, December 1989, p. 3.
11. Pelletier, *Holistic Medicine : From Stress to Optimum Health*(New York : Dell, 1980), pp. 194−196.
12. Steven N. Blair, et al., "Physical Fitness and All−Cause Mortality : A Prospective Study of Healthy Men and Women," *JAMA* 262, 17 (November 3, 1989), pp. 2395−2401.
13. *New York Times*, November 3, 1989, p. 1.
14. Lionel Tiger, "My Turn : A Very Old Animal Called Man," *Newsweek*, September 4, 1978, 13. Emphasis added.
15. 다음의 잡지에 보고됨. *American Health*, March 17, 1987.
16. 다음의 책을 보라. Kenneth H. Cooper, *The New Aerobics*(New York : Bantam Books, 1970), pp. 16−17.
17. Ellen Kunes, "The New Fitness Myths," *Working Woman*, August 1990, p. 87.
18. *The Wellness Workbook*(Berkeley, CA : Ten Speed Press, 1988), p. 100. 현기증이나 구토, 만성적 피로, 운동 직후 5분 이내에 맥박이 120회 아래로, 10분 이내에 100회 아래로 떨어지지 아니하는 등의 증상이 있을 때에 적색신호가 오는 것으로 알아라.
19. *University of California, Berkeley, Wellness Letter*, February 1987, p. 6.
20. *University of California, Berkeley, Wellness Letter*, June 1985, p. 7.
21. *Yoga Twenty−eight Day Exercise Plan*(New York : Workman Publishing, 1969).
22. 이 연구는 더프대학교에 있는 미국 농무성 인간영양연구소에서 시행되었다. 그리고 산타 바바라 신문에서 1990년 6월 13일 A3면에 게재되었다.

23. 이중 여러 가지가 다음의 연구에서 왔다. Grete Waitz and Gloria Averbuch, "Staying Fit for Life," *MS* magazine, August 1985, pp. 30–31.

24. 이 연구의 결과는 미국의 사회보 1990년 4월호에 게재되었다.

25. *University of California, Berkeley, Wellness Letter*, June 1990, p. 1.

26. 이 연구는 다음의 연구자들이 하였다. Lester Breslow and N. B. Belloc of UCLA. 다음의 책에 보고되었다. Kenneth R. Pelletier, *Holistic Medicine*(NY : Delta/Seymour Lawrence, 1979), p. 9.

27. *Los Angeles Times*, March 29, 1990, A1.

28. Covert Bailey, *Fit or Fat*(Boston : Houghton Mifflin, 1984), pp. 3–5.

29. Travis and Ryan, *Wellness Workbook*, pp. 70–71, for RDA and sources.

30. *Quotable Women : A Collection of Shared Thoughts*(Philadelphia : Running Press, 1989).

31. *Time Flies*(New York : Doubleday, 1987), pp. 92–95.

32. *AARP News Bulletin* 30, 3(March 1989), p. 7.

33. 유엔 아동기금의 총무인 제임스 그랜트는 현재의 이 추세가 계속된다면, 매년 1,500만 명(하루에 4만 명)이 기아와 고칠 수 있는 병으로 죽을 것이라고 내다보았다. 이러한 비참한 죽음을 반으로 줄이는 데 필요한 비용은 담배회사가 일 년에 사용하는 광고비(25억 불)면 충분하다. 이것은 세계 각국이 사용하는 하루치 군비보다 작은 액수이다. 거의 7,000명의 어린이가 폐렴으로 죽는데, 1불 어치 항생제를 구하지 못하기 때문이다(*USA Today*, International Edition, July 13, 1990, A8).

34. 세계기아문제를 해결하려고 노력하는 기관들은 다음과 같다. Oxfam America, 115 Broadway, Boston, MA 02116; Bread for the World, 802 Rhode Island Ave., NE, Washington, D.C. 20018; Results, 236 Massachusetts Ave., NE, Suite 110, Washington, D.C. 20002; The American Friends Service Committee, 160 N. 15th St., Philadelphia, PA 19102; Grassroots International, P. O. Box 312, Cambridge, MA 02139. 평화, 정의, 환경문제를 위하여 일하는 기관들은 8장 각주 17번을 보라.

35. 담배를 피우는 남편들과 사는 담배 안 피우는 아내가 폐암에 걸릴 확률은 담배 안 피우는 부부보다 2배가 높다. 담배회사들은 인간을 병과 죽음에 빠뜨리고 그 대가로 돈을 버는 실례들 중의 하나이다.

36. 다음의 책에서 인용함. *The New Our Bodies, Ourselves*, p. 36.

37. 이 연구는 스탠포드대학교와 브라운대학교에서 실시되었으며, 다음의 신문에 게재되었다. Tacoma, WA, *Morning New Tribune*, May 15, 1980, A6.

38. 연구자는 Wilse Webb으로 다음을 보라. Daniel Grollman, "Staying Up : The Rebellion Against Sleep's Gentle Tyranny," *Psychology Today*, March 1982, pp. 30–31.

39. Donald A. Tubesing and Nancy Loving Tubesing, *The Caring Question*(Minneapolis : Augsburg Publishing House, 1983), p. 53.

40. Morton Hunt, "What a Difference a Nap Makes," *Parade*, January 29, 1989, p. 16.

41. 이 지침들은 다음의 책에서 인용하였다. Richard Hittleman's *Yoga for Physical Fitness*(New York : Warner Books, 1964), pp. 47−48.

42. 이 정보에 관해서 나는 캘리포니아주 클레어몬트의 빌 브레이에게 빚을 졌다.

제 5장 사랑으로 전인건강 육성하기

1. *The Seattle Times/Seattle Post−Intelligencer*, May 1, 1988, A15.

2. 당신이 만약 인생의 여정 가운데서 고독의 골목에 들어서 있다면, 본장은 당신에게 고통스러울 것이다. 그러나 동시에 중독적인 친밀관계가 당신의 전인성을 해칠 수 있다는 것도 사실이다. 그러한 관계는 쌍방이 모두 비슷한 처지에 있다고 해도 괴로운 관계이다. 당신이 만일 그러한 '불결한 교착상태'에 빠진 관계에서 해방되고자 한다면, 냉전상태나 또는 격전상태의 삶이 혼자 살거나 그렇지 않거나간에, 고독이라는 삶보다도 더 파괴적이라는 사실을 깨달을 것이다.

3. 이러한 욕구는 지그문트 프로이트의 쾌락에의 의지나 알프렛 아들러의 권력에의 의지나 또는 빅톨 프랭크의 의미에의 의지보다도 더 기본적이다. 인간이 쾌락이나 힘이나 의미에의 의지에 대한 욕구를 건설적으로 충족시키는 것은 오직 건전한 사랑의 관계에서만 가능하다.

4. David Gelman with Mary Hager, "Body and Soul," *Newsweek*, November 7, 1988, p. 88.

5. "You Live Longer If You're Sociable," *Modern Maturity*, March 1990, p.18.

6. "Passionate Survivors, the Human Race," KPFK, Channel 28, Los Angeles, October 5, 1985.

7. *The Art of Loving*(New York : Harper & Bros., 1956), pp. 4−5.

8. *The Way of Life According to Lao-tzu*, translated by Witter Bynner(New York : Capricorn Books, 1944), p. 47.

9. *Milton Berle's Private Joke File*, p. 400.

10. 만약 당신의 가장 친밀한 관계가 부정적인 감정이나 고통을 전혀 가지고 있지 않다고 한다면 라이플리의 "믿거나 말거나" 이야기 책에 그것을 덧붙이는 것이 좋을 것이다.

11. *Inside the First District*, Hall of Administration, Los Angeles, CA, Fall 1985, p. 3. 미국 여성의 40% 이상이 그들의 일생동안에 남성 배우자로부터 육체적 학대의 희생자라고 추산되고 있다.

12. Jeanette Lauer and Robert Lauer, "Marriages Made to Last," *Psychology Today*, , June 1985, pp. 22ff.

13. *Getting the Love You Want*(New York : Henry Holt, 1988), p. 127.

14. *The Intimate Marriage*(New York : Harper & Row, 1970), p. 179.

15. 나는 이 적절한 표현법을 위해 루트 크랄에게 빚진 바 크다.

16. 만약 당신이 결혼상담이나 가족치유나 창조적인 독신상담을 당신의 직업으로 하고 있다면 이러한 커뮤니케이션 수단이 거기에 매우 유익하다는 사실을 발견할 것이다.

17. RSJI는 그들 자신의 관계성 계약을 수정하려는 부부들을 위한 점검목록으로 몇 년 전에 샬롯

트 엘렌과 내가 개발하였다.

18. Thomas Merton, *Love and Living*, ed. Naomi Burton Stone and Patrick Hart(New York : Farrar, Straus & Giroux, 1979), p. 33.

19. Elliot Beier, ed., *Wit and Wisdom of Israel*(Mount Vernon, NY : Peter Pauper Press, 1968), p. 32.

20. *Motivation and Personality*(New York : Harper & Row, 1954), pp. 248–249.

21. *Love and Living*, p. 34.

22. Singling(Louisville, KY : Westminster/John Knox Press, 1990), pp. 16–17.

23. John Shelby Spong's *Living in Sin? A Bishop Rethinks Human Sexuality* (San Francisco : Harper & Row, 1988). 이 책은 성경과 동성연애에 근거를 둔 내용들을 포함해서 세 개의 유익한 장들을 가지고 있다.

24. 다음의 책을 보라. Dolores Curran, *Traits of a Healthy Family*(New York : Ballantine Books, 1983).

25. 잘 훈련된 관계상담 치유자들의 이름을 알고자 하면 다음 주소에 편지를 쓰라 : the American Association of Pastoral Counselors(9504A Lee Highway, Faitfax, VA 22031, phone : 703–385–6967), 또는 the American Association of Marriage and Family Therapists(1100 17th St., NW, 10th fl., Washington, D.C. 20036, phone : 202–452–0109).

26. *Living in Sin?*, p. 61.

27. *The Chalice and the Blade : Our History, Our Future*(San Francisco : Harper & Row, 1987), p. 202.

28. 다음의 책을 보라. Sandra Hayward Albertson, *Endings & Beginnings* (New York : Ballantine Books, 1984), p. 91.

제 6장 전인건강 증진과 탈진 탈출

1. 직업 미국인들에 대한 국가적 연구조사는 95% 이상이 자기의 직업을 좋아하지 않는다고 보고한다. Marsha Sinetar, *Do What You Love, The Money Will Follow*(New York : Paulist Press, 1987), p. 8.

2. 900만 미국인들이 매년 매우 심각한 산업재해를 당하고 있으므로, 그들은 적어도 얼마 동안은 일을 하지 못한다. 10만 명 정도가 산업재해로 사망하며, 40만 명이 신종산업병으로 매해 보고되고 있다. Trevor Hancock, "Beyond Health Care : Creating a Healthy Future," in *Global Solutions*, ed. Edward Cornish(Bethesda, MD : World Future Society, 1984), p. 42.

3. *Newsletter about Life/Work Planning*, 1981, nos. 3 and 4, p.1(The National Career Development Project of United Ministries in Higher Education, Walnut Creek, CA 94596).

4. 나는 이 방법을 고안한 존 랜드그래프에게 빚진 바 크다. 그의 승인을 얻고 이것을 사용한다.

5. *How to Control Your Time and Your Life*(New York : Peter H. Wyden, 1973), 1 and 22.

6. 라트케인의 책 5~6장에서 빌려왔다. 두 번째 질문은 내가 좋아하는 대로 바꾸었다.

7. *How to Control Your Time and Your Life*, p. 61.

8. *The joy of Working*(New York : Dodd, Mead, 1985), p. 3.

9. 다음의 책을 보라. John Naisbitt, *Megatrends*(New York : Warner Books, 1982), chap. 2.

10. Jim Farris, used with his permission.

11. *The Common Place*, limited ed.(1984), p. 45.

12. 이러한 직업이해에 관한 논의에 대해서는 다음의 책을 참고하라. Waitley and Witt, *The Joy of Working*(New York : Dodd, Mead, 1985).

13. Personal communication from Susan Clinebell, used with her permission.

14. 일중독 치유협회 주소는 다음과 같다. c/o Westchester Self—Help Clearing House, Westchester College, 75 Grasslands Road, Valhalla, NY 10595.

15. *In Search of Excellence*(New York : Warner Books, 1982), pp. 238—239.

16. CBS TV프로. *Two on the Town*, June 18, 1985.

17. 그러한 그룹을 시작하는 지침으로 다음의 책을 보라. Appendix of Bolles, *What Color is Your Parachute?*(Berkeley, CA : Ten Speed Press, revised annually). 미네소타주 에디나시에 있는 한 교회는 10여 년 동안 직업을 바꾸는 자들을 위한 지탱그룹을 가졌다. 실직자들과 직업을 바꾸는 일로 고통하는 수백명의 사람들을 이 교회는 도왔다. 거기에는 건설적인 직업선택방안, 신앙과 영성과 직업선택 등을 세미나식으로 토의하기도 했다. 더 많은 자료를 얻고 싶으면 다음으로 연락하라. Dr. David L. Williamson, Colonial Church of Edina, 6200 Colonial Way, Edina, MN 55436.

18. "Work Spirit : Channeling Energy for High Performance," reprinted from *Training and Development Journal*, May 1985.

19. 다음의 책을 보라. Sinetar, *Do What You Love*.

제 7장 웃음과 놀이로 치유와 건강을

1. Cousins, *The Anatomy of an Illness, as Perceived by the Patient : Reflections on Healing and Regeneration*(New York : W. W. Norton, 1979), pp. 39—40.

2. *University of California, Berkeley, Wellness Newsletter*, June 1985, p. 1.

3. "Stress : Can We Cope?", *Time*, June 6, 1983, p. 48.

4. Regina Barreca, *They Used to Call Me Snow White……But I Drifted : Women's Strategic Use of Humor*(New York : Viking Press, 1991), p. 201.

5. Merle Jordan은 우리의 쌍방의 친구인 Cal Turley와의 대화를 통해 이 이야기를 나누었다.

6. Barreca, *They Used to Call Me Snow White*, pp. 200—201.

7. *The Prophet*(New York : Alfred A. Knopf, 1969), p. 29.

8. Dick Roraback, "Cancer Is a Laughing Matter at this Clinic," *Los Angeles Times*, March 12, 1986, part 5, p. 1.

9. "I'd Rather Be Laughing," *Parade*, August 13, 1989, p. 10.

10. Anne Goodheart is the counselor. Santa Barbara *News-Press*, April 24, 1986, D1-6.

11. *The Theology of Play*(New York : Harper & Row, 1972), p. 2.

12. *The Benezet Gazette*, vol.7, no.4(Spring 1982).

13. Madison Kane, "Making the Most of Leisure Time," *Extra*, October 1982, p. 15.

14. Kane, "Making the Most of Leisure Time," p. 15.

15. 다음의 책에서 빌려옴. Richard Bolles's insightful suggestions in *The Three Boxes of Life and How to Get Out of Them*(Berkeley, CA : Ten Speed Press, 1978), pp. 376-395.

16. Bolles, *The Three Boxes of Life*, p. 382.

17. Madison Kane, "Making the Most of Leisure Time," p. 16.

18. *The Three Boxes of Life*, pp. 396-397.

19. 다음의 책을 보라. Conrad Hyers, *The Comic Vision and the Christian Faith : A Celebration of Life and Laughter*(New York : Paulist Press, 1981), p. 17.

20. Hyers, *The Comic Vision and the Christian Faith*, pp. 14-15.

21. *The Screwtape Letters*(New York : Macmillan, 1943), pp. 57-58.

22. 다음의 책에서 인용함. Hyers, *The Comic Vision and the Christian Faith*, 32 and 2, respectively.

23. 나는 1936년에 죽은 G. K. Chesterton이라는 영국의 저술가-신문기자에게 이 '고전적 지혜'의 근원을 돌리는 것을 듣고 크게 웃은 적이 있다. 이것은 선불교의 지혜에 그 근원이 있다.

24. 다음의 책에서 빌려옴. Deane H. Shapiro, Jr., *Precision Nirvana*(Englewood Cliffs, NJ : Prentice-Hall, 1976), p. 278.

제 8장 상처입은 지구의 치유로 전인건강 향상하기

1. *Milton Berle's Private Joke File*(New York : Crown Publishing, 1989), p. 37.

2. "An Open Letter to the New President-For the Sake of Our Children's Future……Give Us Hope," *Parade*, November 27, 1988, p. 4. Emphasis added.

3. Trevor Hadcock, M. D., in *Global Solutions*, ed. Edward Cornish (Bethesda, MD : World Future Society, 1984), p. 40.

4. Mike Samuels, M.D., and Hal Zina Bennett, *Well Body, Well Earth*(San Francisco : Sierra Club Books, 1983), 75 and 82.

5. "New Winners in Healing," a lecture at the Cambridge Forum, March 19, 1986.

6. 나와 사회책임목회구조망 회원들과 목회심리학과 상담을 훈련받은 평화구현목사단 회원들이 한 가지 연구조사를 했다. 핵위협문제로 위기를 당하거나 절망하거나 심지어 자살할 만큼 강력한

충동을 받고 있는 10대들과 청년들에게 질문을 했다. 이러한 사람들에게 가장 큰 도움은 정의·평화구현 행동그룹에 참여하여 실천하며 희망을 보게 하는 것이었다.

7. 그의 연설문 전문은 다음의 책을 보라. "Chief Seattle's Message," in John Seed, et al., *Thinking Like a Mountain : Toward a Council of All Beings*(Philadelphia : New Society Publishers, 1988), pp. 67−73.

8. Paula Gunn Allen, *The Sacred Hoop : Recovering the Feminine in American Indian Tradition*(Boston : Beacon Press, 1986), p. 1.

9. John Seed, et al., *Thinking Like a Mountain*, p. 5.

10. *Well Body, Well Earth*, pp. 92, 94.

11. Judith Plant, ed., *Healing the Wounds : The Promise of Ecofeminism*(Philadelphia : New Society Publishers, 1989), p. 5.

12. "Everything Is a Human Being," in Alice Walker, *Living by the Word*(San Diego : Harcourt Brace Jovanovich, 1988), p. 147.

13. *Peace, Love and Healing : Bodymind Communication and the Path to Self−Healing*(New York : Harper & Row, 1989), p. 11.

14. Gary Doone, comp., *Shaman's Path : Healing, Personal Growth and Empowerment*(Boston and London : Shambhala, 1988), pp. 212−213.

15. *The Way of Life According to Lao−tzu*, trans. Witter Bynner(New York : Capricorn Books, 1944), pp. 30, 43.

16. 다음의 책에서 인용함. Peter McWilliams and John−Roger, *You Can't Afford the Luxury of a Negative Thought*(Los Angeles : Prelude Press, 1988), p. 118.

17. 환경실천그룹들에는 다음과 같은 것들이 있다 : Greenpeace, 1436 U St. NW, Washington, DC 20007; Friends of the Earth, 530 7th St., SE, Washington, DC 20003; Sierra Club, 730 Polk St., San Francisco, CA 94120; Rainforest Action Network, 300 Broadway, San Francisco, CA 94133; Environmental Defense Fund, 275 Park Ave S., New York, NY 10010; National Wildlife Federation, 1400 16th St., NW, Washington, DC 20036; The Nature Conservancy, 1815 N. Lynn St., Arlington, VA 22209; The Wilderness Society, 1400 Eye St., NW, Washington, DC 20005; World Wildlife Fund, 1250 24th St., NW, Washing-ton, DC 20037; The Cousteau Society, 930 W. 21st St., Norfolk, VA 23517; Conservation International, 1015 18th St., NW. #1000, Washington, DC 20077; Natural Resources Defense Council, P. O. Box 96048, Washington, DC 20077.
평화실천그룹은 다음과 같은 것들이 있다 : Union of Concerned Scientists, 1384 Mass. Ave., Cambridge, MA 02138; International Physicians for the Prevention of Nuclear War, 635 Huntington Ave., Boston, NA 02115; American Friends Service Committee, 1501 Cherry St., Philadelphia, PA 19102; Educators for Social Responsibility, Box 1041, Brookline Village, NA 02147; Council for a Livable World, 11 Beacon St., Boston, Ma 02108; Center for Defense Information, 1500

Massachusetts Ave., NW, Washington, DC 20005; United Nations Association, 300 E. 42nd St., New York, NY 10017; Sane−Freeze, 1819 H St., NW, Suite 1000, Washington, DC 20006; Council on Economic Priorities, 30 Irving Place, New York, NY 10011; Fellowship of Reconcillation, Box 271, Nyack, NY 10960 ; Interfaith Center to Reverse the Arms Race, 132 N. Euclid Ave., Pasadena, CA 91101; Pax Christi, 3000 N. Mango, Chicago, IL 61634; Worldwatch Institute, 1776 Massachusetts Ave., NW, Washington, DC 20036; Beyond War, 222 High St., Palo Alto, CA 94301.

18. "Buying Time on the 'Doomsday Clock,'" Santa Barbara *New−Press*, March 9, 1990, A11.

19. *Three Guineas*(London : Penguin, Harmondsworth, 1977), p. 24. 그녀의 말은 그녀가 경험한 사회적 남녀 차별주의로 인한 깊은 소외감으로부터 왔다.

20. Women's Foreign Policy Council,. 1133 Broadway, New York, NY 10010.

21. Earth Works Press, Box 25, Berkeley, CA 94709.

22. Thirty Irving Place, New York, NY 10003.

23. *Worldwatch*, Sept.−Oct. 1990, p. 8.

24. 그러한 그룹 가운데 하나는 인구증가 0% 그룹으로 다음의 주소에 있다. 1400 Sixteenth St., NW, Suite 320, Washington, DC 20036. 1950년대까지 세계인구가 25억에 이르는 데 수천년이 걸렸다. 그러나 1990년까지 50억 인구가 되었다. 2000년까지 60억이 지날 것으로 추산된다. 이러한 상태가 계속되면 지구는 가난, 기아, 환경오염, 지구온난화, 자원감소 등으로 엄청난 고난을 당할 것이다.(다음을 보라. Jean Cousteau, "How Many People Can Earth Support?" Santa Barbara *News−Press*, August 25, 1990, A11.)

25. Alex Comfort, *A Good Age*(New York : Crown Publishers, 1976), pp. 52−53.

26. 5단계 과정은 다음의 책에서 빌려왔다. Joanna Rogers Macy's book *Despair and Personal Power in the Nuclear Age*(Philadelphia : New Society Publishers, 1983).

27. *I and Thou*, trans. Walter Kaufmann(New York : Charles Scribners Sons, 1970), p. 58.

28. Matthew Fox, *Original Blessing : A Primer in Creation Spirituality* (Santa Fe : Bear & Co., 1983), p. 13.

29. 다음의 책을 보라. "Thirty Years Hence" and "Imagining a World Without Weapons," in Joanna Rogers Macy, *Despair and Personal Power in the Nuclear Age*, pp. 140−142.

30. *Milton Berle's Private Joke File*, p. 297.

31. 산타 바바라 환경보호센터로 보낸 경고문

제 9장 위기 · 상실 · 장애 · 중독 가운데서 성장하기

1. 이러한 성격들을 명료화하는 데 대만의 예화은과 예카오황의 도움에 감사한다.

2. 이 놀라운 목회자는 A. Ray Grummon이다.

3. Santa Barbara *News-Press*, September 11, 1988, A2.

4. Janice Mall, "Black Women Live Longer, Cope Better, Survey Reveals," *Los Angeles Times*, April 8, 1984, sec. 2.

5. 다음의 책을 보라. Nelle Morton, *The Journey Is Home*(Boston : Beacon Press, 1985), pp. 202-210.

6. 내가 감동적인 그녀의 편지의 통찰을 함께 나누어도 좋으냐고 했을 때에 적극적으로 "예" 하고 대답해 준 진 딕슨에게 감사한다.

7. Nicholas Wolsterstorff, *Lament for a Son*(Grand Rapids, MI : Wm. B. Eerdmans, 1987), 47 and 26.

8. 나는 공동체 위기센터의 평신도 자원봉사자를 훈련하는 데 사용되는 이 수단을 개발한 위렌 A. 존스(정신과 의사)에게 빚졌다 (다음의 책을 보라. Jones, "The A-B-C Method of Crisis Management," *Mental Hygiene*, January 1968, p. 87). 이 모델에 D를 첨가하여 나의 모델을 만들었다.

9. 다음의 책을 보라. Borysenko, *Minding the Body, Mending the Mind*(Reading, MA : Addison-Wesley, 1987), pp. 22-23.

10. 이 장의 추천도서목록에서 Ralph Earle과 Gregory Crow의 책과 Gerald May의 책을 보라.

11. From a report by Bill in *The AA Grapevine*, January 1963.

12. *Understanding and Counseling the Alcoholic, Through Psychology and Religion*(Nashville : Abingdon Press, rev. and enlarged ed., 1968).

13. 다음의 책을 보라. O. Carl Simonton, Stephanie Matthews-Simonton, James Creighton, *Getting Well Again*(Los Angeles : J. P. Tarcher, Inc., 1978).

14. 다음의 책을 보라. Bernie Siegel, *Peace, Love and Healing*(New York : Harper & Row, 1989), pp. 112-114.

제 10장 성과 전인건강

1. 아가서 1 : 2, 2 : 10-12, 3 : 1, 7 : 6-8, 8 : 6-7.

2. Carter Heyward, *Touching Our Strength : The Erotic as Power and the Love of God*(San Francisco : Harper & Row, 1989), p. 121.

3. 다음의 책을 보라. Pelletier's *Holistic Medicine, from Stress to Optimum Health*(New York : Dell, 1980), pp. 197-198.

4. Santa Barbara *News-Press*, February 19, 1990, A5.

5. Spong, *Living in Sin? A Bishop Rethinks Human Sexuality*(San Francisco : Harper & Row, 1988), p. 180.

6. *Touching Our Strength*, p. 5.

7. 다음의 책에서 빌려옴. Charlotte's and my book, *The Intimate Marriage*(New York : Harper & Row, 1970), chap. 2, "The Many Facets of Intimacy."

8. 존 셀비 스퐁은 다음과 같이 말한다. "수세기 동안 성적인 자세들, 성적인 금기들, 그리고 성적인 관행들이 지배그룹(남성들)에 의해서 여성 종속을 유지하기 위하여 이용되어 왔다(*Living in Sin?*, p.23). 다행스럽게 이러한 성의 오용은 우리 사회에서 남성－여성관계에서 변화되어 왔다.

9. 다음에서 인용함. Cathy Permutter, "Thirty－One Facts and Tips on Sex after Thirty," *Prevention*, July 1989, p.57.

10. 중년남성 내담자들은 높은 스트레스와 자존감을 비하시키는 직장에서 기진맥진하여 집에 돌아온다고 말한다. 그들은 아내와 사랑하기 위하여 세 잔의 마티니를 마신다. 그래도 발기하지 않을 때는 남성의 자존심을 잃어버린다고 공포스럽게 생각한다. 다음날 저녁에는 실패의 불안이 가중되면서 그 불안한 신경을 진정시키기 위해 더 많은 술을 마신다. 그 때문에 성적으로 더 무능해진다. 이러한 불안－음주－실패의 악순환 환자는 휴식을 취하면서 술을 마시지 말고 성관계를 가지도록 격려함으로 도움을 받는다.

11. 유능한 목회상담자를 찾기 위해 다음과 접촉하라. American Association of Pastoral Counselors, 9504A Lee Highway, Fairfax, VA 22031, (703)385－6967.

12. James B. Nelson, *Embodiment : An Approach to Sexuality and Christian Theology*(Minneapolis : Augsburg Publishing House, 1978), pp.8－151, and Helen Singer Kaplan, *The Illustrated Manual of Sex Therapy*(New York : Quadrangle, 1975), pp.29－59.

13. Permutter, "Thirty－One Facts and Tips on Sex after Thirty," pp.58－59.

14. AAPC에 첨가하여 다음에 연락하라. The American Association of Marriage and Family Therapists(1100 17th St., NW. Washington, D.C. 20036, 202－452－0109) for a competent therapist.

15. 여러 종류의 마사지, 단기간 마사지, 사랑 마사지, 자기 마사지 등을 위해 다음을 보라. *The Massage Book* by George Downing, illustrated by Anne Kent Rush; *The Art of Sensual Massage* by Gordon Inkele and Murray Todris.

제 11장 여자나 남자로서의 전인건강에의 도전

1. 이 해리스 연구조사의 완전한 결과는 다음의 잡지를 참고하라. *Men's Health*. Reported in *USA Today*, February 10, 1989, D1.

2. 다음의 책을 보라. "The Feminine Face of Depression," in Roy Fairchild, *Finding Hope Again*(San Francisco : Harper & Row, 1980), pp.10ff.

3. *Of Waman Born*(New York : Bantam Books, 1977), p.62.

4. Reesa M. Vaughter, "Review Essay, Psychology," *Signs : Journal of Women in Culture and Society* 2, 1(Autumn 1976), p.127.

5. 다음의 책을 보라. Bem, "Gender Schema Theory : A Cognitive Account of Sex Typing," *Psychological Review* 88, 4(1981), pp.354－364.

6. *The Way of Life According to Lao－tzu*, trans. Witter Bynner(New York : Capri-

corn Books, 1944), p. 42.

7. *Toward a New Psychology of Women*(Boston : Beacon Press, 1976), pp. 29ff.

8. *The Chalice and the Blade : Our History, Our Future*(San Francisco : Harper & Row, 1988), pp. 199, 202.

9. *The Color Purple*(New York : Pocket Books, 1982), p. 175.

10. "Toward a Whole Theology" *Lutheran World*, January 1975, p. 14.

11. 다음의 책을 보라. "Why Women Need the Goddess : Phenomenological, Psychological, and Political Reflections", in *The Politics of Women's Spirituality*, Charlene Spretnak, ed.(Garden City, NY : Anchor Books, 1982), pp. 71—86.

12. 다음의 책을 보라. Nelle Morton, *The Journey Is Home*(Boston : Beacon Press, 1985), pp. 157—158.

13. 다음의 책을 보라. Leonard Swindler, "Jesus Was a Feminist," *Catholic World*, January 1971, pp. 177—183.

14. Paula Gunn Allen, *The Sacred Hoop*(Boston : Beacon Press, 1986), p. 11.

15. Diane Mariechild, *Mother Wit, A Feminist Guide to Psychic Development*(Trumansburg, NY : The Crossing Press, 1981), p. 78.

제 12장 사랑 중심의 전인건강을 최대로 누리는 법

1. 나는 이 용어와 구절을 설교에서 그리스도인의 삶의 목적을 기술하면서 사용한 Chuck Benison에게 감사한다. 이것은 생명을 귀중한 선물로 인식하는 다른 영적 전통의 사람들에게도 적용된다. 삶의 절정을 청년기와 연관시키는 사실은 오늘의 사회에 슬픈 현실이다.

2. Santa Barbara *News-Press*, November 7, 1989, A2.

3. *Aging : The Fulfillment of Life*(Garden City, NY : Image Books, 1976), pp. 19—20.

4. *Passages : Predictable Crises of Adult Life*(New York : E. P. Dutton, 1974), pp. 253—254.

5. O'Neill, *Ah, Wilderness and Two Other Plays*(New York : Modern Library, 1964), p. 141.

6. Siegel, *Peace, Love and Healing*(New York : Harper & Row, 1989), p. 153.

7. *Milton Berle's Private Joke File*(New York : Crown Publishers, 1989), p. 34.

8. 나는 Kent Borgaard가 자기의 목회사역에서 경험한 이 감동스러운 사실을 나와 나눈 것을 감사한다.

9. 이러한 미래적 훈련은 Patricia Zulkosky가 나에게 소개한 접근에서 개발된 것이다.

10. 다음의 책에서 인용함. Frederick J. Streng in *Understanding Religious Man*(Belmont, CA : Dickenson, 1969), opposite, p. 1.

11. *Peace, Love and Healing*(New York : Harper & Row, 1989), p. 234.

12. 다음의 책에서 인용함. Peter McWilliams and John—Roger, *You Can't Afford the Luxury of a Negative Thought*(Los Angeles : Prelude Press, 1989), p. 100.

13. Dr. John Rowe, "Why We Age Differently," *Newsweek*, October 20, 1986, p. 60 에서 인용함.
14. Pierce Johnson과 이 통찰을 나누었다.
15. Theodore Bertland, *Fitness for Life : Exercise for People over Fifty* (Washington, DC : AARP, 1986), p. 5.
16. Santa Barbara *News-Press*, January 8, 1990, D4.
17. Cited in Alex Comfort's *A Good Age*(New York : Crown Publishers, 1976), p. 95.
18. Cited in Kenneth J. Pelletier, *Holistic Medicine, from Stress to Optimum Health*(New York : Dell, 1980), p. 199.
19. 다음의 책을 보라. Comfort, *A Good Age*, p. 212.
20. Santa Barbara *News-Press*, September 11, 1988, A2.
21. Norman Cousins, *Human Options*(New York : W. W. Norton, 1982), p. 224.
22. *Milton Berle's Private Joke File*, p. 389.
23. Comfort, *A good Age*, p. 152.
24. 이 연구는 다음에 기재되었음. the *Archives of Internal Medicine*. Reported in the Santa Barbara *News-Press*, January 20, 1990, A2.
25. Robert N. Butler, *Why Survive? Being Old in America*(New York : Harper & Row, 1987), p. 421.

개인적인 전인건강 프로그램의 완성과 활용

1. *Megatrends : Ten New Directions Transforming Our Lives*(New York : Warner Books, 1982), p. 252.
2. Doris Lessing, *A Small Personal Voice*, cited in J. D. Zahniser, compiler, *And Then She Said……*(St. Paul, MN : Caillech Press, 1989), p. 48.
3. 1988년 2월 20일 CBS뉴스에서 발표됨.

당신의 조직, 모임, 직장이 전인적인 인격과 전인건강을 지원하도록 돕기

1. 다음의 책을 보라. Ivan Illich, *Medical Nemesis : The Expropriation of Health*(New York : Pantheon Books, 1976).
2. 다음의 책을 보라. Karen Granberg-Michaelson, *In the Land of the Living : Health Care and The Church*(Grand Rapids, MI : Zondervan, 1984). 이 책은 교회 에서의 건강관리에 대한 유익한 지침서이다.